東華社會科學叢書

主編：張春興　楊國樞　文崇一

文化人類學	李亦園	中央研究院院士兼民族學研究所研究員； 清華大學人文社會學院院長； 臺灣大學考古人類學系教授
心理學 (已出版)	張春興	師範大學教育心理學系教授
社會心理學	楊國樞 黃光國	臺灣大學心理學系教授兼系主任； 中央研究院民族學研究所研究員 臺灣大學心理學系教授
教育心理學 (已出版)	張春興 林清山	師範大學教育心理學系教授 師範大學教育心理學系教授兼系主任
政治學	胡佛 袁頌西	臺灣大學政治學系教授 臺灣大學政治學系教授兼法學院院長
行政法	張劍寒	臺灣大學政治學系教授
經濟學 (已出版)	徐育珠	政治大學經濟學系教授
管理學 (已出版)	許士軍	臺灣大學管理學院教授兼院長並兼 商學研究所所長 政治大學企業管理研究所教授
教育概論 (已出版)	林玉體	師範大學教育學系教授

教育行政學（已出版）	黃昆輝	師範大學教育研究所教授
教育財政學（已出版）	蓋浙生	師範大學教育學系教授
社會及行爲科學研究法（已出版）	楊國樞	臺灣大學心理學系教授兼系主任；中央研究院民族學研究所研究員
	文崇一	臺灣大學政治學系教授；中央研究院民族學研究所研究員
	吳聰賢	臺灣大學農業推廣學系教授
	李亦園	中央研究院院士兼民族學研究所研究員；清華大學人文社會學院院長；臺灣大學考古人類學系教授
心理與教育測驗	簡茂發	臺中師範學院院長；師範大學教育研究所教授
	黃國彥	嘉義師範學院院長；政治大學心理學系教授兼系主任
心理與教育統計學（已出版）	林清山	師範大學教育心理學系教授兼系主任
多變項分析統計法（已出版）	林清山	師範大學教育心理學系教授兼系主任
邏輯（已出版）	何秀煌	任教於香港中文大學哲學系
社會科學研究設計與分析	鍾蔚文	政治大學新聞研究所副教授
課程設計（已出版）	黃政傑	師範大學教育研究所教授
生涯輔導	金樹人	師範大學教育心理與輔導系（所）副教授

多變項分析統計法

社會及行爲科學研究適用

林 清 山

東華書局印行

國家圖書館出版品預行編目資料

多變項分析統計法 / 林清山著 . -- 五版 . -- 臺北市 ： 臺灣東華, 民 77

720 面 ; 15x21 公分 (東華社會科學叢書)

參考書目 : 面

含索引

ISBN 978-957-636-190-6(平裝)

1. 多變量分析 2. 統計學

511.2 80003251

中華民國七十七年九月五版
中華民國一〇二年元月五版十四刷

多變項分析統計法

（外埠酌加運費匯費）

著　者	林　清　山
發行人	卓　劉　慶　弟
出版者	臺灣東華書局股份有限公司
	臺北市重慶南路一段一四七號三樓
	電話：(02)2311-4027
	傳眞：(02)2311-6615
	郵撥：00064813
	網址：www.tunghua.com.tw
直營門市 1	臺北市重慶南路一段七十七號一樓
	電話：(02)2371-9311
直營門市 2	臺北市重慶南路一段一四七號一樓
	電話：(02)2382-1762

東華社會科學叢書序

假如單從人類物質生活一個層面看，戰後三十年來自然科學與技術科學的貢獻是偉大的。但如從人類生活的整體看，科學技術提高了人類物質生活之後，却因而產生了更多難以解決的社會問題，以致形成物質生活富裕而精神生活貧乏的文化失調現象。我們雖不能認定物質文明為人類帶來了災害，但却可斷言單憑科學技術的進步，並不能保證獲得真正美好的生活；甚至科學技術愈進步，反而愈增加了人們對未來的失望與恐懼。文化發展失調是人類自己製造出來的問題，這問題只有靠人類對自身行為的研究始有獲得解決的可能。此類研究，狹義言之，是為行為科學，廣義言之，是為社會科學。

一個國家科學的發展，不但不能偏廢，而且必須生根。此一原則，用於社會科學較之用於自然科學更為適切。在文化差異與地域限制兩個基礎上，社會科學實不易做到自然科學那樣可以局部的或枝節的「借用」或「移植」。近十多年來，由於政府的提倡與社會的重視，國內大學在自然科學方面的教學與研究水準已大為提高；大學本科階段學生的程度，較之當世科學先進國家並無遜色。但無可諱言的，社會科學方面的發展則較為落後。從國內大學社會科學的教學方式及出版的中文書籍看，多年積留下來的幾種缺點一直未能革除：其一是內容舊陳，跟不上世界學術的創新與進步；其二是忽視方法論方面的知識，以致學難致用；其三是僅限於國外資料的介紹，而缺乏與國情需要配合的研究成果。雖然目前影印技術進步，翻印外文書籍甚為方便，但因一般學生的外文能力不足，兼之外文書籍內容又未必與國內需要符合，故以外文書為大學社會科學各科教本的嘗試多未奏效。因此，以往國內社會科學的發展，縱使尾隨求齊已感不暇，遑論學術獨立生根及提高水準！

基於此等認識，在國內各大學擔任社會科學教學的朋友們，根據各自教學與研究的經驗，咸認有義務也有責任，經由科際合作的方式，共同從事社會科學叢書的撰寫，以期使社會科學在國內生根，為國內的社會建設略盡綿薄。誠然，撰寫大學教科書或參考書不足以代表社會科學在國內的高水準發展，但也不能否認，在期望達到我國社會科學學術獨立與高水準發展之前，普遍提高大學社會科學的教學水準是一項必要的教育工作。唯有如此，在本叢書撰寫之前，同仁等幾經研討，咸認各書之內容應力求與國內需要相配合，非但不宜囿於一家之言的傳述，尤須避免只根據某一外國名著的翻譯。因此，經議決，本叢書內容之取材將共同遵守以下兩個原則:

一、在內容上應概括該學科發展到目前為止的重要知識（如基本理論重要發現等）與基本研究方法，並須指出重要問題之研究方向及進修途徑，藉此對讀者產生啓發性的教育作用。

二、對重要問題之討論，務須顧到國內情況及實際的需要，並儘量採用國內學者與有關機構新近完成之研究成果，以期增加讀者的適切感與知識的實用性，並藉以引起社會對國內學術發展之重視。

因鑑於國內社會科學方法論方面書籍之闕如，本叢書諸作者除分擔撰寫各科專書外，特配合大學部及研究所課程之需要，就各人專長，復採合作方式，撰寫社會及行為科學中各種重要的研究方法，集為另一專書，期能由此引起國內學者的研究興趣，從而提高社會科學的水準。

此外，本叢書內各書的撰寫體例也力求統一，舉凡章節編排、註解方式、參考資料引註、中英文索引編製等，均於事前確定統一格式，甚至排版字體、繪圖、製表、紙張、裝訂等，亦採用統一標準，務期做到形式與內容並重的地步。

本叢書之能順利出版，首應感謝各科著者的支持與合作。目前所列叢書範圍只是暫時的決定，以後將視情形逐漸擴大，增加各科專書。我們始終相信科學的發展是全面的，必須經由科際間的合作，始能達成既普及又提高的效果。因此，我們除了感謝已參與本叢書撰寫的學者之外，也竭誠希望海內外的學者先進給予鼓勵、支持與指正。

本叢書從最初的構想、設計以至出版，深得東華書局董事長卓鑫淼先生與總經理馬之驌先生全力支持，併此致謝。

張春興　楊國樞　文崇一　謹識

中華民國六十四年九月於臺北

序　言

人類的行為及社會事象極為錯綜複雜。從事社會及行為科學研究的研究者常會發覺：值得我們研究的人類行為很少可以只從單一方面去研究的；即使是比較簡單的社會事象通常也有許多複雜的不同變項牽涉在內。過去，由於統計技術和工具的限制，研究工作者只能使用單變項統計法來處理他們的研究資料，因而無形中往往祇能得到見樹而不見林、無法窺其全貌的研究結果。自從高速電算機廣為應用之後，同時處理大量的資料和許多複雜的變項已成為可能。統計學本身在多變項統計方面也隨之有驚人的進展。不但上述的此項缺失可因多變項統計方法的進步而予以解決，而且研究工作的領域也隨之大為擴展，對問題的探討也更為周密而深入。

近年來，國內在社會及行為科學研究方面已有長足的進步。所以筆者認為：作為研究社會及行為科學之基礎工具的多變項統計方法也該受到應有的重視纔對。這是筆者繼「心理與教育統計學」一書之後，再寫這一本「多變項分析統計法」的主要動機。

多變項分析統計法即一般所稱的「多變項分析」(multivariate analysis)。在傳統的單變項統計法裏，我們所處理的依變項資料通常只限於一個；在多變項分析統計法裏，我們則常常需要同時處理好幾個依變項資料。實際上，一般統計學中所討論的單變項統計只是多變項統計的一個特例而已。就學習的歷程而言，我們宜先學習單變項統計，然後纔進一步學習多變項統計。然而，要對統計方法（尤其是社會及行為科學適用的統計學）有通盤的瞭解，則非學習多變項統計方法不可。

本書係為從事社會及行為科學研究的工作者和主修社會科學行為科學的研究生和大學生而寫。寫這一本書時，係假定將來要使用它的讀者已有一般單變項統計法的基礎。為了使能與舊經驗相聯繫起見，書中每討論到一種多變項統計方法時，總是儘量先提到有關的單變項統計法。為了要幫助讀者較易了解重要統計概念，每一節總先出現「基本原理」的介紹，然後隨即出現「計算實例」，使讀者能從實際的計算過程中印證和加深該項統計概念。初次接觸多變項統計方法的讀者最好由每一節的計算實例開始，等到瞭解計算實例之後，再回頭閱讀基本原理部分。當然，更佳的策略也許是每學到一項統計方法之後，馬上能將它使用到實際問題的研究方面，使理論與實際不致脫節。

就書本的內容來說，本書分為十二章，大致上包括五大部分。導論部分介紹常用矩陣數學和多變項統計法基本概念；廻歸分析部分討論逐步廻歸分析、徑路分析、多變項複廻歸分析、和多項式廻歸分析；相關分析部分包括主成份分析、共同因素分析、和典型相關分析；多變項變異數分析部分討論單因子設計、多因子設計、區別分析、階層設計、拉丁方格設計、和多變項重複量數等；最後一部分則為多變項共變數分析。全書係以廻歸分析模式、變異數分析模式、和共變數分析模式等三種一般線性模式來貫穿。原則上，讀者應按章節順序依次閱讀下去，但是必要時可視情形和需要省略某一章或某一節，或改變閱讀的順序。

本書的重要參考文獻如書末所示，但是仍以 Finn (1974) 和

Timm (1975) 為主要參考書。Timm 的這本 Multivariate Analysis 是目前多變項統計學教科書之中系統較為完整者。它的優點在於所使用的方法與傳統的單變項統計法很相近，學起來不致感到難於接受。Finn的這本 A General Model for Multivariate Analysis 所使用的多變項統計法，十分靈活，學起來也不困難。加上他所設計的名電算機程式 MULTIVARIANCE，幾乎可以解決大部分的統計問題，堪稱多才多藝。二人所用統計原理雖異，但同一統計資料使用二者的統計方法之結果却完全一樣。這是本書採用他們的方法之主要理由。

去年九月初筆者來美進修之前，這本書便在國內完稿付印。我要感謝國家科學委員會的補助，使我有機會能在去年秋季前往匹兹堡大學跟 Dr. Neil H. Timm，和在今年春季來到水牛城紐約州立大學跟 Dr. Jeremy D. Finn 研習多變項分析統計的問題。因為這樣，本書原稿一邊排印，一邊乃有機會使用 MULTIVARIANCE 等電算機程式再一次實際驗算過，證實例題的計算正確無誤。

本書得以順利出版，要特別感謝國立臺灣師範大學教育心理系教授張春興博士的鼓勵並予編入他所主編的東華社會科學叢書。東華書局董事長卓鑫淼先生與總編輯徐萬善先生對本書的排版印刷鼎力支持，使我甚為感激。我也要感謝國立臺灣師範大學教育心理系主任陳榮華博士、體育研究所齊沛霖所長、方瑞民教授慷慨提供系所裏的計算設備，使我得以精確又快速完成書中的計算實例。在撰寫過程中，筆者常自高雄師範學院教育系吳鐵雄博士那裏得到寶貴的意見，也常得到蔡榮顯先生在程式設計方面的協助。在排印過程中，國立臺灣師範大學教育心理系郭生玉博士幫忙校對，王勝賢先生代為編製索引，都一併在此謹致謝忱。回想本書的寫作過程，感到相當艱難，時間經歷五、六年，此間辛苦波折頗多。我要特別感謝內人王百合女士耐心的照顧與賢慧的體諒，使我能在寫完本書之後，仍能安然無恙。

筆者期望本書的出版，能對提高國內應用統計的水準多少有所幫助；如能這樣，便感到心滿意足。然而，由於筆者並非統計學家，且付梓期間不在國內，錯誤之處在所難免；敬祈專家學者不吝批評指教，俾供修訂時參考改正，謹此表示感謝之意。

林　清　山

民國六十九年三月

國立臺灣師範大學教育心理系教授

謹識於美國水牛城紐約州立大學

目　　次

第八章　共同因素分析

第九章　多變項變異數分析（I）——單因子設計和區別分析

第十章　多變項變異數分析（II）——多因子設計

第十一章　重複量數和趨向分析

希臘字母表

Α	α	Alpha	Ν	ν	Nu
Β	β	Beta	Ξ	ξ	Xi
Γ	γ	Gamma	Ο	ο	Omicron
Δ	δ ∂	Delta	Π	π	Pi
Ε	ε	Epsilon	Ρ	ρ	Rho
Ζ	ζ	Zeta	Σ	σ	Sigma
Η	η	Eta	Τ	τ	Tau
Θ	θ	Theta	Υ	υ	Upsilon
Ι	ι	Iota	Φ	ϕ φ	Phi
Κ	κ	Kappa	Χ	χ	Chi
Λ	λ	Lambda	Ψ	ψ	Psi
Μ	μ	Mu	Ω	ω	Omega

第一章
多變項分析常用的矩陣代數(I)

在本書中，我們將時常使用一些簡單的矩陣代數 (algebra of matrices) 來幫助說明多變項分析統計法的基本原理和計算方法。因此，我們要在前兩章裏討論或復習有關矩陣(matrix)、行列式(determinant)、和向量 (vector) 的基本運算和概念。如果您能够熟練這些矩陣代數，則以下各章所討論的多變項分析統計法，將會變得相當容易。當您學會或復習完這兩章時，您便算打好了學習多變項分析統計法的基礎。

1·1 矩陣的表示方法和基本運算

假使某教師爲甲乙丙丁戊五位學生擧行了國文、數學、歷史、和地理四個科目的成就測驗，他便可以把所得的測驗成績排成下面所示的形式:

	國文	數學	歷史	地理
甲	7	5	9	6
乙	4	6	3	2
丙	8	4	1	5
丁	6	3	7	8
戊	5	8	0	9

或 $\underset{5\times 4}{\mathbf{Y}}=\begin{bmatrix} 7 & 5 & 9 & 6 \\ 4 & 6 & 3 & 2 \\ 8 & 4 & 1 & 5 \\ 6 & 3 & 7 & 8 \\ 5 & 8 & 0 & 9 \end{bmatrix}$

由這些數字的安排可以看出：甲生的國文、數學、歷史、和地理四科成績依次爲 7, 5, 9 和 6; 甲乙丙丁戊五生的國文科成績依次爲 7, 4, 8, 6 和 5; 如此類推。像這樣把一群用數目字表示的資料依次排成「橫列」(rows) 和「縱行」(columns) 的陣列, 便叫做「矩陣」。矩陣裏面的每一個數目便是這矩陣的「元素」(element)。如果一個矩陣有 n 個橫列和 m 個縱行, 這個矩陣就叫做 $n \times m$「階」(order) 矩陣。上例有五位學生, 亦卽 $n=5$; 有四個科目, 亦卽 $m=4$; 所排成的矩陣是爲 5×4 階矩陣。

由元素所排成的矩陣, 左右兩邊常用括弧〔 〕或 ( ) 括起來, 然後用一個黑體大寫英文字母來代表它。例如, 我們可以用 **Y** 來代表上例的矩陣, 或稱之爲「矩陣 **Y**」。有時, 爲了避免混淆起見, 可在代表矩陣的字母下面加寫該矩陣的階數, 使人一看到 $\underset{5\times4}{\mathbf{Y}}$ 便知道矩陣 **Y** 是 5×4 階的矩陣。矩陣的第 i 橫列第 j 縱行位置上的那一個元素, 通常用一般小寫英文字母來表示。例如, 上例矩陣 **Y** 第 3 橫列第 2 縱行位置的那一個元素爲 4, 要用 **Y** 的小寫 y_{32} 來表示, 亦卽 $y_{32}=4$。

【練習】 下面矩陣 **A** 是幾階的矩陣? 元素 a_{13} 是多少?

$$\mathbf{A}=\begin{bmatrix} 3 & 1 & 9 \\ 2 & 5 & 4 \end{bmatrix}$$

〔答〕　是 2×3 階矩陣。

$a_{13}=9$

(一) 矩陣的重要類別　矩陣有各種不同的形式。隨著形式之不同, 有著不同的名稱。最基本而常見的有下列幾種:

1. 方陣 (square matrix)　橫列數與縱行數一樣, 亦卽 $n\times n$ 階的矩陣, 特別叫做「方陣」(惟不必特別强調時, 本書裏仍通稱矩陣)。例如, 下面矩陣 **B** 便是 3×3 階 (或簡稱 3 階) 方陣。

$$\mathbf{B}=\begin{bmatrix} 21 & 7 & 17 \\ 24 & 8 & 20 \\ 36 & 12 & 29 \end{bmatrix}$$

方陣自左上至右下之主對角線 (main diagonal) 各元素之和，是爲該矩陣之「跡」(trace)。故，方陣 B 的跡爲 21＋8＋29＝58。

2. **轉置矩陣 (transpose)**　將矩陣第 1 橫列（縱行）上各元素依次改排爲第 1 縱行（橫列）；將第 2 橫列（縱行）上各元素依次改排爲第 2 縱行（如此類推），所得的新矩陣，是爲原矩陣之「轉置矩陣」。如果原矩陣爲 **A**，則其轉置矩陣用 **A′** 表示。例如：

$$\underset{3\times2}{\mathbf{A}}=\begin{bmatrix} 3 & 2 \\ 1 & 5 \\ 9 & 4 \end{bmatrix} \qquad \underset{2\times3}{\mathbf{A}'}=\begin{bmatrix} 3 & 1 & 9 \\ 2 & 5 & 4 \end{bmatrix}$$

要是再把矩陣 **A′** 加以轉置，就又變爲原來的 **A** 了。

3. **對稱矩陣 (symmetric matrix)**　將方陣加以轉置之後，如果所得到的新方陣仍然與原來的方陣完全一樣，則該一方陣是爲「對稱矩陣」。下面的 **S**＝**S′**，便是對稱矩陣的例子。

$$\mathbf{S}=\begin{bmatrix} 7 & 3 & 4 \\ 3 & 5 & 6 \\ 4 & 6 & 1 \end{bmatrix} \qquad \mathbf{S}'=\begin{bmatrix} 7 & 3 & 4 \\ 3 & 5 & 6 \\ 4 & 6 & 1 \end{bmatrix}$$

當方陣的階數較大時，爲了節省和方便起見，常把對稱矩陣主對角線以外的右上角各元素略去不寫。例如：

$$\mathbf{R}=\begin{bmatrix} 1.00 & & & \text{（對稱）} \\ .68 & 1.00 & & \\ -.23 & .37 & 1.00 & \\ .59 & -.44 & .79 & 1.00 \end{bmatrix}=\begin{bmatrix} 1.00 & .68 & -.23 & .59 \\ .68 & 1.00 & .37 & -.44 \\ -.23 & .37 & 1.00 & .79 \\ .59 & -.44 & .79 & 1.00 \end{bmatrix}$$

4. 對角線矩陣 (diagonal matrix) 除了主對角線各元素之外，其餘各元素均為 0 的矩陣，稱為「對角線矩陣」，例如，下面的矩陣 **D** 便是：

$$\mathbf{D}=\begin{bmatrix}8 & 0 & 0\\ 0 & 5 & 0\\ 0 & 0 & 12\end{bmatrix}=diag\ [8,\ 5,\ 12]$$

為節省篇幅起見，有時我們要將對角線矩陣 **D** 簡寫為如 *diag* [8, 5, 12] 的形式。

【練習】那麼，*diag* [5, 3, 9, 4] 是什麼的簡寫呢？

$$[\text{答}]\quad \mathbf{D}=\begin{bmatrix}5 & 0 & 0 & 0\\ 0 & 3 & 0 & 0\\ 0 & 0 & 9 & 0\\ 0 & 0 & 0 & 4\end{bmatrix}$$

5. 單元矩陣 (identity matrix) 對角線矩陣主對角線各元素如果均為 1（亦即 unity），就叫做「單元矩陣」，通常係以 **I** 代表。例如：

$$\mathbf{I}_3=\begin{bmatrix}1 & 0 & 0\\ 0 & 1 & 0\\ 0 & 0 & 1\end{bmatrix}$$

在 **I** 字右下加註足標 (subscript)，可用來代表單元矩陣的階數。上例 $\mathbf{I}_3$ 係表示 3 階的單元矩陣。

6. 三角矩陣 (triangular matrix) 主對角線的左下或右上各元素均為 0 者，稱為「三角矩陣」。其中，主對角線左下有非零 (nonzero) 之元素者，叫做「下三角矩陣」，如下面的矩陣 **T** 是；主對角線右上出現非零之元素者，叫做「上三角矩陣」，如矩陣 **T′** 是：

$$\mathbf{T}=\begin{bmatrix}5&0&0\\2&7&0\\3&4&1\end{bmatrix}=\begin{bmatrix}5&&(\text{零})\\2&7&\\3&4&1\end{bmatrix}$$

$$\mathbf{T}'=\begin{bmatrix}5&2&3\\0&7&4\\0&0&1\end{bmatrix}=\begin{bmatrix}5&2&3\\&7&4\\(\text{零})&&1\end{bmatrix}$$

以簡寫式表示三角矩陣時，須寫個「零」字在空白處，否則易被誤認爲對稱矩陣。這點必須特別留意。

7. 向量 (**vector**)　只有一個橫列或只有一個縱行的矩陣叫做「向量」。其中，$n\times 1$ 矩陣，亦即只有一個縱行的矩陣叫做「行向量」(column vector)；$1\times m$ 矩陣，亦即只有一個橫列的矩陣叫做「列向量」(row vector)。行向量通常用黑體小寫英文字母代表，列向量則特別用分號 ′ 加在黑體小寫英文字母右上角來代表。下面便是行向量和列向量的例子：

$$\mathbf{x}=\begin{bmatrix}4\\9\\7\end{bmatrix}\qquad \mathbf{x}'=[4,\ 9,\ 7]$$

這裏的向量 **x** 具有三個元素，稱爲 3「維」(dimension) 的向量。有時，爲了節省篇幅起見，維數較多的行向量，在書本上必須改爲列向量來呈現。例如：

$$\mathbf{y}'=[8,\ 6,\ 3,\ 0,\ 9,\ 5,\ 3,\ 11,\ 5,\ -3,\ 7,\ 2]$$

倘要以行向量 **y** 呈現，則須佔去12行，頗不經濟。

元素都是 1 所構成的向量，叫做「單元向量」(unit vector)；元素都是 0 所構成的向量，叫做「零向量」(zero vector)。單元向量以黑體小寫 **1** 表示；零向量則以黑體小寫 **0** 來表示。下面是幾個例子：

$$\mathbf{1}_2=\begin{bmatrix}1\\1\end{bmatrix}\qquad \mathbf{1}_4'=[1,\ 1,\ 1,\ 1]\qquad \mathbf{0}_3'=[0,\ 0,\ 0]$$

【練習】$\mathbf{I}_3$ 和 $\mathbf{1}_3$ 有何不同？請您寫寫看。

〔答〕 $$\mathbf{I}_3=\begin{bmatrix}1&0&0\\0&1&0\\0&0&1\end{bmatrix}\qquad \mathbf{1}_3=\begin{bmatrix}1\\1\\1\end{bmatrix}$$

（二）矩陣和向量的運算　矩陣和向量的運算方法和算術的四則運算甚爲接近。但是，有少部分不同的地方却值得特別加以留意。

1. 加減法　維數相同的兩個或兩個以上向量，或階數相同的兩個或兩個以上矩陣，可將其相對應的元素（corresponding elements）相加減，使成爲另一個同維的向量，或同階的矩陣。例如：

$$\mathbf{x}+\mathbf{v}=\begin{bmatrix}-3\\5\end{bmatrix}+\begin{bmatrix}4\\3\end{bmatrix}=\begin{bmatrix}1\\8\end{bmatrix}$$

$$\mathbf{a}'-\mathbf{b}'=[4,\ 6,\ 5]-[2,\ -1,\ 5]=[2,\ 7,\ 0]$$

當 $\mathbf{A}=\begin{bmatrix}3&5\\0&2\\7&1\end{bmatrix}$ 和 $\mathbf{B}=\begin{bmatrix}2&4\\1&-2\\2&5\end{bmatrix}$ 時，

$$\mathbf{A}+\mathbf{B}=\begin{bmatrix}3&5\\0&2\\7&1\end{bmatrix}+\begin{bmatrix}2&4\\1&-2\\2&5\end{bmatrix}=\begin{bmatrix}5&9\\1&0\\9&6\end{bmatrix}$$

$$\mathbf{A}-\mathbf{B}=\begin{bmatrix}3&5\\0&2\\7&1\end{bmatrix}-\begin{bmatrix}2&4\\1&-2\\2&5\end{bmatrix}=\begin{bmatrix}1&1\\-1&4\\5&-4\end{bmatrix}$$

階數不同的幾個矩陣，或維數不同的幾個向量並不可以相加減，這一點是要特別加以注意的。

算術的交換律 (commutative law) 可以適用於矩陣的加減法上面，亦即：

$$\mathbf{A}+\mathbf{B}=\mathbf{B}+\mathbf{A} \qquad \text{〔公式 1·1-1〕}$$

換言之，兩個矩陣可以先後交換加減。此外，下式也是眞確：

$$(\mathbf{A}+\mathbf{B})'=\mathbf{A}'+\mathbf{B}' \qquad \text{〔公式 1·1-2〕}$$

請您用上面矩陣 **A** 和矩陣 **B** 驗證這兩個公式是不是對的。

2. 乘法　矩陣的乘法是矩陣基本運算中最常用和最須加以熟練的部分，因此應特別注意如何計算。

(1) 純量與矩陣相乘　如果 c 代表某一常數或實數，而 **X** 是矩陣，則可以把矩陣 **X** 的每一元素都乘以 c。例如：

$$\text{當 } c=3，\mathbf{X}=\begin{bmatrix}4 & 2\\1 & 5\\3 & 1\end{bmatrix}\text{時，}\quad c\mathbf{X}=3\begin{bmatrix}4 & 2\\1 & 5\\3 & 1\end{bmatrix}=\begin{bmatrix}12 & 6\\3 & 15\\9 & 3\end{bmatrix}$$

這種乘法就叫做「純量乘法」(scalar multiplication)，而 c 就叫做「純量」(scalar)。當純量爲 0 時，純量與矩陣相乘的結果，便得「零矩陣」(null matrix)。零矩陣要用 **O** 來表示，例如：

$$\text{當 } q=0，\text{而 } \mathbf{A}=\begin{bmatrix}3 & 5\\0 & 2\\7 & 1\end{bmatrix}\text{時，}$$

$$q\,\mathbf{A}=0\begin{bmatrix}3 & 5\\0 & 2\\7 & 1\end{bmatrix}=\begin{bmatrix}0 & 0\\0 & 0\\0 & 0\end{bmatrix}=\underset{3\times 2}{\mathbf{O}}$$

(2) 矩陣與矩陣相乘　假使矩陣 **A** 是 $n\times m$ 階矩陣，矩陣 **B** 是 $m\times k$ 階矩陣，則我們可以把矩陣 **A** 乘以矩陣 **B**，而得到一個 $n\times k$

階的矩陣C。其方法爲：把矩陣A的第 i 列乘以矩陣B的第 j 行，以得到矩陣C的第 i 列第 j 行之元素：

$$\underset{3\times 2}{\mathbf{A}}\ \underset{2\times 3}{\mathbf{B}} = \begin{bmatrix} a_{11} & a_{12} \\ a_{21} & a_{22} \\ a_{31} & a_{32} \end{bmatrix} \begin{bmatrix} b_{11} & b_{12} & b_{13} \\ b_{21} & b_{22} & b_{23} \end{bmatrix}$$

$$= \begin{bmatrix} a_{11}b_{11}+a_{12}b_{21} & a_{11}b_{12}+a_{12}b_{22} & a_{11}b_{13}+a_{12}b_{23} \\ a_{21}b_{11}+a_{22}b_{21} & a_{21}b_{12}+a_{22}b_{22} & a_{21}b_{13}+a_{22}b_{23} \\ a_{31}b_{11}+a_{32}b_{21} & a_{31}b_{12}+a_{32}b_{22} & a_{31}b_{13}+a_{32}b_{23} \end{bmatrix} = \underset{3\times 3}{\mathbf{C}}$$

〔公式 1·1-3〕

例如，

$$\underset{3\times 2}{\mathbf{A}}\ \underset{2\times 3}{\mathbf{B}} = \begin{bmatrix} 1 & 4 \\ 9 & 0 \\ 3 & 5 \end{bmatrix} \begin{bmatrix} 2 & 5 & 7 \\ 3 & 8 & 4 \end{bmatrix}$$

$$= \begin{bmatrix} (1)(2)+(4)(3) & (1)(5)+(4)(8) & (1)(7)+(4)(4) \\ (9)(2)+(0)(3) & (9)(5)+(0)(8) & (9)(7)+(0)(4) \\ (3)(2)+(5)(3) & (3)(5)+(5)(8) & (3)(7)+(5)(4) \end{bmatrix}$$

$$= \begin{bmatrix} 14 & 37 & 23 \\ 18 & 45 & 63 \\ 21 & 55 & 41 \end{bmatrix}$$

$$\underset{2\times 3}{\mathbf{X}}\ \underset{3\times 4}{\mathbf{Y}} = \begin{bmatrix} 6 & 0 & 2 \\ 1 & -3 & 4 \end{bmatrix} \begin{bmatrix} 4 & 1 & 6 & 2 \\ 1 & 5 & 3 & 3 \\ 7 & 2 & 0 & 5 \end{bmatrix} = \begin{bmatrix} 38 & 10 & 36 & 22 \\ 29 & -6 & -3 & 13 \end{bmatrix} = \underset{2\times 4}{\mathbf{W}}$$

由此可見，兩個矩陣相乘時，必須左邊矩陣的橫列與右邊矩陣的縱行相乘。又，兩個矩陣相乘時，左邊一個矩陣之縱行數，必須與右邊一個矩陣之橫列數相同，方可以相乘（conformable），否則便不可以相乘。這點是必須加以注意的。上面X是 2 × 3 階矩陣，Y是 3 × 4 階矩陣；前者縱行數與後者橫列數都是 3，所以 **X** 乘以 **Y** 是可相乘的。因爲 **X** 的列數是 2，**Y** 的行數爲 4，所以 **X** 和 **Y** 相乘所得的矩陣 **W** 是 2 × 4 階的矩陣。

在算術裏常用的交換律，可適用於諸如 15×23＝23×15 之類的乘法。但是，在矩陣的乘法裏，**AB**≠**BA**。換言之，矩陣乘法是不可交換的（non-commutative）。例如：

$$\underset{3\times 2}{\mathbf{A}}=\begin{bmatrix}3 & 1\\ 0 & 4\\ 2 & 7\end{bmatrix} \text{ 及 } \underset{2\times 3}{\mathbf{B}}=\begin{bmatrix}1 & 3 & 2\\ 6 & 2 & 5\end{bmatrix} \text{ 時，}$$

$$\underset{3\times 2}{\mathbf{A}}\underset{2\times 3}{\mathbf{B}}=\underset{3\times 3}{\mathbf{C}}=\begin{bmatrix}9 & 11 & 11\\ 24 & 8 & 20\\ 44 & 20 & 39\end{bmatrix}$$

$$\text{但 } \underset{2\times 3}{\mathbf{B}}\underset{3\times 2}{\mathbf{A}}=\underset{2\times 2}{\mathbf{G}}=\begin{bmatrix}7 & 27\\ 28 & 49\end{bmatrix}$$

因此，將 **A**「後乘」（postmultiply 或右乘）以 **B**，和將 **A**「前乘」（premultiply 或左乘）以 **B**，並不相同；這一點要特別加以注意。雖然如此，矩陣 **AB** 亦卽矩陣 **C** 的跡，與矩陣 **BA** 亦卽矩陣 **G** 的跡却是相等的：9＋8＋39＝7＋49。

【練習】 請試試看下列矩陣 **X** 和矩陣 **Y** 是否可以相乘。如果可以，您的答案是否與所附答案相符？

$$\mathbf{X}=\begin{bmatrix}2 & 3\\ 8 & 7\\ 1 & 5\end{bmatrix} \qquad \mathbf{Y}=\begin{bmatrix}3 & 0 & 9 & 4\\ 5 & 8 & 3 & 6\end{bmatrix}$$

〔答〕 $\mathbf{XY}=\begin{bmatrix}21 & 24 & 27 & 26\\ 59 & 56 & 93 & 74\\ 28 & 40 & 24 & 34\end{bmatrix}$

$\mathbf{YX}$ 不可相乘。

(3) **矩陣與其轉置矩陣相乘**　同一矩陣本身之內的列與列之間，或行與行之間可以交乘。在多變項分析法裏，我們將常碰到這種情形。例如：

$$\mathbf{X}=\begin{bmatrix}2 & 7\\ 9 & 8\\ 4 & 3\end{bmatrix} \text{時,}$$

$$\text{則 } \mathbf{XX}'=\begin{bmatrix}2 & 7\\ 9 & 8\\ 4 & 3\end{bmatrix}\begin{bmatrix}2 & 9 & 4\\ 7 & 8 & 3\end{bmatrix}=\begin{bmatrix}53 & 74 & 29\\ 74 & 145 & 60\\ 29 & 60 & 25\end{bmatrix}=\mathbf{A}$$

$$\mathbf{X}'\mathbf{X}=\begin{bmatrix}2 & 9 & 4\\ 7 & 8 & 3\end{bmatrix}\begin{bmatrix}2 & 7\\ 9 & 8\\ 4 & 3\end{bmatrix}=\begin{bmatrix}101 & 98\\ 98 & 122\end{bmatrix}=\mathbf{B}$$

這種由 $\mathbf{XX}'$ 或 $\mathbf{X}'\mathbf{X}$ 所構成的 $n\times n$ 對稱矩陣，特別叫做「格拉姆矩陣」(Gramian matrix)，在多變項分析裏我們將常常看到它們。

顯然的，$\mathbf{XX}'$ 是矩陣 $\mathbf{X}$ 自身的「列與列相乘」(row-by-row multiplication)，相乘所得的矩陣 $\mathbf{A}$ 是對稱矩陣，其主對角線各元素爲矩陣 $\mathbf{X}$ 各列的自乘。例如，$a_{11}=(2)^2+(7)^2=53$，$a_{22}=(9)^2+(8)^2=145$，而且 $a_{33}=(4)^2+(3)^2=25$。其主對角線以外各元素爲矩陣 $\mathbf{X}$ 各列之間的交互乘積，例如 $a_{12}=(2)(9)+(7)(8)=74$ 是。其次，$\mathbf{X}'\mathbf{X}$ 是矩陣 $\mathbf{X}$ 自身的「行與行相乘」(column-by-column multiplication)，所得到的矩陣 $\mathbf{B}$ 也是對稱矩陣，其主對角線各元素爲矩陣 $\mathbf{X}$

各行的自乘。例如 $b_{11}=(2)^2+(9)^2+(4)^2=101$, $b_{22}=(7)^2+(8)^2+(3)^2=122$。其主對角線以外各元素爲矩陣 **X** 各行之間的交互乘積。例如，$b_{12}=(2)(7)+(9)(8)+(4)(3)=98$。

【練習】 表 1·1-1 是甲乙丙丁戊五個學生在生物 (X_1)、物理 (X_2)、化學 (X_3) 三科的得分。請試用矩陣的方法，算一算表旁所列各 $\sum X_i^2$ 和 $\sum X_i X_j$ 是怎樣來的？

表 1·1-1　五名學生的三科成績

	X_1	X_2	X_3	
甲	5	9	6	$\sum X_1^2=289$
乙	8	10	4	$\sum X_2^2=376$
丙	6	7	5	$\sum X_3^2=167$
丁	8	11	9	$\sum X_1X_2=305$
戊	10	5	3	$\sum X_1X_3=194$
				$\sum X_2X_3=243$

〔答〕　把表 1·1-1 的資料當作 5 × 3 階矩陣 **X**。然後求 **X′X**，便可得到一個含有表右之數目的對稱矩陣。

(4) **向量與向量相乘**　矩陣乘法的一個特殊情形是同維的列向量與行向量的相乘。左乘或右乘都可以，但是所得到的結果却不一樣。例如:

$$當\ \mathbf{x}=\begin{bmatrix}2\\3\\1\end{bmatrix}\ 和\ \mathbf{y}'=[4,\ 5,\ -3]\ 時,$$

$$\mathbf{x}'\mathbf{x}=[2,\ 3,\ 1]\begin{bmatrix}2\\3\\1\end{bmatrix}=14$$

$$\mathbf{y}'\mathbf{x}=[4,\ 5,\ -3]\begin{bmatrix}2\\3\\1\end{bmatrix}=20$$

可見，將列向量右乘以行向量時，其結果可得一個純數，這時我們稱 $\mathbf{y}'\mathbf{x}$ 爲 $\mathbf{y}$ 與 $\mathbf{x}$ 的「內積」(inner product 或 scalar product)。

另一方面，如果將列向量左乘以行向量，則其結果便是一個矩陣。例如：

$$\mathbf{x}\mathbf{x}' = \begin{bmatrix} 2 \\ 3 \\ 1 \end{bmatrix} [2,\ 3,\ 1] = \begin{bmatrix} 4 & 6 & 2 \\ 6 & 9 & 3 \\ 2 & 3 & 1 \end{bmatrix}$$

$$\mathbf{x}\mathbf{y}' = \begin{bmatrix} 2 \\ 3 \\ 1 \end{bmatrix} [4,\ 5,\ -3] = \begin{bmatrix} 8 & 10 & -6 \\ 12 & 15 & -9 \\ 4 & 5 & -3 \end{bmatrix}$$

所得的矩陣就叫做這兩個相乘的向量之「外積」(outer product 或 matrix product)。

【練習】 三名學生（$N=3$）的測驗成績爲 7，5，和 9，請您想想如何用向量求得 $N=3$，$\sum X=21$，和 $\sum X^2=155$？

〔答〕 (1) $\mathbf{1}_3'\mathbf{1}_3 = [1,\ 1,\ 1] \begin{bmatrix} 1 \\ 1 \\ 1 \end{bmatrix} = 3 = N$

(2) $\mathbf{1}'\mathbf{x} = [1,\ 1,\ 1] \begin{bmatrix} 7 \\ 5 \\ 9 \end{bmatrix} = 21 = \sum X$

(3) $\mathbf{x}'\mathbf{x} = [7,\ 5,\ 9] \begin{bmatrix} 7 \\ 5 \\ 9 \end{bmatrix} = 155 = \sum X^2$

(5) 向量與矩陣的連乘 在多變項分析裏，我們會常碰到 $\mathbf{x}'\mathbf{A}\mathbf{x}$ 之形式的運算，其中 $\mathbf{A}$ 是 $n \times n$ 階的方陣，而 $\mathbf{x}$ 是 n 維的向量。相乘

的結果，可以得到一個純量。例如:

當 $\mathbf{x}'=[2,\ 1,\ 3]$，$\mathbf{A}=\begin{bmatrix} 4 & 1 & -3 \\ -2 & 3 & 0 \\ 1 & 2 & 1 \end{bmatrix}$ 時，

$$\mathbf{x}'\mathbf{A}\mathbf{x}=[2,\ 1,\ 3]\begin{bmatrix} 4 & 1 & -3 \\ -2 & 3 & 0 \\ 1 & 2 & 1 \end{bmatrix}\begin{bmatrix} 2 \\ 1 \\ 3 \end{bmatrix}=20$$

這 $\mathbf{x}'\mathbf{A}\mathbf{x}$ 通常稱爲 x_i 的「二次形式」(quadratic form)。因爲事實上這種連乘可用下列二次式來表示:

$$\mathbf{x}'\mathbf{A}\mathbf{x}=a_{11}x^2{}_1+a_{22}x^2{}_2+a_{33}x^2{}_3+(a_{12}+a_{21})x_1x_2$$
$$+(a_{13}+a_{31})x_1x_3+(a_{23}+a_{32})x_2x_3$$

〔公式 1·1-4〕

您可以驗算看使用公式 1·1-4 計算的結果，是否也可以得到答案爲 20。

有時，爲了使某矩陣的某兩列或某兩行相加或相減，我們也可以使用下列的乘法:

例如: $\mathbf{c}'=[1,-1]$，$\mathbf{B}=\begin{bmatrix} 9 & 7 \\ 2 & 5 \end{bmatrix}$，$\mathbf{a}=\begin{bmatrix} 1 \\ -1 \end{bmatrix}$ 時，

$$\mathbf{c}'\mathbf{B}=[1,-1]\begin{bmatrix} 9 & 7 \\ 2 & 5 \end{bmatrix}=[7,\ 2]$$

$$\mathbf{B}\mathbf{a}=\begin{bmatrix} 9 & 7 \\ 2 & 5 \end{bmatrix}\begin{bmatrix} 1 \\ -1 \end{bmatrix}=[2,-3]$$

$$\mathbf{c}'\mathbf{B}\mathbf{a}=[1,-1]\begin{bmatrix} 9 & 7 \\ 2 & 5 \end{bmatrix}\begin{bmatrix} 1 \\ -1 \end{bmatrix}=5$$

可見，矩陣 **B** 左乘以 $\mathbf{c}'=[1,-1]$，矩陣 **B** 的兩橫列就彼此相減。矩陣 **B** 右乘以 $\mathbf{a}=\begin{bmatrix}1\\-1\end{bmatrix}$，矩陣 **B** 的兩縱行就彼此相減。如果矩陣 **B** 左乘以 $\mathbf{c}'$，再右乘以 $\mathbf{a}$，就可以得到一個純量，在本例就是 5。

【練習】 要怎樣才可使下列矩陣 **A** 的兩行相加？

$$\mathbf{A}=\begin{bmatrix}5&3\\4&1\end{bmatrix}$$

〔答〕矩陣 **A** 右乘以 $\begin{bmatrix}1\\1\end{bmatrix}$

(6) 矩陣與單元矩陣相乘　如果矩陣 **A** 是 $n\times n$ 階方陣，則不管將矩陣 **A** 左乘以 $\mathbf{I}_n$，或右乘以 $\mathbf{I}_n$，其結果均相同，而且 **A** 不變:

$$\mathbf{I}_n\mathbf{A}=\mathbf{A}\mathbf{I}_n=\mathbf{A} \qquad \text{〔公式 1·1-5〕}$$

例如:

$$\begin{bmatrix}1&0\\0&1\end{bmatrix}\begin{bmatrix}4&1\\3&2\end{bmatrix}=\begin{bmatrix}4&1\\3&2\end{bmatrix}\begin{bmatrix}1&0\\0&1\end{bmatrix}=\begin{bmatrix}4&1\\3&2\end{bmatrix}$$

但是，如果矩陣 **A** 是 $n\times m$ 矩陣，則:

$$\mathbf{I}_n\mathbf{A}=\mathbf{A}$$

$$\mathbf{A}\mathbf{I}_m=\mathbf{A} \qquad \text{〔公式 1·1-6〕}$$

例如:

$$\mathbf{I}_n\,\mathbf{A}=\begin{bmatrix}1&0\\0&1\end{bmatrix}\begin{bmatrix}2&5&0\\3&4&2\end{bmatrix}=\begin{bmatrix}2&5&0\\3&4&2\end{bmatrix}$$

$$\mathbf{A}\mathbf{I}_m=\begin{bmatrix}2&5&0\\3&4&2\end{bmatrix}\begin{bmatrix}1&0&0\\0&1&0\\0&0&1\end{bmatrix}=\begin{bmatrix}2&5&0\\3&4&2\end{bmatrix}$$

在這種情形下，所乘的單元矩陣的階數並不一樣。

(7) 矩陣與對角線矩陣相乘　將矩陣 **A** 左乘以對角線矩陣，與右乘以對角線矩陣，可以產生不同效果。例如：

$$當\ \mathbf{A}=\begin{bmatrix}4&2&7\\3&1&6\\5&3&2\end{bmatrix},\quad \mathbf{D}=\begin{bmatrix}5&0&0\\0&1&0\\0&0&-2\end{bmatrix}時,$$

$$\mathbf{DA}=\begin{bmatrix}5&0&0\\0&1&0\\0&0&-2\end{bmatrix}\begin{bmatrix}4&2&7\\3&1&6\\5&3&2\end{bmatrix}=\begin{bmatrix}20&10&35\\3&1&6\\-10&-6&-4\end{bmatrix}$$

$$但\ \mathbf{AD}=\begin{bmatrix}4&2&7\\3&1&6\\5&3&2\end{bmatrix}\begin{bmatrix}5&0&0\\0&1&0\\0&0&-2\end{bmatrix}=\begin{bmatrix}20&2&-14\\15&1&-12\\25&3&-4\end{bmatrix}$$

可見，將矩陣**A**「左乘」以對角線矩陣**D**時，矩陣**A**的第 i 「橫列」便被乘以 d_{ii}，例如矩陣**A**的第 1 列，均被乘以 $d_{11}=5$ 時，由〔4，2，7〕變爲〔20，10，35〕。但是，將矩陣**A**「右乘」以對角線矩陣**D**時，矩陣**A**的第 j 「縱行」便被乘以 d_{jj}，例如矩陣**A**的第 3 行均被乘以 $d_{33}=-2$。

因此，要將某矩陣的列（或行）重新加以量尺化（rescale）時，便可使用這種乘法。

有時，我們希望矩陣**A**的列（或行）正好顚倒過來，或希望其中兩列（或兩行）彼此交換，也可應用上面「左乘影響列，右乘影響行」的[illegible]來達成目的。例如：

$$\mathbf{RA}=\begin{bmatrix}0&0&1\\0&1&0\\1&0&0\end{bmatrix}\begin{bmatrix}4&2&7\\3&1&6\\5&3&2\end{bmatrix}=\begin{bmatrix}5&3&2\\3&1&6\\4&2&7\end{bmatrix}$$

$$\mathbf{AC}=\begin{bmatrix}4&2&7\\3&1&6\\5&3&2\end{bmatrix}\begin{bmatrix}0&0&1\\0&1&0\\1&0&0\end{bmatrix}=\begin{bmatrix}7&2&4\\6&1&3\\2&3&5\end{bmatrix}$$

【練習】 想想看如果要使矩陣**A**的第2行和第3行交換，應該怎麼辦呢？

〔答〕 $$\mathbf{AC}=\begin{bmatrix}4&2&7\\3&1&6\\5&3&2\end{bmatrix}\begin{bmatrix}1&0&0\\0&0&1\\0&1&0\end{bmatrix}=\begin{bmatrix}4&7&2\\3&6&1\\5&2&3\end{bmatrix}$$

(8) **矩陣的連乘或轉置矩陣的連乘**　在算術和代數中常見的結合律 (associative law) 也可適用於矩陣的運算。在算術裏，(5×3)×4=15×4=60，5×(3×4)=5×12=60。在矩陣裏，情形也一樣。

$$(\mathbf{AB})\mathbf{C}=\mathbf{A}(\mathbf{BC})$$ 〔公式 1·1-7〕

例如：

$$\mathbf{A}=\begin{bmatrix}3&2\\1&-1\\-2&3\end{bmatrix},\quad \mathbf{B}=\begin{bmatrix}3&2\\0&1\end{bmatrix},\quad \mathbf{C}=\begin{bmatrix}2&1&0&-3\\1&3&-1&2\end{bmatrix}\text{時，}$$

$$(\mathbf{AB})\,\mathbf{C}=\begin{bmatrix}9&8\\3&1\\-6&-1\end{bmatrix}\begin{bmatrix}2&1&0&-3\\1&3&-1&2\end{bmatrix}=\begin{bmatrix}26&33&-8&-11\\7&6&-1&-7\\-13&-9&1&16\end{bmatrix}$$

$$\mathbf{A}\,(\mathbf{BC})=\begin{bmatrix}3&2\\1&-1\\-2&3\end{bmatrix}\begin{bmatrix}8&9&-2&-5\\1&3&-1&2\end{bmatrix}=\begin{bmatrix}26&33&-8&-11\\7&6&-1&-7\\-13&-9&1&16\end{bmatrix}$$

可見，兩種結合方式所得結果完全一樣。

其次，我們再來看看矩陣連乘積之轉置矩陣會變成怎樣？假定我們有下列矩陣**A**，**B**，和**C**，則：

$$\mathbf{ABC}=\begin{bmatrix}4&1\\3&2\end{bmatrix}\begin{bmatrix}2&-1\\0&3\end{bmatrix}\begin{bmatrix}0&1\\-3&0\end{bmatrix}=\begin{bmatrix}3&8\\-9&6\end{bmatrix}$$

$$(\mathbf{ABC})'=\begin{bmatrix}3 & -9\\ 8 & 6\end{bmatrix}$$

$$\mathbf{C'B'A'}=\begin{bmatrix}0 & -3\\ 1 & 0\end{bmatrix}\begin{bmatrix}2 & 0\\ -1 & 3\end{bmatrix}\begin{bmatrix}4 & 3\\ 1 & 2\end{bmatrix}=\begin{bmatrix}3 & -9\\ 8 & 6\end{bmatrix}=(\mathbf{ABC})'$$

這一個例子可以用來說明下列公式:

$$(\mathbf{AB})'=\mathbf{B'A'}$$

$$(\mathbf{ABC})'=\mathbf{C'B'A'} \qquad \text{〔公式 1·1-8〕}$$

亦即,「矩陣連乘積之轉置矩陣等於它們的轉置矩陣各以相反次序相乘時的積」。

(9) 分區矩陣的乘法　有時, 爲了方便, 我們可以將較大的矩陣分割爲幾個「次矩陣」(submatrices)。下面的矩陣 **A** 和 **B** 便是「分區矩陣」(partitioned matrix):

$$\mathbf{A}=\begin{bmatrix}\mathbf{A}_{11} & \mathbf{A}_{12}\\ \mathbf{A}_{21} & \mathbf{A}_{22}\end{bmatrix}=\left[\begin{array}{cc|cc}2 & 3 & 1 & 4\\ \hline 1 & 0 & 5 & -1\\ 3 & 2 & 1 & 3\end{array}\right]$$

$$\mathbf{B}=\begin{bmatrix}\mathbf{B}_{11} & \mathbf{B}_{12}\\ \mathbf{B}_{21} & \mathbf{B}_{22}\end{bmatrix}=\left[\begin{array}{c|c}1 & 3\\ 2 & 1\\ \hline 4 & 3\\ 0 & 5\end{array}\right]$$

分區矩陣的加法及乘法仍然遵循矩陣的加法及乘法之原則。例如, 上面分區矩陣**A**和**B**不能相加減, 但却可以相乘:

$$\mathbf{AB}=\begin{bmatrix}\mathbf{A}_{11} & \mathbf{A}_{12}\\ \mathbf{A}_{21} & \mathbf{A}_{22}\end{bmatrix}\begin{bmatrix}\mathbf{B}_{11} & \mathbf{B}_{12}\\ \mathbf{B}_{21} & \mathbf{B}_{22}\end{bmatrix} \qquad \text{〔公式 1·1-9〕}$$

$$
= \left[\begin{array}{cc|cc} 2 & 3 & 1 & 4 \\ \hline 1 & 0 & 5 & -1 \\ 3 & 2 & 1 & 3 \end{array}\right] \left[\begin{array}{c|c} 1 & 3 \\ 2 & 1 \\ \hline 4 & 3 \\ 0 & 5 \end{array}\right]
$$

這裏,

$$
\mathbf{A}_{11}\mathbf{B}_{11}+\mathbf{A}_{12}\mathbf{B}_{21}=[2 \quad 3]\begin{bmatrix}1\\2\end{bmatrix}+[1 \quad 4]\begin{bmatrix}4\\0\end{bmatrix}=12
$$

$$
\mathbf{A}_{11}\mathbf{B}_{12}+\mathbf{A}_{12}\mathbf{B}_{22}=[2 \quad 3]\begin{bmatrix}3\\1\end{bmatrix}+[1 \quad 4]\begin{bmatrix}3\\5\end{bmatrix}=32
$$

$$
\mathbf{A}_{21}\mathbf{B}_{11}+\mathbf{A}_{22}\mathbf{B}_{21}=\begin{bmatrix}1 & 0\\3 & 2\end{bmatrix}\begin{bmatrix}1\\2\end{bmatrix}+\begin{bmatrix}5 & -1\\1 & 3\end{bmatrix}\begin{bmatrix}4\\0\end{bmatrix}=\begin{bmatrix}21\\11\end{bmatrix}
$$

$$
\mathbf{A}_{21}\mathbf{B}_{12}+\mathbf{A}_{22}\mathbf{B}_{22}=\begin{bmatrix}1 & 0\\3 & 2\end{bmatrix}\begin{bmatrix}3\\1\end{bmatrix}+\begin{bmatrix}5 & -1\\1 & 3\end{bmatrix}\begin{bmatrix}3\\5\end{bmatrix}=\begin{bmatrix}13\\29\end{bmatrix}
$$

因此:

$$
\mathbf{AB} = \left[\begin{array}{c|c} 12 & 32 \\ \hline 21 & 13 \\ 11 & 29 \end{array}\right]
$$

這與 **A** 和 **B** 兩矩陣不加分隔，直接相乘，所得之結果完全一樣。這一點告訴我們：如果我們碰到很大的一個矩陣，現有的計算機的容量不足以處理時，我們便可將這個矩陣加以分隔，化爲幾個較小的次矩陣，然後分別處理，就可解決這一個困難了。

(10) 克羅尼克爾乘積　假使我們有一個 $n \times m$ 階矩陣 **A** 和一個 $p \times q$ 階矩陣 **B**，則我們可以將矩陣 **A** 的每一個元素分別乘以矩陣 **B**，最後得一個 $np \times mq$ 階矩陣 **C**。這個矩陣 **C** 便是矩陣 **A** 和 **B** 的

「克羅尼克爾乘積」(Kronecker product)。用公式表示之，則爲:

$$\mathbf{C}=\mathbf{A}\otimes\mathbf{B}=\begin{bmatrix} a_{11} & a_{12} & \cdots & a_{1m} \\ a_{21} & a_{22} & \cdots & a_{2m} \\ \vdots & \vdots & & \\ a_{n1} & a_{n2} & \cdots & a_{nm} \end{bmatrix}\otimes\mathbf{B}$$

$$=\left[\begin{array}{c|c|c|c} a_{11}\mathbf{B} & a_{12}\mathbf{B} & \cdots & a_{1m}\mathbf{B} \\ \hline a_{21}\mathbf{B} & a_{22}\mathbf{B} & \cdots & a_{2m}\mathbf{B} \\ \hline \vdots & & & \vdots \\ \hline a_{n1}\mathbf{B} & a_{n2}\mathbf{B} & \cdots & a_{nm}\mathbf{B} \end{array}\right]$$

〔公式 1·1-10〕

例如:　$\mathbf{A}=\begin{bmatrix} 3 & 2 & 4 \\ 0 & -5 & 1 \end{bmatrix}$　$\mathbf{B}=\begin{bmatrix} -1 & 0 \\ 2 & 1 \end{bmatrix}$ 時

$$\underset{4\times6}{\mathbf{C}}=\underset{2\times3}{\mathbf{A}}\otimes\underset{2\times2}{\mathbf{B}}=\left[\begin{array}{cc|cc|cc} -3 & 0 & -2 & 0 & -4 & 0 \\ 6 & 3 & 4 & 2 & 8 & 4 \\ \hline 0 & 0 & 5 & 0 & -1 & 0 \\ 0 & 0 & -10 & -5 & 2 & 1 \end{array}\right]$$

又如:　$\mathbf{I}_2\otimes\mathbf{1}_3=\begin{bmatrix} 1 & 0 \\ 0 & 1 \end{bmatrix}\otimes\begin{bmatrix} 1 \\ 1 \\ 1 \end{bmatrix}$

$$=\begin{bmatrix} 1 & 0 \\ 1 & 0 \\ 1 & 0 \\ 0 & 1 \\ 0 & 1 \\ 0 & 1 \end{bmatrix}$$

這一類的乘法在多變項變異數分析裏，將常被使用到，可特別加以留意。

(11) 矩陣與矩陣和的乘法　算術的分配律 (distributive law) 也可適用於矩陣的運算。在算術裏，3(4+5)=(3)(4)+(3)(5)，在矩陣的運算裏下式也是眞確：

$$\mathbf{A}(\mathbf{B}+\mathbf{C})=\mathbf{AB}+\mathbf{AC}$$

$$(\mathbf{B}+\mathbf{C})\mathbf{A}=\mathbf{BA}+\mathbf{CA} \qquad \text{〔公式 1·1·11〕}$$

【練習】　設 $\mathbf{A}=\begin{bmatrix}2 & -1\\ 3 & 0\\ 1 & 4\end{bmatrix}$，$\mathbf{B}=\begin{bmatrix}-1 & 3 & 1\\ 2 & -1 & 2\end{bmatrix}$，$\mathbf{C}=\begin{bmatrix}0 & 4 & -1\\ 1 & 3 & 2\end{bmatrix}$，

請檢驗上述兩個公式是否正確。

3. 除法　在算術裏，$24\div3=8$ 可改寫爲 $24\times\frac{1}{3}=8$。如果借用代數裏 $a\cdot a^{-1}=1$ 的慣例，這一個算術式子也可寫爲 $24\times3^{-1}=8$。

在矩陣的運算裏，也常使用這種慣例。因此，在矩陣的運算方面，事實上並沒有「矩陣除法」這一術語。在下節裏所討論的「反矩陣」便是用來表示除法的。

1·2　行列式和反矩陣的求法

行列式和反矩陣是多變項分析中常要使用到的矩陣代數。因此，接著我們便要討論如何來計算行列式和反矩陣。

(一) 行列式的計算方法　假使我們現在有一個方陣 $\mathbf{A}$，則方陣 $\mathbf{A}$ 的行列式將以 $|\mathbf{A}|$ 來代表。如果 $\mathbf{A}$ 是 $n\times n$ 階方陣，則 $|\mathbf{A}|$ 便是 n 階的行列式。例如：

$$\mathbf{A}=\begin{bmatrix}2 & 6 & 3\\5 & 1 & 7\\8 & 4 & 9\end{bmatrix},\ \text{則其行列式寫爲}\ |\mathbf{A}|=\begin{vmatrix}2 & 6 & 3\\5 & 1 & 7\\8 & 4 & 9\end{vmatrix}$$

行列式係代表一個方陣的行向量所構成之平行多面體的「容積」。在平面的情況下，它係代表兩個向量所構成的平行四邊形之「面積」(Finn, 1974, P.32)。由圖 1·2-1 及圖 1·2-2，可以看出向量、矩

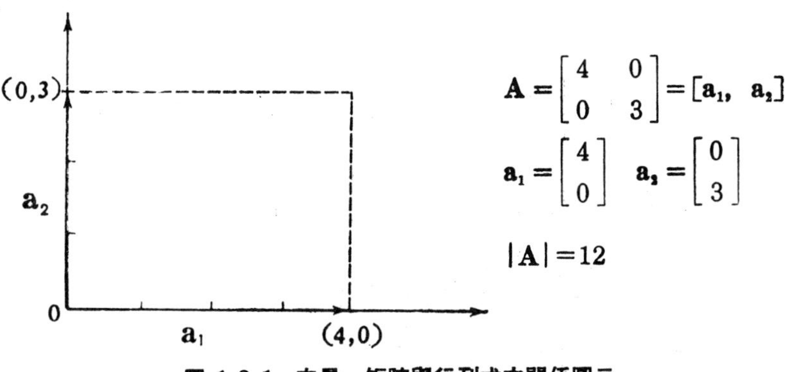

$$\mathbf{A}=\begin{bmatrix}4 & 0\\0 & 3\end{bmatrix}=[\mathbf{a}_1,\ \mathbf{a}_2]$$

$$\mathbf{a}_1=\begin{bmatrix}4\\0\end{bmatrix}\quad \mathbf{a}_2=\begin{bmatrix}0\\3\end{bmatrix}$$

$$|\mathbf{A}|=12$$

圖 1·2-1　向量、矩陣與行列式之關係圖示。

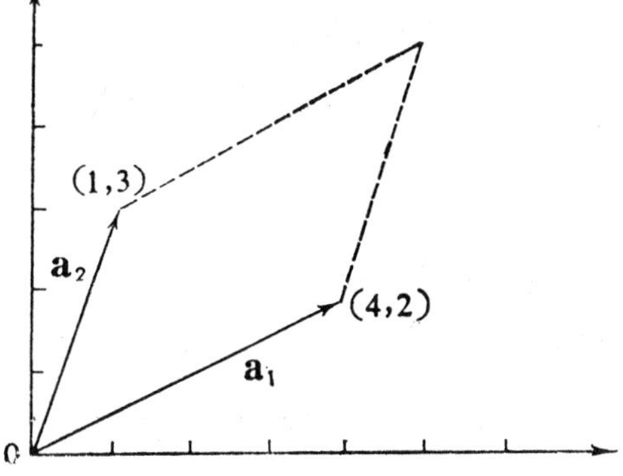

(1,3)
$\mathbf{a}_2$
(4,2)
$\mathbf{a}_1$
0

$$\mathbf{A}=\begin{bmatrix}4 & 1\\2 & 3\end{bmatrix}=[\mathbf{a}_1,\ \mathbf{a}_2]$$

$$\mathbf{a}_1=\begin{bmatrix}4\\2\end{bmatrix}\quad \mathbf{a}_2=\begin{bmatrix}1\\3\end{bmatrix}$$

$$|\mathbf{A}|=10$$

圖 1·2-2　向量、矩陣與行列式的關係圖示。

陣、和行列式三者的關係。在圖 1·2-1 裏，由向量 $\mathbf{a}_1$ 和 $\mathbf{a}_2$ 所構成之平行四邊形面積爲12；在圖 1·2-2裏，由向量 $\mathbf{a}_1$ 和 $\mathbf{a}_2$ 所構成之平行四邊形面積則爲10。所以，行列式係代表一個數值，因之除了某種特殊情形外，我們可以將此一數值求出來。矩陣則只說明了向量在空間上的關係罷了，並不能像行列式一樣求出一個數值出來。

一般說來，階數較小的行列式，可以用下面幾種方法求出其數值：

1. 求 2 階行列式時　其求法如公式 1·2-1 所示：

$$|\mathbf{A}| = \begin{vmatrix} a_{11} & a_{12} \\ a_{21} & a_{22} \end{vmatrix} = a_{11}a_{22} - a_{12}a_{21} \qquad \text{〔公式 1·2-1〕}$$

例如，當 $\mathbf{A} = \begin{bmatrix} 4 & 1 \\ 2 & 3 \end{bmatrix}$ 時，$|\mathbf{A}| = (4)(3) - (1)(2) = 12 - 2 = 10$

2. 求 3 階行列式時　其求法如公式 1·2-2 所示：

$$|\mathbf{A}| = \begin{vmatrix} a_{11} & a_{12} & a_{13} \\ a_{21} & a_{22} & a_{23} \\ a_{31} & a_{32} & a_{33} \end{vmatrix}$$

$$= a_{11}a_{22}a_{33} + a_{12}a_{23}a_{31} + a_{13}a_{21}a_{32}$$

$$- a_{13}a_{22}a_{31} - a_{12}a_{21}a_{33} - a_{11}a_{23}a_{32} \qquad \text{〔公式 1·2-2〕}$$

例如，

$$|\mathbf{A}| = \begin{vmatrix} 2 & 6 & 3 \\ 5 & 1 & 7 \\ 8 & 4 & 9 \end{vmatrix} = (2)(1)(9) + (6)(7)(8) + (3)(5)(4) - (3)(1)(8) - (6)(5)(9) - (2)(7)(4) = 64$$

3.「子式展開法」(expansion by minors)　當 $|\mathbf{A}|$ 爲 n 階行列式時，如果我們把它的第 i 列第 j 行所有元素去掉，則剩下的 $(n-1)$

階行列式，便是元素 a_{ij} 的「子式」(minor)，可用 $|\mathbf{M}_{ij}|$ 來表示。如果帶有正負號，亦即 $(-1)^{i+j}|\mathbf{M}_{ij}|$，就叫做 a_{ij} 的「餘因式」(cofactor)。例如：

$$\text{當}\ |\mathbf{A}| = \begin{vmatrix} 2 & 6 & 3 \\ 5 & 1 & 7 \\ 8 & 4 & 9 \end{vmatrix}\ \text{時}$$

$$a_{11}=2,\quad |\mathbf{M}_{11}| = \begin{vmatrix} 1 & 7 \\ 4 & 9 \end{vmatrix},\ \text{其餘因式爲}\ (-1)^{1+1}\begin{vmatrix} 1 & 7 \\ 4 & 9 \end{vmatrix} = \begin{vmatrix} 1 & 7 \\ 4 & 9 \end{vmatrix}$$

$$a_{12}=6,\quad |\mathbf{M}_{12}| = \begin{vmatrix} 5 & 7 \\ 8 & 9 \end{vmatrix},\ \text{其餘因式爲}\ (-1)^{1+2}\begin{vmatrix} 5 & 7 \\ 8 & 9 \end{vmatrix} = -\begin{vmatrix} 5 & 7 \\ 8 & 9 \end{vmatrix}$$

$$a_{13}=3,\quad |\mathbf{M}_{13}| = \begin{vmatrix} 5 & 1 \\ 8 & 4 \end{vmatrix},\ \text{其餘因式爲}\ (-1)^{1+3}\begin{vmatrix} 5 & 1 \\ 8 & 4 \end{vmatrix} = \begin{vmatrix} 5 & 1 \\ 8 & 4 \end{vmatrix}$$

此時，所謂子式展開法之步驟係如下所示：

$$|\mathbf{A}| = 2\begin{vmatrix} 1 & 7 \\ 4 & 9 \end{vmatrix} - 6\begin{vmatrix} 5 & 7 \\ 8 & 9 \end{vmatrix} + 3\begin{vmatrix} 5 & 1 \\ 8 & 4 \end{vmatrix}$$

$$= 2(9-28) - 6(45-56) + 3(20-8) = 64$$

所得的數值與使用上法所得到的完全一樣。

【練習】請用上面兩種方法求下式的行列式值：

$$|\mathbf{A}| = \begin{vmatrix} 2 & 1 & 4 \\ 6 & 3 & 8 \\ 5 & 7 & 1 \end{vmatrix}$$

〔答〕 $|\mathbf{A}| = 36$

4. 求 4 階行列式時　其求法所根據的原理也是一樣。此時，加在子式前面用以得到餘因式之正負號是這樣的：

$$\begin{matrix} + & - & + & - \\ - & + & - & + \\ + & - & + & - \\ - & + & - & + \end{matrix}$$

下面是 4 階行列式之求法的一個例子:

$$|\mathbf{A}|=\begin{vmatrix}5&0&1&3\\-3&-2&0&4\\2&0&7&2\\7&3&11&13\end{vmatrix}=5\begin{vmatrix}-2&0&4\\0&7&2\\3&11&13\end{vmatrix}-0\begin{vmatrix}-3&0&4\\2&7&2\\7&11&13\end{vmatrix}$$

$$+1\begin{vmatrix}-3&-2&4\\2&0&2\\7&3&13\end{vmatrix}-3\begin{vmatrix}-3&-2&0\\2&0&7\\7&3&11\end{vmatrix}$$

$$=(5)(-222)-0+(1)(66)-(3)(9)=-1071$$

5. 行列式的階數在 5 階以上時　其求法變得愈來愈複雜。因此必須用其他較特別的方法來計算纔行。這些特殊算法，由於數學上的理由，還不宜在這兒提到。在下面的討論裏，我們將隨時碰到行列式的特殊算法，尤其是公式 1•2-9 和公式 2•4-5，請隨時加以留意（參看 Finn, 1974, p.39, p.50, p.338; Tatsuoka, 1971, p.254; Bock, 1975, p.62)。

（二）反矩陣的求法　有了行列式的基本概念後，便可討論反矩陣了。前面說過，在矩陣代數裏，矩陣除法係用「反矩陣」(inverse matrix) 的方式來表達，就如同以 24×3^{-1} 來代替 $24\div3$ 一樣。

設 **A** 是一個方陣，則方陣 **A** 的反矩陣要以 $\mathbf{A}^{-1}$ 來代表。方陣 **A** 的反矩陣必須能够合乎下列的條件:

$$\mathbf{AA}^{-1}=\mathbf{A}^{-1}\mathbf{A}=\mathbf{I}\qquad\text{〔公式 1•2-3〕}$$

換言之，不管將方陣 **A** 右乘或左乘以其反矩陣 $\mathbf{A}^{-1}$，均須能得到同階的單元矩陣 **I**。在算完反矩陣之後，我們必須用公式 1•2-3 來驗算是否計算正確。

求反矩陣的方法很多，這裏只討論我們較常用的幾種。

1. 利用伴隨矩陣的求法　如果矩陣 **C** 是矩陣 **A** 之餘因式所構成的矩陣，亦即矩陣 **A** 之「伴隨矩陣」(adjoint matrix)，則矩陣 **A** 的反矩陣的求法係如下所示：

$$\mathbf{A}^{-1}=\frac{\mathbf{C}'}{|\mathbf{A}|} \qquad \text{〔公式 1·2-4〕}$$

這裏，$\mathbf{C}'$ 是 $\mathbf{C}$ 的轉置矩陣，而行列式 $|\mathbf{A}|$ 不能爲 0。

例如：

$$\text{當 } \mathbf{A}=\begin{bmatrix} 6 & 3 & 7 \\ 1 & 4 & 0 \\ 5 & 2 & 8 \end{bmatrix} \text{ 時，}$$

$$|\mathbf{A}|=6\begin{vmatrix} 4 & 0 \\ 2 & 8 \end{vmatrix}-3\begin{vmatrix} 1 & 0 \\ 5 & 8 \end{vmatrix}+7\begin{vmatrix} 1 & 4 \\ 5 & 2 \end{vmatrix}=42$$

$$\mathbf{C}=\begin{bmatrix} \begin{vmatrix} 4 & 0 \\ 2 & 8 \end{vmatrix} & -\begin{vmatrix} 1 & 0 \\ 5 & 8 \end{vmatrix} & \begin{vmatrix} 1 & 4 \\ 5 & 2 \end{vmatrix} \\ -\begin{vmatrix} 3 & 7 \\ 2 & 8 \end{vmatrix} & \begin{vmatrix} 6 & 7 \\ 5 & 8 \end{vmatrix} & -\begin{vmatrix} 6 & 3 \\ 5 & 2 \end{vmatrix} \\ \begin{vmatrix} 3 & 7 \\ 4 & 0 \end{vmatrix} & -\begin{vmatrix} 6 & 7 \\ 1 & 0 \end{vmatrix} & \begin{vmatrix} 6 & 3 \\ 1 & 4 \end{vmatrix} \end{bmatrix}=\begin{bmatrix} 32 & -8 & -18 \\ -10 & 13 & 3 \\ -28 & 7 & 21 \end{bmatrix}$$

將矩陣 **C** 轉置後，與 $|\mathbf{A}|$ 之值一併代入公式 1·2-4，即得：

$$\mathbf{A}^{-1}=\mathbf{C}'/|\mathbf{A}|=\begin{bmatrix} 32 & -10 & -28 \\ -8 & 13 & 7 \\ -18 & 3 & 21 \end{bmatrix}\times\frac{1}{42}$$

$$=\begin{bmatrix} .7619 & -.2381 & -.6667 \\ -.1905 & .3095 & .1667 \\ -.4286 & .0714 & .5000 \end{bmatrix}$$

現在，我們可以將此一計算結果代入公式 1·2-3 以驗算是否正確：

$$\mathbf{AA}^{-1}=\begin{bmatrix}6 & 3 & 7\\1 & 4 & 0\\5 & 2 & 8\end{bmatrix}\begin{bmatrix}32 & -10 & -28\\-8 & 13 & 7\\-18 & 3 & 21\end{bmatrix}\times\frac{1}{42}$$

$$=\begin{bmatrix}42 & 0 & 0\\0 & 42 & 0\\0 & 0 & 42\end{bmatrix}\times\frac{1}{42}=\begin{bmatrix}1 & 0 & 0\\0 & 1 & 0\\0 & 0 & 1\end{bmatrix}=\mathbf{I}$$

$$\mathbf{A}^{-1}\mathbf{A}=\frac{1}{42}\begin{bmatrix}32 & -10 & -28\\-8 & 13 & 7\\-18 & 3 & 21\end{bmatrix}\begin{bmatrix}6 & 3 & 7\\1 & 4 & 0\\5 & 2 & 8\end{bmatrix}$$

$$=\frac{1}{42}\begin{bmatrix}42 & 0 & 0\\0 & 42 & 0\\0 & 0 & 42\end{bmatrix}=\begin{bmatrix}1 & 0 & 0\\0 & 1 & 0\\0 & 0 & 1\end{bmatrix}=\mathbf{I}$$

由此可見，我們的計算是正確的。

【練習】請算算看下列矩陣的反矩陣:

$$\mathbf{B}=\begin{bmatrix}3 & 4 & 1\\2 & 6 & 3\\8 & 1 & 2\end{bmatrix}\qquad \text{〔答〕}\ \mathbf{B}^{-1}=\frac{1}{61}\begin{bmatrix}9 & -7 & 6\\20 & -2 & -7\\-46 & 29 & 10\end{bmatrix}$$

至於 2×2 階矩陣時，求反矩陣的方法也與上法一樣:

設 $\mathbf{A}=\begin{bmatrix}a_{11} & a_{12}\\a_{21} & a_{22}\end{bmatrix}$，則 2×2 矩陣之反矩陣求法爲:

$$\mathbf{A}^{-1}=\mathbf{C}'/|\mathbf{A}|=\begin{bmatrix}a_{22} & -a_{12}\\-a_{21} & a_{11}\end{bmatrix}\Big/|\mathbf{A}| \qquad \text{〔公式 1·2-5〕}$$

例如:

$$\mathbf{A}=\begin{bmatrix}7 & 8\\5 & 6\end{bmatrix}\text{時,}\ \mathbf{A}^{-1}=\begin{bmatrix}6 & -8\\-5 & 7\end{bmatrix}\Big/2=\begin{bmatrix}3.0 & -4.0\\-2.5 & 3.5\end{bmatrix}$$

$$\text{而 } \mathbf{AA}^{-1}=\begin{bmatrix}7 & 8\\5 & 6\end{bmatrix}\begin{bmatrix}3.0 & -4.0\\-2.5 & 3.5\end{bmatrix}=\begin{bmatrix}1 & 0\\0 & 1\end{bmatrix}=\mathbf{I}$$

如果是「對角線矩陣」，則其反矩陣之求法更簡單。換言之，只要把對角線矩陣 **D** 不是 0 的元素都改爲其倒數便可以了。例如：

$$\mathbf{D}=\begin{bmatrix}4 & 0 & 0\\0 & 2 & 0\\0 & 0 & 25\end{bmatrix}\text{ 時，}$$

$$\mathbf{D}^{-1}=\begin{bmatrix}\frac{1}{4} & 0 & 0\\0 & \frac{1}{2} & 0\\0 & 0 & \frac{1}{25}\end{bmatrix}=\begin{bmatrix}.25 & 0 & 0\\0 & .50 & 0\\0 & 0 & .04\end{bmatrix}$$

您可驗算 $\mathbf{D}^{-1}\mathbf{D}=\mathbf{DD}^{-1}=\mathbf{I}$ 是否正確。

到此，我們可以暫時停下來，看看公式 1·2-6 所描述的反矩陣的性質：

$$(\mathbf{ABC})^{-1}=\mathbf{C}^{-1}\mathbf{B}^{-1}\mathbf{A}^{-1} \qquad \text{〔公式 1·2-6〕}$$

由下面所舉的例子，可以很容易的看出這公式的意義：

$$\text{當 } \mathbf{ABC}=\begin{bmatrix}4 & 1\\3 & 2\end{bmatrix}\begin{bmatrix}2 & -1\\0 & 3\end{bmatrix}\begin{bmatrix}0 & 1\\-3 & 0\end{bmatrix}=\begin{bmatrix}3 & 8\\-9 & 6\end{bmatrix}$$

$$\text{則 } (\mathbf{ABC})^{-1}=\begin{bmatrix}3 & 8\\-9 & 6\end{bmatrix}^{-1}=\begin{bmatrix}6 & -8\\9 & 3\end{bmatrix}\Big/90$$

$$\text{而 } \mathbf{C}^{-1}\mathbf{B}^{-1}\mathbf{A}^{-1}=\begin{bmatrix}0 & 1\\-3 & 0\end{bmatrix}^{-1}\begin{bmatrix}2 & -1\\0 & 3\end{bmatrix}^{-1}\begin{bmatrix}4 & 1\\3 & 2\end{bmatrix}^{-1}$$

$$=\begin{bmatrix}0 & -1\\3 & 0\end{bmatrix}\begin{bmatrix}3 & 1\\0 & 2\end{bmatrix}\begin{bmatrix}2 & -1\\-3 & 4\end{bmatrix}\Big/3\times6\times5$$

$$=\begin{bmatrix} 6 & -8 \\ 9 & 3 \end{bmatrix} \Big/ 90$$

用本例驗證公式 1·2-6 的結果，等號兩邊是相等的。

2. 利用「列運算」的求法 這種求反矩陣的方法就是大家所熟知的「高斯法」(Gauss′ method)。在高斯法裏，我們可能要用到「基本列運算」(elementary row operation) 的三種型式的運算：

第一型：矩陣**A**的兩列互換，亦即，將矩陣**A**左乘以下例之型式的基本矩陣。

$$\mathbf{E}_{\mathrm{I}}=\begin{pmatrix} 0 & 1 & 0 & \cdots & 0 \\ 1 & 0 & 0 & \cdots & 0 \\ 0 & 0 & 1 & \cdots & 0 \\ \cdot & \cdot & \cdot & \cdots & \cdot \\ 0 & 0 & 0 & \cdots & 1 \end{pmatrix},\ \text{例如}\underset{\mathbf{E}_{\mathrm{I}}}{\begin{bmatrix} 0 & 1 & 0 \\ 1 & 0 & 0 \\ 0 & 0 & 1 \end{bmatrix}}\underset{\mathbf{A}}{\begin{bmatrix} 1 & 3 & 2 \\ 8 & 5 & 6 \\ 7 & 4 & 9 \end{bmatrix}}=\begin{bmatrix} 8 & 5 & 6 \\ 1 & 3 & 2 \\ 7 & 4 & 9 \end{bmatrix}$$

第二型：把矩陣**A**的某列乘以某一常數，亦即將矩陣**A**左乘以下例之型式的基本矩陣。

$$\mathbf{E}_{\mathrm{II}}=\begin{pmatrix} 1 & 0 & 0 & \cdots & 0 \\ 0 & S & 0 & \cdots & 0 \\ 0 & 0 & 1 & \cdots & 0 \\ \cdot & \cdot & \cdot & \cdots & \cdot \\ 0 & 0 & 0 & \cdots & 1 \end{pmatrix},\ \text{例如}\underset{\mathbf{E}_{\mathrm{II}}}{\begin{bmatrix} 1 & 0 & 0 \\ 0 & 3 & 0 \\ 0 & 0 & 1 \end{bmatrix}}\underset{\mathbf{A}}{\begin{bmatrix} 1 & 3 & 2 \\ 8 & 5 & 6 \\ 7 & 4 & 9 \end{bmatrix}}=\begin{bmatrix} 1 & 3 & 2 \\ 24 & 15 & 18 \\ 7 & 4 & 9 \end{bmatrix}$$

第三型：將矩陣**A**的某一列乘以某一常數，然後把它加在矩陣**A**的另一列上，亦即將矩陣**A**左乘如下例型式之基本矩陣。

$$\mathbf{E}_{\mathrm{III}}=\begin{pmatrix} 1 & 0 & 0 & \cdots & 0 \\ S & 1 & 0 & \cdots & 0 \\ 0 & 0 & 1 & \cdots & 0 \\ \cdot & \cdot & \cdot & \cdots & \cdot \\ 0 & 0 & 0 & \cdots & 1 \end{pmatrix},\ \text{例如}\underset{\mathbf{E}_{\mathrm{III}}}{\begin{bmatrix} 1 & 0 & 0 \\ 3 & 1 & 0 \\ 0 & 0 & 1 \end{bmatrix}}\underset{\mathbf{A}}{\begin{bmatrix} 1 & 3 & 2 \\ 8 & 5 & 6 \\ 7 & 4 & 9 \end{bmatrix}}=\begin{bmatrix} 1 & 3 & 2 \\ 11 & 14 & 12 \\ 7 & 4 & 9 \end{bmatrix}$$

（請參看 Bock, 1975, p.40; Timm, 1975, p.40; Mendenhall, 1973, p.118）

所謂列運算，如表 1•2-1 所示，是同時將 $n \times n$ 方陣 **A** 和單元矩陣 **I** 並列，然後對 **A** 和 **I** 的「同一列」進行一連串的基本列運算，使矩陣 **A** 到最後變爲單元矩陣 **I**，而單元矩陣 **I** 終於變爲反矩陣 $\mathbf{A}^{-1}$ 的方法。爲了驗算方便起見，表 1•2-1 最右端多加「驗算」一欄，事實上是各列的總和。由表 1•2-1 可以看出：至步驟 ⑳ 爲「順向解法」(forward solution)，亦卽自左而右，設法使對角線左下各元素均變爲 0，對角線各元素均變爲 1。自步驟㉑起到最後，爲「反向解法」

表 1•2-1　反矩陣的計算（高斯法）

步驟	過　程	矩	陣	A		矩	陣		I	驗算
①	〔A ¦ I ¦ sum〕	1	1	1	1	1	0	0	0	5
②		1	2	4	8	0	1	0	0	16
③		1	3	9	27	0	0	1	0	41
④		1	4	16	64	0	0	0	1	86
⑤	①	1	1	1	1	1	0	0	0	5
⑥	②−①	0	1	3	7	−1	1	0	0	11
⑦	③−①	0	2	8	26	−1	0	1	0	36
⑧	④−①	0	3	15	63	−1	0	0	1	81
⑨	⑤	1	1	1	1	1	0	0	0	5
⑩	⑥	0	1	3	7	−1	1	0	0	11
⑪	⑦−2×⑥	0	0	2	12	1	−2	1	0	14
⑫	⑧−3×⑥	0	0	6	42	2	−3	0	1	48
⑬	⑨	1	1	1	1	1	0	0	0	5
⑭	⑩	0	1	3	7	−1	1	0	0	11
⑮	⑪	0	0	2	12	1	−2	1	0	14
⑯	⑫−3×⑪	0	0	0	6	−1	3	−3	1	6

(續)

⑰	⑬	1	1	1	1	1	0	0	0	5
⑱	⑭	0	1	3	7	−1	1	0	0	11
⑲	⑮$\times\frac{1}{2}$	0	0	1	6	$\frac{1}{2}$	−1	$\frac{1}{2}$	0	7
⑳	⑯$\times\frac{1}{6}$	0	0	0	1	$-\frac{1}{6}$	$\frac{1}{2}$	$-\frac{1}{2}$	$\frac{1}{6}$	1
㉑	⑰−⑳	1	1	1	0	$\frac{7}{6}$	$-\frac{1}{2}$	$\frac{1}{2}$	$-\frac{1}{6}$	4
㉒	⑱−7×⑳	0	1	3	0	$\frac{1}{6}$	$-\frac{5}{2}$	$\frac{7}{2}$	$-\frac{7}{6}$	4
㉓	⑲−6×⑳	0	0	1	0	$\frac{3}{2}$	−4	$\frac{7}{2}$	−1	1
㉔	⑳	0	0	0	1	$-\frac{1}{6}$	$\frac{1}{2}$	$-\frac{1}{2}$	$\frac{1}{6}$	1
㉕	㉑−㉓	1	1	0	0	$-\frac{1}{3}$	$\frac{7}{2}$	−3	$\frac{5}{6}$	3
㉖	㉒−3×㉓	0	1	0	0	$-\frac{13}{3}$	$\frac{19}{2}$	−7	$\frac{11}{6}$	1
㉗	㉓	0	0	1	0	$\frac{3}{2}$	−4	$\frac{7}{2}$	−1	1
㉘	㉔	0	0	0	1	$-\frac{1}{6}$	$\frac{1}{2}$	$-\frac{1}{2}$	$\frac{1}{6}$	1
㉙	㉕−㉖	1	0	0	0	4	−6	4	−1	2
㉚		0	1	0	0	$-\frac{13}{3}$	$\frac{19}{2}$	−7	$\frac{11}{6}$	1
㉛	〔$\mathbf{I} \mid \mathbf{A}^{-1} \mid$ sum〕	0	0	1	0	$\frac{3}{2}$	−4	$\frac{7}{2}$	−1	1
㉜		0	0	0	1	$-\frac{1}{6}$	$\frac{1}{2}$	$-\frac{1}{2}$	$\frac{1}{6}$	1

(backward solution)，亦即自右而左，使對角線右上各元素均變爲0，直到終於出現單元矩陣 **I** 爲止。此時單元矩陣右端的 $n\times n$ 矩陣便是矩陣 **A** 的反矩陣 $\mathbf{A}^{-1}$。如果用計算機計算，則:

$$
當\ \mathbf{A}=\begin{bmatrix} 1 & 1 & 1 & 1 \\ 1 & 2 & 4 & 8 \\ 1 & 3 & 9 & 27 \\ 1 & 4 & 16 & 64 \end{bmatrix}時,
$$

$$
\mathbf{A}^{-1}=\begin{bmatrix} 4.0000 & -6.0000 & 4.0000 & -1.0000 \\ -4.3333 & 9.5000 & -7.0000 & 1.8333 \\ 1.5000 & -4.0000 & 3.5000 & -1.0000 \\ -0.1667 & 0.5000 & -0.5000 & 0.1667 \end{bmatrix}
$$

如果您願意的話，可以驗算是不是 $\mathbf{AA}^{-1}=\mathbf{A}^{-1}\mathbf{A}=\mathbf{I}$。

3. 高斯-朱爾登法　用手和桌上型計算機計算時，上述列運算法較爲適用。但是一般高速電算機，則須使用高斯-朱爾登法（Gauss-Jordan method）。依著筆者的經驗，即使只用桌上型計算機幫助，這一個方法也可以很有效率的算出反矩陣來。

使用高斯-朱爾登法時，要使用到下列公式（Bock, 1975, p.46）:

$$a_{jj}^{(i+1)}=\frac{1}{a_{jj}^{(i)}} \qquad \text{〔公式 1·2-7a〕}$$

$$a_{jl}^{(i+1)}=\frac{a_{jl}^{(i)}}{a_{jj}^{(i)}} \qquad l\neq j \qquad \text{〔公式 1·2-7b〕}$$

$$a_{kj}^{(i+1)}=-\frac{a_{kj}^{(i)}}{a_{jj}^{(i)}} \qquad k\neq j \qquad \text{〔公式 1·2-7c〕}$$

$$a_{kl}^{(i+1)}=a_{kl}^{(i)}-\frac{a_{kj}^{(i)}\,a_{jl}^{(i)}}{a_{jj}^{(i)}}\ k\neq l\neq j \qquad \text{〔公式 1·2-7d〕}$$

在計算過程中，我們要使用這些公式，將第（i）階段的元素化爲第（$i+1$）階段的元素。公式 1·2-7 的含義是這樣的:

（a）凡是「樞軸點」（pivot）元素，均須取其倒數。

（b）將「樞軸列」（pivotal row）元素，除以樞軸點元素。

(c) 將「樞軸行」(pivotal column) 元素，除以樞軸點元素，其商須改變正負號。

(d) 自「樞軸外」元素減去「與此元素相對應之樞軸列元素與行元素的積，除以樞軸點元素所得的商」。

每一階段的計算都要取矩陣主對角線的最大數值爲樞軸點元素。在 n 次這類的運算後，亦卽，每一列和行均各有一次被選作樞軸點元素之後，原來的矩陣便改變而爲其反矩陣。下面是這種計算過程的實例:

假定我們要計算下列原矩陣 $\mathbf{A}^{(0)}$ 的反矩陣。

$$\mathbf{A}^{(0)}=\left[\begin{array}{c|c|cc} 6.4570 & 2.8248 & 2.6712 & 2.5704 \\ \hline 3.4912 & 12.1606 & 4.1503 & 6.1378 \\ \hline 2.4961 & 4.8126 & 4.9151 & 3.2634 \\ 3.7817 & 5.6427 & 3.8276 & 8.1125 \end{array}\right]$$

$$\mathbf{A}^{(1)}=\left[\begin{array}{c|ccc} 5.646025 & -.232291 & 1.707122 & 1.144643 \\ \hline .287091 & .082233 & .341291 & .504728 \\ 1.114445 & -.395753 & 3.272604 & .834344 \\ 2.161731 & -.464015 & 1.901799 & 5.264469 \end{array}\right]$$

階段 1：因爲矩陣 $\mathbf{A}^{(0)}$ 主對角線元素以 12.1606 爲最大，所以我們選它爲樞軸點元素。它是矩陣 $\mathbf{A}^{(0)}$ 的第 2 列第 2 行元素，亦卽 $a^{(0)}{}_{22}$。爲了淸楚起見，可以用直線如所示那樣標示出來。然後，根據公式 1·2-7 計算矩陣 $\mathbf{A}^{(1)}$ 的各元素:

(樞軸點元素)　$$a_{22}^{(1)}=\frac{1}{a_{22}^{(0)}}=\frac{1}{12.1606}=.082233$$

(樞軸列元素)　$$a_{21}^{(1)}=\frac{a_{21}^{(0)}}{a_{22}^{(0)}}=\frac{3.4912}{12.1606}=.287091$$

$$a_{23}^{(1)}=\frac{a_{23}^{(0)}}{a_{22}^{(0)}}=\frac{4.1503}{12.1606}=.341291$$

$$a_{24}^{(1)}=\frac{a_{24}^{(0)}}{a_{22}^{(0)}}=\frac{6.1378}{12.1606}=.504728$$

（樞軸行元素）
$$a_{12}^{(1)}=-\frac{a_{12}^{(0)}}{a_{22}^{(0)}}=-\frac{2.8248}{12.1606}=-.232291$$

$$a_{32}^{(1)}=-\frac{a_{32}^{(0)}}{a_{22}^{(0)}}=-\frac{4.8126}{12.1606}=-.395753$$

（如此類推）

（樞軸外元素）
$$a_{11}^{(1)}=a_{11}^{(0)}-\frac{a_{12}^{(0)}a_{21}^{(0)}}{a_{22}^{(0)}}=6.4570-\frac{(2.8248)(3.4912)}{12.1606}$$
$$=5.646025$$

$$a_{13}^{(1)}=a_{13}^{(0)}-\frac{a_{12}^{(0)}a_{23}^{(0)}}{a_{22}^{(0)}}=2.6712-\frac{(2.8248)(4.1503)}{12.1606}$$
$$=1.707122$$

$$a_{31}^{(1)}=a_{31}^{(0)}-\frac{a_{32}^{(0)}a_{21}^{(0)}}{a_{22}^{(0)}}=2.4961-\frac{(4.8126)(3.4912)}{12.1606}$$
$$=1.114445$$

$$a_{33}^{(1)}=a_{33}^{(0)}-\frac{a_{32}^{(0)}a_{23}^{(0)}}{a_{22}^{(0)}}=4.9151-\frac{(4.8126)(4.1503)}{12.1606}$$
$$=3.272604$$

（如此類推）

階段 2：像這樣我們可求得矩陣 $\mathbf{A}^{(1)}$。因爲矩陣 $\mathbf{A}^{(1)}$ 的主對角線元素最大者爲5.646025，所以在階段 2 裏，我們要以它爲樞軸點元素，並如所示用直線標示出來。再用公式 1·2-7 處理矩陣 $\mathbf{A}^{(1)}$，便可得到如下所示的矩陣 $\mathbf{A}^{(2)}$：

$$\mathbf{A}^{(2)}=\left[\begin{array}{ccc|c} .177116 & -.041142 & .302358 & .202734 \\ -.050848 & .094045 & .254487 & .446525 \\ -.197386 & -.349902 & 2.935643 & .608408 \\ \hline -.382877 & -.375076 & 1.248182 & 4.826212 \end{array}\right]$$

階段 3：再以矩陣 $\mathbf{A}^{(2)}$ 的 4.826212 爲樞軸點元素，便可求得下列矩陣 $\mathbf{A}^{(3)}$。

$$\mathbf{A}^{(3)}=\left[\begin{array}{cc|c|c} .193199 & -.025386 & .249926 & -.042007 \\ -.015424 & .128747 & .139004 & -.092521 \\ \hline -.149112 & -.302619 & 2.778293 & -.126063 \\ \hline -.079333 & -.077716 & .258626 & .207202 \end{array}\right]$$

階段 4：最後，我們要 2.778293 爲樞軸點元素，因爲它是唯一還沒輪到當樞軸點元素之列和行的主對角線元素。結果，我們可以得下列的矩陣 $\mathbf{A}^{(4)}$，它便是我們所要求得的反矩陣。

$$\mathbf{A}^{(4)}=\mathbf{A}^{-1}=\begin{bmatrix} .206613 & .001837 & -.089957 & -.030667 \\ -.007964 & .143888 & -.050032 & -.086214 \\ -.053670 & -.108923 & .359933 & -.045374 \\ -.065454 & -.049546 & -.093088 & .218937 \end{bmatrix}$$

【練習】 請利用列運算法和高斯-朱爾登法求下列 **A** 矩陣的反矩陣:

$$\mathbf{A}=\begin{bmatrix} 2 & 1 & -1 & 2 \\ 1 & 3 & 2 & -3 \\ -1 & 2 & 1 & -1 \\ 2 & -3 & -1 & 4 \end{bmatrix}$$

$$〔答〕\ \mathbf{A}^{-1}=\frac{1}{18}\begin{bmatrix} 2 & 5 & -7 & 1 \\ 5 & -1 & 5 & -2 \\ -7 & 5 & 11 & 10 \\ 1 & -2 & 10 & 5 \end{bmatrix}$$

4. 利用柯勒斯基因式分解法求反矩陣　在第 1·1 節裏討論 **XX′** 或 **X′X** 之類的格拉姆矩陣時曾經說過，在多變數分析裏，我們將常看到 $n\times n$ 階對稱方陣（例如變異數-共變數矩陣）。這種 $n\times n$ 階對稱方陣可以用「柯勒斯基因式分解法」(Cholesky factorization)，或稱「平方根法」(square root factoring)，來將此一矩陣分解為一個三角矩陣與其轉置矩陣之積，亦即：

$$\mathbf{A}=\mathbf{T}\mathbf{T}' \qquad 〔公式1·2\text{-}8〕$$

這三角矩陣除了其本身的用途之外，還可用來求矩陣 **A** 的行列式 $|\mathbf{A}|$ 和反矩陣 $\mathbf{A}^{-1}$。其公式為：

$$|\mathbf{A}|=|\mathbf{T}|^2=\prod_{j=1}^{n}t_{jj}^2 \qquad 〔公式\ 1·2\text{-}9〕$$

$$\mathbf{A}^{-1}=(\mathbf{T}^{-1})'\,\mathbf{T}^{-1} \qquad 〔公式\ 1·2\text{-}10〕$$

公式 1·2-9 是說：三角矩陣 **T** 主對角線各元素之平方的「積和」（用 $\prod$ 表示）便是矩陣 **A** 的行列式值。公式 1·2-10 是由公式 1·2-8 推出來的。

下面要利用表 1·2-2 來說明這種求反矩陣的方法（請參看 Finn, 1974, pp.37-44；Harman, 1960, pp.38-43；Bock, 1975, pp.82-89；Timm, 1975, pp.74-76）。這種方法特別重要，敬請多加注意。

現在假定我們有下列 4×4 對稱方陣 **A**：

$$\mathbf{A}=\begin{bmatrix} 4 & 10 & 30 & 100 \\ 10 & 30 & 100 & 354 \\ 30 & 100 & 354 & 1300 \\ 100 & 354 & 1300 & 4890 \end{bmatrix}, \qquad \mathbf{X}=\begin{bmatrix} 1 & 1 & 1 & 1 \\ 1 & 2 & 4 & 8 \\ 1 & 3 & 9 & 27 \\ 1 & 4 & 16 & 64 \end{bmatrix}$$

因 $\mathbf{A}=\mathbf{X}'\mathbf{X}$, 所以是對稱方陣, 而且各元素均沒有負的。我們要將矩陣$\mathbf{A}$分解為 $\mathbf{TT}'$, 並求出 $|\mathbf{A}|$ 和 $\mathbf{A}^{-1}$, 所以目的是多重的。

由表 1•2-2 可以看出: 表的上部分係表示對稱矩陣 $\mathbf{A}$ 和單元矩陣 $\mathbf{I}$; 中間部分是我們所要求得的三角矩陣 $\mathbf{T}$ 的轉置矩陣 $\mathbf{T}'$ 和反矩陣 $\mathbf{T}^{-1}$; 而下面部分就是單元矩陣 $\mathbf{I}$ 和最後所求出的反矩陣 $\mathbf{A}^{-1}$。表下是$\mathbf{A}$的行列式值。因之, 計算的步驟可分下列三個階段來說明。

(1) 階段一: 要先將對稱矩陣$\mathbf{A}$列在表的上部分, 並如表 1•2-2 所示, 在 $\mathbf{A}$ 的左邊寫上單元矩陣 $\mathbf{I}$ 。

(2) 階段二: 用下列公式 1•2-10 求三角矩陣 $\mathbf{T}'$ 和$\mathbf{T}^{-1}$, 所得結果如表 1•2-2 所示, 寫在表的中間部分。所須用的公式是這樣的:

第 1 列:

$$t'_{11}=\sqrt{a_{11}} \qquad t'_{1j}=\frac{a_{1j}}{t'_{11}} \qquad (t^{-1})_{11}=\frac{1}{t'_{11}}$$

第 i 列:

$$t'_{ii}=\sqrt{a_{ii}-\sum_{k=1}^{i-1} t^2_{ki}} \qquad \text{(公式 1•2-10)}$$

$$t'_{ij}=\frac{a_{ij}-\sum_{k=1}^{i-1} t'_{ki}\, t'_{kj}}{t'_{ii}}$$

$$(t^{-1})_{ij}=\frac{i_{ij}-\sum_{k=1}^{i-1} t'_{ki}(t^{-1})_{kj}}{t'_{ii}}$$

表 1·2-2 平方根法求反矩陣、三角矩陣及行列式值 (Cholesky 法)

矩	陣	i	j: 1	2	3	4	1	2	3	4
A	**I**	1	4	10	30	100	1	0	0	0
		2		30	100	354	0	1	0	0
		3			354	1300	0	0	1	0
		4	(對稱)			4890	0	0	0	1
T′	$\mathbf{T}^{-1}$	1	2	5	15	50	.500000	0	0	0
		2	0	2.236068	11.180339	46.510213	−1.118034	.447214	0	0
		3	0	0	2.000005	14.999992	2.499993	−2.499996	.499999	0
		4	0	0	0	1.341767	−7.825409	12.446201	−5.589630	.745286
I	$\mathbf{A}^{-1}$	1					68.986991	−104.146580	44.991134	−5.832168
		2						161.357890	−70.819653	9.275979
		3							31.493962	−4.165873
		4					(對稱)			.555451

$|\mathbf{A}| = (2\times 2.236068\times 2.000005\times 1.341767)^2 = 144.027790$

$$(t^{-1})_{ii}=\frac{1}{t'_{ii}}$$

下面是表 1·2-2 的實際計算。也許您將會發覺：看這些實際計算反而比代入公式 1·2-10 爲容易發現所隱含的規則。

第 1 列：

$$t'_{11}=\sqrt{4}=2 \quad t'_{12}=\frac{10}{2}=5 \quad t'_{13}=\frac{30}{2}=15 \quad t'_{14}=\frac{100}{2}=50$$

$$(t^{-1})_{11}=\frac{1}{2}=.500000$$

第 2 列：

$$t'_{22}=\sqrt{30-(5)^2}=2.236068$$

$$t'_{23}=\frac{100-(5)(15)}{2.236068}=11.180339$$

$$t'_{24}=\frac{354-(5)(50)}{2.236068}=46.510213$$

$$(t^{-1})_{21}=\frac{0-(5)(.500000)}{2.236068}=-1.118034$$

$$(t^{-1})_{22}=\frac{1}{2.236068}=.447214$$

第 3 列：

$$t'_{33}=\sqrt{354-(15)^2-(11.180339)^2}=2.000005$$

$$t'_{34}=\frac{1300-(15)(50)-(11.180339)(46.510213)}{2.000005}=14.999992$$

$$(t^{-1})_{31}=\frac{0-(15)(.500000)-(11.180339)(-1.118034)}{2.000005}=2.499993$$

$$(t^{-1})_{32}=\frac{0-(15)(0)-(11.180339)(.447214)}{2.000005}=-2.499996$$

$$(t^{-1})_{33}=\frac{1}{2.000005}=.499999$$

第 4 列:

$$t'_{44}=\sqrt{4890-(50)^2-(46.510213)^2-(14.999992)^2}=1.341767$$

$$(t^{-1})_{41}=\frac{0-(50)(.5000000)-(46.510213)(-1.118034)-(14.999992)(2.499993)}{1.341767}$$

$$=-7.825409$$

$$(t^{-1})_{42}=\frac{0-(50)(0)-(46.510213)(.447214)-(14.999992)(-2.499996)}{1.341767}$$

$$=12.446201$$

$$(t^{-1})_{43}=\frac{0-(50)(0)-(46.510213)(0)-(14.999992)(.499999)}{1.341767}$$

$$=-5.589630$$

$$(t^{-1})_{44}=\frac{1}{1.341767}=.745286$$

可見，我們所要計算的三角矩陣爲:

$$\mathbf{T}=\begin{bmatrix} 2 & 0 & 0 & 0 \\ 5 & 2.236068 & 0 & 0 \\ 15 & 11.180339 & 2.000005 & 0 \\ 50 & 46.510213 & 14.999992 & 1.341767 \end{bmatrix}$$

如果您將此一矩陣右乘以其轉置矩陣 **T′**，就會得到原來的矩陣 **A**，如同公式 1·2-8 所表示的那樣。可見矩陣 **A** 已被分解爲兩個三角矩陣。

在多變項分析裏，這樣求出來的三角矩陣，將有很大的用途。假定矩陣 **A** 是變異數-共變數矩陣，則三角矩陣 **T** 內的 t_{11} 就是第一個變項的標準差，而 t_{22} 便是第一個變項保持恒定時，第二個變項的標準差。t_{33} 是第一和第二變項保持恒定時，第三個變項之標準差，如此類推。所以，如果我們要考驗將某變項前面的各變項之影響力排除後該變項的效果時，便要使用到這種三角矩陣。

其次，我們也可以利用公式 1·2-9 求得我們想要計算的行列式 $|\mathbf{A}|$，如下所示那樣:

$$|\mathbf{A}| = \prod_{i=1}^{n} t_{jj}^2 = (2)^2 \times (2.236068)^2 \times (2.000005)^2 \times (1.341767)^2$$
$$= 144.027790 \qquad \text{(實際行列式值爲144)}$$

如果 $\mathbf{A}$ 是變異數-共變數矩陣，則 $|\mathbf{A}|$ 通常就是「概化變異數」(generalized variance)。

(3) 階段三：現在，我們就可進行求反矩陣 $\mathbf{A}^{-1}$ 的工作了。簡單的說，表 1·2-2 的反矩陣 $\mathbf{A}^{-1}$ 是將矩陣 $\mathbf{T}^{-1}$ 代入公式 1·2-10 而求得的，亦即：$\mathbf{T}^{-1}$ 自身「行與行相乘」:

$$\mathbf{A}^{-1} = (\mathbf{T}^{-1})'\mathbf{T}^{-1}$$

$$= \begin{bmatrix} .500000 & -1.118034 & 2.499993 & -7.825409 \\ 0 & .447214 & -2.499996 & 12.446201 \\ 0 & 0 & .499999 & -5.589630 \\ 0 & 0 & 0 & .745286 \end{bmatrix}$$

$$\times \begin{bmatrix} .500000 & 0 & 0 & 0 \\ -1.118034 & .447214 & 0 & 0 \\ 2.499993 & -2.499996 & .499999 & 0 \\ -7.825409 & 12.446201 & -5.589630 & .745286 \end{bmatrix}$$

$$= \begin{bmatrix} 68.986991 & -104.146586 & 44.991134 & -5.832168 \\ & 161.357890 & -70.819653 & 9.275979 \\ & & 31.493962 & -4.165873 \\ \text{(對稱)} & & & .555451 \end{bmatrix}$$

【練習】 試以平方根法求下表中 R 矩陣的反矩陣，並對照您的結果是否與表 1·2-3 的計算結果相同:

表 1·2-3　反矩陣 R^{-1} 的求法（平方根法）

		1.00	.18	.05	.02	08	11	1	0	0	0	0	0
			1.00	.22	.19	.34	10		1	0	0	0	0
R	I			1.00	.27	.23	09			1	0	0	0
					1.00	.30	−.04				1	0	0
						1.00	.21					1	0
							1.00						1
		1.00	.18	.05	.02	08	11	1	0	0	0	0	0
			984	.214	189	331	082	−.183	1.016	0	0	0	0
T'	T^{-1}			.976	.234	.159	.069	− 011	−.223	1.025	0	0	0
					.953	.208	−.077	018	−.147	−.252	1 049	0	0
						903	.198	−.024	−.299	−.122	−.242	1.107	0
							.965	−.091	−.021	−.068	.133	−.227	1.036
								1.043	−.177	−.007	.013	−.006	−.094
									1.193	−.154	−.085	−.326	−.022
I	R^{-1}									1.134	−.244	−.120	−.070
											1.177	−.298	.138
												1.277	−.235
													1.073

1·3 矩陣的秩與向量的線性組合

（一）矩陣的秩　因爲「行列式的一列（或一行）如爲其他一列（或一行）之倍數，則其值爲 0」，因此，由公式 1·2-4 可知：如果矩陣 A 有一列（或一行），與其他一列（或一行）完全相似，或者爲其

他一列（或一行）之倍數，則因爲 $|\mathbf{A}|=0$，使 $\mathbf{A}^{-1}=\mathbf{C}'/|\mathbf{A}|=\mathbf{C}'/0$，所以反矩陣 $\mathbf{A}^{-1}$ 並不存在。此時，矩陣 **A** 是爲「特異」(singular)。例如，下面的矩陣 **X** 或矩陣 **Y** 便是。

$$\text{當 } \mathbf{X}=\begin{bmatrix}2&4&3\\4&8&1\\5&10&3\end{bmatrix} \text{時，} |\mathbf{X}|=\begin{vmatrix}2&4&3\\4&8&1\\5&10&3\end{vmatrix}=2\begin{vmatrix}2&2&3\\4&4&1\\5&5&3\end{vmatrix}$$

$$=2\times0=0$$

$$\text{或 } \mathbf{Y}=\begin{bmatrix}2&3&4\\3&4&5\\5&7&9\end{bmatrix} \text{時，} |\mathbf{Y}|=\begin{vmatrix}2&3&4\\3&4&5\\5&7&9\end{vmatrix}=\begin{vmatrix}2&3&4\\3&4&5\\5-2&7-3&9-4\end{vmatrix}$$

$$=\begin{vmatrix}2&3&4\\3&4&5\\3&4&5\end{vmatrix}=0$$

此時矩陣 **X** 的第二行與第一行爲「線性相依」(linearly dependent)；矩陣 **Y** 的第三列與第一列及第二列也是線性相依。故矩陣 **X** 和 **Y** 均無反矩陣存在。

假定有一矩陣 **G**，其 $|\mathbf{G}|\neq0$，則反矩陣 $\mathbf{G}^{-1}$ 便會存在。此時，矩陣 **G** 是爲「非特異」(nonsingular)。例如：

$$\mathbf{G}=\begin{bmatrix}2&6&3\\5&1&7\\8&4&9\end{bmatrix} \text{時，} |\mathbf{G}|=\begin{vmatrix}2&6&3\\5&1&7\\8&4&9\end{vmatrix}=64\neq0$$

矩陣 **G** 的三列（或行）彼此爲「線性獨立」(linearly independent)。

一個矩陣裏面彼此線性獨立的列數（或行數）是爲該矩陣的「秩」(rank)。矩陣 **A** 如有 m 個線性獨立的列數，其秩數就是 m，要記做

$R(\mathbf{A})=m$。前述的矩陣 **G** 有 3 個彼此線性獨立的列，故矩陣 **G** 爲 3 秩的矩陣，就記爲 $R(\mathbf{G})=3$。前述的矩陣 **X** 雖爲 3×3 階矩陣，但只有兩列是彼此獨立的，故 $R(\mathbf{X})=2$，因爲至少還有 $|\mathbf{M}_{11}|=\begin{vmatrix}2 & 3\\ 4 & 1\end{vmatrix}\neq0$。

任何 $n\times m$ 階矩陣，其秩數不超過 n 或 m 二者之中的較小一個的數目。用公式表示之則爲:

$$R(\mathbf{A})\leqslant min(n, m) \qquad 〔公式\ 1\cdot3\text{-}1〕$$

例如:

$$\mathbf{H}=\begin{bmatrix}3 & 1 & 8\\ 2 & 5 & 3\end{bmatrix}時，\ R(\mathbf{H})\leqslant min(2, 3)$$

亦即，矩陣 **H** 的秩數不會超過 2。因爲矩陣 **H** 的列或行均沒有線性相依者，因此矩陣 **H** 的秩數正好是 2。

如果 $R(\mathbf{A})=min(n, m)$，則矩陣 **A** 便是「滿秩」(full rank) 的矩陣，例如上述的矩陣 **G** 和矩陣 **H** 便是。如果 $R(\mathbf{A})<min(n, m)$，則矩陣 **A** 便是「缺秩」(deficient rank) 的矩陣，例如上述的矩陣 **X** 和 **Y** 便是。

兩個矩陣相乘之後，所得的新矩陣的秩數，也不能超過這個矩陣分開時，秩數較小的一個矩陣的秩數。換句話說就是:

$$R(\mathbf{AB})\leqslant min[R(\mathbf{A}), R(\mathbf{B})] \qquad 〔公式\ 1\cdot3\text{-}2〕$$

例如:

$$\mathbf{XG}=\begin{bmatrix}2 & 4 & 3\\ 4 & 8 & 1\\ 5 & 10 & 3\end{bmatrix}\begin{bmatrix}2 & 6 & 3\\ 5 & 1 & 7\\ 8 & 4 & 9\end{bmatrix}=\begin{bmatrix}48 & 28 & 61\\ 56 & 36 & 77\\ 84 & 52 & 112\end{bmatrix}$$

$$R(\mathbf{X})=2 \qquad R(\mathbf{G})=3 \qquad R(\mathbf{XG})=2$$

決定矩陣之秩數是多少的方法很多（參看 Timm, 1975, pp. 40-40; Tatsuoka, 1971, pp. 131-135; Bock, 1975, pp. 42-44)。但是在多變項分析裏，因爲我們所碰到的資料又大又複雜，要決定矩陣的秩數常非易事。我們將要討論到的求「特徵值」的方法常是幫助我們決定矩陣秩數的較有效方法（參看第 2·4 節)。

除了求反矩陣以外，我們將討論的「因素分析」法也要涉及矩陣的秩數問題。在實際研究工作中，常有人在無意中製造出缺秩的矩陣來。例如：（1）在表示 n 個學生的 m 項測驗成績的 $n\times m$ 階矩陣裏，如將每個受試者的幾個分測驗成績加在一起成爲一個測驗總成績時，或（2）受試者的人數比測驗的種類數還少（$n<m$）時，便會變成缺秩矩陣（請參看 Finn, 1974, pp. 31-32)。

（二）向量的線性組合 如果有一新向量 $\mathbf{y}$ 乃是原來幾個向量（如 $\mathbf{x}_1, \mathbf{x}_2, \cdots, \mathbf{x}_m$）之加權總和 (weighted sum)，亦即各乘以某些常數（如 $b_1, b_2, \cdots, b_m$）後之總和，我們就說這向量 $\mathbf{y}$ 是原來這幾個向量之「線性組合」(linear combination)。以公式表示之，即爲：

$$\mathbf{y}=b_1\mathbf{x}_1+b_2\mathbf{x}_2+\cdots+b_m\mathbf{x}_m \qquad \text{〔公式 1·3-3〕}$$

例如：

$$\mathbf{y}=b_1\mathbf{x}_1+b_2\mathbf{x}_2=3\begin{bmatrix}4\\6\\5\end{bmatrix}+\begin{bmatrix}2\\2\\3\end{bmatrix}=\begin{bmatrix}14\\20\\18\end{bmatrix}$$

或，$$\mathbf{y}=b_1\mathbf{x}_1+b_2\mathbf{x}_2+b_3\mathbf{x}_3=5\begin{bmatrix}1\\0\\0\end{bmatrix}+2\begin{bmatrix}0\\1\\0\end{bmatrix}+7\begin{bmatrix}0\\0\\1\end{bmatrix}=\begin{bmatrix}5\\2\\7\end{bmatrix}$$

如果像上面這些例子所表示的那樣，某一向量可用其他向量之線性組合的方式來表示，則此一向量與其他這些向量爲線性相依，否則，是爲線性獨立。

向量裏面所包含的元素，不一定都是代表一些觀察或測驗而來的量數。有時向量裏面的元素可以用來代表不同的類別，例如 1 代表男生，0 代表女生。這種向量特別叫做「類別向量」(categorical vector)，向量的元素只有 1 或 0，故爲「擬似變項」(dummy variable)。在線性複廻歸 (multiple linear regression) 或多變項分析的「代碼系統」(coding system) 中，這種向量擔負著重要的角色。

假使現在有甲乙丙丁戊五位學生，而且我們想要表示他們的性別和婚姻狀況，就可以用類別向量表示如下：

	$\mathbf{a}_1$	$\mathbf{a}_2$	$\mathbf{c}_1$	$\mathbf{c}_2$
甲	1	0	1	0
乙	1	0	0	1
丙	1	0	0	1
丁	0	1	0	1
戊	0	1	1	0

這裏 $\mathbf{a}_1$ 男生以 1 表示，否則以 0 表示；

$\mathbf{a}_2$ 女生以 1 表示，否則以 0 表示；

$\mathbf{c}_1$ 已婚以 1 表示，否則以 0 表示；

$\mathbf{c}_2$ 未婚以 1 表示，否則以 0 表示。

由上面可以看出：五名學生不是屬於「男生」這一類，便是屬於「女生」這一類。同樣的，五名學生不是屬於「已婚」，便是屬於「未婚」。在這一個例子裏，向量 $\mathbf{a}_1$ 和 $\mathbf{a}_2$，或向量 $\mathbf{c}_1$ 和 $\mathbf{c}_2$ 就叫做「互斥的類別向量」(mutually exclusive group membership vectors)（參看 Kelly, et al. 1969, pp. 38–44）。

幾個互斥的類別向量相加在一起，便成爲一個單元向量。在本例裏 $\mathbf{a}_1+\mathbf{a}_2$ 或 $\mathbf{c}_1+\mathbf{c}_2$ 均變爲 $\mathbf{1}_5$，例如：

$$\mathbf{a}_1+\mathbf{a}_2=\begin{bmatrix}1\\1\\1\\0\\0\end{bmatrix}+\begin{bmatrix}0\\0\\0\\1\\1\end{bmatrix}=\begin{bmatrix}1\\1\\1\\1\\1\end{bmatrix}=\mathbf{1}_5$$

因此，單元向量 $\mathbf{1}_5$ 與類別向量 $\mathbf{a}_1$ 及 $\mathbf{a}_2$ 爲線性相依。

在多變項變異數分析裏（參看第九章），我們將常使用到由類別向量所構成的「模式矩陣」(model matrix)，其元素爲擬似變項 1 或 0 所構成。這些具有代碼性質的矩陣的形式，如下所示：

$$\mathbf{X}=\begin{bmatrix}1&0\\1&0\\1&0\\0&1\\0&1\\0&1\end{bmatrix}\quad\text{或}\quad\mathbf{X}_0=\begin{bmatrix}1&1&0\\1&1&0\\1&1&0\\1&0&1\\1&0&1\\1&0&1\end{bmatrix}$$

矩陣 $\mathbf{X}$ 是滿秩矩陣，其兩個行向量彼此互斥，$R(\mathbf{X})=2$。矩陣 $\mathbf{X}'\mathbf{X}$ 的行列式不爲 0，故有反矩陣 $(\mathbf{X}'\mathbf{X})^{-1}$ 的存在。

$$\mathbf{X}'\mathbf{X}=\begin{bmatrix}1&1&1&0&0&0\\0&0&0&1&1&1\end{bmatrix}\begin{bmatrix}1&0\\1&0\\1&0\\0&1\\0&1\\0&1\end{bmatrix}=\begin{bmatrix}3&0\\0&3\end{bmatrix}$$

其行列式爲 $\begin{vmatrix} 3 & 0 \\ 0 & 3 \end{vmatrix} = 9$

$$(\mathbf{X}'\mathbf{X})^{-1} = \begin{bmatrix} \frac{1}{3} & 0 \\ 0 & \frac{1}{3} \end{bmatrix}$$

但是，矩陣 $\mathbf{X}_0$ 是缺秩矩陣，其第一個行向量爲第二和第三個行向量的線性相依。故矩陣 $\mathbf{X}_0$ 雖有三個行向量，其秩數却只有 2，亦即 $R(\mathbf{X}_0)=2$。由於矩陣 $\mathbf{X}'_0\mathbf{X}_0$ 的行列式等於 0，因之反矩陣$(\mathbf{X}'_0\mathbf{X}_0)^{-1}$並不存在。

$$\mathbf{X}'_0\mathbf{X}_0 = \begin{bmatrix} 1 & 1 & 1 & 1 & 1 & 1 \\ 1 & 1 & 1 & 0 & 0 & 0 \\ 0 & 0 & 0 & 1 & 1 & 1 \end{bmatrix} \begin{bmatrix} 1 & 1 & 0 \\ 1 & 1 & 0 \\ 1 & 1 & 0 \\ 1 & 0 & 1 \\ 1 & 0 & 1 \\ 1 & 0 & 1 \end{bmatrix} = \begin{bmatrix} 6 & 3 & 3 \\ 3 & 3 & 0 \\ 3 & 0 & 3 \end{bmatrix}$$

其行列式爲 $\begin{vmatrix} 6 & 3 & 3 \\ 3 & 3 & 0 \\ 3 & 0 & 3 \end{vmatrix} = 0$

這是一個重要概念，我們將常用到它。

1·4　概化反矩陣的求法

概化反矩陣 (generalized inverse) 簡稱「g 反矩陣」。矩陣 $\mathbf{A}$ 的概化反矩陣通常係以 $\mathbf{A}^-$ 來表示。概化反矩陣必須合乎下列公式 1·4-1 所具備的條件：

$$\mathbf{A}\mathbf{A}^-\mathbf{A} = \mathbf{A} \qquad \text{〔公式 1·4-1〕}$$

換言之，將概化反矩陣左乘且右乘以矩陣$\mathbf{A}$，仍等於矩陣$\mathbf{A}$。例如：

$$\mathbf{AA^{-}A}=\begin{bmatrix}6&3&3\\3&3&0\\3&0&3\end{bmatrix}\begin{pmatrix}\frac{1}{3}&-\frac{1}{3}&0\\-\frac{1}{3}&\frac{2}{3}&0\\0&0&0\end{pmatrix}\begin{bmatrix}6&3&3\\3&3&0\\3&0&3\end{bmatrix}$$

$$=\begin{bmatrix}1&0&0\\0&1&0\\1&-1&0\end{bmatrix}\begin{bmatrix}6&3&3\\3&3&0\\3&0&3\end{bmatrix}=\begin{bmatrix}6&3&3\\3&3&0\\3&0&3\end{bmatrix}=\mathbf{A}$$

所以，$\begin{pmatrix}\frac{1}{3}&-\frac{1}{3}&0\\-\frac{1}{3}&\frac{2}{3}&0\\0&0&0\end{pmatrix}$ 是 $\begin{bmatrix}6&3&3\\3&3&0\\3&0&3\end{bmatrix}$ 的概化反矩陣。

（一）第一種求法　我們要利用下面的矩陣**A**來說明概化反矩陣的一般算法。矩陣**A**的第一行向量係由第二和第三行向量相加而成，因之是爲缺秩的矩陣。換言之，$R(\mathbf{A})=2<3$，故不能求到 $\mathbf{A}^{-1}$。但是，我們可以用概化反矩陣 $\mathbf{A}^{-}$ 來解決此項困難。

$$設\ \mathbf{A}=\begin{bmatrix}6&3&3\\3&3&0\\3&0&3\end{bmatrix}$$

則我們要先在矩陣**A**的右邊加上單元矩陣**I**，如下所示，進行「列運算」，直到矩陣**A**變爲上三角矩陣**T**爲止。此時，右邊的單元矩陣**I**已變爲我們所須用的矩陣**P**。

$$[\mathbf{A}\mid\mathbf{I}]=\left[\begin{array}{ccc|ccc}6&3&3&1&0&0\\3&3&0&0&1&0\\3&0&3&0&0&1\end{array}\right]\sim\left(\begin{array}{ccc|ccc}6&3&3&1&0&0\\0&\frac{3}{2}&-\frac{3}{2}&-\frac{1}{2}&1&0\\0&-\frac{3}{2}&\frac{3}{2}&-\frac{1}{2}&0&1\end{array}\right)$$

$$
\sim \left[\begin{array}{ccc|ccc} 6 & 3 & 3 & 1 & 0 & 0 \\ 0 & \frac{3}{2} & -\frac{3}{2} & -\frac{1}{2} & 1 & 0 \\ 0 & 0 & 0 & -1 & 1 & 1 \end{array}\right] = [\mathbf{T} \mid \mathbf{P}]
$$

其次，再在所得到的上三角矩陣**T**的上端加一個單元矩陣**I**，繼續進行「行運算」，直到上三角矩陣 **T** 變爲對角線矩陣 **Λ** 爲止。此時，上端的單元矩陣 **I** 就變爲我們所須用的矩陣**Q**。

$$
\left[\frac{\mathbf{I}}{\mathbf{T}}\right] = \left[\begin{array}{ccc} 1 & 0 & 0 \\ 0 & 1 & 0 \\ 0 & 0 & 1 \\ \hline 6 & 3 & 3 \\ 0 & \frac{3}{2} & -\frac{3}{2} \\ 0 & 0 & 0 \end{array}\right] \sim \left[\begin{array}{ccc} 1 & -\frac{1}{2} & -\frac{1}{2} \\ 0 & 1 & 0 \\ 0 & 0 & 1 \\ \hline 6 & 0 & 0 \\ 0 & \frac{3}{2} & -\frac{3}{2} \\ 0 & 0 & 0 \end{array}\right] \sim \left[\begin{array}{ccc} 1 & -\frac{1}{2} & -1 \\ 0 & 1 & 1 \\ 0 & 0 & 1 \\ \hline 6 & 0 & 0 \\ 0 & \frac{3}{2} & 0 \\ 0 & 0 & 0 \end{array}\right] = \frac{\mathbf{Q}}{\mathbf{\Lambda}}
$$

最後，將矩陣**Q**，$\mathbf{\Lambda}^-$ 和 **P** 代入下列公式 1·4-2，便可得到我們所想求到的概化反矩陣 $\mathbf{A}^-$，亦即：

$$
\mathbf{A}^- = \mathbf{Q}\mathbf{\Lambda}^-\mathbf{P} \qquad \text{〔公式 1·4-2〕}
$$

$$
\mathbf{A}^- = \begin{bmatrix} 1 & -\frac{1}{2} & -1 \\ 0 & 1 & 1 \\ 0 & 0 & 1 \end{bmatrix} \begin{bmatrix} \frac{1}{6} & 0 & 0 \\ 0 & \frac{2}{3} & 0 \\ 0 & 0 & 0 \end{bmatrix} \begin{bmatrix} 1 & 0 & 0 \\ -\frac{1}{2} & 1 & 0 \\ -1 & 1 & 1 \end{bmatrix}
$$

$$
= \begin{bmatrix} \frac{1}{6} & -\frac{1}{3} & 0 \\ 0 & \frac{2}{3} & 0 \\ 0 & 0 & 0 \end{bmatrix} \begin{bmatrix} 1 & 0 & 0 \\ -\frac{1}{2} & 1 & 0 \\ -1 & 1 & 1 \end{bmatrix} = \begin{bmatrix} \frac{1}{3} & -\frac{1}{3} & 0 \\ -\frac{1}{3} & \frac{2}{3} & 0 \\ 0 & 0 & 0 \end{bmatrix}
$$

計算出來之後，代入公式 1·4-1 驗算，便知道是否計算正確。

事實上，在概化反矩陣的計算過程中，我們先用列運算將矩陣**A**左乘以矩陣**P**，再用行運算右乘以矩陣**Q**，終於得到對角線矩陣**Λ**，就如同公式 1·4-3 所示那樣:

$$\mathbf{PAQ}=\mathbf{\Lambda} \qquad \text{〔公式 1·4-3〕}$$

此時，矩陣 **Λ** 就叫做矩陣 **A** 的「對角線典式」(diagonal canonical form)，其非零的對角線元素之數目，即為矩陣**A**的秩數。在本例裏，矩陣 **Λ** 有兩個非零的對角線元素，故 $R(\mathbf{A})=2$（請參看 Timm, 1975, pp.51-54；Bock, 1975, pp.54-60)。

（二）第二種求法　「如果我們已經知道」矩陣**A**是 r 秩的缺秩矩陣，則我們可以將矩陣**A**加以分割如下:

$$\mathbf{A}=\begin{bmatrix}\mathbf{A}_{11} & \mathbf{A}_{12}\\ \mathbf{A}_{21} & \mathbf{A}_{22}\end{bmatrix}$$

使矩陣 $\mathbf{A}_{11}$ 成為 $r\times r$ 階方陣，其秩數為 r。此時，矩陣**A**的概化反矩陣便是:

$$\mathbf{A}^{-}=\begin{bmatrix}\mathbf{A}_{11}^{-1} & \mathbf{0}\\ \mathbf{0} & \mathbf{0}\end{bmatrix} \qquad \text{〔公式 1·4-4〕}$$

例如，下列 3×3 階矩陣**X**是 2 秩矩陣，其第三行向量是第一和第二行向量相加而成，就可分割為:

$$\mathbf{X}=\left[\begin{array}{cc|c}2 & 0 & 2\\ 0 & 2 & 2\\ \hline 2 & 2 & 4\end{array}\right]$$

所以，概化反矩陣 $\mathbf{X}^{-}$ 便是:

$$\mathbf{X}^{-}=\left[\begin{array}{cc|c}\frac{1}{2} & 0 & 0\\ 0 & \frac{1}{2} & 0\\ \hline 0 & 0 & 0\end{array}\right]$$

我們可以利用公式 1·4-1 驗算如下：

$$\mathbf{XX^{-}X}=\begin{bmatrix}2 & 0 & 2\\ 0 & 2 & 2\\ 2 & 2 & 4\end{bmatrix}\begin{bmatrix}\frac{1}{2} & 0 & 0\\ 0 & \frac{1}{2} & 0\\ 0 & 0 & 0\end{bmatrix}\begin{bmatrix}2 & 0 & 2\\ 0 & 2 & 2\\ 2 & 2 & 4\end{bmatrix}$$

$$=\begin{bmatrix}1 & 0 & 0\\ 0 & 1 & 0\\ 1 & 1 & 0\end{bmatrix}\begin{bmatrix}2 & 0 & 2\\ 0 & 2 & 2\\ 2 & 2 & 4\end{bmatrix}=\begin{bmatrix}2 & 0 & 2\\ 0 & 2 & 2\\ 2 & 2 & 4\end{bmatrix}=\mathbf{X}$$

在多變項分析法的實際使用情境下，公式 1·4-4 的矩陣 $\mathbf{A}_{11}$ 常不在左上角。例如：

$$\mathbf{A}=\left[\begin{array}{c|cc}6 & 3 & 3\\ \hline 3 & 3 & 0\\ 3 & 0 & 3\end{array}\right]$$

其第一行向量爲第二和第三行向量的線性相依，故矩陣 $\mathbf{A}_{11}$ 在矩陣 $\mathbf{A}$ 的右下角。在此種情況下，則可利用基本列運算和行運算，使各列和各行都同時倒轉過來：

$$\mathbf{RAC}=\begin{bmatrix}0 & 0 & 1\\ 0 & 1 & 0\\ 1 & 0 & 0\end{bmatrix}\begin{bmatrix}6 & 3 & 3\\ 3 & 3 & 0\\ 3 & 0 & 3\end{bmatrix}\begin{bmatrix}0 & 0 & 1\\ 0 & 1 & 0\\ 1 & 0 & 0\end{bmatrix}=\left[\begin{array}{cc|c}3 & 0 & 3\\ 0 & 3 & 3\\ \hline 3 & 3 & 6\end{array}\right]=\mathbf{A}$$

然後，依公式 1·4-4 的原則，求 $\hat{\mathbf{A}}$ 的概化反矩陣：

$$\hat{\mathbf{A}}^{-}=\begin{bmatrix}\hat{\mathbf{A}}_{11}^{-1} & \mathbf{0}\\ \mathbf{0} & \mathbf{0}\end{bmatrix}=\begin{pmatrix}\frac{1}{3} & 0 & 0\\ 0 & \frac{1}{3} & 0\\ 0 & 0 & 0\end{pmatrix}$$

最後，再來一次基本列運算和行運算，使其還原：

$$\mathbf{A}^{-}=\mathbf{C}\hat{\mathbf{A}}^{-}\mathbf{R}$$ 〔公式 1·4-5〕

$$=\begin{bmatrix}0 & 0 & 1\\ 0 & 1 & 0\\ 1 & 0 & 0\end{bmatrix}\begin{pmatrix}\frac{1}{3} & 0 & 0\\ 0 & \frac{1}{3} & 0\\ 0 & 0 & 0\end{pmatrix}\begin{bmatrix}0 & 0 & 1\\ 0 & 1 & 0\\ 1 & 0 & 0\end{bmatrix}=\begin{pmatrix}0 & 0 & 0\\ 0 & \frac{1}{3} & 0\\ 0 & 0 & \frac{1}{3}\end{pmatrix}$$

這便是矩陣 $\mathbf{A}$ 的概化反矩陣。代入公式 1·4-1 驗算得：

$$\mathbf{A}\mathbf{A}^{-}\mathbf{A}=\begin{bmatrix}6 & 3 & 3\\ 3 & 3 & 0\\ 3 & 0 & 3\end{bmatrix}\begin{pmatrix}0 & 0 & 0\\ 0 & \frac{1}{3} & 0\\ 0 & 0 & \frac{1}{3}\end{pmatrix}\begin{bmatrix}6 & 3 & 3\\ 3 & 3 & 0\\ 3 & 0 & 3\end{bmatrix}$$

$$=\begin{bmatrix}0 & 1 & 1\\ 0 & 1 & 0\\ 0 & 0 & 1\end{bmatrix}\begin{bmatrix}6 & 3 & 3\\ 3 & 3 & 0\\ 3 & 0 & 3\end{bmatrix}=\begin{bmatrix}6 & 3 & 3\\ 3 & 3 & 0\\ 3 & 0 & 3\end{bmatrix}=\mathbf{A}$$

【練習】 矩陣 $\mathbf{X}$ 是缺秩矩陣，$R(\mathbf{X})=3$，它的概化反矩陣 $\mathbf{X}^{-}$ 應該是怎樣的呢？

$$\mathbf{X}=\begin{bmatrix}12 & 4 & 4 & 4\\ 4 & 4 & 0 & 0\\ 4 & 0 & 4 & 0\\ 4 & 0 & 0 & 4\end{bmatrix}\qquad \text{〔答〕}\ \mathbf{X}^{-}=\begin{bmatrix}0 & 0 & 0 & 0\\ 0 & \frac{1}{4} & 0 & 0\\ 0 & 0 & \frac{1}{4} & 0\\ 0 & 0 & 0 & \frac{1}{4}\end{bmatrix}$$

在這一章裏，我們討論了一些最常用的矩陣代數。如果您早就會了，就可以進入第二章的討論；如果您發現有些困難，則無論如何要再加以復習，直到熟練了爲止。下面一章的矩陣代數，是較困難的部分，但却是多變項分析中所常要用到的。倘若您眞正發現不容易，則可以略過第二章，直接開始進行第三章的硏討，千萬不要灰心纔好。

第 二 章
多變項分析常用的矩陣代數 (II)

2·1 缺秩矩陣方程式的特別解法

假使現在我們有下列所示的聯立一次方程式:

$$\begin{cases} 6\beta_1+3\beta_2+7\beta_3=61 \\ \beta_1+4\beta_2 \qquad\quad =23 \\ 5\beta_1+2\beta_2+8\beta_3=57 \end{cases}$$

則可以使用矩陣的方式來改寫為:

$$\begin{matrix} \mathbf{A} & \boldsymbol{\beta} & = & \mathbf{y} \end{matrix}$$

$$\begin{bmatrix} 6 & 3 & 7 \\ 1 & 4 & 0 \\ 5 & 2 & 8 \end{bmatrix} \begin{bmatrix} \beta_1 \\ \beta_2 \\ \beta_3 \end{bmatrix} = \begin{bmatrix} 61 \\ 23 \\ 57 \end{bmatrix}$$

因為矩陣 **A** 為「滿秩方陣」, 可以求得其反矩陣 $\mathbf{A}^{-1}$, 所以只要使用下列公式 2·1-1 便可將未知數向量 $\boldsymbol{\beta}$ 的唯一解 (unique solution) 求出來:

$$\boldsymbol{\beta}=\mathbf{A}^{-1}\mathbf{y} \qquad \text{〔公式 2·1-1〕}$$

我們已在第 1·2(二) 節說明公式 1·2-4 的使用法時, 利用該公式算出這一矩陣 **A** 的反矩陣了。現在將它代入這裏的公式 2·1-1, 便可解出向量 $\boldsymbol{\beta}$ 的未知數:

$$\underset{}{\boldsymbol{\beta}}\qquad \mathbf{A}^{-1} \qquad \mathbf{y}$$

$$\begin{bmatrix}\beta_1\\ \beta_2\\ \beta_3\end{bmatrix}=\frac{1}{42}\begin{bmatrix}32 & -10 & -28\\ -8 & 13 & 7\\ -18 & 3 & 21\end{bmatrix}\begin{bmatrix}61\\ 23\\ 57\end{bmatrix}=\frac{1}{42}\begin{bmatrix}126\\ 210\\ 168\end{bmatrix}=\begin{bmatrix}3\\ 5\\ 4\end{bmatrix}$$

可見，解出的結果 $\beta_1=3$，$\beta_2=5$，$\beta_3=4$。

上面是滿秩方陣時的情形。然而，在多變項分析法裏，我們常碰到須利用「缺秩矩陣」來解未知數的情形。以下列方程式 2•1-2 來說吧：矩陣 $\mathbf{X}$ 爲「缺秩」矩陣，而且其秩數還比其行數爲少，$R(\mathbf{X})=r<m$。

$$\underset{(n\times m)}{\mathbf{X}}\ \underset{(m\times 1)}{\boldsymbol{\beta}} = \underset{(n\times 1)}{\mathbf{y}} \qquad \text{〔公式 2•1-2〕}$$

例如：

$$\begin{bmatrix}1 & 1 & 0\\ 1 & 1 & 0\\ 1 & 1 & 0\\ 1 & 0 & 1\\ 1 & 0 & 1\\ 1 & 0 & 1\end{bmatrix}\begin{bmatrix}\mu\\ \alpha_1\\ \alpha_2\end{bmatrix}=\begin{bmatrix}y_{11}\\ y_{12}\\ y_{13}\\ y_{21}\\ y_{22}\\ y_{23}\end{bmatrix} \qquad \text{(方程式 2•1-2)}$$

$$\underset{(6\times 3)}{\mathbf{X}} \qquad \underset{(3\times 1)}{\boldsymbol{\beta}} \qquad \underset{(6\times 1)}{\mathbf{y}}$$

這裏，矩陣 $\mathbf{X}$ 是「模式矩陣」，由其類別向量可以看出，有兩組學生，每組三名。這矩陣的行數是 $m=3$，但因爲第一行是第二和第三行之線性相依，其秩數却只爲 2，亦即 $R(\mathbf{X})=2<3$，故爲缺秩矩陣，$\mathbf{X}^{-1}$ 並不存在。因之便不能使用公式 2•1-1 來解出向量 $\boldsymbol{\beta}$ 內的未知數。

下面我們要討論兩種解決此項困難方法，亦即缺秩矩陣方程式的解法（請看 Finn, 1974, pp. 218-222；Timm, 1975, pp. 45-60）。

（一）使用概化反矩陣的解法　這是 Timm (1975) 所使用的主要方法。解上例方程式 2·1-2 時，我們須用到下列公式（也請看公式 2·3-7）：

$$\boldsymbol{\beta}=(\mathbf{X}'\mathbf{X})^{-}\mathbf{X}'\mathbf{y}+(\mathbf{I}-\mathbf{H})\mathbf{z} \qquad \text{〔公式 2·1-3〕}$$

這裏，$\mathbf{H}=(\mathbf{X}'\mathbf{X})^{-}\mathbf{X}'\mathbf{X}$　〔公式 2·1-4〕

現在，要用剛才的例子來幫助說明：

設：

$$\underset{\mathbf{X}}{\begin{bmatrix}1&1&0\\1&1&0\\1&1&0\\1&0&1\\1&0&1\\1&0&1\end{bmatrix}}\underset{\boldsymbol{\beta}}{\begin{bmatrix}\mu\\\alpha_1\\\alpha_2\end{bmatrix}}=\underset{\mathbf{y}}{\begin{bmatrix}y_{11}\\y_{12}\\y_{13}\\y_{21}\\y_{22}\\y_{23}\end{bmatrix}}$$

向量 $\mathbf{y}$ 是兩組六個人的分數，爲已知數。其元素之間有下列的關係：

$$(y_{11}+y_{12}+y_{13})/3=\bar{y}_{1.}$$

$$(y_{21}+y_{22}+y_{23})/3=\bar{y}_{2.}$$

$$(y_{11}+y_{12}+y_{13}+y_{21}+y_{22}+y_{23})/6=\bar{y}_{..}$$

則解向量 $\boldsymbol{\beta}$ 未知數之步驟如下所示：

首先，求公式 2·1-3 所需的各項矩陣，結果得：

$$\mathbf{X}'\mathbf{X}=\begin{bmatrix}1&1&1&1&1&1\\1&1&1&0&0&0\\0&0&0&1&1&1\end{bmatrix}\begin{bmatrix}1&1&0\\1&1&0\\1&1&0\\1&0&1\\1&0&1\\1&0&1\end{bmatrix}=\begin{bmatrix}6&3&3\\3&3&0\\3&0&3\end{bmatrix}$$

$$(\mathbf{X'X})^{-}=\begin{bmatrix}0 & 0 & 0\\ 0 & \frac{1}{3} & 0\\ 0 & 0 & \frac{1}{3}\end{bmatrix} \qquad \text{(公式 1·4–5)}$$

$$\mathbf{H}=(\mathbf{X'X})^{-}\mathbf{X'X} \qquad \text{(公式 2·1–4)}$$

$$=\begin{bmatrix}0 & 0 & 0\\ 0 & \frac{1}{3} & 0\\ 0 & 0 & \frac{1}{3}\end{bmatrix}\begin{bmatrix}6 & 3 & 3\\ 3 & 3 & 0\\ 3 & 0 & 3\end{bmatrix}=\begin{bmatrix}0 & 0 & 0\\ 1 & 1 & 0\\ 1 & 0 & 1\end{bmatrix}$$

$$\mathbf{I}-\mathbf{H}=\begin{bmatrix}1 & 0 & 0\\ 0 & 1 & 0\\ 0 & 0 & 1\end{bmatrix}-\begin{bmatrix}0 & 0 & 0\\ 1 & 1 & 0\\ 1 & 0 & 1\end{bmatrix}=\begin{bmatrix}1 & 0 & 0\\ -1 & 0 & 0\\ -1 & 0 & 0\end{bmatrix}$$

$$(\mathbf{I}-\mathbf{H})\mathbf{z}=\begin{bmatrix}1 & 0 & 0\\ -1 & 0 & 0\\ -1 & 0 & 0\end{bmatrix}\begin{bmatrix}z_1\\ z_2\\ z_3\end{bmatrix}=\begin{bmatrix}z_1\\ -z_1\\ -z_1\end{bmatrix}$$

$$\mathbf{X'y}=\begin{bmatrix}1 & 1 & 1 & 1 & 1 & 1\\ 1 & 1 & 1 & 0 & 0 & 0\\ 0 & 0 & 0 & 1 & 1 & 1\end{bmatrix}\begin{bmatrix}y_{11}\\ y_{12}\\ y_{13}\\ y_{21}\\ y_{22}\\ y_{23}\end{bmatrix}=\begin{bmatrix}6\bar{y}_{..}\\ 3\bar{y}_{1.}\\ 3\bar{y}_{2.}\end{bmatrix}$$

$$(\mathbf{X'X})^{-}\mathbf{X'y}=\begin{bmatrix}0 & 0 & 0\\ 0 & \frac{1}{3} & 0\\ 0 & 0 & \frac{1}{3}\end{bmatrix}\begin{bmatrix}6\bar{y}_{..}\\ 3\bar{y}_{1.}\\ 3\bar{y}_{2.}\end{bmatrix}=\begin{bmatrix}0\\ \bar{y}_{1.}\\ \bar{y}_{2.}\end{bmatrix}$$

然後將上面各項結果代入公式 2•1-3，即得：

$$\boldsymbol{\beta}=\begin{bmatrix}\mu\\ \alpha_1\\ \alpha_2\end{bmatrix}=(\mathbf{X'X})^{-}\mathbf{X'y}+(\mathbf{I}-\mathbf{H})\mathbf{z}$$

$$=\begin{bmatrix}0\\ y_{1\cdot}\\ y_{2\cdot}\end{bmatrix}+\begin{bmatrix}z_1\\ -z_1\\ -z_1\end{bmatrix}=\begin{bmatrix}z_1\\ \bar{y}_{1\cdot}-z_1\\ \bar{y}_{2\cdot}-z_1\end{bmatrix}$$

這是向量 β 的一般解 (general solution)。如果我們選擇 $z_1=\bar{y}_{..}$，則：

$$\boldsymbol{\beta}=\begin{bmatrix}\mu\\ \alpha_1\\ \alpha_2\end{bmatrix}=\begin{bmatrix}\bar{y}_{..}\\ \bar{y}_{1\cdot}-\bar{y}_{..}\\ \bar{y}_{2\cdot}-\bar{y}_{..}\end{bmatrix}$$

求唯一解的方法　公式 2•1-3 裏的向量 β 是經常存在的，但並不一定是唯一解。統計學家發現，向量 β 的某種方式之線性組合，一定可有唯一解存在 (Rao, 1962)，亦即：

「如果 $\mathbf{c}'=\mathbf{c}'\mathbf{H}$，則 $\mathbf{c}'\boldsymbol{\beta}$ 有唯一解存在」。

因之，如果我們能找到向量 $\mathbf{c}'$，使合乎 $\mathbf{c}'\mathbf{H}=\mathbf{c}'$ 的條件，就可以利用 $\mathbf{c}'\boldsymbol{\beta}$ 求到唯一解了。

現在再用上例來說明求唯一解的步驟：

第一步要先找出向量 $\mathbf{c}'$，並試看 $\mathbf{c}'\mathbf{H}=\mathbf{c}'$ 是否成立。假定我們打算求未知數 $\alpha_1-\alpha_2$ 的唯一解，則：

$$\mathbf{c}'=[0,1,-1]$$

$$\mathbf{c}'\mathbf{H}=[0,1,-1]\begin{bmatrix}0&0&0\\1&1&0\\1&0&1\end{bmatrix}=[0,1,-1]=\mathbf{c}'$$

可見有 $\alpha_1-\alpha_2$ 的唯一解存在。〔請注意：$\mathbf{c}'\boldsymbol{\beta}$ 可得 $\alpha_1-\alpha_2$〕。又假定

也打算求未知數 $\mu+(\alpha_1+\alpha_2)/2$的唯一解，則:

$$\mathbf{c}'=\left[1, \frac{1}{2}, \frac{1}{2}\right]$$

$$\mathbf{c}'\mathbf{H}=\left[1, \frac{1}{2}, \frac{1}{2}\right]\begin{bmatrix}0 & 0 & 0\\1 & 1 & 0\\1 & 0 & 1\end{bmatrix}=\left[1, \frac{1}{2}, \frac{1}{2}\right]=\mathbf{c}'$$

可見其唯一解也存在。〔此時 $\mathbf{c}'\boldsymbol{\beta}$ 等於什麼？〕。

第二步再利用下列兩個公式，從向量 $\boldsymbol{\beta}$ 的線性組合 $\mathbf{c}'\boldsymbol{\beta}$ 中求出唯一解:

$$\mathbf{c}'\boldsymbol{\beta}=\mathbf{t}'\mathbf{H}\boldsymbol{\beta} \qquad \text{〔公式 2·1-5〕}$$

$$\mathbf{c}'\hat{\boldsymbol{\beta}}=\mathbf{t}'\mathbf{H}(\mathbf{X}'\mathbf{X})^{-}\mathbf{X}'\mathbf{y} \qquad \text{〔公式 2·1-6〕}$$

根據公式 2·1-5 可知:

$$\mathbf{c}'\boldsymbol{\beta}=[t_0, t_1, t_2]\begin{bmatrix}0 & 0 & 0\\1 & 1 & 0\\1 & 0 & 1\end{bmatrix}\begin{bmatrix}\mu\\\alpha_1\\\alpha_2\end{bmatrix}$$

$$=[(t_1+t_2), t_1, t_2]\begin{bmatrix}\mu\\\alpha_1\\\alpha_2\end{bmatrix}$$

$$=(t_1+t_2)\mu+t_1\alpha_1+t_2\alpha_2$$

根據公式 2·1-6，可以求得:

$$\mathbf{c}'\hat{\boldsymbol{\beta}}=[t_0, t_1, t_2]\begin{bmatrix}0 & 0 & 0\\1 & 1 & 0\\1 & 0 & 1\end{bmatrix}\begin{bmatrix}0\\\bar{y}_{1\cdot}\\\bar{y}_{2\cdot}\end{bmatrix}$$

$$=[(t_1+t_2), t_1, t_2]\begin{bmatrix}0\\\bar{y}_{1\cdot}\\\bar{y}_{2\cdot}\end{bmatrix}$$

$$=t_1\bar{y}_{1.}+t_2\bar{y}_{2.}$$

現在，我們選擇 $\mathbf{t}'=[0, 1, -1]$，則：

$$\mathbf{c}'\boldsymbol{\beta}=\alpha_1-\alpha_2$$

$$\mathbf{c}'\hat{\boldsymbol{\beta}}=\bar{y}_{1.}-\bar{y}_{2.}$$

故唯一解爲：$\alpha_1-\alpha_2=\bar{y}_{1.}-\bar{y}_{2.}$

再選擇 $t'=\left[0, \frac{1}{2}, \frac{1}{2}\right]$，則：

$$\mathbf{c}'\boldsymbol{\beta}=\mu+(\alpha_1+\alpha_1)/2$$

$$\mathbf{c}'\hat{\boldsymbol{\beta}}=(\bar{y}_{1.}+\bar{y}_{2.})/2$$

故唯一解爲：$\mu+(\alpha_1+\alpha_2)/2=(\bar{y}_{1.}+\bar{y}_{2.})/2=\bar{y}_{..}$

（二）使用再母數化的解法　這是 Finn (1974) 所採用的主要方法。所謂「再母數化」(reparameterization) 是指在原來的向量 $\boldsymbol{\beta}$ 前面乘以 $r\times m$ 階 r 秩的矩陣 $\mathbf{C}$，使另外再產生一個代表母數的向量 $\boldsymbol{\beta}^*$，亦即 $\boldsymbol{\beta}^*=\mathbf{C}\boldsymbol{\beta}$，然後代入下列公式，求再母數化後的向量 $\boldsymbol{\beta}^*$ 的估計值。

$$\mathbf{K}=\mathbf{X}\mathbf{C}'(\mathbf{C}\mathbf{C}')^{-1} \qquad \text{〔公式 2·1-7〕}$$

$$\boldsymbol{\beta}^*=(\mathbf{K}'\mathbf{K})^{-1}\mathbf{K}'\mathbf{y} \qquad \text{〔公式 2·1-8〕}$$

現在，我們要再以上節的例子來幫助說明這種特別的解法的步驟。

$$\underset{\mathbf{X}}{\begin{bmatrix} 1 & 1 & 0 \\ 1 & 1 & 0 \\ 1 & 1 & 0 \\ 1 & 0 & 1 \\ 1 & 0 & 1 \\ 1 & 0 & 1 \end{bmatrix}} \underset{\boldsymbol{\beta}}{\begin{bmatrix} \mu \\ \alpha_1 \\ \alpha_2 \end{bmatrix}} = \underset{\mathbf{y}}{\begin{bmatrix} y_{11} \\ y_{12} \\ y_{13} \\ y_{21} \\ y_{22} \\ y_{23} \end{bmatrix}}$$

(1) 根據矩陣X決定適當的比較矩陣C：第一個步驟是選擇「比較矩陣」(contrast matrix)。選擇比較矩陣C時，必須注意下列原則，那就是：

「所選比較矩陣C的列必須是矩陣X的列之線性相依，而且具有可解釋、有意義等特性」。

例如選擇下列的矩陣C，便是合乎這樣的原則：

$$\mathbf{C}=\begin{bmatrix}1 & 1/2 & 1/2\\ 0 & 1 & -1\end{bmatrix}$$

這時，矩陣C的第一列是矩陣X的六個列相加後的平均數，故爲矩陣X各列之線性相依；其意義是指六個依變項分數之平均數，亦即 $(y_{11}+y_{12}+y_{13}+y_{21}+y_{22}+y_{23})/6=\bar{y}_{\cdot\cdot}$。矩陣C的第二列是矩陣X的上三列之平均數減去下三列之平均數，所以也是矩陣X的橫列之線性相依；其意義是指兩組平均數之差，亦即 $(y_{11}+y_{12}+y_{13})/3-(y_{21}+y_{22}+y_{23})/3$，或 $\bar{y}_{1\cdot}-\bar{y}_{2\cdot}$。因爲矩陣X的秩數爲2，所以矩陣C只有2個橫列。

(2) 把矩陣C代入公式 2·1-7 求矩陣K：

$$\mathbf{XC}'=\begin{bmatrix}1 & 1 & 0\\ 1 & 1 & 0\\ 1 & 1 & 0\\ 1 & 0 & 1\\ 1 & 0 & 1\\ 1 & 0 & 1\end{bmatrix}\begin{bmatrix}1 & 0\\ 1/2 & 1\\ 1/2 & -1\end{bmatrix}=\begin{bmatrix}3/2 & 1\\ 3/2 & 1\\ 3/2 & 1\\ 3/2 & -1\\ 3/2 & -1\\ 3/2 & -1\end{bmatrix}$$

$$\mathbf{CC}'=\begin{bmatrix}1 & 1/2 & 1/2\\ 0 & 1 & -1\end{bmatrix}\begin{bmatrix}1 & 0\\ 1/2 & 1\\ 1/2 & -1\end{bmatrix}=\begin{bmatrix}3/2 & 0\\ 0 & 2\end{bmatrix}$$

$$(\mathbf{CC}')^{-1}=\begin{bmatrix}2/3 & 0\\ 0 & 1/2\end{bmatrix}$$

$$\mathbf{K}=\mathbf{XC}'(\mathbf{CC}')^{-1}=\begin{bmatrix}3/2 & 1\\ 3/2 & 1\\ 3/2 & 1\\ 3/2 & -1\\ 3/2 & -1\\ 3/2 & -1\end{bmatrix}\begin{bmatrix}\frac{2}{3} & 0\\ 0 & \frac{1}{2}\end{bmatrix}=\begin{bmatrix}1 & 1/2\\ 1 & 1/2\\ 1 & 1/2\\ 1 & -1/2\\ 1 & -1/2\\ 1 & -1/2\end{bmatrix}$$

(3) 把矩陣**K**代入公式 2·1-8 求向量 $\boldsymbol{\beta}^*$:

$$\mathbf{K}'\mathbf{K}=\begin{bmatrix}1 & 1 & 1 & 1 & 1 & 1\\ \frac{1}{2} & \frac{1}{2} & \frac{1}{2} & -\frac{1}{2} & -\frac{1}{2} & -\frac{1}{2}\end{bmatrix}\begin{bmatrix}1 & 1/2\\ 1 & 1/2\\ 1 & 1/2\\ 1 & -1/2\\ 1 & -1/2\\ 1 & -1/2\end{bmatrix}=\begin{bmatrix}6 & 0\\ 0 & \frac{3}{2}\end{bmatrix}$$

$$(\mathbf{K'K})^{-1}=\begin{bmatrix}1/6 & 0\\ 0 & 2/3\end{bmatrix}$$

$$\mathbf{K'y}=\begin{bmatrix}1 & 1 & 1 & 1 & 1 & 1\\ \frac{1}{2} & \frac{1}{2} & \frac{1}{2} & -\frac{1}{2} & -\frac{1}{2} & -\frac{1}{2}\end{bmatrix}\begin{bmatrix}y_{11}\\ y_{12}\\ y_{13}\\ y_{21}\\ y_{22}\\ y_{23}\end{bmatrix}=\begin{bmatrix}6\,\bar{y}_{..}\\ \frac{3}{2}(\bar{y}_{1.}-\bar{y}_{2.})\end{bmatrix}$$

$$\boldsymbol{\beta}^*=(\mathbf{K'K})^{-1}\mathbf{K'y}=\begin{bmatrix}1/6 & 0\\ 0 & 2/3\end{bmatrix}\begin{bmatrix}6\,\bar{y}_{..}\\ \frac{3}{2}(\bar{y}_{1.}-\bar{y}_{2.})\end{bmatrix}$$

$$=\begin{bmatrix}\bar{y}_{..}\\ \bar{y}_{1.}-\bar{y}_{2.}\end{bmatrix}$$

或者，因爲 $\boldsymbol{\beta}^*=\mathbf{C}\boldsymbol{\beta}$，亦卽：

$$\boldsymbol{\beta}^*=\mathbf{C}\boldsymbol{\beta}=\begin{bmatrix}1 & 1/2 & 1/2\\ 0 & 1 & -1\end{bmatrix}\begin{bmatrix}\mu\\ \alpha_1\\ \alpha_2\end{bmatrix}=\begin{bmatrix}\mu+\frac{\alpha_1+\alpha_2}{2}\\ \alpha_1-\alpha_2\end{bmatrix}$$

所以，$\mu+\dfrac{\alpha_1+\alpha_2}{2}=\bar{y}_{..}$

$$\alpha_1-\alpha_2=\bar{y}_{1.}-\bar{y}_{2.}$$

這些結果與上節用公式 2·1-3，或用公式 2·1-5 及 2·1-6 求得者完全一致。

2·2　正規化、正交化、和正交正規化

（一）正規化　在第 1·1（二）節裏，討論向量乘向量時，已舉例說明過「內積」的意義。這裏再復習一下：將向量 **b** 左乘以其轉置向量 **b′**，是爲向量 **b′** 與 **b** 的內積，亦即 **b′b**。這時，**b′b** 就是向量 **b** 的長度之平方，可用 $\|\mathbf{b}\|^2$ 表示；其平方根便是向量 **b** 的長度，可用 $\|\mathbf{b}\|$ 來表示。可見：

$$\|\mathbf{b}\|^2=\mathbf{b}'\mathbf{b}$$

$$\|\mathbf{b}\|=\sqrt{\mathbf{b}'\mathbf{b}} \qquad \text{〔公式 2·2-1〕}$$

如果我們把某一個向量的長度轉變爲 1，亦即轉變爲「單位長度」(unit length)，就是將該一向量加以「正規化」(normalized)。要把向量 **b** 正規化時，要用到下面的公式 2·2–2。正規化爲 1 之後的向量，以 **b*** 來表示：

$$\mathbf{b}^*=\frac{1}{\|\mathbf{b}\|}\mathbf{b}=\frac{\mathbf{b}}{\sqrt{\mathbf{b}'\mathbf{b}}} \qquad \text{〔公式 2·2-2〕}$$

換句話說，**要將某向量加以正規化爲 1 時，要將該向量的每一元素除以「各元素之平方和的平方根」**。例如要將下列向量 **b** 正規化爲 1 時，其計算方法如下所示：

$$\mathbf{b}=\begin{bmatrix}4\\1\\-2\\2\end{bmatrix}, \qquad \|\mathbf{b}\|^2=\mathbf{b}'\mathbf{b}=[4,1,-2,2]\begin{bmatrix}4\\1\\-2\\2\end{bmatrix}=25$$

$$\|\mathbf{b}\|=\sqrt{\mathbf{b}'\mathbf{b}}=\sqrt{25}=5$$

$$\mathbf{b}^*=\frac{1}{5}\mathbf{b}=\begin{bmatrix}4/5\\1/5\\-2/5\\2/5\end{bmatrix}=\begin{bmatrix}.8\\.2\\-.4\\.4\end{bmatrix}$$

像這樣，利用公式 2·2-2 將向量 **b** 加以正規化之後，向量 **b***的長度便變爲 1。我們只要代入公式 2·2-1 便可看出這一點：

$$\|\mathbf{b}^*\|=\sqrt{\mathbf{b}^{*\prime}\mathbf{b}^*}=\sqrt{(.8)^2+(.2)^2+(-.4)^2+(.4)^2}=1$$

所以，向量 **b*** 是正規化爲 1 的正規化向量。

【練習】 請你把向量 $\mathbf{y}'=[1,1,-1,-1]$ 正規化爲 1，看看你的答案是不是對了！

〔答〕 $\mathbf{y}'^*=[.5,.5,-.5,-.5]$

（二）正交化　如果兩個向量的內積爲 0，則這兩個向量互爲「正交」(orthogonal)。此時，如將這兩個向量以幾何圖形表示，則這兩個向量互相成爲直角。圖 2·2-1 表示向量 **v′** 和向量 **w′** 互爲正交，亦即互成直角，而且 $\mathbf{v}'\mathbf{w}=0$。

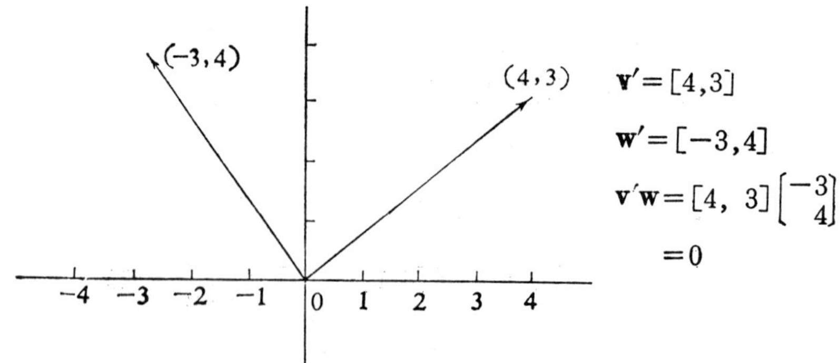

圖 2·2-1　兩向量互成直角，其內積爲 0，是爲正交。

如果某一個向量與另一個向量並非互爲正交，則我們可以設法予以「正交化」(orthogonalized)。正交化時要用到下列公式2·2–3，亦卽：

$$\mathbf{w}^{\perp}=\mathbf{w}-(\mathbf{v}'\mathbf{w})\mathbf{v} \qquad \text{〔公式 2·2-3〕}$$

〔請注意：公式中 $\mathbf{v}$ 爲正規化向量〕。例如：

$$\mathbf{w}=\begin{bmatrix}1\\2\\3\\4\end{bmatrix} \qquad \mathbf{v}=\begin{bmatrix}.5\\.5\\.5\\.5\end{bmatrix}$$

此時 $\mathbf{v}'\mathbf{w}=5\neq0$，故向量 $\mathbf{w}$ 與 $\mathbf{v}$ 並不是互爲正交。但是代入公式2·2–3，求得向量 $\mathbf{w}^{\perp}$，則 $\mathbf{w}^{\perp}$ 便與向量 $\mathbf{v}$ 互爲正交：

$$\mathbf{w}^{\perp}=\mathbf{w}-(\mathbf{v}'\mathbf{w})\mathbf{v}=\begin{bmatrix}1\\2\\3\\4\end{bmatrix}-5\begin{bmatrix}.5\\.5\\.5\\.5\end{bmatrix}=\begin{bmatrix}-1.5\\-.5\\.5\\1.5\end{bmatrix}$$

$$\mathbf{v}'\mathbf{w}^{\perp}=[.5,.5,.5,.5]\begin{bmatrix}-1.5\\-.5\\.5\\1.5\end{bmatrix}=0$$

可見經過正交化之後，向量 $\mathbf{w}^{\perp}$ 與向量 $\mathbf{v}$ 便互爲正交了。

（三）正交正規化——格拉姆-施密特法　在多變項變異數分析法中，有時我們須用到一種較特別的矩陣；這種矩陣裏面的每一個行向量都是正規化爲1的向量，而且其各行向量之間又均互爲正交。這種矩陣稱爲「正交正規化矩陣」(orthonormal matrix)。這裏，我們將使用格拉姆-施密特法 (Gram-Schmidt method)，來求這一種正交正規化矩陣。

使用格拉姆-施密特法時，我們可將一個 $n\times m$ 階且m秩的滿秩矩陣$\mathbf{X}$分解爲一個其向量互爲正交正規化的 $n\times m$ 階矩陣 $\mathbf{X}^*$ 和一個 $m\times m$ 階的上三角矩陣 $\mathbf{T}'$，而且 $\mathbf{X}^*$ 右乘以 $\mathbf{T}'$ 正好等於$\mathbf{X}$。以公式表示之，則爲:

$$\underset{n\times m}{\mathbf{X}} = \underset{n\times m}{\mathbf{X}^*}\ \underset{m\times m}{\mathbf{T}'} \qquad \text{〔公式 2·2-4〕}$$

例如，下列左邊矩陣$\mathbf{X}$可以分解爲右邊的矩陣 $\mathbf{X}^*$ 和 $\mathbf{T}'$:

$$\mathbf{X}=\begin{bmatrix}1&1&1\\1&2&4\\1&3&9\\1&4&16\end{bmatrix}=\begin{bmatrix}.5&-3\sqrt{5}/10&.5\\.5&-\sqrt{5}/10&-.5\\.5&\sqrt{5}/10&-.5\\.5&3\sqrt{5}/10&.5\end{bmatrix}\begin{bmatrix}2&5&15\\0&\sqrt{5}&5\sqrt{5}\\0&0&2\end{bmatrix}=\mathbf{X}^*\mathbf{T}'$$

此時 $\mathbf{X}^*$ 便是我們所要求得的正交正規化矩陣。其行向量均正規化爲1，三個行向量之間均成正交。

常常的，在使用格拉姆-施密特法時，我們也可以引進一個 $n\times n$ 階的對角線矩陣$\mathbf{D}$，以求得正交正規化矩陣 $\mathbf{X}^*$，使合乎 $(\mathbf{X}^*)'\mathbf{D}\mathbf{X}^*=\mathbf{I}$ 的條件。在最簡單的情形時，亦即矩陣 $\mathbf{D}$ 的對角線元素均爲1時，矩陣 $\mathbf{D}$ 就相當於單元矩陣，故可以予以省略。下面公式 2·2-5 所列各式，爲利用格拉姆-施密特法求正交正規化矩陣時的通式 (改自 Finn, 1974, p.46):

〔矩陣 $\mathbf{X}$ 的第 1 縱行〕

$$[t']_{11}=\sqrt{\mathbf{x}_1'\mathbf{D}\mathbf{x}_1} \qquad \mathbf{x}_1^*=\frac{1}{[t']_{11}}\mathbf{x}_1 \qquad \text{(正規化)}$$

〔矩陣 $\mathbf{X}$ 的第 j 縱行〕　　$j=2,3,\cdots,m$

$$[t']_{ij}=\mathbf{x}'_j\mathbf{D}\mathbf{x}^*_i \qquad i=1,2,\cdots\ (j-1)$$

$$\mathbf{x}_j^{\perp}=\mathbf{x}_j-\sum_{i=1}^{j-1}[t']_{ij}\mathbf{x}^*_i \qquad \text{（正交化）}$$

$$[t']_{jj}=\sqrt{(\mathbf{x}_j^{\perp})'\mathbf{D}\mathbf{x}_j^{\perp}}$$

$$\mathbf{x}^*_j=\frac{1}{[t']_{jj}}\mathbf{x}_j^{\perp} \qquad \text{（正規化）}$$

〔公式 2·2-5〕

下面我們要利用公式 2·2-5 來說明上述 4×3 階矩陣 **X** 如何被分解為 4×3 階矩陣 **X*** 和 3×3 階上三角矩陣 **T′**。首先，要先從最簡單的特殊事例，亦即 **D** 相當於 4×4 階單元矩陣的例子，開始舉例說明。在這種情形下，公式 2·2-5 中的 **D**，事實上等於省掉了。下面是計算過程。為方便起見，我先把 **X*** 和 **T′** 列出來。

$$\mathbf{X}=\begin{bmatrix}1&1&1\\1&2&4\\1&3&9\\1&4&16\end{bmatrix},\ \mathbf{X}^*=\begin{bmatrix}.5&\frac{-3\sqrt{5}}{10}&.5\\.5&\frac{-\sqrt{5}}{10}&-.5\\.5&\frac{\sqrt{5}}{10}&-.5\\.5&\frac{3\sqrt{5}}{10}&.5\end{bmatrix},\ \mathbf{T}'=\begin{bmatrix}2&5&15\\0&\sqrt{5}&5\sqrt{5}\\0&0&2\end{bmatrix}$$

〔第一行〕

$$[t']_{11}=\sqrt{\mathbf{x}_1'\mathbf{x}_1}=\sqrt{4}=2 \qquad \mathbf{x}^*_1=\frac{1}{2}\begin{bmatrix}1\\1\\1\\1\end{bmatrix}=\begin{bmatrix}.5\\.5\\.5\\.5\end{bmatrix}$$

（正規化，請參看公式 2·2-1）

〔第 2 行，$j=2$〕

$$[t']_{12}=\mathbf{x}_2'\mathbf{x}_1^*=[1,2,3,4]\begin{bmatrix}.5\\.5\\.5\\.5\end{bmatrix}=5$$

$$\mathbf{x}_2^{\perp}=\mathbf{x}_2-[t']_{12}\,\mathbf{x}_1^*=\begin{bmatrix}1\\2\\3\\4\end{bmatrix}-5\begin{bmatrix}.5\\.5\\.5\\.5\end{bmatrix}=\begin{bmatrix}-1.5\\-.5\\.5\\1.5\end{bmatrix}$$

（正交化，請參看公式 2·2-3）

$$[t']_{22}=\sqrt{(\mathbf{x}_2^{\perp})'\mathbf{x}_2^{\perp}}=\sqrt{5}$$

$$\mathbf{x}_2^*=\frac{1}{[t']_{22}}\mathbf{x}_2^{\perp}=\frac{1}{\sqrt{5}}\begin{bmatrix}-1.5\\-.5\\.5\\1.5\end{bmatrix}=\begin{bmatrix}-3\sqrt{5}/10\\-\sqrt{5}/10\\\sqrt{5}/10\\3\sqrt{5}/10\end{bmatrix}\text{（正規化）}$$

〔第 3 行，$i=3$〕

$$[t']_{13}=\mathbf{x}_3'\mathbf{x}_1^*=[1,4,9,16]\begin{bmatrix}.5\\.5\\.5\\.5\end{bmatrix}=15$$

$$[t']_{23}=\mathbf{x}_3'\mathbf{x}_2^*=[1,4,9,16]\begin{bmatrix}-3\sqrt{5}/10\\-\sqrt{5}/10\\\sqrt{5}/10\\3\sqrt{5}/10\end{bmatrix}=5\sqrt{5}$$

$$\mathbf{x}_3^{\perp}=\mathbf{x}_3-[t']_{13}\,\mathbf{x}_1^*-[t']_{23}\,\mathbf{x}_2^*$$

$$=\begin{bmatrix}1\\4\\9\\16\end{bmatrix}-15\begin{bmatrix}.5\\.5\\.5\\.5\end{bmatrix}-5\sqrt{5}\begin{bmatrix}-3\sqrt{5}/10\\-\sqrt{5}/10\\\sqrt{5}/10\\3\sqrt{5}/10\end{bmatrix}=\begin{bmatrix}1\\-1\\-1\\1\end{bmatrix}$$

$$[t']_{33}=\sqrt{(\mathbf{x}_3{}^{\perp})'\mathbf{x}_3{}^{\perp}}=\sqrt{4}=2$$

$$\mathbf{x}_3^*=\frac{1}{[t']_{33}}\mathbf{x}_3{}^{\perp}=\frac{1}{2}\begin{bmatrix}1\\-1\\-1\\1\end{bmatrix}=\begin{bmatrix}.5\\-.5\\-.5\\.5\end{bmatrix}$$

像這樣，我們便得到矩陣 $\mathbf{X}^*$ 和 $\mathbf{T}'$ 如上所示。前面把矩陣 $\mathbf{X}^*$ 和 $\mathbf{T}'$，與矩陣 $\mathbf{X}$ 同列在一起，是爲了要對照方便之故。當你已十分熟練之後，便可以用 $\mathbf{X}$ 和 $\mathbf{X}^*$ 的行與行相乘之方式計算，不必再依賴公式 2‧2-5 的幫助了。

在這種情形下，我們很容易驗證 $(\mathbf{X}^*)'\mathbf{X}^*=\mathbf{I}$，而且 $\mathbf{TT}'=\mathbf{X}'\mathbf{X}$。通常，矩陣 $\mathbf{X}^*$ 便稱爲矩陣 $\mathbf{X}$ 的縱行之「正交正規基」(orthonormal basis)。再者，如果矩陣 $\mathbf{X}$ 的秩數小於 m，則矩陣 $\mathbf{T}'$ 對角線元素將會一個或一個以上等於 0。在本例裏矩陣 $\mathbf{T}'$ 的三個對角線元素均不爲 0，故矩陣 $\mathbf{X}$ 爲 3 秩（$r=m=3$）而且爲滿秩的矩陣。還有一點必須知道的是：矩陣

$$\mathbf{X}^{\perp}=\begin{bmatrix}1&-1.5&1\\1&-.5&-1\\1&.5&-1\\1&1.5&1\end{bmatrix}$$

的行向量 $\mathbf{x}_2{}^{\perp}$ 乃是矩陣 $\mathbf{X}$ 的行向量 $\mathbf{x}_2$ 與 $\mathbf{x}_1$ 互爲獨立的那一部分。同

理，$\mathbf{x}_3{}^{\perp}$ 乃是矩陣的行向量 $\mathbf{x}_3$ 與 $\mathbf{x}_1$ 及 $\mathbf{x}_2$ 互爲獨立的那一部分 (Finn, 1974, p.47)。

須使用對角線矩陣 D 時　如果公式 2·2-5 的矩陣 **D** 並不是單元矩陣而不能省略它時，便要像這裏所舉例子一樣來計算正交正規化矩陣了。假定我們有如下所示的矩陣 **X** 和 **D**:

$$\mathbf{X}=\begin{bmatrix}2&4&3\\5&-3&-2\\0&5&6\\3&0&0\end{bmatrix}\qquad \mathbf{D}=\begin{bmatrix}2&0&0&0\\0&5&0&0\\0&0&3&0\\0&0&0&4\end{bmatrix}=diag\,[2,5,3,4]$$

則將矩陣 **X** 加以正交正規化的計算過程便是這樣的:

$$[t']_{11}=\sqrt{\mathbf{x}_1{}'\mathbf{D}\mathbf{x}_1}=\sqrt{169}=13$$

這裏，$\mathbf{x}_1{}'\mathbf{D}\mathbf{x}_1=[2,5,0,3]\begin{bmatrix}2&0&0&0\\0&5&0&0\\0&0&3&0\\0&0&0&4\end{bmatrix}\begin{bmatrix}2\\5\\0\\3\end{bmatrix}=169$

$$\mathbf{x}_1^*=\frac{1}{13}\begin{bmatrix}2\\5\\0\\3\end{bmatrix}=\begin{bmatrix}.1538\\.3846\\.0000\\.2308\end{bmatrix}$$

$$[t']_{12}=\mathbf{x}_2{}'\mathbf{D}\mathbf{x}_1^*=[4,-3,5,0]\begin{bmatrix}2&0&0&0\\0&5&0&0\\0&0&3&0\\0&0&0&4\end{bmatrix}\begin{bmatrix}.1538\\.3846\\.0000\\.2308\end{bmatrix}=-4.5386$$

$$\mathbf{x}_2{}^{\perp}=\mathbf{x}_2-[t']_{12}\,\mathbf{x}_1^*=\begin{bmatrix}4\\-3\\5\\0\end{bmatrix}-(-4.5386)\begin{bmatrix}.1538\\.3846\\.0000\\.2308\end{bmatrix}=\begin{bmatrix}4.6980\\-1.2545\\5.0000\\1.0475\end{bmatrix}$$

$$[t']_{22}=\sqrt{(\mathbf{x}_2{}^{\perp})'\mathbf{D}\mathbf{x}_2{}^{\perp}}=\sqrt{131.4003}=11.4630$$

$$\mathbf{x}_2^*=\frac{1}{[t']_{22}}\mathbf{x}_2{}^{\perp}=\frac{1}{11.4630}\begin{bmatrix}4.6980\\-1.2545\\5.0000\\1.0475\end{bmatrix}=\begin{bmatrix}.4098\\-.1094\\.4362\\.0914\end{bmatrix}$$

$$[t']_{13}=\mathbf{x}_3'\mathbf{D}\mathbf{x}_1^*=[3,-2,6,0]\begin{bmatrix}2&0&0&0\\0&5&0&0\\0&0&3&0\\0&0&0&4\end{bmatrix}\begin{bmatrix}.1538\\.3846\\.0000\\.2308\end{bmatrix}=-2.9232$$

$$[t']_{23}=\mathbf{x}_3'\mathbf{D}\mathbf{x}_2^*=[3,-2,6,0]\begin{bmatrix}2&0&0&0\\0&5&0&0\\0&0&3&0\\0&0&0&4\end{bmatrix}\begin{bmatrix}.4098\\-.1094\\.4362\\.0914\end{bmatrix}=11.4044$$

$$\mathbf{x}_3{}^{\perp}=\mathbf{x}_3-[t']_{13}\,\mathbf{x}_1^*-[t']_{23}\,\mathbf{x}_2^*$$

$$=\begin{bmatrix}3\\-2\\6\\0\end{bmatrix}-(-2.9232)\begin{bmatrix}.1538\\.3846\\.0000\\.2308\end{bmatrix}-11.4044\begin{bmatrix}.4098\\-.1094\\.4362\\.0914\end{bmatrix}=\begin{bmatrix}-1.2239\\.3719\\1.0254\\-.3677\end{bmatrix}$$

$$[t']_{33}=\sqrt{(\mathbf{x}_3{}^{\perp})'\mathbf{D}\mathbf{x}_3{}^{\perp}}=\sqrt{7.3826}=2.7171$$

$$\mathbf{x}_3^* = \frac{1}{[t']_{33}}\mathbf{x}_3{}^{\perp} = \frac{1}{2.7171}\begin{bmatrix} -1.2239 \\ .3719 \\ 1.0254 \\ -.3677 \end{bmatrix} = \begin{bmatrix} -.4504 \\ .1369 \\ .3774 \\ -.1353 \end{bmatrix}$$

所以，分解矩陣**X**的結果，得下列矩陣 **X*** 和 **T′**:

$$\mathbf{X}^* = \begin{bmatrix} .1538 & .4098 & -.4504 \\ .3846 & -.1094 & .1369 \\ .0000 & .4362 & .3774 \\ .2308 & .0914 & -.1353 \end{bmatrix} \quad \mathbf{T}' = \begin{bmatrix} 13 & -4.5386 & -2.9232 \\ 0 & 11.4630 & 11.4044 \\ 0 & 0 & 2.7171 \end{bmatrix}$$

除了可以看出 **X＝X*T′** 之外，還可驗算是否 **(X*)′DX*＝I**如下:

$$\begin{bmatrix} .1538 & .3846 & .0000 & .2308 \\ .4098 & -.1096 & .4362 & .0914 \\ -.4504 & .1369 & .3774 & -.1353 \end{bmatrix} \begin{bmatrix} 2 & 0 & 0 & 0 \\ 0 & 5 & 0 & 0 \\ 0 & 0 & 3 & 0 \\ 0 & 0 & 0 & 4 \end{bmatrix} \begin{bmatrix} .1538 & .4098 & -.4504 \\ .3846 & -.1094 & .1369 \\ .0000 & .4362 & .3774 \\ .2308 & .0914 & -.1353 \end{bmatrix}$$

$$= \begin{bmatrix} 1.0000 & .0001 & -.0002 \\ -.0003 & 1.0001 & .0002 \\ -.0002 & .0004 & .9999 \end{bmatrix}$$

可知：除四捨五入的誤差外，顯示上述的計算是正確的。

【練習】假如 $\mathbf{D}=diag[3,4,6,5,6]$，請利用格拉姆-施密特法，將下列矩陣**K**分解為矩陣 **X*** 和 **T′**。

$$\mathbf{K} = \begin{bmatrix} 5 & 3 & 1 & 4 \\ 3 & 0 & 4 & 5 \\ 2 & 5 & 3 & 7 \\ 4 & 3 & 6 & 1 \\ 1 & 2 & 0 & 6 \end{bmatrix}$$

〔答〕

$$\mathbf{K}^* = \begin{bmatrix} .3363 & -.0984 & -.4217 & -.1335 \\ .2018 & -.2353 & .1479 & .3376 \\ .1345 & .3328 & .0634 & .0539 \\ .2691 & -.0199 & .2275 & -.1990 \\ .0673 & .1174 & -.1266 & .2142 \end{bmatrix}$$

$$\mathbf{T}' = \begin{bmatrix} 14.8661 & 11.9063 & 14.7315 & 17.4895 \\ & 10.2098 & 1.3322 & 12.2201 \\ & & 9.0668 & -2.8596 \\ (零) & & & 14.1283 \end{bmatrix}$$

2·3　矩陣微分

在多變項分析裏，我們偶而也會碰到須用矩陣微分（matrix differentiation）的時候。爲容易了解它們起見，要先知道下面幾個有關微分的基本原則（Van de Geer, 1971）：

（一）當 $y=f(x)$，例如 $y=ax^n$ 時，

$$\frac{dy}{dx}=y'=nax^{n-1} \qquad \text{〔公式 2·3·1〕}$$

例如：$y=4x^3$ 時，$\frac{dy}{dx}=y'=3(4)x^{3-1}=12x^2$

$$y=3x^2+12x+5 \text{ 時，} \frac{dy}{dx}=y'=6x+12$$

這裏，$\frac{dy}{dx}$ 或 y' 就是 y 的「第一階導數」(first derivative)。

（二）要算出極端値，如極大値或極小値，須設第一階導數 y' 等於 0，然後再加以判斷。例如：

$$y=3x^3-2x^2 \text{ 時，} \frac{dy}{dx}=y'=9x^2-4x。$$

設 $9x^2-4x=0$

得 $x=0$ 或 $\frac{4}{9}$

當 $x_1=0$ 時，$y_1=0$。

當 $x_2=\frac{4}{9}$ 時，$y_2=3x^3-2x^2=3\left(\frac{4}{9}\right)^3-2\left(\frac{4}{9}\right)^2=-\frac{32}{243}$。

亦即 $(x_1,y_1)=(0,0)$

$$(x_2,y_2)=\left(\frac{4}{9},-\frac{32}{243}\right)$$

要看這二點何者爲這三次曲線的極大值或極小值，須根據y的「第二階導數」(second derivative) 亦即 y'' 來判斷。如果 y'' 爲正，該點爲極小值；如果 y'' 爲負，該點爲極大值。例如，因爲 $y'=9x^2-4x$，所以：

$$y''=18x-4$$

代入 $x_1=0$，$y''=-4$，故 $(x_1,y_1)=(0,0)$ 這一點是極大值。

代入 $x_2=\frac{4}{9}$，$y''=4$，故 $(x_2,y_2)=\left(\frac{4}{9},-\frac{32}{243}\right)$ 是極小值。

(三) 當 $y=f(x_1,x_2)$，且 x_1 和 x_2 互爲獨立時，就要用「偏導數」(partial derivatives) 來求y的極端值。

例如，$y=5x_1^2+x_2^2+4x_1x_2+3x_2$ 時，

偏導數是：$\frac{\partial y}{\partial x_1}=10x_1+4x_2$

$$\frac{\partial y}{\partial x_2}=4x_1+2x_2+3$$

設 $\begin{cases}10x_1+4x_2=0\\4x_1+2x_2+3=0\end{cases}$

得：$x_1=3$，$x_2=-7.5$

代入原式：得 $y=-11.25$，是極小值。

(四) 在 $g(x_1,x_2,\cdots,x_n)=0$ 的附加條件 (side condition) 下，如想求出 $y(x_1,x_2,\cdots,x_n)$ 的極端值時，可設一輔助函數 (auxiliary function) 如下所示：

$$F=y-\mu g \qquad \text{〔公式 2·3-2〕}$$

然後將其偏導數 $\frac{\partial F}{\partial x_1}$, $\frac{\partial F}{\partial x_2}$, …, $\frac{\partial F}{\partial x_n}$設等於 0，便可求得。

例如：在附加條件爲 $g=3x_1-2x_2-1=0$ 時，

$y=3x_1^2+4x_2^2$ 的極端值求法爲：

$$\frac{\partial F}{\partial x_1}=\frac{\partial y}{\partial x_1}-\mu\frac{\partial g}{\partial x_1}=6x_1-\mu(3)$$

$$\frac{\partial F}{\partial x_2}=\frac{\partial y}{\partial x_2}-\mu\frac{\partial g}{\partial x_2}=8x_2-\mu(-2)$$

可見，設 $6x_1-3\mu=0$ 時，$\mu=2x_1$。

設 $8x_2+2\mu=0$ 時，$\mu=-4x_2$。

因爲 $\mu-\mu=2x_1-(-4x_2)$，故得 $2x_1+4x_2=0$

解 $\begin{cases}2x_1+4x_2=0\\ 3x_1-2x_2-1=0\end{cases}$

得 $x_1=\frac{1}{4}$，$x_2=-\frac{1}{8}$。

故相對應的 $y=3x_1^2+4x_2^2=3\left(\frac{1}{4}\right)^2+4\left(-\frac{1}{8}\right)^2=\frac{1}{4}$。這 $y=\frac{1}{4}$ 便是 $y=3x_1^2+4x_2^2$ 所構成的半球形表面與 $g=3x_1-2x_2-1=0$ 所構成的平面交切而成的拋物線之極小值（參看圖 2·3-1）。

矩陣微分的例子　知道了上面幾個基本原則後，便容易了解下面所舉幾個例子的矩陣微分的方法了：

（一）當我們有 $\mathbf{x}'\mathbf{A}\mathbf{x}$ 這一「二次形式」時，函數 $f=\mathbf{x}'\mathbf{A}\mathbf{x}$ 可展開如下（參看公式 1·1-4）：

$$\begin{aligned}f=&x_1a_{11}x_1+x_1a_{12}x_2+\cdots+x_1a_{1n}x_n\\&+x_2a_{21}x_1+x_2a_{22}x_2+\cdots+x_2a_{2n}x_n\end{aligned}$$

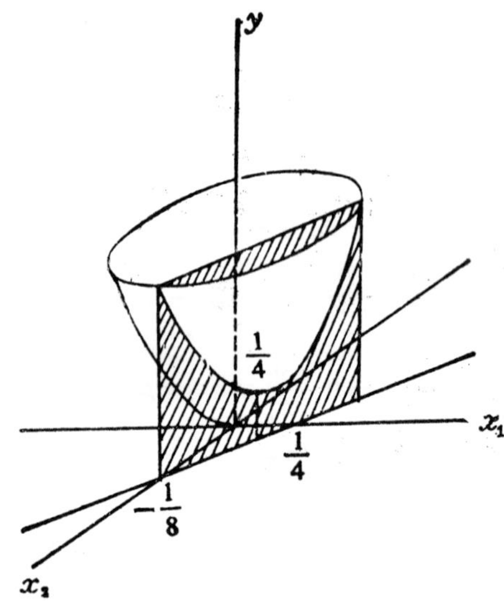

圖 2·3-1 $y=3x_1^2+4x_2^2$ 的圖和 $g=3x_1-2x_2-1$ 的平面交切 (Van de Geer, 1971, p. 53)。

$$+\cdots\cdots$$

$$+x_n a_{n1} x_1 + x_n a_{n2} x_2 + \cdots + x_n a_{nn} x_n$$

故 $\dfrac{\partial f}{\partial x_1}=2a_{11}x_1+2a_{12}x_2+\cdots+2a_{1n}x_n=2\mathbf{a}_1'\mathbf{x}$

$$\frac{\partial f}{\partial x_2} \qquad\qquad =2\mathbf{a}_2'\mathbf{x}$$

$$\vdots \qquad\qquad \vdots$$

$$\frac{\partial f}{\partial x_n} \qquad\qquad =2\mathbf{a}_n'\mathbf{x}$$

總而言之，我們可以得到:

$$\frac{\partial f}{\partial \mathbf{x}'}=\frac{\partial \mathbf{x}'\mathbf{A}\mathbf{x}}{\partial \mathbf{x}'}=2\mathbf{A}\mathbf{x} \qquad \text{〔公式 2·3-3〕}$$

（二）在 $\mathbf{k'k}=1$ 的附加條件下，想求 $\mathbf{k'Ak}$ 這一個二次形式的極大値，就可使用公式 2·3-2 來求得，亦即要把下列函數加以極大化 (maximize)：

$$F=\mathbf{k'Ak}-\lambda(\mathbf{k'k}-1)$$

根據向量 $\mathbf{k}$，取上式的第一階導數，即得：

$$\frac{\partial F}{\partial \mathbf{k'}}=2\mathbf{Ak}-2\lambda\mathbf{k}$$

設　$2\mathbf{Ak}-2\lambda\mathbf{k}=0$

便得　$\mathbf{Ak}=\lambda\mathbf{k}$　〔公式 2·3-4〕

或改寫爲：

$$(\mathbf{A}-\lambda\mathbf{I})\mathbf{k}=\mathbf{0}$$ 〔公式 2·3-5〕

我們將在下面第 2·4 節用到這些結果。

（三）假使我們想要把下列函數加以極小化 (minimize)

$$f(\boldsymbol{\beta})=(\mathbf{y}-\mathbf{X}\boldsymbol{\beta})'(\mathbf{y}-\mathbf{X}\boldsymbol{\beta})$$

則可得如下的結果：

$$\begin{aligned}\frac{\partial f}{\partial \boldsymbol{\beta}}&=\frac{f}{\partial \boldsymbol{\beta}}(\mathbf{y'y}-\boldsymbol{\beta}'\mathbf{X'y}-\mathbf{y'X}\boldsymbol{\beta}+\boldsymbol{\beta}'\mathbf{X'X}\boldsymbol{\beta})\\&=-\mathbf{X'y}-(\mathbf{y'X})'+2(\mathbf{X'X})\boldsymbol{\beta}\\&=-2\mathbf{X'y}+2(\mathbf{X'X})\boldsymbol{\beta}\end{aligned}$$

又設：$-2\mathbf{X'y}+2(\mathbf{X'X})\boldsymbol{\beta}=\mathbf{0}$，就得下列的「正規方程式」(normal equation)：

$$(\mathbf{X'X})\boldsymbol{\beta}=\mathbf{X'y}$$ 〔公式 2·3-6〕

如果 $\mathbf{X'X}$ 爲滿秩矩陣，則向量 $\boldsymbol{\beta}$ 的解是：

$$\boldsymbol{\beta}=(\mathbf{X'X})^{-1}\mathbf{X'y}$$ 〔公式 2·3-7〕

這是在「最小平方法」(the least square method) 中常要使用到的

公式，將來討論廻歸分析時常要使用到它。當 $\mathbf{X'X}$ 爲缺秩矩陣時，解向量 β 的公式便是公式 2·1-3。

2·4 特徵值和特徵向量

在多變項分析裏，有時我們須找出一個向量 $\mathbf{k}$，使線性組合分數 y_i 的變異數變爲極大，亦即當方陣 $\mathbf{A}$ 是 y_i 的變異數-共變數矩陣時，我們必須找出向量 $\mathbf{k}$，使 $\mathbf{k'Ak}$ 變爲極大。由於如果不加限制的話，$\mathbf{k'Ak}$ 可能變爲無限大，所以向量 $\mathbf{k}$ 常被限制爲單位長度，亦即 $\mathbf{k'k}=1$。假使我們以 λ（讀做 [ˈlæmdə]）來代表變異數的極大值，則意謂須在 $\mathbf{k'k}=1$ 的條件下，使：

$$\lambda=max(\mathbf{k'Ak})$$

利用公式 2·3-2 的方式來表示，則我們必須把下列函數加以極大化：

$$F=\mathbf{k'Ak}-\lambda(\mathbf{k'k}-1)$$

上節討論公式 2·3-4 時說過，要達成此一目的，必須根據向量 $\mathbf{k}$，取上式的第一階導數，並設等於 0。如此終可得到：

$$\mathbf{Ak}=\lambda\mathbf{k} \qquad \text{〔公式 2·4-1〕}$$

$$\text{或}\quad (\mathbf{A}-\lambda\mathbf{I})\mathbf{k}=0 \qquad \text{〔公式 2·4-2〕}$$

公式 2·4-2 事實上係爲齊次方程式 (homogeneous equation)，經常都是有解的，因爲只要 $\mathbf{k}$ 是零向量 [0, 0, …, 0]，均能滿足公式 2·4-2 的條件。然而，這種均爲 0 的解，是沒有什麼意義的；倘向量 $\mathbf{k}$ 的元素均爲 0，便沒有線性組合所須的那些係數了。如要得到非零的解，則 $(\mathbf{A}-\lambda\mathbf{I})$ 必須是缺秩的方陣，亦即不能有反矩陣存在。換言之，λ 必須合乎下式的條件：

$$|\mathbf{A}-\lambda\mathbf{I}|=0 \qquad \text{〔公式 2·4-3〕}$$

（請參看 Finn, 1974, p. 48; Tatsuoka, 1971, p. 118; Bock, 1975, pp 90-92）

解公式 2·4-3 或公式 2·4-2 後，所得 λ 就叫做「特徵值」(eigenvalues, 或譯「特性值」、「固有值」)。與每一個 λ 相對應的向量 **k** 就叫做「特徵向量」(eigenvectors)。公式 2·4-3，亦即 $|\mathbf{A}-\lambda\mathbf{I}|=0$ 就叫做矩陣 **A** 的「特徵方程式」(characteristic equation)。如果矩陣 **A** 是 $m\times m$ 階且滿秩的方陣，則解這一個方程式之後，可以得到 m 個特徵值〔所以特徵值又稱「潛伏根」(latent root)〕。如果爲缺秩的方陣，亦即 $R(\mathbf{A})<m$，則其中會有 $(m-r)$ 個其值爲 0 的特徵值。每一個特徵值均有一個與其相對應的特徵向量，故如有 m 個特徵值，便可得到 m 個特徵向量。

（一）特徵值與特徵向量的求法　下面我們先以 2×2 階矩陣 **A** 爲例來說明怎樣計算特徵值和特徵向量：

設： $\mathbf{A}=\begin{bmatrix}3 & 5\\ 1 & 7\end{bmatrix}$

則其特徵方程式，如公式 2·4-3 所示應爲：

$$|\mathbf{A}-\lambda\mathbf{I}|=\left|\begin{bmatrix}3 & 5\\ 1 & 7\end{bmatrix}-\lambda\begin{bmatrix}1 & 0\\ 0 & 1\end{bmatrix}\right|=\begin{vmatrix}3-\lambda & 5\\ 1 & 7-\lambda\end{vmatrix}=0$$

代入公式 1·2-1 求等號左邊的行列式，則上式變爲：

$$(3-\lambda)(7-\lambda)-(5)(1)=0$$

$$\text{或}\quad \lambda^2-10\lambda+16=0$$

故得： $\lambda_1=8$，和 $\lambda_2=2$　　　　（特徵值）

然後將所求得的這兩個特徵值分別代入公式 2·4-2：

當 $\lambda_1=8$ 時

$$\begin{bmatrix}3-8 & 5\\ 1 & 7-8\end{bmatrix}\mathbf{k}=\mathbf{0}$$

或 $$\begin{bmatrix}-5 & 5\\ 1 & -1\end{bmatrix}\begin{bmatrix}k_1\\ k_2\end{bmatrix}=\begin{bmatrix}0\\ 0\end{bmatrix}$$

或 $$\begin{cases}-5k_1+5k_2=0\\ k_1-k_2=0\end{cases}$$

故得: $\mathbf{k}_1=\begin{bmatrix}1\\ 1\end{bmatrix}$ (特徵向量)

或其任意倍數的向量。

當 $\lambda_2=2$

$$\begin{bmatrix}3-2 & 5\\ 1 & 7-2\end{bmatrix}\mathbf{k}=\mathbf{0}$$

或 $$\begin{bmatrix}1 & 5\\ 1 & 5\end{bmatrix}\begin{bmatrix}k_1\\ k_2\end{bmatrix}=\begin{bmatrix}0\\ 0\end{bmatrix}$$

或 $$\begin{cases}k_1+5k_2=0\\ k_1+5k_2=0\end{cases}$$

故得　$\mathbf{k}_2=\begin{bmatrix}5\\ -1\end{bmatrix}$ (特徵向量)

或其任意倍數的向量。

像這樣，因為矩陣 **A** 是2×2階滿秩矩陣，所以終於得到 2 個特徵值和 2 個與其相對應的特徵向量。這些特徵值和特徵向量可列成爲如下所示的矩陣:

$$\mathbf{K}=\begin{bmatrix}1 & 5\\ 1 & -1\end{bmatrix}\qquad \mathbf{\Lambda}=\begin{bmatrix}8 & 0\\ 0 & 2\end{bmatrix}$$

此時，公式 2·4-1 就變成爲:

$$\mathbf{AK}=\mathbf{K\Lambda}\qquad\text{〔公式 2·4-4〕}$$

以上例而言，正就是如此:

$$\mathbf{AK}=\begin{bmatrix}3 & 5\\ 1 & 7\end{bmatrix}\begin{bmatrix}1 & 5\\ 1 & -1\end{bmatrix}=\begin{bmatrix}8 & 10\\ 8 & -2\end{bmatrix}$$

$$\mathbf{K\Lambda}=\begin{bmatrix}1 & 5\\ 1 & -1\end{bmatrix}\begin{bmatrix}8 & 0\\ 0 & 2\end{bmatrix}=\begin{bmatrix}8 & 10\\ 8 & -2\end{bmatrix}$$

可見，等號兩邊完全相等。

在很多情形下，我們用來求特徵值和特徵向量的矩陣是對稱方陣。所以再以一個 3×3 階對稱方陣來說明求法：

$$\mathbf{A}=\begin{bmatrix}7 & 0 & 1\\ 0 & 7 & 2\\ 1 & 2 & 3\end{bmatrix}$$

根據公式 2·4-3，先設下式爲 0：

$$|\mathbf{A}-\lambda\mathbf{I}|=\begin{vmatrix}7-\lambda & 0 & 1\\ 0 & 7-\lambda & 2\\ 1 & 2 & 3-\lambda\end{vmatrix}=0$$

再根據公式 1·2-2，計算出式中的行列式部分，就變爲：

$$-\lambda^3+17\lambda^2-86\lambda+112=0$$

或 $(\lambda-8)(\lambda-7)(\lambda-2)=0$

故得：$\lambda_1=8$，$\lambda_2=7$，$\lambda_3=2$

習慣上，特徵值要像上面那樣，自大而小依次列出。算出各特徵值之後，接著便要計算與各特徵值相對應的特徵向量。其最方便的方法便是利用算「伴隨矩陣」的方法來處理〔請復習第 1·2（二）節，伴隨矩陣求法〕：

當 $\lambda_1=8$ 時，公式 2·4-2 變爲：

$$(\mathbf{A}-8\mathbf{I})\mathbf{k}_1=\begin{bmatrix}-1 & 0 & 1\\ 0 & -1 & 2\\ 1 & 2 & -5\end{bmatrix}\begin{bmatrix}k_1\\ k_2\\ k_3\end{bmatrix}=\begin{bmatrix}0\\ 0\\ 0\end{bmatrix}$$

此時，
$$adj(\mathbf{A}-8\mathbf{I})=\begin{bmatrix}\begin{vmatrix}-1 & 2\\ 2 & -5\end{vmatrix} & -\begin{vmatrix}0 & 2\\ 1 & -5\end{vmatrix} & \begin{vmatrix}0 & -1\\ 1 & 2\end{vmatrix}\\ -\begin{vmatrix}0 & 1\\ 2 & -5\end{vmatrix} & \begin{vmatrix}-1 & 1\\ 1 & -5\end{vmatrix} & -\begin{vmatrix}-1 & 0\\ 1 & 2\end{vmatrix}\\ \begin{vmatrix}0 & 1\\ -1 & 2\end{vmatrix} & -\begin{vmatrix}-1 & 1\\ 0 & 2\end{vmatrix} & \begin{vmatrix}-1 & 0\\ 0 & -1\end{vmatrix}\end{bmatrix}$$

$$=\begin{bmatrix} 1 & 2 & 1 \\ 2 & 4 & 2 \\ 1 & 2 & 1 \end{bmatrix}$$

請注意，這伴隨矩陣的每一橫列，均成同一比例，亦即 1：2：1，而這一比例便是特徵向量 $\mathbf{k}_1$ 的元素的比例。於是我們可得到與 λ_1 相對應的特徵向量 $\mathbf{k}_1$ 如下：

$$\mathbf{k}_1=\begin{bmatrix} 1 \\ 2 \\ 1 \end{bmatrix}$$

同理，當 $\lambda_2=7$ 時，公式 2·4-2 變爲：

$$(\mathbf{A}-7\mathbf{I})\mathbf{k}_2=\begin{bmatrix} 0 & 0 & 1 \\ 0 & 0 & 2 \\ 1 & 2 & -4 \end{bmatrix}\mathbf{k}_3=0$$

$$adj(\mathbf{A}-7\mathbf{I})=\begin{bmatrix} -4 & 2 & 0 \\ 2 & -1 & 0 \\ 0 & 0 & 0 \end{bmatrix}$$

故，$\mathbf{k}_2=\begin{bmatrix} -2 \\ 1 \\ 0 \end{bmatrix}$

再把 $\lambda_3=2$ 代入公式 2·4-2 計算：

$$(\mathbf{A}-2\mathbf{I})\mathbf{k}_3=\begin{bmatrix} 5 & 0 & 1 \\ 0 & 5 & 2 \\ 1 & 2 & 1 \end{bmatrix}\mathbf{k}_3=0$$

$$adj(\mathbf{A}-2\mathbf{I})=\begin{bmatrix} 1 & 2 & -5 \\ 2 & 4 & -10 \\ -5 & -10 & 25 \end{bmatrix}$$

$$故，\mathbf{K}_3=\begin{bmatrix}1\\2\\-5\end{bmatrix}$$

歸納起來，一共得到下列的矩陣$\mathbf{K}$和$\mathbf{\Lambda}$:

$$\mathbf{K}=\begin{bmatrix}1&-2&1\\2&1&2\\1&0&-5\end{bmatrix}\qquad \mathbf{\Lambda}=\begin{bmatrix}8&0&0\\0&7&0\\0&0&2\end{bmatrix}$$

代入公式 2·4-4 驗算，因等號兩邊相等，可知計算正確:

$$\mathbf{AK}=\begin{bmatrix}7&0&1\\0&7&2\\1&2&3\end{bmatrix}\begin{bmatrix}1&-2&1\\2&1&2\\1&0&-5\end{bmatrix}=\begin{bmatrix}8&-14&2\\16&7&4\\8&0&-10\end{bmatrix}$$

$$\mathbf{K\Lambda}=\begin{bmatrix}1&-2&1\\2&1&2\\1&0&-5\end{bmatrix}\begin{bmatrix}8&0&0\\0&7&0\\0&0&2\end{bmatrix}=\begin{bmatrix}8&-14&2\\16&7&4\\8&0&-10\end{bmatrix}$$

像這樣，因爲矩陣$\mathbf{A}$是 3×3 階滿秩矩陣，乃得到 3 個特徵值和 3 個與其相對應的特徵向量，構成上述的矩陣$\mathbf{K}$和$\mathbf{\Lambda}$。

在此，我們可以先認識一下特徵值和特徵向量的兩個性質:

第一、方陣$\mathbf{A}$的m個特徵值的「積和」等於方陣$\mathbf{A}$的行列式值。用公式表示，即爲:

$$\prod_{i=1}^{m}\lambda_i=|\mathbf{A}| \qquad \text{〔公式 2·4-5〕}$$

例如上述的 3×3 階方陣 $\mathbf{A}$ 的三個特徵值爲 $\lambda_1=8$，$\lambda_2=7$，$\lambda_3=2$，其行列式則如下所示:

$$|\mathbf{A}|=\begin{vmatrix}7&0&1\\0&7&2\\1&2&3\end{vmatrix}=112$$

$$\prod_{i=1}^{3}\lambda_i=\lambda_1\cdot\lambda_2\cdot\lambda_3=(8)(7)(2)=112$$

這一點告訴我們：如果有需要，也可以經由計算特徵值而求得行列式值。當然，這是指方陣的階數較大，且有有效率的計算機可利用的時候而言。

第二、方陣$\mathbf{A}$的m個特徵值之和等於方陣$\mathbf{A}$的跡：

$$tr[\mathbf{A}]=\sum_{i=1}^{m}\lambda_i \qquad \text{〔公式 2·4-6〕}$$

以同例的方陣$\mathbf{A}$來說，正就是這樣：

$$tr[\mathbf{A}]=7+7+3=17$$

$$\sum_{i=1}^{3}\lambda_i=8+7+2=17$$

這個性質提供我們驗算特徵值是否計算正確的有效而方便的途徑。在利用主對角線元素均為1的相關係數矩陣求特徵值時，特徵值之和正好等於該矩陣的階數，驗算起來十分方便。

當矩陣$\mathbf{A}$的階數等於或大於4×4階時，上面所描述的計算方法，便變得十分繁難而不切實用。在實際的統計分析裏，常用表7·1-4所討論的「反覆解法」來處理，尤其是以電算機來計算時，更是這樣。

【練習】試求下列$\mathbf{A}$矩陣的特徵值及特徵向量，並以公式2·4-4至2·4-6驗算是否計算正確。

$$\mathbf{A}=\begin{bmatrix}134 & 12\\ 12 & 141\end{bmatrix} \quad \text{〔答〕}\ \mathbf{K}=\begin{bmatrix}3 & 4\\ 4 & -3\end{bmatrix} \quad \mathbf{\Lambda}=\begin{bmatrix}150 & 0\\ 0 & 125\end{bmatrix}$$

（二）特徵向量的正規化　特徵向量可以取任何倍數，只要其各元素之間的比例固定，要取多大倍數都可以。然而，在實際應用裏，通常以採正規化為1和正規化為λ_i兩種方式為多。

正規化為1　我們已在第2·2（一）節裏，討論過正規化的計算方法。根據公式 2·2-2，要將特徵向量加以正規化時，必須：

「將特徵向量的各元素除以各元素平方和之平方根」。

上面我們利用 3×3 階對稱方陣 $\mathbf{A}$ 求出來的矩陣 $\mathbf{K}$ 的第 1 個特徵向量爲 $\mathbf{k}_1'=[1,2,1]$，其正規化過程爲：

$$\mathbf{k}_1'\mathbf{k}_1=[1,2,1]\begin{bmatrix}1\\2\\1\end{bmatrix}=6 \qquad \|\mathbf{k}_1\|=\sqrt{\mathbf{k}_1'\mathbf{k}_1}=\sqrt{6}$$

$$\mathbf{k}_1^*=\frac{1}{\|\mathbf{k}_1\|}\mathbf{k}=\frac{1}{\sqrt{\mathbf{k}_1'\mathbf{k}_1}}\mathbf{k}=\frac{1}{\sqrt{6}}\begin{bmatrix}1\\2\\1\end{bmatrix}=\begin{bmatrix}1/\sqrt{6}\\2/\sqrt{6}\\1/\sqrt{6}\end{bmatrix}$$

同理，將 $\mathbf{k}_2'=[-2,1,0]$ 除以 $\sqrt{5}$，將 $\mathbf{k}_3'=[1,2,-5]$ 除以 $\sqrt{30}$，便得正規化爲 1 的矩陣 $\mathbf{K}^*$ 如下所示：

$$\mathbf{K}^*=\begin{bmatrix}1/\sqrt{6} & -2/\sqrt{5} & 1/\sqrt{30}\\2/\sqrt{6} & 1/\sqrt{5} & 2/\sqrt{30}\\1/\sqrt{6} & 0 & -5/\sqrt{30}\end{bmatrix}$$

（爲了下面的驗算方便起見，保留根號，不再簡化。如果願意，你可將矩陣 $\mathbf{K}^*$ 各元素化爲小數）。這個矩陣 $\mathbf{K}^*$ 現在便是一種正交的且正規化爲 1 的矩陣。這種矩陣在因素分析中，常扮演重要角色。此時，矩陣 $\mathbf{K}^*$ 的各縱行自乘爲 1，亦即 $(\mathbf{k}_i^*)'\mathbf{k}_i^*=1$；其各縱行交乘爲 0，亦即 $(\mathbf{k}_i^*)'\mathbf{k}_j^*=0$。用公式表示之，則爲：

$$(\mathbf{K}^*)'\mathbf{K}^*=\mathbf{K}^*(\mathbf{K}^*)'=\mathbf{I} \qquad \text{〔公式 2·4-7〕}$$

（驗算）：

$$\begin{bmatrix}1/\sqrt{6} & 2/\sqrt{6} & 1/\sqrt{6}\\-2/\sqrt{5} & 1/\sqrt{5} & 0\\1/\sqrt{30} & 2/\sqrt{30} & -5/\sqrt{30}\end{bmatrix}\begin{bmatrix}1/\sqrt{6} & -2/\sqrt{5} & 1/\sqrt{30}\\2/\sqrt{6} & 1/\sqrt{5} & 2/\sqrt{30}\\1/\sqrt{6} & 0 & -5/\sqrt{30}\end{bmatrix}$$

$$=\begin{bmatrix}1 & 0 & 0\\ 0 & 1 & 0\\ 0 & 0 & 1\end{bmatrix}$$

由於矩陣 $\mathbf{K}^*$ 具有這種性質，所以常用它來將矩陣 $\mathbf{A}$ 轉換爲由特徵值 λ_i 所構成的對角線矩陣 $\mathbf{\Lambda}$：

$$(\mathbf{K}^*)'\mathbf{A}\mathbf{K}^*=\mathbf{\Lambda} \qquad \text{〔公式 2·4-8〕}$$

以上例來說，便是這樣：

$$\begin{bmatrix}1/\sqrt{6} & 2/\sqrt{6} & 1/\sqrt{6}\\ -2/\sqrt{5} & 1/\sqrt{5} & 0\\ 1/\sqrt{30} & 2/\sqrt{30} & -5/\sqrt{30}\end{bmatrix}\begin{bmatrix}7 & 0 & 1\\ 0 & 7 & 2\\ 1 & 2 & 3\end{bmatrix}\begin{bmatrix}1/\sqrt{6} & -2/\sqrt{5} & 1/\sqrt{30}\\ 2/\sqrt{6} & 1/\sqrt{5} & 2/\sqrt{30}\\ 1/\sqrt{6} & 0 & -5/\sqrt{30}\end{bmatrix}$$

$$=\begin{bmatrix}8/\sqrt{6} & 16/\sqrt{6} & 8/\sqrt{6}\\ -14/\sqrt{5} & 7/\sqrt{5} & 0\\ 2/\sqrt{30} & 4/\sqrt{30} & -10/\sqrt{30}\end{bmatrix}\begin{bmatrix}1/\sqrt{6} & -2/\sqrt{5} & 1/\sqrt{30}\\ 2/\sqrt{6} & 1/\sqrt{5} & 2/\sqrt{30}\\ 1/\sqrt{6} & 0 & -5/\sqrt{30}\end{bmatrix}$$

$$=\begin{bmatrix}8 & 0 & 0\\ 0 & 7 & 0\\ 0 & 0 & 2\end{bmatrix}$$

這個由特徵值構成的主對角線矩陣 $\mathbf{\Lambda}$，就叫做矩陣 $\mathbf{A}$ 的「典式」(canonical form)，而 $(\mathbf{K}^*)'\mathbf{A}\mathbf{K}^*$ 便是屬於「二次形式」(請復習公式 1·1-4 及其有關的討論)。假使矩陣 $\mathbf{A}$ 是代表變異數-共變數矩陣，則利用公式 2·4-8 轉換之後，所得到的矩陣 $\mathbf{\Lambda}$ 便是共變數均爲 0．變異數爲極大値的矩陣。換言之，此時主對角線的這些特徵値便是極大的變異數，而主對角線以外各元素便是其值均爲 0 的共變數。所以，在須將變異數加以極大化的轉軸 (variance-maximizing rotation) 過程中，常要使用到公式 2·4-8。〔請參看下面特徵值與特徵向量的應用學隅一節〕。

正規化爲 λ　還有一些情形下，例如在因素分析裏，常常需要使各特徵向量之元素的平方和等於與其相對應的特徵值，亦即 $\mathbf{k}_i'\mathbf{k}_i=\lambda_i$。如果這樣，就叫做將特徵向量「正規化爲特徵值」(normalized to corresponding eigenvalues)。其方法爲:

「把正規化爲1的特徵向量之各元素乘以與此特徵向量相對應之特徵值的平方根」。

用公式表示，就是:

$$\mathbf{f}_i=\mathbf{k}_i^*\sqrt{\lambda_i} \qquad 或 \qquad \mathbf{F}=\mathbf{K}^*\mathbf{\Lambda}^{\frac{1}{2}} \qquad 〔公式\ 2\cdot4\text{-}9〕$$

以同一例子來說:

$$\mathbf{f}_1=\mathbf{k}_1^*\sqrt{\lambda_1}=\begin{bmatrix}1/\sqrt{6}\\2/\sqrt{6}\\1/\sqrt{6}\end{bmatrix}\sqrt{8}=\begin{bmatrix}\sqrt{8}/\sqrt{6}\\2\sqrt{8}/\sqrt{6}\\\sqrt{8}/\sqrt{6}\end{bmatrix}$$

(驗算):

$$\mathbf{f}'\mathbf{f}=(\sqrt{8}/\sqrt{6})^2+(2\sqrt{8}/\sqrt{6})^2+(\sqrt{8}/\sqrt{6})^2=8=\lambda_1$$

像這樣，我們也可以把向量 $\mathbf{k}_2^*$ 乘以 $\sqrt{\lambda_2}=\sqrt{7}$，把向量 $\mathbf{k}_3$ 乘以 $\sqrt{\lambda_3}=\sqrt{2}$，而得到下列正規化爲 λ_i 的矩陣 $\mathbf{F}$:

$$\mathbf{F}=\begin{bmatrix}\sqrt{8}/\sqrt{6} & -2\sqrt{7}/\sqrt{5} & \sqrt{2}/\sqrt{30}\\2\sqrt{8}/\sqrt{6} & \sqrt{7}/\sqrt{5} & 2\sqrt{2}/\sqrt{30}\\\sqrt{8}/\sqrt{6} & 0 & -5\sqrt{2}/\sqrt{30}\end{bmatrix}$$

此時，應具有下列公式 2·4-10 所示的關係:

$$\mathbf{F}'\mathbf{F}=\mathbf{\Lambda} \qquad 〔公式\ 2\cdot4\text{-}10〕$$

將所得的矩陣 $\mathbf{F}$ 代入公式 2·4-10，便知道已正規化爲 λ_i 了:

$$\begin{bmatrix} \sqrt{8}/\sqrt{6} & 2\sqrt{8}/\sqrt{6} & \sqrt{8}/\sqrt{6} \\ -2\sqrt{7}/\sqrt{5} & \sqrt{7}/\sqrt{5} & 0 \\ \sqrt{2}/\sqrt{30} & 2\sqrt{2}/\sqrt{30} & -5\sqrt{2}/\sqrt{30} \end{bmatrix} \begin{bmatrix} \sqrt{8}/\sqrt{6} & -2\sqrt{7}/\sqrt{5} & \sqrt{2}/\sqrt{30} \\ 2\sqrt{8}/\sqrt{6} & \sqrt{7}/\sqrt{5} & 2\sqrt{2}/\sqrt{30} \\ \sqrt{8}/\sqrt{6} & 0 & -5\sqrt{2}/\sqrt{30} \end{bmatrix}$$

$$=\begin{bmatrix} 8 & 0 & 0 \\ 0 & 7 & 0 \\ 0 & 0 & 2 \end{bmatrix}=\mathbf{\Lambda}$$

將來在因素分析裏，我們便會發現：如果矩陣**A**是相關係數矩陣，則這矩陣**F**的每一行向量 $\mathbf{f}_i$ 便是由因素負荷量所構成的向量。

特徵值與特徵向量的其他性質 除了公式 2·4-5 和公式 2·4-6 所描述的兩個性質之外，特徵值和特徵向量還有下列幾個性質，值得加以討論：

第一、求對稱方陣**A**的特徵值和特徵向量，事實上就是將矩陣**A**因式分解爲公式 2·4-11 所示的三個部分：

$$\mathbf{A}=\mathbf{K}^*\mathbf{\Lambda}(\mathbf{K}^*)' \qquad \text{〔公式 2·4-11〕}$$

這是因爲 $\mathbf{AK}^*=\mathbf{K}^*\mathbf{\Lambda}$，所以 $\mathbf{AK}^*(\mathbf{K}^*)'=\mathbf{K}^*\mathbf{\Lambda}(\mathbf{K}^*)'$，或 $\mathbf{AI}=\mathbf{K}^*\mathbf{\Lambda}(\mathbf{K}^*)'$ 之故（參看公式 2·4-4）。我們可用同例來驗算是否如此：

$$\begin{bmatrix} 1/\sqrt{6} & -2/\sqrt{5} & 1/\sqrt{30} \\ 2/\sqrt{6} & 1/\sqrt{5} & 2/\sqrt{30} \\ 1/\sqrt{6} & 0 & -5/\sqrt{30} \end{bmatrix} \begin{bmatrix} 8 & 0 & 0 \\ 0 & 7 & 0 \\ 0 & 0 & 2 \end{bmatrix} \begin{bmatrix} 1/\sqrt{6} & 2/\sqrt{6} & 1/\sqrt{6} \\ -2/\sqrt{5} & 1/\sqrt{5} & 0 \\ 1/\sqrt{30} & 2/\sqrt{30} & -5/\sqrt{30} \end{bmatrix}$$

$$=\begin{bmatrix} 8/\sqrt{6} & -14/\sqrt{5} & 2/\sqrt{30} \\ 16/\sqrt{6} & 7/\sqrt{5} & 4/\sqrt{30} \\ 8/\sqrt{6} & 0 & -10/\sqrt{30} \end{bmatrix} \begin{bmatrix} 1/\sqrt{6} & 2/\sqrt{6} & 1/\sqrt{6} \\ -2/\sqrt{5} & 1/\sqrt{5} & 0 \\ 1/\sqrt{30} & 2/\sqrt{30} & -5/\sqrt{30} \end{bmatrix}$$

$$=\begin{bmatrix} 7 & 0 & 1 \\ 0 & 7 & 2 \\ 1 & 2 & 3 \end{bmatrix}$$

第二、正如同矩陣**A**可被因式分解爲公式 2·4-11 所示的三部分一樣，矩陣**A**也可被因式分解爲公式 2·4-12 所示的兩個部分：

$$\mathbf{A}=\mathbf{F}\mathbf{F}' \qquad \text{〔公式 2·4-12〕}$$

這在因素分析中，算是很重要的概念，值得加以注意。我們可以用上面正規化爲 λ_i 的矩陣**F**來驗算看：

$$\begin{bmatrix} \sqrt{8}/\sqrt{6} & -2\sqrt{7}/\sqrt{5} & \sqrt{2}/\sqrt{30} \\ 2\sqrt{8}/\sqrt{6} & \sqrt{7}/\sqrt{5} & 2\sqrt{2}/\sqrt{30} \\ \sqrt{8}/\sqrt{6} & 0 & -5\sqrt{2}/\sqrt{30} \end{bmatrix} \begin{bmatrix} \sqrt{8}/\sqrt{6} & 2\sqrt{8}/\sqrt{6} & \sqrt{8}/\sqrt{6} \\ -2\sqrt{7}/\sqrt{5} & \sqrt{7}/\sqrt{5} & 0 \\ \sqrt{2}/\sqrt{30} & 2\sqrt{2}/\sqrt{30} & -5\sqrt{2}/\sqrt{30} \end{bmatrix}$$

$$=\begin{bmatrix} 7 & 0 & 1 \\ 0 & 7 & 2 \\ 1 & 2 & 3 \end{bmatrix}=\mathbf{A}$$

【練習】在前面的習題裏，我們已經把 2×2 階對稱矩陣**K**的特徵值和特徵向量算出，其結果如下所示：

$$\mathbf{A}=\begin{bmatrix} 134 & 12 \\ 12 & 141 \end{bmatrix} \qquad \mathbf{K}=\begin{bmatrix} 3 & 4 \\ 4 & -3 \end{bmatrix} \qquad \mathbf{\Lambda}=\begin{bmatrix} 150 & 0 \\ 0 & 125 \end{bmatrix}$$

請再將這一特徵向量構成的矩陣**K**加以正規化爲 1，然後再加以正規化爲 λ_i，並代入公式 2·4-8 至公式 2·4-12 驗算是否計算正確。

〔答〕 $\mathbf{K}^*=\begin{bmatrix} .6 & .8 \\ .8 & -.6 \end{bmatrix} \qquad \mathbf{F}=\begin{bmatrix} .6\sqrt{150} & .8\sqrt{125} \\ .8\sqrt{150} & -.6\sqrt{125} \end{bmatrix}$

（三）特徵值和特徵向量的應用擧隅　爲了加深對特徵值和特徵向量問題之瞭解起見，下面要擧兩個例子來說明特徵值和特徵向量的應用。

矩陣的平方根的求法：如果我們有一對角線矩陣**D**，則其平方根的求法，十分簡單，只要將矩陣**D**主對角線元素加以開平方，便可求得：

$$\mathbf{D}^{\frac{1}{2}}=\begin{bmatrix}\sqrt{d_{11}} & 0 & 0\\ 0 & \sqrt{d_{22}} & 0\\ 0 & 0 & \sqrt{d_{33}}\end{bmatrix}$$ 〔公式 2·4-13〕

例如:

$$\mathbf{D}=\begin{bmatrix}9 & 0 & 0\\ 0 & 4 & 0\\ 0 & 0 & 1\end{bmatrix} \quad 則\ \mathbf{D}^{\frac{1}{2}}=\begin{bmatrix}3 & 0 & 0\\ 0 & 2 & 0\\ 0 & 0 & 1\end{bmatrix}$$

然而，一般不是對角線矩陣的開平方，則不是這麼簡單。

如果**A**爲對稱方陣，則我們便可以利用特徵值和特徵向量來求它的平方根。這時要用到下式的公式:

$$\mathbf{A}^{\frac{1}{2}}=\mathbf{K}^{*}\Lambda^{\frac{1}{2}}(\mathbf{K}^{*})'$$ 〔公式 2·4-14〕

設:

$$\mathbf{A}=\begin{bmatrix}1 & .6247\\ .6247 & 1\end{bmatrix}$$

則 $\mathbf{A}^{\frac{1}{2}}$ 之求法如下所示:

將矩陣**A**代入公式 2·4-3，先求得:

$$|\mathbf{A}-\lambda\mathbf{I}|=\begin{vmatrix}1-\lambda & .6247\\ .6247 & 1-\lambda\end{vmatrix}=0$$

或 $\lambda^2-2\lambda+.6097=0$

$$\lambda=\frac{-(-2)\pm\sqrt{(-2)^2-4(1)(.6097)}}{2(1)}$$

故 $\lambda_1=1.6247 \qquad \lambda_2=.3753$

分別代入公式 2·4-2 之後，得:

$$\mathbf{k}_1=\begin{bmatrix}1\\ 1\end{bmatrix} \qquad \mathbf{k}_2=\begin{bmatrix}1\\ -1\end{bmatrix}$$

正規化為 **1** 後，便可得到：

$$\mathbf{K}^* = \begin{bmatrix} .7071 & .7071 \\ .7071 & -.7071 \end{bmatrix}$$

$$\mathbf{\Lambda} = \begin{bmatrix} 1.6247 & 0 \\ 0 & .3753 \end{bmatrix} \qquad \mathbf{\Lambda}^{\frac{1}{2}} = \begin{bmatrix} \sqrt{1.6247} & 0 \\ 0 & \sqrt{.3753} \end{bmatrix} = \begin{bmatrix} 1.2746 & 0 \\ 0 & .6126 \end{bmatrix}$$

代入公式 2·4-14，即得：

$$\mathbf{A}^{\frac{1}{2}} = \begin{bmatrix} .7071 & .7071 \\ .7071 & -.7071 \end{bmatrix} \begin{bmatrix} 1.2746 & 0 \\ 0 & .6126 \end{bmatrix} \begin{bmatrix} .7071 & .7071 \\ .7071 & -.7071 \end{bmatrix}$$

$$= \begin{bmatrix} .9436 & .3310 \\ .3310 & .9436 \end{bmatrix}$$

（驗算）：

$$\mathbf{A}^{\frac{1}{2}}\mathbf{A}^{\frac{1}{2}} = \begin{bmatrix} .9436 & .3310 \\ .3310 & .9436 \end{bmatrix} \begin{bmatrix} .9436 & .3310 \\ .3310 & .9436 \end{bmatrix} = \begin{bmatrix} .9999 & .6247 \\ .6247 & .9999 \end{bmatrix}$$

除了四捨五入的誤差外，可以說完全等於矩陣**A**。

矩陣平方根的倒數的求法： 如果要算出 $\mathbf{A}^{-\frac{1}{2}}$，使 $\mathbf{A}^{-\frac{1}{2}}\mathbf{A}^{-\frac{1}{2}} = \mathbf{A}^{-1}$，則須代入公式 2·4-15：

$$\mathbf{A}^{-\frac{1}{2}} = \mathbf{K}^* \mathbf{\Lambda}^{-\frac{1}{2}} (\mathbf{K}^*)' \qquad \text{〔公式 2·4-15〕}$$

現在再以剛纔的例子來說明：

$$\mathbf{\Lambda}^{-\frac{1}{2}} = \begin{bmatrix} \frac{1}{\sqrt{1.6247}} & 0 \\ 0 & \frac{1}{\sqrt{.3753}} \end{bmatrix} = \begin{bmatrix} .7845 & 0 \\ 0 & 1.6323 \end{bmatrix}$$

$$\mathbf{A}^{-\frac{1}{2}} = \begin{bmatrix} .7071 & .7071 \\ .7071 & -.7071 \end{bmatrix} \begin{bmatrix} .7845 & 0 \\ 0 & 1.6323 \end{bmatrix} \begin{bmatrix} .7071 & .7071 \\ .7071 & -.7071 \end{bmatrix}$$

$$=\begin{bmatrix} 1.2084 & -.4239 \\ -.4239 & 1.2084 \end{bmatrix}$$

（驗算）根據公式 1•2-4:

$$\mathbf{A}^{-1}=\begin{bmatrix} 1.0000 & -.6247 \\ -.6247 & 1.0000 \end{bmatrix} \Big/ .6098=\begin{bmatrix} 1.6399 & -1.0244 \\ -1.0244 & 1.6399 \end{bmatrix}$$

而，
$$\mathbf{A}^{-\frac{1}{2}}\mathbf{A}^{-\frac{1}{2}}=\begin{bmatrix} 1.2084 & -.4239 \\ -.4239 & 1.2084 \end{bmatrix}\begin{bmatrix} 1.2084 & -.4239 \\ -.4239 & 1.2084 \end{bmatrix}$$

$$=\begin{bmatrix} 1.6399 & -1.0245 \\ -1.0245 & 1.6399 \end{bmatrix}=\mathbf{A}^{-1}$$

由此可知，上述的計算完全正確。

使變異數極大化： 前面在討論公式 2•4-8 時，曾說過我們可以利用特徵向量將變異數轉換爲極大值。現在，要舉一個例子來說明這種用法。

表 2•4-1　圖 2•4-1 的原始分數

	X_{i1}	X_{i2}	x_{i1}	x_{i2}
A	1	2	−5	−4
B	4	7	−2	1
C	7	3	1	−3
D	8	9	2	3
E	10	9	4	3

$\Sigma X_1=30$　　$\Sigma X_2=30$

$\Sigma X_1^2=230$　　$\Sigma X_2^2=224$

$\Sigma X_1X_2=213$

$\bar{X}_1=6$　　$\bar{X}_2=6$

$S_1^2=10$　　$S_2^2=8.8$

$S_{12}=6.6$

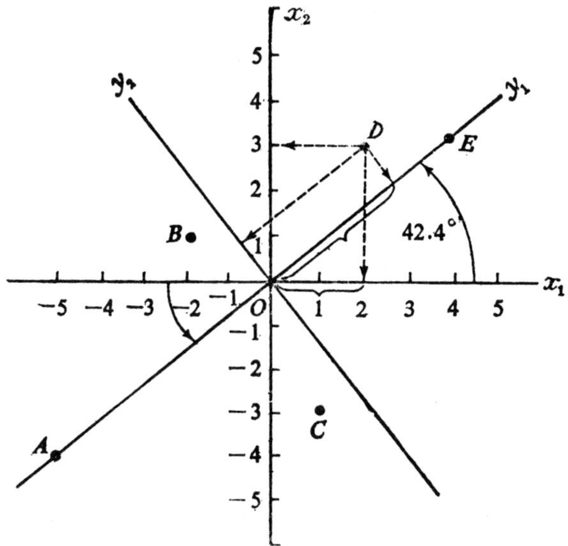

圖 2·4-1　x_1 軸以逆時針方向轉軸 42.4° 到 y_1 後，各點在 y_1 軸的投影之變異數變為極大。

假定有 A, B, C, D, E 等五名學生每人兩個科目的成績各如表 2·4-1 所示，則:

$$S_1^2=\frac{230-\frac{(30)^2}{5}}{5}=10.00 \qquad S_2^2=\frac{224-\frac{(30)^2}{5}}{5}=8.8$$

$$cov.=S_{12}=\frac{213-\frac{(30)(30)}{5}}{5}=6.6$$

故其變異數-共變數矩陣 **A** 便是:

$$\mathbf{A}=\begin{bmatrix}10.0 & 6.6\\ 6.6 & 8.8\end{bmatrix}$$

所謂要把變異數變為極大值，就是利用特徵向量所構成的矩陣 **K*** 進行直線轉換，使矩陣**A**的主對角線外各元素亦即共變數變爲 0，而使主對角線元素，亦即變異數變爲極大。根據公式 2·4-8，因爲此時主對角線上的各元素正好爲 λ_i，故 λ_i 正好就是極大的變異數。由此可見，使變異數極大化事實上就是公式 2·4-8 所表示的特徵值和特徵向量的問題。

下面是變異數極大化的計算過程。

$$|\mathbf{A}-\lambda\mathbf{I}| = \begin{vmatrix} 10.0-\lambda & 6.6 \\ 6.6 & 8.8-\lambda \end{vmatrix} = 0$$

$$\lambda^2-18.8\lambda+44.44=0$$

$$\lambda_1=16.027 \qquad \lambda_2=2.773$$

$$\mathbf{k}_1 = \begin{bmatrix} 1 \\ .9132 \end{bmatrix} \qquad \mathbf{k}_2 = \begin{bmatrix} .9132 \\ -1 \end{bmatrix}$$

$$\mathbf{k}_1^* = \begin{bmatrix} .7384 \\ .6743 \end{bmatrix} \qquad \mathbf{k}_2^* = \begin{bmatrix} .6743 \\ -.7384 \end{bmatrix}$$

$$(\mathbf{K}^*)'\mathbf{A}\mathbf{K}^* = \begin{bmatrix} .7384 & .6743 \\ .6743 & -.7384 \end{bmatrix} \begin{bmatrix} 10.0 & 6.6 \\ 6.6 & 8.8 \end{bmatrix} \begin{bmatrix} .7384 & .6743 \\ .6743 & -.7384 \end{bmatrix}$$

$$= \begin{bmatrix} 16.027 & .000 \\ .000 & 2.773 \end{bmatrix} = \mathbf{\Lambda}$$

這一結果說明下列幾個重要概念：

第一、利用轉軸矩陣 **K*** 將原來的變異數-共變數矩陣 **A** 加以直線轉換的結果，終於得到矩陣 **Λ**。原來的第一個變異數 $S_1^2=10.0$，現在變爲 16.027，而這 16.027 事實上便是第一個特徵值 λ_1。原來的第二個變異數 $S_2^2=8.8$，現在變爲 2.773，而這 2.773 事實上便是第二個特徵值。更值得注意的一點是：原來第一個科目成績與第二個

科目的共變數 $S_{12}=6.6$，現在終於變爲0了。換言之，經直線轉換後，這兩個科目的成績的相關 $r=.00$，彼此互爲獨立。

第二、矩陣 $\mathbf{K}^*$ 的特徵向量事實上便是所謂的「方向餘弦」(direction cosines)，說明圖 2•4-1 中的新軸 y_1 和 y_2 須轉軸到什麼位置，方能使變異數變爲極大。例如 $(\mathbf{k}^*)'=[.7384, .6743]$ 就是表示 y_1 軸要轉到與 x_1 軸成 42.4°，與 x_2 軸成 47.6° 的位置，因爲 $\cos 42.4°=.7384$，$\cos 47.6°=.6743$。在這一個位置上，A，B，C，D，E 各點（各學生的成績）在新軸 y_1 的投影（轉換後的成績）之變異數變爲極大，亦即 16.027。轉到任何其他位置時，各點在新軸 y_1 上的投影均會小於 16.027。

第三、假使表 2•4-1 右邊的離均差分數，$x=(X-\bar{X})$，以矩陣 $\mathbf{X}$ 來表示，則轉軸後 A，B，C，D，E 各學生在新軸 y 的離均差分數便是下式中的矩陣 $\mathbf{Y}$ 內所顯示的分數：

$$\mathbf{XK}^*=\mathbf{Y} \qquad \text{〔公式 2•4-16〕}$$

$$\begin{bmatrix} -5 & -4 \\ -2 & 1 \\ 1 & -3 \\ 2 & 3 \\ 4 & 3 \end{bmatrix} \begin{bmatrix} .7384 & .6743 \\ .6743 & -.7384 \end{bmatrix} = \begin{bmatrix} -6.3892 & -.4179 \\ -.8025 & -2.0870 \\ -1.2845 & 2.8895 \\ 3.4997 & -.8666 \\ 4.9765 & .4820 \end{bmatrix}$$

這就是說，經直線轉換後，每位學生的得分均改變了。例如原來A生兩科的得分爲−5 和−4，現在變爲−6.3892 和−.4179。換言之，A 點在參照軸 x 的位置爲（−5，−4)，在新軸 y 的位置則爲（−6.3892，−.4179)；如此類推。由於這樣，第一科目成績的變異數原來是：

$$S_{x_1}^2=\frac{\mathbf{x}_1'\mathbf{x}_1}{N}=\frac{1}{5}[(-5)^2+(-2)^2+(1)^2+(2)^2+(4)^2]=10.0$$

現在變爲 16.026，也就是第一個特徵值 λ_1:

$$S_{y1}^2=\frac{\mathbf{y}_1'\mathbf{y}_1}{N}=16.026=\lambda_1$$

$$=\frac{1}{5}[(-6.3892)^2+(-.8025)^2+(-1.2845)^2+(3.4997)^2+(4.9765)^2]$$

第二個科目成績的變異數原來是:

$$S_{x2}^2=\frac{\mathbf{x}_2'\mathbf{x}_2}{N}=\frac{1}{5}[(-4)^2+(1)^2+(-3)^2+(3)^2+(3)^2]=8.8$$

現在變爲 2.773，也就是第二個特徵值 λ_2:

$$S_{y2}^2=\frac{\mathbf{y}_2'\mathbf{y}_2}{N}=2.773=\lambda_2$$

$$=\frac{1}{5}[(-.4179)^2+(-2.0870)^2+(2.8895)^2+(-.8666)+(.4820)^2]$$

第四、由於 $(\mathbf{k}_1^*)'\mathbf{k}_2^*=0$ 的關係，兩個科目成績之共變數原來是:

$$S_{x1x2}=\frac{\mathbf{x}_1'\mathbf{x}_2}{N}=\frac{1}{5}[(-5)(-4)+(-2)(1)+(1)(-3)+(2)(3)+(4)(3)]=6.6$$

現在變爲 0，亦卽彼此互爲獨立，或相關等於 0：

$$S_{y1y2}=\frac{\mathbf{y}_1'\mathbf{y}_2}{N}=\frac{1}{5}[(-6.3892)(-.4179)+(-.8025)(-2.0870)+(-1.2845)(2.8895)+(3.4997)(-.8666)+(4.9765)(.4820)]=-.000$$

由於這一個緣故，新軸 y_2 與 y_1 互爲正交，亦卽保持 90° 的角度。此時，y_1 軸可說是主軸 (major axis)，$ABCDE$ 各點在此一主軸上的投影之變異數爲極大，$\lambda_1=16.027$。而 y_2 軸可以說是子軸 (minor axis)，*ABCDE* 各點在此一子軸上的投影之變異數在圖上看起來爲極小值，亦卽 $\lambda_2=2.773$。這樣說來，在把第一個變異數加以極大化時，似乎同時也把第二個變異數予以最小化了。

第五、在像表 2·4-1 的兩個變數的情形下，λ_1 是極大化的變異數，而 λ_2 是極小化的變異數。然而當變項數目等於 3 或大於 3，亦卽 $m\geqslant 3$ 時，情形就不一樣了。此時，有 $\lambda_1,\lambda_2,\lambda_3,\cdots$ 等特徵值，就有 $\mathbf{k}_1^*,\mathbf{k}_2^*,\mathbf{k}_3^*,\cdots$ 等相對應的特徵向量，也就有 $\mathbf{y}_1,\mathbf{y}_2,\mathbf{y}_3,\cdots$ 等轉換後的分數。那麼 $\mathbf{y}_1$ 將有極大的變異數，相當於 λ_1。$\mathbf{y}_2$ 在所有與 $\mathbf{y}_1$ 無相關的轉換變數之間，其變異數爲極大，此變異數正相當於 λ_2。同理，$\mathbf{y}_3$ 在所有與 $\mathbf{y}_1$ 及 $\mathbf{y}_2$ 無相關的轉換變數之間，其變異數也是極大，此變異數正就是 λ_3；如此類推。雖然最後一個轉換變數 $\mathbf{y}_m$ 之變異數是極小化的變異數，但是它同時正也就是與前面 $m-1$ 個轉換變數無關的最後一個轉換變數之中，變異數極大的一個。就這一個意義而言，表 2·4-1 的兩變數的例子裏，$\lambda_2=2.773$ 雖然看似極小化的變異數，但它却是在與 $\mathbf{y}_1$ 無相關的唯一轉換變數之中，其變異數極大者（參看 Tatsuoka, 1971, pp. 122-124）。

（四）雙矩陣特徵值問題的解法　在多變項分析裏，有時我們需要將如下所示的二次形式的比值加以極大化〔參看第 9·4 節〕：

$$\lambda=\frac{\mathbf{k'Ak}}{\mathbf{k'Bk}}$$

要針對 $\mathbf{k}$ 的變化而使 λ 變爲極大，就要解：

$$(\mathbf{A}-\lambda\mathbf{B})\mathbf{k}=0 \qquad \text{〔公式 2·4-17〕}$$

此時，要得到非 0 的解，必須合乎下列條件：

$$|\mathbf{A}-\lambda\mathbf{B}|=0 \qquad \text{〔公式 2·4-18〕}$$

解公式 2·4-17 和公式 2·4-18 的特徵值 λ 及特徵向量 $\mathbf{k}$，就是屬於

雙矩陣特徵值問題 (two-matrix eigenproblem)。其解法可說明如下（請參看 Bock, 1975, p.92）:

首先，將公式 2·4-18 的形式改變爲:

$$|\mathbf{B}^{-1}\mathbf{A}-\lambda\mathbf{I}|=0 \qquad 〔公式\ 2\cdot4\text{-}19〕$$

使其具有公式 2·4-3 的形式，便可用第 2·4 節所討論的方法解出 λ 值來。然而因爲公式 2·4-19 中的 $\mathbf{B}^{-1}\mathbf{A}$ 矩陣並不是對稱矩陣，階數較大時，解起來極其不方便。因此，最好先用表 1·2-2 所示的柯勒斯基因式分解法，將公式 2·4-19 中的 $\mathbf{B}^{-1}$ 矩陣分解爲:

$$\mathbf{B}^{-1}=(\mathbf{T}_B{}^{-1})'\mathbf{T}_B{}^{-1}$$

再代入下式解 λ 值:

$$[\mathbf{T}_B{}^{-1}\mathbf{A}(\mathbf{T}_B{}^{-1})'-\lambda\mathbf{I}]\mathbf{z}=\mathbf{0} \qquad 〔公式\ 2\cdot4\text{-}20〕$$

$$|\mathbf{T}_B{}^{-1}\mathbf{A}(\mathbf{T}_B{}^{-1})'-\lambda\mathbf{I}|=0 \qquad 〔公式\ 2\cdot4\text{-}2$$

公式中的 $\mathbf{T}_B{}^{-1}\mathbf{A}(\mathbf{T}_B{}^{-1})'$ 變爲對稱矩陣，即使階數較大時，仍可，7·1-4 所示的反覆解法來解 λ 值，所以顯得更爲方便。惟，此時有一點必須注意的是: 解公式 2·4-20 所得的特徵向量 $\mathbf{z}$ 必須用下式轉換，纔能得到公式 2·4-17 的特徵向量 $\mathbf{k}$，亦即:

$$\mathbf{k}=(\mathbf{T}_B{}^{-1})'\mathbf{z} \qquad 〔公式\ 2\cdot4\text{-}22〕$$

至於特徵值 λ 則仍然一樣。下面我們舉一個例子來說明雙矩陣特徵值問題之解法:

設: $\mathbf{A}=\begin{bmatrix}7 & 4\\4 & 3\end{bmatrix}$, $\mathbf{B}=\begin{bmatrix}6 & 5\\5 & 9\end{bmatrix}$

且我們要解: $(\mathbf{A}-\lambda\mathbf{B})\mathbf{k}=\mathbf{0}$ 的特徵值 λ 及特徵向量 $\mathbf{k}$。

首先利用表 1·2-2 的方法解 $\mathbf{B}$ 矩陣，找出 $\mathbf{T}_B{}^{-1}$ 矩陣:

B	I	6	5	1	0
			9	0	1
T_B'	T_B^{-1}	2.449490	2.041241	.408248	0
		0	2.198484	−.379049	.454859
I	B^{-1}			.310345	−.172414
				−.172414	.206897

所以，$\mathbf{T}_B^{-1}\mathbf{A}(\mathbf{T}_B^{-1})'$

$$=\begin{bmatrix} .408248 & 0 \\ -.379049 & .454859 \end{bmatrix}\begin{bmatrix} 7 & 4 \\ 4 & 3 \end{bmatrix}\begin{bmatrix} .408248 & -.379049 \\ 0 & .454859 \end{bmatrix}$$

$$=\begin{bmatrix} 1.6667 & -.3404 \\ -.3404 & .2471 \end{bmatrix}$$

代入公式 2·4-21，亦即：

$$|\mathbf{T}_B^{-1}\mathbf{A}(\mathbf{T}_B^{-1})'-\lambda\mathbf{I}|=0$$

$$\text{或}\begin{vmatrix} 1.6667-\lambda & -.3404 \\ -.3404 & .2471-\lambda \end{vmatrix}=0$$

得：$\lambda_1=1.2790$　　$\lambda_2=.1348$

分別代入公式 2·4-20，得：

$$\mathbf{z}_1=\begin{bmatrix} .9497 \\ -.3133 \end{bmatrix}\qquad \mathbf{z}_2=\begin{bmatrix} .3133 \\ .9497 \end{bmatrix}$$

再分別代入公式 2·4-22，得：

$\mathbf{k}_1=(\mathbf{T}_B^{-1})'\mathbf{z}_1$

$$=\begin{bmatrix} .408248 & -.379049 \\ 0 & .454859 \end{bmatrix}\begin{bmatrix} .9497 \\ -.3133 \end{bmatrix}$$

$$=\begin{bmatrix} .5065 \\ -.1425 \end{bmatrix}$$

$\mathbf{k}_2=(\mathbf{T}_B^{-1})'\mathbf{z}_2$

$$=\begin{bmatrix} .408248 & -.379049 \\ 0 & .454859 \end{bmatrix}\begin{bmatrix} .3133 \\ .9497 \end{bmatrix}$$

$$=\begin{bmatrix} -.2321 \\ .4320 \end{bmatrix}$$

爲檢查是否計算正確，可將 λ 和 $\mathbf{k}$ 代入公式 2·4-17 驗算:

$$(\mathbf{A}-\lambda_1\mathbf{B})\mathbf{k}_1$$

$$=\left(\begin{bmatrix}7 & 4\\4 & 3\end{bmatrix}-1.2790\begin{bmatrix}6 & 5\\5 & 9\end{bmatrix}\right)\begin{bmatrix}.5065\\-.1425\end{bmatrix}=\begin{bmatrix}-.0001\\-.0003\end{bmatrix}\doteq\mathbf{0}$$

$$(\mathbf{A}-\lambda_2\mathbf{B})\mathbf{k}_2$$

$$=\left(\begin{bmatrix}7 & 4\\4 & 3\end{bmatrix}-.1348\begin{bmatrix}6 & 5\\5 & 9\end{bmatrix}\right)\begin{bmatrix}-.2321\\.4320\end{bmatrix}=\begin{bmatrix}-.0001\\-.0001\end{bmatrix}\doteq\mathbf{0}$$

可見，除四捨五入的誤差之外，上述的計算完全正確。在多變項分析裏，我們將常再使用到本節的計算。

第三章
多變項分析的基本概念

在這一章裏，我們要一起來研究有關多變項分析法的幾個重要基本概念。有了這些基本概念之後，可以使以下各章的討論，顯得較爲容易，瞭解也較深入。在還沒實際接觸本書各章的多變項分析法眞正內容之前，我們無理由要求自己完全瞭解這一章所討論的任何一個細節。所以，當我們研討完這一章之後，便可以繼續進行下面各章的討論。將來再回頭來復習這一章時，就可能發現我們似乎比以前懂得更多。

3·1 多變項分析法的意義和性質

在行爲科學研究中所探討的問題，往往必須同時使用到兩個或兩個以上的依變項 (dependent variables)。以心理學研究和教育問題的研究來說，便是這樣。例如，利用新編英語教材在中學試用一段時間以後，我們想要知道這些教材試用的效果到底好不好。這時，就可以從字彙、閱讀理解、語文表達、文法、或聽力等幾個依變數方面來評量學生的學習效果。

「多變項分析」(multivariate analysis)，或稱「多變項分析統計法」(multivariate statistical analysis)，是統計學的一支，可以用來同時分析兩個或兩個以上依變項的觀察資料。這些資料可能是觀察來自一個或來自幾個母群的個體而得到的行爲樣本。多變項分析法與單變項（univariate）統計法最不同的地方在於前者强調將這些依變項視爲彼此有關的融合體，同時加以考慮，而不將它們視爲彼此無關，可以分離出來單獨分析的變項。用統計學的話來說，多變項分析法重視各變項之間的共變數（covariance）更甚於重視它們各自的平均數和變異數（variance）。以上面英語教材的例子來說吧！假定有人想要比較新舊兩種或兩種以上英語教材的學習效果的好壞。他可以像過去許多人做過的那樣，先以「字彙」爲依變項，用 t 考驗或 F 考驗等單變項統計法，來進行平均數差異顯著性的考驗。然後，再以「閱讀理解」爲依變項，又用 t 考驗或 F 考驗來考驗新舊教材在這一方面所造成的差異是否顯著。像這樣，分別再以「語文表達」、「文法」、或「聽力」等其他變項爲依變項，做一連串單變項顯著性考驗，而不管這些依變項之間的關係。可是，問題在於這種分析的策略不但犯第一類型錯誤的概率增加，而且可能使結果的解釋變得十分困難。譬如說，雖然「字彙」、「閱讀理解」、「語文表達」、「文法」、及「聽力」等的五個單變項顯著性考驗沒有一個達到顯著水準，但却一致的顯示新教材組的成績略高於舊教材組，則他應該怎樣解釋呢？他的結論應該是「雖然在五個依變項方面一致顯示新教材略優於舊教材，但新舊兩種教材的好壞仍然無差異可言」，或者是「這五個傾向一致的小差異加在一起，顯示新舊兩種教材在好壞方面有眞正的差異存在」呢？又假使他考驗的結果，五個 t 值之中有的達到顯著水準，有的却沒有達到顯著水準，他又應該怎樣解釋呢？他應該說「因爲五個 t 值之間有四個 t 值顯示新教材優於舊教材，所以新教材優於舊教材」，或者是說「因爲新教材優於舊教材時，t 值的表面數值都較大；舊教材優於新教材時，t 值的表面數值都較小，所以新教材優於舊教材」呢？

單變項分析法並不能解答上面所提的這些問題。要解答這些問題，就必須用到多變項分析法。有了多變項分析法便可以在同時考慮到許多依變項的情形下，考驗不同組別之間的平均數是否有顯著差異存在。

由上面的例子可知：行為科學所研究的任何行為現象，均有錯綜複雜的各種變項交互關連在一起，單獨分離出來分析時，便容易失去本來的眞正面目。所以，使用多變項分析法的研究者常對抽樣而來的同一群受試者的多種變項加以測量，但却將它們視為一個整體。假定「智力」係用「語文能力」和「數量能力」兩個測驗結果來表示。此時，如果將它們合成一個「總分」來表示「智力」，則個別的量尺所傳達的意義便為之消失，使智力的意義變得不明確。相反的，如果單獨就語文能力分數或單獨就數量能力分數來加以分析，則萬一這兩個量尺之間有相關存在，兩個分析之間便有重疊（redundancy）存在。在這種情形下，犯第一類型錯誤的概率便為之增加，使以後進行同樣的研究得到同樣結果的可能性減低。

另一方面，在單變項統計法裏，常常有些嚴格的基本假定和限制；違反了它們，便算錯誤。例如在重複量數的變異數分析裏，資料必須合乎變異數-共變數同質的基本假定便是這樣。這點常使研究者感到不切實際，因為在實際研究情境中，實際資料常不容易滿足或符合這些基本假定。此時，如果使用多變項分析法，便可不必受到這些限制了。

總而言之，除了少數例外的情形（例如各組人數少於依變項數目，$n < p$，或有缺失資料時）之外，不管是同一時間的多項測量，或前後不同時間的重複觀察，使用多變項分析統計法來分析資料常是較為正確而且非常必要的事。

3·2 多變項分析法的分類

多變項分析法並不是最近纔出現的統計方法。早在公元1889年，高爾登（F. Galton）就利用雙變項常態分配來研究遺傳的問題。他創出相關係數和迴歸線來表示兩個變項之間的關係。後來，統計學家皮爾遜（K. Pearson）更加以改進，並將它們應用到其他很多方面。這便是我們所熟知的積差相關。至於賀德臨（H. Hotelling）發展出「主成份分析」(principal components analysis) 和典型相關法 (canonical correlation)，以及魏可思（S. Wilks）發展出 Λ 統計法，都是早在公元 1940 年以前的事。後來，安德遜（Anderson, 1958）對多變項分析法的理論之介紹也有很大貢獻。但是，多變項分析法眞正受到注意而被用來解決行爲科學上的實際問題，却是高速電算機廣泛使用之後。這原因非常明顯，因爲多變項分析的理論早就有了，而過去用人工無法進行的繁雜的計算工作，高速電算機均可有效處理，使我們利用多變項分析法來解決複雜的行爲科學現象，眞正變爲可能。最近，許多統計學家，尤其是費恩（Finn, 1974）、勃克（Bock, 1975）、和提姆（Timm, 1975）等，對多變項分析法的發揚光大都有很大的貢獻。因此，多變項分析所涉及的範圍已相當廣大；將多變項分析法簡單加以分類已非易事。

根據柯里和隆斯（Cooley & Lohnes, 1971）的看法，多變項分析法可分爲如表 3·2-1 所示的四大類。這種分類方式係視在研究設計裏面，須用多少組的變項和多少個母群而定。屬於表 3·2-1 左上角的多變項統計法，例如主成份分析和因素分析，是針對一個母群的一組（好幾個）變項而加以分析的。我們希望能够儘量以最少的維數，

表 3·2-1　多變項分析法的分類

（變項）		（母群）一個	（母群）兩個或多個
	一組	主成份分析 因素分析	多變項變異數分析 區別分析 分類統計
	兩組或三組	多項式廻歸 複相關 典型相關 複淨相關	多變項共變數分析

(Cooley & Lohnes, 1971, p.7)

亦即最節省的空間，來代表這些變項。在主成份分析裏，我們關心的是這組變項各自的「變異數」，想找出這些變項的線性組合，使各變項的變異數變得最大。在因素分析裏，我們關心的是這些變項之間的「共變數」，目的在找出這些變項之間的共同因素，使能以很少幾個共同因素就能適當說明這一組變項。

表 3·2-1 左下角的多變項統計法，也是適用於一個母群的情形，但是須用到兩組或兩組以上的變項。例如，在複相關裏，我們要觀察同一群人的兩組變項，其中一組是自變項，另一組是依變項（事實上只有「一個」依變項）。我們希望找出這一組自變項的廻歸係數，使自變項的線性組合分數與這一個依變項分數之間的相關能達到最大。在典型相關分析（canonical correlation analysis）裏，也要用到一個母群的兩組變項。但是不管自變項或依變項，都有兩個以上的變項。其目的在於找出這一組自變項的線性組合和這一組依變項的線性組合，使二者之間的相關達到最大。

在表 3·2-1 右上角所列出的多變項分析，要用到兩個或兩個以上的母群，每一個母群均須觀察一組變數。例如多變項變異數分析(multivariate analysis of variance) 便是這樣。正如同在單變項變異數分析的情形一樣，多變項變異數分析之目的在考驗這兩個或多個母群平均數之間的差異顯著性。但是，在多變項變異數分析裏，變項是一組好幾個，而不是只有一個。表右下角所列出的是多變項共變數分析。它要用到兩個或兩個以上的母群，每一個母群均用到兩組的變項。其目的在考驗第一組控制變項之影響力去除後，這兩個或多個母群，在第二組變項的平均數方面，是否仍然有顯著差異存在。故其用途與單變項共變數分析相似，只是它係屬於多變項分析法罷了。

3•3 多變項一般線性模式

由上一節的討論可以看出，統計模式的形式到底是單變項的、雙變項的、或多變項的，須視「依變項」的數目為一個、兩個、或多個而定。當多變項統計模式的依變項減為一個時，便成為大家所熟知的單變項統計分析法。

在多變項分析裏，我們常要用一些矩陣代數符號所表示的方程式來描述人類各種觀察分數之間的關係。這些觀察分數係用來代表或反映我們所假定的一些行為假構 (behavioral construct)，就好比用模型來代表某種事物一樣。這就是所謂的「統計模式」。

「一般線性模式」(general linear model) 是具有下列形式的統計模式，是許多種多變項分析法的基本模式：

$$\mathbf{y}=\mathbf{X}\boldsymbol{\beta}+\boldsymbol{\varepsilon} \qquad \text{〔公式 3·3-1〕}$$

或 $$\mathbf{Y}=\mathbf{XB}+\mathbf{E} \qquad \text{〔公式 3·3-2〕}$$

公式 3•3-1 和公式 3•3-2 依次是單變項和多變項分析時的一般線性

模式。爲方便起見，這裏先用公式 3·3-1 來幫助說明。

在公式 3·3-1 裏，y 是指受試者的反應之測量分數，是爲依變項。X 乃是所謂的「模式矩陣」(model matrix)，是被認爲與 y 有關的先行事件或自變項。它可能是包括有 1 或 0 兩種元素在內的「類別變項」，也可能是具有次序、等距、或比率量尺性質的「測量變項」。我們希望所提出的線性模式能適於解釋所搜集到的數據。此項工作常須設法去解出一套適當的係數 β，使其線性組合 $X\beta$ 能愈接近 y 愈好。如果 $X\beta$ 愈能接近 y，則誤差 ε 便會愈小，同時也表示此一模式所描述的，愈能適當代表觀察分數。因之，ε 係表示依變數 y 無法由 $X\beta$ 來複製或代表的程度。ε 愈小，我們愈能經由 X 而瞭解 y。

隨著研究的目的之不同，線性模式內的矩陣 X 便具有不同的形態。第一、當自變項亦即矩陣 X 是「類別變項」時，公式 3·3-1 便是「變異數分析模式」(analysis of variance model)。使用這種統計模式的研究者常問「樣本所代表的這些母群體的平均數之間是否有顯著的差異存在？」，亦即問「$X\beta$ 和 ε 二者對 y 的相對影響如何」之類的問題。此時，矩陣 X 是由類別向量所構成，其元素爲 1 或 0，用以表示組別的不同。組別係指「實驗研究」(experimental study) 時，隨機分派的組別，或指「比較研究」(comparative study) 時，自然存在的組別。第二、當自變項亦即矩陣 X 是「測量變項」時，公式 3·3-1 便屬「迴歸模式」(regression model)。使用迴歸模式的研究者所關心的是「依變項 y 的總變異之中，由自變項 X 所造成的變異是否達到某種顯著的程度？」或者問「自變項 X 之中，有那些變項對依變項 y 的變異之影響百分比較大？」此時，矩陣 X 的元素本身便是測量的分數（測量變項），而不是 1 或 0 的類別變項。從自變項的多少，可以看出迴歸分析的種類。例如只有一個自變項和一個依變項的，便是簡單迴歸；如有幾個自變項和一個依變項的，便是複迴歸；如有幾個自變項和幾個依變項的迴歸分析，便是多變項複迴歸。第三、當自變項亦即矩陣**X**的變項之中，有些是類別向量所表示的變項，而有些是以測量分數所構成的變項，則屬於「共變數分析模式」(analysis-of-covariance model)。研究者的目的在探討「當某些自變項（控制變項）之影響力予以排除之後，是否樣本所代表的各母群平均數之間仍然有顯著的差異存在？」可見，這是第一種和第二種模式的綜合使用。儘管共變數分析模式的矩陣公式表面上看來略有不同，但仍以公式 3•3-1 爲其基本形式。

線性模式之所以稱爲「線性」(linear) 乃是因爲矩陣**X**與模式的其他部分之關係常用一次方程式來表示之故。雖然矩陣**X**的行向量有時係採用二次方或三次方以上的（例如「多項式模式」，polynomial model)，或有時以行向量之間的交乘，作爲交互作用項，使模式的線性喪失，但是整個統計模式之外型基本上仍然看來是線性的。

前面公式 3•3-1 是指單變項分析時的情況。如果 **y** 的測驗分數之變項有兩個或兩個以上，亦即多變項分析時，公式 3•3-1 便變爲公式 3•3-2 所示。故 $\mathbf{Y}=\mathbf{XB}+\mathbf{E}$ 就是通常所謂的「多變項一般線性模式」。我們將不難發現：不管變異數分析模式、迴歸模式、或共變數分析模式，事實上所問的都是一樣，且都可以使用多變項一般線性模式來分析這些問題（請參看 Finn, 1974, pp. 5-10)。

3•4　多變項常態分配的性質及種類

（一）多變項常態分配的性質　在基本統計學裏，我們常可看到下列所示的常態分配公式：

$$\phi(X)=\frac{1}{\sigma\sqrt{2\pi}}exp\left[\frac{-1}{2}\left(\frac{X-\mu}{\sigma}\right)^2\right]$$

〔公式 3·4-1〕

這是平均數為 μ 和標準差為 σ 的隨機變項 X 合乎常態分配條件時的密度函數 (density function)。以圖示法表達，則為大家所熟知的鐘形的常態分配曲線（參看林清山，民國 65 年，91-99 頁）。這是單變項時的情形。在多變項統計法裏，這種密度函數公式，變得十分複雜，而且很難眞正具體的瞭解它。要了解多變項常態分配 (multivariate normal distribution) 的概念，最好的途徑便是從了解雙變項 (bivariate) 常態分配入手。在雙變數 X_1 和 X_2 的情形下，雙變項常態分配公式成為：

$$\phi(X_1,X_2)=\frac{1}{2\pi\sigma_1\sigma_2\sqrt{1-\rho^2}}exp\left\{\frac{-1}{2(1-\rho^2)}\left[\left(\frac{X_1-\mu_1}{\sigma_1}\right)^2+\left(\frac{X_2-\mu_2}{\sigma_2}\right)^2-2\rho\left(\frac{X_1-\mu_1}{\sigma_1}\right)\left(\frac{X_2-\mu_2}{\sigma_2}\right)\right]\right\}$$

〔公式 3·4-2〕

這裏 μ_i 和 σ_i 是平均數和標準差，而 ρ 是兩個變項的相關係數。因之，如以標準分數表示之，公式 3·4-2 就變為：

$$\phi(z_1,z_2)=\frac{1}{2\pi\sqrt{1-\rho^2}}exp\left[\frac{-1}{2(1-\rho^2)}(z_1^2+z_2^2-2\rho z_1z_2)\right]$$

〔公式 3·4-3〕

請不要忘記，經標準分數化之後，$\mu_1=\mu_2=0$，而 $\sigma_1=\sigma_2=1$。此時，公式 3·4-3 似乎變得簡單多了。

如以圖示法表示公式 3·4-2，則可以得到如圖 3·4-1 所示的雙變項常態分配圖，其密度表面 (density surface) 的形狀宛如一個鐘形的沙堆。隨著 ρ 值和 σ_1/σ_2 比值的不同，這鐘形沙堆的形狀會往某一方向拉長。圖 3·4-1 是 $\rho=.60$，和 $\sigma_1/\sigma_2=1$ 時的密度表面。由於這種透視式的圖不容易畫而且無法量化，習慣上常以圖 3·4-2 所示的

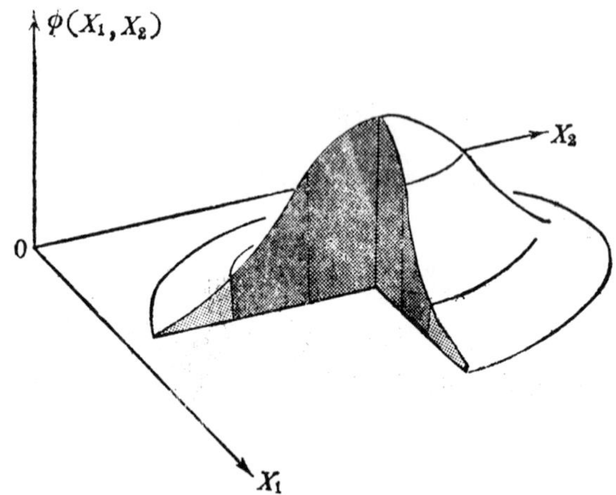

圖 3·4-1　雙變項常態分配密度表面 (Tatsuoka, 1971, p. 64)。

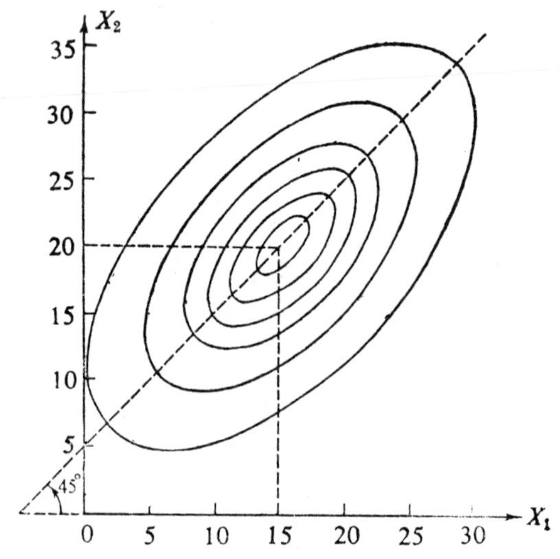

圖 3·4-2　等密度線輪廓圖 (Tatsuoka, 1971, p. 65)。

等密度線輪廓圖來表示。圖 3•4-2 是 $\mu_1=15$, $\mu_2=20$, $\sigma_1=\sigma_2=5$, 和 $\rho=.60$ 時的情形。由於 ρ 是正的而且高達 .60, 所以等密度線輪廓自左下向右上拉長，變為橢圓形。就好像是看一座扁長的山頭的等高線一樣，我們必須把圖 3•4-2 想像為立體的，亦即像圖 3•4-1 所表示的那樣。

為了方便起見，我們可進一步用矩陣符號來改寫公式 3•4-2。首先，可將雙變項母群的「變異數-共變數矩陣」(variance-covariance matrix) 表示如下:

$$\boldsymbol{\Sigma}=\begin{bmatrix}\sigma_1{}^2 & \rho\sigma_1\sigma_2\\ \rho\sigma_1\sigma_2 & \sigma_2{}^2\end{bmatrix}=\begin{bmatrix}\sigma_{11} & \sigma_{12}\\ \sigma_{2} & \sigma_{22}\end{bmatrix} \qquad \text{〔公式 3•4-4〕}$$

根據公式 1•2-1，這一個矩陣的行列式應該是:

$$\begin{aligned}|\boldsymbol{\Sigma}|&=\sigma_1{}^2\sigma_2{}^2-\rho^2\sigma_1{}^2\sigma_2{}^2\\ &=\sigma_1{}^2\sigma_2{}^2(1-\rho^2)\end{aligned} \qquad \text{〔公式 3•4-5〕}$$

所以，$\boldsymbol{\Sigma}$ 的反矩陣便是這樣 (請看公式 1•2-4):

$$\begin{aligned}\boldsymbol{\Sigma}^{-1}&=\begin{bmatrix}\sigma_2{}^2 & -\rho\sigma_1\sigma_2\\ -\rho\sigma_1\sigma_2 & \sigma_1{}^2\end{bmatrix}\Big/\sigma_1{}^2\sigma_2{}^2(1-\rho^2)\\ &=\frac{1}{(1-\rho^2)}\begin{bmatrix}1/\sigma_1{}^2 & -\rho/\sigma_1\sigma_2\\ -\rho/\sigma_1\sigma_2 & 1/\sigma_2{}^2\end{bmatrix}\end{aligned}$$

現在我們就很容易可以看出，公式 3•4-2 的指數部分 (如果不管 $-\frac{1}{2}$ 這一係數) 事實上是等於下列所示的二次形式:

$$\begin{aligned}&[X_1-\mu_1,\ \ X_2-\mu_2]\,\boldsymbol{\Sigma}^{-1}\begin{bmatrix}X_1-\mu_1\\ X_2-\mu_2\end{bmatrix}\\ &=(\mathbf{x}-\boldsymbol{\mu})'\boldsymbol{\Sigma}^{-1}(\mathbf{x}-\boldsymbol{\mu})\end{aligned} \qquad \text{〔公式 3•4-6〕}$$

這裏，$\mathbf{x}'=[X_1, X_2]$, $\boldsymbol{\mu}'=[\mu_1, \mu_2]$。您可以停下來驗算公式 3•4-6 是

不是等於公式 3·4-2 的指數部分？

我們也可以把公式 3·4-2 指數符號 exp 前面的 $1/2\pi\sigma_1\sigma_2\sqrt{1-\rho^2}$ 改寫爲 $(2\pi)^{-1}|\boldsymbol{\Sigma}|^{-1/2}$，因爲由公式 3·4-5 可知 $\sigma_1\sigma_2\sqrt{1-\rho^2}$ 是 $|\boldsymbol{\Sigma}|$ 的平方根。如此，則公式 3·4-2 的雙變項常態分配公式便可用矩陣符號改寫如下：

$$\phi(X_1,X_2)=(2\pi)^{-1}|\boldsymbol{\Sigma}|^{-1/2}exp\left[-\frac{1}{2}(\mathbf{x}-\boldsymbol{\mu})'\boldsymbol{\Sigma}^{-1}(\mathbf{x}-\boldsymbol{\mu})\right]$$

〔公式 3·4-7〕

如果將公式 3·4-7 雙變項常態分配公式加以推論延伸，就可以得到多變項常態分配的矩陣公式。換言之，在隨機變項X的集中情形和分散情形依次用下列向量 $\boldsymbol{\mu}$ 和矩陣 $\boldsymbol{\Sigma}$ 來表示的情形下，多變項常態分配的公式便如公式 3·4-8所示：

$$\boldsymbol{\mu}=\begin{bmatrix}\mu_1\\ \mu_2\\ \vdots\\ \mu_p\end{bmatrix},\quad \text{和}\quad \boldsymbol{\Sigma}=\begin{bmatrix}\sigma_1^{\ 2} & \rho_{12}\sigma_1\sigma_2 & \cdots & \rho_{1p}\sigma_1\sigma_p\\ \rho_{21}\sigma_2\sigma_1 & \sigma_2^{\ 2} & \cdots & \rho_{2p}\sigma_2\sigma_p\\ \vdots & \vdots & & \vdots\\ \rho_{p1}\sigma_p\sigma_1 & \rho_{p2}\sigma_p\sigma_2 & \cdots & \sigma_p^{\ 2}\end{bmatrix}$$

$$=\begin{bmatrix}\sigma_{11} & \sigma_{12} & \cdots & \sigma_{1p}\\ \sigma_{21} & \sigma_{22} & \cdots & \sigma_{2p}\\ \vdots & \vdots & & \vdots\\ \sigma_{p1} & \sigma_{p2} & \cdots & \sigma_{pp}\end{bmatrix}$$

$$\phi(X_1,X_2,\cdots,X_p)$$
$$=(2\pi)^{-p/2}|\boldsymbol{\Sigma}|^{-1/2}exp\left[-\frac{1}{2}(\mathbf{x}-\boldsymbol{\mu})'\boldsymbol{\Sigma}^{-1}(\mathbf{x}-\boldsymbol{\mu})\right]$$

〔公式 3·4-8〕

這裏，p是指多變項的變項數目而言。在雙變項時，$p=2$。故公式 3·4-7 是公式 3·4-8 的一個特例。

其次，我們要將公式 3·4-8 指數後面的二次形式命名為 χ^2，亦即：

$$\chi^2=(\mathbf{x}-\boldsymbol{\mu})'\boldsymbol{\Sigma}^{-1}(\mathbf{x}-\boldsymbol{\mu}) \qquad \text{〔公式 3·4-9〕}$$

如果 p 個變項之間的交互相關均為 $\rho_{ij}=0$，或互為獨立，則矩陣 $\boldsymbol{\Sigma}$ 就成為：

$$\boldsymbol{\Sigma}=\begin{bmatrix} \sigma_1^2 & 0 & \cdots & 0 \\ 0 & \sigma_2^2 & \cdots & 0 \\ \vdots & \vdots & & \vdots \\ 0 & 0 & \cdots & \sigma_p^2 \end{bmatrix}=\begin{bmatrix} \sigma_{11} & 0 & \cdots & 0 \\ 0 & \sigma_{22} & \cdots & 0 \\ \vdots & \vdots & & \vdots \\ 0 & 0 & \cdots & \sigma_{pp} \end{bmatrix}$$

此時，公式 3·4-9 乃變為：

$$\chi^2=[X_1-\mu_1, X_2-\mu_2, \cdots, X_p-\mu_p]\begin{bmatrix} \sigma_1^{-2} & 0 & \cdots & 0 \\ 0 & \sigma_2^{-2} & \cdots & 0 \\ \vdots & \vdots & & \vdots \\ 0 & 0 & \cdots & \sigma_p^{-2} \end{bmatrix}\begin{bmatrix} X_1-\mu_1 \\ X_2-\mu_2 \\ \vdots \\ X_p-\mu_p \end{bmatrix}$$

$$=\sum_{i=1}^{p}(X_i-\mu_i)^2/\sigma_i^2$$

$$=\sum_{i=1}^{p}z_i^2$$

$$=z_1^2+z_2^2+\cdots+z_p^2$$

在學習 χ^2 統計法時，我們學過（請看林清山，民國 81 年，277 頁）：

$$\chi_1^2=z^2=\left(\frac{X-\mu}{\sigma}\right)^2$$

其自由度為 1。因為 χ^2 具有獨立性和可加性，我們可以看出公式 3·4-9 係成為自由度為 p 的 χ^2 分配。

如果 p 個隨機變項的變異數均相等，且各變項之交互相關均為

0，亦即變異數-共變數矩陣成爲下列矩陣之形式：

$$\boldsymbol{\Sigma}=\begin{bmatrix}\sigma^2 & 0 & \cdots & 0\\ 0 & \sigma^2 & \cdots & 0\\ \vdots & \vdots & & \vdots\\ 0 & 0 & \cdots & \sigma^2\end{bmatrix}=\sigma^2\mathbf{I}$$

則公式 3·4-8 就變成爲下列的公式 3·4-10 那樣：

$$\phi(X_1,X_2,\cdots,X_p)$$

$$=(2\pi)^{-p/2}|\sigma^2\mathbf{I}|^{-\frac{1}{2}}exp\left[-\frac{1}{2}(\mathbf{x}-\boldsymbol{\mu})'(\sigma^2\mathbf{I})^{-1}(\mathbf{x}-\boldsymbol{\mu})\right]$$

〔公式 3·4-10〕

以上所討論的是幾個有關多變項常態分配的性質。這些性質與各種統計推論或假設考驗都有關係。因此，值得我們去研究它們（參看 Tatsuoka, 1971, pp. 63-73；Timm, 1975, pp. 114-123；Van de Geer, 1971, pp. 76-79；Morrison, 1976, pp. 84-90）。

（二）多變項常態分配的類別　隨著統計模式的不同，我們可以把多變項常態分配區分爲（1）邊緣分配、（2）條件分配、和（3）主成份分配三種（Cooley & Lohnes, 1971, pp. 35-38）。爲了容易瞭解起見，這裏要利用雙變項的情形來幫助說明。

邊緣分配（marginal distribution）是使用變異數分析模式時所常遇到的。圖 3·4-3 表示如果某一向量變項的分配是多變項常態分配（以橢圓表示），則其每一元素的邊緣分配也會是常態分配（橫軸所表示的第一個單變項的分配是常態的，縱軸所表示的第二個單變項的分配也是常態的，二者均用常態分配曲線表示）。因此邊緣分配是指此一向量變項之每一元素的單變項分配而言。值得注意的是：即使每一個邊緣分配均爲常態分配的，這一向量變項也不一定是多變項常

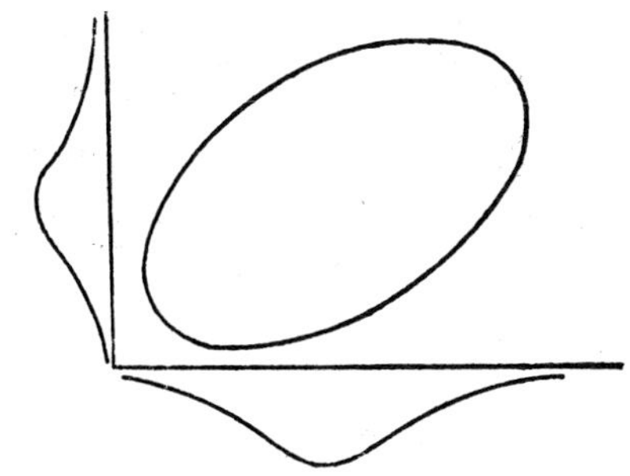

圖 3·4-3 邊緣分配。

(Cooley & Lohnes, 1971, pp. 36–37)

態分配。這就是爲什麼在多變項變異數分析的考驗達到顯著性水準之後，可以再就每一變項進行個別的單變項分析，看看單變項F值是否也達顯著水準，但却不宜只作幾個單變項變異數分析，而忽略這幾個單變項間之關係的原因所在（請看第 3·1 節的討論）。

條件分配（conditional distribution）是用廻歸模式時所要遭遇到的。例如，在根據第一個變項X預測第二個變項Y時，我們要假定如果X變項的分配和Y變項的分配均爲常態分配，則X變項的任何一點（例如 X_1）之預測分數 $\hat{Y}$ 的分配也是常態的（請看林淸山，民國65年，155–156 頁）。因爲指定X變項的某一個點（指定條件），故此時 $\hat{Y}$ 的分配稱爲條件分配。圖 3·4-4 表示如果向量變項的分配是多變

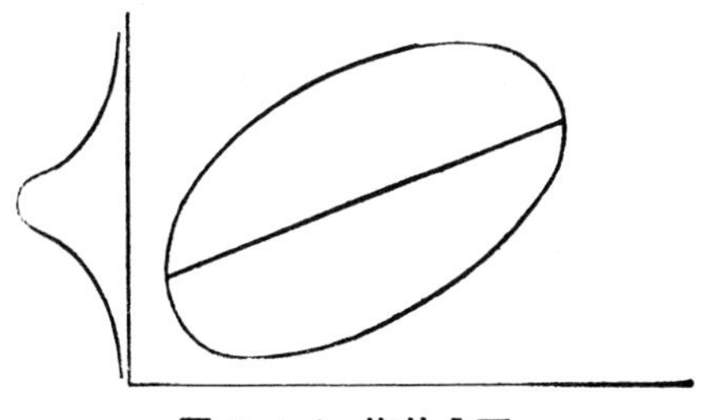

圖 3·4-4 條件分配。

項常態分配的，則在此範圍內的任何一個條件分配均爲常態分配。例如 X_2 這一點時的預測分數 $\hat{Y}$ 的分配也是常態的，如此類推。

主成份分配 (principal component distribution) 是主成份分析法中所要面臨的問題。這是向量變項的任意線性組合分數的分配。如

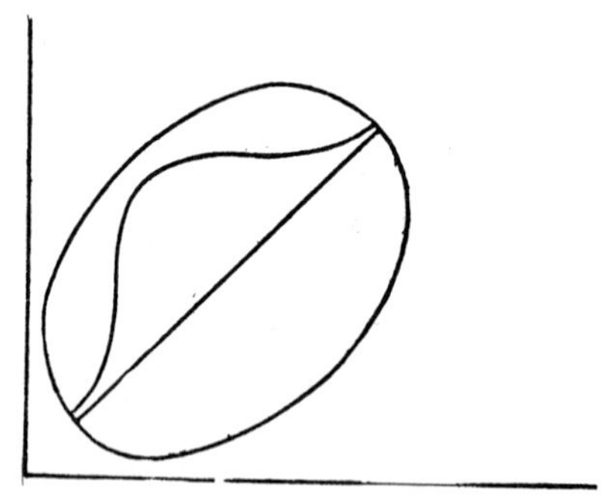

圖 3·4-5　主成份分配。

果向量變項的分配是多變項常態分配時，則其中的任何成份或因素的分配也是常態分配的。圖 3·4-5 表示向量變項爲雙變項常態分配時，主軸上的分配也成常態分配（請參看圖 2·4-1）。

上述三類的分配互相有所關連。根據安德遜 (Anderson, 1958, p. 19) 的說法，多變項常態分配之所以值得研究乃是因爲其邊緣分配和條件分配也成爲常態分配之故。除此之外，常態變量的線性組合也是成爲常態分配。這是我們必須知道的重要概念。

好了，從現在起，我們要開始討論多變項分析的統計法本身了，讓我們從較基本的開始。

3·5　多變項資料的整理及平均數、標準差、和相關係數矩陣的求法

假使我們對N個受試者的p個變項進行觀察，則第i個受試者的p個觀察分數，可用列向量表示如下：

$$\mathbf{y}_i' = [y_{i1} \quad y_{i2} \quad \cdots \quad y_{ip}]$$

而這N個受試者的$N \times p$個樣本分數便可用矩陣$\mathbf{Y}$來表示：

$$\mathbf{Y} = \begin{bmatrix} y_{11} & y_{12} & \cdots & y_{1p} \\ y_{21} & y_{22} & \cdots & y_{2p} \\ \vdots & \vdots & & \vdots \\ y_{N1} & y_{N2} & \cdots & y_{Np} \end{bmatrix} = \begin{bmatrix} \mathbf{y}_1' \\ \mathbf{y}_2' \\ \vdots \\ \mathbf{y}_N' \end{bmatrix}$$

擧一個例來說，假如有五個學生，每人參加三種測驗，則他們的測驗成績，便可列成下面的矩陣$\mathbf{Y}$：

$$\underset{5\times 3}{\mathbf{Y}} = \begin{bmatrix} 6 & 7 & 10 \\ 8 & 11 & 9 \\ 2 & 5 & 4 \\ 3 & 6 & 8 \\ 1 & 1 & 4 \end{bmatrix}$$

此時，第一縱行便是所有五個學生在第一種測驗的分數，而第一橫列便是第一個學生在所有三種測驗的得分，如此類推。這是整理多變項資料的第一步。根據矩陣$\mathbf{Y}$，我們便可進一步求出總分、平均數、標準差、和相關係數等基本資料。

現在我們要利用矩陣$\mathbf{Y}$的資料來幫助說明平均數、標準差、和相關係數以及其他有關之多變項統計數的算法。爲容易了解起見，每說

明一種多變項統計數之同時，要先列出相對應的單變項統計數，以供對照之用。

（一）重要統計數的矩陣公式及算法　在下面的說明裏，①是代表單變項統計法時我們常見的公式，②是代表多變項統計法時的矩陣公式。

1. 總人數　假使總人數爲N個人，則其矩陣公式爲:

$$\mathbf{1}_N'\mathbf{1}_N=N \qquad \text{〔公式 3·5-1〕}$$

以矩陣$\mathbf{Y}$來說:

$$N=\mathbf{1}_5'\mathbf{1}_5=\begin{bmatrix}1 & 1 & 1 & 1 & 1\end{bmatrix}\begin{bmatrix}1\\1\\1\\1\\1\end{bmatrix}=5$$

2. 總和　在單變項統計法裏，X變項的總和以$\sum_{i=1}^{N}X_i$表示。在多變項統計法裏，Y變項的幾個總和用$\mathbf{1'Y}$表示。

$$\mathbf{y}_+'=\mathbf{1'Y} \qquad \text{〔公式 3·5-2〕}$$

$$\mathbf{y}_+'=\mathbf{1'Y}=\begin{bmatrix}1 & 1 & 1 & 1 & 1\end{bmatrix}\begin{bmatrix}6 & 7 & 10\\8 & 11 & 9\\2 & 5 & 4\\3 & 6 & 8\\1 & 1 & 4\end{bmatrix}=\begin{bmatrix}20 & 30 & 35\end{bmatrix}$$

3. 平均數　① $\bar{X}=\dfrac{\sum_{i=1}^{N}X_i}{N}$

② $\bar{\mathbf{y}}'=\dfrac{1}{N}\mathbf{y}_+'=\dfrac{1}{N}\mathbf{1'Y}$

$$=(\mathbf{1}'\mathbf{1})^{-1}\mathbf{1}'\mathbf{Y} \qquad \text{〔公式 3·5-3〕}$$

$$\bar{\mathbf{y}}'=\frac{1}{5}[20 \quad 30 \quad 35]=[4 \quad 6 \quad 7]$$

4. 離均差　① $x=(X-\bar{X})$

② $\mathbf{a}_i'=\mathbf{y}_i'-\bar{\mathbf{y}}'$

$$\mathbf{A}=\mathbf{Y}-\mathbf{1}\bar{\mathbf{y}}' \qquad \text{〔公式 3·5-4〕}$$

$$\mathbf{a}_1'=[6 \quad 7 \quad 10]-[4 \quad 6 \quad 7]=[2 \quad 1 \quad 3]$$

$$\mathbf{A}=\begin{bmatrix}6&7&10\\8&11&9\\2&5&4\\3&6&8\\1&1&4\end{bmatrix}-\begin{bmatrix}1\\1\\1\\1\\1\end{bmatrix}[4 \quad 6 \quad 7]$$

$$=\begin{bmatrix}6&7&10\\8&11&9\\2&5&4\\3&6&8\\1&1&4\end{bmatrix}-\begin{bmatrix}4&6&7\\4&6&7\\4&6&7\\4&6&7\\4&6&7\end{bmatrix}=\begin{bmatrix}2&1&3\\4&5&2\\-2&-1&-3\\-1&0&1\\-3&-5&-3\end{bmatrix}$$

5. 離均差和

① $\Sigma(X-\bar{X})=\Sigma X-N\bar{X}=N\bar{X}-N\bar{X}=0$

② $\mathbf{1}'(\mathbf{Y}-\mathbf{1}\bar{\mathbf{y}}')=\mathbf{1}'\mathbf{Y}-\mathbf{1}'\mathbf{1}\bar{\mathbf{y}}'=N\bar{\mathbf{y}}'-N\bar{\mathbf{y}}'=\mathbf{0}'$

$$\mathbf{1}'(\mathbf{Y}-\mathbf{1}\bar{\mathbf{y}}')=[1 \quad 1 \quad 1 \quad 1 \quad 1]\begin{bmatrix}2&1&3\\4&5&2\\-2&-1&-3\\-1&0&1\\-3&-5&-3\end{bmatrix}=[0 \quad 0 \quad 0]$$

6. 離均差平方和-交乘積和矩陣 (SSCP)

$$① \Sigma(X-\bar{X})^2 = \Sigma X^2 - \frac{(\Sigma X)^2}{N} = \Sigma X^2 - N\bar{X}^2$$

$$\Sigma(X-\bar{X})(Y-\bar{Y}) = \Sigma XY - \frac{\Sigma X \Sigma Y}{N} = \Sigma XY - N\bar{X}\bar{Y}$$

$$② \mathbf{Q} = \sum_{i=1}^{N}(\mathbf{y}_i - \bar{\mathbf{y}})(\mathbf{y}_i - \bar{\mathbf{y}})' = \sum_{i=1}^{N}\mathbf{y}_i\mathbf{y}_i' - N\bar{\mathbf{y}}\bar{\mathbf{y}}'$$

$$= \mathbf{Y}'\mathbf{Y} - N\bar{\mathbf{y}}\bar{\mathbf{y}}' \qquad \text{〔公式 3·5-5〕}$$

$$= \mathbf{Y}'\mathbf{Y} - \mathbf{Y}'\mathbf{1}(\mathbf{1}'\mathbf{1})^{-1}\mathbf{1}'\mathbf{Y} \qquad \text{〔公式 3·5-6〕}$$

$$= \mathbf{Y}'[\mathbf{I} - \mathbf{1}(\mathbf{1}'\mathbf{1})^{-1}\mathbf{1}']\mathbf{Y} \qquad \text{〔公式 3·5-7〕}$$

這裏，$[\mathbf{I} - \mathbf{1}(\mathbf{1}'\mathbf{1})^{-1}\mathbf{1}']$

$$= \begin{bmatrix} \frac{N-1}{N} & \frac{-1}{N} & \cdots & \frac{-1}{N} \\ \frac{-1}{N} & \frac{N-1}{N} & \cdots & \frac{-1}{N} \\ \vdots & \vdots & & \vdots \\ \frac{-1}{N} & \frac{-1}{N} & \cdots & \frac{N-1}{N} \end{bmatrix} = \begin{bmatrix} N-1 & -1 & \cdots & -1 \\ -1 & N-1 & \cdots & -1 \\ \vdots & \vdots & & \vdots \\ -1 & -1 & \cdots & N-1 \end{bmatrix} \frac{1}{N}$$

用公式 3·5-5 或公式 3·5-6 可得：

$$\mathbf{Q} = \begin{bmatrix} 6 & 8 & 2 & 3 & 1 \\ 7 & 11 & 5 & 6 & 1 \\ 10 & 9 & 4 & 8 & 4 \end{bmatrix} \begin{bmatrix} 6 & 7 & 10 \\ 8 & 11 & 9 \\ 2 & 5 & 4 \\ 3 & 6 & 8 \\ 1 & 1 & 4 \end{bmatrix} - 5 \begin{bmatrix} 4 \\ 6 \\ 7 \end{bmatrix} [4 \quad 6 \quad 7]$$

$$\text{或} = \begin{bmatrix} 6 & 8 & 2 & 3 & 1 \\ 7 & 11 & 5 & 6 & 1 \\ 10 & 9 & 4 & 8 & 4 \end{bmatrix} \begin{bmatrix} 6 & 7 & 10 \\ 8 & 11 & 9 \\ 2 & 5 & 4 \\ 3 & 6 & 8 \\ 1 & 1 & 4 \end{bmatrix} - \begin{bmatrix} 20 \\ 30 \\ 35 \end{bmatrix} \left(\frac{1}{5}\right) [20 \quad 30 \quad 35]$$

$$=\begin{bmatrix}114 & 159 & 168\\159 & 232 & 241\\168 & 241 & 277\end{bmatrix}-\begin{bmatrix}80 & 120 & 140\\120 & 180 & 210\\140 & 210 & 245\end{bmatrix}=\begin{bmatrix}34 & 39 & 28\\39 & 52 & 31\\28 & 31 & 32\end{bmatrix}$$

或用公式 3•5-7，可得：

$$\mathbf{Q}=\begin{bmatrix}6 & 8 & 2 & 3 & 1\\7 & 11 & 5 & 6 & 1\\11 & 9 & 4 & 8 & 4\end{bmatrix}\begin{bmatrix}4 & -1 & -1 & -1 & -1\\-1 & 4 & -1 & -1 & -1\\-1 & -1 & 4 & -1 & -1\\-1 & -1 & -1 & 4 & -1\\-1 & -1 & -1 & -1 & 4\end{bmatrix}\left(\frac{1}{5}\right)$$

$$\times\begin{bmatrix}6 & 7 & 10\\8 & 11 & 9\\2 & 5 & 4\\3 & 6 & 8\\1 & 1 & 4\end{bmatrix}$$

$$=\begin{bmatrix}10 & 20 & -10 & -5 & -15\\5 & 25 & -5 & 0 & -25\\15 & 10 & -15 & 5 & -15\end{bmatrix}\left(\frac{1}{5}\right)\begin{bmatrix}6 & 7 & 10\\8 & 11 & 9\\2 & 5 & 4\\3 & 6 & 8\\1 & 1 & 4\end{bmatrix}$$

$$=\begin{bmatrix}2 & 4 & -2 & -1 & -3\\1 & 5 & -1 & 0 & -5\\3 & 2 & -3 & 1 & -3\end{bmatrix}\begin{bmatrix}6 & 7 & 10\\8 & 11 & 9\\2 & 5 & 4\\3 & 6 & 8\\1 & 1 & 4\end{bmatrix}=\begin{bmatrix}34 & 39 & 28\\39 & 52 & 31\\28 & 31 & 32\end{bmatrix}$$

7. 變異數-共變數矩陣

① $s^2=\dfrac{\Sigma(X-\bar{X})^2}{N-1}$

$cov.=\dfrac{\Sigma(X-\bar{X})(Y-\bar{Y})}{N-1}$

② $\mathbf{S}=\dfrac{\mathbf{Q}}{N-1}=\dfrac{1}{N-1}\sum_{i=1}(\mathbf{y}_i-\bar{\mathbf{y}})(\mathbf{y}_i-\bar{\mathbf{y}})'$

$=\dfrac{1}{N-1}[\mathbf{Y'Y}-\mathbf{Y'1}(\mathbf{1'1})^{-1}\mathbf{1'Y}]$　　〔公式 3·5-8〕

$$\mathbf{S}=\frac{1}{4}\begin{bmatrix}34 & 39 & 28\\ 39 & 52 & 31\\ 28 & 31 & 32\end{bmatrix}=\begin{bmatrix}8.50 & 9.75 & 7.00\\ 9.75 & 13.00 & 7.75\\ 7.00 & 7.75 & 8.00\end{bmatrix}$$

此時，矩陣 **S** 主對角線外各元素是爲共變數，主對角線的各元素是爲變異數。故矩陣 **D** 爲變異數矩陣。

$$\mathbf{D}=\begin{bmatrix}8.50 & 0 & 0\\ 0 & 13.00 & 0\\ 0 & 0 & 8.00\end{bmatrix}$$

8. 標準差　① $s=\sqrt{\dfrac{\Sigma(X-\bar{X})^2}{N-1}}$

② 標準差矩陣 $=\mathbf{D}^{\frac{1}{2}}$

$$\mathbf{D}^{\frac{1}{2}}=\begin{bmatrix}\sqrt{8.50} & 0 & 0\\ 0 & \sqrt{13.00} & 0\\ 0 & 0 & \sqrt{8.00}\end{bmatrix}=\begin{bmatrix}2.9155 & 0 & 0\\ 0 & 3.6056 & 0\\ 0 & 0 & 2.8284\end{bmatrix}$$

換言之，第一、二、三個測驗之標準差依次爲 2.9155，3.6056，和 2.8284。

9. z 分數　① $z=\dfrac{X-\bar{X}}{s_x}$

② $\mathbf{z}'=(\mathbf{y}_i-\bar{\mathbf{y}})'\mathbf{D}^{-\frac{1}{2}}$

$$\mathbf{Z}=\mathbf{A}\mathbf{D}^{-\frac{1}{2}}$$ 〔公式 3·5-9〕

例如第一個受試者的三個得分的 z 分數為:

$$\mathbf{z}_1'=[6-4,7-6,10-7]\begin{bmatrix}\frac{1}{2.9155} & 0 & 0\\ 0 & \frac{1}{3.6056} & 0\\ 0 & 0 & \frac{1}{2.8284}\end{bmatrix}$$

$$=[.6860 \quad .2774 \quad 1.0607]$$

五位受試者在三個測驗的 z 分數則如下所示:

$$\mathbf{Z}=\begin{bmatrix}2 & 1 & 3\\ 4 & 5 & 2\\ -2 & -1 & -3\\ -1 & 0 & 1\\ -3 & -5 & -3\end{bmatrix}\begin{bmatrix}\frac{1}{2.9155} & 0 & 0\\ 0 & \frac{1}{3.6056} & 0\\ 0 & 0 & \frac{1}{2.8284}\end{bmatrix}$$

$$=\begin{bmatrix}.6860 & .2774 & 1.0607\\ 1.3720 & 1.3868 & .7071\\ -.6860 & -.2774 & -1.0607\\ -.3430 & 0 & .3536\\ -1.0290 & -1.3868 & -1.0607\end{bmatrix}$$

10. 相關係數　① $r_{12}=\dfrac{\Sigma z_1z_2}{N-1}$

② $\mathbf{R}=\dfrac{1}{N-1}\sum_{i=1}^{N}[\mathbf{D}^{-\frac{1}{2}}(\mathbf{y}_i-\bar{\mathbf{y}})(\mathbf{y}_i-\bar{\mathbf{y}})'(\mathbf{D}^{-\frac{1}{2}})']$

$$=\mathbf{D}^{-\frac{1}{2}}\mathbf{S}\mathbf{D}^{-\frac{1}{2}}$$ 〔公式 3·5-10〕

$$\mathbf{R}=\begin{bmatrix}\frac{1}{2.9155} & 0 & 0\\ 0 & \frac{1}{3.6056} & 0\\ 0 & 0 & \frac{1}{2.8284}\end{bmatrix}\begin{bmatrix}8.50 & 9.75 & 7.00\\ 9.75 & 13.00 & 7.75\\ 7.00 & 7.75 & 8.00\end{bmatrix}\begin{bmatrix}\frac{1}{2.9155} & 0 & 0\\ 0 & \frac{1}{3.6056} & 0\\ 0 & 0 & \frac{1}{2.8284}\end{bmatrix}$$

$$=\begin{bmatrix}\frac{8.50}{(2.9155)(2.9155)} & \frac{9.75}{(3.6056)(2.9155)} & \frac{7.00}{(2.8284)(2.9155)}\\ \frac{9.75}{(2.9155)(3.6056)} & \frac{13.00}{(3.6056)(3.6056)} & \frac{7.75}{(2.8284)(3.6056)}\\ \frac{7.00}{(2.9155)(2.8284)} & \frac{7.75}{(3.6056)(2.8284)} & \frac{8.00}{(2.8284)(2.8284)}\end{bmatrix}=\begin{bmatrix}1.0000 & .9275 & 8489\\ .9275 & 1.0000 & .7599\\ .8489 & .7599 & 1.0000\end{bmatrix}$$

（二）應用實例　上面我們以三個變項的例子說明多變項資料的整理方法，以及平均數、標準差、和相關係數的求法。在實際的研究情境中，我們所碰到的多變項資料的N和p都很大，因此再舉例 3·5-1 的實例加以說明，請您實際計算看看並核對您的計算結果是否相同。

表 3·5-1　十六名受試者的五種分數

受試者	成就	智力	創造	態度	焦慮
1	78	103	9	27	35
2	88	108	16	29	19
3	71	111	21	27	35
4	75	109	19	40	20
5	85	114	22	25	42
6	79	112	13	33	43
7	76	120	17	40	39
8	84	115	11	32	50
9	43	96	8	29	48
10	80	105	12	33	50
11	92	116	21	38	42
12	50	101	20	22	30
13	65	92	18	20	48
14	73	108	17	10	31
15	86	125	14	16	22
16	71	113	10	23	30

【例 3·5-1】 自國中三年級學生中隨機抽取十六名學生，就學科成就測驗（y_1）、智力測驗（y_2）、創造力測驗（y_3）、學習態度測驗（y_4）、和焦慮測驗（y_5）等五個重要變項加以觀察。表 3·5-1 是觀察所得的分數。試利用矩陣公式求出各項分數之總分、平均數、標準差、和各測驗之間的交互相關。

例 3·5-1 的實際計算過程，可扼要演示如下：

1. 以表 3·5-1 爲矩陣 $\mathbf{Y}$，左乘以單元向量 $\mathbf{1}_{16}'$，求總和：

$$\mathbf{y}_+' = \mathbf{1}'\mathbf{Y} \qquad \text{(公式 3·5-2)}$$

$$= [1196 \quad 1748 \quad 248 \quad 444 \quad 584]$$

2. 再除以人數 $N = \mathbf{1}_{16}'\,\mathbf{1}_{16} = 16$，求平均數：

$$\bar{\mathbf{y}}' = \frac{1}{16}\mathbf{y}_+' = (\mathbf{1}'\mathbf{1})^{-1}\,\mathbf{1}'\mathbf{Y} \qquad \text{(公式 3·5-3)}$$

$$= [74.75 \quad 109.25 \quad 15.50 \quad 27.75 \quad 36.50]$$

3. 求離均差平方和-交乘積和矩陣 $\mathbf{Q}$：

$$\mathbf{Y}'\mathbf{Y} = \begin{bmatrix} 91996 & & & & \text{(對稱)} \\ 131799 & 192060 & & & \\ 18700 & 27182 & 4160 & & \\ 33557 & 48694 & 6895 & 13380 & \\ 43351 & 63420 & 8895 & 16480 & 22962 \end{bmatrix}$$

$$N\bar{\mathbf{y}}\bar{\mathbf{y}}' = \begin{bmatrix} 89401 & & & & \text{(對稱)} \\ 130663 & 190969 & & & \\ 18538 & 27094 & 3844 & & \\ 33189 & 48507 & 6882 & 12321 & \\ 43654 & 63802 & 9052 & 16206 & 21316 \end{bmatrix}$$

兩個矩陣相減，得：

$$\mathbf{Q} = \mathbf{Y}'\mathbf{Y} - N\bar{\mathbf{y}}\bar{\mathbf{y}}' \qquad \text{(公式 3·5-5)}$$

$$
= \begin{bmatrix} 2595 & & & & (\text{對稱}) \\ 1136 & 1091 & & & \\ 162 & 88 & 316 & & \\ 368 & 187 & 13 & 1059 & \\ -303 & -382 & -157 & 274 & 1646 \end{bmatrix}
$$

4. 除以自由度 $N-1$，求變異數-共變數矩陣 $\mathbf{S}$。

$$
\mathbf{S} = \frac{1}{N-1}\mathbf{Q} = \frac{1}{16-1}\mathbf{Q} \qquad (\text{公式 } 3\cdot5\text{-}8)
$$

$$
= \begin{bmatrix} 173.0000 & & & & (\text{對稱}) \\ 75.7333 & 72.7333 & & & \\ 10.8000 & 5.8667 & 21.0667 & & \\ 24.5333 & 12.4667 & .8667 & 70.6000 & \\ -20.2000 & -25.4667 & -10.4667 & 18.2667 & 109.7333 \end{bmatrix}
$$

5. 自矩陣 $\mathbf{S}$ 的對角線元素，求出標準差:

$\sqrt{s_{11}}$	$\sqrt{s_{22}}$	$\sqrt{s_{33}}$	$\sqrt{s_{44}}$	$\sqrt{s_{55}}$
$\sqrt{173.0000}$	$\sqrt{72.7333}$	$\sqrt{21.0667}$	$\sqrt{70.6000}$	$\sqrt{109.7333}$
13.1529	8.5284	4.5898	8.4024	10.4754

6. 利用矩陣 $\mathbf{S}$ 對角線元素求得 $\mathbf{D}^{-\frac{1}{2}}$，再求相關矩陣 $\mathbf{R}$:

$$
\mathbf{D}^{-\frac{1}{2}} = \begin{bmatrix} \frac{1}{13.1529} & 0 & 0 & 0 & 0 \\ 0 & \frac{1}{8.5284} & 0 & 0 & 0 \\ 0 & 0 & \frac{1}{4.5898} & 0 & 0 \\ 0 & 0 & 0 & \frac{1}{8.4024} & 0 \\ 0 & 0 & 0 & 0 & \frac{1}{10.4754} \end{bmatrix}
$$

$$\mathbf{R}=\mathbf{D}^{-\frac{1}{2}}\mathbf{S}\mathbf{D}^{-\frac{1}{2}} \qquad \text{（公式 3·5-10）}$$

$$=\begin{bmatrix} 1.0000 & & & & \text{（對稱）} \\ .6751 & 1.0000 & & & \\ .1789 & .1499 & 1.0000 & & \\ .2220 & .1740 & .0225 & 1.0000 & \\ -.1466 & -.2851 & -.2177 & .2075 & 1.0000 \end{bmatrix}$$

這些計算雖然是最基本的，但却是最重要而且最常要使用到的。因此，無論如何，應十分熟練纔好。

3·6 多變項分析顯著性考驗的準則

在單變項變異數分析裏，如果要考驗實驗處理效果是否達到顯著水準，就要使用下一公式：

$$F=\frac{SS_b/df_b}{SS_w/df_w}$$

如果實驗處理效果愈大，或組間離均差平方和（SS_b）與組內離均差平方和（SS_w）的比愈大，F 值便愈大，此項考驗便愈容易達到顯著水準。

在多變項分析統計法裏，考驗顯著水準的方法有很多種。本書只採用其中少數幾種。我們最常用的將是下式所示的魏可思 Λ 效標（參看公式 4·1-6 和公式 5·2-16）：

$$\Lambda=\frac{|\mathbf{Q}_e|}{|\mathbf{Q}_h+\mathbf{Q}_e|}$$

式中 $\mathbf{Q}_h$ 係代表實驗處理假設的 SSCP，而 $\mathbf{Q}_e$ 係代表組內誤差的 SSCP。化為行列式值便具有概化變異數的性質（請復習第 40 頁）。

由這一公式可以看出：如果實驗處理效果愈大，則 $|\mathbf{Q}_h|$ 值（分母部分）便愈大，總變異的概化變異數 $|\mathbf{Q}_h+\mathbf{Q}_e|$ 也愈大，相對的，Λ 值便愈小。因此，Λ 值愈小，表示實驗處理效果愈大，愈易達到顯著水準。

有時 Λ 值也可由解 $(\mathbf{Q}_h-\lambda\mathbf{Q}_e)\mathbf{k}=0$ 而得。如果解 $(\mathbf{Q}_h-\lambda\mathbf{Q}_e)\mathbf{k}=0$ 中的 s 個特徵值 λ_i，則：

$$\Lambda=\frac{|\mathbf{Q}_e|}{|\mathbf{Q}_h+\mathbf{Q}_e|}=\prod_{i=1}^{s}(1+\lambda_i)^{-1}$$

表示 Λ 是這 s 個特徵值各加 1 並取倒數的相乘積。

另外本書偶而也用羅伊最大根準則，其公式為：

$$\theta_s=\frac{\lambda_1}{1+\lambda_1}$$

可見求 θ_s 時，只根據最大的一個特徵值（參看第 405 至 406 頁）。

其他如婁里-賀德臨的「跡準則」(trace criterion)，採用：

$$U^{(s)}=\sum_{i=1}^{s}\lambda_i$$

畢萊-巴特烈的跡準則採用：

$$V^{(s)}=\sum_{i=1}^{s}\frac{\lambda_i}{1+\lambda_i}$$

是 s 個特徵值相加的和，各有優點和缺點。我們將不在本書中提到。有興趣的讀者，請參看有關書籍 (Olson, 1976；Timm, 1975)。

第四章　一個和兩個母群的平均數假設考驗

從這一章開始，我們要一起來研討行爲科學研究裏，常遭遇到的有關多變項統計法之實際問題。我們將强調每一種統計方法的計算過程的演示、重要概念的討論、和統計結果的解釋，使能有助於實際問題的解決。

這一章所討論的是關於一個母群和兩個母群的平均數假設考驗 (hypothesis testing) 和估計 (estimation) 的問題。因爲在行爲科學的研究中，研究者很少碰到母群變異數（σ^2）爲已知的情境，所以我們的討論只限於母群變異數爲未知的情境。

在討論的過程中，常須提到我們學過的基本統計學的重要概念，和矩陣代數的運算方法，因此必須在適當時機查閱有關的統計書和回頭復習本書第一至第三章所討論過的內容，尤其是第 3•5 節所討論過的。

4•1　一個樣本的平均數假設考驗

（一）基本原理及適用情境　在一般統計裏，我們常遇到必須使用下列公式 4•1-1 的情形（請看林清山，民國63年，第213-214頁)。

$$t=\frac{\bar{X}-\mu_0}{\frac{s}{\sqrt{N}}}$$　〔公式 4•1-1〕

研究者要自一個 σ^2 未知的母群中，隨機抽取 N 個受試者，並就感到興趣的一個依變項（$p=1$）加以觀察，以得到一個平均數 $\bar{X}$。此時，研究者的目的是想知道這一平均數是不是來自同一個母群，亦卽想要考驗 $\bar{X}$ 與母群平均數 μ_0 是否有顯著差異存在。因此，他的統計假設是這樣的：

$$H_0:\ \mu=\mu_0$$

$$H_1:\ \mu\neq\mu_0$$

根據觀察資料代入公式 4•1-1 計算，求得的 t 值如果大於查表的 t 值，便要拒絕虛無假設，說這一樣本平均數 $\bar{X}$ 與母群平均數 μ_0 有顯著的不同。公式 4•1-1 中的 s 是母群標準差的不偏估計值，其運算公式為：

$$s=\sqrt{\frac{\Sigma X^2-\dfrac{(\Sigma X)^2}{N}}{N-1}}$$

本節所討論的統計方法，便是相當於公式 4•1-1 之功用的多變項分析法，但依變項有兩個或兩個以上（$p\geqslant2$）。研究者想要考驗自多變項常態分配中所得到的樣本平均數向量是否顯著不同於樣本所來自的母群之平均數向量。換言之，N 個受試者每人均有 p 個（$p\geqslant2$）依變項觀察分數，可得到 p 個樣本平均數。研究者要看這 p 個樣本平均數所構成的形心 (centroid) 與這 p 個母群的平均數所構成的形心是否有顯著差異存在（請看圖 3•4-2，兩個平均數交叉點是為形心）。

1. 賀德臨 T^2 統計 與公式 4•1-1 相當的多變項分析公式便是公式 4•1-2，是由公式 4•1-1 推演而來的：

$$t^2=\frac{(\bar{X}-\mu_0)^2}{\dfrac{s^2}{N}}=\frac{N(\bar{X}-\mu_0)^2}{s^2}$$

$$=N(\bar{X}-\mu_0)(s^2)^{-1}(\bar{X}-\mu_0)$$

如改用變項Y，則多變項分析時應為:

$$T^2=N(\bar{\mathbf{y}}-\boldsymbol{\mu}_0)'\mathbf{S}^{-1}(\bar{\mathbf{y}}-\boldsymbol{\mu}_0) \qquad 〔公式\ 4\cdot1\text{-}2〕$$

這裏，$$\mathbf{S}=\frac{1}{N-1}\sum_{i=1}^{N}(\mathbf{y}_i-\bar{\mathbf{y}})(\mathbf{y}_i-\bar{\mathbf{y}})'=\frac{\mathbf{Q}}{N-1} \qquad 〔公式\ 4\cdot1\text{-}3〕$$

$$=\frac{1}{N-1}[\mathbf{Y'Y}-\mathbf{Y'1}(\mathbf{1'1})^{-1}\mathbf{1'Y}] \qquad (公式\ 3.5\text{-}8)$$

公式 4•1-2 便是「賀德臨 T^2 統計」(Hotelling's T^2 statistic) 的公式。如果代入公式計算的T^2值大於查「附錄表五」的T^2值，亦卽:

$$T^2=N(\bar{\mathbf{y}}-\boldsymbol{\mu}_0)'\mathbf{S}^{-1}(\bar{\mathbf{y}}-\boldsymbol{\mu}_0)>T^2_{\alpha,(p,N-1)} \qquad 〔公式\ 4\cdot1\text{-}4〕$$

就須拒絕虛無假設。研究者的統計假設如下所示:

H_0: $\boldsymbol{\mu}=\boldsymbol{\mu}_0$ （虛無假設）

H_1: $\boldsymbol{\mu}\neq\boldsymbol{\mu}_0$ （對立假設）

有時，倘若沒有現成的T^2表可查，就可用下式轉換，再與查表的F值相比較。如果:

$$\frac{(N-p)T^2}{(N-1)p}>F_{\alpha,(p,N-1)} \qquad 〔公式\ 4\cdot1\text{-}5〕$$

就可拒絕虛無假設。至於F分配表，則請看「附錄表四」。

2. 魏可思Λ統計　除了T^2統計以外，還有魏可思Λ統計，可以用來處理同一問題。其公式如下所示:

$$\Lambda=\frac{|\mathbf{Q}_e|}{|\mathbf{Q}_h+\mathbf{Q}_e|} \qquad 〔公式\ 4\cdot1\text{-}6〕$$

這裏　$$\mathbf{Q}_h=N(\bar{\mathbf{y}}-\boldsymbol{\mu}_0)(\bar{\mathbf{y}}-\boldsymbol{\mu}_0)' \qquad 〔公式\ 4\cdot1\text{-}7〕$$

$$\mathbf{Q}_e=\mathbf{Y'Y}-\mathbf{Y'1}(\mathbf{1'1})^{-1}\mathbf{1'Y} \qquad 〔公式\ 4\cdot1\text{-}8〕$$

$$=\mathbf{Y}'[\mathbf{I}-\mathbf{1}(\mathbf{1'1})^{-1}\mathbf{1}']\mathbf{Y} \qquad (公式\ 3.5\text{-}7)$$

式中的Λ是爲「魏可思Λ效標值」(Wilks' Λ criterion)，其值成U

分配。因爲如果實驗處理效果愈大，$|\mathbf{Q}_h|$ 的概化變異數（分母部分）就愈大，Λ值便愈小，所以如果計算的Λ值「小於」查表的$U_{\alpha,(p,1,N-1)}$值，亦即：

$$\Lambda=\frac{|\mathbf{Q}_e|}{|\mathbf{Q}_h+\mathbf{Q}_e|}<U_{\alpha,(p,1,N-1)} \qquad \text{〔公式 4·1-9〕}$$

便須拒絕虛無假設。U分配表及其使用方法請看附錄表六及有關該表的說明（第629頁）。如果沒有U分配表，可用下式轉換，再查F分配表。轉換後的值如果大於查表的F值，就算達到顯著水準。

$$\frac{1-\Lambda}{\Lambda}\cdot\frac{N-p}{p}>F_{\alpha,(p,N-p)} \qquad \text{〔公式 4·1-10〕}$$

3. 同時信賴區間　在單變項統計法裏，進行區間估計的結果，可得到一個信賴區間（請看林淸山，民國63年，pp. 202-214）。本例的T^2統計後，也可使用下面的公式 4·1-11 來求出「同時信賴區間」(simultaneous confidence intervals)：

$$\mathbf{a}'\bar{\mathbf{y}}-c_0\sqrt{\frac{\mathbf{a}'\mathbf{S}\mathbf{a}}{N}}\leqslant\mathbf{a}'\boldsymbol{\mu}_0\leqslant\mathbf{a}'\bar{\mathbf{y}}+c_0\sqrt{\frac{\mathbf{a}'\mathbf{S}\mathbf{a}}{N}} \qquad \text{〔公式 4·1-11〕}$$

這裏，$c_0=\sqrt{T^2_{\alpha,(p,N-1)}}$

$\mathbf{a}$是任意向量，例如 $\mathbf{a}'=[1,0]$，或 $\mathbf{a}'=[0,1]$，看要算那個依變項之信賴區間而定。通常，如果T^2值達顯著水準，則p個依變項之中可能有一個或一個以上之依變項的信賴區間不包括μ_0在內。如果某依變項的同時信賴區間不包括μ_0在內，就說該依變項對T^2達到顯著水準有所影響。

（二）計算實例　首先我們以例 4·1-1 來幫助說明公式 4·1-2 和公式 4·1-6 的假設考驗方法。

【例 4·1-1】利用魏氏成人智力量表（WAIS）測量10名成人的結果，得每人在語文量表和作業量表上的得分如表 4·1-1 所示。試問這些成人

是否來自語文量表 $\mu_{01}=60$ 和作業量表 $\mu_{02}=50$ 的母群？

表 4·1-1　十名受試者的 T^2 考驗資料

學生	語文 (Y_1)	作業 (Y_2)	
A	54	60	$\Sigma Y_1=535$
B	70	35	$\Sigma Y_2=378$
C	69	54	$\Sigma Y_1^2=30407$
D	52	38	$\Sigma Y_2^2=15856$
E	58	42	$\Sigma Y_1Y_2=21412$
F	73	48	$\bar{Y}_1=53.5$
G	38	25	$\bar{Y}_2=37.8$
H	32	21	
I	43	24	
J	46	31	

(1) T^2 統計　依本例的題意，研究者的虛無假設和對立假設應該是這樣的:

$$H_0: \begin{bmatrix}\mu_1\\ \mu_2\end{bmatrix}=\begin{bmatrix}60\\ 50\end{bmatrix}$$

$$H_1: \begin{bmatrix}\mu_1\\ \mu_2\end{bmatrix}\neq\begin{bmatrix}60\\ 50\end{bmatrix}$$

設研究者定 $\alpha=.05$，則查附錄表五的 T^2 分配表可知：如果代入公式計算的 T^2 值大於查表所得的

$$T^2_{\alpha,(p,N-1)}=T^2_{.05,(2,9)}=10.033$$

就應拒絕虛無假設。因爲本研究有兩個依變項，所以 $p=2$。

首先，我們要設表 4·1-1 的資料爲矩陣 $\mathbf{Y}$，其階數爲 10×2。然後根據資料算出下列各值:

$$\mathbf{1}'\mathbf{Y}=[535 \quad 378] \qquad \text{(公式 3.5-2)}$$

$$\mathbf{1}'_{10}\mathbf{1}_{10}=N=10 \qquad \text{(公式 3. 5-1)}$$

$$\mathbf{Y}'\mathbf{Y}=\begin{bmatrix}30407 & 21412\\ 21412 & 15856\end{bmatrix}$$

$$\mathbf{Q}_e=\mathbf{Y}'\mathbf{Y}-\mathbf{Y}'\mathbf{1}(\mathbf{1}'\mathbf{1})^{-1}\mathbf{1}'\mathbf{Y} \qquad \text{(公式 4. 1-8)}$$

$$=\begin{bmatrix}30407 & 21412\\ 21412 & 15856\end{bmatrix}-\begin{bmatrix}535\\ 378\end{bmatrix}\left(\frac{1}{10}\right)[535 \quad 378]$$

$$=\begin{bmatrix}1784.5 & 1189.0\\ 1189.0 & 1567.6\end{bmatrix}$$

這便是所謂的「離均差平方和及交乘積和」(sums-of-squares-and-cross-products, SSCP) 矩陣。如果您願意的話，也可用一般統計的方法求離均差平方和以及離均差交乘積和:

$$q_{11}=30407-\frac{(535)^2}{10}=1784.5$$

$$q_{22}=15856-\frac{(378)^2}{10}=1567.6$$

$$q_{12}=21412-\frac{(535)(378)}{10}=1189.0$$

所得的結果仍然一樣。

其次，再將 $\mathbf{Q}_e$ 代入公式 4·1-3，求「變異數-共變數矩陣 $\mathbf{S}$」:

$$\mathbf{S}=\frac{1}{N-1}\mathbf{Q}_e \qquad \text{(公式 4. 1-3)}$$

$$=\frac{1}{9}\begin{bmatrix}1784.5 & 1189.0\\ 1189.0 & 1567.6\end{bmatrix}=\begin{bmatrix}198.2778 & 132.1111\\ 132.1111 & 174.1778\end{bmatrix}$$

如此便可利用公式 1·2-5 來求到 $\mathbf{S}$ 的反矩陣了:

$$\mathbf{S}^{-1}=\begin{bmatrix}174.1778 & -132.1111\\ -132.1111 & 198.2778\end{bmatrix}/17082.2483$$

$$=\begin{bmatrix} .010196 & -.007734 \\ -.007734 & .011607 \end{bmatrix} \qquad \text{(公式 1·2-5)}$$

最後，再代入公式 4·1-2，便可得到如下所示的 T^2 值：

$$[\bar{\mathbf{y}}-\boldsymbol{\mu}_0]=\begin{bmatrix} 53.5-60 \\ 37.8-50 \end{bmatrix}=\begin{bmatrix} -6.5 \\ -12.2 \end{bmatrix}$$

$$T^2=N(\bar{\mathbf{y}}-\boldsymbol{\mu}_0)'\mathbf{S}^{-1}(\bar{\mathbf{y}}-\boldsymbol{\mu}_0) \qquad \text{(公式 4·1-2)}$$

$$=10[-6.5,-12.2]\begin{bmatrix} .010196 & -.007734 \\ -.007734 & .011607 \end{bmatrix}\begin{bmatrix} -6.5 \\ -12.2 \end{bmatrix}$$

$$=9.3175$$

因爲這一計算的 T^2 值並未大於查表的 T^2 值（10.033），所以不能拒絕虛無假設。

如果以公式 4·1-5 來考驗，則因爲：

$$\frac{(N-p)T^2}{(N-1)p}=\frac{(10-2)(9.3175)}{(10-1)2}=4.141$$

小於 $F_{\alpha,(p,N-1)}=F_{.05,(2,9)}=4.26$，所以不能拒絕虛無假設。

根據此一結果，可以解釋爲：這些成人的智力與一般語文量表成績平均爲60，作業量表成績平均爲50的成人並無不同。

（2）**Λ統計**　例 4·1-1 的問題也可以用公式 4·1-6 的魏可思Λ統計來解決。本研究的虛無假設與對立假設已如前面所示。根據公式 4·1-9，如果將來代入公式 4·1-6 計算所得的Λ值「小於」查表的Λ值，亦即：

$$U_{\alpha,(p,1,N-1)}=U_{.05,(2,1,9)}=.472866$$

就須拒絕虛無假設。這裏，我們仍定 $\alpha=.05$，以便比較。p 也是指依變項的個數，本例爲 $p=2$。查 U 值時，要看「附錄表六」。先找到 $p=2$，$\alpha=.05$ 那一個表；再看自由度爲 1（橫軸）與 9（縱軸）交叉處，便可找到U值 .472866；這是拒絕區的臨界值。

計算時，首先要利用公式 4·1-7 求出 $\mathbf{Q}_h$：

$$\mathbf{Q}_h = N(\bar{\mathbf{y}} - \boldsymbol{\mu}_0)(\bar{\mathbf{y}} - \boldsymbol{\mu}_0)' \qquad \text{（公式 4·1-7）}$$

$$= 10\begin{bmatrix} -6.5 \\ -12.2 \end{bmatrix}[-6.5 \quad -12.2] = \begin{bmatrix} 422.5 & 793.0 \\ 793.0 & 1488.4 \end{bmatrix}$$

其次還要利用公式 4·1-8 計算矩陣 $\mathbf{Q}_e$。前面我們已經算過：

$$\mathbf{Q}_e = \begin{bmatrix} 1784.5 & 1189.0 \\ 1189.0 & 1567.6 \end{bmatrix} \qquad \text{（公式 4·1-8）}$$

$$\text{故} \quad \mathbf{Q}_h + \mathbf{Q}_e = \begin{bmatrix} 2207 & 1982 \\ 1982 & 3056 \end{bmatrix}$$

用公式 1·2-1 算出行列式值並將它們代入公式 4·1-6，便得：

$$\Lambda = \frac{|\mathbf{Q}_e|}{|\mathbf{Q}_h + \mathbf{Q}_e|} = \frac{1383661.2}{2816268.0} = .4913 \qquad \text{（公式 4·1-6）}$$

這便是我們要算出來的Λ值。爲求正確起見，可代入下列公式4·1-12驗算：

$$\Lambda = \frac{1}{1 + \dfrac{T^2}{N-1}} \qquad \text{〔公式 4·1-12〕}$$

$$= \frac{1}{1 + \dfrac{9.3175}{10-1}} = .4913$$

可見，上面的計算完全正確。

由於計算的Λ值（.4913）並未「小於」查表的U值（.472866），所以不能拒絕虛無假設。可見，本研究的這些成人的智力，與一般成人的智力並無不同。此一結論與上面用 T^2 統計所得結論完全一樣。

如果利用公式 4·1-10 加以轉換，便可查閱F分配表來決定是否達到顯著水準。本例的 $\Lambda=.4913$，代入公式 4·1-10 得：

$$F=\frac{1-\Lambda}{\Lambda}\cdot\frac{N-p}{p}=\frac{1-.4913}{4913}\cdot\frac{10-2}{2}=4.141$$

小於查「附錄表四」所得的 $F_{\alpha,(p,N-p)}=F_{.05,(2,8)}=4.46$，故不能拒絕虛無假設。結論還是一樣。

（3）**同時信賴區間**　最後我們可以利用公式 4·1-11 來求出「同時信賴區間」。公式 4·1-11 中的 c_0 值是：

$$c_0=\sqrt{T^2_{\alpha,(p,N-1)}}=\sqrt{T^2_{.05,(2,9)}}=\sqrt{10.033}=3.1675$$

要算出第一個依變項的 μ_{01} 之信賴區間，須設 $\mathbf{a}'=[1,0]$，並代入公式 4·1-11，如此即得：

$$\mathbf{a}'\bar{\mathbf{y}}=[1,0]\begin{bmatrix}53.5\\37.8\end{bmatrix}=53.5$$

$$\mathbf{a}'\mathbf{S}\mathbf{a}=[1,0]\begin{bmatrix}198.2778 & 132.1111\\132.1111 & 174.1778\end{bmatrix}\begin{bmatrix}1\\0\end{bmatrix}=198.2778$$

$$53.5-3.1675\sqrt{\frac{198.2778}{10}}\leqslant\mu_{01}\leqslant53.5+3.1675\sqrt{\frac{198.2778}{10}}$$

$$39.3958\leqslant\mu_{01}\leqslant67.6042$$

此95%信賴區間包括 $\mu_{01}=60$ 在內，可見第一個依變項未能達到 .05 顯著水準。故，本研究的成人之語文量表成績與一般成人沒什麼不同。

計算第二個依變項的 μ_{02} 之信賴區間，要設 $\mathbf{a}'=[0,1]$。代入公式 4·1-11，結果可得：

$$37.8-3.1675\sqrt{\frac{174.1778}{10}}\leqslant\mu_{02}\leqslant37.8+3.1675\sqrt{\frac{174.1778}{10}}$$

$$24.5804\leqslant\mu_{02}\leqslant51.0196$$

此一信賴區間也包括 $\mu_{02}=50$ 在內，所以第二個依變項也未能達到顯著水準。本研究的成人的作業量表成績也與一般成人沒什麼不同。

使用公式 4·1-11 的同時信賴區間求法，相當於單變項分析法裏薛費(Scheff'e, 1953)的S法，為「事後考驗」性質。但是因為同時考慮p個依變項，故屬「多變項」統計。求得的所有這p個信賴區間同時為眞的概率達 $1-\alpha$。本例裏，$\mu_{01}=60$ 落入 39.3958至 67.6042 且 $\mu_{02}=50$ 落入 24.5804 至 51.0196 同時為眞的可能性，達95%信賴水準。(其他信賴區間求法，如 Bonferroni 法，則具「事前考驗」的性質，請看 Timm, 1975, p.170 和 Morrison, 1976, p.135)。

上面是 $p=2$ 的例子。下面的練習是 $p=3$ 時，T^2 統計和Λ統計用於一個母群的平均數假設考驗的例子。您可自己先算算看，然後對照這裏所提供的完整答案，看您的計算是否正確，結果的解釋是否恰當。

【練習】 從參與語文訓練研習的學員中，抽取 11 名學生舉行文法、閱讀、拼字三項測驗之結果，成績如表 4·1-2 所示。請用 $\alpha=.05$，考驗「一星期後之平均成績為 $\mu_{01}=80$，$\mu_{02}=75$，和 $\mu_{03}=70$」的假設是否為眞，並解釋您的分析結果。

表 4·1-2　十一名學生的三種語文測驗成績

文法	閱讀	拼字
31	12	24
52	64	32
57	42	21
63	19	54
42	12	41
71	79	64
65	38	52
60	14	57
54	75	58
67	22	69
70	34	24

(一) T^2 統計

1. 以表 4·1-2 的資料為矩陣$\mathbf{Y}$，求各依變項之總分和平均數。

$$\mathbf{y}_+=\mathbf{1}'\mathbf{Y} \qquad \text{(公式 3·5-2)}$$

$$=[632 \quad 411 \quad 496]$$

$$\bar{\mathbf{y}}=\frac{1}{N}\mathbf{y} \qquad \text{(公式 3·5-3)}$$

$=[57.4545 \quad 37.3636 \quad 45.0909]$

2. 利用公式 4·1-8 求 $\mathbf{Q}_e$:

$$\mathbf{Q}_e=\mathbf{Y'Y}-\mathbf{Y'1}(\mathbf{1'1})^{-1}\mathbf{1'Y} \qquad \text{(公式 4·1-8)}$$

$$=\begin{bmatrix}37818 & 24618 & 29508\\ 24618 & 21655 & 19250\\ 29508 & 19250 & 25388\end{bmatrix}-\begin{bmatrix}632\\411\\496\end{bmatrix}\left(\frac{1}{11}\right)[632,411,496]$$

$$=\begin{bmatrix}1506.7273 & 1004.1818 & 1010.5455\\ 1004.1818 & 6298.5455 & 717.6364\\ 1010.5455 & 717.6364 & 3022.9091\end{bmatrix}$$

3. 求變異數-共變數矩陣 $\mathbf{S}$ 及其反矩陣 $\mathbf{S}^{-1}$:

$$\mathbf{S}=\frac{\mathbf{Q}_e}{N-1} \qquad \text{(公式 4·1-3)}$$

$$=\begin{bmatrix}150.6727 & 100.4182 & 101.0546\\ 100.4182 & 629.8546 & 71.7636\\ 101.0546 & 71.7636 & 302.2909\end{bmatrix}$$

$$\mathbf{S}^{-1}=\begin{bmatrix}.009315 & -.001162 & -.002838\\ -.001162 & .001777 & -.000033\\ -.002838 & -.000033 & .004265\end{bmatrix} \qquad \text{(公式 1·2-4)}$$

4. 代入公式 4·1-2 求 T^2 值:

$$\bar{\mathbf{y}}-\boldsymbol{\mu}_0=\begin{bmatrix}57.4545\\37.3636\\45.0909\end{bmatrix}-\begin{bmatrix}80\\75\\70\end{bmatrix}=\begin{bmatrix}-22.5455\\-37.6364\\-24.9094\end{bmatrix}$$

$$T^2=N(\bar{\mathbf{y}}-\boldsymbol{\mu}_0)'\mathbf{S}^{-1}(\bar{\mathbf{y}}-\boldsymbol{\mu}_0) \qquad \text{(公式 4·1-2)}$$

$$=11[-22.5455 \quad -37.6364 \quad -24.9094]$$

$$\times\begin{bmatrix} .009315 & -.001162 & -.002838 \\ -.001162 & .001777 & -.000033 \\ -.002838 & -.000033 & .004265 \end{bmatrix}\begin{bmatrix} -22.5455 \\ -37.6364 \\ -24.9094 \end{bmatrix}$$

$$=51.4444$$

5. 裁決：因爲計算的 $T^2=51.4444$ 大於查表的 T^2 值:

$$T^2_{\alpha,(p,N-1)}=T^2_{.05,(3,10)}=15.248$$

所以應拒絕所提 $\mu_{01}=80$, $\mu_{02}=75$, $\mu_{03}=70$ 的虛無假設。由樣本平均數看來，文法、閱讀、拼字三項測驗成績顯然遠低於預期的目標。

（二）Λ 統計

1. 使用公式 4•1-7，求矩陣 $\mathbf{Q}_h$:

$$\mathbf{Q}_h=N(\bar{\mathbf{y}}-\boldsymbol{\mu}_0)(\bar{\mathbf{y}}-\boldsymbol{\mu}_0)' \qquad \text{（公式 4•1-7）}$$

$$=11\begin{bmatrix} -22.5455 \\ -37.6364 \\ -24.9094 \end{bmatrix}[-22.5455, -37.6364, -24.9094]$$

$$=\begin{bmatrix} 5591.2953 & 9333.8460 & 6177.4693 \\ 9333.8460 & 15581.4847 & 10312.3774 \\ 6177.4693 & 10312.3774 & 6825.0959 \end{bmatrix}$$

2. 再用公式 4•1-8 求矩陣 $\mathbf{Q}_e$ 及其行列式 $|\mathbf{Q}_e|$:

$$\mathbf{Q}_e=\begin{bmatrix} 1506.7273 & 1004.1818 & 1010.5455 \\ 1004.1818 & 6298.5455 & 717.6364 \\ 1010.5455 & 717.6364 & 3022.9091 \end{bmatrix} \qquad \text{（公式 4•1-8）}$$

$$|\mathbf{Q}_e|=1.988815636\times 10^{10} \qquad \text{（公式 1•2-2）}$$

3. 求矩陣（$\mathbf{Q}_h+\mathbf{Q}_e$）及其行列式值:

$$\mathbf{Q}_h+\mathbf{Q}_e=\begin{bmatrix} 7098.0226 & 10338.0278 & 7188.0148 \\ 10338.0278 & 21880.0302 & 11030.0138 \\ 7188.0148 & 11030.0138 & 9848.0050 \end{bmatrix}$$

$$|\mathbf{Q}_h+\mathbf{Q}_e|=12.21768569\times10^{10} \qquad \text{(公式 1·2-2)}$$

3. 代入公式 4·1-6 求Λ值:

$$\Lambda=\frac{|\mathbf{Q}_e|}{|\mathbf{Q}_h+\mathbf{Q}_e|}=\frac{1.988815636\times10^{10}}{12.21768569\times10^{10}}=.1628$$

4. 裁決: 根據公式 4·1-9 可知, 因為計算的 $\Lambda=.1628$ 較小於查表的U值, 亦即小於:

$$U_{\alpha,(p,1,N-1)}=U_{.05,(3,1,10)}=.163846$$

所以應拒絕虛無假設, 亦即三個樣本平均數與 $\mu_{01}=80$, $\mu_{02}=75$, $\mu_{03}=70$ 有顯著的差異存在。

（三）同時信賴區間　T^2 考驗達顯著水準, 表示三個依變項之中至少有一個對造成此一結果有影響。我們可以用公式 4·1-11 來找出這些學員到底在那些方面成績較差。公式 4·1-11 中的 c_0 值是:

$$c_0=\sqrt{T^2_{\alpha,(p,N-1)}}=\sqrt{T^2_{.05,(3,10)}}=\sqrt{15.248}=3.9049$$

首先設 $\mathbf{a}'=[1,0,0]$ 以便求出第一依變項之信賴區間。故:

$$\mathbf{a}'\bar{\mathbf{y}}=[1,0,0]\begin{bmatrix}57.4545\\37.3636\\45.0909\end{bmatrix}=57.4545$$

$$\mathbf{a}'\mathbf{S}\mathbf{a}=[1,0,0]\begin{bmatrix}150.6727&100.4182&101.0546\\100.4182&629.8546&71.7636\\101.0546&71.7636&302.2909\end{bmatrix}\begin{bmatrix}1\\0\\0\end{bmatrix}$$

$$=150.6727$$

代入公式 4·1-11, 得第一個信賴區間如下:

$$57.4545-3.9049\sqrt{\frac{150.6727}{11}}\leqslant\mu_1\leqslant57.4545+3.9049\sqrt{\frac{150.6727}{11}}$$

$$43.0025\leqslant\mu_1\leqslant71.9065$$

由於此一信賴區間並未包含 $\mu_{01}=80$ 在內，可見第一依變項文法成績對 T^2 值達顯著水準有所影響。

其次設 $\mathbf{a}'=[0,1,0]$，用同樣方式求第二個信賴區間，得:

$$37.3636-3.9049\sqrt{\frac{629.8546}{11}}\leqslant\mu_2\leqslant37.3636+3.9049\sqrt{\frac{629.8546}{11}}$$

$$7.8152\leqslant\mu_2\leqslant66.9120$$

這一個信賴區間也沒包括 $\mu_{02}=75$ 在內，故閱讀測驗成績太低，也是造成拒絕虛無假設的來源。

再設 $\mathbf{a}'=[0,0,1]$，可得第三個信賴區間如下:

$$45.0909-3.9049\sqrt{\frac{302.2909}{11}}\leqslant\mu_3\leqslant45.0909+3.9049\sqrt{\frac{302.2909}{11}}$$

$$24.6206\leqslant\mu_3\leqslant65.5612$$

因爲這一區間也沒包括 $\mu_{03}=70$ 在內，可見拼字成績較差也是對 T^2 值達顯著水準有影響。

4·2　兩個獨立樣本的平均數假設考驗

(一) 基本原理　在一般統計裏，我們常遇到須考驗兩個獨立樣本之平均數是否有顯著差異存在的問題。大家都知道，此時所用的統計方法便是獨立樣本 t 考驗，其公式如下所示（請看林清山，民國63年，第225頁）:

$$t=\frac{\bar{X}_1-\bar{X}_2}{\sqrt{s_p^2\left(\frac{1}{N_1}+\frac{1}{N_2}\right)}}\qquad\text{〔公式 4·2-1〕}$$

這裏:

$$s_p^2=\frac{\Sigma(X_1-\bar{X}_1)^2+\Sigma(X_2-\bar{X}_2)^2}{N_1+N_2-2}$$

利用公式 4•2-1 計算的 t 值，如果大於查表的 t 值，便要拒絕下列的虛無假設 H_0:

$$H_0:\ \mu_1=\mu_2$$

$$H_1:\ \mu_1\neq\mu_2$$

在本節裏，我們要討論的是相當於公式 4•2-1 的多變項分析法。這些方法適合於用來比較兩組受試者的平均數是否有顯著差異存在。與公式 4•2-1 的情境不同的地方是：每一組受試者均須有 $p\geqslant 2$ 個依變項的觀察分數。換言之，第一組的 N_1 個受試者，每人有 p 個依變項分數，可得 p 個平均數；第二組的 N_2 個受試者也有 p 個依變項分數，也可得 p 個平均數。研究者的目的在考驗第一組的 p 個平均數所構成的形心，與第二組的 p 個平均數所構成的形心，是否有顯著差異存在。因之，如果研究者有兩組隨機抽樣而來的受試者，每人均有 p 個依變項觀察分數，便可使用本節所討論的多變項分析法來處理資料。

(1) 賀德臨二樣本 T^2 統計　與公式 4•2-1 相當的多變項分析公式便是公式 4•2-2。它是由公式 4•2-1 演變而來的。如果再把公式 4•2-1 予以平方便得:

$$t^2=\frac{(\bar{X}_1-\bar{X}_2)^2}{s_p^2\left(\frac{1}{N_1}+\frac{1}{N_2}\right)}=\frac{N_1N_2}{N_1+N_2}\cdot\frac{(\bar{X}_1-\bar{X}_2)^2}{s_p^2}$$

$$=\frac{N_1N_2}{N_1+N_2}(\bar{X}_1-\bar{X}_2)(s_p^2)^{-1}(\bar{X}_1-\bar{X}_2)$$

在多變項分析的情形下，這一公式變為:

$$T^2=\frac{N_1N_2}{N_1+N_2}(\bar{\mathbf{y}}_1-\bar{\mathbf{y}}_2)'\mathbf{S}^{-1}(\bar{\mathbf{y}}_1-\bar{\mathbf{y}}_2) \qquad \text{〔公式 4·2-2〕}$$

這裏 $\bar{\mathbf{y}}_1$ 和 $\bar{\mathbf{y}}_2$ 依次爲第一組 p 個平均數所構成的向量，和第二組 p 個平均數所構成的向量；而 $\mathbf{S}^{-1}$ 是變異數-共變數矩陣 $\mathbf{S}$ 的反矩陣。變異數-共變數矩陣 $\mathbf{S}$ 的算法如公式 4·2-3 所示：

$$\mathbf{S}=\frac{\mathbf{Q}_1+\mathbf{Q}_2}{N_1+N_2-2}=\frac{\mathbf{Q}_e}{N_1+N_2-2} \qquad \text{〔公式 4·2-3〕}$$

這裏，$\mathbf{Q}_1=\Sigma(\mathbf{y}_i-\bar{\mathbf{y}}_1)(\mathbf{y}_i-\bar{\mathbf{y}}_1)'$ 〔公式 4·2-4〕

$$\mathbf{Q}_2=\Sigma(\mathbf{y}_i-\bar{\mathbf{y}}_2)(\mathbf{y}_i-\bar{\mathbf{y}}_2)'$$

換言之，$\mathbf{Q}_1$ 和 $\mathbf{Q}_2$ 依次是第一組和第二組的離均差平方和-交乘積和矩陣。

使用公式 4·2-2 計算的 T^2 值如果大於查「附錄表五」所得的 T^2 值，亦即：

$$T^2=\frac{N_1N_2}{N_1+N_2}(\bar{\mathbf{y}}_1-\bar{\mathbf{y}}_2)'\mathbf{S}^{-1}(\bar{\mathbf{y}}_1-\bar{\mathbf{y}}_2) > T^2_{\alpha,(p,N_1+N_2-2)} \qquad \text{〔公式 4·2-5〕}$$

就要拒絕下列所示的虛無假設：

$$H_0:\ \boldsymbol{\mu}_1=\boldsymbol{\mu}_2$$

$$\text{或} \begin{bmatrix}\mu_{11}\\ \mu_{12}\\ \vdots\\ \mu_{1p}\end{bmatrix}=\begin{bmatrix}\mu_{21}\\ \mu_{22}\\ \vdots\\ \mu_{2p}\end{bmatrix} \qquad \text{(虛無假設)}$$

$$H_1:\ \boldsymbol{\mu}_1\neq\boldsymbol{\mu}_2 \qquad \text{(對立假設)}$$

〔請注意：公式 4·2-5 的 T^2_α 中的 α 是指 T^2 分配的上 α 百分點而言。$\alpha=.05$ 時，是指該點以下出現的概率爲 .95〕。

如果使用F分配，則可使用下式轉換，然後進行考驗：

$$\frac{N_1+N_2-p-1}{p(N_1+N_2-2)}T^2>F_{\alpha,(p,N_1+N_2-p-1)}$$ 〔公式 4·2-6〕

倘若要計算兩組在各依變項的平均數差值的 $100(1-\alpha)\%$同時信賴區間，就須用到下列公式 4·2-7：

$$\mathbf{a}'(\bar{\mathbf{y}}_1-\bar{\mathbf{y}}_2)-c_0\sqrt{\mathbf{a}'\mathbf{S}\mathbf{a}}\leqslant\mathbf{a}'(\boldsymbol{\mu}_1-\boldsymbol{\mu}_2)\leqslant\mathbf{a}'(\bar{\mathbf{y}}_1-\bar{\mathbf{y}}_2)+c_0\sqrt{\mathbf{a}'\mathbf{S}\mathbf{a}}$$

〔公式 4·2-7〕

這裏，$$c_0^2=\frac{N_1+N_2}{N_1N_2}T^2_{\alpha,(p,N_1+N_2-2)}$$ 〔公式 4·2-8〕

而 $\mathbf{a}'$ 是任意向量，例如：$p=2$ 時，可設 $\mathbf{a}'=[1,0]$ 或 $[0,1]$；$p=3$ 時，可設爲 $[1,0,0]$，$[0,1,0]$ 或 $[0,0,1]$；須視想求那一個依變項的同時信賴區間而定。

(2) **Λ統計**　上面的統計情境所面臨的問題也可以用Λ統計法來處理，其公式爲：

$$\Lambda=\frac{|\mathbf{Q}_e|}{|\mathbf{Q}_h+\mathbf{Q}_e|}$$ 〔公式 4·2-9〕

這裏 $\mathbf{Q}_e$ 的公式如下所示（請注意比較它們與以前的公式 3·5-6 和公式 3·5-7 有什麼不同）：

$$\mathbf{Q}_e=\mathbf{Y}'\mathbf{Y}-\mathbf{Y}'\mathbf{X}(\mathbf{X}'\mathbf{X})^{-1}\mathbf{X}'\mathbf{Y}$$ 〔公式 4·2-10〕

$$=\mathbf{Y}'[\mathbf{I}_N-\mathbf{X}(\mathbf{X}'\mathbf{X})^{-1}\mathbf{X}']\mathbf{Y}$$ 〔公式 4·2-11〕

矩陣$\mathbf{X}$是元素爲 1 或 0 的模式矩陣，用以表示每一受試者各屬於那一個組。

公式 4·2-9 的 $\mathbf{Q}_h$ 則可用下式求得：

$$\mathbf{Q}_h=\frac{N_1N_2}{N_1+N_2}(\bar{\mathbf{y}}_1-\bar{\mathbf{y}}_2)(\bar{\mathbf{y}}_1-\bar{\mathbf{y}}_2)'$$ 〔公式 4·2-12〕

式中的平均數向量 $\bar{\mathbf{y}}_1$ 和 $\bar{\mathbf{y}}_2$，可使用公式 4•2-13 來估計：

$$\hat{\mathbf{B}}=(\mathbf{X}'\mathbf{X})^{-1}\mathbf{X}'\mathbf{Y}$$ 〔公式 4•2-13〕

將 $\mathbf{Q}_e$ 和 $(\mathbf{Q}_h+\mathbf{Q}_e)$ 的行列式值求出後，代入公式 4•2-9，便可求出Λ值。如果計算所得的Λ值「小於」查「附錄表六」的U值，亦即：

$$\Lambda=\frac{|\mathbf{Q}_e|}{|\mathbf{Q}_h+\mathbf{Q}_e|}<U_{\alpha,(p,1,N_1+N_2-2)}$$ 〔公式 4•2-14〕

就要拒絕虛無假設 H_0：$\boldsymbol{\mu}_1=\boldsymbol{\mu}_2$ 的說法。如果使用F分配表來裁決，則須使用下式來轉換：

$$\frac{N_1+N_2-p-1}{p}\cdot\frac{1-\Lambda}{\Lambda}>F_{\alpha,(p,N_1+N_2-p-1)}$$

〔公式 4•2-15〕

用公式 4•2-9 求得的Λ值與用公式 4•2-2 所求得的 T^2 值之間有下列關係存在：

$$T^2=(N_1+N_2-2)\frac{1-\Lambda}{\Lambda}$$ 〔公式 4•2-16〕

我們可利用這公式求 T^2 值，而避免計算公式 4•2-2 的 $\mathbf{S}^{-1}$。

（二）計算實例　下面就以例 4•2-1 來幫助說明實際的計算過程。

> **【例 4•2-1】** 利用等組法得到十名實驗組學生和八名控制組學生。經過一年的英語科教學實驗後，兩組學生在「文法」、「閱讀」、和「聽力」三種測驗方面的成績如表 4•2-1 所示。試以 $\alpha=.05$ 考驗兩組的平均數之間有無顯著差異存在。

(1) T^2 統計　例 4•2-1 的解法及計算過程，可就 T^2 統計法和 Λ 統計法，依次說明如下：

表 4·2-1　兩組受試者的三種測驗分數

學生	實驗組 文法	實驗組 閱讀	實驗組 聽力	學生	控制組 文法	控制組 閱讀	控制組 聽力
A	64	29	22	K	74	44	20
B	52	37	19	L	27	45	16
C	58	14	42	M	91	6	6
D	24	7	22	N	56	46	11
E	47	59	30	O	64	25	14
F	66	74	62	P	86	43	23
G	49	70	55	Q	61	32	8
H	60	33	50	R	94	14	36
I	55	9	56				
J	62	18	67				
和	537	350	425		553	255	134
平均	53.7	35.0	42.5		69.125	31.875	16.750

1. 依題意可以看出本研究的虛無假設以及對立假設是這樣的:

$$H_0:\ \begin{bmatrix}\mu_{11}\\ \mu_{12}\\ \mu_{13}\end{bmatrix}=\begin{bmatrix}\mu_{21}\\ \mu_{22}\\ \mu_{23}\end{bmatrix}$$

$$H_1:\ \boldsymbol{\mu}_1\neq\boldsymbol{\mu}_2$$

根據公式 4·2-5, 如果將來代入公式 4·2-2 計算的 T^2 值大於查附錄表五的 T^2 值, 亦即大於:

$$T^2_{\alpha,(p,N_1+N_2-2)}=T^2_{.05,(3,10+8-2)}=11.465$$

便要拒絕虛無假設。

2. 計算矩陣 $\mathbf{S}$: 要計算 $\mathbf{S}$ 之前, 要先分別算出各組的離均差平方和-交乘積和 (SSCP), 亦即公式 4·2-3 的 $\mathbf{Q}_1$ 和 $\mathbf{Q}_2$。

首先，根據表 4•2-1 左半實驗組的資料，可算得：

$$\mathbf{Q}_1=\begin{bmatrix}1338.1 & 643.0 & 968.5\\ 643.0 & 5556.0 & 776.0\\ 968.5 & 776.0 & 2924.5\end{bmatrix} \qquad \text{（公式 4•2-4）}$$

這裏，

$$q_{11}=30175-\frac{(537)^2}{10}=1338.1$$

$$q_{12}=19438-\frac{(537)(350)}{10}=643.0$$

$$q_{13}=23791-\frac{(537)(425)}{10}=968.5$$

$$q_{22}=17806-\frac{(350)^2}{10}=5556.0$$

$$q_{23}=15651-\frac{(350)(425)}{10}=776.0$$

$$q_{33}=20987-\frac{(425)^2}{10}=2924.5$$

再根據表 4•2-1 右半控制組的資料，可算得：

$$\mathbf{Q}_2=\begin{bmatrix}3444.875 & -1467.875 & 557.250\\ -1467.875 & 1678.875 & -30.250\\ 557.250 & -30.250 & 653.500\end{bmatrix} \qquad \text{（公式 4•2-4）}$$

這裏，

$$q_{11}=41671-\frac{(553)^2}{8}=3444.875$$

$$q_{12}=16159-\frac{(553)(255)}{8}=-1467.875$$

$$q_{13} = 9820-\frac{(553)(134)}{8}=557.250$$

$$q_{22} = 9807-\frac{(255)^2}{8}=1678.875$$

$$q_{23} = 4241-\frac{(255)(134)}{8}=-30.25$$

$$q_{33} = 2898-\frac{(134)^2}{8}=653.500$$

所以:

$$\mathbf{Q}_e=\mathbf{Q}_1+\mathbf{Q}_2=\begin{bmatrix} 4782.975 & -824.875 & 1525.750 \\ -824.875 & 7234.875 & 745.750 \\ 1525.750 & 745.750 & 3578.000 \end{bmatrix}$$

代入公式 4·2-3, 得變異數-共變數矩陣 **S** 如下:

$$\mathbf{S}=\frac{\mathbf{Q}_e}{10+8-2}=\begin{bmatrix} 298.935938 & -51.554688 & 95.359375 \\ -51.554688 & 452.179688 & 46.609375 \\ 95.359375 & 46.609375 & 223.625000 \end{bmatrix}$$

3. 計算 **S** 的反矩陣 $\mathbf{S}^{-1}$:

$$\mathbf{S}^{-1}=\begin{bmatrix} .004053 & .000654 & -.001865 \\ .000654 & .002366 & -.000772 \\ -.001865 & -.000772 & .005428 \end{bmatrix}$$

(公式 1·2-5)

4. 代入公式 4·2-2 求 T^2 值: 先求出兩組的三個平均數之差, 可得:

$$(\bar{\mathbf{y}}_1-\bar{\mathbf{y}}_2)=\begin{bmatrix} 53.7-69.125 \\ 35.0-31.875 \\ 42.5-16.750 \end{bmatrix}=\begin{bmatrix} -15.425 \\ 3.125 \\ 25.750 \end{bmatrix}$$

$$T^2=\frac{N_1N_2}{N_1+N_2}(\bar{\mathbf{y}}_1-\bar{\mathbf{y}}_2)'\mathbf{S}^{-1}(\bar{\mathbf{y}}_1-\bar{\mathbf{y}}_2)$$

$$=\frac{(10)(8)}{10+8}[-15.425 \quad 3.125 \quad 25.750]$$

$$\times\begin{bmatrix} .004053 & .000654 & -.001865 \\ .000654 & .002366 & -.000772 \\ -.001865 & -.000772 & .005428 \end{bmatrix}\begin{bmatrix} -15.425 \\ 3.125 \\ 25.750 \end{bmatrix}$$

$$=26.1369$$

5. 裁決：因爲計算的 $T^2=26.1369$，較大於查表的 T^2 值 (11.465)，所以應拒絕虛無假設。或依公式 4·2-6，得:

$$\frac{10+8-3-1}{3(10+8-2)}(11.465)>F_{.05,(3,10+8-2)}=3.24$$

所以，應拒絕虛無假設。

6. 求同時信賴區間：首先根據公式 4·2-8 求出:

$$c_0^2=\frac{N_1+N_2}{N_1N_2}T^2_{\alpha,(p,N_1+N_2-2)}$$

$$=\frac{10+8}{(10)(8)}(11.465)=2.5796$$

$$c_0=1.6061$$

然後，依次設 $\mathbf{a}'=[1,0,0]$，$[0,1,0]$，或 $[0,0,1]$，代入公式 4·2-7 求各依變項平均數差異值之同時信賴區間:

① $-15.425-1.6061\sqrt{298.935938}\leqslant\mu_{11}-\mu_{21}\leqslant$
$-15.425+1.6061\sqrt{298.935938}$

或 $-43.194\leqslant\mu_{11}-\mu_{21}\leqslant 12.344$ (*n.s.*)

② $3.125-1.6061\sqrt{452.179688}\leqslant\mu_{12}-\mu_{22}\leqslant$
$3.125+1.6061\sqrt{452.179688}$

或　$-31.028 \leqslant \mu_{12}-\mu_{22} \leqslant 37.278$　(*n.s.*)

③　$25.750-1.6061\sqrt{223.625000} \leqslant \mu_{13}-\mu_{23} \leqslant$

$25.750+1.6061\sqrt{223.625000}$

或　$1.732 \leqslant \mu_{13}-\mu_{23} \leqslant 49.768$　$(P<.05)$

根據上面的分析可知：只有第三個依變項的同時信賴區間不包含 0 在內〔虛無假設爲 $\mu_{13}=\mu_{23}$，亦即 $\mu_{13}-\mu_{23}=0$〕，可見兩組只在聽力測驗方面有顯著差異存在。

7. 綜合解釋：就依變項整體而言，實驗組與控制組的平均組之間有顯著的差異存在，其差異達 .05 顯著水準。惟，此項結果主要係由於兩組在第三個依變項，亦即聽力測驗成績方面的差異所造成。實驗組在聽力測驗成績方面有遠勝控制組之趨勢。兩組在「文法」、或「閱讀」測驗兩項成績方面並無差異存在。

(2) **Λ統計**　例 4•2-1 的問題也可以用Λ統計法來處理。因此我們再以例 4•2-1 來幫助說明，以便於相互比較：

1. 首先要假定表 4•2-1 裏每一位受試者的 p 個觀察分數可用下式表示：

$$\mathbf{y}_i=\boldsymbol{\mu}_i+\boldsymbol{\varepsilon}_i \qquad \text{〔公式 4•2-17〕}$$

則本例的虛無假設，如前面說過，應爲：

$$H_0:\begin{bmatrix}\mu_{11}\\ \mu_{12}\\ \mu_{13}\end{bmatrix}=\begin{bmatrix}\mu_{21}\\ \mu_{22}\\ \mu_{23}\end{bmatrix} \quad 或 \quad \begin{bmatrix}\mu_{11}-\mu_{21}\\ \mu_{12}-\mu_{22}\\ \mu_{13}-\mu_{23}\end{bmatrix}=\begin{bmatrix}0\\ 0\\ 0\end{bmatrix}$$

而對立假設則應爲：

$$H_1:\boldsymbol{\mu}_1\neq\boldsymbol{\mu}_2$$

根據公式 4•2-14，如果代入公式 4•2-9 計算的結果，所得的Λ值還「小於」查「附錄表六」的U值，亦即：

$$U_{\alpha,(p,1,N_1+N_2-2)} = U_{.05,(3,1,10+8-2)} = .582577$$

就要拒絕虛無假設，而說兩組在依變項方面有顯著的差異存在。

2. 計算各組的平均數估計值，亦卽矩陣 $\hat{\mathbf{B}}$:

$$\mathbf{Y} = \begin{bmatrix} 64 & 29 & 22 \\ 52 & 37 & 19 \\ 58 & 14 & 42 \\ 24 & 7 & 22 \\ 47 & 59 & 30 \\ 66 & 74 & 62 \\ 49 & 70 & 55 \\ 60 & 33 & 50 \\ 55 & 9 & 56 \\ 62 & 18 & 67 \\ 74 & 44 & 20 \\ 27 & 45 & 16 \\ 91 & 6 & 6 \\ 56 & 46 & 11 \\ 64 & 25 & 14 \\ 86 & 43 & 23 \\ 61 & 32 & 8 \\ 94 & 14 & 36 \end{bmatrix} \qquad \mathbf{X} = \begin{bmatrix} 1 & 0 \\ 1 & 0 \\ 1 & 0 \\ 1 & 0 \\ 1 & 0 \\ 1 & 0 \\ 1 & 0 \\ 1 & 0 \\ 1 & 0 \\ 1 & 0 \\ 0 & 1 \\ 0 & 1 \\ 0 & 1 \\ 0 & 1 \\ 0 & 1 \\ 0 & 1 \\ 0 & 1 \\ 0 & 1 \end{bmatrix} \qquad \mathbf{B} = \begin{bmatrix} \mu_{11} & \mu_{12} & \mu_{13} \\ \mu_{21} & \mu_{22} & \mu_{23} \end{bmatrix}$$

$$\mathbf{X'X} = \begin{bmatrix} 10 & 0 \\ 0 & 8 \end{bmatrix} \qquad (\mathbf{X'X})^{-1} = \begin{bmatrix} \frac{1}{10} & 0 \\ 0 & \frac{1}{8} \end{bmatrix}$$

$$\mathbf{X'Y} = \begin{bmatrix} 537 & 350 & 425 \\ 553 & 255 & 134 \end{bmatrix}$$

$$\hat{\mathbf{B}}=(\mathbf{X}'\mathbf{X})^{-1}\mathbf{X}'\mathbf{Y} \qquad \text{（公式 4·2-13）}$$

$$=\begin{bmatrix} .100 & 0 \\ 0 & .125 \end{bmatrix}\begin{bmatrix} 537 & 350 & 425 \\ 553 & 255 & 134 \end{bmatrix}$$

$$=\begin{bmatrix} 53.700 & 35.000 & 42.500 \\ 69.125 & 31.875 & 16.750 \end{bmatrix}$$

$$=\begin{bmatrix} \bar{y}_{11} & \bar{y}_{12} & \bar{y}_{13} \\ \bar{y}_{21} & \bar{y}_{22} & \bar{y}_{23} \end{bmatrix}$$

3. 求 $\mathbf{Q}_h$:

$$(\bar{\mathbf{y}}_1-\bar{\mathbf{y}}_2)=\begin{bmatrix} 53.7-69.125 \\ 35.0-31.875 \\ 42.5-16.750 \end{bmatrix}=\begin{bmatrix} -15.425 \\ 3.125 \\ 25.750 \end{bmatrix}$$

$$\mathbf{Q}_h=\frac{N_1N_2}{N_1+N_2}(\bar{\mathbf{y}}_1-\bar{\mathbf{y}}_2)(\bar{\mathbf{y}}_1-\bar{\mathbf{y}}_2)' \qquad \text{（公式 4·2-12）}$$

$$=\frac{(10)(8)}{10+8}\begin{bmatrix} -15.425 \\ 3.125 \\ 25.750 \end{bmatrix}[-15.425 \quad 3.125 \quad 25.750]$$

$$=\begin{bmatrix} 1057.469 & -214.236 & -1765.306 \\ -214.236 & 43.403 & 357.639 \\ -1765.306 & 357.639 & 2946.944 \end{bmatrix}$$

4. 求 $\mathbf{Q}_e$ 及 $|\mathbf{Q}_e|$:

$$\mathbf{Y}'\mathbf{Y}=\begin{bmatrix} 71846 & 35597 & 33611 \\ 35597 & 27613 & 19892 \\ 33611 & 19892 & 23885 \end{bmatrix}$$

$$\mathbf{Y}'\mathbf{X}(\mathbf{X}'\mathbf{X})^{-1}\mathbf{X}'\mathbf{Y}$$

$$=\begin{bmatrix}537 & 553\\350 & 255\\425 & 134\end{bmatrix}\begin{bmatrix}.100 & 0\\0 & .125\end{bmatrix}\begin{bmatrix}537 & 350 & 425\\553 & 255 & 134\end{bmatrix}$$

$$\begin{bmatrix}67063.025 & 36421.875 & 32085.250\\36421.875 & 20378.125 & 19146.250\\32085.250 & 19146.250 & 20307.000\end{bmatrix}$$

$$\mathbf{Q}_e=\mathbf{Y'Y}-\mathbf{Y'X(X'X)}^{-1}\mathbf{X'Y} \qquad \text{(公式 4·2-10)}$$

$$=\begin{bmatrix}4782.975 & -825.875 & 1525.750\\-824.875 & 7234.875 & 745.750\\1525.750 & 745.750 & 3578.000\end{bmatrix}$$

$$|\mathbf{Q}_e|=1.000000730\times10^{11} \qquad \text{(公式 1·2-2)}$$

5. 求 $|\mathbf{Q}_h+\mathbf{Q}_e|$:

$$\mathbf{Q}_h+\mathbf{Q}_e=\begin{bmatrix}5840.444 & -1039.111 & -239.556\\-1039.111 & 7278.278 & 1103.389\\-239.556 & 1103.389 & 6524.944\end{bmatrix}$$

$$|\mathbf{Q}_h+\mathbf{Q}_e|=2.633405729\times10^{11} \qquad \text{(公式 1·2-2)}$$

6. 代入公式 4·2-9 求Λ值:

$$\Lambda=\frac{|\mathbf{Q}_e|}{|\mathbf{Q}_h+\mathbf{Q}_e|}=\frac{1.000000730\times10^{11}}{2.633405729\times10^{11}}=.3797$$

7. 裁決: 因計算的 Λ=.3797, 較小於:

$$U_{\alpha,(p,1,N_1+N_2-2)}=U_{.05,(3,1,16)}=.582577$$

所以應拒絕虛無假設。

8. 求同時信賴區間: 利用公式 4·2-16 將Λ值加以轉換, 可得:

$$T^2=(N_1+N_2-2)\frac{1-\Lambda}{\Lambda}=16\left(\frac{1-.3797}{.3797}\right)$$

$$=26.1385$$

再將前面算出的矩陣 $\mathbf{Q}_e$ 代入公式 4·2-3，求出矩陣 $\mathbf{S}$，便可用公式 4·2-7 和公式 4·2-8 的方法算出同時信賴區間。其方法一如前面用 T^2 統計法解例 4·2-1 時那樣，因此不再重述。

4·3　一般線性模式在平均數假設考驗方面的實際應用

從現在開始，我們要正式使用「一般線性模式」來解多變項分析的問題。復習第 1·3（二)、2·1（一)、和 3·3 等各節，對瞭解本節的說明將有很大的幫助。本節特別重要，一定要熟練它纔好。

（一）基本原理　根據公式 3·3-2，所謂「一般線性模式」的公式是這樣的:

$$\mathbf{Y}=\mathbf{XB}+\mathbf{E}_0 \qquad \text{〔公式 4·3-1〕}$$

上式中，$\mathbf{Y}$ 爲「數據矩陣」(data matrix)，由全部的N個受試者在 p 個依變項之實際觀察分數所構成。$\mathbf{X}$是「模式矩陣」(model matrix)，其元素視所採用的統計模式爲「變異數分析模式」、「廻歸分析模式」、或「共變數分析模式」而有所不同。在變異數分析模式裏（如本節屬之)，矩陣$\mathbf{X}$的元素爲 0 或 1，用以表示那一個受試者是屬於那一組的。式中的$\mathbf{B}$是「母數矩陣」(parameter matrix)，其元素是我們所要估計的母數。此外，式中的 $\mathbf{E}_0$ 是「誤差矩陣」(error matrix)，我們將不必直接去計算它。

(1) 多變項最小平方法的通式　提姆 (Timm, 1975, p. 191) 曾利用「多變項最小平方法基本通則」(general fundamental least-squares theorem) 來解各種多變項分析的問題。其大意可說明如下:

1. 每一項假設考驗的虛無假設可用通式表示:

$$H_0:\ \mathbf{CBA}=\boldsymbol{\Gamma} \qquad \text{〔公式 4·3-2〕}$$

當這虛無假設爲眞時，下式所示的Λ值成U分配:

$$\Lambda=\frac{|\mathbf{Q}_e|}{|\mathbf{Q}_h+\mathbf{Q}_e|}\sim U_{\alpha,(u,v_h,v_e)} \qquad \text{〔公式 4·3-3〕}$$

上面公式 4·3-2 中的$\mathbf{C}$和$\mathbf{A}$都是「比較矩陣」(comparison matrix)。以$\mathbf{C}$左乘母數矩陣$\mathbf{B}$時，可以使$\mathbf{B}$矩陣的橫列相加或相減；以$\mathbf{A}$右乘母數矩陣$\mathbf{B}$時，則可以使$\mathbf{B}$矩陣的縱行相加或相減。因此，可視虛無假設的不同而選擇$\mathbf{C}$或$\mathbf{A}$的元素。公式 4·3-3 中的u是矩陣$\mathbf{A}$的秩數；v_h是$\mathbf{Q}_h$的自由度，亦即爲矩陣$\mathbf{C}$的秩數，或假設的數目；而v_e則爲$\mathbf{Q}_e$矩陣的自由度。〔以附錄表六而言，$u=p$，$v_h=q$，$v_e=n$〕。

2. 公式 4·3-3 中，代表誤差 *SSCP* 的$\mathbf{Q}_e$矩陣之通式是:

$$\mathbf{Q}_e=\mathbf{A}'\mathbf{Y}'[\mathbf{I}-\mathbf{X}(\mathbf{X}'\mathbf{X})^{-}\mathbf{X}']\mathbf{YA} \qquad \text{〔公式 4·3-4〕}$$

當我們不比較矩陣$\mathbf{B}$的各縱行時，$\mathbf{A}$變爲單元矩陣$\mathbf{I}_p$，事實上，我們可自公式 4·3-4 中將矩陣$\mathbf{A}$省去，而變爲:

$$\mathbf{Q}_e=\mathbf{Y}'[\mathbf{I}-\mathbf{X}(\mathbf{X}'\mathbf{X})^{-}\mathbf{X}']\mathbf{Y} \qquad \text{〔公式 4·3-5〕}$$

$$=\mathbf{Y}'\mathbf{Y}-\mathbf{Y}'\mathbf{X}(\mathbf{X}'\mathbf{X})^{-}\mathbf{X}'\mathbf{Y} \qquad \text{〔公式 4·3-6〕}$$

當$\mathbf{X}'\mathbf{X}$是滿秩矩陣時，這兩個公式就變爲公式 4·2-11 和公式 4·2-10。

3. 公式 4·3-3 中，表示假設 *SSCP* 的$\mathbf{Q}_h$矩陣之通式是:

$$\mathbf{Q}_h=(\mathbf{C}\hat{\mathbf{B}}\mathbf{A}-\boldsymbol{\Gamma})'[\mathbf{C}(\mathbf{X}'\mathbf{X})^{-}\mathbf{C}']^{-1}(\mathbf{C}\hat{\mathbf{B}}\mathbf{A}-\boldsymbol{\Gamma})$$

〔公式 4·3-7〕

公式中的$\hat{\mathbf{B}}$是母數矩陣$\mathbf{B}$的估計值。當我們不比較$\mathbf{B}$的縱行（即虛無假設中的$\mathbf{A}$等於$\mathbf{I}_p$或省去時），公式 4·3-7 就變爲:

$$\mathbf{Q}_h=(\mathbf{C}\hat{\mathbf{B}}-\boldsymbol{\Gamma})'[\mathbf{C}(\mathbf{X}'\mathbf{X})^{-}\mathbf{C}']^{-1}(\mathbf{C}\hat{\mathbf{B}}-\boldsymbol{\Gamma}) \qquad \text{〔公式 4·3-8〕}$$

當我們不比數 **B** 的橫列時，公式 4·3-7 的 **C** 便要省去。如果虛無假設中的 $\mathbf{\Gamma}=\mathbf{0}$，則公式 4·3-7 中的 $-\mathbf{\Gamma}$ 也將省略不寫。

4. 以公式中 4·3-7 或公式 4·3-8 中的 $\hat{\mathbf{B}}$ 估計母數矩陣 **B** 時，要用下式來計算:

$$\hat{\mathbf{B}}=(\mathbf{X'X})^{-}\mathbf{X'Y} \qquad 〔公式\ 4\text{·}3\text{-}9〕$$

要比較 **B** 的縱行時上式要變爲 $\hat{\mathbf{B}}\mathbf{A}=(\mathbf{X'X})^{-}\mathbf{X'YA}$。當 $\mathbf{X'X}$ 爲滿秩矩陣時，公式 4·3-9 變爲 $\hat{\mathbf{B}}=(\mathbf{X'X})^{-1}\mathbf{X'Y}$。

以上的公式是根據公式 4·3-1 而用多變項最小平方法推演出來的〔請參看 Timm, 1975, pp. 171-193〕。在本書裏，我們將常藉用 Timm 的這些公式來解各種多變項分析的問題。

（二）計算實例　現在就再以例 4·2-1 和表 4·2-1 來說明如何使用上述這些通式來解二組平均數之差異的假設考驗問題。

【例 4·3-1】 利用等組法得到十名實驗組學生和八名控制組學生。經一年的英語科教學實驗後，兩組學生在「文法」、「閱讀」、和「聽力」三種測驗方面的成績如上節表 4·2-1 所示。請以本節「一般線性模式」各公式解同一問題。顯著水準仍採 $\alpha=.05$。

從變異數分析的觀點言，習慣上通常較不喜歡採用公式 4·2-17 的模式，而較常採用下列公式 4·3-10 的模式:

$$\mathbf{y}_i=\boldsymbol{\mu}+\boldsymbol{\alpha}_i+\boldsymbol{\varepsilon}_i \qquad 〔公式\ 4\text{·}3\text{-}10〕$$

這是說，公式 4·3-1 的矩陣 **Y** 內所列每位受試者的這 p 個觀察分數均由三部分所構成: $\boldsymbol{\mu}$ 是「總平均數」(grand mean); $\boldsymbol{\alpha}_i$ 是各組的「主要效果」(main effect)，而 $\boldsymbol{\varepsilon}_i$ 便是誤差。在這種情形下，公式 4·3-1 所須各矩陣是這樣的:

$$\mathbf{Y}=\begin{bmatrix} 64 & 29 & 22 \\ 52 & 37 & 19 \\ 58 & 14 & 42 \\ 24 & 7 & 22 \\ 47 & 59 & 30 \\ 66 & 74 & 62 \\ 49 & 70 & 55 \\ 60 & 33 & 50 \\ 55 & 9 & 56 \\ 62 & 18 & 67 \\ 74 & 44 & 20 \\ 27 & 45 & 16 \\ 91 & 6 & 6 \\ 56 & 46 & 11 \\ 64 & 25 & 14 \\ 86 & 43 & 23 \\ 61 & 32 & 8 \\ 94 & 14 & 36 \end{bmatrix} \quad \mathbf{X}=\begin{bmatrix} 1 & 1 & 0 \\ 1 & 1 & 0 \\ 1 & 1 & 0 \\ 1 & 1 & 0 \\ 1 & 1 & 0 \\ 1 & 1 & 0 \\ 1 & 1 & 0 \\ 1 & 1 & 0 \\ 1 & 1 & 0 \\ 1 & 1 & 0 \\ 1 & 0 & 1 \\ 1 & 0 & 1 \\ 1 & 0 & 1 \\ 1 & 0 & 1 \\ 1 & 0 & 1 \\ 1 & 0 & 1 \\ 1 & 0 & 1 \\ 1 & 0 & 1 \end{bmatrix} \quad \mathbf{B}=\begin{bmatrix} \mu_{01} & \mu_{02} & \mu_{03} \\ \alpha_{11} & \alpha_{12} & \alpha_{13} \\ \alpha_{21} & \alpha_{22} & \alpha_{23} \end{bmatrix}$$

現在母數矩陣**B**是以公式 4•3-10 的方式來表示的，而模式矩陣**X**也較前節所寫出的**X**多一個單元向量，出現在第一縱行。這一單元向量表示「全體平均數」，爲第二和第三縱行表示組別主要效果的線性相依。故**X**是個缺秩矩陣，秩數爲 2 。

知道這幾點後，便可說明計算步驟如下:

1. 列出虛無假設：依例 4•2-1 的題意本研究之虛無假設是這樣的:

$$H_0:\ \boldsymbol{\mu}+\boldsymbol{\alpha}_1=\boldsymbol{\mu}+\boldsymbol{\alpha}_2$$

或　　$:\ \boldsymbol{\alpha}_1=\boldsymbol{\alpha}_2$

$$: \boldsymbol{\alpha}_1 - \boldsymbol{\alpha}_2 = \mathbf{0}'$$

用公式 4·3-2 的通式表示，則爲：

$$H_0:\ \mathbf{CBA} = \mathbf{\Gamma}$$

$$: \begin{bmatrix} 0 & 1 & -1 \end{bmatrix} \begin{bmatrix} \mu_{01} & \mu_{02} & \mu_{03} \\ \alpha_{11} & \alpha_{12} & \alpha_{13} \\ \alpha_{21} & \alpha_{22} & \alpha_{23} \end{bmatrix} \begin{bmatrix} 1 & 0 & 0 \\ 0 & 1 & 0 \\ 0 & 0 & 1 \end{bmatrix} = \begin{bmatrix} 0 & 0 & 0 \end{bmatrix}$$

$$: [\alpha_{11} - \alpha_{21},\ \alpha_{12} - \alpha_{22},\ \alpha_{13} - \alpha_{23}] = \begin{bmatrix} 0 & 0 & 0 \end{bmatrix}$$

$$: \boldsymbol{\alpha}_1 - \boldsymbol{\alpha}_2 = \mathbf{0}'$$

亦卽　H_0: $\mathbf{CB} = \mathbf{0}'$

由此可見，$\mathbf{C} = [0 \ \ 1 \ \ -1]$，目的在求母數矩陣 **B** 的後兩橫列的差異。因假定此項差異均爲 0，故 $\mathbf{\Gamma} = \mathbf{0}$。在本例裏，並不對照母數矩陣的各縱行，故 $\mathbf{A} = \mathbf{I}_3$，實際上等於 **A** 並不必出現。

本例設定 $\mathbf{C} = [0 \ \ 1 \ \ -1]$，其目的是要估計 $\boldsymbol{\alpha}_1 - \boldsymbol{\alpha}_2$，但是此一假設之可估計性 (estimability) 如何，則必須先加檢驗。根據第 2·1 (一) 節的討論，其原則爲：

「如果 $\mathbf{c}'\mathbf{H} = \mathbf{c}'$，該假設便是可以估計的」。

由下面的檢驗，可以看出 $\boldsymbol{\alpha}_1 - \boldsymbol{\alpha}_2$ 是可以估計的，因爲：

$$\mathbf{H} = (\mathbf{X}'\mathbf{X})^{-}(\mathbf{X}'\mathbf{X}) \qquad \text{(公式 2·1-4)}$$

$$= \begin{bmatrix} 0 & 0 & 0 \\ 0 & \frac{1}{10} & 0 \\ 0 & 0 & \frac{1}{8} \end{bmatrix} \begin{bmatrix} 18 & 10 & 8 \\ 10 & 10 & 0 \\ 8 & 0 & 8 \end{bmatrix} = \begin{bmatrix} 0 & 0 & 0 \\ 1 & 1 & 0 \\ 1 & 0 & 1 \end{bmatrix}$$

$$\mathbf{c}'\mathbf{H} = \begin{bmatrix} 0 & 1 & -1 \end{bmatrix} \begin{bmatrix} 0 & 0 & 0 \\ 1 & 1 & 0 \\ 1 & 0 & 1 \end{bmatrix} = \begin{bmatrix} 0 & 1 & -1 \end{bmatrix} = \mathbf{c}'$$

根據公式 4•3-3，如果將來實際計算的Λ值「小於」:

$$U_{\alpha,(u,v_h,v_e)}=U_{\alpha,(p,1,N_1+N_2-2)}=U_{.05,(3,1,16)}$$
$$=.582577$$

便要拒絕這裏所提的虛無假設。在本例裏，矩陣$\mathbf{A}$是3階的，正是依變數的數目 $p=3$，故 $u=p=3$。矩陣 $\mathbf{C}=[0\ 1\ -1]$ 是1階的，亦即只考驗一個假設，故 $v_h=1$；也可以說 $\mathbf{Q}_h$ 的自由度是1。實驗組 $N_1=10$，控制組 $N_2=8$，每組喪失一個自由度，故 $\mathbf{Q}_e$ 的自由度爲 $N_1+N_2-2=10+8-2=16$。根據這些數值查附錄表六，得 $\alpha=.05$ 時，$U=.582577$。

2. 計算 $\hat{\mathbf{B}}$：其次要計算母數矩陣的不偏估計值 $\hat{\mathbf{B}}$。其計算則需用公式 4•3-9。

$$\mathbf{X'X}=\begin{bmatrix}18 & 10 & 8\\ 10 & 10 & 0\\ 8 & 0 & 8\end{bmatrix} \qquad \text{(缺秩矩陣)}$$

$$(\mathbf{X'X})^{-}=\begin{bmatrix}0 & 0 & 0\\ 0 & \frac{1}{10} & 0\\ 0 & 0 & \frac{1}{8}\end{bmatrix}=\begin{bmatrix}0 & 0 & 0\\ 0 & .100 & 0\\ 0 & 0 & .125\end{bmatrix} \quad \text{(公式 1•4-5)}$$

$$\mathbf{X'Y}=\begin{bmatrix}1090 & 605 & 559\\ 537 & 350 & 425\\ 553 & 255 & 134\end{bmatrix}$$

$$\hat{\mathbf{B}}=(\mathbf{X'X})^{-}\mathbf{X'Y} \qquad \text{(公式 4•3-9)}$$

$$=\begin{bmatrix}0 & 0 & 0\\ 0 & .100 & 0\\ 0 & 0 & .125\end{bmatrix}\begin{bmatrix}1090 & 605 & 559\\ 537 & 350 & 425\\ 553 & 255 & 134\end{bmatrix}$$

$$=\begin{bmatrix} 0 & 0 & 0 \\ 53.700 & 35.000 & 42.500 \\ 69.125 & 31.875 & 16.750 \end{bmatrix}$$

這事實上便是各組 3 個依變項分數的平均數矩陣。可見:

$$\hat{\mathbf{B}}=\begin{bmatrix} 0 & 0 & 0 \\ \bar{y}_{11} & \bar{y}_{12} & \bar{y}_{13} \\ \bar{y}_{21} & \bar{y}_{22} & \bar{y}_{23} \end{bmatrix}=\begin{bmatrix} \mathbf{0}' \\ \bar{\mathbf{y}}_1' \\ \bar{\mathbf{y}}_2' \end{bmatrix}$$

3. 求 $\mathbf{Q}_h$: 本例因為不考驗矩陣 **B** 的各縱行, 故比較矩陣 $\mathbf{A}=\mathbf{I}_3$, 事實上等於可以自公式 4•3-7 中省去。又因為 $\mathbf{\Gamma}=\mathbf{0}$, 所以公式 4•3-8 又可簡化為如下所示:

$$\mathbf{Q}_h=(\mathbf{C}\hat{\mathbf{B}})'[\mathbf{C}(\mathbf{X}'\mathbf{X})^-\mathbf{C}']^{-1}(\mathbf{C}\hat{\mathbf{B}}) \qquad \text{〔公式 4•3-11〕}$$

這公式所須各矩陣是這樣的:

$$\mathbf{C}\hat{\mathbf{B}}=[0 \quad 1 \quad -1]\begin{bmatrix} 0 & 0 & 0 \\ 53.700 & 35.000 & 42.500 \\ 69.125 & 31.875 & 16.750 \end{bmatrix}$$

$$=[-15.425 \quad 3.125 \quad 25.750]$$

$[\mathbf{C}(\mathbf{X}'\mathbf{X})^-\mathbf{C}']$

$$=[0 \quad 1 \quad -1]\begin{bmatrix} 0 & 0 & 0 \\ 0 & \frac{1}{10} & 0 \\ 0 & 0 & \frac{1}{8} \end{bmatrix}\begin{bmatrix} 0 \\ 1 \\ -1 \end{bmatrix}=\frac{1}{10}+\frac{1}{8}=\frac{10+8}{(10)(8)}$$

$$\therefore\ \mathbf{Q}_h=\begin{bmatrix} -15.425 \\ 3.125 \\ 25.750 \end{bmatrix}\left[\frac{10+8}{(10)(8)}\right]^{-1}[-15.425 \quad 3.125 \quad 25.750]$$

$$=\frac{(10)(8)}{10+8}\begin{bmatrix}-15.425\\3.125\\25.750\end{bmatrix}[-15.425 \quad 3.125 \quad 25.750]$$

$$=\begin{bmatrix}1057.469 & -214.236 & -1765.306\\-214.236 & 43.403 & 357.639\\-1765.306 & 357.639 & 2946.944\end{bmatrix}$$

由此可見，這裏的公式 4·3-11 事實上便是上節的公式 4·2-12。

4. 求 $\mathbf{Q}_e$ 及 $|\mathbf{Q}_e|$：同樣的，因爲 $\mathbf{A}=\mathbf{I}_3$，所以公式 4·3-4 簡化爲公式 4·3-5 或公式 4·3-6。這裏，公式 4·3-6 所需用各矩陣爲：

$$\mathbf{Y'Y}=\begin{bmatrix}71846 & 35597 & 33611\\35597 & 27613 & 19892\\33611 & 19892 & 23885\end{bmatrix}$$

$$\mathbf{Y'X(X'X)^{-}X'Y}$$

$$=\begin{bmatrix}1090 & 537 & 553\\605 & 350 & 255\\551 & 425 & 134\end{bmatrix}\begin{bmatrix}0 & 0 & 0\\0 & .100 & 0\\0 & 0 & .125\end{bmatrix}\begin{bmatrix}1090 & 605 & 551\\537 & 350 & 425\\553 & 255 & 134\end{bmatrix}$$

$$=\begin{bmatrix}67063.025 & 36421.875 & 32085.250\\36421.875 & 20378.125 & 19146.250\\32085.250 & 19146.250 & 20307.000\end{bmatrix}$$

$$\mathbf{Q}_e=\mathbf{Y'Y}-\mathbf{Y'X(X'X)^{-}X'Y} \qquad \text{(公式 4·3-6)}$$

$$=\begin{bmatrix}4782.975 & -824.875 & 1525.750\\-824.875 & 7234.875 & 745.750\\1525.750 & 745.750 & 3578.000\end{bmatrix}$$

$$|\mathbf{Q}_e|=1.000000730\times10^{11} \qquad \text{(公式 1·2-2)}$$

5. 求 Λ 值：最後我們要計算公式 4·3-3 的 Λ 值：

$$(\mathbf{Q}_h+\mathbf{Q}_e)=\begin{bmatrix} 5840.444 & -1039.111 & -239.556 \\ -1039.111 & 7278.278 & 1103.389 \\ -239.556 & 1103.389 & 6524.944 \end{bmatrix}$$

$$|\mathbf{Q}_h+\mathbf{Q}_e|=2.633405729\times10^{11}$$

$$\Lambda=\frac{|\mathbf{Q}_e|}{|\mathbf{Q}_h+\mathbf{Q}_e|}=\frac{1.000000730\times10^{11}}{2.633405729\times10^{11}}=.3797$$

6. 裁決及解釋: 因爲 $\Lambda=.3797<.582577$，所以應拒絕虛無假設。就三個依變項整體而言，實驗組與控制組的主要效果，亦即平均數之間，有顯著的差異存在。(同時信賴區間求法如前節所述，這裏從略)。

上面我們以同一個例子說明「一般線性模式」的實際應用。本節所用的 $\mathbf{X}'\mathbf{X}$ 爲缺秩矩陣，故爲「缺秩模式」，這是變異數分析模式中所慣用的。上節所用的 $\mathbf{X}'\mathbf{X}$ 爲滿秩矩陣，有 $(\mathbf{X}'\mathbf{X})^{-1}$ 的存在，故爲「滿秩模式」。因爲在實際研究中常碰到 $(\mathbf{X}'\mathbf{X})^{-1}$ 不存在的情況，所以反而較少使用上第 4•2 節所用的滿秩模式來解變異數分析的問題。

本節利用「一般線性模式」來考驗兩個獨立樣本的平均數之間的差異。這事實上是屬於多變項變異數分析的問題。我們將在第 9•2 節裏再加以擴充應用，用以考驗三個或三個以上獨立樣本的平均數之差異。因此本節所討論的概念和方法，必須能够瞭解和熟練纔好。

【練習】某研究者隨機抽得10名學生，隨機分派爲兩組，參加一項數學科教學實驗。實驗組 ($N_1=5$) 在教學之前，先做心算練習；控制組 ($N_2=5$) 在教學之前不做心算練習。表 4•3-1 是實驗一年之後，各組參加「應用能力測驗」和「計算能力測驗」所得的成績。試以 $\alpha=.01$ 考驗兩組的兩項測驗成績的平均數是否有顯著差異存在。

表 4·3-1　兩組受試者兩項測驗成績

	實驗組			控制組	
	應用	計算		應用	計算
A	16	8	F	8	14
B	4	7	G	13	16
C	24	11	H	3	9
D	10	6	I	22	24
E	20	15	J	19	18
	74	47		65	81

《答》: $T^2=24.21$, $\Lambda=.2484$, 拒絕 H_0。

$$\mathbf{Q}_h=\begin{bmatrix}8.10 & -30.60\\ -30.60 & 115.60\end{bmatrix}$$

$$\mathbf{Q}_e=\begin{bmatrix}494.80 & 248.40\\ 248.40 & 174.00\end{bmatrix}$$

同時信賴區間:

① $-21.43\leqslant(\mu_{11}-\mu_{21})\leqslant 25.03$　$(n.s)$

② $-20.57\leqslant(\mu_{12}-\mu_{22})\leqslant 6.98$　$(n.s)$

請注意: 這是單變項分析不顯著, 但多變項分析却達顯著水準的一個例子。

4·4　配對組法及前測末測設計 T^2 考驗

(一) 基本原理　在比較兩種實驗處理的差異時, 爲了控制外來無關變項的干擾, 研究者常就這些可能干擾的變項, 而將受試者加以配對起來, 使同一配對組的兩人在這些方面都完全相同。這便是大家所熟知的「配對組法」(matched-pair method)。在一般單變項分析的統計裏，處理配對組的觀察資料的公式是這樣的：

$$t=\frac{\bar{d}}{\frac{S_d}{\sqrt{N}}}$$　〔公式 4·4-1〕

這裏，$d_i=X_{1i}-X_{2i}$，亦即每一配對組兩個觀察分數之差；$\bar{d}$ 是這些差值的平均數，而 S_d 是這些差值的標準差，其運算公式爲：

$$S_d=\sqrt{\frac{\Sigma d^2-\frac{(\Sigma d)^2}{N}}{N-1}}$$　〔公式 4·4-2〕

所以 4·4-1 的自由度爲 $N-1$。這種統計方法也可適用於「單一組前測末測設計」，亦即在實驗處理之前與之後，各觀察一次行爲的實驗情境（請參看林清山，民國63年，第 231-235 頁）。

本節所討論的方法便是相當於公式 4·4-1 的多變項分析法。配對組內的每一個人均須有 p 個（$p\geqslant 2$）觀察分數。或者，同一組受試者前測時須有 p 個觀察分數，末測時也須有這些依變項的 p 個觀察分數。如此，每一個人便可得到 p 個差值分數 d 可供分析之用。

如果我們將公式 4·4-1 加以平方，便得：

$$t^2=\frac{\bar{d}^2}{\frac{S_d^2}{N}}=\frac{N\bar{d}^2}{S_d^2}$$

$$=N\bar{d}(S_d^2)^{-1}\bar{d}$$　〔公式 4·4-3〕

配對組法 T^2 考驗的公式便是這樣推演出來的：

$$T^2=N\bar{\mathbf{d}}'\mathbf{S}_d^{-1}\bar{\mathbf{d}}$$　〔公式 4·4-4〕

這裏，$\bar{\mathbf{d}}'=[\bar{d}_1,\bar{d}_2,\cdots,\bar{d}_p]$，是兩組在 p 個依變項分數之差值（d_i）的平均數向量；而 $\mathbf{S}_d$ 的公式是：

$$\mathbf{S}_d = \frac{\mathbf{Q}}{N-1}$$ 〔公式 4·4-5〕

其分子部分的矩陣 $\mathbf{Q}$ 之運算公式，可進一步表示如下：

$$\mathbf{Q} = \mathbf{D}'\mathbf{D} - N\bar{\mathbf{d}}\bar{\mathbf{d}}'$$ 〔公式 4·4-6〕

$$= \mathbf{D}'\mathbf{D} - \mathbf{D}'\mathbf{1}(\mathbf{1}'\mathbf{1})^{-1}\mathbf{1}'\mathbf{D}$$ 〔公式 4·4-7〕

$$= \mathbf{D}'[\mathbf{I}_N - \mathbf{1}(\mathbf{1}'\mathbf{1})^{-1}\mathbf{1}']\mathbf{D}$$ 〔公式 4·4-8〕

這裏，$\mathbf{D}$是指兩組的 p 個依變項分數之差值（d）所構成的矩陣，（這裏不是代表對角線矩陣）。這些公式與公式 3·5-5 至 3·5-7 的形式完全相同。

代入公式 4·4-4 計算的結果，如果 T^2 值大於查附錄表五的 T^2 值，亦卽：

$$T^2 > T^2_{\alpha,(p,N-1)}$$ 〔公式 4·4-9〕

便要拒絕虛無假設：

$$H_0:\ \boldsymbol{\tau} = \mathbf{0}$$

$$\text{或}\quad : \begin{bmatrix} \mu_{11} - \mu_{21} \\ \mu_{12} - \mu_{22} \\ \vdots \quad\quad \vdots \\ \mu_{1p} - \mu_{2p} \end{bmatrix} = \begin{bmatrix} 0 \\ 0 \\ \vdots \\ 0 \end{bmatrix}$$

這裏 $\boldsymbol{\tau}$（唸〔tau〕）是兩組 p 個依變數平均數差值的母數，其不偏估計值爲 $\bar{\mathbf{d}}$。

要決定那一個依變項導致拒絕虛無假設，可使用下式所示同時信賴區間來考驗：

$$\mathbf{a}'\bar{\mathbf{d}} - c_0\sqrt{\frac{\mathbf{a}'\mathbf{S}_d\mathbf{a}}{N}} \leqslant \mathbf{a}'\boldsymbol{\tau} \leqslant \mathbf{a}'\bar{\mathbf{d}} + c_0\sqrt{\frac{\mathbf{a}'\mathbf{S}_d\mathbf{a}}{N}}$$

〔公式 4·4-10〕

這裏，$c_0=\sqrt{T^2_{\alpha,(p,N-1)}}$

而 **a** 是任意向量；我們已知道它的功用，不再重述。

（二）計算實例　下面我們要以例 4·4-1 來幫助說明配對組法 T^2 考驗的計算過程。在例 4·4-1 裏有十一對在各方面配對好的受試者，每對的兩個人被隨機分派去接受一種教學方法的實驗。不管參加啓發式教學或參加編序教學，每人均有三種依變項分數（$p=3$），因

【例 4·4-1】 有十一對（$N=11$）國中一年級學生參與一項數學科教學方法的實驗。每一配對組內的兩個學生，在年齡、智力、學習動機、社經水準、和國小算術測驗成績方面可說完全相同。用隨機分派方法使配對組內每位學生各參加一種教學方法的實驗。一年後，每位學生均接受「計算能力」、「數學概念」、和「應用能力」等三項測驗。其成績如表 4·4-1 所示。試以 $\alpha=.05$ 考驗啓發式教學法與編序教學法的教學效果有無不同？

表 4·4-1　十一對受試者兩種教學方法下的三種測驗成績

配對組	啓發式教學			編序教學		
	計算	概念	應用	計算	概念	應用
1	29	53	96	22	43	85
2	36	61	96	26	50	75
3	38	59	97	40	62	98
4	26	43	81	32	43	84
5	35	56	89	26	46	68
6	34	58	90	31	51	85
7	26	45	66	26	48	67
8	33	44	92	31	36	78
9	23	34	71	22	37	44
10	30	43	62	21	31	54
11	27	38	82	23	37	77
平均	30.6363	48.5454	83.8181	27.2727	44.0000	74.0909

之，可使用配對組法 T^2 考驗來考驗啓發式教學與編序教學的效果是否不同。此項考驗的步驟可說明如下:

1. 依例 4·4-1 的題意，本研究的虛無假設及對立假設爲:

$$H_0:\ \boldsymbol{\tau}=0$$

$$\text{或}:\begin{bmatrix}\mu_{11}-\mu_{21}\\ \mu_{12}-\mu_{22}\\ \mu_{13}-\mu_{23}\end{bmatrix}=\begin{bmatrix}0\\0\\0\end{bmatrix}$$

$$H_1:\ \boldsymbol{\tau}\neq 0$$

如果代入公式 4·4-4 計算的 T^2 值大於查附錄表五的 T^2 值，亦卽:

$$T^2>T^2_{\alpha,(p,N-1)}=T^2_{.05,(3,11-1)}=15.248$$

就要拒絕上述的虛無假設。

2. 求差值矩陣 **D**: 假定表 4·4-1 左邊啓發式教學的 11×3 階矩陣爲矩陣 $\mathbf{Y}_1$，右邊編序教學的 11×3 階矩陣爲矩陣 $\mathbf{Y}_2$，則:

$$\mathbf{D}=\mathbf{Y}_1-\mathbf{Y}_2$$

$$=\begin{bmatrix}7&10&11\\10&11&21\\-2&-3&-1\\-6&0&-3\\9&10&21\\3&7&5\\0&-3&-1\\2&8&14\\1&-3&27\\9&12&8\\4&1&5\end{bmatrix}$$

3. 求差值平均數向量 $\bar{\mathbf{d}}$: 將矩陣 **D** 各縱行相加，各除以人數 $N=11$，便可得到。

$$\bar{\mathbf{d}}'=[\bar{d}_1,\ \bar{d}_2,\ \bar{d}_3]$$

$$=[3.363636 \quad 4.545455 \quad 9.727273]$$

4. 求矩陣 **Q**: 公式 4•4-6 至 4•4-8 均可使用來求 **Q**，其方法一如我們用公式 3•5-5 至 3•5-7 計算那樣。

$$\mathbf{D}'\mathbf{D}=\begin{bmatrix}381 & 422 & 658\\ 422 & 606 & 724\\ 658 & 724 & 2053\end{bmatrix}$$

$$N\bar{\mathbf{d}}\bar{\mathbf{d}}'=11\begin{bmatrix}11.314047 & 15.289256 & 32.719006\\ 15.289256 & 20.661161 & 44.214882\\ 32.719006 & 44.214882 & 94.619840\end{bmatrix}$$

$$=\begin{bmatrix}124.454517 & 168.181816 & 359.909066\\ 168.181816 & 227.272771 & 486.363702\\ 359.909066 & 486.363702 & 1040.818240\end{bmatrix}$$

$$\mathbf{Q}=\mathbf{D}'\mathbf{D}-N\bar{\mathbf{d}}\bar{\mathbf{d}}' \qquad \text{(公式 4•4-6)}$$

$$=\begin{bmatrix}256.545483 & 253.818184 & 298.090934\\ 253.818184 & 378.727229 & 237.636298\\ 298.090934 & 237.636298 & 1012.181760\end{bmatrix}$$

5. 求矩陣 $\mathbf{S}_d$ 及其反矩陣 $\mathbf{S}_d^{-1}$:

$$\mathbf{S}_d=\frac{\mathbf{Q}}{N-1}=\frac{1}{10}\mathbf{Q} \qquad \text{(公式 4•4-5)}$$

$$=\begin{bmatrix}25.654548 & 25.381818 & 29.809093\\ 25.381818 & 37.872723 & 23.763630\\ 29.809093 & 23.763630 & 101.218176\end{bmatrix}$$

$$\mathbf{S}_d^{-1}=\begin{bmatrix} .155986 & -.088796 & -.025091 \\ -.088796 & .081514 & .007013 \\ -.025091 & .007013 & .015623 \end{bmatrix}$$

（公式 1•2-4）

6. 求 T^2 值:

$$T^2=N\bar{\mathbf{d}}'\mathbf{S}_d^{-1}\bar{\mathbf{d}}$$ （公式 4•4-4）

$$=11\ [3.363636 \quad 4.545455 \quad 9.727273]$$

$$\times\begin{bmatrix} .155986 & -.088796 & -.025091 \\ -.088796 & .081514 & .007013 \\ -.025091 & .007013 & .015623 \end{bmatrix}\begin{bmatrix} 3.363636 \\ 4.545455 \\ 9.727273 \end{bmatrix}$$

$$=13.092761$$

7. 裁決: 由於代入公式 4•4-4 求得的 T^2 值小於查附錄表五所得的 T^2 值，亦卽:

$$13.092761 < 15.248$$

所以，應接受虛無假設。可見，本研究顯示數學科使用啓發式教學與使用編序教學，效果並無不同。

8. 求 $\boldsymbol{\tau}$ 的同時信賴區間:

$$c_0=\sqrt{T^2_{\alpha,(p,N-1)}}=\sqrt{T^2_{.05,(3,10)}}=\sqrt{15.248}=3.904869$$

分別設 $\mathbf{a}'=[1 \quad 0 \quad 0]$，$[0 \quad 1 \quad 0]$，或 $[0 \quad 0 \quad 1]$ 代入公式 4•4-10，卽得:

① $$3.363636-3.904869\sqrt{\frac{25.654548}{11}}\leqslant\mu_{11}-\mu_{21}\leqslant$$

$$3.363636+3.904869\sqrt{\frac{25.654548}{11}}$$

或　$-2.599742 \leqslant \mu_{11} - \mu_{21} \leqslant 9.327014$　$(n.s)$

②　$-2.700129 \leqslant \mu_{12} - \mu_{22} \leqslant 11.791039$　$(n.s)$

③　$-2.117845 \leqslant \mu_{13} - \mu_{23} \leqslant 21.572391$　$(n.s)$

9. 綜合解釋：利用十一對國中一年級學生，就他們的年齡、智力、學習動機、社經水準、和國小算術成績加以配對後，顯示使用啓發式教學和編序教學來敎數學，其教學效果並無不同。啓發式教學組與編序教學組不管在「計算能力」、「數學概念」、或「應用能力」方面均無顯著差異可言。

【練習】 挑選九名學習困難學生參與某項補救教學計畫。參加該計畫前後，他們均接受「學習態度」和「學習動機」兩項測驗。表4•4-2是前後兩次各兩項測驗的成績。以 $\alpha = .01$ 考驗，學生參加補救教學計畫前後在學習態度和學習動機方面有否顯著改變？

表 4•4-2　九名學生前後兩次各兩項測驗成績

學生	補救教學後		補救教學前	
	態度	動機	態度	動機
1	51	63	27	4
2	39	4	42	6
3	55	12	27	1
4	32	4	18	3
5	49	35	20	16
6	71	66	50	36
7	62	8	34	2
8	70	76	62	47
9	54	29	45	18

〔答〕　$T^2 = 24.2398$,　$p < .01$

$$\mathbf{S}_d=\begin{bmatrix}125.277778 & 68.111111\\ 68.111111 & 359.694444\end{bmatrix}$$

$$.127335 \leqslant \mu_{11}-\mu_{21} \leqslant 34.983777 \quad (p<.01)$$

$$-11.309101 \leqslant \mu_{12}-\mu_{22} \leqslant 47.753545 \quad (n.s)$$

4·5 單一組重複量數統計法

(一) 基本原理 我們在第 4·4 節所討論過的多變項分析法，除適用於配對組法之外，也適用於同一組受試者前後接受兩次觀察的前測後測設計。如果要在不同時間裏，連續觀察同一組受試者在 p 個反應情境中的反應情形，就可使用本節所討論的方法。事實上，這裏所討論的相當於一般統計裏的「重複量數單因子變異數分析」或所謂的「隨機區組設計」統計法（請參看林清山，民國63年，第 283-287 頁)。換言之，重複量數 (repeated measures) 的問題，也可以用多變項分析的方法來處理。提姆把這類多變項分析特別稱為「側面圖分析」(profile analysis)〔Timm, 1975, pp. 229-237〕。通常在這 p 個反應情境中所搜集的觀察分數都採用同樣的單位。例如，在反應時間實驗裏，記錄同一組受試者對紅光、黃光、綠光和藍光的反應時間，所得分數均採用微秒 (msec.) 為單位便是這樣。

在重複量數的設計裏，通常研究者的目的是想要考驗同一組受試者在連續參與的 p 種反應情境下，所得到的 p 個觀察分數平均數是否相同（這 p 個平均數並不是同一段時間內搜集到的)。

像這樣的單一組重複量數設計，可用一般線性模式表示如下:

$$\underset{(N\times p)}{\mathbf{Y}} = \underset{(N\times 1)}{\mathbf{X}} \quad \underset{(1\times p)}{\mathbf{B}} + \underset{(N\times p)}{\mathbf{E}_0}$$

〔公式 4·5-1〕

$$\begin{bmatrix} y_{11} & y_{12} & \cdots & y_{1p} \\ y_{21} & y_{22} & \cdots & y_{2p} \\ \vdots & & & \vdots \\ y_{N1} & y_{N2} & \cdots & y_{Np} \end{bmatrix} = \begin{bmatrix} 1 \\ 1 \\ \vdots \\ 1 \end{bmatrix} [\mu_1 \quad \mu_2 \cdots \mu_p] + \begin{bmatrix} \varepsilon_{11} & \varepsilon_{12} & \cdots & \varepsilon_{1p} \\ \varepsilon_{21} & \varepsilon_{22} & \cdots & \varepsilon_{2p} \\ \vdots & \vdots & & \vdots \\ \varepsilon_{N1} & \varepsilon_{N2} & \cdots & \varepsilon_{Np} \end{bmatrix}$$

由這一個模式中可以看出：因爲只有一組受試者，所以模式矩陣 $\mathbf{X}=\mathbf{1}_N$，母群矩陣 $\mathbf{B}=[\mu_1,\ \mu_2,\cdots,\mu_p]$ 也只有一個橫列。研究者的目的在於比較矩陣 $\mathbf{B}$ 內的這 p 個平均數之間有無顯著差異存在。因此，虛無假設應爲：

$$H_0:\ \mu_1=\mu_2=\cdots=\mu_p$$

用公式 4·3-2 的虛無假設通式表示，則爲：

$$H_0:\ \mathbf{CBA}=\mathbf{\Gamma}$$

$$\text{或：}\ \mathbf{BA}=\mathbf{0}'$$

〔公式 4·5-2〕

$$:\ [\mu_1\ \mu_2\ \cdots\ \mu_p]\begin{bmatrix} 1 & 0 & \cdots & 0 \\ 0 & 1 & \cdots & 0 \\ \vdots & \vdots & & \vdots \\ 0 & 0 & \cdots & 1 \\ -1 & -1 & \cdots & -1 \end{bmatrix} = [0\quad 0\ \cdots\ 0]$$

$$\text{或：}\begin{bmatrix} \mu_1 & -\mu_p \\ \mu_2 & -\mu_p \\ & \vdots \\ \mu_{p-1} & -\mu_p \end{bmatrix} = \begin{bmatrix} 0 \\ 0 \\ \vdots \\ 0 \end{bmatrix}$$

由此可見：

$$\mathbf{C}=[1] \qquad \underset{p\times(p-1)}{\mathbf{A}}=\begin{bmatrix} 1 & 0 & \cdots & 0 \\ 0 & 1 & \cdots & 0 \\ \vdots & \vdots & & \vdots \\ 0 & 0 & \cdots & 1 \\ -1 & -1 & \cdots & -1 \end{bmatrix}$$

要估計公式 4·5-2 中的母數矩陣 $\mathbf{B}$ 時，須用到下式：

$$\hat{\mathbf{B}}=(\mathbf{X}'\mathbf{X})^{-1}\mathbf{X}'\mathbf{Y}=(\mathbf{1}'\mathbf{1})^{-1}\mathbf{1}'\mathbf{Y}=\bar{\mathbf{y}}' \qquad \text{〔公式 4·5-3〕}$$

因本模式中還要比較 $\mathbf{B}$ 的縱行，所以上式變為：

$$\begin{aligned}\hat{\mathbf{B}}\mathbf{A}&=(\mathbf{X}'\mathbf{X})^{-1}\mathbf{X}'\mathbf{Y}\mathbf{A}\\ &=(\mathbf{1}'\mathbf{1})^{-1}\mathbf{1}'\mathbf{Y}\mathbf{A}\\ &=\bar{\mathbf{y}}'\mathbf{A}\\ &=[\bar{y}_1-\bar{y}_p,\ \bar{y}_2-\bar{y}_p,\ \cdots,\ \bar{y}_{p-1}-\bar{y}_p]\\ &=[\bar{d}_1,\ \bar{d}_2,\ \cdots,\ \bar{d}_{1-p}]=\bar{\mathbf{d}}' \qquad \text{〔公式 4·5-4〕}\end{aligned}$$

要考驗公式 4·5-2 的虛無假設時，須用到下列公式：

$$\Lambda=\frac{|\mathbf{Q}_e|}{|\mathbf{Q}_h+\mathbf{Q}_e|}<U_{\alpha.(u,v_h,v_e)} \qquad \text{〔公式 4·5-5〕}$$

因為 u 代表矩陣 $\mathbf{A}$ 的秩數，v_h 代表矩陣 $\mathbf{C}$ 的秩數，v_e 代表 $\mathbf{Q}_e$ 的自由度，所以上式中：

$$u=p-1,\ \ v_h=1,\ \ v_e=N-1$$

如果計算結果 Λ 值小於查附錄表六的 U 值，便要拒絕虛無假設。

根據公式 4·3-7 可知，因為 $\mathbf{C}=[1]$ 且 $\mathbf{X}=\mathbf{1}$，所以公式 4·5-5 中的假設矩陣 $\mathbf{Q}_h$ 應是這樣的：

$$\begin{aligned}\mathbf{Q}_h&=(\mathbf{C}\hat{\mathbf{B}}\mathbf{A})'[\mathbf{C}(\mathbf{X}'\mathbf{X})^{-1}\mathbf{C}']^{-1}(\mathbf{C}\hat{\mathbf{B}}\mathbf{A})\\ &=(\hat{\mathbf{B}}\mathbf{A})'[(\mathbf{1}'\mathbf{1})^{-1}]^{-1}(\hat{\mathbf{B}}\mathbf{A})\\ &=N(\hat{\mathbf{B}}\mathbf{A})'(\hat{\mathbf{B}}\mathbf{A})\end{aligned}$$

$$=N\bar{\mathbf{d}}\bar{\mathbf{d}}'$$ 〔公式 4·5-6〕

而公式 4·5-5 中的誤差矩陣 $\mathbf{Q}_e$ 則應爲:

$$\mathbf{Q}_e=\mathbf{A}'\mathbf{Y}'[\mathbf{I}-\mathbf{X}(\mathbf{X}'\mathbf{X})^{-1}\mathbf{X}']\mathbf{Y}\mathbf{A}$$

或 $$\mathbf{Q}_e=\mathbf{A}'[\mathbf{Y}'\mathbf{Y}-\mathbf{Y}'\mathbf{1}(\mathbf{1}'\mathbf{1})^{-1}\mathbf{1}'\mathbf{Y}]\mathbf{A}$$

$$=\mathbf{A}'[\mathbf{Y}'\mathbf{Y}-N\bar{\mathbf{y}}\bar{\mathbf{y}}']\mathbf{A}$$ 〔公式 4·5-7〕

這 $\mathbf{Q}_e$ 矩陣的自由度爲 $N-1$，所以變異數-共變數矩陣是:

$$\mathbf{S}=\frac{1}{N-1}\mathbf{Q}_e$$ 〔公式 4·5-8〕

用公式 4·5-5 求出來的Λ與 T^2 值之間有下列關係:

$$T^2=(N-1)\frac{1-\Lambda}{\Lambda}$$ 〔公式 4·5-9〕

如果計算的 T^2 值大於查附錄表五的 T^2 值，亦即:

$$T^2>T^2_{\alpha,(p-1,N-1)}$$ 〔公式 4·5-10〕

就要拒絕虛無假設。

同時信賴區間　用公式 4·5-4 估計出來的 $\bar{d}$ 值，可用下列公式來估計同時信賴區間，並看出該 $\bar{d}$ 值是否達到顯著水準:

$$\bar{d}-c_0\sqrt{\frac{\mathbf{a}'\mathbf{S}\mathbf{a}}{N}}\leqslant\boldsymbol{\delta}\leqslant\bar{d}+c_0\sqrt{\frac{\mathbf{a}'\mathbf{S}\mathbf{a}}{N}}$$ 〔公式 4·5-11〕

這裏，$$c_0=\sqrt{T^2_{\alpha,(p-1,N-1)}}$$ 〔公式 4·5-12〕

而 $\mathbf{a}'$ 是任意向量，例如第一個比較 $\bar{d}_1$ 時，(亦即 $\bar{d}_1=\bar{y}_1-\bar{y}_p$)，定 $\mathbf{a}'=[1,0,0,0]$；第二個比較 $\bar{d}_2$ 時，定 $\mathbf{a}'=[0,1,0,0,]$，如此類推。

(二) 計算實例　現在我們要以例 4·5-1 來幫助說明單一組重復量數時的多變項分析過程:

由例 4·5-1 可知：有十二名兒童，每人連續在五種實驗條件下接受反應時間的測量，把這五種實驗分數視爲五個依變項（不是五個 levels），便可以用本節的多變項分析法來處理。其計算過程可說明

如下:

【例 4·5-1】十二名兒童，每人均重複接受對五種色光的反應時間實驗。表 4·5-1 是各人在每一實驗條件下的平均反應時間，亦即從燈光出現至按下反應鍵的時間。試用 $\alpha=.05$ 考驗受試者對這五種不同色光之平均反應時間是否有顯著差異存在？

表 4·5-1　十二名兒童對五種色光的反應時間

兒童	紅	綠	橙	藍	黃
1	31	20	25	26	29
2	39	24	28	28	29
3	44	23	37	26	39
4	30	19	34	15	30
5	40	23	42	38	31
6	54	37	51	36	43
7	30	35	45	19	34
8	31	21	27	18	29
9	45	37	33	35	28
10	46	32	44	36	41
11	40	24	32	19	17
12	29	32	31	34	37
平均	38.25	27.25	35.75	27.50	32.25

1. 根據題意可知：本研究之虛無假設爲：

$$H_0:\ \mu_1=\mu_2=\mu_3=\mu_4=\mu_5$$

$$或\ :\ \begin{bmatrix}\mu_1-\mu_5\\ \mu_2-\mu_5\\ \mu_3-\mu_5\\ \mu_4-\mu_5\end{bmatrix}=\begin{bmatrix}0\\0\\0\\0\end{bmatrix}$$

或 ：$\mathbf{BA}=\mathbf{0}'$

這裏，$\mathbf{B}=[\mu_1, \mu_2, \mu_3, \mu_4, \mu_5]$ $\quad \mathbf{A}=\begin{bmatrix} 1 & 0 & 0 & 0 \\ 0 & 1 & 0 & 0 \\ 0 & 0 & 1 & 0 \\ 0 & 0 & 0 & 1 \\ -1 & -1 & -1 & -1 \end{bmatrix}$

本例的 $p=5$, $N=12$, 所以根據公式 4•5–5 或公式 4•5–10, 如果計算所得到的:

$$\Lambda < U_{\alpha,(p-1,1,N-1)} = U_{.05,(4,1,11)} = .342593$$

或 $$T^2 > T^2_{\alpha,(p-1,N-1)} = T^2_{.05,(4,11)} = 21.108$$

便要拒絕上述虛無假設。

2. 求各條件下之反應的平均數 $\bar{\mathbf{y}}$ 及平均數差值 $\bar{\mathbf{d}}$:

$$\bar{\mathbf{y}}' = (\mathbf{1}'\mathbf{1})^{-1}\mathbf{1}'\mathbf{Y} = \frac{1}{12}[459 \quad 327 \quad 429 \quad 330 \quad 387]$$

$$= [38.25 \quad 27.25 \quad 35.75 \quad 27.50 \quad 32.25] = \hat{\mathbf{B}}$$

$$\bar{\mathbf{d}}' = \bar{\mathbf{y}}'\mathbf{A} = \hat{\mathbf{B}}\mathbf{A}$$

$$= [38.25 \quad 27.25 \quad 35.75 \quad 27.50 \quad 32.25]\begin{bmatrix} 1 & 0 & 0 & 0 \\ 0 & 1 & 0 & 0 \\ 0 & 0 & 1 & 0 \\ 0 & 0 & 0 & 1 \\ -1 & -1 & -1 & -1 \end{bmatrix}$$

$$= [6.00 \quad -5.00 \quad 3.50 \quad -4.75] \qquad \text{(公式 4•5–4)}$$

3. 求 $\mathbf{Q}_h$:

$$\mathbf{Q}_h = N\bar{\mathbf{d}}\bar{\mathbf{d}}' \qquad \text{(公式 4•5–6)}$$

$$=12\begin{bmatrix} 6.00 \\ -5.00 \\ 3.50 \\ -4.75 \end{bmatrix}[6.00 \quad -5.00 \quad 3.50 \quad -4.75]$$

$$=\begin{bmatrix} 432.00 & -360.00 & 252.00 & -342.00 \\ -360.00 & 300.00 & -210.00 & 285.00 \\ 252.00 & -210.00 & 147.00 & -199.50 \\ -342.00 & 285.00 & -199.50 & 270.75 \end{bmatrix}$$

4. 求 $\mathbf{Q}_e$: 先求出公式 4•5-7 括弧中的部分:

$$[\mathbf{Y}'\mathbf{Y}-N\bar{\mathbf{y}}\bar{\mathbf{y}}']$$

$$=\begin{bmatrix} 18277 & 12782 & 16824 & 13061 & 15026 \\ 12782 & 9423 & 12053 & 9315 & 10786 \\ 16824 & 12053 & 16063 & 12080 & 14227 \\ 13061 & 9315 & 12080 & 9824 & 10961 \\ 15026 & 10786 & 14227 & 10961 & 13033 \end{bmatrix}$$

$$-12\begin{bmatrix} 38.25 \\ 27.25 \\ 35.75 \\ 27.50 \\ 32.25 \end{bmatrix}[38.25 \quad 27.25 \quad 35.75 \quad 27.50 \quad 32.25]$$

$$=\begin{bmatrix} 720.25 & 274.25 & 414.75 & 438.50 & 223.25 \\ 274.25 & 512.25 & 362.75 & 322.50 & 240.25 \\ 414.75 & 362.75 & 726.25 & 282.50 & 391.75 \\ 438.50 & 322.50 & 282.50 & 749.00 & 318.50 \\ 223.25 & 240.25 & 391.75 & 318.50 & 552.25 \end{bmatrix}$$

$$\mathbf{Q}_e=\mathbf{A}'[\mathbf{Y}'\mathbf{Y}-N\bar{\mathbf{y}}\bar{\mathbf{y}}']\mathbf{A} \qquad \text{(公式 4·5-7)}$$

$$=\begin{bmatrix} 826.00 & 363.00 & 352.00 & 449.00 \\ 363.00 & 584.00 & 283.00 & 316.00 \\ 352.00 & 283.00 & 495.00 & 124.50 \\ 449.09 & 316.00 & 124.50 & 664.25 \end{bmatrix}$$

5. 求 $|\mathbf{Q}_h+\mathbf{Q}_e|$ 及 $|\mathbf{Q}_e|$:

$$|\mathbf{Q}_h+\mathbf{Q}_e|$$

$$=\begin{vmatrix} 1258 & 3 & 604 & 107 \\ 3 & 884 & 73 & 601 \\ 604 & 73 & 642 & -75 \\ 107 & 601 & -75 & 935 \end{vmatrix}$$

$$=1258(282211573)-3(-108538304)$$

$$+604(-292513277)-107(125525834)$$

$$=1.652384902\times10^{11}$$

〔請復習第 1·2（二）節求 4 階行列式的方法，以及表 1·2-2 柯勒斯基因式分解法求行列式的步驟〕。

同法可求得:

$$|\mathbf{Q}_e|=3.784996645\times10^{10}$$

6. 求Λ值及進行裁決:

$$\Lambda=\frac{3.784996645\times10^{10}}{16.52384902\times10^{10}}=.229063 \qquad \text{(公式 4·5-5)}$$

$$T^2=(12-1)\left(\frac{1-.229063}{.229063}\right)=37.022 \qquad \text{(公式 4·5-9)}$$

因爲計算的Λ值小於查表的Λ值（.342593），或因爲計算的 T^2 值大於查表的 T^2 值（21.108），所以應拒絕本研究的虛無假設。整體而言，受試者對五種色光的平均反應時間並不相同。

7. 求同時信賴區間:

$$c_0=\sqrt{T^2_{\alpha,(p-1,N-1)}}=\sqrt{T^2_{.05,(4,11)}}=\sqrt{21.108}=4.585$$

（公式 4•5-12）

$$\mathbf{S}=\frac{1}{N-1}\mathbf{Q}_e=\frac{1}{11}\mathbf{Q}_e$$ （公式 4•5-8）

$$=\begin{bmatrix} 75.091 & 33.000 & 32.000 & 40.818 \\ 33.000 & 53.091 & 25.727 & 28.727 \\ 32.000 & 25.727 & 45.000 & 11.318 \\ 40.818 & 28.727 & 11.318 & 60.386 \end{bmatrix}$$

$$\bar{\mathbf{d}}'=[6.00 \quad -5.00 \quad 3.50 \quad -4.75]$$

① 設 $\mathbf{a}'=[1,0,0,0]$，代入公式 4•5-11，求 $\bar{\delta}_1=\mu_1-\mu_5$ 的同時信賴區間:

$$6.00-4.585\sqrt{\frac{75.091}{12}}\leqslant\bar{\delta}_1\leqslant 6.00+4.585\sqrt{\frac{75.091}{12}}$$

或 $-5.469\leqslant\bar{\delta}_1\leqslant 17.469$ (*n.s*)

② 設 $\mathbf{a}'=[0 \quad 1 \quad 0 \quad 0]$，求 $\bar{\delta}_2=\mu_2-\mu_5$ 之同時信賴區間:

$$-5.00-4.585\sqrt{\frac{53.091}{12}}\leqslant\bar{\delta}_2\leqslant -5.00+4.585\sqrt{\frac{53.091}{12}}$$

或 $-14.644\leqslant\bar{\delta}_2\leqslant 4.644$ (*n.s*)

③ $\bar{\delta}_3=\mu_3-\mu_5$

$-5.379\leqslant\bar{\delta}_3\leqslant 12.379$ (*n.s*)

④ $\bar{\delta}_4=\mu_4-\mu_5$

$-15.035\leqslant\bar{\delta}_4\leqslant 5.535$ (*n.s*)

可見，直接使用矩陣 **S** 所進行的四項比較，均未達顯著水準。如果您願意的話，可再進行其他兩種色光之間的比較，而所須標準誤仍可由矩陣 **S** 推算出來。例如，要比較對紅光與綠光的反應時間差異時，亦即:

$$\bar{\delta}_1-\bar{\delta}_2=(\mu_1-\mu_5)-(\mu_2-\mu_5)=\mu_1-\mu_2$$

標準誤便是:

$$\sqrt{\frac{\mathbf{a}'\mathbf{S}\mathbf{a}}{N}}=\sqrt{\frac{75.091+53.091-2(33.000)}{12}}=2.276$$

因爲 $\bar{y}_1-\bar{y}_2=38.25-27.25=11.00$，所以此項比較的同時信賴區間爲:

$$11.00-4.585(2.276)\leqslant\mu_1-\mu_2\leqslant 11+4.585(2.276)$$

或 $.565\leqslant\mu_1-\mu_2\leqslant 21.435 \quad (p<.05)$

可見對紅光與對綠光的反應時間有顯著差異存在。

【練習】 例 4•5-1 的虛無假設也可使用下列比較矩陣**A**來考驗:

$$\mathbf{A}=\begin{bmatrix} 1 & 0 & 0 & 0 \\ -1 & 1 & 0 & 0 \\ 0 & -1 & 1 & 0 \\ 0 & 0 & -1 & 1 \\ 0 & 0 & 0 & -1 \end{bmatrix}$$

試以表 4•5-1 的同項資料計算，看其結果是否相同？

《答》 $\hat{\mathbf{B}}\mathbf{A}=[11.00 \quad -8.50 \quad 8.25 \quad -4.75]$

$$\mathbf{Q}_h=\begin{bmatrix} 1452.00 & -1122.00 & 1089.00 & -627.00 \\ -1122.00 & 867.00 & -841.50 & 484.50 \\ 1089.00 & -841.50 & 816.75 & -470.25 \\ -627.00 & 484.50 & -470.25 & 270.75 \end{bmatrix}$$

$$\mathbf{Q}_e=\begin{bmatrix} 684.00 & -290.00 & -64.00 & 133.00 \\ -290.00 & 513.00 & -403.50 & 191.50 \\ -64.00 & -403.50 & 910.25 & -539.75 \\ 133.00 & 191.50 & -539.75 & 664.25 \end{bmatrix}$$

$$\Lambda = \frac{|\mathbf{Q}_e|}{|\mathbf{Q}_h + \mathbf{Q}_e|} = \frac{3.784996645 \times 10^{10}}{16.52384902 \times 10^{10}} = .229063$$

由此可見，這裏所用的比較矩陣**A**雖然與例 4·5-1 所用者不同，但考驗的結果却完全相同，這是值得注意的一點。

第五章
迴歸分析法

在上一章裏，我們已初步接觸過「變異數分析模式」在多變項分析方面的使用。根據第 3·3 節的討論，多變項一般線性模式，也可用來處理統計迴歸與預測的問題。現在，我們就要開始使用「迴歸模式」來處理這一類的問題。我們將從大家較熟悉的單變項複迴歸分析（univariate multiple regression）入手，再討論到多變項複迴歸（multivariate multiple regression）。然後討論電腦程式中常見的「逐步迴歸分析」（stepwise regression）的問題。最後再討論迴歸模式的一種應用，亦即「徑路分析」（path analysis）的問題。

5·1 單變項複迴歸分析

在一般統計裏，我們常碰到須根據一個自變項預測一個依變項的情形，例如根據高三學業成績預測大學入學考成績便是（參看林清山，民國63年，第 136 至 160 頁）。我們更常碰到須根據好幾個自變項預測一個依變項的情形，例如根據智力、創造力、學習動機、學業等測驗成績預測大學入學考成績便是。這些自變項或稱「預測用變項」（predictors），這一個依變項或稱「效標變項」（criterion）。在這些預測工作裏，我們必須求出迴歸係數（斜率）和截距，以決定一個迴歸公式，作爲預測的根據。過去，解迴歸係數時，人們常使用杜立德法（Doolittle's method）來計算（參看林清山，民國63年，第 479 至

497 頁)。現在，只要使用一般線性模式便可簡易的解出這些係數。

(一) 基本原理 下面就單變項複迴歸分析的幾個重要基本原理分別扼要說明如下:

1. 迴歸係數 研究者開始計算迴歸係數時，他的資料可能是原始資料 (raw scores)，可能是離均差分數 (deviation scores)，也可能是標準化分數 (standardized scores)。

原始分數時 利用原始分數求單變項複迴歸時，公式 3·3-2 的一般線性模式是這樣的:

$$\underset{N\times 1}{\mathbf{y}} = \underset{N\times q}{\mathbf{X}}\ \underset{q\times 1}{\boldsymbol{\beta}} + \underset{N\times 1}{\boldsymbol{\varepsilon}}$$

$$\begin{bmatrix} y_1 \\ y_2 \\ \vdots \\ y_N \end{bmatrix} = \begin{bmatrix} 1 & X_{11} & X_{12} & \cdots & X_{1k} \\ 1 & X_{21} & X_{22} & \cdots & X_{2k} \\ \vdots & \vdots & \vdots & & \vdots \\ 1 & X_{N1} & X_{N2} & \cdots & X_{Nk} \end{bmatrix} \begin{bmatrix} \beta_0 \\ \beta_1 \\ \beta_2 \\ \vdots \\ \beta_k \end{bmatrix} + \begin{bmatrix} \varepsilon_1 \\ \varepsilon_2 \\ \vdots \\ \varepsilon_N \end{bmatrix}$$

〔**公式 5·1-1**〕

其形式與「變異數分析模式」時的形式相似。但是在公式 5·1-1 的「迴歸模式」裏，模式矩陣**X**的元素是實際觀察分數，而不是由擬似變項 1 或 0 所構成的。這一點須特別加以注意。在公式 5·1-1 裏，N是指受試者人數。$\mathbf{y}$ 是 $N\times 1$ 的行向量，代表 N 個受試者的依變項 (即 criterion) 觀察分數。$\mathbf{X}$ 是 $N\times q$ 階矩陣，係由一個單元行向量和 N 個受試者每人 k 個自變項 (即 predictors) 觀察分數所構成。可見，$q=k+1$。其次，$\boldsymbol{\beta}$ 是 $q\times 1$ 的行向量，其中第一個元素 β_0 代表「截距」的母數，其餘 k 個元素代表我們所想估計的「斜率」的母數。至於 $\boldsymbol{\varepsilon}$ 在理論上是代表誤差分數的 $N\times 1$ 階行向量。

根據公式 2·3-6 的討論可知，公式 5·1-1 的向量$\boldsymbol{\beta}$須以下列公式 5·1-2 來估計。這是用最小平方法推出來的〔請復習公式2·3-7〕，它的形式與單純迴歸裏求斜率的公式 $b_{y\cdot x}=\Sigma xy/\Sigma x^2$ 幾乎完全相似（參看林清山，民國 63 年，第 142 頁）：

$$\hat{\boldsymbol{\beta}}=(\mathbf{X}'\mathbf{X})^{-1}\mathbf{X}'\mathbf{y} \qquad \text{〔公式 5·1-2〕}$$

由公式 5·1-2 可以看出，如果 $|\mathbf{X}'\mathbf{X}|=0$ 時，$(\mathbf{X}'\mathbf{X})^{-1}$ 便不存在，所以 $|\mathbf{X}'\mathbf{X}|$ 不可等於 0 纔能解出 $\hat{\beta}$ 值。為使 $|\mathbf{X}'\mathbf{X}|$ 不等於 0，$\mathbf{X}'\mathbf{X}$ 必須是 q 階的滿秩矩陣。要合乎這項要求，第一條件是 $N\geq q$，換言之，受試者的人數必須大於自變項的個數〔因為如果 N 小於 q，則 $\mathbf{X}'\mathbf{X}$ 便不能成為 q 階滿秩矩陣，而成為 N 階（$N<q$）的缺秩矩陣〕。第二條件是矩陣 $\mathbf{X}$ 的各行向量之間必須彼此線性獨立。假定 $\mathbf{X}$ 的幾個行向量代表分測驗（subtests）的成績，而其餘某一行向量是各分測驗所相加而成的總測驗分數時，便不合乎這個條件（Finn, 1974, p.97）。

離均差分數時　如果每一受試者的分數以離均差分數表示，則線性模式變為：

$$\underset{(N\times1)}{\mathbf{y}_d} = \underset{(N\times k)}{\mathbf{D}} \quad \underset{(k\times1)}{\boldsymbol{\gamma}} + \underset{(N\times1)}{\boldsymbol{\varepsilon}}$$

$$\begin{bmatrix} y_1 \\ y_2 \\ \vdots \\ y_N \end{bmatrix} = \begin{bmatrix} d_{11} & d_{12} & \cdots & d_{1k} \\ d_{21} & d_{22} & \cdots & d_{2k} \\ \vdots & \vdots & & \vdots \\ d_{N1} & d_{N2} & \cdots & d_{Nk} \end{bmatrix} \begin{bmatrix} \beta_1 \\ \beta_2 \\ \vdots \\ \beta_k \end{bmatrix} + \begin{bmatrix} \varepsilon_1 \\ \varepsilon_2 \\ \vdots \\ \varepsilon_N \end{bmatrix}$$

〔公式 5·1-3〕

此時，斜率 β_0 消失，但 k 個斜率仍保持不變。換言之，公式 5·1-3 中的 $\boldsymbol{\gamma}$ 是 $k\times1$ 階行向量，是 k 個未標準化的斜率 β_1 至 β_k 所構成，沒有截距在內。在這種情況下，$\boldsymbol{\gamma}$ 必須用公式 5·1-4 來估計：

$$\hat{\boldsymbol{\gamma}}=(\mathbf{D}'\mathbf{D})^{-1}\mathbf{D}'\mathbf{y}_d \qquad \text{〔公式 5·1-4〕}$$

這裏 $\mathbf{y}_d=\mathbf{y}-\bar{\mathbf{y}}$; 而 $\mathbf{D}'\mathbf{D}$ 事實上便是 k 個自變項分數的「離均差平方和-交乘積和 (SSCP) 矩陣」。$\mathbf{D}'\mathbf{D}$ 除以 $N-1$ 便是 k 個自變項分數的「變異數-共變數矩陣 $\mathbf{S}_{XX}$」。這樣，則 $\hat{\boldsymbol{\gamma}}$ 也可用公式 5·1-5 來求得:

$$\hat{\boldsymbol{\gamma}}=\begin{bmatrix}\hat{\beta}_1\\ \hat{\beta}_2\\ \vdots\\ \hat{\beta}_k\end{bmatrix}=\left[\frac{\mathbf{D}'\mathbf{D}}{N-1}\right]^{-1}\left[\frac{\mathbf{D}'\mathbf{y}_d}{N-1}\right]=\mathbf{S}_{XX}^{-1}\,\mathbf{s}_{XY}$$

〔公式 5·1-5〕

公式 5·1-5 中的 $\mathbf{S}_{XX}$ 和 $\mathbf{s}_{XY}$ 是指利用公式 3·5-8 把依變項分數和自變數分數列在一起處理時所得到的變異數-共變數矩陣 $\mathbf{S}$ 之有關部分。這 $\mathbf{S}$ 是這樣的:

$$\mathbf{S}=\left[\begin{array}{c|c} s_{YY} & \mathbf{s}_{YX}\\ \hline \mathbf{s}_{XY} & \mathbf{S}_{XX}\end{array}\right]\begin{array}{l}1\text{ 列}\\ k\text{ 列}\end{array}$$

$$\quad 1\text{ 行}\quad k\text{ 行}$$

標準化分數時 如果每一受試者的分數以 z 分數表示時，則線性模式變爲:

$$\underset{(N\times 1)}{\mathbf{y}_Z}=\underset{N\times k}{\mathbf{Z}}\quad\underset{(k\times 1)}{\boldsymbol{\gamma}_Z}+\underset{(N\times 1)}{\boldsymbol{\varepsilon}}$$

$$\begin{bmatrix}y_1\\ y_2\\ \cdots\\ y_N\end{bmatrix}=\begin{bmatrix}z_{11} & z_{12} & \cdots & z_{1k}\\ z_{21} & z_{22} & \cdots & z_{2k}\\ \vdots & \vdots & & \vdots\\ z_{N1} & z_{N2} & \cdots & z_{Nk}\end{bmatrix}\begin{bmatrix}\gamma_1\\ \gamma_2\\ \vdots\\ \gamma_N\end{bmatrix}+\begin{bmatrix}\varepsilon_1\\ \varepsilon_2\\ \vdots\\ \varepsilon_N\end{bmatrix}$$

〔公式 5·1-6〕

標準分數化之後，斜率 $\hat{\boldsymbol{\gamma}}_z$ 的求法是這樣的:

$$\boldsymbol{\gamma}_z=(\mathbf{Z}'\mathbf{Z})^{-1}\mathbf{Z}'\mathbf{y}_Z \qquad \text{〔公式 5·1-7〕}$$

或 $$\boldsymbol{\gamma}_z=\mathbf{R}_{XX}^{-1}\boldsymbol{r}_{XY} \qquad \text{〔公式 5·1-8〕}$$

公式 5·1-8 中的 $\mathbf{R}_{XX}$ 和 $\boldsymbol{r}_{XY}$ 是指利用公式 3·5-10 把依變項分數和自變項分數列在一起處理時，所得的相關係數矩陣 $\mathbf{R}$ 中的有關部分。這 $\mathbf{R}$ 矩陣的形式是這樣的:

$$\mathbf{R}=\left[\begin{array}{c|c} r_{YY} & \boldsymbol{r}_{YX} \\ \hline \boldsymbol{r}_{XY} & \mathbf{R}_{XX} \end{array}\right] \begin{array}{l} 1\text{ 列} \\ k\text{ 列} \end{array}$$

1 行 k 行

一般說來，公式 5·1-8 是大家最喜歡使用的。

2. 廻歸係數顯著性考驗 用公式 5·1-2，和用公式5·1-4 或 5·1-5 求出來的 $\hat{\boldsymbol{\beta}}$ 和 $\hat{\boldsymbol{\gamma}}$ 可考驗是否顯然不同於 0。其方法可分別說明如下:

原始分數時 要考驗 H_0: $\boldsymbol{\beta}=\mathbf{0}$，亦即截距及 k 個斜率均爲 0 時，要使用到下列公式 5·1-9:

$$F=\frac{\hat{\boldsymbol{\beta}}'\mathbf{X}'\mathbf{X}\hat{\boldsymbol{\beta}}/q}{(\mathbf{y}'\mathbf{y}-\hat{\boldsymbol{\beta}}'\mathbf{X}'\mathbf{X}\hat{\boldsymbol{\beta}})/(N-q)} \qquad \text{〔公式 5·1-9〕}$$

這裏,

$$\mathbf{Q}_e=\mathbf{y}'[\mathbf{I}-\mathbf{X}(\mathbf{X}'\mathbf{X})^{-1}\mathbf{X}']\mathbf{y}$$

$$=\mathbf{y}'\mathbf{y}-\hat{\boldsymbol{\beta}}'\mathbf{X}'\mathbf{X}\hat{\boldsymbol{\beta}} \qquad \text{〔公式 5·1-10〕}$$

$$\mathbf{Q}_h=(\mathbf{C}\hat{\mathbf{B}})'[\mathbf{C}(\mathbf{X}'\mathbf{X})^{-1}\mathbf{C}']^{-1}(\mathbf{C}\hat{\mathbf{B}})$$

$$=\hat{\boldsymbol{\beta}}'\mathbf{X}'\mathbf{X}\hat{\boldsymbol{\beta}}=\hat{\boldsymbol{\beta}}'\mathbf{X}'\mathbf{y} \qquad \text{〔公式 5·1-11〕}$$

$$q=k+1$$

$$\mathbf{C}=\mathbf{I}_q$$

如果代入公式計算所得的 F 值大於查附錄表四的 F 值，亦即:

$$F>F_{\alpha,(q,N-q)}$$ 〔公式 5·1-12〕

便要拒絕 H_0: $\boldsymbol{\beta}=0$ 這一虛無假設。

上面公式 5·1-9 可列成一個廻歸分析摘要表，其中分子部分表示「廻歸變異」，其分母部分便是「誤差變異」（請對照林清山，民國63年，第 157 至 160 頁）。事實上，分母是誤差變異數的不偏估計值，亦即：

$$\hat{\sigma}^2=\frac{\mathbf{e}'\mathbf{e}}{N-k-1}=\frac{(\mathbf{y}-\hat{\mathbf{y}})'(\mathbf{y}-\hat{\mathbf{y}})}{N-q}$$

$$=\frac{(\mathbf{y}-\mathbf{X}'\hat{\boldsymbol{\beta}})'(\mathbf{y}-\mathbf{X}'\hat{\boldsymbol{\beta}})}{N-q}$$

$$=\frac{\mathbf{y}'\mathbf{y}-\mathbf{y}'\mathbf{X}(\mathbf{X}'\mathbf{X})^{-1}\mathbf{X}'\mathbf{y}}{N-q}$$

$$=\frac{\mathbf{y}'\mathbf{y}-\hat{\boldsymbol{\beta}}'\mathbf{X}'\mathbf{y}}{N-q}$$

$$=\frac{\mathbf{y}'\mathbf{y}-\hat{\boldsymbol{\beta}}'\mathbf{X}'\mathbf{X}\hat{\boldsymbol{\beta}}}{N-q}=\frac{\mathbf{Q}_e}{N-q}$$ 〔公式 5·1-13〕

而 $\hat{\sigma}$ 便是估計 y 時須用的估計標準誤。

離均差分數時　一般而言，研究者對考驗截矩 β_0 是否顯然不同於 0 並不感到興趣。通常他們只想要考驗斜率是否顯然不同於 0。其虛無假設爲：

$$H_0:\ \boldsymbol{\gamma}=0$$

要考驗此一虛無假設時，須用下列公式：

$$F=\frac{\hat{\boldsymbol{\gamma}}'(\mathbf{D}'\mathbf{D})\hat{\boldsymbol{\gamma}}/k}{(\mathbf{y}_d'\mathbf{y}_d-\hat{\boldsymbol{\gamma}}'\mathbf{D}'\mathbf{D}\hat{\boldsymbol{\gamma}})/(N-k-1)}$$ 〔公式 5·1-14〕

或 $$F=\frac{\mathbf{s}_{YX}\mathbf{S}_{XX}^{-1}\mathbf{s}_{XY}/k}{(s_{YY}^2-\mathbf{s}_{YX}\mathbf{S}_{XX}^{-1}\mathbf{s}_{XY})/(N-k-1)}$$ 〔公式 5·1-15〕

如果代入公式計算的F值大於查表的F值:

$$F > F_{\alpha,(k,N-k-1)}$$ 〔公式 5·1-16〕

就須拒絕虛無假設 H_0: $\boldsymbol{\gamma}=\mathbf{0}$, 而結論說斜率不同於 0。

3. 複相關係數、決定係數 公式 5·1-15 也說明另外一項事實, 那就是: $\mathbf{y}_d'\mathbf{y}_d$ 代表依變項 y 的總變異, $\hat{\boldsymbol{\gamma}}'\mathbf{D}'\mathbf{D}\hat{\boldsymbol{\gamma}}$ 代表迴歸變異, 而 $(\mathbf{y}_d'\mathbf{y}_d-\hat{\boldsymbol{\gamma}}'\mathbf{D}'\mathbf{D}\hat{\boldsymbol{\gamma}})$ 則代表誤差變異。當 $\mathbf{y}_d'\mathbf{y}$ 爲 1 時, $\hat{\boldsymbol{\gamma}}'\mathbf{D}'\mathbf{D}\hat{\boldsymbol{\gamma}}$ 爲 R^2, 而 $(\mathbf{y}_d'\mathbf{y}_d-\hat{\boldsymbol{\gamma}}'\mathbf{D}'\mathbf{D}\hat{\boldsymbol{\gamma}})$ 是爲 $1-R^2$。換言之:

$$R^2=\frac{\hat{\boldsymbol{\gamma}}'\mathbf{D}'\mathbf{D}\hat{\boldsymbol{\gamma}}}{\mathbf{y}_d'\mathbf{y}_d}=\frac{\hat{\boldsymbol{\beta}}'\mathbf{X}'\mathbf{X}\hat{\boldsymbol{\beta}}-N\bar{y}^2}{\mathbf{y}'\mathbf{y}-N\bar{y}^2}$$ 〔公式 5·1-17〕

它便是所謂的「決定係數」(coefficient of determination), 代表依變項分數的總變異之中, 能由這 k 個自變項分數來加以預測的變異之百分比。因爲公式 5·1-17 的這種關係, 下列的公式 5·1-18 常用來代替公式 5·1-14, 以考驗虛無假設 H_0: $\boldsymbol{\gamma}=\mathbf{0}$。這一公式是:

$$F=\frac{R^2/k}{(1-R^2)/(N-k-1)}$$ 〔公式 5·1-18〕

自由度仍爲 k 和 $N-k-1$ (請參看林清山, 民國63年, 第 157 至 160 頁及第 485 至 486 頁)。Barton (1962) 發現, 當 H_0 : $\boldsymbol{\gamma}=\mathbf{0}$ 爲眞時, R^2 的期望值並不等於 0, 而是等於 $(q-1)/(N-1)$。因此當 q 愈接近 N 時, R^2 的期望值便愈接近 1。爲消除此一現象, 使 H_0 : $\boldsymbol{\gamma}=\mathbf{0}$ 爲眞時, R^2 的期望值能等於 0 起見, 他建議使用下式來加以校正:

$$\hat{R}^2=1-(1-R^2)\frac{N-1}{N-k-1}$$ 〔公式 5·1-19〕

這是我們在使用R^2來估計依變項中能由自變項所預測的變異之百分比時, 所應留意的一點。

使用標準化分數時，R^2 也可以用下列公式 5·1-20 直接求出：

$$R^2 = \mathbf{r}_{YX}\hat{\mathbf{r}}_Z = \mathbf{r}_{YX}\mathbf{R}_{XX}^{-1}\mathbf{r}_{XY} \qquad \text{〔公式 5·1-20〕}$$

其平方根 R 就是「複相關係數」(multiple correlation coefficient)，表示依變項的實際觀察分數 Y_i 與其預測分數 $\hat{Y}_i$ 二者之間的積差相關。

4. 個別迴歸係數的信賴區間　對實際研究工作者而言，在使用公式 5·1-2 求出 $\hat{\boldsymbol{\beta}}$ 之後，常須決定其中每一個個別的迴歸係數之可信賴範圍。估計信賴區間的公式是這樣的：

$$\hat{\beta}_i - t_{\frac{\alpha}{2},(N-k-1)}\hat{\sigma}_{\hat{\beta}i} \leqslant \beta_i \leqslant \hat{\beta}_i + t_{\frac{\alpha}{2},(N-k-1)}\hat{\sigma}_{\hat{\beta}i} \qquad \text{〔公式 5·1-21〕}$$

這裏 $\hat{\sigma}_{\hat{\beta}i}$ 是 $\hat{\beta}_i$ 的估計標準誤，是 $\hat{\sigma}^2(\mathbf{X}'\mathbf{X})^{-1}$ 的第 ii 個對角線元素之平方根。原來 $\hat{\boldsymbol{\beta}}$ 的期望值是 $\boldsymbol{\beta}$，而 $\hat{\sigma}^2(\mathbf{X}'\mathbf{X})^{-1}$ 便是 $\hat{\boldsymbol{\beta}}$ 的變異數，亦卽：

$$E(\hat{\boldsymbol{\beta}}) = \boldsymbol{\beta}$$

$$V(\hat{\boldsymbol{\beta}}) = \hat{\sigma}^2(\mathbf{X}'\mathbf{X})^{-1} = \hat{\sigma}^2\mathbf{G} \qquad \text{〔公式 5·1-22〕}$$

公式 5·1-22 的 $\hat{\sigma}^2$ 是用公式 5·1-13 來計算的。可見，如果設 $(\mathbf{X}'\mathbf{X})^{-1} = \mathbf{G}$，則：

$$\hat{\sigma}_{\hat{\beta}} = \hat{\sigma}\sqrt{g_{ii}} \qquad \text{〔公式 5·1-23〕}$$

這裏，$\hat{\sigma}^2 = \dfrac{\mathbf{y}'\mathbf{y} - \hat{\boldsymbol{\beta}}'\mathbf{X}'\mathbf{X}\hat{\boldsymbol{\beta}}}{N-q}$

如果代入公式 5·1-21 所求出的信賴區間內包括 0 在內，該一迴歸係數便未達顯著水準（參看 Finn, 1974, pp. 98-101; Timm, 1975, p. 268 和 p. 277)。

5. 預測用變項的相對重要性　決定迴歸係數是否顯然不同於 0 之

後，研究者最感關心是把 k 個自變項之中對依變項的變異最有影響力的幾個自變項找出來。如果自變項之間的交互相關的平均相關不太大（例如 $r_{XX} < .60$），則一個常用的方法是由標準化迴歸係數 $\hat{\gamma}_Z$（請看公式 5·1-7 和 5·1-8）各元素的相對大小來決定。標準化係數愈大的那一個自變項，對依變項的變異愈有預測力。公式 5·1-20 的決定係數是由 k 個 $r_{YX}\hat{\gamma}_Z$ 所構成，這些 $r_{YX}\hat{\gamma}_Z$ 的相對大小，也可顯示自變項之間的相對重要性。

然而，一個較安全可行的方法是採用下面的公式來判斷：

$$r_{X\hat{Y}} = \frac{1}{R} r_{XY} \qquad \text{〔公式 5·1-24〕}$$

換言之，是把自變項與依變項之交互相關向量除以複相關係數。Cooley 和 Lohnes (1971, p. 55) 稱 $r_{X\hat{Y}}$ 爲「迴歸因素結構係數」(regression factor structure coefficient)。它事實上是代表自變項與預測分數之間的相關。由此一相關係數之大小可以看出那一個自變項最有預測力或自變項之間的相對重要性。

6. 淘汰較不重要的自變項　如果我們使用較少數的自變項，便能在某種程度內正確預測依變項的變異，則我們便不須使用那麼多個自變項。所以，知道了自變項的相對重要性之後，便是怎樣來選取重要的自變項，或淘汰不重要的自變項，使只有幾個自變項便能與好幾個自變項幾乎一樣正確的預測依變項的變異。雖然這樣可能使預測的依變項變異之百分比稍爲降低，却更能够合乎節省而有效的原則。

假定 k 個自變項之中，有 m 個自變項之預測力較高，其餘 $(k-m)$ 個自變項的預測力較低，則我們可以將這 $(k-m)$ 個自變項從迴歸公式中予以淘汰。爲了解淘汰這些自變項是否造成太大的損失，我們可以考驗這 $(k-m)$ 個自變項的迴歸係數是否顯然不同於 0，

亦即考驗下列的虛無假設:

$$H_0 : \boldsymbol{\beta}_2 = 0$$

這裏，$\boldsymbol{\beta}_2$ 的元素是 β_{m+1}，β_{m+2}，…，β_k，是第二部分（要淘汰那一部分）的自變項之廻歸係數。考驗這個虛無假設的較簡單方法是利用下列的公式:

$$F = \frac{(Q_{hk} - Q_{hm})/(k-m)}{Q_e/(N-k-1)} \qquad \text{〔公式 5·1-25〕}$$

這裏，　$Q_e = \mathbf{y}'\mathbf{y} - \hat{\beta}'\mathbf{X}'\mathbf{X}\hat{\beta}$　（公式 5·1-10）

$$Q_{hk} = Q_h = \hat{\beta}'\mathbf{X}'\mathbf{X}\hat{\boldsymbol{\beta}} \qquad \text{（公式 5·1-11）}$$

$$Q_{hm} = \mathbf{y}'\mathbf{X}_1(\mathbf{X}_1'\mathbf{X}_1)^{-1}\mathbf{X}_1'\mathbf{y}$$

$$= \hat{\boldsymbol{\beta}}_1'\mathbf{X}_1'\mathbf{X}_1\hat{\boldsymbol{\beta}}_1 \qquad \text{〔公式 5·1-26〕}$$

公式 5·1-26 的 $\mathbf{X}_1$ 是第一部分（重要而保留的那一部分）自變項的模式矩陣，而 $\hat{\boldsymbol{\beta}}_1$ 是第一部分的廻歸係數。利用公式 5·1-17 將這些 Q 值轉換爲 R^2 值之後，公式 5·1-25 便變爲:

$$F = \frac{(R_k^2 - R_m^2)/(k-m)}{(1-R_k^2)/(N-k-1)} \qquad \text{〔公式 5·1-27〕}$$

其自由度爲 $(k-m, N-k-1)$。公式 5·1-27 與公式 5·1-25 完全一樣，故可用來考驗 $H_0 : \boldsymbol{\beta}_2 = 0$ 是否爲眞。

當 $H_0 : \boldsymbol{\beta}_2 = 0$ 已被接受，而將這 $(k-m)$ 個自變項放棄後，可用下列公式來算出所損失的變異百分比有多大。這部分的變異，是在 m 個重要自變項的影響力去掉後，這 $(k-m)$ 個較不重要的自變項與依變項的「淨複相關」(multiple partial correlation) 之平方:

$$R^2_{Y\cdot(m+1,\cdots,k)\cdot(1,\cdots,m)}=\frac{R^2_k-R^2_m}{1-R^2_m}$$　〔公式 5·1-28〕

當研究者決定保留那些自變項便足以滿意的預測依變項之後，他便可以重新利用這些自變項算出新的迴歸公式，作爲預測的工具。

剛纔這種選擇自變項的方法，是先檢閱迴歸公式中的所有自變項，然後再將這些自變項中較不重要者一個一個淘汰，是屬於「反向淘汰法」的一種〔我們將在第 5·3 節裏就如何選擇最佳迴歸公式的自變項進一步加以討論〕。

最近有人發展出一種名叫 commonality analysis 的迴歸統計法，可以算出各個自變項單獨對總變異數的影響（卽 uniqueness），以及幾個自變項共同對總變異數的影響（卽 commonality）。有興趣的讀者可參看 Cooley & Lohnes (1976, pp. 218-228)。

（二）計算過程　下面我們要以例 5·1-1 來幫助說明單變項複迴歸分析的計算過程。請在適當的時機，隨時回頭復習例 3·5-1 相關矩陣的計算方法。表 5·1-1 的自變項 X 部分是根據表 3·5-1 而來的。

【例 5·1-1】某研究者想根據國中三年級學生的學科成就測驗（X_1）、智力測驗（X_2）、創造力測驗（X_3）、學習態度測驗（X_4）、和焦慮測驗（X_5）等五項成績，來預測高中聯考各科平均成績（Y）。表 5·1-1 是根據十六名去年參加過高中聯考的學生所得到的觀察資料。試用 $\alpha=.05$，考驗迴歸係數顯著性，同時求出預測用的迴歸公式。

本例的計算過程可說明如下：

1. 假定我們要用原始資料考驗 $H_0: \boldsymbol{\beta}=\mathbf{0}$，則：

$$\underset{(16\times1)}{\mathbf{y}} = \underset{(16\times6)}{\mathbf{X}} \quad \underset{(6\times1)}{\boldsymbol{\beta}} + \underset{(16\times1)}{\boldsymbol{\varepsilon}}$$

$$\begin{bmatrix} 51 \\ 70 \\ 60 \\ \vdots \\ 63 \end{bmatrix} = \begin{bmatrix} 1 & 78 & 103 & 9 & 27 & 35 \\ 1 & 88 & 108 & 16 & 29 & 19 \\ 1 & 71 & 111 & 21 & 27 & 35 \\ \vdots & \vdots & \vdots & \vdots & \vdots & \vdots \\ 1 & 71 & 113 & 10 & 23 & 30 \end{bmatrix} \begin{bmatrix} \beta_0 \\ \beta_1 \\ \beta_2 \\ \beta_3 \\ \beta_4 \\ \beta_5 \end{bmatrix} + \begin{bmatrix} \varepsilon_1 \\ \varepsilon_2 \\ \varepsilon_3 \\ \vdots \\ \varepsilon_N \end{bmatrix}$$

表 5·1-1　五項測驗成績和一項聯考成績

受試者	Y	X_1	X_2	X_3	X_4	X_5
1	51	78	103	9	27	35
2	70	88	108	16	29	19
3	60	71	111	21	27	35
4	71	75	109	19	40	20
5	79	85	114	22	25	42
6	69	79	112	13	33	43
7	70	76	120	17	40	39
8	74	84	115	11	32	50
9	50	43	96	8	29	48
10	62	80	105	12	33	50
11	81	92	116	21	38	42
12	44	50	101	20	22	30
13	59	65	92	18	20	48
14	61	73	108	17	10	31
15	80	86	125	14	16	22
16	63	71	113	10	23	30
M	65.25	74.75	109.25	15.50	27.75	36.50
SD	10.988	13.153	8.528	4.590	8.402	10.475

可見，這時 $\mathbf{y}$ 是由十六位受試者的高中聯考成績 (y_i) 所構成的 $N\times1$

階向量，爲依變項（卽 criterion）。**X** 是 16×6 階矩陣，其第一縱行都是 1（單元向量），第二至第六縱行是受試者五項測驗的原始分數，爲自變項（卽 predictors）。因此，$k=5$，$q=k+1=6$。根據這些矩陣，便可以計算原始分數時的迴歸公式之截距和斜率：

$$\mathbf{X}'\mathbf{X}=\begin{bmatrix} 16 & & & & & (\text{對稱}) \\ 1196 & 91996 & & & & \\ 1748 & 131799 & 192060 & & & \\ 248 & 18700 & 27182 & 4160 & & \\ 444 & 33557 & 48694 & 6895 & 13380 & \\ 584 & 43351 & 63420 & 8895 & 16480 & 22962 \end{bmatrix}$$

$$(\mathbf{X}'\mathbf{X})^{-1}=\mathbf{G}$$

$$=\begin{bmatrix} 16.87408 & & & & & (\text{對稱}) \\ .03353 & .00073 & & & & \\ -.15146 & -.00074 & .00182 & & & \\ -.05249 & -.00018 & .00004 & .00341 & & \\ .00425 & -.00011 & -.00015 & -.00007 & .00107 & \\ -.05687 & -.00004 & .00031 & .00031 & -.00024 & .00074 \end{bmatrix}$$

（公式 1·2-7）

$$\mathbf{X}'\mathbf{y}=\begin{bmatrix} 1044 \\ 79828 \\ 115141 \\ 16401 \\ 29348 \\ 37945 \end{bmatrix}$$

$$\hat{\beta}=(\mathbf{X}'\mathbf{X})^{-1}\mathbf{X}'\mathbf{y}$$

（公式 5·1-2）

$$= \begin{bmatrix} -39.6800 \\ .4309 \\ .5488 \\ .3828 \\ .0700 \\ .1337 \end{bmatrix} \begin{matrix} \text{(截距)} \\ \text{成就} \\ \text{智力} \\ \text{創造} \\ \text{態度} \\ \text{焦慮} \end{matrix}$$

故，原始分數廻歸（預測）公式爲：

$$\hat{Y} = -39.68 + .4309X_1 + .5488X_2 + .3828X_3 + .07X_4 + .1337X_5$$

2. 要算離均差分數時的斜率，並考驗 H_0: $\boldsymbol{\gamma}=0$ 時，爲了方便起見，在實際計算之前，可先準備下面所示的計算表格。首先，要設表 5·1-1 的資料爲矩陣 **V**。（請記住：**V** 是 16×6 階矩陣，由 **y** 向量和五個自變項分數的向量，亦卽矩陣 **X** 去掉單元向量所構成）。然後仿照例 3·5-1 的方法利用公式 3·5-5 或公式 3·5-6 算出矩陣 **Q**：

$$\mathbf{Q} = \mathbf{V}'\mathbf{V} - N\bar{\mathbf{v}}\bar{\mathbf{v}}' \qquad \text{(公式 3·5-5)}$$

$$= \begin{bmatrix} 69932 & & & & & \text{(對稱)} \\ 79828 & 91996 & & & & \\ 115141 & 131799 & 192060 & & & \\ 16401 & 18700 & 27182 & 4160 & & \\ 29348 & 33557 & 48694 & 6895 & 13380 & \\ 37945 & 43351 & 63420 & 8895 & 16480 & 22962 \end{bmatrix}$$

$$- \begin{bmatrix} 68121 & & & & & \text{(對稱)} \\ 78039 & 89401 & & & & \\ 114057 & 130663 & 190969 & & & \\ 16182 & 18538 & 27094 & 3844 & & \\ 28971 & 33189 & 48507 & 6882 & 12321 & \\ 38106 & 43654 & 63802 & 9052 & 16206 & 21316 \end{bmatrix}$$

$$
= \left[\begin{array}{c:ccccc}
1811 & 1789 & 1084 & 219 & 377 & -161 \\
\hdashline
1789 & 2595 & 1136 & 162 & 368 & -303 \\
1084 & 1136 & 1091 & 88 & 187 & -382 \\
219 & 162 & 88 & 316 & 13 & -157 \\
377 & 368 & 187 & 13 & 1059 & 274 \\
-161 & -303 & -382 & -157 & 274 & 1646
\end{array}\right]
$$

$$
= \left[\begin{array}{c:c}
\mathbf{y}_d'\mathbf{y}_d & \mathbf{y}_d'\mathbf{D} \\
\hdashline
\mathbf{D}'\mathbf{y}_d & \mathbf{D}'\mathbf{D}
\end{array}\right]
$$

這樣，就可以利用**Q**的 SSCP 資料代入公式 5·1-4 計算廻歸係數向量 $\hat{\boldsymbol{\gamma}}$:

$$
\hat{\boldsymbol{\gamma}} = (\mathbf{D}'\mathbf{D})^{-1}\mathbf{D}'\mathbf{y}_d \qquad (公式\ 5\cdot1\text{-}4)
$$

$$
= \begin{bmatrix}
.00073 & -.00074 & -.00018 & -.00011 & -.00004 \\
-.00074 & .00182 & .00004 & -.00015 & .00031 \\
-.00018 & .00004 & .00341 & -.00007 & .00031 \\
-.00011 & -.00015 & -.00007 & .00107 & -.00024 \\
-.00004 & .00031 & .00031 & -.00024 & .00074
\end{bmatrix}
\begin{bmatrix}
1789 \\ 1084 \\ 219 \\ 377 \\ -161
\end{bmatrix}
$$

$$
= \begin{bmatrix}
.4309 \\ .5488 \\ .3828 \\ .0700 \\ .1337
\end{bmatrix}
\begin{matrix}
\text{成就} \\ \text{智力} \\ \text{創造} \\ \text{態度} \\ \text{焦慮}
\end{matrix}
$$

可見，這些廻歸係數與 $\hat{\boldsymbol{\beta}}$ 的廻歸係數仍然完全一樣，只是截距消失了。這裏請注意：$(\mathbf{D}'\mathbf{D})^{-1}$ 正是 $(\mathbf{X}'\mathbf{X})^{-1}$ 去掉第一縱行和第一橫列所剩下的部分。

3. 如果要算標準化的廻歸係數，並考驗 $H_0:\boldsymbol{\gamma}_z=\mathbf{0}$ 時，就要再

將上面 SSCP 矩陣**Q**除以自由度 $(N-1)$，使變爲變異數-共變數矩陣，亦即：

$$\underset{(6\times 6)}{\mathbf{S}}=\left[\begin{array}{c|c} s_{YY} & \mathbf{s}_{YX} \\ \hline \mathbf{s}_{XY} & \mathbf{S}_{XX} \end{array}\right]$$

然後再利用公式 3·5-10 將它化爲相關係數矩陣**R**。計算結果爲：

$$\mathbf{R}=\left[\begin{array}{c|ccccc} 1.0000 & .8252 & .7712 & .2895 & .2722 & -.0933 \\ \hline .8252 & 1.0000 & .6751 & .1789 & .2220 & -.1466 \\ .7712 & .6751 & 1.0000 & .1499 & .1740 & -.2851 \\ .2895 & .1789 & .1499 & 1.0000 & .0225 & -.2177 \\ .2722 & .2220 & .1740 & .0225 & 1.0000 & .2075 \\ -.0933 & -.1466 & -.2851 & -.2177 & .2075 & 1.0000 \end{array}\right]\begin{array}{l} \text{聯考} \\ \text{成就} \\ \text{智力} \\ \text{創造} \\ \text{態度} \\ \text{焦慮} \end{array}$$

$$=\left[\begin{array}{c|c} r_{YY} & \mathbf{r}_{YX} \\ \hline \mathbf{r}_{XY} & \mathbf{R}_{XX} \end{array}\right] \qquad \text{(公式 3·5-10)}$$

$$\hat{\boldsymbol{\gamma}}_z=\mathbf{R}_{XX}^{-1}\mathbf{r}_{XY}$$

$$=\begin{bmatrix} 1.9032 & -1.2490 & -.1653 & -.1860 & -.0744 \\ -1.2490 & 1.9871 & .0206 & -.1561 & .4202 \\ -.1653 & .0206 & 1.0760 & -.0375 & .2237 \\ -.1860 & -.1561 & -.0375 & 1.1348 & -.3154 \\ -.0744 & .4202 & .2237 & -.3154 & 1.2230 \end{bmatrix}\begin{bmatrix} .8252 \\ .7712 \\ .2895 \\ .2722 \\ -.0933 \end{bmatrix}$$

$$=\begin{bmatrix} .5158 \\ .4260 \\ .1599 \\ .0536 \\ .1275 \end{bmatrix}\begin{array}{l} \text{成就} \\ \text{智力} \\ \text{創造} \\ \text{態度} \\ \text{焦慮} \end{array} \qquad \text{(公式 5·1-8)}$$

其實，如果用原始資料求出 $\hat{\beta}$ 之後，馬上把每一個自變項的廻歸係數乘以該自變項的標準差，再除以依變項的標準差，便可得到該一標準化迴歸係數。例如：

$$\gamma_{Z1}=\beta_1\frac{s_{X1}}{s_Y}=.4309\frac{13.153}{10.988}=.5158$$

如此類推（請看林清山，民國63年，第 487 至 488 頁）。

4. 考驗迴歸係數顯著性：其次，我們要以公式 5•1-9 來考驗 $H_0:\boldsymbol{\beta}=\mathbf{0}$，其計算方法如下所示：

$$\mathbf{Q}_h=\hat{\boldsymbol{\beta}}'\mathbf{X}'\mathbf{X}\hat{\boldsymbol{\beta}}=\hat{\boldsymbol{\beta}}'\mathbf{X}'\mathbf{y} \qquad \text{（公式 5•1-11）}$$

$$=[-39.6800 \quad .4309 \quad .5488 \quad .3828 \quad .0700 \quad .1337]$$

$$\times\begin{bmatrix}1044\\79828\\115141\\16401\\29348\\37945\end{bmatrix}=69575.5736$$

$$\mathbf{Q}_e=\mathbf{y}'\mathbf{y}-\hat{\boldsymbol{\beta}}'\mathbf{X}'\mathbf{X}\hat{\boldsymbol{\beta}} \qquad \text{（公式 5•1-10）}$$

$$=69932-69575.5736=356.4264$$

（這裏 $\mathbf{y}'\mathbf{y}=69932$ 是由 $\mathbf{V}'\mathbf{V}$ 矩陣的最左上角得來的）。

$$F=\frac{69575.5736/6}{356.4264/(16-6)}=325.34 \qquad \text{（公式 5.1-9）}$$

遠大於查表的 $F_{.05,(6,10)}=3.22$，故應拒絕 $H_0:\boldsymbol{\beta}=\mathbf{0}$ 的說法。可見，截距及斜率顯然不同於 0 。

然而，通常我們對考驗 $H_0:\boldsymbol{\gamma}=\mathbf{0}$ 較有興趣。利用離均差分數計算結果，我們可得：

$$\mathbf{Q}_h=\hat{\boldsymbol{\gamma}}'\mathbf{D}'\mathbf{D}\hat{\boldsymbol{\gamma}}$$

$$=[.4309 \quad .5488 \quad .3828 \quad .0700 \quad .1337]$$

$$\times \begin{bmatrix} 2595 & 1136 & 162 & 368 & -303 \\ 1136 & 1091 & 88 & 187 & -382 \\ 162 & 88 & 316 & 13 & -157 \\ 368 & 187 & 13 & 1059 & 274 \\ -303 & -382 & -157 & 274 & 1646 \end{bmatrix} \begin{bmatrix} .4309 \\ .5488 \\ .3828 \\ .0700 \\ .1337 \end{bmatrix}$$

$$=1454.38$$

$$\mathbf{Q}_e=\mathbf{y}_d'\mathbf{y}_d-\hat{\boldsymbol{\gamma}}'\mathbf{D}'\mathbf{D}\hat{\boldsymbol{\gamma}}$$

$$=1811-1454.38=356.62$$

這裏 $\mathbf{y}_d'\mathbf{y}_d=1811$，也就是上面利用公式 3·5-5 求得的矩陣$\mathbf{Q}$的最左上角元素（請看第199頁）。因此：

$$F=\frac{1454.38/5}{356.62/(16-5-1)}=8.156$$

遠大於查表的 $F_{.05,(5,10)}=3.33$，故應拒絕 $H_0:\boldsymbol{\gamma}=\mathbf{0}$。可見本研究的廻歸係數向量顯然不同於 $\mathbf{0}$ 。此項分析結果可摘要如表 5·1-1：

表 5·1-2　考驗 $H_0:\boldsymbol{\gamma}=0$ 的變異數分析摘要表

變異來源	SS	df	MS	F
依變項平均	68121	1		
廻歸係數	1454.38	5	290.876	8.156
殘餘誤差	356.62	10	35.662	
總　和	69932			

$*F_{.05,(5,10)}=3.33$

表中變異來源有三：「依變項平均」部分是 $N\bar{y}^2=16(65.25)^2=68121$ 亦即 $N\bar{\mathbf{v}}\bar{\mathbf{v}}'$ 左上角元素。「廻歸係數」部分和「殘餘誤差」部分之和為 1811，正好等於 $\mathbf{y}_d'\mathbf{y}_d$。這三部分之和為 69932 等於 $\mathbf{y}'\mathbf{y}$，是 $\mathbf{V}'\mathbf{V}$

矩陣最左上角的元素。

如果先用公式 5•1-17 或公式 5•1-20 求出 R^2，然後代入公式 5•1-18 求 F 值，也會得到同樣結果：

$$R^2=\frac{1454.38}{1811}=.803 \qquad \text{(公式 5•1-17)}$$

$$\text{或} \quad R^2=[.8252 \quad .7712 \quad .2895 \quad .2722 \quad -.0933] \times \begin{bmatrix} .5158 \\ .4260 \\ .1599 \\ .0536 \\ .1275 \end{bmatrix} = .803 \qquad \text{(公式 5•1-20)}$$

$$F=\frac{.803/5}{(1-.803)/(16-5-1)}=8.153 \qquad \text{(公式 5•1-18)}$$

事實上，這是電算機程式計算迴歸時較常用的方法。

5. 估計個別迴歸係數的信賴區間：接著，我們要估計 β 向量內的截距和五個原始分數迴歸係數（也是離均差分數迴歸係數）之中那一個達到顯著水準。

$$\hat{\sigma}^2=\frac{69933-69575.5736}{16-6}=35.6426 \qquad \text{(公式 5•1-13)}$$

$$\hat{\sigma}=5.9701 \qquad (y\text{ 的估計標準誤})$$

設 $(\mathbf{X}'\mathbf{X})^{-1}=\mathbf{G}$，則：

$$diag[\mathbf{G}]=\begin{bmatrix} 16.87408 \\ .00073 \\ .00182 \\ .00341 \\ .00107 \\ .00074 \end{bmatrix} \begin{matrix} \text{(截距)} \\ \text{成就} \\ \text{智力} \\ \text{創造} \\ \text{態度} \\ \text{焦慮} \end{matrix}$$

所以，根據公式 5·1-23 可得迴歸係數的估計標準誤 $\hat{\sigma}_{\hat{\beta}}$ 如下所示：

$$\hat{\sigma}_{\hat{\beta}_0}=5.9701\sqrt{16.87408}=24.524$$

$$\hat{\sigma}_{\hat{\beta}_1}=5.9701\sqrt{.00073}=0.161$$

$$\hat{\sigma}_{\hat{\beta}_2}=5.9701\sqrt{.00182}=0.255 \qquad \text{（公式 5·1-23）}$$

$$\hat{\sigma}_{\hat{\beta}_3}=5.9701\sqrt{.00341}=0.349$$

$$\hat{\sigma}_{\hat{\beta}_4}=5.9701\sqrt{.00107}=0.195$$

$$\hat{\sigma}_{\hat{\beta}_5}=5.9701\sqrt{.00074}=0.162$$

將 $t_{\frac{\alpha}{2},(N-k-1)}=t_{\frac{.05}{2},(16-5-1)}=2.228$ 和這些迴歸係數標準誤代入公式 5·1-21，便得信賴區間如下：

截距：$-39.6800-2.228(24.524)\leqslant\beta_0\leqslant-39.6800+2.228(24.524)$

或 $-94.319\leqslant\beta_0\leqslant14.959$

成就：$.4309-2.228(0.161)\leqslant\beta_1\leqslant.4309+2.228(0.161)$

或 $.072\leqslant\beta_1\leqslant.790$　（$p<.05$）

智力：$-.019\leqslant\beta_2\leqslant1.117$

創造：$-.396\leqslant\beta_3\leqslant1.159$

態度：$-.364\leqslant\beta_4\leqslant .504$

焦慮：$-.227\leqslant\beta_5\leqslant .495$

6. 上面已用公式 5·1-17 和 5·1-20 求出決定係數：

$R^2=.803$

$R=.896$　（複相關係數）

所以，使用本研究所得五個自變項的迴歸公式大約可預測依變項的總變異之80%。倘若利用公式 5·1-19 估計母群的決定係數則應爲：

$$\hat{R}^2=1-(1-.803)\frac{16-1}{16-5-1}=.704 \qquad \text{（公式 5·1-19）}$$

$\hat{R}=.839$

顯示五個自變項的決定係數的母數可能是 .704 而已。

7. 把預測力較差的自變項加以淘汰：根據公式5·1-24，可算出自變項與依變項的相關如下所示：

$$r_{x\hat{y}}=\frac{1}{.896}\begin{bmatrix} .8252 \\ .7712 \\ .2895 \\ .2722 \\ -.0933 \end{bmatrix}=\begin{bmatrix} .9210 \\ .8607 \\ .3231 \\ .3038 \\ -.1041 \end{bmatrix}\begin{matrix} \text{成就} \\ \text{智力} \\ \text{創造} \\ \text{態度} \\ \text{焦慮} \end{matrix}$$

（公式 5·1-24）

由此項分析和標準化廻歸係數可以看出，本研究的五個自變項似可分爲兩部分；「成就」和「智力」兩變項爲第一部分，具有較高預測力；「創造力」、「態度」和「焦慮」三變項爲第二部分，其預測力則較差。

假使我們要從五個自變項中，淘汰第二部分三個自變項，而留下較有預測力的第一部分兩個自變項（$m=2$，$k-m=3$），則須重新計算如下：

$$\mathbf{X}_1'\mathbf{X}_1=\begin{bmatrix} 16 & 1196 & 1748 \\ 1196 & 91996 & 131799 \\ 1748 & 131799 & 192060 \end{bmatrix}$$

$$\hat{\boldsymbol{\beta}}_1=(\boldsymbol{X}_1'\boldsymbol{X}_1)^{-1}\mathbf{X}_1'\mathbf{y}$$

$$=\begin{bmatrix} 12.0799 & .0276 & -.1289 \\ .0276 & .0007 & -.0007 \\ -.1289 & -.0007 & .0017 \end{bmatrix}\begin{bmatrix} 1044 \\ 79828 \\ 115141 \end{bmatrix}$$

$$=\begin{bmatrix} -25.0606 \\ .4676 \\ .5067 \end{bmatrix} \begin{matrix} \text{(截距)} \\ \text{成就} \\ \text{智力} \end{matrix}$$

$$\hat{\boldsymbol{\gamma}}_Z=\mathbf{R}_{XX}^{-1}\boldsymbol{r}_{YX} \qquad \text{(公式 5·1-8)}$$

$$=\begin{bmatrix} 1.8376 & -1.2407 \\ -1.2407 & 1.8376 \end{bmatrix} \begin{bmatrix} .8252 \\ .7712 \end{bmatrix}$$

$$=\begin{bmatrix} .5597 \\ .3933 \end{bmatrix} \begin{matrix} \text{成就} \\ \text{智力} \end{matrix}$$

$$R^2=\boldsymbol{r}_{YX}\hat{\boldsymbol{\gamma}}_Z \qquad \text{(公式 5·1-20)}$$

$$=[.8252 .7712] \begin{bmatrix} .5597 \\ .3933 \end{bmatrix}=.765$$

由此可見，使用下列兩個自變項的廻歸公式，仍可預測依變項總變異之大約77%：

$$\hat{Y}=-25.0606+.4676X_1+.5067X_2$$

最後可利用公式 5·1-27，看三個被淘汰的自變項的廻歸係數是否顯然不同於 0：

$$F=\frac{(.803-.765)/(5-2)}{(1-.803)/(16-5-1)} \qquad \text{(公式 5·1-27)}$$

$$=.64$$

遠小於 $F_{.05,(3,10)}=3.71$，故 H_0：$\boldsymbol{\beta}_2=\mathbf{0}$ 應予接受。故自本研究的五個自變項中，淘汰「創造」、「態度」、和「焦慮」三個自變項，並未造成太大的損失。利用「成就」和「智力」兩個自變項來預測聯考成績，就可達到相當滿意的程度。

【練習 5·1-1】試用本節的方法求下列資料的標準化廻歸係數。

入學考 智力 創造力 動機　學業

$$\begin{bmatrix} 1.00 & & & & (對稱) \\ \hline .58 & 1.00 & & & \\ .51 & .54 & 1.00 & & \\ .49 & .46 & .60 & 1.00 & \\ .62 & .39 & .44 & .37 & 1.00 \end{bmatrix}$$

〔答〕

$$\hat{\gamma}_z = \begin{bmatrix} .312 \\ .070 \\ .152 \\ .411 \end{bmatrix}$$

（請參看林清山，民國65年，第 486 至497頁）。

5·2　多變項複迴歸分析

上一節所討論的單變項複迴歸分析，是根據 k 個自變項預測 1 個依變項時所要使用的統計方法。在行爲科學的研究領域裏，我們更常碰到要根據 k 個自變項預測幾個（兩個或兩個以上）依變項的情形，研究者在搜集到受試者的 k 個自變項資料之同時，通常也搜集到受試者的 p 個（$p \geqslant 2$）依變項資料。在這種情形下，使用本節所討論的多變項複迴歸分析 (multivariate linear regression analysis) 來處理這些資料，最能達成預測的目的。

（一）基本原理　多變項複迴歸分析的基本原理與單變項複迴歸分析的基本原理可說是大同小異；不同的地方在於多變項複迴歸分析時，依變項（效標變項）不是只有一個而已。

1. 迴歸係數的求法　首先，我們可以直接使用公式 3·3-2 的一般線性模式來解多變項複迴歸係數。

原始分數時　假定我們有N個受試者，每個人均有 k 個自變項的原始分數和 p 個（$p \geqslant 2$）依變項的原始分數，則進行多變項複迴歸分析時，公式 3·3-2 的一般線性模式是這樣的:

$$\begin{bmatrix} y_{11} & y_{12} & \cdots & y_{1p} \\ y_{21} & y_{22} & \cdots & y_{2p} \\ \vdots & \vdots & & \\ y_{N1} & y_{N2} & \cdots & y_{Np} \end{bmatrix} = \begin{bmatrix} 1 & x_{11} & x_{12} & \cdots & x_{1k} \\ 1 & x_{21} & x_{22} & \cdots & x_{2k} \\ \vdots & \vdots & \vdots & & \vdots \\ 1 & x_{N1} & x_{N2} & \cdots & x_{Nk} \end{bmatrix} \begin{bmatrix} \beta_{01} & \beta_{02} & \cdots & \beta_{0p} \\ \beta_{11} & \beta_{12} & \cdots & \beta_{1p} \\ \vdots & \vdots & & \vdots \\ \beta_{k1} & \beta_{k2} & \cdots & \beta_{kp} \end{bmatrix} + \begin{bmatrix} \varepsilon_{11} & \varepsilon_{12} & \cdots & \varepsilon_{1p} \\ \varepsilon_{21} & \varepsilon_{22} & \cdots & \varepsilon_{2p} \\ \vdots & \vdots & & \vdots \\ \varepsilon_{N1} & \varepsilon_{N2} & \cdots & \varepsilon_{Np} \end{bmatrix}$$

$$\underset{(N\times p)}{\mathbf{Y}} = \underset{(N\times q)}{\mathbf{X}} \quad \underset{(q\times p)}{\mathbf{B}} + \underset{(N\times p)}{\mathbf{E}}$$

〔公式 5•2-1〕

這裏 $q=k+1$，而且必須是 $N>q$。通常我們還要假定矩陣 **Y** 的每一橫列均成多變項常態分配（請復習第 3•4 節）。上式中，**Y** 的期望值是 **XB**，而 **Y** 之變異情形的期望值爲 $\mathbf{I}\otimes\boldsymbol{\Sigma}$。〔註：$\otimes$ 是第 1•1（二）節所討論過的「克羅尼克爾乘積」。$\boldsymbol{\Sigma}$ 是變異數-共變數矩陣〕。在這種情形下，公式 5•2-1 的母數矩陣 **B** 的估計值是：

$$\hat{\mathbf{B}}=(\mathbf{X}'\mathbf{X})^{-1}\mathbf{X}'\mathbf{Y}$$ 〔公式 5•2-2〕

離均差分數時　如果採用離均差分數求多變項複廻歸係數時，就要使用到下列的公式：

$$\underset{(N\times p)}{\mathbf{Y}_d} = \underset{(N\times k)}{\mathbf{D}} \quad \underset{(k\times p)}{\boldsymbol{\Gamma}} + \underset{(N\times p)}{\mathbf{E}}$$ 〔公式 5•2-3〕

這裏，母數矩陣 $\boldsymbol{\Gamma}$ 與原始分數時的 **B** 相似，其不同的地方是沒有截距的部分了，亦即：

$$\boldsymbol{\Gamma} = \begin{bmatrix} \beta_{11} & \beta_{12} & \cdots & \beta_{1p} \\ \beta_{21} & \beta_{22} & \cdots & \beta_{2p} \\ \vdots & \vdots & & \vdots \\ \beta_{k1} & \beta_{k2} & \cdots & \beta_{kp} \end{bmatrix}$$

而矩陣 **D** 的意義仍然如公式 5•1-3 所示，爲不包括單元矩陣在內的離均差分數矩陣。此時，母數矩陣 $\boldsymbol{\Gamma}$ 要用下式來估計：

$$\hat{\boldsymbol{\Gamma}}=(\mathbf{D}'\mathbf{D})^{-1}\mathbf{D}'\mathbf{Y}_d$$ 〔公式 5•2-4〕

計算 $\hat{\boldsymbol{\Gamma}}$ 時，要設依變項和自變項原始資料所構成的 $N\times(p+k)$ 階

矩陣爲$\mathbf{V}$。然後仿照例 3·5-1 的方法，利用公式 3·5-5 或公式 3·5-6 算出矩陣$\mathbf{Q}$，便可得到公式 5·2-4 所須各個矩陣了:

$$\mathbf{Q}=\mathbf{V}'\mathbf{V}-N\bar{\mathbf{v}}\bar{\mathbf{v}}' \qquad \text{(公式 3·5-5)}$$

$$=\left[\begin{array}{c|c} \mathbf{Y}_d'\mathbf{Y}_d & \mathbf{Y}_d'\mathbf{D} \\ \hline \mathbf{D}'\mathbf{Y}_d & \mathbf{D}'\mathbf{D} \end{array}\right] \begin{array}{l} p\text{ 個橫列} \\ k\text{ 個橫列} \end{array}$$

用公式 5·2-4 求出的離均差分數迴歸係數，與用公式 5·2-2 所求出的迴歸係數完全相同，只是截距部分（亦即 β_{01}，β_{02}，…，β_{0p}）消失了。

標準化分數時　如果化爲標準分數時，則一般線性模式變爲:

$$\underset{(N\times p)}{\mathbf{Y}_Z}=\underset{(N\times k)}{\mathbf{Z}}\ \underset{(k\times p)}{\mathbf{\Gamma}_Z}+\underset{(N\times p)}{\mathbf{E}} \qquad \text{〔公式 5·2-5〕}$$

公式中的$\mathbf{\Gamma}_Z$是標準化迴歸係數，與$\mathbf{B}$或$\mathbf{\Gamma}$均有所不同。其不偏估計值$\hat{\mathbf{\Gamma}}_Z$要用依變項和自變項所構成的 $(p+k)\times(p+k)$ 階交互相關係數矩陣$\mathbf{R}$的有關部分來計算。其公式爲:

$$\hat{\mathbf{\Gamma}}_Z=\mathbf{R}_{XX}^{-1}\mathbf{R}_{XY} \qquad \text{〔公式 5·2-6〕}$$

這裏，

$$\mathbf{R}=\left[\begin{array}{c|c} \mathbf{R}_{YY} & \mathbf{R}_{YX} \\ \hline \mathbf{R}_{XY} & \mathbf{R}_{XX} \end{array}\right] \begin{array}{l} p\text{ 個橫列} \\ k\text{ 個橫列} \end{array}$$

2. 迴歸係數的顯著性考驗　用公式 5·2-2，公式 5·2-4 和公式 5·2-6 求出來的迴歸係數是否顯然不同於 0，必須進行顯著性考驗。其方法如下所示:

原始分數時　求出 $\hat{\mathbf{B}}$ 後，考驗是否 $H_0:\mathbf{B}=\mathbf{0}$，要使用下列各公式:

$$\mathbf{Q}_h=(\mathbf{C}\hat{\mathbf{B}})'[\mathbf{C}(\mathbf{X}'\mathbf{X})^{-1}\mathbf{C}']^{-1}(\mathbf{C}\hat{\mathbf{B}})$$
$$=\hat{\mathbf{B}}'\mathbf{X}'\mathbf{X}\hat{\mathbf{B}}$$

$$=\hat{\mathbf{B}}'\mathbf{X}'\mathbf{Y}$$

$$=\mathbf{Y}'\mathbf{X}(\mathbf{X}'\mathbf{X})^{-1}\mathbf{X}'\mathbf{Y} \qquad 〔公式\ 5\cdot2\text{-}7〕$$

（這裏，C是 $q\times q$ 的單元矩陣，亦卽 $\mathbf{C}=\mathbf{I}_q$）

$$\mathbf{Q}_e=\mathbf{Y}'[\mathbf{I}-\mathbf{X}(\mathbf{X}'\mathbf{X})^{-1}\mathbf{X}']\mathbf{Y}$$

$$=\mathbf{Y}'\mathbf{Y}-\hat{\mathbf{B}}'\mathbf{X}'\mathbf{X}\hat{\mathbf{B}}$$

$$=\mathbf{Y}'\mathbf{Y}-\mathbf{Y}'\mathbf{X}(\mathbf{X}'\mathbf{X})^{-1}\mathbf{X}'\mathbf{Y} \qquad 〔公式\ 5\cdot2\text{-}8〕$$

（請對照林淸山，民國63年，第 154 頁各公式）

$$\Lambda=\frac{|\mathbf{Q}_e|}{|\mathbf{Q}_h+\mathbf{Q}_e|}<U_{\alpha,(p,k+1,N-k-1)} \qquad 〔公式\ 5\cdot2\text{-}9〕$$

換言之，將公式 5•2-7 和公式 5•2-8 代入公式 5•2-9 求出的 Λ 值如果小於查附錄表六的 U 値，便要拒絕 H_0: $\mathbf{B}=\mathbf{0}$，而說截距及斜率顯然不同於 0。

離均差分數時　如果使用的是離均差分數，而要考驗各斜率爲 0 之說法，亦卽考驗 H_0: $\mathbf{\Gamma}=\mathbf{0}$，則其考驗的方法如下所示:

首先用下列公式求 $\mathbf{Q}_h$ 和 $\mathbf{Q}_e$:

$$\mathbf{Q}_h=\hat{\mathbf{\Gamma}}'\mathbf{D}'\mathbf{D}\hat{\mathbf{\Gamma}} \qquad 〔公式\ 5\cdot2\text{-}10〕$$

$$\mathbf{Q}_e=\mathbf{Y}_d'\mathbf{Y}_d-\hat{\mathbf{\Gamma}}'\mathbf{D}'\mathbf{D}\hat{\mathbf{\Gamma}} \qquad 〔公式\ 5\cdot2\text{-}11〕$$

如果使用公式 3•5-8 求變異數-共變數矩陣的話，則 $\mathbf{Q}_h$ 和 $\mathbf{Q}_e$ 便是這樣的:

$$\mathbf{Q}_h=\mathbf{S}_{YX}\mathbf{S}_{XX}^{-1}\mathbf{S}_{XY} \qquad 〔公式\ 5\cdot2\text{-}12〕$$

$$\mathbf{Q}_e=\mathbf{S}_{YY}-\mathbf{S}_{YX}\mathbf{S}_{XX}^{-1}\mathbf{S}_{XY} \qquad 〔公式\ 5\cdot2\text{-}12〕$$

這裏，
$$\mathbf{S}=\left[\begin{array}{c|c}\mathbf{S}_{YY} & \mathbf{S}_{YX}\\ \hline \mathbf{S}_{XY} & \mathbf{S}_{XX}\end{array}\right]\begin{array}{l}p\text{ 個橫列}\\ k\text{ 個橫列}\end{array}$$

其次，要將 $\mathbf{Q}_h$ 和 $\mathbf{Q}_e$ 代入下列公式求特徵值:

$$|\mathbf{Q}_h-\lambda\mathbf{Q}_e|=0 \qquad 〔公式\ 5\cdot2\text{-}13〕$$

解公式 5·2-13 的特徵值便是解所謂「雙矩陣特徵值問題」，必須使用我們在第 2·4（四）節的特殊方法，纔能解出特徵值 λ〔請復習公式 2·4-17 至公式 2·4-22〕。公式 5·2-13 可先改為下式:

$$|\mathbf{Q}_e^{-1}\mathbf{Q}_h-\lambda\mathbf{I}|=0 \qquad \text{〔公式 5·2-14〕}$$

此時公式 5·2-14 便具有公式 2·4-3 的形式，可以用第 2·4 節所討論的方法解出 λ 值。惟，公式 5·2-14 的 $\mathbf{Q}_e^{-1}\mathbf{Q}_h$ 是個不對稱的矩陣，在某些必須對稱矩陣纔能解出 λ 值的電算機程式裏，使用公式5·2-14 頗不方便。如果用表 1·2-2 所示的柯勒斯基因式分解法，將公式 5·2-14 中的矩陣 $\mathbf{Q}_e^{-1}$ 分解為下式所示的三角矩陣，然後再代入公式 5·2-15，便可解出 λ 值來:

$$\mathbf{Q}_e^{-1}=(\mathbf{T}_e^{-1})'\mathbf{T}_e^{-} \qquad \text{（公式 1·2-10）}$$

$$|\mathbf{T}_e^{-1}\mathbf{Q}_h(\mathbf{T}_e^{-1})'-\lambda\mathbf{I}|=0 \qquad \text{〔公式 5·2-15〕}$$

公式 5·2-15 的 $\mathbf{T}_e^{-1}\mathbf{Q}_h(\mathbf{T}_e^{-1})'$ 是對稱矩陣，在 $\mathbf{Q}_e$ 和 $\mathbf{Q}_h$ 為三階以上的矩陣時，要解 λ 值將變為十分方便，尤其是使用表 7·1-4 的反覆解法時更是這樣〔請注意：如果求特徵向量，則須用公式 2·4-22 調整〕。

用公式 5·2-14 或公式 5·2-15 解出 λ 值後，便可代入下式求出 Λ 值，並判斷 H_0: $\mathbf{\Gamma}=\mathbf{0}$ 是否應予拒絕:

$$\Lambda=\prod_{i=1}^{s}(1+\lambda_i)^{-1}<U_{\alpha,(p,k,N-k-1)}$$

這裏， $s=\min(k,p)$ 〔公式 5·2-16〕

如果代入公式 5·2-16 計算的 Λ 值小於查附錄表六的 U 值，便要拒絕虛無假設。

3. 個別迴歸係數的信賴區間 利用公式 5·2-2 求出截距及斜率的 $\hat{\mathbf{B}}$ 矩陣後，我們可使用下式估計各元素的信賴區間:

$$\hat{\beta}_{ij}-t_{\frac{\alpha}{2},(N-k-1)}\hat{\sigma}_{\hat{\beta}ij}\leqslant\beta_{ij}\leqslant\hat{\beta}_{ij}+t_{\frac{\alpha}{2},(N-k-1)}\hat{\sigma}_{\hat{\beta}ij}$$

〔公式 5‧2-17〕

上式中的 $\hat{\sigma}_{\hat{\beta}ij}$ 是B矩陣中第 ij 個係數的估計標準誤，可由 $\boldsymbol{\Sigma}\otimes(\mathbf{X}'\mathbf{X})^{-1}$即 $\boldsymbol{\Sigma}\otimes\mathbf{G}$ 矩陣中來推知，因爲它係代表 B 的分散情形。這裏 $\boldsymbol{\Sigma}$ 的不偏估計數是變異數-共變數矩陣 S，亦即:

$$\mathbf{S}=\frac{\mathbf{Q}_e}{N-q}=\frac{\mathbf{Y}'\mathbf{Y}-\hat{\mathbf{B}}'\mathbf{X}'\mathbf{X}\hat{\mathbf{B}}}{N-q}$$

〔公式 5‧2-18〕

實際的計算過程，可由下面的計算實例中看出來。

4. 預測用變項的相對重要性　仿照公式 5‧1-24，也可以算出「廻歸因素結構係數」，以供我們判斷那一些自變項對依變項之變異較具預測力。公式 5‧1-24 須用的決定係數之平方根，亦即複相關係數，只要用下式便可求出:

$$[diag\,(\mathbf{R}_{YX}\,\mathbf{R}_{XX}^{-1}\,\mathbf{R}_{XY})]^{\frac{1}{2}}=[diag\,(\mathbf{R}_{YX}\,\hat{\boldsymbol{\Gamma}}_{Z})]^{\frac{1}{2}}$$

$$=\begin{bmatrix} R_1 & 0 & \cdots & 0 \\ 0 & R_2 & \cdots & 0 \\ \vdots & \vdots & & \vdots \\ 0 & 0 & \cdots & R_p \end{bmatrix}$$

〔公式 5‧2-19〕

(請對照公式 5‧1-20，以幫助了解公式 5‧2-19 的意義)。求出 R_1, R_2，…，R_p 之後，將 $\mathbf{R}_{YX}$ 的 p 個行向量分別依次除以 R_1，R_2，…，R_p，便可得到 p 個表示預測分數與依變項分數之相關的行向量 $\mathbf{r}_{Xi\hat{y}}$ 了。由這 p 個行向量 $\mathbf{r}_{Xi\hat{y}}$ 可看出那一些自變項在那一個依變項方面最具有預測力。

如果要看那一些自變項對 p 個依變項合併起來而言最有預測力，則要使用平均決定係數向量 $\bar{\mathbf{r}}^2_{Xi\hat{y}}$。首先要將 $\mathbf{r}_{Xi\hat{y}}$ 的各元素予以平方，然後各自變項的 p 個 $r_{Xi\hat{y}}$ 相加，再予平均，便可以得到 $\bar{\mathbf{r}}^2_{Xi\hat{y}}$。由此一行向量內的各元素，亦即平均決定係數，可以看出一般說來 k 個自變項之中那些自變項最具重要性。在使用此一方法之同時，如果也用下式幫助判斷，更可以看出那一個自變項最具重要性:

$$diag\,[\mathbf{R}_{XY}\,\mathbf{R}_{YY}^{-1}\,\mathbf{R}_{YX}] \qquad \text{〔公式 5·2-20〕}$$

5. 淘汰較不重要的自變項　如果研究者決定將 k 個自變項中的 m 個重要自變項部分（第一部分）保留，而淘汰其餘（$k-m$）個自變項部分（第二部分），則正如單變項複迴歸分析時須用公式 5·1-25 考驗是否 $H_0: \boldsymbol{\beta}_2=\mathbf{0}$ 一樣，在多變項複迴歸分析時也要考驗 $H_0: \mathbf{B}_2=\mathbf{O}$ 是否爲眞。如果考驗結果 $H_0: \mathbf{B}_2=\mathbf{O}$ 被接受，便表示淘汰這（$k-m$）個自變項並無多大影響；換言之，只用保留下來的 m 個自變項便能有效預測依變項的變異。考驗的方法仍然和公式 5·2-13 至公式 5·2-16 同樣，只是用被淘汰的（$k-m$）個自變項之資料重新計算一次而已，所以不再重提。

6. 迴歸係數矩陣的分割　在 Finn (1974, pp. 137-150) 所倡用的一種「逐步排除法」(stepwise elimination) 裏可將原始分數迴歸係數矩陣轉換爲一個 $\boldsymbol{U}$ 矩陣，使 $\boldsymbol{U}$ 矩陣的元素成爲「半淨迴歸係數」(semipartial regression coefficient)。與矩陣 $\hat{\mathbf{B}}$ 同樣的，矩陣 $\mathbf{U}$ 的每一縱行就是每一個依變項的迴歸係數。與矩陣 $\hat{\mathbf{B}}$ 不同的地方在於矩陣 $\mathbf{U}$ 的每一橫列却是該一自變項的半淨迴歸係數，這種迴歸係數是在該一自變項之前的各自變項的影響力已經排除之後的純迴歸係數。完成這種功能的方法是用「格拉姆-斯密特法」〔復習第 2·2（三）節〕將模式矩陣 $\mathbf{X}$ 予以正交正規化，使 $\mathbf{X}^*$ 的縱行在每一階步裏均與前面的縱行成正交（彼此沒有相關）。使用格拉姆-斯密特法後，矩陣 $\mathbf{X}$ 成爲:

$$\mathbf{X}=\mathbf{X}^*\mathbf{T}' \qquad \text{（公式 2·2-4）}$$

有了三角矩陣 $\mathbf{T}'$ 之後，便可將矩陣 $\hat{\mathbf{B}}$ 轉換爲上述的矩陣 $\mathbf{U}$ 了:

$$\mathbf{U}=\mathbf{T}'\hat{\mathbf{B}}$$ 〔公式 5·2-21〕

最值得注意的是矩陣U具有下面所描述的性質:

$$\mathbf{U}=\begin{bmatrix} \mathbf{u}_1' \\ \hline \mathbf{u}_2' \\ \hline \mathbf{u}_3' \\ \hline \vdots \\ \hline \mathbf{u}_{k+1}' \end{bmatrix} \begin{matrix} \text{截距} \\ \mathbf{x}_1\text{，去掉截距的影響力} \\ \mathbf{x}_2\text{，去掉截距和 } \mathbf{x}_1 \text{ 的影響力} \\ \vdots \\ \mathbf{x}_k\text{，去掉截距，}\mathbf{x}_1\text{，}\mathbf{x}_2\text{，}\cdots\text{，}\mathbf{x}_{k-1}\text{ 的影響力} \end{matrix}$$

p 縱行 〔公式 5·2-22〕

我們可依需要和假設的不同，分別算出 $\mathbf{u}_1\mathbf{u}_1'$, $\mathbf{u}_2\mathbf{u}_2'$, $\cdots$, $\mathbf{u}_{k+1}\mathbf{u}_{k+1}'$ 等，每一個部分均為一個 $p\times p$ 階矩陣，而且每一個部分皆已去掉其前面部分之影響力。這些部分之總和正好是「迴歸變異」$\hat{\mathbf{B}}'\mathbf{X}'\mathbf{X}\hat{\mathbf{B}}$:

$$\begin{aligned}\Sigma\mathbf{u}\mathbf{u}'&=\mathbf{U}'\mathbf{U}\\&=\hat{\mathbf{B}}'\mathbf{T}\mathbf{T}'\hat{\mathbf{B}}\\&=\hat{\mathbf{B}}'\mathbf{X}'\mathbf{X}\hat{\mathbf{B}}\\&=\mathbf{Q}_h\end{aligned}$$ 〔公式 5·2-23〕

換言之，經過上面的轉換後，$\mathbf{Q}_h$ 可以分割為幾個彼此正交（獨立）的部分。由於公式 5·2-23 這種性質，公式 5·2-8 變為:

$$\mathbf{Q}_e=\mathbf{Y}'\mathbf{Y}-\mathbf{U}'\mathbf{U}$$ 〔公式 5·2-24〕

分割出來的 $\mathbf{u}_1\mathbf{u}_1'$, $\mathbf{u}_2\mathbf{u}_2'$, $\cdots$, $\mathbf{u}_{k+1}\mathbf{u}_{k+1}'$ 等，每一部分的自由度均為 1，因此，$\mathbf{U}'\mathbf{U}$ 的總自由度為 $k+1$，即 $\mathbf{Q}_h$ 的自由度。這些部分，均可單獨或幾部分合併起來進行假設考驗。其公式仍為:

$$\Lambda=\frac{|\mathbf{Q}_e|}{|\mathbf{Q}_h+\mathbf{Q}_e|}<U_{\alpha,(p,v_h,v_e)}$$ 〔公式 5·2-25〕

譬如說，我們要考驗的第一個假設為截距是否為 0，則要設 $\mathbf{Q}_{h1}=\mathbf{u}_1\mathbf{u}_1'$，其自由度為 1；要考驗的第二個假設為第一至第三個自變項的斜率是否爲 0，則要設 $\mathbf{Q}_{h2}=\mathbf{u}_2\mathbf{u}_2'+\mathbf{u}_3\mathbf{u}_3'+\mathbf{u}_4\mathbf{u}_4'$，因爲由三部分的 $\mathbf{uu}'$ 所構成，所以 $\mathbf{Q}_{h2}$ 的自由度爲 3；要考驗的第三個假設爲第四第五兩個自變項的斜率是否爲 0，則要設 $\mathbf{Q}_{h3}=\mathbf{u}_5\mathbf{u}_5'+\mathbf{u}_6\mathbf{u}_6'$，自由度爲 2。如此類推。

7. 依變項的重要性分析 上面所描述的逐步排除法（stepwise procedure）乃是針對「自變項」的分析而言。Finn（1974, pp. 157–160）更進一步介紹 Roy（1958）所創始採用的「降步分析法」（step-down analysis）以考驗 p 個依變項之中，各依變項在其前的依變項之影響力排除之後所佔的重要性。因此，這裏我們所說的降步分析法是針對「依變項」的分析而言。

進行降步分析時，要使用到假設矩陣 $\mathbf{Q}_h$ 和誤差矩陣 $\mathbf{Q}_e$。研究者可以分析假設中所提到的自變項與第一個依變項的關係；可以分析這些自變項與第二個依變項在去掉第一個依變項的影響力後的關係；可以分析這些自變項與第三個依變項在去掉第一和第二個依變項的影響力後的關係；如此類推。

計算之前，要利用柯勒斯基因式分解法（參看表 1·2–2）將矩陣 $\mathbf{Q}_e$ 分解爲三角矩陣，亦即：

$$\mathbf{Q}_e=\mathbf{T}_e\mathbf{T}_e' \qquad \text{（公式 1·2-8）}$$

其次，設 $\mathbf{Q}_t=\mathbf{Q}_h+\mathbf{Q}_e$，利用同法將矩陣 $\mathbf{Q}_t$ 分解爲三角矩陣，亦即：

$$\mathbf{Q}_t=\mathbf{T}_t\mathbf{T}_t' \qquad \text{（公式 1·2-8）}$$

因此第 j 個依變項在去掉第 1 至第（$1-j$）個依變項的影響力之後是否仍然與假設中所提的自變項有關呢，就可以用下式來考驗：

$$F_j=\frac{[t_t]_{jj}^2-[t_e]_{jj}^2}{[t_e]_{jj}^2}\cdot\frac{n_e-j+1}{n_h} \qquad \text{〔公式 5·2-26〕}$$

自由度爲（n_h, n_e-j+1）。這裏，n_h 是指假設矩陣 $\mathbf{Q}_h$ 的自由度，視

$\mathbf{Q}_h$ 是由多少個 $\mathbf{uu}'$ 相加起來而定。n_e 是 $\mathbf{Q}_e$ 的自由度，等於 $N-q$。而 j 是指依變項依某自然次序排列時的先後次序，例如要考驗第一個依變項時，$j=1$，考驗第二個依變項時，$j=2$，如此類推。

進行這類降步分析時，最好自最後一個依變項開始考驗，然後考驗倒數第二個依變項，如此反向進行，最後纔考驗第一個依變項。如果考驗到第 j 個依變項時，代入公式 5·2-26 的 F 值未達顯著水準，則表示排除第 1 至第（$j-1$）個依變項之影響力之後，第 j 個依變項與假設中所提的自變項沒有什麼關係存在。於是再倒回頭考驗第（$j-1$）個依變項的顯著性。如此進行，直到 F 值達到顯著水準時為止。如果碰不到顯著的 F 值，便要接受虛無假設。

（二）計算過程　現在，要以例 5·2-1 來幫助說明多變項複迴歸分析的實際計算過程。

【例 5·2-1】 某研究者要根據高中三年級學生的學科成就測驗（X_1）、智力測驗（X_2）、創造力測驗（X_3）、學習態度測驗（X_4）、和焦慮測驗（X_5）等項成績來預測大學入學考學科成績（Y_1）和術科成績（Y_2）。表 5·2-1 是根據十六名去年參加大學入學考學科和術科考試的學生所得到的資料。試用 $\alpha=.05$，就該項資料進行多變項複迴歸分析。

1. 以例 5·2-1 而言，公式 5·2-1 的一般線性模式應為:

$$\underset{(16\times 2)}{\mathbf{Y}} = \underset{(16\times 6)}{\mathbf{X}} \quad \underset{(6\times 2)}{\mathbf{B}} + \underset{(16\times 2)}{\mathbf{E}}$$

$$\begin{bmatrix} 51 & 20 \\ 70 & 42 \\ 60 & 46 \\ \vdots & \vdots \\ 63 & 32 \end{bmatrix} = \begin{bmatrix} 1 & 78 & 103 & 9 & 27 & 35 \\ 1 & 88 & 108 & 16 & 29 & 19 \\ 1 & 71 & 111 & 21 & 27 & 35 \\ \vdots & \vdots & \vdots & \vdots & \vdots & \vdots \\ 1 & 71 & 113 & 10 & 23 & 30 \end{bmatrix} \begin{bmatrix} \beta_{01} & \beta_{02} \\ \beta_{11} & \beta_{12} \\ \beta_{21} & \beta_{22} \\ \beta_{31} & \beta_{32} \\ \beta_{41} & \beta_{42} \\ \beta_{51} & \beta_{52} \end{bmatrix} + \begin{bmatrix} \varepsilon_{11} & \varepsilon_{12} \\ \varepsilon_{21} & \varepsilon_{22} \\ \varepsilon_{31} & \varepsilon_{32} \\ \vdots & \vdots \\ \varepsilon_{16,1} & \varepsilon_{16,2} \end{bmatrix}$$

$$
\mathbf{X'X} = \begin{bmatrix} 16 & & & & & (對稱) \\ 1196 & 91996 & & & & \\ 1748 & 131799 & 192060 & & & \\ 248 & 18700 & 27182 & 4160 & & \\ 444 & 33557 & 48694 & 6895 & 13380 & \\ 584 & 43351 & 63420 & 8895 & 16480 & 22962 \end{bmatrix}
$$

表 5・2-1　五項測驗成績和兩項聯考成績

受試者	Y_1	Y_2	X_1	X_2	X_3	X_4	X_5
1	51	20	78	103	9	27	35
2	70	42	88	108	16	29	19
3	60	46	71	111	21	27	35
4	71	45	75	109	19	40	20
5	79	39	85	114	22	25	42
6	69	32	79	112	13	33	43
7	70	40	76	120	17	40	39
8	74	30	84	115	11	32	50
9	50	15	43	96	8	29	48
10	62	38	80	105	12	33	50
11	81	50	92	116	21	38	42
12	44	31	50	101	20	22	30
13	59	42	65	92	18	20	48
14	61	25	73	108	17	10	31
15	80	29	86	125	14	16	22
16	63	32	71	113	10	23	30
M	65.25	34.75	74.75	109.25	15.50	27.75	36.50
SD	10.988	9.706	13.153	8.528	4.590	8.402	10.475

$$
\hat{\mathbf{B}} = (\mathbf{X'X})^{-1}\mathbf{X'Y} \qquad \text{(公式 5・2-2)}
$$

$$
=\begin{bmatrix}
16.87408 & & & & & (對稱) \\
.03353 & .00073 & & & & \\
-.15146 & -.00074 & .00182 & & & \\
-.05249 & -.00018 & .00004 & .00341 & & \\
.00425 & -.00011 & -.00015 & -.00007 & .00107 & \\
-.05687 & -.00004 & .00031 & .00031 & -.00024 & .00074
\end{bmatrix}
$$

$$
\times\begin{bmatrix}
1044 & 556 \\
79828 & 42456 \\
115141 & 61053 \\
16401 & 9110 \\
29348 & 15952 \\
37945 & 20121
\end{bmatrix}
=\begin{bmatrix}
-39.6800 & 4.0425 \\
.4309 & .2840 \\
.5488 & -.2127 \\
.3828 & 1.4353 \\
.0700 & .4244 \\
.1337 & -.0359
\end{bmatrix}
\begin{matrix}
(截距) \\ 成就 \\ 智力 \\ 創造 \\ 態度 \\ 焦慮
\end{matrix}
$$

$$\mathbf{Q}_h=\hat{\mathbf{B}}'\mathbf{X}'\mathbf{X}\hat{\mathbf{B}}=\hat{\mathbf{B}}'\mathbf{X}'\mathbf{Y} \qquad (公式\ 5\cdot2\text{-}7)$$

$$=\begin{bmatrix} 69575.5737 & 37036.6699 \\ 37036.6699 & 20443.5967 \end{bmatrix}$$

$$\mathbf{Q}_e=\mathbf{Y}'\mathbf{Y}-\hat{\mathbf{B}}'\mathbf{X}'\mathbf{X}\hat{\mathbf{B}} \qquad (公式\ 5\cdot2\text{-}8)$$

$$=\begin{bmatrix} 69932 & 37083 \\ 37083 & 20734 \end{bmatrix}-\begin{bmatrix} 69575.5737 & 37036.6699 \\ 37036.6699 & 20443.5967 \end{bmatrix}$$

$$=\begin{bmatrix} 356.4263 & 46.3301 \\ 46.3301 & 290.4033 \end{bmatrix}$$

2. 設表 5•2-1 的資料爲矩陣 **V**，它是 16×7 階矩陣。代入公式 3•5-5 得:

$$\mathbf{Q}=\mathbf{V}'\mathbf{V}-N\bar{\mathbf{v}}\bar{\mathbf{v}}' \qquad (公式\ 3\cdot5\text{-}5)$$

$$
=\left[\begin{array}{ccccccc}
69932 & & & & & & \text{(對稱)} \\
37083 & 20734 & & & & & \\
79828 & 42456 & 91996 & & & & \\
115141 & 61053 & 131799 & 192060 & & & \\
16401 & 9110 & 18700 & 27182 & 4160 & & \\
29348 & 15952 & 33557 & 48694 & 6895 & 13380 & \\
37945 & 20121 & 43351 & 63420 & 8895 & 16480 & 22962
\end{array}\right]
$$

$$
-\left[\begin{array}{ccccccc}
68121 & & & & & & \text{(對稱)} \\
36279 & 19321 & & & & & \\
78039 & 41561 & 89401 & & & & \\
114057 & 60743 & 130663 & 190969 & & & \\
16182 & 8618 & 18538 & 27094 & 3844 & & \\
28971 & 15429 & 33189 & 48507 & 6882 & 12321 & \\
38106 & 20294 & 43654 & 63802 & 9052 & 16206 & 21316
\end{array}\right]
$$

$$
=\left[\begin{array}{cc|ccccc}
1811 & & & & & & \text{(對稱)} \\
804 & 1413 & & & & & \\
\hline
1789 & 895 & 2595 & & & & \\
1084 & 310 & 1136 & 1091 & & & \\
219 & 492 & 162 & 88 & 316 & & \\
377 & 523 & 368 & 187 & 13 & 1059 & \\
-161 & -173 & -303 & -382 & -157 & 274 & 1646
\end{array}\right]
\begin{array}{l}
\text{學科} \\ \text{術科} \\ \text{成就} \\ \text{智力} \\ \text{創造} \\ \text{態度} \\ \text{焦慮}
\end{array}
$$

$$
=\left[\begin{array}{c|c}
\mathbf{Y}_d'\mathbf{Y}_d & \mathbf{Y}_d'\mathbf{D} \\
\hline
\mathbf{D}'\mathbf{Y}_d & \mathbf{D}'\mathbf{D}
\end{array}\right]
$$

$$
\hat{\mathbf{\Gamma}}=(\mathbf{D}'\mathbf{D})^{-1}\mathbf{D}'\mathbf{Y}_d \qquad \text{(公式 5·2-4)}
$$

$$
= \begin{bmatrix} .00073 & & & & (\text{對稱}) \\ -.00074 & .00182 & & & \\ -.00018 & .00004 & .00341 & & \\ -.00011 & -.00015 & -.00007 & .00107 & \\ -.00004 & .00031 & .00031 & -.00024 & .00074 \end{bmatrix}
$$

$$
\times \begin{bmatrix} 1789 & 895 \\ 1084 & 310 \\ 219 & 492 \\ 377 & 523 \\ -161 & -173 \end{bmatrix} = \begin{bmatrix} .4309 & .2840 \\ .5488 & -.2127 \\ .3828 & 1.4353 \\ .0700 & .4244 \\ .1337 & -.0359 \end{bmatrix} \begin{matrix} \text{成就} \\ \text{智力} \\ \text{創造} \\ \text{態度} \\ \text{焦慮} \end{matrix}
$$

$$
\mathbf{Q}_h = \hat{\mathbf{\Gamma}}'\mathbf{D}'\mathbf{D}\hat{\mathbf{\Gamma}} \qquad (\text{公式 } 5\cdot2\text{-}10)
$$

$$
= \begin{bmatrix} 1454.5737 & 757.6699 \\ 757.6699 & 1122.5967 \end{bmatrix}
$$

$$
\mathbf{Q}_e = \mathbf{Y}_d'\mathbf{Y}_d - \hat{\mathbf{\Gamma}}'\mathbf{D}'\mathbf{D}\hat{\mathbf{\Gamma}} \qquad (\text{公式 } 5\cdot2\text{-}11)
$$

$$
= \begin{bmatrix} 1811 & 804 \\ 804 & 1413 \end{bmatrix} - \begin{bmatrix} 1454.5737 & 757.6699 \\ 757.6699 & 1122.5967 \end{bmatrix}
$$

$$
= \begin{bmatrix} 356.4263 & 46.3301 \\ 46.3301 & 290.4033 \end{bmatrix}
$$

3. 利用公式 3•5-8 和公式 3•5-10 繼續計算，可將上面用公式 3•5-5 算出的 Q 矩陣轉換為 R 矩陣：

$$
\mathbf{R} = \left[\begin{array}{cc|ccccc} 1.0000 & & & & & & (\text{對稱}) \\ .5026 & 1.0000 & & & & & \\ \hline .8252 & .4674 & 1.0000 & & & & \\ .7712 & .2497 & .6751 & 1.0000 & & & \\ .2895 & .7363 & .1789 & .1499 & 1.0000 & & \\ .2722 & .4275 & .2220 & .1740 & .0225 & 1.0000 & \\ -.0933 & -.1134 & -.1466 & -.2851 & -.2177 & .2075 & 1.0000 \end{array}\right]
$$

$$=\left[\begin{array}{c|c} \mathbf{R}_{YY} & \mathbf{R}_{YX} \\ \hline \mathbf{R}_{XY} & \mathbf{R}_{XX} \end{array}\right]$$

$$\hat{\mathbf{\Gamma}}_Z=\mathbf{R}_{XX}^{-1}\mathbf{R}_{XY} \qquad \text{(公式 5·2-6)}$$

$$=\begin{bmatrix} 1.9032 & & & & \\ -1.2490 & 1.9871 & & & \\ -.1653 & .0206 & 1.0760 & & \\ -.1860 & -.1561 & -.0375 & 1.1348 & \\ -.0744 & .4202 & .2237 & -.3154 & 1.2230 \end{bmatrix}$$

$$\times\begin{bmatrix} .8252 & .4674 \\ .7712 & .2497 \\ .2895 & .7363 \\ .2722 & .4275 \\ -.0933 & -.1134 \end{bmatrix}=\begin{bmatrix} .5158 & .3849 \\ .4260 & -.1869 \\ .1599 & .6787 \\ .0536 & .3674 \\ .1275 & -.0388 \end{bmatrix}\begin{array}{l} \text{成就} \\ \text{智力} \\ \text{創造} \\ \text{態度} \\ \text{焦慮} \end{array}$$

4. 進行考驗 H_0: $\hat{\mathbf{\Gamma}}=\mathbf{O}$ 的多變項變異數分析 (MANOVA): 其結果如表 5·2-2 所示。表中, $\mathbf{Q}_h=\hat{\mathbf{\Gamma}}'\mathbf{D}'\mathbf{D}\hat{\mathbf{\Gamma}}$ 是用公式 5·2-10 求得

表 5·2-2　考驗 H_0: $\hat{\mathbf{\Gamma}}=\mathbf{O}$ 的多變項變異數分析

來　源	df	SSCP	
依變項平均	1	$\begin{bmatrix} 68121 & 36279 \\ 36279 & 19321 \end{bmatrix}$	$=\mathbf{N\bar{y}\bar{y}'}$
廻歸係數	$k=5$	$\begin{bmatrix} 1454.5737 & 757.6699 \\ 757.6699 & 1122.5967 \end{bmatrix}$	$=\mathbf{Q}_h$
殘餘誤差	$N-k-1$ $=10$	$\begin{bmatrix} 356.4263 & 46.3301 \\ 46.3301 & 290.4033 \end{bmatrix}$	$=\mathbf{Q}_e$
總　　和	$N=16$	$\begin{bmatrix} 69932 & 37083 \\ 37083 & 20734 \end{bmatrix}$	$=\mathbf{Y'Y}$

的。$\mathbf{Q}_e$ 是用公式 5•2-11 或公式 5•2-8 求得的。我們可以看出：$\mathbf{Q}_h+\mathbf{Q}_e=\mathbf{Y}_d{}'\mathbf{Y}_d$。表中「依變項平均」的離均差平方和-交乘積和 (SSCP) 矩陣是：

$$N\bar{\mathbf{y}}\bar{\mathbf{y}}'=16\begin{bmatrix}65.25\\34.75\end{bmatrix}[65.25\ \ 34.75]=\begin{bmatrix}68121 & 36279\\36279 & 19321\end{bmatrix}$$

由表中還可以看出 $\mathbf{Y}'\mathbf{Y}=\mathbf{Y}_d{}'\mathbf{Y}_d+N\bar{\mathbf{y}}\bar{\mathbf{y}}'$。

接著，便可以利用表 5•2-2 的 $\mathbf{Q}_h$ 和 $\mathbf{Q}_e$ 矩陣，代入公式 5•2-14 和公式 5•2-16 來考驗 $\mathbf{\Gamma}$ 矩陣的顯著性：

$$\mathbf{Q}_e^{-1}\mathbf{Q}_h=\begin{bmatrix}.002865 & -.000457\\-.000457 & .003516\end{bmatrix}\begin{bmatrix}1454.5737 & 757.6699\\757.6699 & 1122.5967\end{bmatrix}$$

$$=\begin{bmatrix}3.8211 & 1.6576\\1.9994 & 3.6012\end{bmatrix}$$

$$|\mathbf{Q}_e^{-1}\mathbf{Q}_h-\lambda\mathbf{I}|=0 \qquad \text{（公式 5•2-14）}$$

亦即 $$\begin{vmatrix}3.8211-\lambda & 1.6576\\1.9994 & 3.6012-\lambda\end{vmatrix}=0$$

或 $$\lambda^2-7.4223\lambda+10.4463=0$$

$$\lambda=\frac{-(-7.4223)\pm\sqrt{(-7.4223)^2-4(10.4463)}}{2}$$

解得：$\lambda_1=5.5349 \qquad \lambda_2=1.8873$

如果用公式 5•2-15 解 λ 值，則先要用表 1•2-2 的柯勒斯基法解出 $\mathbf{T}^{-1}$。其結果爲：

表 5·2-3　$\mathbf{Q}_e$ 的柯勒斯基因式分解

$\mathbf{Q}_e$	$\mathbf{I}$	356.4263	46.3301	1	0
		46.3301	290.4033	0	1
$\mathbf{T}_e'$	$\mathbf{T}_e^{-1}$	18.879256	2.454022	.052968	0
		0	16.863602	−.007708	.059299

故，$\mathbf{T}_e^{-1}\mathbf{Q}_h(\mathbf{T}_e^{-1})'$

$$=\begin{bmatrix} .052968 & 0 \\ -.007708 & .059299 \end{bmatrix}\begin{bmatrix} 1454.5737 & 757.6699 \\ 757.6699 & 1122.5967 \end{bmatrix}$$

$$\times\begin{bmatrix} .052968 & -.007708 \\ 0 & .059299 \end{bmatrix}=\begin{bmatrix} 4.0810 & 1.7859 \\ 1.7859 & 3.3413 \end{bmatrix}$$

$$|\mathbf{T}_e^{-1}\mathbf{Q}_h(\mathbf{T}_e^{-1})'-\lambda\mathbf{I}|=0 \qquad \text{(公式 5·2-15)}$$

即 $\begin{vmatrix} 4.0810-\lambda & 1.7859 \\ 1.7859 & 3.3413-\lambda \end{vmatrix}=0$

解得：$\lambda_1=5.5349 \qquad \lambda_2=1.8873$

將所求得的 λ 值代入公式 5·2-16，得：

$$\Lambda=\left(\frac{1}{1+5.5349}\right)\left(\frac{1}{1+1.8873}\right)=.053$$

比查附錄表六的 $U_{.05,(2,5,10)}=.182643$ 爲小，故應拒絕 $H_0:\mathbf{\Gamma}=\mathbf{0}$，亦即本研究的廻歸係數矩陣顯然不同於 0。

5. 求個別廻歸係數的信賴區間：用公式 5·2-2 求出的 6×2 階廻歸係數矩陣 $\hat{\mathbf{B}}$ 的每一個個別的廻歸係數，要使用公式 5·2-17 來考驗其顯著性。

公式 5·2-17 中的 $\hat{\sigma}_{\hat{\beta}ij}$ 就是 $\mathbf{\Sigma}\otimes(\mathbf{X}'\mathbf{X})^{-1}$ 矩陣對角線元素之不偏估計值，而 $\mathbf{\Sigma}$ 的不偏估計數正就是用公式 5·2-18 計算出來的變異

數-共變數矩陣 **S**:

$$\mathbf{S}=\frac{\mathbf{Q}_e}{N-q}=\frac{1}{16-6}\begin{bmatrix}356.4263 & 46.3301\\ 46.3301 & 290.4033\end{bmatrix}$$

$$=\begin{bmatrix}35.6426 & 4.6330\\ 4.6330 & 29.0403\end{bmatrix}$$

$$\begin{matrix} & \text{學科} & \text{術科}\\ diag\,\mathbf{S}= & [35.6426 & 29.0403]\end{matrix}$$

設 $(\mathbf{X'X})^{-1}=\mathbf{G}$

$$diag\,\mathbf{G}=\begin{bmatrix}16.87408\\ .00073\\ .00182\\ .00341\\ .00107\\ .00074\end{bmatrix}\begin{matrix}\text{(截距)}\\ \text{成就}\\ \text{智力}\\ \text{創造}\\ \text{態度}\\ \text{焦慮}\end{matrix}$$

所以:

$$\hat{\sigma}_{\hat{\beta}i_j}=\begin{matrix} \text{學科} & \text{術科} & \\ \left[\begin{matrix}24.524 & 22.137\\ .161 & .146\\ .255 & .230\\ .349 & .315\\ .195 & .176\\ .162 & .147\end{matrix}\right] & & \begin{matrix}\text{(截距)}\\ \text{成就}\\ \text{智力}\\ \text{創造}\\ \text{態度}\\ \text{焦慮}\end{matrix}\end{matrix}$$

這裏 $\hat{\sigma}_{\hat{\beta}01}=\sqrt{35.6426\times16.87408}$ $\quad\hat{\sigma}_{\hat{\beta}02}=\sqrt{29.0403\times16.87408}$

$=24.524$ $\quad=22.137$

$\hat{\sigma}_{\hat{\beta}11}=\sqrt{35.6426\times.00073}$ $\quad\hat{\sigma}_{\hat{\beta}12}=\sqrt{29.0403\times.00073}$

$=.161$ $\quad=.146$

(如此類推)。

定 $\alpha=.05$，則 $t_{\frac{.05}{2},(16-5-1)}=2.228$。代入公式 5·2-17 得:

$$-94.319\leqslant\beta_{01}\leqslant14.959 \qquad -45.279\leqslant\beta_{02}\leqslant53.364$$
$$.072\leqslant\beta_{11}\leqslant.790 \qquad -.041\leqslant\beta_{12}\leqslant.609$$
$$-.019\leqslant\beta_{21}\leqslant1.117 \qquad -.725\leqslant\beta_{22}\leqslant.230$$
$$-.396\leqslant\beta_{31}\leqslant1.159 \qquad .733\leqslant\beta_{32}\leqslant2.137$$
$$-.364\leqslant\beta_{41}\leqslant.504 \qquad .032\leqslant\beta_{42}\leqslant.817$$
$$-.227\leqslant\beta_{51}\leqslant.495 \qquad -.363\leqslant\beta_{52}\leqslant.292$$

6. 用公式 5·2-19 求復相關係數，以便看出各自變項對各依變項的相對重要性:

$$\mathbf{R}_{YX}\mathbf{R}_{XX}^{-1}\mathbf{R}_{XY}=\mathbf{R}_{YX}\hat{\mathbf{\Gamma}}_z$$
$$=\begin{bmatrix}.803 & .474\\ .474 & .794\end{bmatrix}$$

$$[diag\ \mathbf{R}_{YX}\mathbf{R}_{XX}^{-1}\mathbf{R}_{XY}]^{\frac{1}{2}}=\begin{bmatrix}.896 & 0\\ 0 & .891\end{bmatrix}$$

將矩陣 $\mathbf{R}_{XY}$ 的第一縱行除以 .896，第二縱行除以 .891 便得:

學科　　　　術科

$$\mathbf{r}_{X\hat{y}}=\frac{1}{.896}\begin{bmatrix}.8252\\ .7712\\ .2895\\ .2722\\ -.0933\end{bmatrix}=\begin{bmatrix}.9210\\ .8607\\ .3231\\ .3038\\ -.1041\end{bmatrix} \qquad \mathbf{r}_{X\hat{y}}=\frac{1}{.891}\begin{bmatrix}.4674\\ .2497\\ .7363\\ .4275\\ -.1134\end{bmatrix}=\begin{bmatrix}.5246\\ .2802\\ .8264\\ .4798\\ -.1273\end{bmatrix}$$

將兩個 $\mathbf{r}_{X\hat{y}}$ 行向量的元素平方後，相加並予以平均，可得:

$$\mathbf{r}^2 = \begin{bmatrix} .5617 \\ .4097 \\ .3937 \\ .1613 \\ .0135 \end{bmatrix} \begin{matrix} \text{成就} \\ \text{智力} \\ \text{創造} \\ \text{態度} \\ \text{焦慮} \end{matrix}$$

由此可見「成就」、「智力」和「創造力」三個自變項顯得較爲重要。再用公式 5·2-20 來證驗，結果得:

$$diag\,[\mathbf{R}_{XY}\,\mathbf{R}_{YY}^{-1}\,\mathbf{R}_{YX}] = \begin{bmatrix} .6847 \\ .6202 \\ .5508 \\ .1872 \\ .0146 \end{bmatrix} \begin{matrix} \text{成就} \\ \text{智力} \\ \text{創造} \\ \text{態度} \\ \text{焦慮} \end{matrix}$$

由此可知，「態度」和「焦慮」兩個自變項對預測依變項之變異，影響並不大，可以自五個自變項中予以淘汰。

7. 利用三個較重要的自變項重新計算廻歸係數:

$$\mathbf{X}_1'\mathbf{X}_1 = \begin{bmatrix} 16 & & & (\text{對稱}) \\ 1196 & 91996 & & \\ 1748 & 131799 & 192060 & \\ 248 & 18700 & 27182 & 4160 \end{bmatrix}$$

$$\hat{\mathbf{B}}_1 = (\mathbf{X}_1'\mathbf{X}_1)^{-1}\mathbf{X}_1'\mathbf{Y}$$

$$= \begin{bmatrix} 12.323913 & & & (\text{對稱}) \\ .029030 & .000716 & & \\ -.128086 & -.000733 & .001687 & \\ -.028264 & -.000163 & -.000094 & .003274 \end{bmatrix}$$

$$\times\begin{bmatrix} 1044 & 556 \\ 79828 & 42456 \\ 115141 & 61053 \\ 16401 & 9110 \end{bmatrix}=\begin{bmatrix} -27.8491 & 7.1199 \\ .4515 & .3337 \\ .4974 & -.1791 \\ .3231 & 1.4358 \end{bmatrix}\begin{matrix}\text{(截距)}\\ \text{成就}\\ \text{智力}\\ \text{創造}\end{matrix}$$

所以，最後迴歸公式變爲：

$$\hat{\mathbf{Y}}=\mathbf{X}\hat{\mathbf{B}}_1$$

利用公式 5·2-19 求三個自變項時的複相關係數，便可以看出此時三個自變項之相對重要性。

$$\hat{\mathbf{\Gamma}}_2=\mathbf{R}_{XX}^{-1}\mathbf{R}_{XY}$$

$$=\begin{bmatrix} 1.858517 & -1.232540 & -.147731 \\ -1.232540 & 1.840388 & -.055373 \\ -.147731 & -.055373 & 1.034729 \end{bmatrix}\begin{bmatrix} .8252 & .4674 \\ .7712 & .2497 \\ .2895 & .7363 \end{bmatrix}$$

$$=\begin{bmatrix} .5403 & .4521 \\ .3862 & -.1573 \\ .1349 & .6790 \end{bmatrix}\begin{matrix}\text{成就}\\ \text{智力}\\ \text{創造}\end{matrix}$$

$$\mathbf{R}_{YX}\mathbf{R}_{XX}^{-1}\mathbf{R}_{XY}=\begin{bmatrix} .7828 & .4483 \\ .4483 & .6720 \end{bmatrix}$$

$$[diag\ \mathbf{R}_{YX}\mathbf{R}_{XX}^{-1}\mathbf{R}_{XY}]^{\frac{1}{2}}=\begin{bmatrix} .885 & 0 \\ 0 & .820 \end{bmatrix}$$

學科　　　　　　　　　術科

$$\mathbf{r}_{X\hat{Y}}=\frac{1}{.885}\begin{bmatrix} .8252 \\ .7712 \\ .2895 \end{bmatrix}=\begin{bmatrix} .9324 \\ .8714 \\ .3271 \end{bmatrix}\qquad \mathbf{r}_{X\hat{Y}}=\frac{1}{.820}\begin{bmatrix} .4674 \\ .2497 \\ .7363 \end{bmatrix}=\begin{bmatrix} .5700 \\ .3045 \\ .8979 \end{bmatrix}$$

$$\bar{\mathbf{r}}^2 = \begin{bmatrix} .5971 \\ .4260 \\ .4566 \end{bmatrix} \begin{matrix} \text{成就} \\ \text{智力} \\ \text{創造} \end{matrix}$$

可見，現在「成就」、「智力」和「創造力」三個自變項都很具重要性，其中「成就」這一自變項尤其重要。

8. 例 5·2-1 的迴歸分析到此結束。如果使用 **Finn（1974）的方法**把迴歸係數矩陣予以分割，分別進行各部分的顯著性考驗，則其方法可用同例說明如下:

要把模式矩陣正交正規化，須用到公式 2·2-4，亦即 $\mathbf{X}=\mathbf{X}^*\mathbf{T}'$。這裏，三角矩陣 $\mathbf{T}'$ 是矩陣 $\mathbf{X}'\mathbf{X}$ 的柯勒斯基因子。我們事實上不必用格拉姆-斯密特法求 $\mathbf{T}'$，只須用表 1·2-2 柯勒斯基法分解 $\mathbf{X}'\mathbf{X}$，便可得到 $\mathbf{T}'$ 矩陣了。〔因為 $\mathbf{X}'\mathbf{X}=\mathbf{T}\mathbf{X}^{*\prime}\mathbf{X}^*\mathbf{T}'=\mathbf{T}\mathbf{T}'$ 之故〕。

利用表 1·2-2 柯勒斯基法分解矩陣 $\mathbf{X}'\mathbf{X}$ 的結果，得到:

$$\mathbf{T}' = \begin{bmatrix} 4 & 299 & 437 & 62 & 111 & 146 \\ & 50.9411 & 22.3002 & 3.1801 & 7.2240 & -5.9480 \\ & & 24.3659 & .7011 & 1.0631 & -10.2338 \\ & & & 17.4756 & -.6134 & -7.4910 \\ & & & & 31.7066 & 10.1952 \\ (\text{零}) & & & & & 36.6856 \end{bmatrix}$$

$$\mathbf{U} = \mathbf{T}'\hat{\mathbf{B}} \qquad \text{（公式 5·2-21）}$$

$$= \begin{bmatrix} 261.0000 & 139.0000 \\ 35.1190 & 17.5693 \\ 12.3467 & -3.3571 \\ 5.6457 & 25.0911 \\ 3.5840 & 13.0900 \\ 4.9064 & -1.3179 \end{bmatrix} \begin{matrix} \text{（截距）} \\ \text{成就} \\ \text{智力} \\ \text{創造} \\ \text{態度} \\ \text{焦慮} \end{matrix}$$

(請驗算 $\mathbf{U'U}$ 是否等於 $\mathbf{Q}_h=\hat{\mathbf{B}}'\mathbf{X}'\mathbf{X}\hat{\mathbf{B}}$)。

$$\mathbf{u}_1\mathbf{u}_1'=[261\quad 139]\begin{bmatrix}261\\139\end{bmatrix}$$

$$=\begin{bmatrix}68121 & 36279\\36279 & 19321\end{bmatrix}=N\bar{\mathbf{y}}\bar{\mathbf{y}}'$$

這是截距方面的變異，並不是研究者感到興趣的。假定我們第一個想要考驗的是「成就」、「智力」、和「創造力」三者對依變項的影響是否明顯，則:

$$\mathbf{Q}_{h1}=\mathbf{u}_2\mathbf{u}'_2+\mathbf{u}_3\mathbf{u}'_3+\mathbf{u}_4\mathbf{u}'_4$$

$$=\begin{bmatrix}1417.6554 & 717.2216\\717.2216 & 949.5129\end{bmatrix}$$

$$\mathbf{Q}_{h1}+\mathbf{Q}_e=\begin{bmatrix}1417.6554 & 717.2216\\717.2216 & 949.5129\end{bmatrix}+\begin{bmatrix}356.4263 & 46.3301\\46.3301 & 290.4033\end{bmatrix}$$

$$=\begin{bmatrix}1773.0817 & 763.5517\\763.5517 & 1239.9162\end{bmatrix}$$

$$\Lambda=\frac{|\mathbf{Q}_e|}{|\mathbf{Q}_{h1}+\mathbf{Q}_e|}=\frac{101360.8956}{1616701.4414}=.0627$$

遠小於查附錄表六的 $U_{.05,(2,3,10)}=.280802$，故 $H_0:\mathbf{B}_1=\mathbf{0}$ 的虛無假設應予拒絕。

排除「截距」、和「成就」、「智力」、「創造力」等三個自變項之效果之後，「態度」和「焦慮」是否對依變項的變異有影響呢？這是第二個我們想要考驗的:

$$\mathbf{Q}_{h2}=\mathbf{u}_5\mathbf{u}_5'+\mathbf{u}_6\mathbf{u}'_6$$

$$=\begin{bmatrix}36.9183 & 40.4484\\40.4484 & 173.0838\end{bmatrix}$$

$$\mathbf{Q}_{h2}+\mathbf{Q}_e=\begin{bmatrix}393.3446 & 87.7785\\ 87.7785 & 463.4871\end{bmatrix}$$

$$\Lambda=\frac{101360.8956}{174779.6399}=.5799$$

大於 $U_{.05,(2,2,10)}=.367036$，故應接受 H_0：$\mathbf{B}_2=\mathbf{O}$。換言之，排除其前的各自變項後，「態度」和「焦慮」的效果已不明顯，故可將二者自

表 5·2-4　多變項複廻歸分析摘要及 SSCP 的分割

來　　源	df	SSCP	
常　　數	1	$\begin{bmatrix}68121 & 36279\\ 36279 & 19321\end{bmatrix}$	$\mathbf{u}_1\mathbf{u}_1'=N\bar{\mathbf{y}}\bar{\mathbf{y}}'$
X_1, X_2, X_3 排除常數	3	$\begin{bmatrix}1417.6554 & 717.2216\\ 717.2216 & 949.5129\end{bmatrix}^*$	$\mathbf{u}_2\mathbf{u}_2'+\mathbf{u}_3\mathbf{u}_3'+\mathbf{u}_4\mathbf{u}_4'$
X_4, X_5 排除常數, X_1, X_2, X_3	2	$\begin{bmatrix}36.9183 & 40.4484\\ 40.4484 & 173.0838\end{bmatrix}$	$\mathbf{u}_5\mathbf{u}_5'+\mathbf{u}_6\mathbf{u}_6'$
所有廻歸	6	$\begin{bmatrix}69575.5737 & 37036.6699\\ 37036.6699 & 20443.5967\end{bmatrix}$	$\mathbf{Q}_h=\mathbf{U}'\mathbf{U}=\hat{\mathbf{B}}'\mathbf{X}'\mathbf{X}\hat{\mathbf{B}}$
殘餘誤差	10	$\begin{bmatrix}356.4263 & 46.3301\\ 46.3301 & 290.4033\end{bmatrix}$	$\mathbf{Q}_e=\mathbf{Y}'\mathbf{Y}-\mathbf{U}'\mathbf{U}$
總　　和	16	$\begin{bmatrix}69932 & 37083\\ 37083 & 20734\end{bmatrix}$	$\mathbf{Y}'\mathbf{Y}$

* $\Lambda=.0627$　$P<.05$　$df=(2,3,10)$
$\Lambda=.5799$　$P>.05$　$df=(2,2,10)$

五個自變項中予以淘汰。此一結論，與上面用 Timm (1975) 的方法所獲致者完全相同。剛纔的廻歸分析可摘要如表 5·2-4 所示。請與表 5·2-2 的結果相比較看。您發現了什麼呢？

9. **降步分析**　上面我們決定保留「成就」、「智力」、和「創造力」三個自變項。根據分析，我們已算出：

$$\mathbf{Q}_{h1}=\begin{bmatrix}1417.6554 & 717.2216\\ 717.2216 & 949.5129\end{bmatrix}$$

$$\mathbf{Q}_{e}=\begin{bmatrix}356.4263 & 46.3301\\ 46.3301 & 290.4033\end{bmatrix}$$

所以，$\mathbf{Q}_t=\mathbf{Q}_{h1}+\mathbf{Q}_e$

$$=\begin{bmatrix}1773.0817 & 763.5517\\ 763.5517 & 1239.9162\end{bmatrix}$$

我們已在表 5•2-3 用柯勒斯基法分解 $\mathbf{Q}_e$ 矩陣，得：

$$\mathbf{T}_e=\begin{bmatrix}18.8793 & 0\\ 2.4540 & 16.8636\end{bmatrix}$$

利用同一方法（參看表 1•2-2），分解 $\mathbf{Q}_t$ 矩陣，即得：

$$\mathbf{T}_t=\begin{bmatrix}42.1080 & 0\\ 18.1332 & 30.1845\end{bmatrix}$$

取 $\mathbf{T}_e$ 和 $\mathbf{T}_t$ 的有關對角線元素代入公式 5•2-26，得：

$$F_1=\frac{(42.1080)^2-(18.8793)^2}{(18.8793)^2}\times\frac{10-1+1}{3}$$

$$=13.2486 \qquad >F_{.025,(3,10)}=5.08$$

$$F_2=\frac{(30.1845)^2-(16.8636)^2}{(16.8636)^2}\times\frac{10-2+1}{3}$$

$$=6.6114 \qquad >F_{.025,(3,9)}=4.83$$

首先看第二個依變項（$j=2$）的考驗結果：計算的 F_2 值達到 .025 顯著水準。因爲 F_2 值達顯著水準，所以就不必再考驗 F_1（F_1 也會達

025 水準)。故第一個依變項（學科）和第二個依變項（術科）均與「成就」、「智力」、「創造力」三者有密切關係存在，亦即由這三個自變項可有效預測這兩個依變項。F_1 和 F_2 的考驗各訂 $\alpha=.025$，故兩個依變項合起來的虛無假設 H_0 的 α 是:

$$\alpha=1-\prod_{i=1}^{p}(1-\alpha_i) \qquad \text{〔公式 5·2-27〕}$$

$$=1-(1-.025)(1-.025)=.05$$

本研究拒絕上述三個自變項與兩個依變項無關的虛無假設（H_0），但尙有 .05 的機會犯第一類型錯誤。〔假定上述考驗結果，F_2 和 F_1 均不顯著，就接受 H_0。假定 F_2 未達顯著水準，但 F_1 却達顯著水準，也拒絕 H_0，但謂第二依變項（術科）與三個自變項無關〕。

5·3　逐步迴歸分析及其他選取最佳迴歸公式的方法

在第5·1節中我們已經說過：研究者們常希望從 k 個自變項 X_1, X_2, …, X_k 等之中，設法選取其中 m 個（$m<k$），使只使用這少數 m 個自變項便能正確預測依變項 Y，或描述自變項與依變項之間的關係。這種在某種限度的正確範圍內進一步求節省的方法，便是怎樣選取最佳迴歸公式的問題。這種方法通常係在研究的試探階段（exploratory stage）使用，至於研究的驗證階段（confirmatory stage）就不使用這種方法。

（一）基本原理　歸納起來，在一般單變項統計法中，用來選取最佳迴歸公式的方法可有下列四種:

1. 所有可能迴歸法（The all-possible-regression procedure）。
2. 反向淘汰法（The backward elimination procedure）。

3. 順向選擇法 (The forward selection procedure)。

4. 逐步廻歸法 (The stepwise regression procedure)。

由於方法本身的差異，同一資料採用這四種方法選取自變項的結果，有時可能會得到不同的解答。因之，研究者必須視資料的性質及實際的需要，作適當的決定（請參看 Kleinbaum & Kupper, 1978, pp. 227-234; BMDP, 1977, pp. 375-436)。

因為這四種方法所根據的基本原理及公式，均在上兩節討論過，這裏不再重提。為方便說明起見，一些不曾提到的公式，則在下面計算實例的討論中加以呈現。

（二）計算實例 現在就以例 5•3-1 來說明上述四種方法。

【例 5•3-1】 表 5•3-1 是十六位國中三年級畢業生的高中聯考 (Y)、學科成就測驗 (X_1)、智力測驗 (X_2)、和創造力測驗 (X_3) 等成績。設 X_1, X_2, 和 X_3 為自變項，Y 為依變項，試求一最佳廻歸公式。

表 5•3-1 三項測驗成績（X_1, X_2, X_3）和聯考成績（Y）

學生	1	2	3	4	5	6	7	8	9	10	11	12	13	14	15	16
聯考 (Y)	51	70	60	71	79	69	70	74	50	62	81	44	59	61	80	63
學科 (X_1)	78	88	71	75	85	79	76	84	43	80	92	50	65	73	86	71
智力 (X_2)	103	108	111	109	114	112	120	115	96	105	116	101	92	108	125	113
創造 (X_3)	9	16	21	19	22	13	17	11	8	12	21	20	18	17	14	10

（節錄自表 5•1-1）

(1) 所有可能廻歸法 採用這種方法時，如果有 k 個自變項，便要計算 k 個自變項所可能組合而成的全部數目的廻歸公式，亦即 2^k-1 個廻歸公式和有關的統計數。以表 5•3-1 有三個自變項 ($k=3$) 的情形來說，可能的組合為①學科 (X_1)、②智力 (X_2)、③創造力 (X_3)、④學科、智力 (X_1, X_2)、⑤學科、創造力 (X_1, X_3)、⑥智力、創

造力 (X_2, X_3)、和⑦學科、智力、創造力 (X_1, X_2, X_3) 等七種。然後把這七種迴歸公式自變項數目相同者放在同一組，並根據某種標準 (例如複相關係數平方 R^2) 將它們排定次序。每組達最高標準者就選出來再進一步加以比較。茲分別說明各步驟如下:

第一、用第 5•1 節所示的方法就上述七種可能將表 5•3-1 的資料加以處理之後，得表 5•3-2 所示的七項迴歸分析的結果。表 5•3-2 的迴歸係數 β、複相關係數平方 R^2、和總 F 值 (overall F) 依次是用公式 5•1-2，公式 5•1-17 和公式 5•1-18 所計算的 (請復習第 5•1 節)。至於「淨 F 值」(partial F)，則爲迴歸係數顯著性考驗的 t 值之平方 (參看林清山，民國63年，第218至219頁)。換言之:

$$F=\left(\frac{\hat{\beta}}{\hat{\sigma}_{\hat{\beta}}}\right)^2 \qquad \text{〔公式 5•3-1〕}$$

公式裏分母部分的標準誤 $\hat{\sigma}_{\hat{\beta}}$ 是用公式 5•1-23 求出來的。淨 F 值是表示將某一自變項加入迴歸模式之後，對預測依變項總變異數是否有所幫助之程度。

我們只以第⑦迴歸模式 ($k=3$) 爲例，說明表 5•3-2 是怎樣算出來的:

表 5•3-2 例 5•3-1 所有可能迴歸法的統計結果

模式	k	所含的自變項	迴歸係數 β_0	β_1	β_2	β_3	淨 F 值 X_1	X_2	X_3	總 F 值	R^2
①	1	X_1	13.7172	.6894			29.8910**			29.8910**	.6810
②	1	X_2	−43.2990		.9936			20.5443**		20.5443**	.5947
③	1	X_3	54.5079			.6930			1.2806	1.2806	.0838
④	2	X_1, X_2	−25.0606	.4676	.5067		9.4389**	4.6605*		21.1834**	.7652
⑤	2	X_1, X_3	9.9163	.6675		.3508	26.9437**		.9064	15.2988**	.7018
⑥	2	X_2, X_3	−46.1475		.9592	.4259		18.8178**	1.0745	10.8641**	.6257
⑦	3	X_1, X_2, X_3	−27.8491	.4515	.4974	.3231	8.6817*	4.4743	.9724	14.4164**	.7828

$$\mathbf{Q}=\left[\begin{array}{c|c}\mathbf{y}'_d\mathbf{y}_d & \mathbf{y}'_d\mathbf{D}\\ \hline \mathbf{D}'\mathbf{y}_d & \mathbf{D}'\mathbf{D}\end{array}\right]=\left[\begin{array}{c|ccc}1811 & 1789 & 1084 & 219\\ \hline 1789 & 2595 & 1136 & 162\\ 1084 & 1136 & 1091 & 88\\ 219 & 162 & 88 & 316\end{array}\right] \qquad \text{(公式 3•5-5)}$$

$$R^2=\frac{\hat{\boldsymbol{\gamma}}'\mathbf{D}'\mathbf{D}\hat{\boldsymbol{\gamma}}}{\mathbf{y}'_d\mathbf{y}_d}=\frac{1417.655}{1811}=.7828 \qquad \text{(公式 5•1-17)}$$

$$F=\frac{R^2/k}{(1-R^2)/(N-k-1)}=\frac{.7828/3}{(1-.7828)/(16-3-1)}$$

$$=14.4164 \qquad \text{(公式 5•1-18)}$$

$$\hat{\boldsymbol{\beta}}=(\mathbf{X}'\mathbf{X})^{-1}\mathbf{X}'\mathbf{Y}=\begin{bmatrix}-27.8491\\ .4515\\ .4974\\ .3231\end{bmatrix}\begin{matrix}\beta_0\\ \beta_1\\ \beta_2\\ \beta_3\end{matrix}=\begin{bmatrix}\beta_0\\ \hat{\boldsymbol{\gamma}}\end{bmatrix} \qquad \text{(公式 5•1-2)}$$

$$\hat{\sigma}^2=\frac{\mathbf{y}'_d\mathbf{y}_d-\hat{\boldsymbol{\gamma}}'\mathbf{D}'\mathbf{D}\hat{\boldsymbol{\gamma}}}{N-k-1}=\frac{1811-1417.655}{16-3-1}=32.7787$$

$$diag\,(\mathbf{X}'\mathbf{X})^{-1}=\begin{bmatrix}12.32\\ .00071627\\ .00168707\\ .00327445\end{bmatrix}\begin{matrix}\beta_0\\ \beta_1\\ \beta_2\\ \beta_3\end{matrix}$$

$$\hat{\sigma}_{\hat{\beta}1}=\sqrt{32.7787\times .00071627}=.1532 \qquad \text{(公式 5•1-23)}$$

$$\hat{\sigma}_{\hat{\beta}2}=\sqrt{32.7787\times .00168707}=.2352$$

$$\hat{\sigma}_{\hat{\beta}3}=\sqrt{32.7787\times .00327445}=.3276$$

$$F_{(X_1|X_2,X_3)}=(.4515/.1532)^2=8.6817^* \qquad \text{(公式 5•3-1)}$$

$$F_{(X_2|X_1,X_3)}=(.4974/.2352)^2=4.4743$$

$$F_{(X_3|X_1,X_2)}=(.3231/.3276)^2=.9724$$

像這樣全部七種可能的廻歸模式均須計算出來，便可得到表 5·3-2 所示的結果。

第二、要從自變項數目相同的各組之中，將「R^2 值最高者」選出：

一個自變項：模式①學科，$R^2 = .6810$

二個自變項：模式④學科、智力，$R^2 = .7652$

三個自變項：模式⑦學科、智力、創造力，$R^2 = .7828$

第三、根據正確又節省的原則，決定所要選取的模式：由上面看來，最佳廻歸公式應該是含有學科、智力兩自變項在內的模式④，因爲只須兩個自變項便可預測依變項總變異數的77%左右（$R^2 = .7652$），幾乎與用三個自變項的模式⑦所預測者相同（78%）。由表 5·3-3 的分析更可看出這一點。當只有「學科」（X_1）這一自變項時，廻歸離

表 5·3-3　廻歸變異分割為三部分時的變異數分析摘要

來　源	SS	df	MS	淨F值
X_1	1233.341	1	1233.341	29.8910
$X_2 \mid X_1$	152.441	1	152.441	4.6605
$X_3 \mid X_1, X_2$	31.873	1	31.873	.9724
殘餘誤差	393.345	12	32.7787	
全　體	1811	15		

$F_{.95(1,12)} = 4.75$

均差平方和 $\hat{\boldsymbol{\gamma}}'\mathbf{D}'\mathbf{D}\hat{\boldsymbol{\gamma}} = 1233.341$，佔 Y 變項總變異 $\mathbf{y}'_d\mathbf{y}_d = 1811$ 之 68.1%。加入「智力」（X_2）之後（亦即模式④），$\hat{\boldsymbol{\gamma}}'\mathbf{D}'\mathbf{D}\hat{\boldsymbol{\gamma}} = 1385.782$。所以加入 X_2後，廻歸變異增加 $1385.782 - 1233.341 = 152.441$，佔$Y$總變異之8.4%。當 X_1，X_2，和 X_3 三個自變項（模式⑦）時，$\hat{\boldsymbol{\gamma}}'\mathbf{D}'\mathbf{D}\hat{\boldsymbol{\gamma}} = 1417.655$，只增加 31.873（$= 1417.655 - 1233.341 - 152.$

441)，佔 Y 總變異之 1.8%。又，$X_2|X_1$ 的淨 F 值為：

$$F=\frac{152.441/1}{(31.873+393.345)/(1+12)}=4.6605$$

而 $X_3|X_1, X_2$ 的淨 F 值則只為 .9724。可見「創造力」(X_3) 這一自變項的影響微不足道。

由上面所有可能廻歸分析的結果顯示：最佳廻歸公式應為採用「學科」(X_1) 和「智力」(X_2) 為自變項的公式：

$$\hat{Y}=-25.0606+.4676X_1+.5067X_2 \qquad \text{(模式④)}$$

(2) 反向淘汰法　使用反向淘汰法時，分析的步驟是這樣的：

第一、計算包括所有自變項在內的廻歸公式。以本例而言，終於得到：

$$\hat{Y}=-27.8491+.4515X_1+.4974X_2+.3231X_3$$

和表 5•3-4 所示的變異數分析摘要表。

表 5•3-4　三個自變項時的變異數分析摘要表

來　源	SS	df	MS	F	R^2
廻　歸	1417.655	3	472.5517	14.4164	.7828
殘餘誤差	393.345	12	32.7787		
全　體	1811	15			

$F_{.95(3,12)}=3.49$

第二、計算上一廻歸模式中每一個自變項的淨 F 值。要計算某一自變項的淨 F 值時，須假想廻歸模式中已有其餘各自變項在內，而現在要將該一自變項再加到廻歸模式中，看它的影響有多大。例如，要計算 X_1 的淨 F 值時，要假想廻歸模式中已有 X_2 和 X_3 兩個自變項在內，而現在要再加入自變項 X_1，看 X_1 對預測總變異是否有所幫助。用公式 5•3-1 計算的結果（請看表 5•3-2 及有關計算），得到：

$$F_{X_1|X_2,X_3}=8.6817^*$$

$$F_{X_2|X_1,X_3}=4.4743$$

$$F_{X_3|X_1,X_2}=.9724 \qquad \text{(df 均爲 1, 12)}$$

第三、找出「最小淨 F 值」: 本例最小者爲 $F_{X_3|X_1,X_2}=.9724$, 是自變項「創造力」(X_3) 的淨 F 值。

第四、將此一最小淨 F 值與事先決定好的查表臨界 F 值相比較。如果淨 F 值小於查表的臨界 F 值, 則表示該一自變項不重要, 可予淘汰。然後, 繼續利用其餘的自變項計算迴歸公式。

如此, 重複第二至第四步驟。如果淨 F 值大於查表的臨界 F 值, 則採用上面包括所有自變項在內的迴歸公式。以本例而言, $F_{(X_3|X_1,X_2)}=.9724<F_{.05,(1,12)}=4.75$, 所以應將「創造力」這一自變項予以淘汰, 並繼續用「學科」和「智力」兩個自變項計算迴歸公式。結果得:

$$\hat{Y}=-25.0606+.4676X_1+.5076X_2$$

和如表 5·3-5 所示的變異數分析摘要表。

表 5·3-5 兩個自變項 (X_1 和 X_2) 時的 ANOVA 表

來源	SS	df	MS	F	R^2
迴歸	1385.782	2	692.8910	21.1834	.7652
殘餘誤差	425.218	13	32.7091		
全體	1811	15			

$F_{.95(2,13)}=3.81$

淘汰「創造力」這一自變項後, 學科的淨 F 值變爲 $F_{(X_1|X_2)}=9.4389$, 大於查表的 $F_{.01,(1,13)}=9.07$。智力的淨 F 值是 $F_{(X_2|X_1)}=4.6605$, 等於查表的 $F_{.05,(1,13)}=4.67$。(這種特殊情形, 裁決要特別小心)。所以學科和智力兩個自變項均應保留在迴歸模式中, 不予淘汰。

(3) 順向選擇法　與上面反向淘汰法正好相反的便是順向選擇法。其步驟可描述如下:

第一、把自變項之中與依變項 Y 之「相關係數最高者」選擇出來，並以該自變項計算迴歸公式。在本例裏，各變項之間的交互相關係數矩陣 $\boldsymbol{R}$ 計算的結果為:

$$\mathbf{R}=\begin{bmatrix} \boldsymbol{R}_{YY} & \boldsymbol{R}_{YX} \\ \boldsymbol{R}_{XY} & \mathbf{R}_{XX} \end{bmatrix}=\begin{array}{c} \\ \\ \\ \\ \end{array}\begin{array}{cccc} Y & X_1 & X_2 & X_3 \\ \end{array}$$

$$\begin{array}{c|ccc|c} 1.0000 & .8252 & .7712 & .2895 & Y \\ \hline .8252 & 1.0000 & .6751 & .1789 & X_1 \\ .7712 & .6751 & 1.0000 & .1499 & X_2 \\ .2895 & .1789 & .1499 & 1.0000 & X_3 \end{array}$$

可見在 $r_{X_1Y}=.8252$，$r_{X_2Y}=.7712$，和 $r_{X_3Y}=.2895$ 三者之中，以「學科」與聯考之相關 $r_{X_1Y}=.8252$ 為最高。所以第一個要選入迴歸模式的便是自變項「學科」(X_1)。迴歸公式是:

$$\hat{Y}=13.7172+.6894X_1$$

表 5·3-6 是此項迴歸分析的變異數分析摘要表。如果表 5·3-6 的 F

表 5·3-6　一個自變項(X_1)時的變異數分析摘要表

來　源	SS	df	MS	F	R^2
迴　歸	1233.341	1	1233.341	29.8910**	.6810
殘餘誤差	577.6581	14	41.2613		
全　體	1811	15			

$F_{.95(1,14)}=4.60$

值未達顯著水準，就說沒有一個自變項可以採用於迴歸模式中。因為本例此項分析的 $F=29.8910$，$P>.01$，所以應將「學科」這一自變項選入迴歸模式裏。

第二、接著，要計算其餘每一自變項（亦即 X_2 或 X_3）與被選取的自變項（亦即 X_1）爲廻歸模式時之淨 F 值（請看表 5·3-2）。結果爲:

$$F_{(X_2|X_1)}=4.6605$$

$$F_{(X_3|X_1)}=.9064$$

第三、找出「最大淨 F 值」。以本例而言，最大者爲 $F_{(X_2|X_1)}=4.6605$，是自變項「智力」(X_2) 的淨 F 值。

第四、考驗此一最大淨 F 值的顯著性。如果達到顯著水準，就把該一自變項再選入廻歸模式中，否則就只用第一步驟時所選取的自變項。因爲「智力」的淨 F 值亦即 $F_{(X_2|X_1)}=4.6605$，可說等於查表的 $F_{.05,(1,13)}=4.67$，所以應將「智力」這一自變項也納入廻歸模式。現在，廻歸公式應爲:

$$\hat{Y}=-25.0606+.4676X_1+.5067X_2$$

第五、最後，再看看剩下的一個自變項「創造力」是否也應加選取。計算結果「創造力」的淨 F 值爲:

$$F_{(X_3|X_1,X_2)}=.9724$$

小於查表的 $F_{.05,(1,12)}=4.75$，可見不必加以選取。

讀者務請注意：當候選的自變項之數目 k 隨著一步一步增加時，事實上不顯著而竟宣稱達到顯著水準之概率（亦即第一類型錯誤 α）也隨之快速增加。假使每一考驗的顯著水準定爲 α，則總考驗的顯著水準將達 $1-(1-\alpha)^k$。本例如每一考驗定 $\alpha=.05$，則三個考驗至少有一個犯第一類型錯誤的概率便達 $1-(1-.05)^3=.143$。爲控制總考驗的顯著水準不超過 α，每一考驗的顯著水準應採 α/k。以本例而言，當模式中有 $k=3$ 個自變項時，顯著水準最好定爲 $.05/3=.016$；當 $k=2$ 時，則定爲 $.05/2=.025$，如此類推。（本節裏，並沒這樣調整。實際應用時，須調整第一類型錯誤率，否則自變項數目愈多時，第一類型錯誤的可能性便愈大)。

(4) **逐步迴歸法**　將順向選擇法予以改進便是逐步迴歸法。採用逐步迴歸法時，即使是已被選入迴歸模式中的自變項，每一步驟仍得再檢驗一次。被選入模式中以後，由於有其他自變項加進來且因爲與加進來的自變項可能有某種關連，在前一步驟中被選取的這一個自變項，在下一步驟中又可能變爲不重要。爲防止這種可能性，每一步驟中被選入迴歸模式的自變項，均須再重新計算其淨F值；不管它們是什麼時候被選進來的，都要當作剛被選進來的一樣處理。如果有的話，模式中淨F值最小且未達顯著水準的那一個自變項仍必須予以淘汰。然後再重新計算迴歸公式和淨F值，如此繼續下去，直到沒有適當的自變項可以選入或淘汰爲止。玆以我們的例子來說明逐步迴歸法的計算步驟：

第一、像在順向選擇法時一樣，把與依變項Y「相關係數最高」的自變項找出來（請看前面$\mathbf{R}$矩陣)。在$\mathbf{R}_{YX}=[.8252\ \ .7712\ \ .2895]$的三個元素之中，以「學科」與聯考之積差相關 $r_{X_1Y}=.8252$ 爲最高。所以第一步要選出「學科」(X_1) 這一自變項。

第二、求其餘自變項與依變項Y之「淨相關」(partial correlation)。以本例而言，是指要計算排除「學科」(X_1) 之影響後，X_2與Y之淨相關，以及X_3與Y之淨相關（參看林淸山，民國63年，第474至479頁)。其計算方法可說明如下：

計算淨相關時，可利用$\mathbf{Q}$矩陣內的資料（請看前面用公式 3·5-5 計算出來的$\mathbf{Q}$矩陣)，但必須視計算那一個淨相關而重新安排$\mathbf{Q}$矩陣橫列及縱行的次序。如果將$\mathbf{Q}$矩陣重新安排爲下列的形式：

$$\mathbf{Q}=\left[\begin{array}{c:c}\mathbf{Q}_{YY} & \mathbf{Q}_{YX} \\ \hdashline \mathbf{Q}_{XY} & \mathbf{Q}_{XX}\end{array}\right]\begin{array}{l}2\text{ 橫列} \\ (k-1)\text{ 橫列}\end{array}$$

2縱行（$k-1$）縱行

則淨相關的計算，就要使用下列公式:

$$\mathbf{Q}_e^* = \mathbf{Q}_{YY} - \mathbf{Q}_{YX}\,\mathbf{Q}_{XX}^{-1}\,\mathbf{Q}_{XY} \qquad \text{〔公式 5·3-2〕}$$

$$\mathbf{S}_e^* = \frac{1}{N-k-1}\mathbf{Q}_e^* \qquad \text{〔公式 5·3-3〕}$$

$$\mathbf{R}_e = D_e^{-\frac{1}{2}}\,\mathbf{S}_e^*\,\mathbf{D}_e^{-\frac{1}{2}} \qquad \text{〔公式 5·3-4〕}$$

而矩陣 $\mathbf{R}_e$ 主對角線以外的那一個元素便是所求的淨相關係數。以本例而言，排除「學科」（X_1）之影響後，「智力」（X_2）與聯考（Y）之淨相關可計算如下:

$$\mathbf{Q}=\begin{array}{c}\begin{array}{ccc}Y & X_2 & X_1\end{array} \\ \left[\begin{array}{cc:c}1811 & 1084 & 1789 \\ 1084 & 1091 & 1136 \\ \hdashline 1789 & 1136 & 2595\end{array}\right]\end{array}\begin{array}{l}Y \\ X_2 \\ X_1\end{array}$$

$$\mathbf{Q}_e^*=\begin{bmatrix}1811 & 1084 \\ 1084 & 1091\end{bmatrix}-\begin{bmatrix}1789 \\ 1136\end{bmatrix}[2595]^{-1}[1789\ \ 1136]$$

$$=\begin{bmatrix}577.658574 & 300.838536 \\ 300.838536 & 593.699037\end{bmatrix}$$

$$\mathbf{S}_e^*=\frac{1}{16-2-1}\mathbf{Q}_e^*=\begin{bmatrix}44.435275 & 23.141426 \\ 23.141426 & 45.669182\end{bmatrix}$$

$$\mathbf{R}_e=\begin{bmatrix}.150015 & 0 \\ 0 & 147975\end{bmatrix}\begin{bmatrix}44.435275 & 23.141426 \\ 23.141426 & 45.669182\end{bmatrix}$$

$$\begin{bmatrix}.150015 & 0 \\ 0 & .147975\end{bmatrix}=\begin{bmatrix}1 & .5137 \\ .5137 & 1\end{bmatrix}$$

同理，排除學科之影響後，「創造力」(X_3) 與聯考之淨相關也可計算如下：

$$\mathbf{Q}=\left[\begin{array}{cc|c} 1811 & 219 & 1789 \\ 219 & 316 & 162 \\ \hline 1789 & 162 & 2595 \end{array}\right]\begin{array}{c} Y \\ X_3 \\ X_1 \end{array} \quad (\text{columns: } Y,\ X_3,\ X_1)$$

$$\mathbf{Q}_e^*=\begin{bmatrix}1811 & 219\\ 219 & 316\end{bmatrix}-\begin{bmatrix}1789\\ 162\end{bmatrix}[2595]^{-1}[1789 \quad 162]$$

$$=\begin{bmatrix}577.658574 & 107.316763\\ 107.316763 & 305.886705\end{bmatrix}$$

$$\mathbf{S}_e^*=\begin{bmatrix}44.435275 & 8.255136\\ 8.255136 & 23.529747\end{bmatrix} \qquad \mathbf{R}_e=\begin{bmatrix}1 & .2553\\ .2553 & 1\end{bmatrix}$$

我們得到 $r_{X_2Y|X_1}=.5137$ 和 $r_{X_3Y|X_1}=.2553$。可見「智力」與聯考之淨相關 .5137 較大，應選取「智力」(X_2) 這一自變項。換言之，現在已有「學科」和「智力」兩個自變項被選取。

第三、因為加入「智力」這一自變項之後，原來在廻歸模式中的「學科」這一自變項可能因為某種關連而變為不重要，所以在未選取第三個自變項之前，須重新考驗「學科」(X_1) 的淨 F 值。考驗的結果，此時「學科」的淨 F 值為 $F_{(X_1|X_2)}=9.4389$（請看表 5·3-2），遠大於查表的 $F_{.05,(1,13)}=4.67$。可見「學科」這一自變項並未因為加入「智力」變項而變為不重要，故仍應留在廻歸模式之中。

第四、接著，再看看最後一個自變項「創造力」是否應被選取。排除「學科」和「智力」之影響後，「創造力」(X_3) 與聯考 Y 的淨相關 $r_{X_3Y|X_1,X_2}=.2738$，其計算方法如下所示：

$$
\mathbf{Q}=\left[\begin{array}{cc|cc}
1811 & 219 & 1789 & 1084 \\
219 & 316 & 162 & 88 \\
\hline
1789 & 162 & 2595 & 1136 \\
1084 & 88 & 1136 & 1091
\end{array}\right]
\begin{array}{c} Y \\ X_3 \\ X_1 \\ X_2 \end{array}
\quad (\text{columns: } Y \;\; X_3 \;\; X_1 \;\; X_2)
$$

$$
\mathbf{Q}_e^*=\begin{bmatrix}1811 & 219\\ 219 & 316\end{bmatrix}-\begin{bmatrix}1789 & 1084\\ 162 & 88\end{bmatrix}\begin{bmatrix}2595 & 1136\\ 1136 & 1091\end{bmatrix}^{-1}\begin{bmatrix}1789 & 162\\ 1084 & 88\end{bmatrix}
$$

$$
=\begin{bmatrix}425.20 & 98.66\\ 98.66 & 305.40\end{bmatrix}
$$

$$
\mathbf{S}_e^*=\frac{1}{16-3-1}\mathbf{Q}_e^*=\begin{bmatrix}35.433333 & 8.221667\\ 8.221667 & 25.450000\end{bmatrix}
$$

$$
\mathbf{R}_e=\begin{bmatrix}1 & .2738\\ .2738 & 1\end{bmatrix}
$$

因爲「創造力」(X_3) 在排除「學科」與「智力」之影響後淨 F 值爲 .9724（請看表 5•3-2), 小於查表的 $F_{.05(1,12)}=4.75$, 顯示「創造力」這一自變項並不重要，不應被選取。

如此，我們終於得到以「學科」和「智力」爲自變項的廻歸公式（不再寫出）和表 5•3-7 的變異數分析結果。

表 5•3-7　逐步廻歸分析變異數分析摘要表

來　源	SS	df	MS	淨 F 值	R^2
X_1	1233.341	1	1233.341	29.8910**	.7652
$X_2 \mid X_1$	152.441	1	152.441	4.6605*	
殘餘誤差	425.218	13	32.7091		
全　體	1811	15			

$F_{.95(1,13)}=4.67$

以本例而言，用逐步廻歸分析法選取最佳廻歸公式的結果，與前面使用其他方法所得的結果相同。

5·4　徑路分析

接著，我們要在這一節裏討論一種應用複廻歸分析原理來研究社會科學現象的統計方法。這種統計方法就是徑路分析(path analysis)，或稱因徑分析。

徑路分析可用來研究在時間方面有前後次序的幾個變項之中，較先發生的變項經由什麼途徑來影響其後發生的那些變項。在計算之前，研究者首先要根據理論提出「因果模式」(causal model)，並畫「徑路圖」(path diagram) 說明各變項間的可能因果關係。如果某幾個變項是影響某一個變項的先行事件，就將前者當作 predictors，後者當作 criterion。然後爲探索是否此因果模式可適合於實際觀察資料，要利用求廻歸係數的方法，把徑路圖的係數求出來，以修改他的模式。

（一）基本原理　假設我們有一系列 k 個變項，且它們在發生時間方面有先後次序的差別。在這種情形下，如果變項 X_1 先於變項 X_2 發生，則變項 X_1 便可能成爲變項 X_2 的決定者，但是變項 X_2 則不能成爲變項 X_1 的決定者。此時，我們便可以從徑路分析圖的變項 X_1 處畫一個箭頭指向變項 X_2，表示變項 X_1 可以決定變項 X_2。因之，如果變項的足標係表示時間次序，則可以看到圖中有一單向箭頭從足標數字較小的變項出發，指向足標數字較大的變項。被這個單向箭頭所指的變項就是箭頭所來自的變項之函數。

假定研究者想探討父親教育程度 (X_1)、父親職業地位 (X_2)、兒子教育程度 (X_3)、兒子早期職業地位 (X_4)、和兒子後期職業地位（X_5）這五個變項之中，前面的變項係透過什麼途徑來影響後面的變項，則首先可以假定變項 X_1，X_2，X_3，X_4，和X_5，係依次發生。在這一個特例裏，我們的因果模式是：

X_1 爲 X_2，X_3，X_4，和 X_5 的決定者變項

X_2 爲 X_1 所決定，但却是 X_3，X_4，和 X_5 的決定者變項

X_3 爲 X_1 和 X_2 所決定，但却是 X_4 和 X_5 的決定者變項

X_4 爲 X_1，X_2 和 X_3 所決定，但却是 X_5 的決定者變項

X_5 爲 X_1，X_2，X_3 和 X_4 所決定。

這些陳述句，改用離均差分數（x_i）的複廻歸公式表示則爲：

① $x_2=\beta_{21}x_1+\beta_{2e}e_2$

② $x_3=\beta_{31}x_1+\beta_{32}x_2+\beta_{3e}e_3$

③ $x_4=\beta_{41}x_1+\beta_{42}x_2+\beta_{43}x_3+\beta_{4e}e_4$

④ $x_5=\beta_{51}x_1+\beta_{52}x_2+\beta_{53}x_3+\beta_{54}x_4+\beta_{5e}e_5$

〔對照公式 5·1-3，請注意符號已略改變〕。式中 β_i 是廻歸係數，而 e_i 則爲誤差變項。

在有N個受試者的情況下，而且將各分數再予以標準分數化（$z_i=x_i/s_i$）之後，上面各式就成爲：

⑤ $\mathbf{z}_2=b_{21}\mathbf{z}_1+b_{2e}\boldsymbol{\varepsilon}_2$

⑥ $\mathbf{z}_3=b_{31}\mathbf{z}_1+b_{32}\mathbf{z}_2+b_{3e}\boldsymbol{\varepsilon}_3$

⑦ $\mathbf{z}_4=b_{41}\mathbf{z}_1+b_{42}\mathbf{z}_2+b_{43}\mathbf{z}_3+b_{4e}\boldsymbol{\varepsilon}_4$

⑧ $\mathbf{z}_5=b_{51}\mathbf{z}_1+b_{52}\mathbf{z}_2+b_{53}\mathbf{z}_3+b_{54}\mathbf{z}_4+b_{5e}\boldsymbol{\varepsilon}_5$

（1）我們如果把第⑤式如下所示乘列向量 $\mathbf{z}'$，再除以總人數N，就變爲：

$$\frac{\mathbf{z}'_1\mathbf{z}_2}{N}=b_{21}\frac{\mathbf{z}'_1\mathbf{z}_1}{N}+b_{2e}\frac{\mathbf{z}'_1\boldsymbol{\varepsilon}_2}{N}$$

亦卽　$r_{12}=b_{21}$　〔公式 5·4-1〕

這裏，$\mathbf{z}'_1\mathbf{z}_2/N$ 就是 $\Sigma z_1z_2/N=r_{12}$，正是第一變項與第二變項的相關係數。等號右邊的 $\mathbf{z}_1'\mathbf{z}_1/N=\Sigma z^2/N=1$，是第一變項的變異數（因爲 z 分數的變異數等於 1 ）。還有，$\mathbf{x}_1'\boldsymbol{\varepsilon}_2/N=0$，是變項 X_1 與根據 X_1 預測 X_2 時之誤差的相關 係數；這種相關是隨機的，因之通常係假定等於 0 。總而言之，最後得 $r_{12}=b_{21}$。所以我們只要自相關矩陣中找到 r_{12} 便得 b_{21} 的值。

求出 b_{21} 之後，還須求出第⑤式中的 b_{2e} 是多少。事實上，b_{2e} 正是離間係數（coefficient of alienation），可用下式直接求出：

$$b_{2e}=\sqrt{1-R^2_{2\cdot1}}=\sqrt{1-b_{21}r_{12}}$$　〔公式 5·4-2〕

(2) 其次，我們要算出第⑥式中的 b_{31}，b_{32}，和 b_{3e} 各爲多少。其方法與上面的相似。

先在第⑥式乘 $\mathbf{z}'_1$，並除以N，就得：

$$\frac{\mathbf{z}'_1\mathbf{z}_3}{N}=b_{31}\frac{\mathbf{z}'_1\mathbf{z}_1}{N}+b_{32}\frac{\mathbf{z}'_1\mathbf{z}_2}{N}+b_{3e}\frac{\mathbf{z}'_1\boldsymbol{\varepsilon}_3}{N}$$

亦卽，　$r_{13}=b_{31}+b_{32}r_{12}$

再在第⑥式乘 $\mathbf{z}_2'$，並除以N，也得：

$$\frac{\mathbf{x}'_2\mathbf{x}_3}{N}=b_{31}\frac{\mathbf{z}'_2\mathbf{z}_1}{N}+b_{32}\frac{\mathbf{z}'_2\mathbf{z}_2}{N}+b_{3e}\frac{\mathbf{z}'_2\boldsymbol{\varepsilon}_3}{N}$$

亦卽，　$r_{23}=b_{31}r_{12}+b_{32}$

總之，我們終於得到下列方程式組：

$$\begin{cases}r_{13}=b_{31}+b_{32}r_{12}\\ r_{23}=b_{31}r_{12}+b_{32}\end{cases}$$

或　$\mathbf{r}_3=\mathbf{R}_2\mathbf{b}_3$　〔公式 5·4-3〕

故　$\mathbf{b}_3=\mathbf{R}^{-1}\mathbf{r}_3$　〔公式 5·4-4〕

或 $$\begin{bmatrix} b_{31} \\ b_{32} \end{bmatrix} = \begin{bmatrix} r_{11} & r_{12} \\ r_{12} & r_{22} \end{bmatrix}^{-1} \begin{bmatrix} r_{13} \\ r_{23} \end{bmatrix}$$

(請復習公式 5·1-8)。至於 b_{3e} 的值，則應以下式來計算:

$$b_{3e} = \sqrt{1 - R^2_{3\cdot 12}} = \sqrt{1 - (b_{31}r_{13} + b_{32}r_{23})} \qquad \text{〔公式 5·4-5〕}$$

(請復習公式 5·1-20)。

(3) 接著，要算出第⑦式中的 b_{41}，b_{42}，b_{43}，和 b_{4e}。計算方法與上面推算公式 5·4-3 所用者相同，亦即要在第⑦式分別乘 $\mathbf{z}_1$，$\mathbf{z}_2$，或 $\mathbf{z}_3$ 並各除以N，最後便得:

$$\begin{cases} r_{14} = b_{41} \qquad + b_{42}r_{12} + b_{43}r_{13} \\ r_{24} = b_{41}r_{12} + b_{42} \qquad + b_{43}r_{23} \\ r_{34} = b_{41}r_{13} + b_{42}r_{23} + b_{43} \end{cases}$$

或 $$\mathbf{r}_4 = \mathbf{R}_3\mathbf{b}_4 \qquad \text{〔公式 5·4-6〕}$$

所以，$$\mathbf{b}_4 = \mathbf{R}_3^{-1}\mathbf{r}_4 \qquad \text{〔公式 5·4-7〕}$$

或 $$\begin{bmatrix} b_{41} \\ b_{42} \\ b_{43} \end{bmatrix} = \begin{bmatrix} r_{11} & r_{12} & r_{13} \\ r_{12} & r_{22} & r_{23} \\ r_{13} & r_{23} & r_{33} \end{bmatrix}^{-1} \begin{bmatrix} r_{14} \\ r_{24} \\ r_{34} \end{bmatrix}$$

至於 b_{4e} 的計算方法也相似，亦即:

$$b_{4e} = \sqrt{1 - R^2_{4\cdot 123}} = \sqrt{1 - (b_{41}r_{14} + b_{42}r_{24} + b_{43}r_{34})}$$

〔公式 5·4-8〕

(4) 同理，第⑧式乘 $\mathbf{z}'_1$，$\mathbf{z}'_2$，$\mathbf{z}'_3$ 或 $\mathbf{z}'_4$，並除以N的結果可得:

$$\mathbf{r}_5 = \mathbf{R}_4\mathbf{b}_5 \qquad \text{〔公式 5·4-9〕}$$

所以求 b_{51}，b_{52}，b_{53}，b_{54} 時要用下列公式:

$$\mathbf{b}_5 = \mathbf{R}_4^{-1}\mathbf{r}_5 \qquad \text{〔公式 5·4-10〕}$$

$$
\text{或}\quad \begin{bmatrix} b_{51} \\ b_{52} \\ b_{53} \\ b_{54} \end{bmatrix} = \begin{bmatrix} r_{11} & r_{12} & r_{13} & r_{14} \\ r_{12} & r_{22} & r_{23} & r_{24} \\ r_{13} & r_{23} & r_{33} & r_{34} \\ r_{14} & r_{24} & r_{34} & r_{44} \end{bmatrix}^{-1} \begin{bmatrix} r_{15} \\ r_{25} \\ r_{35} \\ r_{45} \end{bmatrix}
$$

求 b_{5e} 時，則要用:

$$
\begin{aligned}
b_{5e} &= \sqrt{1-R^2_{5.1234}} \\
&= \sqrt{1-(b_{51}r_{15}+b_{52}r_{25}+b_{53}r_{35}+b_{54}r_{45})}
\end{aligned}
$$

〔公式 5·4-11〕

如此，便可以將第①至第④式的各迴歸係數求出來。研究者可以把這些係數畫在徑路分析圖的箭頭上，以看出前面的變項透過什麼途徑決定後面的變項，及其影響力之大小。在徑路分析裏，我們特別稱這些迴歸公式爲「結構公式」(structural equations)，稱其迴歸係數爲「徑路係數」(path coefficient)。在本例的計算過程中，首先以變項 X_1 來預測變項 X_2，得一結構公式；第二步再加進變項 X_2，以變項 X_1 和 X_2 來預測變項 X_3，又得一結構公式；第三步再加進變項 X_3，以變項 X_1，X_2 和 X_3 來預測變項 X_4，再得一結構公式；如此類推。在逐次加進一個較先發生的變項爲預測用變項時，各結構公式之徑路係數也隨之發生改變，顯示各預測用變項之影響力也發生改變。如此，由這些徑路係數之大小，可以看出在某一結構公式裏，那一個變項之影響力佔有較重要地位，以及如何的影響後面的變項。(參看林淸山，民國66年，第11至16頁；葉啓政，民國67年；Van de Geer, 1971, pp. 114-121; Cooley & Lohnes, 1976)。

（二）計算實例　現在我們就以例 5·4-1 來幫助說明徑路分析的計算過程。

【例 5·4-1】某研究者想探討父親的教育和職業地位透過什麼途徑影響兒子的教育程度和職業地位。表 5·4-1 是他調查「父親教育程度」(X_1)、「父親職業地位」(X_2)、「兒子教育程度」(X_3)、「兒子早期職業地位」(X_4)、和「兒子後期職業地位」(X_5) 五個變項的結果所得的相關係數矩陣。試根據此項資料進行徑路分析。

表 5·4-1　五個變項之交互相關矩陣（**R**）

	X_1	X_2	X_3	X_4	X_5
X_1	1.000	.635	.451	.344	.347
X_2	.635	1.000	.494	.424	.455
X_3	.451	.494	1.000	.556	.579
X_4	.344	.424	.556	1.000	.619
X_5	.347	.455	.579	.619	1.000

假定父親教育程度 (X_1)、父親職業程度 (X_2)、兒子教育程度 (X_3)、兒子早期職業地位 (X_4)、和兒子後期職業地位 (X_5) 這五個變項係依次發生的，因此前者可能影響後者，則首先我們可以畫出圖5·4-1的徑路圖。其次，徑路分析的過程可簡單呈現如下:

1. 本例有五個變項，所以徑路分析的結構公式與本節所列第①至第④式一樣。根據公式 5·4-1 和表 5·4-1 的相關係數可得:

$$b_{21}=r_{12}=.635$$

根據公式 5·4-2，可算出:

$$b_{2e}=\sqrt{1-b_{21}r_{12}}=\sqrt{1-(.635)(.635)}=.773$$

所以，　$x_2=.635x_1+.773e_2$

2. 根據公式 5·4-4 和公式 5·4-5 求第二個結構公式所須各係數:

$$\mathbf{b}_3=\mathbf{R}_2^{-1}\mathbf{r}_3$$

或
$$\begin{bmatrix} b_{31} \\ b_{32} \end{bmatrix} = \begin{bmatrix} r_{11} & r_{12} \\ r_{12} & r_{22} \end{bmatrix}^{-1} \begin{bmatrix} r_{13} \\ r_{23} \end{bmatrix} = \begin{bmatrix} 1.000 & .635 \\ .635 & 1.000 \end{bmatrix}^{-1} \begin{bmatrix} .451 \\ .494 \end{bmatrix}$$

$$= \begin{bmatrix} 1.6757 & -1.0641 \\ -1.0641 & 1.6757 \end{bmatrix} \begin{bmatrix} .451 \\ .494 \end{bmatrix} = \begin{bmatrix} .230 \\ .348 \end{bmatrix}$$

$$R^2_{3 \cdot 12} = \mathbf{b}'_3 \mathbf{r}_3 = [.230 \ .348] \begin{bmatrix} .451 \\ .494 \end{bmatrix} = .2756$$

$$b_{3e} = \sqrt{1 - R^2_{3 \cdot 12}} = \sqrt{1 - .2756} = .851$$

所以，　$x_3 = .230x_1 + .348x_2 + .851e_3$

3. 根據公式 5·4-7 和公式 5·4-8 得:

$$\mathbf{b}_4 = \mathbf{R}_3^{-1} \mathbf{r}_4$$

或
$$\begin{bmatrix} b_{41} \\ b_{42} \\ b_{43} \end{bmatrix} = \begin{bmatrix} 1.000 & .635 & .451 \\ .635 & 1.000 & .494 \\ .451 & .494 & 1.000 \end{bmatrix}^{-1} \begin{bmatrix} .344 \\ .424 \\ .556 \end{bmatrix}$$

$$= \begin{bmatrix} 1.7488 & -.9535 & -.3176 \\ -.9535 & 1.8426 & -.4803 \\ -.3176 & -.4803 & 1.3805 \end{bmatrix} \begin{bmatrix} .344 \\ .424 \\ .556 \end{bmatrix} = \begin{bmatrix} .021 \\ .186 \\ .455 \end{bmatrix}$$

$$R^2_{4 \cdot 123} = \mathbf{b}'_4 \mathbf{r}_4 = [.021 \ \ .186 \ \ .455] \begin{bmatrix} .344 \\ .424 \\ .556 \end{bmatrix} = .3391$$

$$b_{4e} = \sqrt{1 - R^2_{4 \cdot 123}} = \sqrt{1 - .3391} = .813$$

所以，$x_4 = .021x_1 + .186x_2 + .455x_3 + .813e_4$

4. 其次，根據公式 5·4-10 和公式 5·4-11 得:

$$\mathbf{b}_5 = \mathbf{R}_4^{-1} \mathbf{r}_5$$

或 $$\begin{bmatrix} b_{51} \\ b_{52} \\ b_{53} \\ b_{54} \end{bmatrix} = \begin{bmatrix} 1.000 & .635 & .451 & .344 \\ .635 & 1.000 & .494 & .424 \\ .451 & .494 & 1.000 & .556 \\ .344 & .424 & .556 & 1.000 \end{bmatrix}^{-1} \begin{bmatrix} .347 \\ .455 \\ .579 \\ .619 \end{bmatrix}$$

$$= \begin{bmatrix} 1.7494 & -.9477 & -.3034 & -.0313 \\ -.9477 & 1.8952 & -.3522 & -.2818 \\ -.3034 & -.3522 & 1.6932 & -.6877 \\ -.0313 & -.2818 & -.6877 & 1.5126 \end{bmatrix} \begin{bmatrix} .347 \\ .455 \\ .579 \\ .619 \end{bmatrix} = \begin{bmatrix} -.019 \\ .155 \\ .289 \\ .399 \end{bmatrix}$$

$$R^2_{5\cdot 1234} = \mathbf{b}_5' \mathbf{r}_5 = .4782$$

$$b_{5e} = \sqrt{1 - R^2_{5\cdot 1234}} = \sqrt{1 - .4782} = .722$$

所以，$x_5 = -.019x_1 + .155x_2 + .289x_3 + .399x_4 + .722e_5$

5. 可見表 5•4-1 的資料經徑路分析之結果，得到下列結構公式：

$$\begin{cases} x_2 = .635x_1 + .773e_2 \\ x_3 = .230x_1 + .348x_2 + .851e_3 \\ x_4 = .021x_1 + .186x_2 + .455x_3 + .813e_4 \\ x_5 = -.019x_1 + .155x_2 + .289x_3 + .399x_4 + .722e_5 \end{cases}$$

6. 在徑路分析圖上加徑路係數：把所算出的這些徑路係數，畫在圖 5•4-1 所示的徑路分析圖。

7. 解釋結果：由圖 5•4-1 的徑路分析圖可以看出幾個現象：(1) 由變項 X_1 出發的這四個單向箭頭上所標示的徑路係數分別爲 $b_{21} = .635$，$b_{31} = .230$，$b_{41} = .021$，和 $b_{51} = -.019$。可見，徑路係數有越來越小之趨勢。這一點說明：變項 X_1（父親教育程度）只有對變項 X_2，亦即在時間上最接近者，有很大決定性作用；對和它在時間上相隔愈遠的變項之影響力，似乎愈來愈小；其中對變項 X_4 和 X_5 的影響力可說微乎其微。因之，就本例而言，父親的教育程度對於兒子的

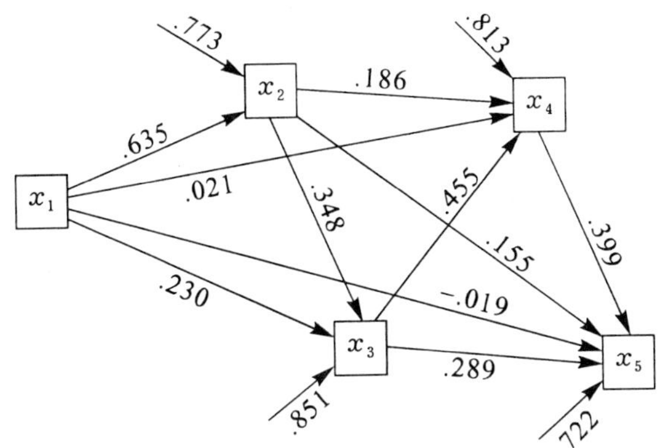

圖 5·4-1　五種社會變項的徑路分析圖。

早期或後期職業地位，似乎都沒有什麼影響可言。(2) 從變項 X_2 有三個單向箭頭指向變項 X_3，X_4，和 X_5。其中，X_2 對變項 X_3 之決定性佔有最重要地位 ($b_{32}=.348$)。所以父親的職業地位對兒子的教育程度頗具影響力。另一方面，變項 X_2 有兩個來源的影響力，其中之一是來自變項 X_1，另外一個來源是不知根源的誤差變項。因之，我們可以說，除了父親的教育程度可以影響父親的職業地位外，還有一些不知來源的變項也可能影響；在這一個例子裏，我們並不知道這些變項是什麼，且其影響力似乎並不小。(3) 總之，本例的這五個變項主要的是經由 X_1 而 X_2，由 X_2 而 X_3，由 X_3 而 X_4，和由 X_4 而 X_5，而使前一變項直接影響後一變項。至於在時間上不相鄰的變項，則其決定作用便顯著的變小，尤其是在時間上相隔較遠的變項更是如此。

徑路分析解釋時的注意點：(1) 本節所求出的徑路係數似尚無較理想的顯著性考驗的方法可考驗其顯著性，我們只大概的就表面數字之大小來判斷。爲求客觀起見，筆者建議使用公式 5·1-22 所示的估計標準誤來考驗徑路係數的顯著性（請復習公式 5·1-21 至公式

5·1-23)。(2) 徑路分析畢竟是屬於「相關關係的研究」，因之，除非證據十分明確，不要輕易下因果關係的結論。當我們說某變項決定某變項時，只是根據數據的猜測或判斷而已。所以必須小心下結論纔好。因果模式只是用來幫助「說明」假設中的因果關係，不是用來「證實」這種因果關係。徑路分析法的一個貢獻是鼓勵研究者在進行研究之前，作理智的預測，不要毫無方向、毫無目的的摸索。研究者必須在不斷研究的過程中，不斷修正他的因果模式，直到能正確說明該行爲現象爲止。(3) 人類的社會事象極爲複雜，因此徑路分析圖不可能完全像例 5·4-1 所示的那麼單純。研究者必須視所研究的對象之不同，畫出不同徑路圖，和求出它的徑路係數。圖 5·4-1 只是一個特例而已。

第六章
多項式迴歸分析

在上一章所討論過的迴歸模式裏，我們均假定自變項X和依變項Y之間的關係是直線的 (linear)。因此，在母數矩陣裏的 β_i 值均爲一次方的。換言之，β_i 從沒相乘，從沒取高次方的，也從沒被轉換爲對數。這些迴歸係數 β_i 只要是一次方的，這迴歸模式就算是線性模式 (linear model)。在一般行爲科學界裏，我們常會發現某些行爲現象之間的關係，不是直線的，而是曲線的（例如兒童的身高發展與年齡的關係)。這些現象最好要用曲線模式 (curvilinear model) 來解釋，方不致與事實的眞相相去太遠。

曲線模式或稱「多項式模式」(polynomial model)，其形式如下所示:

$$y=\beta_0+\beta_1x+\beta_2x^2+\cdots+\beta_kx^k+\varepsilon$$

在這一個式子裏，每一位受試者只有一個自變項分數，但此一自變項分數却取其一次方、二次方、或 k 次方；不是像在前一章裏，每位受試者有好幾個自變項分數，但却都是一次方的。所以，本章的主要目的，在研討如何以多項式模式來處理行爲科學中所面臨的問題。

其實，多項式模式或曲線模式與我們到現在爲止所用的線性模式並沒有什麼不同。它只不過是線性模式的一種變形罷了，我們很容易看出這一點。如果上式的x以 x_1，x^2 以 x_2，…，x^k 以 x_k 表示，則上式便可改寫爲:

$$y=\beta_0+\beta_1x_1+\beta_2x_2+\cdots+\beta_kx_k+\varepsilon$$

有好幾個受試者時，這式子就成爲我們常寫過的 $\mathbf{y}=\mathbf{X}\boldsymbol{\beta}+\boldsymbol{\varepsilon}$ 了。這一點說明我們一向所用的一般線性模式仍可用來處理曲線迴歸，亦卽多項式迴歸分析（polynomial regression analysis）的問題。

6·1　單變項多項式迴歸分析

（一）適用情境及基本原理　在多變項迴歸分析裏，我們仍然要用最小平方法找出一條「最適合線」（best-fitting curve），使根據 X 預測 Y 時，所產生的誤差變爲最小。首先，我們要先討論只有一個依變項（$p=1$）時的多項式迴歸分析的問題。

1. 分組的資料　假定 Y 是隨機的連續變項，亦卽在 X 的某一點上，可能出現許多 Y 值和可以求出 $\bar{Y}$ 時，我們便可使用下面的線性模式來表示自變項和依變項之間的多項式關係。

$$\begin{bmatrix} \bar{y}_1 \\ \bar{y}_2 \\ \vdots \\ \bar{y}_n \end{bmatrix} = \begin{bmatrix} 1 & x_1 & x_1^2 & x_1^3 & \cdots & x_1^k \\ 1 & x_2 & x_2^2 & x_2^3 & \cdots & x_2^k \\ \vdots & \vdots & \vdots & \vdots & & \vdots \\ 1 & x_n & x_n^2 & x_n^3 & \cdots & x_n^k \end{bmatrix} \begin{bmatrix} \beta_0 \\ \beta_1 \\ \vdots \\ \beta_k \end{bmatrix} + \begin{bmatrix} \bar{\varepsilon}_1 \\ \bar{\varepsilon}_2 \\ \vdots \\ \bar{\varepsilon}_n \end{bmatrix}$$

$$\underset{(n\times 1)}{\bar{\mathbf{y}}} = \underset{(n\times q)}{\mathbf{X}} \; \underset{(q\times 1)}{\boldsymbol{\beta}} + \underset{(n\times 1)}{\bar{\boldsymbol{\varepsilon}}}$$

〔公式 6·1-1〕

在這裏，我們要用 N 來代表全部受試者的總人數，用小寫 n 來代表受試者的組數，而以 N_i 來代表第 i 組的人數。k 要代表多項式的次數（例如，研究者所假定的最適合線是二次曲線，則 $k=2$）。至於 $q=k+1$，是模式矩陣 $\mathbf{X}$ 的秩數。

在適合度考驗（test of fit）開始之前，研究者通常並不知道他的資料以多少次的曲線來代表最爲適當。因此，首先要把 X 和 Y 的數對畫在X和Y軸構成的平面坐標上（參看圖6·1-1），再根據分佈圖上各點的分佈來判斷最適合性可能是幾次方的。如果判斷的結果可能是二次曲線，就要使用代表二次方的模式矩陣$\mathbf{X}$（此時公式6·1-1的$\mathbf{X}$，只有前三個縱行）。然後提出最適合線是二次曲線之假設，開始進行假設考驗，以驗證所提的假設是否能夠成立。

根據公式 6·1-1 的模式來求最適合線時，β 的不偏估計數是這樣的:

$$\hat{\beta}=(\mathbf{X}'\mathbf{D}\mathbf{X})^{-1}\mathbf{X}'\mathbf{D}\bar{\mathbf{y}} \qquad \text{〔公式 6·1-2〕}$$

這裏，
$$\mathbf{D}=\begin{bmatrix} N_1 & 0 & \cdots & 0 \\ 0 & N_2 & \cdots & 0 \\ \vdots & \vdots & & \vdots \\ 0 & 0 & \cdots & N_n \end{bmatrix}$$

矩陣 $\mathbf{D}$ 是由各組受試者人數所構成的對角線矩陣。公式 6·1-2 事實上仍與公式 2·3-7 的基本形式相同。這一公式中所以要乘以矩陣 $\mathbf{D}$，乃是因爲公式 6·1-1 的依變項向量 $\bar{\mathbf{y}}$ 是使用各組依變項分數之平均數爲元素，而不是用各位受試者的個別分數之故。(平均數要乘各組人數纔能還原爲個別分數總和，亦即 $N\bar{y}=\Sigma y$，不是嗎？)

表 6·1-1　多項式模式適合度考驗 ANOVA 摘要表

來　　源	df	SS	E(MS)
總廻歸	$k+1$	$Q_h=\hat{\beta}'\mathbf{X}'\mathbf{D}\mathbf{X}\hat{\beta}$	$\sigma^2+\dfrac{\hat{\beta}'\mathbf{X}'\mathbf{D}\mathbf{X}\hat{\beta}}{k+1}$
殘餘部分	$n-k-1$	$Q_e^*=\bar{\mathbf{y}}'\mathbf{D}\bar{\mathbf{y}}-\hat{\beta}'\mathbf{X}'\mathbf{D}\mathbf{X}\beta$	σ^2
組平均之間	n	$Q_b=\bar{\mathbf{y}}'\mathbf{D}\bar{\mathbf{y}}$	
組內誤差	$N-n$	$Q_e=\mathbf{y}'\mathbf{y}-\bar{\mathbf{y}}'\mathbf{D}\bar{\mathbf{y}}$	σ^2
總　　和	N	$Q_t=\mathbf{y}'\mathbf{y}$	

為了便於說明起見，要先把使用分組資料進行適合度考驗時的變異數分析摘要表列在表 6·1-1 裏。表下的 Q_t 是所有受試者的依變項分數之平方和，亦卽：

$$Q_t = \mathbf{y}'\mathbf{y} \qquad \text{〔公式 6·1-3〕}$$

它是由 Q_b 和 Q_e 兩部分所構成。Q_b 和 Q_e 的計算公式是這樣的：

$$Q_b = \bar{\mathbf{y}}'\mathbf{D}\bar{\mathbf{y}} \qquad \text{〔公式 6·1-4〕}$$

$$Q_e = \mathbf{y}'\mathbf{y} - \bar{\mathbf{y}}'\mathbf{D}\bar{\mathbf{y}} \qquad \text{〔公式 6·1-5〕}$$

在使用分組的資料時，這些部分相當於變異數分析時的組間變異和組內變異。其中公式 6·1-5 如果除以 $N-n$，將為 σ^2 的不偏估計數：

$$s_e^2 = \frac{\mathbf{y}'\mathbf{y} - \bar{\mathbf{y}}'\mathbf{D}\bar{\mathbf{y}}}{N-n} \qquad \text{〔公式 6·1-6〕}$$

表 6·1-1 上半的 Q_h 與 Q_e^* 之和也正好等於 Q_b。它們的計算公式如下所示：

$$\begin{aligned} Q_h &= (\mathbf{C}\hat{\boldsymbol{\beta}})'[\mathbf{C}(\mathbf{X}'\mathbf{D}\mathbf{X})^{-1}\mathbf{C}']^{-1}(\mathbf{C}\hat{\boldsymbol{\beta}}) \\ &= \hat{\boldsymbol{\beta}}'\mathbf{X}'\mathbf{D}\mathbf{X}\hat{\boldsymbol{\beta}} \end{aligned} \qquad \text{〔公式 6·1-7〕}$$

$$\begin{aligned} Q_e^* &= \bar{\mathbf{y}}'[\mathbf{D} - \mathbf{D}\mathbf{X}(\mathbf{X}'\mathbf{D}\mathbf{X})^{-1}\mathbf{X}'\mathbf{D}]\bar{\mathbf{y}} \\ &= \bar{\mathbf{y}}'\mathbf{D}\bar{\mathbf{y}} - \hat{\boldsymbol{\beta}}'\mathbf{X}'\mathbf{D}\mathbf{X}\hat{\boldsymbol{\beta}} \end{aligned} \qquad \text{〔公式 6·1-8〕}$$

當我們所假定的多項式模式為正確時，Q_e^* 除以 $(n-k-1)$ 將為估計標準誤平方之不偏估計值：

$$s_r^2 = \frac{\bar{\mathbf{y}}'\mathbf{D}\bar{\mathbf{y}} - \hat{\boldsymbol{\beta}}'\mathbf{X}'\mathbf{D}\mathbf{X}\hat{\boldsymbol{\beta}}}{n-k-1} \qquad \text{〔公式 6·1-9〕}$$

公式 6·1-9 的 s_r^2 只有在我們所假定的多項式模式可以成立時，方可作為誤差項以估計 σ^2。但是公式 6·1-6 的 s_e^2 則不管所假定的多項式模式是否可以成立，均為 σ^2 的估計數 (Timm, 1975, p. 292; Bock, 1975, p. 180)。根據實際資料算出表 6·1-1 中 s_r^2 和 s_e^2（亦卽

Q_e^* 和 Q_e 各除以其自由度）之後，可將它們代入公式 6·1-10，用來考驗所假定的次數以外的「殘餘部分」是否顯著:

$$F=\frac{Q_e^*/(n-k-1)}{Q_e/(N-n)} \qquad 〔公式\ 6\cdot1\text{-}10〕$$

如果代入公式 6·1-10 計算的F值大於 $F_{\alpha,(n-k-1,N-n)}$，就表示我們所假定的多項式模式之次數是不適當的。換言之，如果我們假定我們的資料可能是二次的（$k=2$），而使用二次的矩陣 $\mathbf{X}$ 來計算的結果，F值達顯著水準，便顯示我們的資料可能是三次以上的。此時，如果要找出正確的次數到底是幾次的，最好是將估計誤差（$y-\hat{y}$）標示在坐標圖上，便可看出來。如果代入公式 6·1-10 的結果F值未達顯著水準，則表示我們所假定的最適合線之次數可能是對的。然後，我們就可以進一步考驗 H_0：$\boldsymbol{\beta}=\mathbf{0}$。其考驗的公式則視每組人數是小樣本或大樣本而定:

當每組人數較大時，F公式則如下所示:

$$F=\frac{Q_h/(k+1)}{Q_e/(N-n)} \qquad 〔公式\ 6\cdot1\text{-}11〕$$

當每組人數較小時，F公式如下所示:

$$F=\frac{Q_h/(k+1)}{(Q_e^*+Q_e)/(N-k-1)} \qquad 〔公式\ 6\cdot1\text{-}12〕$$

亦卽取 s_r^2 和 s_e^2 之加權平均作爲誤差項。換言之，當每組人數較大時，有沒有將 s_r^2 和 s_e^2 加權，影響並不大，故通常以 s_e^2 爲誤差項。每組人數太少時，要將「總變異」部分和「殘餘部分」相加（pool）在一起，除以它們的自由度之和（亦卽 s_r^2 和 s_e^2 加權），作爲誤差項。

降步式的適合度考驗　上面所討論的那種方法裏，研究者要先假定最適合線的次數是幾次的，然後纔證驗所提假設是否可成立（例如先假定最適合線可能是二次的，然後考驗是不是眞的是二次的)。如果不採用那種方法，則第二種方法便是採用這裏所要討論的降步式適合度考驗（參看 Bock, 1975, pp. 186-196；Timm, 1975, pp. 294-307)。

使用降步式適合度考驗法來尋找最適合線的次數時，我們必須使用「正交多項式」(orthogonal polynomials) 的矩陣 **P**，自較高次數到較低次數有系統的檢驗下來，評量它們對迴歸函數的影響的大小，直到找出一個次數為最低但却可適當代表資料之特性的最適合線為止。開始時，我們必須從可能的較大次數出發，例如自 m 次開始。然後計算自 m 次降為（$m-1$）次時，迴歸的 SS（離均差平方和）是否顯著的減少。如果迴歸的 SS 顯著的減少，則謂 m 次的最適合線方能適當解釋資料，亦卽最適合線是 m 次的。否則就要繼續向較低次數去尋找，亦卽計算由（$m-1$）次減為（$m-2$）次時，迴歸的 SS 減少的情形。如果由（$m-1$）次降為（$m-2$）次時，迴歸部分的 SS 之減少量達顯著水準，則謂最適合線可能是（$m-1$）次的。否則就要再往較低次數尋找，直到碰見迴歸部分的 SS 顯著的減少為止。

上述的每一階段之考驗必須是彼此獨立的，因此矩陣 **P** 的每一縱行必須是互為正交的。換言之，迴歸部分的 SS 必須被分割為每部分一個自由度的幾個部分，且各部分之間不重疊。這種各縱行互為正交的矩陣 **P** 可直接由附錄表九和十查到，也可用格拉姆-施密特法〔復習第 2·2（三）節〕將模式矩陣 **X** 加以正交化而得。

利用正交矩陣 **P** 為模式矩陣時，線性模式為:

$$\bar{\mathbf{y}} = \mathbf{P}\boldsymbol{\xi} + \bar{\varepsilon} \qquad \text{〔公式 6·1-13〕}$$

此時，

$$\hat{\boldsymbol{\xi}} = (\mathbf{P}'\mathbf{D}\mathbf{P})^{-1}\mathbf{P}'\mathbf{D}\bar{\mathbf{y}} \qquad \text{〔公式 6·1-14〕}$$

而　$Q_h = \hat{\boldsymbol{\xi}}'\mathbf{P}'\mathbf{D}\mathbf{P}\hat{\boldsymbol{\xi}}$　〔公式 6·1-15〕

當各組人數 N_i 相等而且自變項組間成等距時，這 Q_h 值的關係是這樣的:

$$Q_h = \frac{\Sigma(\mathbf{p}'_i\bar{\mathbf{y}})^2 n_0}{||\mathbf{p}_i||^2}$$

$$= \Sigma\hat{\psi}_i^2 \frac{n_0}{||\mathbf{p}_i||^2}$$　〔公式 6·1-16〕

這裏，$N_i = n_0$，代表每組人數；而 $\hat{\psi}_i = \mathbf{p}'_i\bar{\mathbf{y}}$。公式 6·1-16 中的每一部分 $\hat{\psi}_i^2 n_0/||\mathbf{p}_i||^2$ 均為迴歸變異之一部分，均可定為 Q_{hi}，代入公式 6·1-17 考驗其顯著性，每一部分之自由度均為 1：

$$F = \frac{Q_{hi}}{Q_e/(N-n)}$$　〔公式 6·1-17〕

如果計算的 F 值大於 $F_{\alpha,(1,N-n)}$，該部分的變異便算達到顯著水準，亦即那一次數是重要的。如此，像上面所描述的那樣，自較高次數開始往較低次數依次考驗，直到 F 值顯著為止。通常，α 是針對整個實驗（全部迴歸變異）而訂，至少有一次數之考驗犯第一類型錯誤之概率為:

$$\alpha = 1 - \prod_{i=1}^{m}(1-\alpha_i)$$　〔公式 6·1-18〕

為使各部分的 α_i 合起來等於 α，可訂 $\alpha_i = \alpha/(m+1)$。

2. 未分組資料　在有些情形下，自變項的分配是不規則的，因此直接使用未分組的資料反而較為方便。

使用未分組資料時，線性模式成為:

$$\begin{bmatrix} y_1 \\ y_2 \\ \vdots \\ y_N \end{bmatrix} = \begin{bmatrix} 1 & x_1 & x_1^2 & x_1^3 & \cdots & x_1^k \\ 1 & x_2 & x_2^2 & x_2^3 & \cdots & x_2^k \\ \vdots & \vdots & \vdots & \vdots & & \vdots \\ 1 & x_N & x_N^2 & x_N^3 & \cdots & x_N^k \end{bmatrix} \begin{bmatrix} \beta_0 \\ \beta_1 \\ \vdots \\ \beta_k \end{bmatrix} + \begin{bmatrix} \varepsilon_1 \\ \varepsilon_2 \\ \vdots \\ \varepsilon_N \end{bmatrix}$$

$$\underset{(N\times 1)}{\mathbf{y}} = \underset{(N\times q)}{\mathbf{X}} \underset{(q\times 1)}{\boldsymbol{\beta}} + \underset{(N\times 1)}{\boldsymbol{\varepsilon}}$$

$$\boldsymbol{\beta} = (\mathbf{X}'\mathbf{X})^{-1}\mathbf{X}'\mathbf{y} \qquad \text{〔公式 6·1-19〕}$$

$$\mathbf{Q}_h = \hat{\boldsymbol{\beta}}'\mathbf{X}'\mathbf{X}\hat{\boldsymbol{\beta}} \qquad \text{〔公式 6·1-20〕}$$

$$\mathbf{Q}_e^* = \mathbf{y}'\mathbf{y} - \hat{\boldsymbol{\beta}}'\mathbf{X}'\mathbf{X}\hat{\boldsymbol{\beta}} \qquad \text{〔公式 6·1-21〕}$$

此時，最大的不同處，在於 F 考驗的誤差項是 $\mathbf{Q}_e^*$，而且，$\mathbf{Q}_e^*$ 的自由度為 $N-k-1$ 而不是 $n-k-1$。因此：

$$F = \frac{\mathbf{Q}_h/(k+1)}{\mathbf{Q}_e^*/(N-k-1)} \qquad \text{〔公式 6·1-22〕}$$

與使用分組資料時一樣，公式 6·1-20 的矩陣 $\mathbf{Q}_h$ 也可用正交矩陣分割為幾個彼此獨立的部分。其方法與前面所討論過的略有不同。當N很大時，要直接將矩陣 $\mathbf{X}$ 予以正交化，將是不切實際的事。因此，最好的辦法是先算出 $\mathbf{X}'\mathbf{X}$，然後用柯勒斯基法（復習表 1·2-2）分解 $\mathbf{X}'\mathbf{X}$，得三角矩陣 $\mathbf{T}$ 的反矩陣 $\mathbf{T}^{-1}$，便可代入公式 6·1-23 求得正交的迴歸變異向量 $\boldsymbol{\xi}$：

$$\boldsymbol{\xi} = \mathbf{T}^{-1}\mathbf{X}'\bar{\mathbf{y}} \qquad \text{〔公式 6·1-23〕}$$

公式 6·1-23 的 $\boldsymbol{\xi}$ 向量的每一元素，均為一個自由度，要以 $\mathbf{Q}_e^*$ 為誤差項，來進行降步分析式的適合度考驗〔計算實例請參看 Bock, 1975, pp. 196-198。本節不再舉例說明〕。

（二）計算實例　接著，我們要以例 6·1-1 來幫助說明單變項多項式迴歸分析的實際計算過程。

【例 6·1·1】 一共有六個年齡組的兒童，每年齡組五名，參加一項迷津學習的實驗。表 6·1-2 是每位兒童從迷津的起點走到迷津的終點所費的時間。試就這項資料進行多變項廻歸分析。

適合度考驗　如果我們先提出有關最適合線之次數的假設，然後要考驗所提假設能否適當解釋表 6·1-2 的資料，則計算方法是這樣的：

表 6·1-2　六個年齡組的迷津學習成績

年齡組	4	5	6	7	8	9	（歲）
	62	30	17	10	5	6	
	70	38	31	5	10	3	
	41	45	7	29	23	20	
	52	19	24	17	12	3	
	55	26	15	23	3	15	
平　均	56.0	31.6	18.8	16.8	10.6	9.4	

1. 根據資料畫分佈圖：將表 6·1-2 的觀察資料畫成圖 6·1-1 的分佈圖。點代表每位受試者的得分；×號代表該年齡組的平均數。

2. 提出多項式模式的假設：從圖 6·1-1 看出，各組平均數所構成的曲線似成二次曲線，所以我們可假定最適合線的次數是二次的，亦卽 $k=2$。因為受試者根據依變項 X 分為 4,5,6,7,8 和 9 歲組等六個年齡組，所以公式 6·1-1 的模式矩陣 $\mathbf{X}$ 應是如下所示的 6×3 階矩陣；其第一縱行為單元向量；第二縱行是依變項資料，為一次的；第三縱行是第二縱行各元素的平方，為二次的。故 $q=k+1=2+1=3$。可見，公式6·1-1應成為：

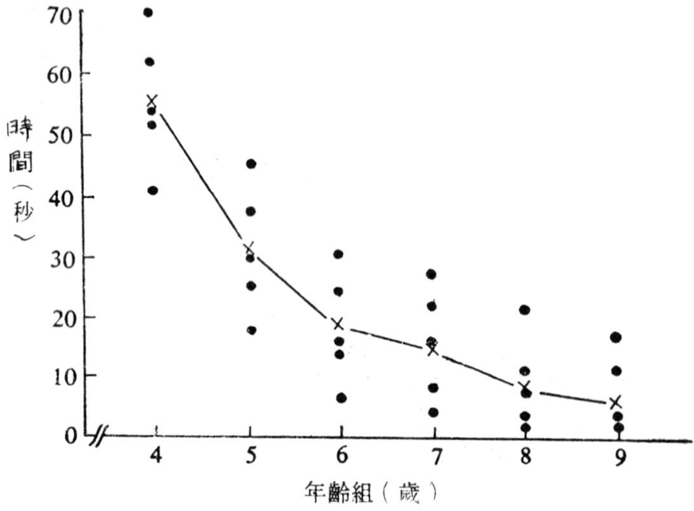

圖 6·1-1　六個年齡組迷津學習成績分佈圖。

$$
\begin{pmatrix} 56.0 \\ 31.6 \\ 18.8 \\ 16.8 \\ 10.6 \\ 9.4 \end{pmatrix} = \begin{pmatrix} 1 & 4 & 16 \\ 1 & 5 & 25 \\ 1 & 6 & 36 \\ 1 & 7 & 49 \\ 1 & 8 & 64 \\ 1 & 9 & 81 \end{pmatrix} \begin{bmatrix} \beta_0 \\ \beta_1 \\ \beta_2 \end{bmatrix} + \begin{pmatrix} \bar{\varepsilon}_1 \\ \bar{\varepsilon}_2 \\ \bar{\varepsilon}_3 \\ \bar{\varepsilon}_4 \\ \bar{\varepsilon}_5 \\ \bar{\varepsilon}_6 \end{pmatrix}
$$

$$
\bar{\mathbf{y}} = \mathbf{X} \quad \boldsymbol{\beta} + \bar{\boldsymbol{\varepsilon}}
$$

3. 求廻歸係數向量 $\hat{\boldsymbol{\beta}}$: 根據公式 6·1-2 可知廻歸係數向量 $\hat{\boldsymbol{\beta}}$ 的計算是這樣的:

$$
\mathbf{X'DX} = \begin{bmatrix} 1 & 1 & 1 & 1 & 1 & 1 \\ 4 & 5 & 6 & 7 & 8 & 9 \\ 16 & 25 & 36 & 49 & 64 & 81 \end{bmatrix} \begin{pmatrix} 5 & 0 & 0 & 0 & 0 \\ 0 & 5 & 0 & 0 & 0 \\ 0 & 0 & 5 & 0 & 0 \\ 0 & 0 & 0 & 5 & 0 \\ 0 & 0 & 0 & 0 & 5 \end{pmatrix}
$$

$$\times\begin{bmatrix}1 & 4 & 16\\1 & 5 & 25\\1 & 6 & 36\\1 & 7 & 49\\1 & 8 & 64\\1 & 9 & 81\end{bmatrix}=\begin{bmatrix}30 & 195 & 1355\\195 & 1355 & 9945\\1355 & 9945 & 76175\end{bmatrix}$$

$$(\mathbf{X'DX})^{-1}=\begin{bmatrix}8.804286 & -2.813571 & .210714\\-2.813571 & .916786 & -.069643\\.210714 & -.069643 & .005357\end{bmatrix}$$

$$\mathbf{X'D\bar{y}}=\begin{bmatrix}716\\3909\\23129\end{bmatrix}$$

$$\hat{\beta}=(\mathbf{X'DX})^{-1}\mathbf{X'D\bar{y}}=\begin{bmatrix}179.2286\\-41.5714\\2.5429\end{bmatrix}$$

4. 求表 6•1-1 的各 Q 值: 先設 **y** 爲 30×1 階的行向量, 以表 6•1-2 的三十個分數爲其元素。然後求得:

$$\mathbf{Q}_t=\mathbf{y'y}=26930 \qquad \text{(公式 6•1-3)}$$

$$\mathbf{Q}_b=\mathbf{\bar{y}'D\bar{y}}=24854.80 \qquad \text{(公式 6•1-4)}$$

$$\mathbf{Q}_e=\mathbf{y'y}-\mathbf{\bar{y}'D\bar{y}} \qquad \text{(公式 6•1-5)}$$

$$=26930-24854.80=2075.20$$

$$\mathbf{Q}_h=\hat{\beta}'\mathbf{X'DX}\hat{\beta} \qquad \text{(公式 6•1-7)}$$

$$=[179.2286 \quad -41.5714 \quad 2.5429]$$

$$\times\begin{bmatrix}30 & 195 & 1355\\195 & 1355 & 9945\\1355 & 9945 & 76175\end{bmatrix}\begin{bmatrix}179.2286\\-41.5714\\2.5429\end{bmatrix}$$

$$=24638.6856$$

$$\mathbf{Q}_e^* = \bar{\mathbf{y}}'\mathbf{D}\bar{\mathbf{y}} - \hat{\boldsymbol{\beta}}'\mathbf{X}'\mathbf{D}\mathbf{X}\hat{\boldsymbol{\beta}} \qquad \text{(公式 6•1-8)}$$

$$=24854.80-24638.6856$$

$$=216.1144$$

5. 考驗所提假設：將上面各 Q 值代入公式 6•1-10，以考驗最適合線爲二次曲線之假設是否爲眞。表 6•1-3 是考驗的結果：

表 6•1-3　適合度考驗的 ANOVA 摘要表

來　源	SS	df	MS	F
廻　歸	24638.6856	3	8212.8952	96.778*
殘餘部分	216.1144	3	72.0381	.833
組平均之間	24854.80	6		
組內誤差	2075.20	24	86.4667	
總　和	26930	30		

$F_{.05,(3,24)}=3.01$　　$^*F_{.05,(3,27)}=2.96$

表 6•1-3 適合度考驗之結果得 $F=.833$，小於查表的 $F_{.05,(3,24)}=3.01$，故「殘餘部分」並不顯著，亦即我們假設最適合線爲二次曲線可能是正確的。

6. 列出多項式廻歸公式：根據上面計算 $\hat{\boldsymbol{\beta}}$ 向量的結果可知，本研究的多項式廻歸公式應爲：

$$\hat{Y}=179.2286-41.5714X+2.5429X^2$$

7. 廻歸係數的信賴區間：表 6•1-3 中利用公式 6•1-10 考驗結果，顯示 $s_r^2=72.0381$ 和 $s_e^2=86.4667$ 都可估計 σ^2，然而由於本研究每組人數太少，s_r^2 和 s_e^2 又不相同，所以還是將二者加權平均，得一個 s_p^2，以估計 σ^2 爲妥當：

$$s_p^2=\frac{216.1144+2075.20}{3+24}=84.8635$$

這時，自由度爲 $(3+24)=27$。仿照公式 5•1-21，$\hat{\beta}_i$ 的估計標準誤是 $\hat{\sigma}_{\hat{\beta}i}$，要由 $\hat{\sigma}^2(\mathbf{X'DX})^{-1}$ 的對角線來估計。前面我們已經算出 $(\mathbf{X'DX})^{-1}$，所以：

$$\hat{\sigma}_{\hat{\beta}0}=\sqrt{84.8635\times 8.804286}=27.3343$$

$$\hat{\sigma}_{\hat{\beta}1}=\sqrt{84.8635\times 0.916786}=8.8205$$

$$\hat{\sigma}_{\hat{\beta}2}=\sqrt{84.8635\times 0.005357}=0.6743$$

因爲 $t_{\frac{.05}{2}(27)}=2.052$，所以迴歸係數的信賴區間爲：

① $179.2286-2.052(27.3343)\leqslant\beta_0\leqslant 179.2286+2.052(27.3343)$

或 $123.139\leqslant\beta_0\leqslant 235.319$

② $-59.671\leqslant\beta_1\leqslant -23.472$

③ $1.159\leqslant\beta_2\leqslant 3.927$

可見 $\hat{\beta}$ 向量的三個元素均達顯著水準（代入公式 6•1-12，亦得與此相同結論，$F=96.778^*$）。可見本研究的資料以二次曲線來代表最爲恰當。

降步式適合度考驗　如果我們並未假定最適合線可能是幾次的，而想由較高次數向較低次數一一尋找下來，直到找出適當的次數爲止，則可使用這裏的計算方法。

1. 自附錄表十查出矩陣 **P**：例6•1-1的受試者分爲六組（$n=6$），所以多項式曲線最大可能的次數是五次的。然而，表 6•1-2 的資料顯示不太可能是五次的，所以不一定要由五次方的試下來。假定我們要由四次方的開始試下來，則 $m=4$。由附錄表十可查出 $n=6$ 和 $m=4$ 時的比較係數。在第一行加上單元向量便得矩陣 **P**。

2. 列出線性模式：因爲每組有五位受試者 ($n_0=5$)，所以對角線矩陣 **D** 的對角線元素均爲 5。據此可知，公式 6•1-13 應爲：

$$\begin{bmatrix} 56.0 \\ 31.6 \\ 18.8 \\ 16.8 \\ 10.6 \\ 9.4 \end{bmatrix} = \begin{bmatrix} 1 & -5 & 5 & -5 & 1 \\ 1 & -3 & -1 & 7 & -3 \\ 1 & -1 & -4 & 4 & 2 \\ 1 & 1 & -4 & -4 & 2 \\ 1 & 3 & -1 & -7 & -3 \\ 1 & 5 & 5 & 5 & 1 \end{bmatrix} \begin{bmatrix} \xi_0 \\ \xi_1 \\ \xi_2 \\ \xi_3 \\ \xi_4 \end{bmatrix} + \begin{bmatrix} \bar{\varepsilon}_1 \\ \bar{\varepsilon}_2 \\ \bar{\varepsilon}_3 \\ \bar{\varepsilon}_4 \\ \bar{\varepsilon}_5 \\ \bar{\varepsilon}_6 \end{bmatrix}$$

$$\underset{(6\times1)}{\bar{\mathbf{y}}} = \underset{(6\times5)}{\mathbf{P}} \; \underset{(5\times1)}{\boldsymbol{\xi}} + \underset{(6\times1)}{\bar{\boldsymbol{\varepsilon}}}$$

$$\underset{(6\times6)}{\mathbf{D}} = \begin{bmatrix} 5 & 0 & 0 & 0 & 0 & 0 \\ 0 & 5 & 0 & 0 & 0 & 0 \\ 0 & 0 & 5 & 0 & 0 & 0 \\ 0 & 0 & 0 & 5 & 0 & 0 \\ 0 & 0 & 0 & 0 & 5 & 0 \\ 0 & 0 & 0 & 0 & 0 & 5 \end{bmatrix}$$

3. 求廻歸係數：根據公式 6•1-14 計算 $\hat{\boldsymbol{\xi}}$：

$$\mathbf{P'DP} = \begin{bmatrix} 30 & 0 & 0 & 0 & 0 \\ 0 & 350 & 0 & 0 & 0 \\ 0 & 0 & 420 & 0 & 0 \\ 0 & 0 & 0 & 900 & 0 \\ 0 & 0 & 0 & 0 & 140 \end{bmatrix}$$

因爲矩陣 **P** 各縱行互爲正交，所以矩陣 **P′DP** 的對角線以外元素均爲 0。

$$\hat{\boldsymbol{\xi}} = (\mathbf{P'DP})^{-1}\mathbf{P'D}\bar{\mathbf{y}} \qquad \text{(公式 6•1-14)}$$

$$=\begin{bmatrix} .033333 & 0 & 0 & 0 & 0 \\ 0 & .002857 & 0 & 0 & 0 \\ 0 & 0 & .002381 & 0 & 0 \\ 0 & 0 & 0 & .001111 & 0 \\ 0 & 0 & 0 & 0 & .007143 \end{bmatrix}\begin{bmatrix} 716 \\ -1490 \\ 712 \\ -390 \\ 50 \end{bmatrix}$$

$$=\begin{bmatrix} 23.8667 \\ -4.2571 \\ 1.6952 \\ -.4333 \\ .3571 \end{bmatrix}$$

4. 求 $\mathbf{Q}_h$: 將 $\hat{\boldsymbol{\xi}}'$ 和 $\mathbf{P'DP}$ 以及 $\hat{\boldsymbol{\xi}}$ 代入公式 6•1-15 得:

$$Q_h=\hat{\boldsymbol{\xi}}'\mathbf{P'DP}\hat{\boldsymbol{\xi}}=24825.5428$$

5. 分割 Q_h 爲幾個獨立的部分: 根據公式 6•1-16 可知:

① $$\hat{\psi}_0=\mathbf{p}_0'\bar{\mathbf{y}}=[1\quad 1\quad 1\quad 1\quad 1\quad 1]\begin{bmatrix} 56.0 \\ 31.6 \\ 18.8 \\ 16.8 \\ 10.6 \\ 9.4 \end{bmatrix}=143.2$$

$$Q_{h0}=\hat{\psi}_0^2\frac{n_0}{||\mathbf{p}_0||^2}=(143.2)^2\frac{5}{6}=17088.5333$$

② $$\hat{\psi}_1=\mathbf{p}_1'\bar{\mathbf{y}}=[-5\quad -3\quad -1\quad 1\quad 3\quad 5]\begin{bmatrix} 56.0 \\ 31.6 \\ 18.8 \\ 16.8 \\ 10.6 \\ 9.4 \end{bmatrix}=-298$$

$$Q_{h1}=\hat{\varphi}_1^2\ \frac{n_0}{||\mathbf{p}_1||^2}=(-298)^2\ \frac{5}{70}=6343.1429$$

$$[||\mathbf{p}_1||^2=\mathbf{p}_1'\mathbf{p}_1=(-5)^2+(-3)^2+(-1)^2+1^2+3^2+5^2=70]$$

③ $$Q_{h2}=\hat{\varphi}_2^2\ \frac{n_0}{||\mathbf{p}_2||^2}=(142.4)^2\ \frac{5}{84}=1207.0095$$

④ $$Q_{h3}=(-78)^2\ \frac{5}{180}=169.0000$$

⑤ $$Q_{h4}=(10)^2\ \frac{5}{28}=17.8571$$

〔驗算: $\Sigma\hat{\varphi}_i^2\ \dfrac{n_0}{||\mathbf{p}_i||^2}=24825.5428=Q_h$〕。

6. 列出正交多項式廻歸分析摘要表: 由表 6•1-4 可以看出「總廻歸」部分已分割爲彼此獨立的五個部分, 每一部分爲一個自由度。表 6•1-4 下面部分與表 6•1-3 的下面部分完全一樣, 計算的方法也完全

表 6•1-4　正交多項式廻歸分析摘要表

來　源	SS	df	MS	F
常　數	17088.5333	1	17088.533	197.631*
直線 $\mid\xi_0$	6343.1429	1	6343.143	73.359*
二次 $\mid\xi_1,\xi_0$	1207.0095	1	1207.010	13.959*
三次 $\mid\xi_2,\xi_1,\xi_0$	169.0000	1	169.000	1.955
四次 $\mid\xi_3,\xi_2,\xi_1,\xi_0$	17.8571	1	17.857	.207
總 廻 歸	24825.5428	5	4965.109	
殘 餘 部 分	29.2572	1	29.257	
組平均之間	24854.80	6		
組 內 誤 差	2075.20	24	86.4667	
總　和	26930	30		

$^*F_{.01,(1,24)}=7.82$

相同，不再討論。「殘餘部分」是「組平均之間」部分的SS減掉「總廻歸」部分的 SS 而得的，亦即 24854.80－24825.5428＝29.2572。其自由度也是1，亦即 6－5＝1。上面說過，六組受試者最適合線最高次數是五次的，但我們自四次方的開始嘗試，所以表 5•3-4 中只有 ξ_0（截距），ξ_1（直線），ξ_2（二次），ξ_3（三次）和 ξ_4（四次）的廻歸的 SS。而所謂「殘餘部分」便是 $\xi_5 \mid \xi_4, \xi_3, \xi_2, \xi_1, \xi_0$，亦即五次方部分的廻歸的 SS。在本例裏，我們一開始便忽略它，只從四次方的開始，故稱「殘餘部分」。

表 6•1-4 均以「組內誤差」爲誤差項。故各部分的廻歸的 MS 均除以 86.4667，以求得 F 值。

7. 判斷最適合線的次數：自較高次往較低次順序看 F 值，便可看出四次方和三次方的 F 值均未達到顯著水準；這些部分的 SS 予以放棄並無多大影響。看到二次方時，F 值爲 13.959，已經大於 $F_{.01,(1,24)}=7.82$，故已達顯著水準。因之，本例的資料之最適合線是二次曲線。這裏整個實驗的 $\alpha=.05$，每部分廻歸之考驗乃平均分配爲 $\alpha_i=\alpha/(m+1)=.05/(4+1)=.01$。

8. 估計趨向成份的大小及信賴區間：表 6•1-4 事實上是趨向分析 (trend analysis) 的結果（請對照林清山，民國 63 年，第 380 至 389 頁）。所以，接著可用下法估計趨向成份 (trend components) 的大小及信賴區間。在本例六組的情況下，趨向成份是：

$$\text{截距：}\ \hat{\theta}_0=\frac{1}{6}\hat{\Psi}_0=\frac{1}{6}\mathbf{p}'_0\bar{\mathbf{y}}=143.2/6=23.8667$$

$$\text{直線：}\ \hat{\theta}_1=\frac{1}{\sqrt{70}}\hat{\Psi}_1=\frac{1}{\sqrt{70}}\mathbf{p}'_1\bar{\mathbf{y}}=-298/\sqrt{70}=-35.6178$$

$$\text{二次：}\ \hat{\theta}_2=\frac{1}{\sqrt{84}}\hat{\Psi}_2=\frac{1}{\sqrt{84}}\mathbf{p}'_2\bar{\mathbf{y}}=142.4/\sqrt{84}=15.5371$$

它們的信賴區間要用下列公式估計:

$$\hat{\theta}-c_0\hat{\sigma}_{\hat{\theta}}\leqslant\theta\leqslant\hat{\theta}+c_0\hat{\sigma}_{\hat{\theta}}$$ 〔公式 6·1-24〕

這裏, $c_0^2=F_{\alpha,(1,N-n)}$

$$\hat{\sigma}_{\hat{\theta}}=S_e\sqrt{\Sigma a_i^2/n_0}$$

以本例而言, $c_0=\sqrt{F_{.01,(1,24)}}=\sqrt{7.82}=2.796$ (請看表6·1-4最下)。$S_e=\sqrt{MS_e}=\sqrt{86.4667}=9.299$。而 Σa_i^2 是指剛纔求趨向成份時乘在平均數上的係數的平方和:

$$\Sigma a_0^2=\left(\frac{1}{6}\right)^2+\left(\frac{1}{6}\right)^2+\left(\frac{1}{6}\right)^2+\left(\frac{1}{6}\right)^2+\left(\frac{1}{6}\right)^2+\left(\frac{1}{6}\right)^2=\frac{1}{6}$$

$$\Sigma a_1^2=\left(\frac{-5}{\sqrt{70}}\right)^2+\left(\frac{-3}{\sqrt{70}}\right)^2+\left(\frac{-1}{\sqrt{70}}\right)^2+\left(\frac{1}{\sqrt{70}}\right)^2+\left(\frac{3}{\sqrt{70}}\right)^2+\left(\frac{5}{\sqrt{70}}\right)^2=1$$

$$\Sigma a_2^2=\left(\frac{5}{\sqrt{84}}\right)^2+\left(\frac{-1}{\sqrt{84}}\right)^2+\left(\frac{-4}{\sqrt{84}}\right)^2+\left(\frac{-4}{\sqrt{84}}\right)^2+\left(\frac{-1}{\sqrt{84}}\right)^2+\left(\frac{5}{\sqrt{84}}\right)^2=1$$

所以, $\hat{\sigma}_{\hat{\theta}_0}=9.299\sqrt{\frac{1}{6}\times\frac{1}{5}}=1.698$

$$\hat{\sigma}_{\hat{\theta}_1}=9.299\sqrt{1/5}=4.159$$

$$\hat{\sigma}_{\hat{\theta}_2}=9.299\sqrt{1/5}=4.159$$

代入公式 6·1-24, 得信賴區間如下:

截距: $23.8667-2.796(1.698)\leqslant\theta_0\leqslant23.8667+2.796(1.698)$

或 $19.119\leqslant\theta_0\leqslant28.614$

直線: $-47.246\leqslant\theta_1\leqslant-23.989$

二次: $3.909\leqslant\theta_2\leqslant27.166$

總之, 本研究之資料應以二次曲線爲最適合線, 預測誤差將最小。二次和直線趨向成份均達顯著水準。

6·2　多變項多項式廻歸分析

熟悉上節所討論的單變項多項式廻歸分析法之後，便較容易了解這一節所要討論的多變項多項式廻歸分析（multivariate polynomial regression analysis）了。

（一）基本原理　多變項多項式廻歸分析的基本原理與單變項多項式廻歸分析的原理相同。二者不同的地方在於前一方法可適用於依變項不止一個（$p \geqslant 2$）時的情境。因此，多變項多項式廻歸分析時，一般線性模式的寫法是這樣的：

$$\underset{(n\times p)}{\bar{\mathbf{Y}}} = \underset{(n\times q)}{\mathbf{X}} \quad \underset{(q\times p)}{\mathbf{B}} + \underset{(n\times p)}{\bar{\mathbf{E}}}$$

$$\begin{bmatrix} \bar{\mathbf{y}}_1' \\ \bar{\mathbf{y}}_2' \\ \vdots \\ \bar{\mathbf{y}}_n' \end{bmatrix} = \begin{bmatrix} 1 & x_1 & x_1^2 & x_1^3 & \cdots & x_1^k \\ 1 & x_2 & x_2^2 & x_2^3 & \cdots & x_2^k \\ \vdots & \vdots & \vdots & \vdots & & \vdots \\ 1 & x_n & x_n^2 & x_n^3 & \cdots & x_n^k \end{bmatrix} \begin{bmatrix} \beta_{01} & \beta_{02} & \cdots & \beta_{0p} \\ \beta_{11} & \beta_{12} & \cdots & \beta_{1p} \\ \vdots & \vdots & & \vdots \\ \beta_{k1} & \beta_{k2} & \cdots & \beta_{kp} \end{bmatrix} + \begin{bmatrix} \bar{\epsilon}_1' \\ \bar{\epsilon}_2' \\ \vdots \\ \bar{\epsilon}_n' \end{bmatrix}$$

〔公式 6·2-1〕

這裏，　N＝受試者總人數

N_i＝每組人數

n＝組數，且 $n>q>p$

k＝多項式的次數

$q=k+1$

p＝依變項個數

由公式 6·2-1 可看出，受試者係按自變項分爲 n 組，每組每位受試者均有 p 個依變項觀察資料。因此，每組均有 p 個依變項平均數 $\bar{\mathbf{y}}$。矩陣**X**是用多項式形式表現的模式矩陣，它的第一縱行是單元向量，以外各行依次代表一次、二次、… k 次，其次方數視所提假設而定。因爲有 p 個依變項，所以母數矩陣**B**也有 p 個行向量，每個行向量有 $q=k+1$ 個母數（截距和斜率)。

這樣看來，如果我們依據自變項的各點，分受試者爲 n 組，每組均有 p 個依變項平均數，且畫分佈圖之結果顯示依變項的分佈似有 k 次曲線趨向時，便可提出有關最適合線之次數的假設，並用本節所討論的方法來加以考驗。

1. 適合度考驗　假定將 n 組每組 p 個依變項的平均數標示在 X 和 Y 所構成的坐標圖後，顯示由各組平均數所連成的 p 條曲線有 k 次曲線的趨向時，我們就可提出「最適合線是 k 次的」這一假設，然後進行適合度考驗，看所提假設能否得到支持。此時，須用各公式如下所示。請不要忽略隨時回頭復習前一節，並與有關的公式相對照:

首先，要用下列公式求出廻歸係數矩陣:

$$\hat{\mathbf{B}}=(\mathbf{X}'\mathbf{D}\mathbf{X})^{-1}\mathbf{X}'\mathbf{D}\overline{\mathbf{Y}} \qquad \text{〔公式 6·2-2〕}$$

這裏，

$$\underset{n\times n}{\mathbf{D}}=\begin{bmatrix} N_1 & 0 & \cdots & 0 \\ 0 & N_2 & \cdots & 0 \\ \vdots & \vdots & & \vdots \\ 0 & 0 & \cdots & N_n \end{bmatrix}$$

其次，求組間、組內、和總和的**Q**矩陣:

$$\mathbf{Q}_t=\underset{(p\times N)}{\mathbf{Y}'}\underset{(N\times p)}{\mathbf{Y}} \qquad \text{〔公式 6·2-3〕}$$

$$\mathbf{Q}_b=\underset{(p\times n)}{\overline{\mathbf{Y}}'}\underset{(n\times n)}{\mathbf{D}}\underset{(n\times p)}{\overline{\mathbf{Y}}} \qquad \text{〔公式 6·2-4〕}$$

$$\mathbf{Q}_e=\mathbf{Y}'\mathbf{Y}-\overline{\mathbf{Y}}'\mathbf{D}\overline{\mathbf{Y}} \qquad \text{〔公式 6·2-5〕}$$

接著，要算廻歸和估計誤差方面的**Q**矩陣:

$$\mathbf{Q}_h=(\mathbf{C}\hat{\mathbf{B}})'[\mathbf{C}'(\mathbf{X}'\mathbf{D}\mathbf{X})^{-1}\mathbf{C}']^{-1}(\mathbf{C}\hat{\mathbf{B}})$$
$$=\hat{\mathbf{B}}'\mathbf{X}'\mathbf{D}\mathbf{X}\hat{\mathbf{B}} \quad \text{〔公式 6·2-6〕}$$
$$\mathbf{Q}_e^*=\bar{\mathbf{Y}}'[\mathbf{D}-\mathbf{D}\mathbf{X}(\mathbf{X}'\mathbf{D}\mathbf{X})^{-1}\mathbf{X}'\mathbf{D}]\bar{\mathbf{Y}}$$
$$=\bar{\mathbf{Y}}'\mathbf{D}\bar{\mathbf{Y}}-\hat{\mathbf{B}}'\mathbf{X}'\mathbf{D}\mathbf{X}\hat{\mathbf{B}} \quad \text{〔公式 6·2-7〕}$$

有了這些公式之後便可計算各矩陣 $\mathbf{Q}$，而得到表 6·2-1 所示的適合度考驗變異數分析摘要表。由表中可以看出各矩陣 $\mathbf{Q}$ 之間的關係和它們的自由度。

當研究者假定最適合線之次數爲 k 次方的之後，他便可以用表

表 6·2-1　適合度考驗的多變項變異數分析摘要表

來　　源	df	SSCP	E(MS)
總 迴 歸	$k+1$	$\mathbf{Q}_h=\hat{\mathbf{B}}'\mathbf{X}'\mathbf{D}\mathbf{X}\hat{\mathbf{B}}$	$\boldsymbol{\Sigma}+\dfrac{\mathbf{B}'\mathbf{X}'\mathbf{D}\mathbf{X}\mathbf{B}}{k+1}$
殘 餘 部 分	$n-k-1$	$\mathbf{Q}_e^*=\bar{\mathbf{Y}}'\mathbf{D}\bar{\mathbf{Y}}-\hat{\mathbf{B}}'\mathbf{X}'\mathbf{D}\mathbf{X}\hat{\mathbf{B}}$	$\boldsymbol{\Sigma}$
組平均之間	n	$\mathbf{Q}_b=\bar{\mathbf{Y}}'\mathbf{D}\bar{\mathbf{Y}}$	
組 內 誤 差	$N-n$	$\mathbf{Q}_e=\mathbf{Y}'\mathbf{Y}-\bar{\mathbf{Y}}'\mathbf{D}\bar{\mathbf{Y}}$	$\boldsymbol{\Sigma}$
總　　和	N	$\mathbf{Q}_t=\mathbf{Y}'\mathbf{Y}$	

6·2-1 的公式來考驗 $(k+1)$ 次以上較高次數的迴歸係數 $\mathbf{B}_2$ 是否爲 $\mathbf{O}$，亦卽考驗下列的虛無假設:

$$H_0:\mathbf{B}_2=\mathbf{O}$$

如果未能拒絕這個虛無假設，就表示這些較高次數之廻歸係數爲 $\mathbf{O}$，亦卽它們並不重要，因之可以將它們視爲「殘餘部分」。由此可見，當我們要考驗是否 $H_0:\mathbf{B}_2=\mathbf{O}$ 時，事實上就是在考驗是不是 $\mathbf{S}_r$ 與 $\mathbf{S}_e$ 一樣都可以作爲母群變異數-共變數矩陣 $\boldsymbol{\Sigma}$ 的不偏估計數。這裏，$\mathbf{S}_r$ 和 $\mathbf{S}_e$ 的意義是這樣的:

$$\mathbf{S}_r=\frac{\mathbf{Q}_e^*}{n-k-1}$$ 〔公式 6·2-8〕

$$\mathbf{S}_e=\frac{\mathbf{Q}_e}{N-n}$$

要考驗 $H_0:\mathbf{B}_2=\mathbf{O}$ 的顯著性時，要用下列公式和準則:

$$\Lambda=\frac{|\mathbf{Q}_e|}{|\mathbf{Q}_e^*+\mathbf{Q}_e|}<U_{\alpha,(p,v_h,v_e)}$$ 〔公式 6·2-9〕

或 $$\Lambda=\prod_{i=1}^{S}\frac{1}{1+\lambda_i}$$ 〔公式 6·2-10〕

這裏，$s=min(p,v_h)$，而 λ_i 是下式的特徵值:

$$|\mathbf{Q}_e^*-\lambda\mathbf{Q}_e|=0$$ 〔公式 6·2-11〕

如果 $H_0:\mathbf{B}_2=\mathbf{O}$ 被接受，表示 $\mathbf{S}_r$ 和 $\mathbf{S}_e$ 均同樣可估計 $\boldsymbol{\Sigma}$，因之可以將二者予以加權平均，得 $\mathbf{S}_p$ 以作爲 $\boldsymbol{\Sigma}$ 的不偏估計值:

$$\mathbf{S}_p=\frac{\mathbf{Q}_e^*+\mathbf{Q}_e}{N-k-1}$$ 〔公式 6·2-12〕

但是當每組人數爲大樣本時，以 $\mathbf{S}_e$ 來估計便可以。

2. 降步式適合度考驗　公式 6·2-1 的模式矩陣 $\mathbf{X}$ 並不是正交矩陣。如果要把非正交模式轉換爲正交模式，則須使用附錄表九和十的正交矩陣 $\mathbf{P}$，或格拉姆-施密特法〔復習第 2·2（三）節〕。此時，一般線性模式成爲:

$$\underset{(n\times p)}{\overline{\mathbf{Y}}}=\underset{(n\times q)}{\mathbf{P}}\ \underset{(q\times p)}{\hat{\boldsymbol{\Xi}}}+\underset{(n\times p)}{\overline{\mathbf{E}}}$$ 〔公式 6·2-13〕

如果我們從較高次數部分的 m 次方出發，一直往較低次方部分一一考驗下來，則 $q=m+1$。此時，

$$\hat{\boldsymbol{\Xi}}=(\mathbf{P}'\mathbf{D}\mathbf{P})^{-1}\mathbf{P}'\mathbf{D}\overline{\mathbf{Y}}$$ 〔公式 6·2-14〕

而 $$\mathbf{Q}_h=\hat{\boldsymbol{\Xi}}'\mathbf{P}'\mathbf{D}\mathbf{P}\hat{\boldsymbol{\Xi}}$$ 〔公式 6·2-15〕

當各組人數 N_i 相同，而且自變項組間成等距時，這 $\mathbf{Q}_h$ 矩陣可分割爲 q 個部分，亦即由 q 個 $\mathbf{Q}_{hi}$ 所構成：

$$\mathbf{Q}_h=\left(\frac{n_0}{\|\mathbf{p}_i\|^2}\right)\hat{\boldsymbol{\Psi}}_i\hat{\boldsymbol{\Psi}}'_i=\Sigma\mathbf{Q}_{hi}$$ 〔公式 6·2-16〕

這裏，$N_i=n_0$ 是每組人數，而 $\hat{\boldsymbol{\Psi}}$ 的計算公式爲：

$$\hat{\boldsymbol{\Psi}}=\mathbf{p}'\overline{\mathbf{Y}}$$ 〔公式 6·2-17〕

這 $\mathbf{Q}_h$ 的每一部分 $\mathbf{Q}_{hi}$ 均彼此獨立，各有一個自由度，且可用下列公式來考驗其顯著性：

$$\Lambda=\frac{|\mathbf{Q}_e|}{|\mathbf{Q}_{hi}+\mathbf{Q}_e|}<U_{\alpha,(p,1,v_e)}$$ 〔公式 6·2-18〕

或 $$T^2=v_e\left(\frac{1}{\Lambda}-1\right)>T_{\alpha,(p,v_e)}$$ 〔公式 6·2-19〕

這裏，v_e 是指 $\mathbf{Q}_e$ 的自由度。至於 $\mathbf{Q}_e$ 以及其他須用的矩陣均如表 6·2-1 較下面部分所示，不再重述。

（二）計算實例　現在，我們就以例 6·2-1 來幫助說明多變項多項式廻歸分析的實際計算過程。在未計算例 6·2-1 之前，如先復習例 6·1-1 將會有很大的幫助。

> **【例 6·2-1】** 三十名兒童依年齡大小分爲六個年齡組，每組五名，接受一項迷津學習的實驗。表 6·2-2 是每位兒童利用右手和利用左手，由迷津的起點走到終點的時間。試就這些資料進行多變項多項式廻歸分析。

例 6·2-1 的例子是多變項的例子，因爲每位兒童均有用右手和用左手的兩項學習成績。年齡是自變項 X，分爲六組（$n=6$），每組均有五名兒童（$N_i=5$）的學習時間的分數（Y），所以須用多變項多項式廻歸分析來處理。

適合度考驗　下面是適合度考驗的過程：

表 6•2-2 六個年齡組兒童左右手迷津學習成績

年齡組	4		5		6		7		8		9	
	右	左	右	左	右	左	右	左	右	左	右	左
	62	89	30	52	17	27	10	18	5	6	6	11
	70	93	38	41	31	46	5	22	10	19	3	4
	41	65	45	55	7	20	29	27	23	24	20	27
	52	78	19	30	24	31	17	30	12	31	3	16
	55	85	26	46	15	39	23	44	3	12	15	21
平 均	56.0	82.0	31.6	44.8	18.8	32.6	16.8	28.2	10.6	18.4	9.4	15.8

1. 根據資料畫曲線圖：以表 6•2-2 各組右手以及左手的學習時間爲數據畫成圖 6•2-1 的曲線圖。結果顯示不管右手或左手，均似有二次曲線的趨向。

2. 提出最適合線之次數的假設：據圖 6•2-1 所顯示的趨向，我們假設本研究之資料最適合線是二次曲線，亦卽 $k=2$。所以 $q=k+1$

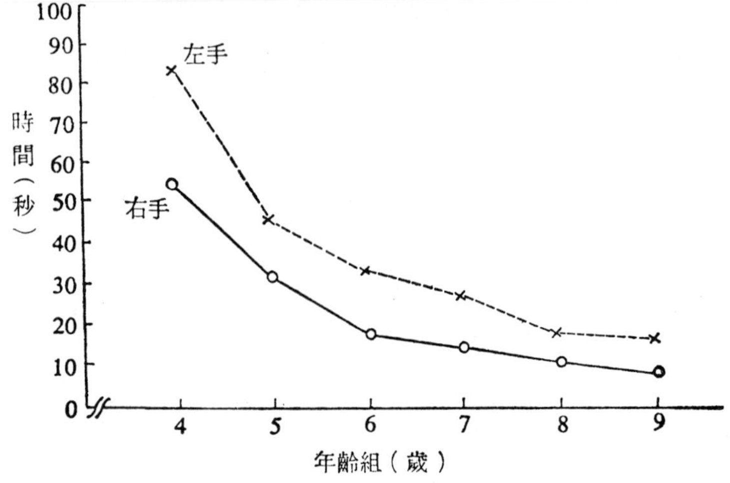

圖 6•2-1 六個年齡組左右手迷津學習完成時間。

$=2+1=3$。可見公式 6·2-1 應成爲:

$$\begin{bmatrix} 56.0 & 82.0 \\ 31.6 & 44.8 \\ 18.8 & 32.6 \\ 16.8 & 28.2 \\ 10.6 & 18.4 \\ 9.4 & 15.8 \end{bmatrix} = \begin{bmatrix} 1 & 4 & 16 \\ 1 & 5 & 25 \\ 1 & 6 & 36 \\ 1 & 7 & 49 \\ 1 & 8 & 64 \\ 1 & 9 & 81 \end{bmatrix} \begin{bmatrix} \beta_{01} & \beta_{02} \\ \beta_{11} & \beta_{12} \\ \beta_{21} & \beta_{22} \end{bmatrix} + \begin{bmatrix} \bar{\varepsilon}_{11} & \bar{\varepsilon}_{12} \\ \bar{\varepsilon}_{21} & \bar{\varepsilon}_{22} \\ \bar{\varepsilon}_{31} & \bar{\varepsilon}_{32} \\ \bar{\varepsilon}_{41} & \bar{\varepsilon}_{42} \\ \bar{\varepsilon}_{51} & \bar{\varepsilon}_{52} \\ \bar{\varepsilon}_{61} & \bar{\varepsilon}_{62} \end{bmatrix}$$

$$\underset{(6\times2)}{\overline{\mathbf{Y}}} = \underset{(6\times3)}{\mathbf{X}} \quad \underset{(3\times2)}{\mathbf{B}} + \underset{(6\times2)}{\overline{\mathbf{E}}}$$

3. 求迴歸矩陣 $\hat{\mathbf{B}}$:（上節已算過的部分，請看上節）

$$\mathbf{X'DX} = \begin{bmatrix} 30 & 195 & 1355 \\ 195 & 1355 & 9945 \\ 1355 & 9945 & 76175 \end{bmatrix}$$

$$\hat{\mathbf{B}} = (\mathbf{X'DX})^{-1}\mathbf{X'D}\overline{\mathbf{Y}} \qquad \text{（公式 6·2-2）}$$

$$= \begin{bmatrix} 8.804286 & -2.813571 & .210714 \\ -2.813571 & .916786 & -.069643 \\ .210714 & -.069643 & .005357 \end{bmatrix} \begin{bmatrix} 716 & 1109 \\ 3909 & 6172 \\ 23129 & 37224 \end{bmatrix}$$

$$= \begin{bmatrix} 179.2286 & 242.2186 \\ -41.5714 & -54.2350 \\ 2.5429 & 3.2607 \end{bmatrix} \begin{matrix} \text{截距} \\ \text{直線} \\ \text{二次} \end{matrix}$$

4. 求表 6·2-1 中各 **Q** 矩陣: 設 **Y** 爲 30×2 階矩陣，以表 6·2-2 的學習成績爲其元素，即得:

$$\mathbf{Q}_t = \mathbf{Y'Y} = \begin{bmatrix} 26930 & 38893 \\ 38893 & 58271 \end{bmatrix} \qquad \text{（公式 6·2-3）}$$

$$\mathbf{Q}_b = \overline{\mathbf{Y}}'\mathbf{D}\overline{\mathbf{Y}} \qquad \text{（公式 6·2-4）}$$

$$=\begin{bmatrix}56.0 & 31.6 & 18.8 & 16.8 & 10.6 & 9.4\\82.0 & 44.8 & 32.6 & 28.2 & 18.4 & 15.8\end{bmatrix}$$

$$\times\begin{bmatrix}5&0&0&0&0&0\\0&5&0&0&0&0\\0&0&5&0&0&0\\0&0&0&5&0&0\\0&0&0&0&5&0\\0&0&0&0&0&5\end{bmatrix}\begin{bmatrix}56.0 & 82.0\\31.6 & 44.8\\18.8 & 32.6\\16.8 & 28.2\\10.6 & 18.4\\9.4 & 15.8\end{bmatrix}$$

$$=\begin{bmatrix}24854.8 & 37189.4\\37189.4 & 55886.2\end{bmatrix}$$

$$\mathbf{Q}_e=\mathbf{Y}'\mathbf{Y}-\overline{\mathbf{Y}}'\mathbf{D}\overline{\mathbf{Y}}$$ （公式 6•2-5）

$$=\begin{bmatrix}2075.2 & 1703.6\\1703.6 & 2384.8\end{bmatrix}$$

$$\mathbf{Q}_h=\hat{\mathbf{B}}'\mathbf{X}'\mathbf{D}\mathbf{X}\hat{\mathbf{B}}$$ （公式 6•2-6）

$$=\begin{bmatrix}179.2286 & -41.5714 & 2.5429\\242.2186 & -54.2350 & 3.2607\end{bmatrix}$$

$$\times\begin{bmatrix}30 & 195 & 1355\\195 & 1355 & 9945\\1355 & 9945 & 76175\end{bmatrix}\begin{bmatrix}179.2286 & 242.2186\\-41.5714 & -54.2350\\2.5429 & 3.2607\end{bmatrix}$$

$$=\begin{bmatrix}24638.6856 & 36840.9428\\36840.9428 & 55258.8044\end{bmatrix}$$

$$\mathbf{Q}_e^*=\overline{\mathbf{Y}}'\mathbf{D}\overline{\mathbf{Y}}-\hat{\mathbf{B}}'\mathbf{X}'\mathbf{D}\mathbf{X}\hat{\mathbf{B}}$$ （公式 6•2-7）

$$=\begin{bmatrix}216.1144 & 348.4572\\348.4572 & 627.3956\end{bmatrix}$$

表 6·2-3　適合度考驗的 MANOVA 摘要表

來　　源	df	SSCP	Λ
總 廻 歸	3	$\begin{bmatrix} 24638.6856 & 36840.9428 \\ 36840.9428 & 55258.8044 \end{bmatrix}$	
殘餘部分	3	$\begin{bmatrix} 216.1144 & 348.4572 \\ 348.4572 & 627.3956 \end{bmatrix}$	.7606 $^{n.s}$
組平均之間	6	$\begin{bmatrix} 24854.8 & 37189.4 \\ 37189.4 & 55886.2 \end{bmatrix}$	
組內誤差	24	$\begin{bmatrix} 2075.2 & 1703.6 \\ 1703.6 & 2384.8 \end{bmatrix}$	
總　　和	30	$\begin{bmatrix} 26930 & 38893 \\ 38893 & 58271 \end{bmatrix}$	

$U_{.05,(2,3,24)} = .591286$

5. 列出適合度考驗多變項變異數分析摘要表：上面的分析結果可摘要如表 6·2-3 所示。根據公式 6·2-9，表中的Λ值是這樣計算的：

$$\mathbf{Q}_e^* + \mathbf{Q}_e = \begin{bmatrix} 2291.3144 & 2052.0572 \\ 2052.0572 & 3012.1956 \end{bmatrix}$$

$$|\mathbf{Q}_e^* + \mathbf{Q}_e| = 2690948.4397$$

$$|\mathbf{Q}_e| = 2046684$$

$$\Lambda = \frac{|\mathbf{Q}_e|}{|\mathbf{Q}_e^* + \mathbf{Q}_e|} = \frac{2046684}{2690948.4397} = .760581$$

較大於查附錄表六的 $U_{.05,(2,3,24)} = .591286$，所以 $H_0 : \mathbf{B}_2 = \mathbf{O}$ 應予接受。換言之，三次以上的殘餘部分並未達到顯著水準，因之可以用二次曲線來解釋本研究的資料。

如果用公式 6·2-11 來計算，也可以得到Λ值。首先要用柯勒斯基因式分解法，將 $\mathbf{Q}_e$ 分解，得三角矩陣 $\mathbf{T}_e$ 的反矩陣 $\mathbf{T}_e^{-1}$，並代入下

列公式:

$$|\mathbf{T}_e^{-1}\mathbf{Q}_e^*(\mathbf{T}_e^{-1})'-\lambda\mathbf{I}|=0 \qquad \text{〔公式 6·2-20〕}$$

然後解出特值 λ_i 便可以代入公式 6·2-10 求出 Λ 值（請復習公式 5·2-15，例 5·2-1和表5·2-3)。

$$\mathbf{T}_e^{-1}\mathbf{Q}_e^*(\mathbf{T}_e^{-1})'$$

$$=\begin{bmatrix} .021952 & 0 \\ -.026140 & .031842 \end{bmatrix}\begin{bmatrix} 216.1144 & 348.4572 \\ 348.4572 & 627.3956 \end{bmatrix}$$

$$\times\begin{bmatrix} .021952 & -.026140 \\ 0 & .031842 \end{bmatrix}=\begin{bmatrix} .104143 & .119558 \\ .119558 & .203719 \end{bmatrix}$$

解 $\begin{vmatrix} .104143-\lambda & .119558 \\ .119558 & .203719-\lambda \end{vmatrix}=0$

得 $\lambda_1=.283441 \qquad \lambda_2=.024421$

代入公式 6·2-10，得:

$$\Lambda=\left(\frac{1}{1+.283441}\right)\left(\frac{1}{1+.024421}\right)=.760581$$

6. 個別迴歸係數的信賴區間: 因為 $H_0:\mathbf{B}_2=\mathbf{O}$ 被接受，所以也可以說 $\mathbf{S}_r$ 和 $\mathbf{S}_e$ 均可估計 $\boldsymbol{\Sigma}$，但由於每組人數太少，最好使用 $\mathbf{S}_p$，亦即:

$$\mathbf{S}_p=\frac{1}{3+24}(\mathbf{Q}_e^*+\mathbf{Q}_e)=\frac{1}{27}\begin{bmatrix} 2291.3144 & 2052.0572 \\ 2052.0572 & 3012.1956 \end{bmatrix}$$

$$=\begin{bmatrix} 84.8635 & 76.0021 \\ 76.0021 & 111.5628 \end{bmatrix}$$

因之，上面用公式 6·2-2 算出來的迴歸係數之估計標準誤應取自下式的對角線元素:

$$\mathbf{S}_p \otimes (\mathbf{X}'\mathbf{D}\mathbf{X})^{-1}$$

$$= \begin{bmatrix} 84.8635 & \\ 76.0021 & 111.5628 \end{bmatrix} \otimes \begin{bmatrix} 8.804286 & & \\ -2.813571 & .916786 & \\ .210714 & -.069643 & .005357 \end{bmatrix}$$

爲方便看起見，可將對角線元素之克羅尼克爾乘積開平方（復習公式5・1-22 和 5・1-23）所得的估計標準誤 $\hat{\sigma}_{\hat{\beta}ij}$ 列成下列的矩陣：

$$\begin{array}{cc} \text{右手} & \text{左手} \end{array}$$
$$\begin{bmatrix} 27.3343 & 31.3406 \\ 8.8205 & 10.1133 \\ 0.6743 & 0.7731 \end{bmatrix} \begin{array}{l} \text{（常數）} \\ \text{（直線）} \\ \text{（二次）} \end{array}$$

這些 $\hat{\sigma}_{\hat{\beta}}$ 便可用來估計各廻歸係數之信賴區間。求信賴區間的方法仿例6・1-1所示，這裏不再重述（請詳 Timm, 1975, pp. 327-328）。

降步式適合度考驗　如果不用上面的這一種方法，則使用正交矩陣 $\mathbf{P}$ 來尋找最適合線也可以。其方法與上一節用單變項資料（例6・1-1）時相似。

1. 查矩陣 $\mathbf{P}$：假定我們決定從四次曲線（$m=4$）開始試下來，則可自附錄表十找到正交矩陣 $\mathbf{P}$。

2. 列出一般線性模式：公式 6・2-13 應成爲：

$$\begin{bmatrix} 56.0 & 82.0 \\ 31.6 & 44.8 \\ 18.8 & 32.6 \\ 16.8 & 28.2 \\ 10.6 & 18.4 \\ 9.4 & 15.8 \end{bmatrix} = \begin{bmatrix} 1 & -5 & 5 & -5 & 1 \\ 1 & -3 & -1 & 7 & -3 \\ 1 & -1 & -4 & 4 & 2 \\ 1 & 1 & -4 & -4 & 2 \\ 1 & 3 & -1 & -7 & -3 \\ 1 & 5 & 5 & 5 & 1 \end{bmatrix} \begin{bmatrix} \xi_{01} & \xi_{02} \\ \xi_{11} & \xi_{12} \\ \xi_{21} & \xi_{22} \\ \xi_{31} & \xi_{32} \\ \xi_{41} & \xi_{42} \end{bmatrix} + \begin{bmatrix} \bar{\varepsilon}_1' \\ \bar{\varepsilon}_2' \\ \bar{\varepsilon}_3' \\ \bar{\varepsilon}_4' \\ \bar{\varepsilon}_5' \\ \bar{\varepsilon}_6' \end{bmatrix}$$

$$\underset{(6\times2)}{\bar{\mathbf{Y}}} = \underset{(6\times5)}{\mathbf{P}} \quad \underset{(5\times2)}{\Xi} + \underset{(6\times2)}{\bar{\mathbf{E}}}$$

3. 求廻歸係數：根據公式 6·2-14 得：

$$\hat{\Xi}=(\mathbf{P'DP})^{-1}\mathbf{P'D\overline{Y}}$$

$$=\begin{bmatrix} 30 & 0 & 0 & 0 & 0 \\ 0 & 350 & 0 & 0 & 0 \\ 0 & 0 & 420 & 0 & 0 \\ 0 & 0 & 0 & 900 & 0 \\ 0 & 0 & 0 & 0 & 140 \end{bmatrix}^{-1} \begin{bmatrix} 716 & 1109 \\ -1490 & -2073 \\ 712 & 913 \\ -390 & -643 \\ 50 & 149 \end{bmatrix}$$

$$=\begin{bmatrix} 23.8667 & 36.9667 \\ -4.2571 & -5.9229 \\ 1.6952 & 2.1738 \\ -.4333 & -.7144 \\ .3571 & 1.0643 \end{bmatrix} \begin{matrix} \text{(常數)} \\ \text{直線} \\ \text{二次} \\ \text{三次} \\ \text{四次} \end{matrix}$$

4. 求矩陣 $\mathbf{Q}_h$：將 $\hat{\Xi}'$ 和 $\mathbf{P'DP}$ 以及 $\hat{\Xi}$ 這三矩陣代入公式 6·2-15，即得：

$$\mathbf{Q}_h=\hat{\Xi}'\mathbf{P'DP}\hat{\Xi}$$

$$=\begin{bmatrix} 24825.5428 & 37172.7904 \\ 37172.7904 & 55876.7706 \end{bmatrix}$$

5. 分割 $\mathbf{Q}_h$ 矩陣爲彼此獨立的 $\mathbf{Q}_{hi}$ 矩陣：根據公式 6·2-16 和公式 6·2-17 可算出各部分如下所示：

$$\hat{\Psi}=\mathbf{P'\overline{Y}}$$

$$=\begin{bmatrix} 1 & 1 & 1 & 1 & 1 & 1 \\ -5 & -3 & -1 & 1 & 3 & 5 \\ 5 & -1 & -4 & -4 & -1 & 5 \\ -5 & 7 & 4 & -4 & -7 & 5 \\ 1 & -3 & 2 & 2 & -3 & 1 \end{bmatrix} \begin{bmatrix} 56.0 & 82.0 \\ 31.6 & 44.8 \\ 18.8 & 32.6 \\ 16.8 & 28.2 \\ 10.6 & 18.4 \\ 9.4 & 15.8 \end{bmatrix}$$

$$
=\begin{bmatrix} 143.2 & 221.8 \\ -298.0 & -414.6 \\ 142.4 & 182.6 \\ -78.0 & -128.6 \\ 18.0 & 29.8 \end{bmatrix} \begin{matrix} \text{(常數)} \\ \text{直線} \\ \text{二次} \\ \text{三次} \\ \text{四次} \end{matrix}
$$

$$
\mathbf{Q}_{h0}=\frac{n_0}{\|\mathbf{p}_0\|^2}\hat{\Psi}_0\hat{\Psi}_0'=\frac{5}{6}\begin{bmatrix}143.2\\221.8\end{bmatrix}[143.2 \quad 221.8]
$$

$$
=\begin{bmatrix}17088.5333 & 26468.1333\\26468.1333 & 40996.0333\end{bmatrix}
$$

$$
\mathbf{Q}_{h1}=\frac{n_0}{\|\mathbf{p}_1\|^2}\hat{\Psi}_1\hat{\Psi}_1'=\frac{5}{70}\begin{bmatrix}-298.0\\-414.6\end{bmatrix}[-298.0 \quad -414.6]
$$

$$
=\begin{bmatrix}6343.1429 & 8825.0571\\8825.0571 & 12278.0828\end{bmatrix}
$$

$$
\mathbf{Q}_{h2}=\frac{5}{84}\begin{bmatrix}142.4\\182.6\end{bmatrix}[142.4 \quad 182.6]
$$

$$
\mathbf{Q}_{h3}=\frac{5}{180}\begin{bmatrix}-78.0\\-128.6\end{bmatrix}[-78.0 \quad -128.6]
$$

$$
\mathbf{Q}_{h4}=\frac{5}{28}\begin{bmatrix}18.0\\29.8\end{bmatrix}[18.0 \quad 29.8] \qquad \text{(請看表 6•2-4)}
$$

〔請利用公式 6•2-16 驗算是否 $\Sigma \mathbf{Q}_{hi}=\mathbf{Q}_h$〕。

6. 列出正交多項式廻歸分析摘要表: 表 6•2-4 是上面各種計算的摘要。由表 6•2-4 可以看出,「總廻歸」是由五個獨立的部分所構成, 每一部分各爲一個自由度。「殘餘部分」是高於四次方的部分, 在本例是我們一開始便忽略的五次方部分, 也佔一個自由度。本研究有六組受試者, 最適合線最高次數是五次的, 所以殘餘部分就只剩下這一個自由度。

表 6·2-4 多變項正交多項式廻歸分析摘要表

來源	df	SSCP		Λ
常數	1	17088.5333	26468.1333	.0543*
		26468.1333	40996.0333	
直線 $\mid \Xi_0$	1	6343.1429	8825.0571	.1626*
		8825.0571	12278.0828	
二次 $\mid \Xi_1, \Xi_0$	1	1207.0095	1547.7524	.5428*
		1547.7524	1984.6881	
三次 $\mid \Xi_2, \Xi_1, \Xi_0$	1	169.0000	278.6333	.8341
		278.6333	459.3878	
四次 $\mid \Xi_3, \Xi_2, \Xi_1, \Xi_0$	1	17.8571	53.2143	.9149
		53.2143	158.5786	
總廻歸	5	24825.5428	37172.7904	
		37172.7904	55876.7706	
殘餘部分	1	29.2572	16.6096	
		16.6096	9.4294	
組平均之間	6	24854.8	37189.4	
		37189.4	55886.2	
組內誤差	24	2075.2	1703.6	
		1703.6	2384.8	
總和	30	26930	38893	
		38893	58271	

$$^*U_{.01,(2,1,24)} = .670019$$

顯著性的考驗，係以「組內誤差」爲誤差項來進行。考驗的公式是公式 6·2-18 或公式 6·2-19。例如，考驗四次方部分（除去三次、二次、一次和常數的影響）的廻歸顯著性時，考驗方法是這樣的:

$$|\mathbf{Q}_{h_4} + \mathbf{Q}_e| = \begin{vmatrix} 2093.0571 & 1756.8143 \\ 1756.8143 & 2543.3786 \end{vmatrix} = 2237040.2499$$

$$|\mathbf{Q}_e|=\begin{vmatrix} 2075.2 & 1703.6 \\ 1703.6 & 2384.8 \end{vmatrix}=2046684$$

$$\Lambda=\frac{2046684}{2237040.2499}=.9149$$

遠大於查附錄表六的 $U_{.01,(2,1,24)}=.670019$，故未達 .01 顯著水準。這裏我們設整個實驗的 $\alpha=.05$，所以所考驗的迴歸每一部分的 $\alpha_i=\alpha/5=.01$。

7. 判斷最適合線之次數：從表 6•2-4 內自較高次數至較低次數的 Λ 值，可以看出三次方部分還沒達到顯著水準，$\Lambda=.8341>U_{.01,(2,1,24)}=.670019$。但是，到了二次方時，$\Lambda$ 值便達到顯著水準了，$\Lambda=.5428<.670019$。因之，我們可以說本研究最適合線之次數是二次的。換言之，公式 6•2-13 的 $\hat{\Xi}$ 只要如下所示便可：

$$\hat{\Xi}=\begin{bmatrix} 23.8667 & 36.9667 \\ -4.2571 & -5.9229 \\ 1.6952 & 2.1738 \end{bmatrix}$$

8. 估計趨向成份的大小及同時信賴區間：趨向成份的同時信賴區間的求法，與公式 6•1-24 相似，如下所示：

$$\hat{\theta}_{ij}-c_0\hat{\sigma}_{\hat{\theta}ij}\leqslant\theta_{ij}\leqslant\hat{\theta}_{ij}+c_0\hat{\sigma}_{\hat{\theta}ij} \qquad \text{〔公式 6•2-21〕}$$

這裏，　$c_0^2=T^2_{\alpha,(p.v_e)}$，　$\hat{\sigma}_{\hat{\theta}ij}=s_{ej}\sqrt{\Sigma a_i^2/n_0}$

至於算趨向成份的方法，與在例 6•1-1 所討論過的相同，所以只將計算結果寫在下面：

$\hat{\theta}_{01}=143.2/6=23.8667$　　$\hat{\theta}_{02}=221.8/6=36.9667$

$\hat{\theta}_{11}=-298/\sqrt{70}=-35.6178$　　$\hat{\theta}_{12}=-414.6/\sqrt{70}=-49.5542$

$\hat{\theta}_{21}=142.4/\sqrt{84}=15.5371$　　$\hat{\theta}_{22}=182.6/\sqrt{84}=19.9233$

將 $\mathbf{Q}_e$ 除以自由度 24，化為 $\mathbf{S}_e$ 後，取出對角線元素開平方：

$s_{e1}=\sqrt{86.4667}=9.299$ $\qquad$ $s_{e2}=\sqrt{99.3667}=9.968$

在例 6·1-1 裏已算過 $\Sigma a_0^2=\frac{1}{6}$, $\Sigma a_1^2=1$, $\Sigma a_2^2=1$, 代入 $\hat{\sigma}_{\hat{\theta}ij}=s_{ei}\sqrt{\Sigma a_i^2/n_0}$, 得:

$\hat{\sigma}_{\hat{\theta}01}=1.698$ $\qquad$ $\hat{\sigma}_{\hat{\theta}02}=1.820$

$\hat{\sigma}_{\hat{\theta}11}=4.159$ $\qquad$ $\hat{\sigma}_{\hat{\theta}12}=4.458$

$\hat{\sigma}_{\hat{\theta}21}=4.159$ $\qquad$ $\hat{\sigma}_{\hat{\theta}22}=4.458$

$$c_0=\sqrt{T^2_{.01,(2,24)}}=\sqrt{11.820}=3.438$$

代入公式 6·2-21, 得同時信賴下列信賴區間:

右手	左手
$18.029\leqslant\theta_{01}\leqslant29.704$	$30.710\leqslant\theta_{02}\leqslant43.224$
$-49.916\leqslant\theta_{11}\leqslant-21.319$	$-64.881\leqslant\theta_{12}\leqslant-34.228$
$1.238\leqslant\theta_{21}\leqslant29.836$	$4.597\leqslant\theta_{22}\leqslant35.250$

此一結果顯示二次趨向和一次趨向的成份皆達顯著水準。這是兩個依變項同時考慮的信賴區間, 故與例 6·1-1 單變項時的信賴區間不完全相同。

第七章

主成份分析和典型相關分析

在這一章裏，我們要討論兩種時常有人使用的重要統計方法。首先我們要討論的是「主成份分析」(principal component analysis)。這一種統計方法，除了有它自己的用途之外，與大家所熟知的「因素分析」有密切的關係存在。其次，我們要討論「典型相關分析」(canonical correlation analysis)，這是一種與複廻歸分析和主成份分析有關的統計方法。主成份分析和典型相關分析都要用到「特徵值和特徵向量的求法」，所以無論如何要先回頭復習第 2·4 節有關特徵值和特徵向量的討論。

7·1 主成份分析

「主成份分析」或譯「主份量分析」，是由皮爾遜 (K. Pearson) 所創用而由賀德臨 (Hotelling, 1933) 再加以發展的一種統計方法。在行爲科學研究的試探階段中，我們常碰到必須處理許許多多彼此可能有相關存在的變項之情境。如何將這許多變項予以減少，並使其改變爲較少數幾個互相獨立的線性組合變項，亦即潛在變量或假定的成份 (components)，是件迫切需要的工作。如果我們只利用少數的潛在變量或成份便能有效代表許許多多彼此有關的變項之結構，乃是一件經濟有效的事。在這種情形下，我們便可使用主成份分析來達成這種目的。另一方面，利用主成份分析，我們也可以知道如何將較少數幾個變項予以線性組合，使經由線性組合而得的成份之變異數變爲最大，亦即使受試者在這些成份方面顯出最大的個別差異來。這一點是主成份分析與因素分析最大不同之處（因為因素分析的目的在找出共同因素出來，亦即强調找出相同點）〔請參看 Overall & Klett, 1972, pp. 57-59; Morrison, 1976, pp. 266-267〕。

（一）基本原理 假使我們就 N 個受試者的 p 個隨機變項 X_1, $X_2, \cdots, X_p$ 加以觀察，得到下列矩陣 $\mathbf{X}$ 所示的 $N\times p$ 個觀察分數：

$$\mathbf{X}=\begin{bmatrix} x_{11} & x_{12} & \cdots & x_{1p} \\ x_{21} & x_{22} & \cdots & x_{2p} \\ \vdots & \vdots & & \vdots \\ x_{N1} & x_{N2} & \cdots & x_{Np} \end{bmatrix}$$

且這些變項的平均數向量為 $\boldsymbol{\mu}$，其變異數-共變數矩陣為 $\boldsymbol{\Sigma}$，則主成份分析所須用的資料便是樣本的變異數-共變數矩陣 $\mathbf{S}$，或是相關係數矩陣 $\mathbf{R}$。大體上說，如果各變項的測量單位一致，則使用變異數-共變數矩陣 $\mathbf{S}$ 來進行主成份分析，在統計上有較為方便之處（例如我們可以說某些變項可以解釋總變異數之多少百分比。顯著性考驗的方法也比較簡單）。惟在行為科學研究裏，尤其是心理學和教育研究裏，測量變項的單位不相同乃是很常見的事。此時使用標準化分數或相關係數矩陣 $\mathbf{R}$，是比較正確的（用矩陣 $\mathbf{R}$ 進行主成份分析，更可看出主成份分析與因素分析相同之處）。

使用變異數-共變數矩陣 S 時 上面所說第一個主成份 Y_1 可用下列線性組合來表示：

$$Y_1=k_{11}X_1+k_{21}X_2+\cdots+k_{p1}X_p$$
$$=\mathbf{k}'_1\mathbf{x} \qquad \text{〔公式 7·1-1〕}$$

（請比較公式 2·4-16）。這線性組合而成的變項 Y_1 之變異數是：

$$s^2_{Y_1}=\mathbf{k}'_1\mathbf{S}\mathbf{k}_1 \qquad \text{〔公式 7·1-2〕}$$

由第 2·4 節的討論可知，我們希望在 $\mathbf{k}'_1\mathbf{k}_1=1$ 的限制之下，求出特徵向量 $\mathbf{k}$，使公式 7·1-2 所示的變異數 $\mathbf{k}'_1\mathbf{S}\mathbf{k}_1$ 變爲最大。換言之，我們必須把下列函數加以最大化：

$$F=\mathbf{k}'_1\mathbf{S}\mathbf{k}_1-\lambda_1(\mathbf{k}'_1\mathbf{k}_1-1)$$

根據 $\mathbf{k}_1$ 取上式第一階導數，並設等於 0 之後，可得：

$$(\mathbf{S}-\lambda_1\mathbf{I})\mathbf{k}_1=\mathbf{0} \qquad \text{〔公式 7·1-3〕}$$

這公式有無限多解，但是如果要得到非零的解，則必須合乎下列條件：

$$|\mathbf{S}-\lambda_1\mathbf{I}|=0 \qquad \text{〔公式 7·1-4〕}$$

這都是我們在第 2·4 節所討論過的。

解公式 7·1-4 之後，我們可以得到特徵向量 $\mathbf{k}_1$，和與 $\mathbf{k}_1$ 相對應的特徵值 λ_1。而這 λ_1 便是我們要求出的最大變異數。事實上，正就是 $\mathbf{k}'_1\mathbf{S}\mathbf{k}_1$，因爲公式 7·1-3 左乘以 $\mathbf{k}'_1$ 便會得到：

$$\lambda_1=\mathbf{k}'_1\mathbf{S}\mathbf{k}_1=s^2_{Y_1} \qquad \text{〔公式 7·1-5〕}$$

是第一個主成份變項的變異數。換言之，公式 7·1-1 各 X 變項，在乘上特徵向量 $\mathbf{k}_1$ 的元素之後，所得的 Y_i 的分數之變異爲最大。我們稱這時的向量 $\mathbf{k}_1$ 之元素爲主成份係數 (component coefficient)。

在利用公式 7·1-1 轉換出這種人爲的潛在變量 Y_1 之後，可以看它對總變異數之貢獻到底有多大。譬如說，假使矩陣 $\mathbf{X}$ 是由 p 個變項所構成的，而由第一個主成份變量所造成的變異數就佔去總變異數的絕大部份，我們就可以用單一向度來表示我們的資料，而不必用到 p 個向度的空間了。除了這一點十分合乎經濟有效的原則之外，我們還可以由公式 7·1-1 的那一個 X 變項之係數較大而看出那一個 X 變項較爲重要 (Morrison, 1972, pp. 268-270)。

當第一個主成份求出之後，我們還要在 $\mathbf{k}'_2\mathbf{k}_2=1$ 以及 $\mathbf{k}'_1\mathbf{k}_2=0$

（第一個主成份與第二個主成份之間互相無關）的條件下，求出第二個主成份：

$$Y_2 = k_{12}X_1 + k_{22}X_2 + \cdots + k_{p2}X_p$$

$$= \mathbf{k}'_2\mathbf{x} \qquad 〔公式\ 7\text{·}1\text{-}6〕$$

其基本原理和求法與求第一個主成份時相同。所以要解下列公式，以求出特徵向量 $\mathbf{k}_2$ 和特徵值 λ_2：

$$(\mathbf{S} - \lambda_2\mathbf{I})\mathbf{k}_2 = 0 \qquad 〔公式\ 7\text{·}1\text{-}7〕$$

$$|\mathbf{S} - \lambda_2\mathbf{I}| = 0 \qquad 〔公式\ 7\text{·}1\text{-}8〕$$

解公式 7·1-8 之後可得主成份係數 $\mathbf{k}_2$ 和下列的關係：

$$\lambda_2 = \mathbf{k}'_2\mathbf{S}\mathbf{k}_2 = s^2_{Y_2} \qquad 〔公式\ 7\text{·}1\text{-}9〕$$

像這樣，我們還可以繼續算其他的主成份，直到算完 p 個主成份爲止。最後，我們可發現下面的幾個關係：

$$\mathbf{K}'\mathbf{S}\mathbf{K} = \mathbf{\Lambda} \qquad 〔公式\ 7\text{·}1\text{-}10〕$$

$$\mathbf{S} = \mathbf{K}\mathbf{\Lambda}\mathbf{K}' = \sum_j \lambda_j \mathbf{k}_j \mathbf{k}'_j \qquad 〔公式\ 7\text{·}1\text{-}11〕$$

我們已在公式 2·4-8 中表示過這種關係了。這矩陣 $\mathbf{K}$ 是 p 個 $\mathbf{k}$ 向量構成的，而 $\mathbf{\Lambda}$ 是由 p 個特徵值 λ_i 所構成的對角線矩陣。而且：

$$\lambda_1 + \lambda_2 + \cdots + \lambda_p = tr\mathbf{S} \qquad 〔公式\ 7\text{·}1\text{-}12〕$$

亦即 p 個特徵值之和等於矩陣 $\mathbf{S}$ 的跡，或者說等於總變異數。因此，每一個主成份之重要性可用下式來表示：

$$\frac{\lambda_j}{tr\mathbf{S}} \qquad 〔公式\ 7\text{·}1\text{-}13〕$$

由這公式可以看出第 j 個主成份的變異數佔總變異數之多少百分比。百分比越高，表示該主成份越爲重要。所以，不重要的主成份便可予以淘汰。

如果我們想看出第 j 個主成份與第 i 個觀察變項（X_i）之積差相

關，則可用下式來表示：

$$\frac{k_{ij}\sqrt{\lambda_j}}{s_i}$$ 〔公式 7·1-14〕

式中 s_i 是第 i 個觀察變項的標準差。

綜合上面，我們可以得到表 7·1-1 所示用變異數-共變數矩陣 S 爲計算資料時的主成份分析摘要表。如果要算出「成份分數」(component scores)，則用：

$$\underset{(N\times p)}{\mathbf{Y}} = \underset{(N\times p)}{\mathbf{X}}\ \underset{(p\times p)}{\mathbf{K}}$$ 〔公式 7·1-15〕

如果把不重要的幾個主成份淘汰，而只留下 r 個重要者，則成份分數便要用下式來估計：

$$\underset{(N\times r)}{\mathbf{Y}} = \underset{(N\times p)}{\mathbf{X}}\ \underset{(p\times r)}{\mathbf{K}}$$ 〔公式 7·1-16〕

表 7·1-1　主成份分析摘要表（用矩陣 S 時）

（變　　項）	（成 Y_1	Y_2	份） …	Y_p
X_1	$k_{11}\sqrt{\lambda_1}/s_1$	$k_{12}\sqrt{\lambda_2}/s_1$	…	$k_{1p}\sqrt{\lambda_p}/s_1$
X_2	$k_{21}\sqrt{\lambda_1}/s_2$	$k_{22}\sqrt{\lambda_2}/s_2$	…	$k_{2p}\sqrt{\lambda_p}/s_2$
⋮	⋮	⋮		⋮
X_p	$k_{p1}\sqrt{\lambda_1}/s_p$	$k_{p2}\sqrt{\lambda_2}/s_p$	…	$k_{pp}\sqrt{\lambda_p}/s_p$
特　徵　値	λ_1	λ_2	…	λ_p
佔總變異的百分比	$\lambda_1/tr\mathbf{S}$	$\lambda_2/tr\mathbf{S}$	…	$\lambda_p/tr\mathbf{S}$
佔總變異之累積百分比	$\lambda_1/tr\mathbf{S}$	$(\lambda_1+\lambda_2)/tr\mathbf{S}$	…	1

使用相關係數矩陣R時　在行爲科學的實際應用情境中，測量變項 Y_i 的單位，較常是不相同的。爲了避免因單位不同所產生的困難，

常把 **X** 矩陣的分數化爲 z 分數，使成 **Z** 矩陣。所以，大部分情形下，我們用來進行主成份分析的資料却是主對角線元素爲 1 的相關係數矩陣 **R**。

使用相關係數矩陣 **R** 爲資料時，主成份分析所根據的原理仍與上面所描述者相同。因此，要用：

$$(\mathbf{R}-\delta\mathbf{I})\mathbf{q}=\mathbf{0} \qquad \text{〔公式 7·1-17〕}$$

這一公式。然後解下式，得特徵值 δ 和特徵向量 $\mathbf{q}$：

$$|\mathbf{R}-\delta\mathbf{I}|=0 \qquad \text{〔公式 7·1-18〕}$$

在 $p\times p$ 階 **R** 矩陣時，可以得到 δ_1，δ_2，…，δ_p 等 p 個特徵值和與它們相對應的 $\mathbf{q}_1$，$\mathbf{q}_2$，…，$\mathbf{q}_p$ 等 p 個特徵向量。其所代表的意義，仍如上面所說的一樣。而且可以得到下列各式所示的關係：

$$\mathbf{Q}'\mathbf{R}\mathbf{Q}=\Delta \qquad \text{〔公式 7·1-19〕}$$

$$\mathbf{R}=\mathbf{Q}\,\Delta\,\mathbf{Q}'=\sum_j \delta_j \mathbf{q}_j \mathbf{q}'_j \qquad \text{〔公式 7·1-20〕}$$

$$\mathbf{Q}\mathbf{Q}'=\mathbf{I} \qquad \text{〔公式 7·1-21〕}$$

相關係數矩陣 **R** 的主對角線元素都是 1，表示轉換爲 z 分數之後，每一個變項 Z_i 的變異數均爲 1〔請不要忘掉 z 分數的平均數爲 0，標準差爲 1〕。因此之故，相關係數矩陣 **R** 的跡正好爲 p，亦即總變異數爲 p：

$$tr\mathbf{R}=p \qquad \text{〔公式 7·1-22〕}$$

可見，要表示每一個主成份能解釋總變異之多少百分比，就要使用到下面的公式：

$$\frac{\delta_j}{tr\mathbf{R}}=\frac{\delta_j}{p} \qquad \text{〔公式 7·1-23〕}$$

使用 z 分數矩陣時，成份分數的計算要用下式：

$$\underset{(N\times p)}{\mathbf{Y}}=\underset{(N\times p)}{\mathbf{Z}}\;\underset{(p\times p)}{\mathbf{Q}} \qquad \text{〔公式 7·1-24〕}$$

如果只採用前面 r 個較重要的成份，則用：

$$\underset{(N\times r)}{\mathbf{Y}} = \underset{(N\times p)}{\mathbf{Z}}\ \underset{(p\times r)}{\mathbf{Q}} \qquad \text{〔公式 7·1-25〕}$$

由公式 7·1-21 的 $\mathbf{QQ}'=\mathbf{I}$ 這一事實可以看出，$\mathbf{q}$ 向量均被正規化為 1（復習公式 2·4-7）。為了使它正規化為 δ_j，可採用下列公式來加以轉換：

$$\mathbf{F}=\mathbf{Q}\boldsymbol{\Delta}^{\frac{1}{2}} \qquad \text{〔公式 7·1-26〕}$$

（請復習公式 2·4-9），亦卽每一個 q 元素均乘以該成份的特徵值之平方根。此時：

$$\mathbf{FF}'=\mathbf{R}=\sum_{j=1}\delta_j\mathbf{q}_j\mathbf{q}' \qquad \text{〔公式 7·1-27〕}$$

$$\mathbf{RF}=\mathbf{F}\boldsymbol{\Delta} \qquad \text{〔公式 7·1-28〕}$$

$$\mathbf{F}'\mathbf{F}=\boldsymbol{\Delta} \qquad \text{〔公式 7·1-29〕}$$

由公式 7·1-27 的關係可以看出，各成份被正規化為特徵值 δ_j 之後，我們可經由 $\mathbf{FF}'$ 而把相關係數矩陣 $\mathbf{R}$ 再造出來。如果我們淘汰了一些成份而只保留 k 個成份時，所再造出來的 $\mathbf{R}$ 當然與原來的不完全相同。然而，我們希望只要用少數 k 個成份，便能再造出 $\mathbf{R}$，達到相當令人滿意的程度。通常，研究者如果用不超過五或六個成份，就能解釋總變異之 70% 至 80%，便算相當令人滿意了（Timm, 1975, pp. 534-536）。

根據公式 7·1-26 可知，我們可以把使用相關係數矩陣 $\mathbf{R}$ 時的主成份分析結果摘要如表 7·1-2 所示。

在一般社會科學研究裏，研究者常把各成份加以標準分數化，亦卽將各成份除以 $\sqrt{\delta_j}$，使其變異數變為 1。此時，成份分數之求法是這樣的：

$$\mathbf{Y}_z=\mathbf{ZQ}\boldsymbol{\Delta}^{-\frac{1}{2}}=\mathbf{ZF}\boldsymbol{\Lambda}^{-1} \qquad \text{〔公式 7·1-30〕}$$

表 7·1-2　主成份分析摘要表（用矩陣 R 時）

變項	（成	份）		
	Y_1	Y_2	…	Y_p
Z_1	$q_{11}\sqrt{\delta_1}$	$q_{12}\sqrt{\delta_2}$	…	$q_{1p}\sqrt{\delta_p}$
Z_2	$q_{21}\sqrt{\delta_1}$	$q_{22}\sqrt{\delta_2}$	…	$q_{2p}\sqrt{\delta_p}$
⋮	⋮	⋮		⋮
Z_p	$q_{p1}\sqrt{\delta_1}$	$q_{p2}\sqrt{\delta_2}$	…	$q_{pp}\sqrt{\delta_p}$
特徵值	δ_1	δ_2	…	δ_p
佔總變異數之百分比	δ_1/p	δ_2/p	…	δ_p/p
佔總變異數之累積百分比	δ_1/p	$(\delta_1+\delta_2)/p$	…	1

（二）特徵值及特徵向量之反覆解法　當變項之數目較大時，例如 $p\geqslant 4$ 時，公式 7·1-3 或公式 7·1-17 的特徵值及特徵向量之解法，便變得十分困難，不是用第 2·4 節的方法所能解決。這時，我們便必須用賀德臨 (Hotelling, 1933) 所發展出來的「反覆解法」(iterative solution) 來求它們（請參看 Tatsuoka, 1971, pp. 269-275; Van de Geer, 1971, pp. 273-276)。反覆解法最常在高速電算機中使用；如果您能利用這裏所介紹的這方法寫出程式，則即使微型電算機也可在很短時間內正確解出來。

為了方便起見，我們要以相關係數矩陣 **R** 來幫助說明如何解公式 7·1-17 的 δ 和 **q**：

相關矩陣 **R** 是 $p\times p$ 階對稱方陣。開始計算時，首先要設一個 $p\times 1$ 階的單元矩陣 **u**，其元素為 1。然後，計算 **Ru**，得一向量。這一向量也是 $p\times 1$ 階的。我們可以從它的 p 個元素之中，找出其「絕對值」最大的一個元素。將向量 **Ru** 的各元素均除以這一個元素的絕對值之後，就可以得到一個各元素之值爲 1 或小於 1 的新向量。我們就把這 $p\times 1$ 階的新向量叫做 $\mathbf{b}_{11}$。其次，再計算 $\mathbf{Rb}_{11}$，又得一向量；將 $\mathbf{Rb}_{11}$ 向量的各元素除以各元素之絕對值的最大數後，又得一個各元素之值爲 1 或小於 1 的新向量 $\mathbf{b}_{12}$。接著，又計算 $\mathbf{Rb}_{12}$，再算 $\mathbf{b}_{13}$，如此反覆下去。直到最後算出一個 $\mathbf{b}_{1m}$ 正好與 $\mathbf{b}_{1,m-1}$ 亦即它的前一個 $\mathbf{b}$ 向量可說相同爲止。此時，我們就說它們終於「聚歛」(converge) 在一起了。(學理已證明用這方法常可以聚歛，但須反覆幾次方能聚歛則並不一定；要視問題的性質和取幾位小數而定)。聚歛之後，$\mathbf{Rb}_{1,m-1}$ 各元素絕對值最大數便是第一個特徵值 δ_1，而將 $\mathbf{b}_{1m}$ 予以正規化爲 1 所得到的向量 $\mathbf{q}_1$ 便是與 λ_1 相對應的特徵向量，亦即：

$$\mathbf{q}_1=\frac{\mathbf{b}_{1m}}{\|\mathbf{b}_{1m}\|}=\frac{\mathbf{b}_{1m}}{\sqrt{\mathbf{b}'_{1m}\mathbf{b}_{1m}}} \qquad 〔公式\ 7\text{-}1\text{-}31〕$$

因此，特徵值 λ_1 事實上就是：

$$\lambda_1=\mathbf{q}'_1\mathbf{R}\mathbf{q}_1 \qquad 〔公式\ 7\text{-}1\text{-}32〕$$

如果再將 $\mathbf{q}_1$ 乘以 $\sqrt{\lambda_1}$ 便可得到正規化爲 λ_1 的特徵向量 $\mathbf{f}_1$。因此

$$\mathbf{f}_1=\mathbf{q}_1\sqrt{\lambda_1} \qquad 〔公式\ 7\text{-}1\text{-}33〕$$

接著，我們就必須繼續求第二個特徵值 λ_2 和特徵向量 $\mathbf{k}_2$。其方法仍然一樣，但要利用下列所示的殘餘矩陣 $\mathbf{R}_1$：

$$\mathbf{R}_1=\mathbf{R}-\mathbf{f}_1\mathbf{f}_1' \qquad 〔公式\ 7\text{-}1\text{-}34〕$$

同樣的，要將 $\mathbf{R}_1$ 乘以 $\mathbf{u}$，所得的向量再除以各元素絕對值最大數，便可得到 $\mathbf{b}_{21}$。然後求 $\mathbf{R}_1\mathbf{b}_{21}$，再除以最大元素，得向量 $\mathbf{b}_{22}$，如此類推，直到聚歛爲止。這樣就可求出 λ_2 和 $\mathbf{q}_2$。再將 $\mathbf{q}_2$ 正規化爲 λ_2 之後，又得向量 $\mathbf{f}_2$，便可求出 $\mathbf{R}_2=\mathbf{R}_1-\mathbf{f}_2\mathbf{f}_2'$，作爲求第三個特徵值 λ_3 和第三個特徵向量 $\mathbf{q}_3$ 之根據。

如此反覆進行，最後便可將 p 個特徵值和 p 個特徵向量求出來。爲正確起見，最好能求到小數六位（至少小數四位），否則愈算誤差便愈大。

（三）計算實例　現在，我們以例 7·1-1 和例 7·1-2 來幫助說明主成份分析的計算過程。例7·1-1的目的在演示計算方法，而例7·1-2的目的則重在說明如何應用和如何解釋結果。

【例 7·1-1】　以十名游泳選手爲受試者，就「氣力」、「耐力」、「速度」、和「協調」四項測驗方面進行觀察。表 7·1-3 是實測結果的成績。試就該項資料進行主成份分析。

表 7·1-3　十名選手的四項測驗成績

選手	氣力	耐力	速度	協調
1	11	9	7	4
2	9	8	11	13
3	9	11	5	4
4	8	13	15	14
5	6	5	6	11
6	2	6	9	9
7	5	7	4	8
8	12	11	4	5
9	15	12	11	13
10	1	6	4	6
$\bar{X}$	7.8	8.8	7.6	8.7
s	4.3919	2.8206	3.7771	3.8887

相關係數矩陣 R 時　1. 由表 7·1-3 的資料可以看出 $N=10$, $p=4$。用例 3·5-1 求相關係數矩陣的方法可得下面 4×4 階的相關係數矩陣:

$$
\mathbf{R}=\begin{bmatrix} 1 & .7409 & .2626 & .1002 \\ .7409 & 1 & .4610 & .1256 \\ .2626 & .4610 & 1 & .8003 \\ .1002 & .1256 & .8003 & 1 \end{bmatrix}
$$

2. 用反覆解法解公式 7·1-17，亦即 $(\mathbf{R}-\delta\mathbf{I})\mathbf{q}=0$ 的特徵值和特徵向量。其計算過程可演示如下：

$$
\mathbf{Ru}=\begin{bmatrix} 1 & .7409 & .2626 & .1002 \\ .7409 & 1 & .4610 & .1256 \\ .2626 & .4610 & 1 & .8003 \\ .1002 & .1256 & .8003 & 1 \end{bmatrix}\begin{bmatrix} 1 \\ 1 \\ 1 \\ 1 \end{bmatrix}=\begin{bmatrix} 2.1037 \\ 2.3275 \\ 2.5239 \\ 2.0261 \end{bmatrix}
$$

此向量各元素之絕對值最大數爲2.5239，將各元素除以2.5239之後，得：

$$
\mathbf{b}_{11}=\begin{bmatrix} .8335 \\ .9222 \\ 1.0000 \\ .8028 \end{bmatrix}
$$

接著計算 $\mathbf{Rb}_{11}$，得：

$$
\mathbf{Rb}_{11}=\begin{bmatrix} 1 & .7409 & .2626 & .1002 \\ .7409 & 1 & .4610 & .1256 \\ .2626 & .4610 & 1 & .8003 \\ .1002 & .1256 & .8003 & 1 \end{bmatrix}\begin{bmatrix} .8335 \\ .9222 \\ 1.0000 \\ .8028 \end{bmatrix}=\begin{bmatrix} 1.8598 \\ 2.1016 \\ 2.2865 \\ 1.8024 \end{bmatrix}
$$

其各元素絕對值之最大數爲 2.2865；將各元素除以 2.2865 便得到 $\mathbf{b}_{12}$，如此類推，直到聚斂爲止。表 7·1-4 是整個實際的計算過程。

表 7•1-4 第一個主成份的反覆解法

變項	Ru	b_{11}	Rb_{11}	b_{12}	Rb_{12}	b_{13}	Rb_{13}	b_{14}
1	2.1037	.8335	1.8598	.8134	1.8360	.8094	1.8309	.8081
2	2.3275	.9222	2.1016	.9191	2.0818	.9178	2.0774	.9169
3	2.5239	1.0000	2.2865	1.0000	2.2682	1.0000	2.2657	1.0000
4	2.0261	.8028	1.8024	.7883	1.7855	.7872	1.7839	.7874

變項	Rb_{14}	b_{15}	Rb_{15}	b_{16}	Rb_{16}	b_{17}	Rb_{17}	b_{18}
1	1.8289	.8075	1.8279	.8071	1.8273	.8069	1.8270	.8068
2	2.0755	.9163	2.0745	.9160	2.0739	.9158	2.0736	.9157
3	2.2650	1.0000	2.2647	1.0000	2.2646	1.0000	2.2645	1.0000
4	1.7838	.7875	1.7838	.7877	1.7839	.7877	1.7839	.7878

變項	Rb_{18}	b_{19}	q_1	f_1
1	1.8268	.8067	.4575	.6884
2	2.0734	.9156	.5192	.7813
3	2.2644*	1.0000	.5671	.8533
4	1.7839	.7878	.4467	.6722

得 $\lambda_1=2.2644$

由表 7•1-4 可以看出，算到 $\mathbf{b}_{19}$ 時就與 $\mathbf{b}_{18}$ 聚歛在一起了。因爲取小數四位，誤差不超過 .0005。這是我們採小數四位時所希望的正確程度（如果您希望更正確，應採六位以上）。此時，與 $\mathbf{b}_{19}$ 相對應的向量 $\mathbf{Rb}_{18}$ 之最大元素即爲第一個成份的特徵值，亦即 $\lambda_1=2.2644$。它是 s^2_{Y1}，亦即爲最大可能的變異數。

將 $\mathbf{b}_{19}$ 予以正規化爲 1，得向量 $\mathbf{q}_1$。根據公式 7•1-31，其方法是這樣的：

$$\sqrt{\mathbf{b}_{19}'\mathbf{b}_{19}}=\sqrt{(.8067)^2+(.9156)^2+(1)^2+(.7878)^2}=1.7634$$

$$\mathbf{q}_1=\frac{\mathbf{b}_{19}}{\sqrt{\mathbf{b}_{19}'\mathbf{b}_{19}}}=\frac{1}{1.7634}\begin{bmatrix}.8067\\.9156\\1.0000\\.7878\end{bmatrix}=\begin{bmatrix}.4575\\.5192\\.5671\\.4467\end{bmatrix}$$

〔驗算: $\mathbf{q}_1'\mathbf{q}_1=1.0000$〕

再將 $\mathbf{q}_1$ 正規化為 $\lambda_1=2.2644$。根據公式 7•1-33, 其結果得:

$$\mathbf{f}_1=\mathbf{q}_1\sqrt{\delta_1}=\begin{bmatrix}.4575\\.5192\\.5671\\.4467\end{bmatrix}\sqrt{2.2644}=\begin{bmatrix}.6884\\.7813\\.8533\\.6722\end{bmatrix}$$

〔驗算: $\mathbf{f}_1'\mathbf{f}=2.2643$〕

抽出第一個成份之後, 就要繼續抽取第二個成份。現在我們必須根據公式 7•1-34, 將抽取第一個成份之後的殘餘矩陣 $\mathbf{R}_1$ 求出來, 並利用它來求第二個成份:

$$\mathbf{f}_1\mathbf{f}_1'=\begin{bmatrix}.6884\\.7813\\.8533\\.6722\end{bmatrix}[.6884\quad .7813\quad .8533\quad .6722]$$

$$=\begin{bmatrix}.4739 & .5378 & .5874 & .4627\\.5378 & .6104 & .6667 & .5252\\.5874 & .6667 & .7281 & .5736\\.4627 & .5252 & .5736 & .4519\end{bmatrix}$$

$$\mathbf{R}_1=\mathbf{R}-\mathbf{f}_1\mathbf{f}_1'$$

$$=\begin{bmatrix} .5261 & .2030 & -.3248 & -.3626 \\ .2030 & .3895 & -.2057 & -.3996 \\ -.3248 & -.2057 & .2718 & .2266 \\ -.3626 & -.3996 & .2266 & .5481 \end{bmatrix}$$

於是以矩陣 $\mathbf{R}_1$ 爲資料，又開始用反覆解法來抽第二個成份：

$$\mathbf{R}_1\mathbf{u}=\begin{bmatrix} .5261 & .2030 & -.3248 & -.3626 \\ .2030 & .3895 & -.2057 & -.3996 \\ -.3248 & -.2057 & .2718 & .2266 \\ -.3626 & -.3996 & .2266 & .5481 \end{bmatrix}\begin{bmatrix} 1 \\ 1 \\ 1 \\ 1 \end{bmatrix}=\begin{bmatrix} .0417 \\ -.0128 \\ -.0321 \\ .0125 \end{bmatrix}$$

$$\mathbf{b}_{21}=\begin{bmatrix} 1.0000 \\ -.3070 \\ -.7698 \\ .2998 \end{bmatrix}$$　（以下請看表 7•1-5）

表 7•1-5　第二個成份的反覆解法

變項	$\mathbf{R}_1\mathbf{u}$	$\mathbf{b}_{21}$	$\mathbf{R}_1\mathbf{b}_{21}$	$\mathbf{b}_{22}$	$\mathbf{R}_1\mathbf{b}_{22}$	$\mathbf{b}_{23}$	$\mathbf{R}_1\mathbf{b}_{23}$	$\mathbf{b}_{24}$
1	.0417	1.0000	.6051	1.0000	.9332	1.0000	1.1950	.9559
2	−.0128	−.3070	.1220	.2016	.5836	.6254	.9393	.7513
3	−.0321	−.7698	−.4030	−.6659	−.6409	−.6868	−.8394	−.6714
4	.0125	.2998	−.2501	−.4133	−.8206	−.8793	−1.2501	−1.0000

變項	$\mathbf{R}_1\mathbf{b}_{24}$	$\mathbf{b}_{25}$	$\mathbf{R}_1\mathbf{b}_{25}$	$\mathbf{b}_{26}$	$\mathbf{R}_1\mathbf{b}_{26}$	$\mathbf{b}_{27}$	$\mathbf{R}_1\mathbf{b}_{27}$	$\mathbf{b}_{28}$
1	1.2361	.9176	1.2105	.9089	1.2047	.9070	1.2034	.9065
2	1.0244	.7605	1.0156	.7626	1.0136	.7631	1.0131	.7632
3	−.8741	−.6489	−.8575	−.6438	−.8537	−.6427	−.8528	−.6424
4	−1.3471	−1.0000	−1.3317	−1.0000	−1.3283	−1.0000	−1.3275	−1.0000

變項	R_1b_{28}	b_{29}	R_1b_{29}	$b_{2,10}$	q_2	f_2
1	1.2031	.9064	1.2030	.9064	.5400	.6222
2	1.0130	.7632	1.0130	.7632	.4548	.5240
3	−.8526	−.6424	−.8526	−.6423	−.3828	−.4410
4	−1.3273	−1.0000	−1.3273*	−1.0000	−.5958	−.6865

$\delta_2=1.3273$
（取絕對值）

像這樣，算到 $\mathbf{b}_{2,10}$ 時，亦卽反覆十次之後，終於聚斂在一起了。此時 $\mathbf{R}_1\mathbf{b}_{29}$ 各元素絕對值之最大數便是第二個特徵值 δ_2。它是第二個成份的變異數，亦卽在第二個主成份與第一個主成份彼此無關〔請驗算 $\mathbf{q}_1'\mathbf{q}_2=0$ 是否正確〕的條件下，第二個成份的最大變異數。此時的 $\mathbf{q}_2$ 便是與 δ_2 相對應的特徵向量，也是我們所抽到的第二個成份。

接著，我們還要利用殘餘相關矩陣 $\mathbf{R}_2$ 繼續抽取第三個成份。這矩陣 $\mathbf{R}_2$ 應是這樣的：

$$\mathbf{R}_2=\mathbf{R}_1-\mathbf{f}_2\mathbf{f}_2'$$

$$=\begin{bmatrix} .1390 & -.1230 & -.0504 & .0645 \\ -.1230 & .1150 & .0253 & -.0400 \\ -.0504 & .0253 & .0773 & -.0761 \\ .0645 & -.0400 & -.0761 & .0769 \end{bmatrix}$$

用同樣的方法，反覆九次之後，得：$\delta_3=.3061$

$$\mathbf{b}_{39}=\begin{bmatrix} 1.0000 \\ -.8360 \\ -.5116 \\ .5970 \end{bmatrix} \qquad \mathbf{q}_3=\begin{bmatrix} .6570 \\ -.5492 \\ -.3361 \\ .3922 \end{bmatrix} \qquad \mathbf{f}_3=\begin{bmatrix} .3635 \\ -.3039 \\ -.1860 \\ .2170 \end{bmatrix}$$

故，$\delta_3=.3061$ 是第三個成份的變異數，是在它與第一和第二個成份均相互獨立的條件下最大的變異數（請驗算是否 $\mathbf{q}_1'\mathbf{q}_3=0$ 和 $\mathbf{q}_2'\mathbf{q}_3=0$）。而 $\mathbf{q}_3$ 便是我們所抽到的第三個成份。

由於本例的相關係數矩陣**R**是四秩的矩陣，一共可以抽到四個成份，所以還剩下一個成份可抽。

最後，以殘餘矩陣 $\mathbf{R}_3$ 爲資料，反覆三次便得下列結果:

$$\mathbf{R}_3=\mathbf{R}_2-\mathbf{f}_3\mathbf{f}_3'$$

$$=\begin{bmatrix} .0069 & -.0125 & .0172 & -.0143 \\ -.0125 & .0226 & -.0312 & .0260 \\ .0172 & -.0312 & .0428 & -.0357 \\ -.0143 & .0260 & -.0357 & .0298 \end{bmatrix}$$

$$\delta_4=.1021$$

$$\mathbf{b}_{43}=\begin{bmatrix} -.4013 \\ .7279 \\ -1.0000 \\ .8343 \end{bmatrix} \qquad \mathbf{q}_4=\begin{bmatrix} -.2598 \\ .4712 \\ -.6473 \\ .5400 \end{bmatrix} \qquad \mathbf{f}_4=\begin{bmatrix} -.0830 \\ .1506 \\ -.2069 \\ .1726 \end{bmatrix}$$

$$\mathbf{R}_4=\mathbf{R}_3-\mathbf{f}_4\mathbf{f}_4'$$

$$=\begin{bmatrix} .0000 & .0000 & .0000 & .0000 \\ .0000 & .0000 & .0000 & .0000 \\ .0000 & .0000 & .0000 & .0000 \\ .0000 & .0000 & .0000 & .0000 \end{bmatrix}$$

特徵值 δ_4 是第四個成份的變異數，在第四個成份 $\mathbf{q}_4$ 與第一、二、三個成份均彼此無關的情況下，它是最大的變異數。抽出第四個成份之後，殘餘相關係數矩陣 $\mathbf{R}_4$ 的元素均爲 0，表示完全抽完了。

綜合上面所有結果可知，因爲**R**是四秩的矩陣，所以一共得到四個特徵值和相對應的四個特徵向量。將它們寫在一起則爲:

$$\mathbf{Q}=\begin{bmatrix} .4575 & .5400 & .6570 & -.2598 \\ .5192 & .4548 & -.5492 & .4712 \\ .5671 & -.3828 & -.3361 & -.6473 \\ .4467 & -.5958 & .3922 & .5400 \end{bmatrix}$$

$$\mathbf{\Delta}=\begin{bmatrix} 2.2644 & 0 & 0 & 0 \\ 0 & 1.3273 & 0 & 0 \\ 0 & 0 & .3061 & 0 \\ 0 & 0 & 0 & .1021 \end{bmatrix}$$

〔驗算〕①$\mathbf{QQ}'=\mathbf{I}$　（公式 7•1-21）

$$\mathbf{QQ}'=\begin{bmatrix} 1.0001 & -.0001 & .0001 & .0000 \\ -.0001 & 1.0001 & -.0001 & .0000 \\ .0001 & -.0001 & 1.0001 & .0000 \\ .0000 & .0000 & .0000 & .9999 \end{bmatrix}$$

表示矩陣**Q**各行向量互爲正交，互無相關。

②$\mathbf{Q}'\mathbf{RQ}=\Delta$　（公式 7•1-19）

$$\mathbf{Q}'\mathbf{RQ}=\begin{bmatrix} 2.2644 & -.0002 & .0000 & -.0000 \\ -.0002 & 1.3273 & -.0000 & .0000 \\ .0000 & -.0000 & .3061 & -.0000 \\ -.0000 & .0000 & -.0000 & .1022 \end{bmatrix}$$

表示相關矩陣**R**經左乘以 $\mathbf{Q}'$ 和右乘以**Q**之後，主對角線外各元素變爲0（亦即共變數均爲0，或無相關）。主對角線各元素依次爲第一、二、三、四個成份之變異數，其和等於 $p=4$，亦即矩陣**R**的跡，或總變異數。（標準分數化後，每一成份之變異數爲1，四個成份總變異數爲4）。下面可以看出這一點：

$$tr\mathbf{R}=p=\sum^{p}\delta_j$$　（公式 7•1-22）

$$=2.2644+1.3273+.3061+.1022=4$$

③ $\mathbf{Q\Delta Q'}=\mathbf{R}$ （公式 7•1-20）

$$=\begin{bmatrix} 1.0000 & .7409 & .2627 & .1003 \\ .7409 & .9999 & .4610 & .1256 \\ .2627 & .4610 & 1.0000 & .8003 \\ .1003 & .1256 & .8003 & .9999 \end{bmatrix}$$

可見，雖然我們算至小數四位，但使用 $\mathbf{Q\Delta Q'}$ 仍可滿意的重造相關矩陣 $\mathbf{R}$ 出來。相反的說，相關矩陣 $\mathbf{R}$ 可使用上述的方法分解爲 $\mathbf{Q}$, $\mathbf{\Delta}$, 和 $\mathbf{Q'}$ 三部分的乘積。

根據表 7•1-2, 我們可將上面的分析結果，列爲表 7•1-6 的主成份分析摘要表。由表 7•1-6 可以看出幾個非常重要的概念，必須在這裏特別强調:

① 表 7•1-6 上半部分是矩陣 $\mathbf{F}$ 所構成。矩陣 $\mathbf{F}$ 的各元素均表示「變項」與「成份」之間的積差相關。例如「氣力」這一變項與「第

表 7•1-6 主成份分析摘要表（$\mathbf{R}$矩陣時）

變項	（成份）1	2	3	4
氣力	.6884	.6222	.3635	−.0830
耐力	.7813	.5240	−.3039	.1506
速度	.8533	−.4410	−.1860	−.2069
協調	.6722	−.6865	.2170	.1726
特徵值	2.2644	1.3273	.3061	.1021
佔總變異之百分比	.5661	.3318	.0765	.0255
佔總變異之累積百分比	.5661	.8979	.9744	.9999

一個成份」之相關爲.6884,「速度」這一變項與「第二個成份」之相關爲－.4410, 如此類推。

② 表 7·1-6 上半部分的**F**矩陣之行向量各元素之平方和等於特徵值, 亦即該一「成份」之變異數。例如第一行向量的平方和爲:

$$\mathbf{f}_1'\mathbf{f}_1 \doteq (.6884)^2+(.7813)^2+(.8533)^2+(.6722)^2$$
$$=2.2643=\delta_1$$
$$\mathbf{f}_2'\mathbf{f}_2=1.3275=\delta_2$$ (如此類推)。

但是**F**矩陣各行向量之間的交乘積和却等於 0, 表示各成份之間互爲獨立或互相正交。

〔驗算〕 $\mathbf{F'F}=\Delta$　　(公式 7·1-29)

$$\mathbf{F'F}=\begin{bmatrix} 2.2643 & -.0000 & -.0001 & .0000 \\ -.0000 & 1.3275 & -.0000 & .0000 \\ -.0001 & -.0000 & .3062 & -.0000 \\ .0000 & .0000 & -.0000 & .1022 \end{bmatrix}$$

總之, **F′F** 構成矩陣 Δ, 其主對角線元素爲各成份之最大變異數, 而各成份之間的共變數爲 0, 或相關爲 0。

③該表**F**矩陣之列向量各元素之平方和等於 1, 是該「變項」之變異數。例如: 第一橫列之平方和爲「氣力」這一變項之變異數 (z 分數之變異數爲 1):

$$(.6884)^2+(.6222)^2+(.3635)^2+(-.0830)^2=1.0000$$

其中, 第一成份的變異佔這一變項的變異之 47%, 因 $(.6884)^2=.4739$。

還有, **F**矩陣各列向量之交乘積和是爲該兩個列向量所代表之變項的相關。例如第三列向量與第四列向量代表「速度」和「協調」兩項成績之間的相關:

$r_{34}=(.8533)(.6722)+(-.4410)(-.6865)+(-.1860)(.2170)$
$+(-.2069)(.1726)=.8003$ (如此類推)。

〔驗算〕 $\mathbf{FF'}=\mathbf{R}$ (公式 7·1-27)

$$\mathbf{FF'}=\begin{bmatrix} 1.0000 & .7409 & .2626 & .1002 \\ .7409 & 1.0000 & .4610 & .1255 \\ .2626 & .4610 & 1.0000 & .8003 \\ .1002 & .1255 & .8003 & 1.0000 \end{bmatrix}$$

總之，由 $\mathbf{FF'}$ 也可複製相關矩陣 $\mathbf{R}$，其主對角線元素代表各變項之變異數，主對角線以外各元素代表變項之間的相關係數。主對角線各元素之和亦即矩陣 $\mathbf{R}$ 的跡等於 4，正好是該矩陣的秩數。相反的，我們也可以說，用主成份分析之結果，相關矩陣 $\mathbf{R}$ 終於被分解為 $\mathbf{F}$ 和 $\mathbf{F'}$ 兩個因式。

④由表7·1-6下面部分可以看出，第一個成份之變異數為2.2644，是特徵值 δ_1，佔總變異數之57%左右 (2.2644/4=.5661)，幾達一半以上。第二個成份的變異數為 $\delta_2=1.3273$ 佔總變異數之33%左右，約佔去三分之一。第一個成份和第二個成份二者所解釋的變異數就佔總變異數之90%左右 (即.8979)。至於第三個成份和第四個成份對總變異數之貢獻似已微不足道。當研究者所用的變項之數目較大時，矩陣 $\mathbf{R}$ 的跡 (亦即總變異數) 也較大。所以，凱塞 (Kaiser, 1960) 主張將特徵值小於 1 的成份予以放棄，只剩下特徵值大於 1 的成份〔關於這一個標準，學者的看法並不一致。請再看下一節有關的討論〕。如果我們採用特徵值須大於 1 的這種標準，則本例應可淘汰後面的兩個成份，而保留第一和第二個成份，並且說原來四個成份的資料可減縮為兩個成份。所以使用主成份分析來減縮本研究的成份數目，是有意義的，因為只要用第一個成份和第二個成份便可解釋90%的變異，已

經相當令人滿意。

⑤**結果解釋**　那麼，表 7·1-6 的前兩個成份到底代表什麼？大體上說，第一個成份與「氣力」、「耐力」、「速度」和「協調」四個變項均有正相關存在。它可能是與這四種變項都有關的普通能力。第二個成份則具有兩極的 (bipolar) 性質。如果您願意的話，也許可以說它係對照「强健」(氣力、耐力) 和「敏捷」(速度、協調) 兩極。至於第三和第四個成份，由於不重要，決定放棄，就不須去解釋它們。

在主成份分析之後，如果我們把成份與變項的相關圖示在平面坐標上，將可看出那些變項傾向於結合在一起。因此，通常值得我們去畫畫看。由圖 7·1-1 可以看出「1. 氣力」和「2. 耐力」傾向於成一個

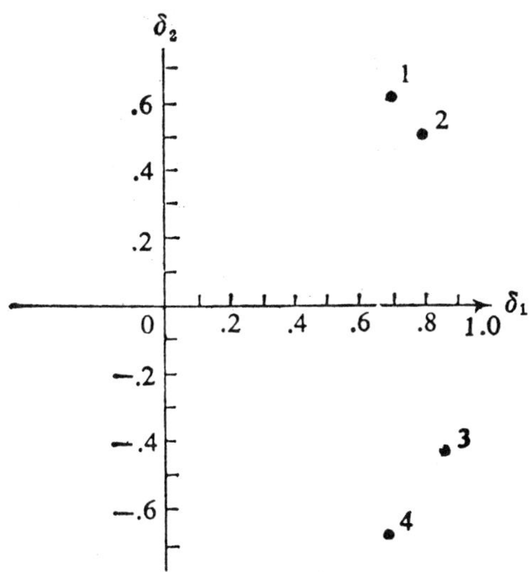

圖 7·1-1　兩個成份的圖示 (R 矩陣資料)。

類群 (cluster)，而「3. 速度」和「4. 協調」則又傾向於結成另一個類群。在主成份分析裏，通常並不可以把圖 7·1-1 加以轉軸，因爲這

樣做時,「最大變異數」這一標準便被破壞, 達不到以主成份分析來描述「差異」的原來目標了 (Timm, 1975, p.540)。

⑥**成份分數** 爲了達到最大變異的目的, 我們用主成份分析將原來的變項轉變爲成份。抽出成份之後, 每一位受試者, 在各變項的原始分數可用公式 7·1-24 轉換爲成份分數。

將表 7·1-3 內十名受試者四項測驗分數先化爲 z 分數 $[z=(X-\bar{X})/s]$, 可得到下列矩陣 **Z**:

$$
\mathbf{Z} = \begin{array}{c} \\ \end{array}
\begin{array}{cccc} \text{氣力} & \text{耐力} & \text{速度} & \text{協調} \end{array}
$$

$$
\mathbf{Z} = \begin{bmatrix}
.729 & .071 & -.159 & -1.209 \\
.273 & -.284 & .900 & 1.106 \\
.273 & .780 & -.688 & -1.209 \\
.046 & 1.489 & 1.959 & 1.363 \\
-.410 & -1.347 & -.424 & .591 \\
-1.320 & -.993 & .371 & .077 \\
-.638 & -.638 & -.953 & -.180 \\
.956 & .780 & -.953 & -.951 \\
1.639 & 1.135 & .900 & 1.106 \\
-1.548 & -.993 & -.953 & -.694
\end{bmatrix}
\begin{array}{c} 1 \\ 2 \\ 3 \\ 4 \\ 5 \\ 6 \\ 7 \\ 8 \\ 9 \\ 10 \end{array}
$$

代入公式 7·1-24, 便可得到成份分數矩陣 **Y**。這些成份分數是還沒標準分數化的成份分數, 因爲每一成份的成份分數之變異數並不爲 1, 只是其平均數爲 0, 成份與成份之間的相關爲 0 而已:

$$
\mathbf{Y}=\mathbf{ZQ}=\begin{array}{cc}
\begin{array}{rrrr} \text{成份 1} & \text{成份 2} & \text{成份 3} & \text{成份 4} \end{array} & \\
\left[\begin{array}{rrrr}
-.260 & 1.207 & .019 & -.706 \\
.982 & -.985 & .467 & -.190 \\
-.400 & 1.486 & -.492 & .089 \\
2.514 & -.860 & -.911 & .158 \\
-.863 & -1.024 & .845 & .065 \\
-.875 & -1.352 & -.416 & -.324 \\
-1.244 & -.163 & .181 & .385 \\
-.123 & 1.802 & .147 & .223 \\
2.344 & .398 & .585 & .124 \\
-2.074 & -.509 & -.424 & .176
\end{array}\right] &
\begin{array}{r} 1\\ 2\\ 3\\ 4\\ 5\\ 6\\ 7\\ 8\\ 9\\ 10 \end{array}
\end{array}
$$

細言之，矩陣 $\mathbf{Y}$ 中每一個成份分數是每一受試者四項測驗的 z 分數乘以每一成份的特徵向量 $\mathbf{q}$ 而來的。例如，第一位受試者在第一成份的成份分數 $-.260$ 也可以這樣換算而得：

$$
y_{11}=.4575\left(\frac{11-7.8}{4.3919}\right)+.5192\left(\frac{9-8.8}{2.8206}\right)+.5671\left(\frac{7-7.6}{3.7771}\right)
$$

$$
+.4467\left(\frac{4-8.7}{3.8887}\right)=-.260
$$

各成份分數之變異數正就是 δ_i，其標準差為 $\sqrt{\delta_i}$，所以 $\mathbf{Y}$ 矩陣各分數必須除以 $\sqrt{\delta_i}$，亦即乘 $1/\sqrt{\delta_i}=\delta_i^{-\frac{1}{2}}$ 纔能使成份分數標準分數化（例如 $-.260/\sqrt{2.2644}=-.172$），亦即使用公式7·1-30纔可得到標準分數化的成份分數：

$$
\mathbf{Y}_s=\mathbf{ZQ}\Delta^{-\frac{1}{2}}
$$

$$
= \begin{bmatrix} -.172 & 1.048 & .035 & -2.209 \\ .652 & -.855 & .843 & -.595 \\ -.266 & 1.290 & -.889 & .279 \\ 1.671 & -.746 & -1.647 & .493 \\ -.574 & -.889 & 1.527 & .205 \\ -.581 & -1.174 & -.753 & -1.013 \\ -.827 & -.141 & .327 & 1.204 \\ -.082 & 1.564 & .266 & .696 \\ 1.557 & .345 & 1.057 & .387 \\ -1.378 & -.442 & -.766 & .552 \end{bmatrix}
$$

	成份 1	成份 2	成份 3	成份 4
1	−.172	1.048	.035	−2.209
2	.652	−.855	.843	−.595
3	−.266	1.290	−.889	.279
4	1.671	−.746	−1.647	.493
5	−.574	−.889	1.527	.205
6	−.581	−1.174	−.753	−1.013
7	−.827	−.141	.327	1.204
8	−.082	1.564	.266	.696
9	1.557	.345	1.057	.387
10	−1.378	−.442	−.766	.552

現在，我們終於得到變異數為 1，平均數為 0，交互相關為 0 的成份分數矩陣 $\mathbf{Y}_z$。此時，成份分數是標準化分數。

成份分數的性質　關於成份分數，有下列幾個性質，值得我們注意：

① $\mathbf{R}_z = \mathbf{Y}_z'\mathbf{Y}_z/(N-1) = \mathbf{I}$　〔公式 7·1-35〕

$$
= \begin{bmatrix} 1.0000 & -.0001 & -.0000 & .0004 \\ -.0001 & .9999 & -.0003 & .0001 \\ -.0000 & -.0003 & .9994 & .0001 \\ .0004 & .0001 & .0001 & 1.0013 \end{bmatrix}
$$

可見，使用成份分數後，各變項之變異變為最大（1 為各變項之變異數），而且各變項之間彼此「獨立」（正交）。這與用矩陣 $\mathbf{Z}$ 來表示各受試者之得分並不相同。矩陣 $\mathbf{Z}$ 顯示本研究四個變項得分之交互相關並不是零，只要看原來的相關係數矩陣 $\mathbf{R}$ 主對角線以外各元素便知道了（例如矩陣 $\mathbf{Z}$ 的第一和第二縱行之相關係數為.7409並不為 0）。原來的相關係數矩陣 $\mathbf{R}$ 是用 $\mathbf{Z}'\mathbf{Z}/(N-1)=\mathbf{R}$ 算出來的。

② $\mathbf{Z'Y_z}/(N-1)=\mathbf{F}$ 〔公式 7·1-36〕

$$=\frac{1}{9}\begin{bmatrix} 6.1947 & 5.5977 & 3.2674 & -.7442 \\ 7.0326 & 4.7156 & -2.7342 & 1.3598 \\ 7.6791 & -3.9689 & -1.6724 & -1.8610 \\ 6.0509 & -6.1786 & 1.9536 & 1.5571 \end{bmatrix}$$

$$=\begin{bmatrix} .6883 & .6220 & .3630 & -.0827 \\ .7814 & .5240 & -.3038 & .1511 \\ .8532 & -.4410 & -.1858 & -.2068 \\ .6723 & -.6865 & .2171 & .1730 \end{bmatrix}$$

（請對照表 7·1-6，誤差係因爲 $\mathbf{Z}$ 和 $\mathbf{Y}_z$ 的元素只取小數三位之故）。我們已說過矩陣 $\mathbf{F}$ 的元素代表變量與成份之相關。用數學的術語說，當成份向量的長度爲 1 時，變項向量在成份向量的「投影」是爲 $\mathbf{f}$。這點可由圖 7·1-1 看出來。(例如：自原點畫一箭頭至變項 1，則此向量在 δ_1 軸的投影爲.6884)。

③ $\mathbf{Z}=\mathbf{Y}_z\mathbf{F}'$ 〔公式 7·1-37〕

〔爲節省篇幅，驗算結果，不列出來。好奇的讀者請將 $\mathbf{Y}_z$ 乘以 $\mathbf{F}'$，看是否能複製 $\mathbf{Z}$ 矩陣〕。這就是說，標準分數化的 $\mathbf{Z}$ 可用矩陣 $\mathbf{Y}_z$ 的線性組合分數來表示，而矩陣 $\mathbf{F}$ 正是這線性組合的加權值。例如：

$$z_{11}=.6884(-.172)+.6222(1.048)+.3635(.035)$$
$$-.0830(-2.209)=.729$$

如此類推。

以上所演示的這些方法和所說明的概念，如能完全熟悉，對了解第八章所討論的因素分析當有很大的幫助。

變異數-共變數矩陣 S 時 如果利用變異數-共變數矩陣 $\mathbf{S}$ 爲資料開始計算時，則例 7·1-1 的解法，可扼要呈現如下：

①求矩陣 **S**：以公式 3•5-5 和公式 3•5-8 求 $\mathbf{Q}_e$ 和 **S**，結果得：

$$\mathbf{Q}_e=\begin{bmatrix}782 & 769 & 632 & 694\\769 & 846 & 713 & 778\\632 & 713 & 706 & 767\\694 & 778 & 767 & 893\end{bmatrix}-\begin{bmatrix}608.4 & 686.4 & 592.8 & 678.6\\686.4 & 774.4 & 668.8 & 765.6\\592.8 & 668.8 & 577.6 & 661.2\\678.6 & 765.6 & 661.2 & 756.9\end{bmatrix}$$

$$=\begin{bmatrix}173.6 & 82.6 & 39.2 & 15.4\\82.6 & 71.6 & 44.2 & 12.4\\39.2 & 44.2 & 128.4 & 105.8\\15.4 & 12.4 & 105.8 & 136.1\end{bmatrix}$$

$$\mathbf{S}=\frac{1}{10-1}\mathbf{Q}_e$$

$$=\begin{bmatrix}19.2889 & 9.1778 & 4.3556 & 1.7111\\9.1778 & 7.9556 & 4.9111 & 1.3778\\4.3556 & 4.9111 & 14.2667 & 11.7556\\1.7111 & 1.3778 & 11.7556 & 15.1222\end{bmatrix}$$

②用「反覆解法」解公式 7•1-3 的 λ_1 和 $\mathbf{k}_1$：其要領與表 7•1-4 相同，也是從把 **S** 乘以單元向量 **u** 開始：

$$\mathbf{Su}=\begin{bmatrix}34.5334\\23.4223\\35.2890\\29.9667\end{bmatrix}\qquad \mathbf{b}_{11}=\begin{bmatrix}.9786\\.6637\\1.0000\\.8492\end{bmatrix}$$

$$\mathbf{Sb}_{11}=\begin{bmatrix}30.7761\\20.3427\\31.7713\\27.1860\end{bmatrix}\qquad \mathbf{b}_{12}=\begin{bmatrix}.9687\\.6403\\1.0000\\.8557\end{bmatrix}$$

反覆十四次之後，得:

$$\mathbf{Sb}_{13}=\begin{bmatrix}29.6935\\19.6918\\31.5823^{*}\\27.2906\end{bmatrix}\qquad \mathbf{b}_{1,14}=\begin{bmatrix}.9402\\.6235\\1.0000\\.8641\end{bmatrix}$$

所以:　　$\lambda_1=31.5823$

$$\mathbf{k}_1=\begin{bmatrix}.5411\\.3588\\.5755\\.4973\end{bmatrix}\qquad \mathbf{f}_1=\begin{bmatrix}3.0407\\2.0165\\3.2342\\2.7947\end{bmatrix}$$

③利用殘餘矩陣 $\mathbf{S}_1=\mathbf{S}-\mathbf{f}_1\mathbf{f}_1'$ 繼續抽出 λ_2 和 $\mathbf{k}_2$。如此類推。

④最後得四個特徵向量和特徵值如下所示:

$$\mathbf{K}=\begin{bmatrix}.5411 & .6822 & -.4329 & -.2334\\ .3588 & .3144 & .5957 & .6461\\ .5755 & -.3586 & .4624 & -.5714\\ .4973 & -.5442 & -.4940 & .4490\end{bmatrix}$$

$$\mathbf{F}=\begin{bmatrix}3.0407 & 3.0387 & -.8610 & -.2615\\ 2.0165 & 1.4006 & 1.1848 & .7238\\ 3.2342 & -1.5974 & .9198 & -.6400\\ 2.7947 & -2.4686 & -.9825 & .5029\end{bmatrix}=\mathbf{K}\boldsymbol{\Lambda}^{\frac{1}{2}}$$

$\lambda_1=31.5823$　　$\lambda_2=19.8411$　　$\lambda_3=3.9567$　　$\lambda_4=1.2548$

⑤取矩陣 **S** 主對角線元素開平方，求各變項的標準差。結果得:

$s_1=4.3919$　　$s_2=2.8206$　　$s_3=3.7771$　　$s_4=3.9016$

⑥根據表 7•1-1 列主成份分析摘要表: 表 7•1-7 是主成份分析

表 7·1-7 主成份分析摘要表（S 矩陣時）

變項	(成份) 1	2	3	4
氣力	.6923	.6919	−.1960	−.0595
耐力	.7149	.4966	.4201	.2566
速度	.8563	−.4229	.2435	−.1694
協調	.7163	−.6327	−.2518	.1289
特徵值	31.5823	19.8411	3.9567	1.2548
佔總變異之百分比	.5576	.3503	.0699	.0222
佔總變異之累積百分比	.5576	.9079	.9778	1.0000

的摘要。表上半部的數目字代表變項與成份之間的相關係數。它們是用矩陣 **F** 的元素除以有關變項之標準差而得的。例如表 7·1-7 的第一縱行的元素是矩陣 **F** 第一縱行各元素依次除以 s_1, s_2, s_3 和 s_4 而來的。用表 7·1-1 的符號表示，則：

$$k_{11}\sqrt{\lambda_1}/s_1 = f_{11}/s_1 = 3.0407/4.3919 = .6923$$

$$k_{21}\sqrt{\lambda_1}/s_2 = f_{21}/s_2 = 2.0165/2.8206 = .7149$$

因此，表 7·1-1 的 F 矩陣每一橫列之平方和都等於 1。

其次再看表 7·1-7 的下面部分。由特徵值可以看出：只要抽兩個成份，便可說明大約91%的總變異，這與用 **R** 矩陣算出者相同。第一個主成份仍然可能是游泳時普遍必須的成份。第二個成份仍然是兩極性的成份，對照「强健」與「敏捷」二極。惟，一般而言，用矩陣 **S** 與用矩陣 **R** 進行主成份分析，所抽得的成份並不相同 (Timm, 1975, p. 533)。

綜合上面利用 **S** 矩陣的分析結果，抽得的兩個成份可代表如下：

$$y_1 = .5411(x_1-\bar{x}_1)+.3588(x_2-\bar{x}_2)$$
$$+.5755(x_3-\bar{x}_3)+.4973(x_4-\bar{x}_4)$$
$$y_2 = .6822(x_1-\bar{x}_1)+.3144(x_2-\bar{x}_2)$$
$$-.3586(x_3-\bar{x}_3)-.5442(x_4-\bar{x}_4)$$

這兩個式子的係數是從矩陣**K**的前兩個縱行得來的。將每個受試者四個變項的分數代入這兩個式子，每人便可得到兩個成份分數。公式7·1-16裏，**Y**=**XK** 正就是代表這種意義。

【例 7·1-2】隨機抽取二十名八歲兒童接受魏氏兒童智力量表（WISC）的測驗。表 7·1-8 是下列的十二個分測驗的測驗成績。表 7·1-9 是它們之間的交互相關。

（語文量表）

1. 常識
2. 類同
3. 算術
4. 詞彙
5. 理解
6. 記憶廣度

（作業量表）

7. 圖形補充
8. 連環圖系
9. 圖形設計
10. 物形配置
11. 符號替代
12. 迷津

試就這項資料進行主成份分析。

表 7·1-8　二十名兒童的十二項分測驗成績

變　項	1	2	3	4	5	6	7	8	9	10	11	12
A	20	19	5	20	13	12	3	5	9	10	4	7
B	9	11	7	10	9	11	6	6	7	4	8	8
C	14	11	8	13	13	10	14	12	13	7	6	12
D	8	9	8	11	8	7	15	15	11	13	10	10
E	10	10	5	10	10	11	10	5	12	11	7	15
F	12	9	7	7	11	7	12	8	5	4	4	7
G	13	12	8	9	8	13	9	8	11	11	12	11
H	8	8	5	12	13	13	13	10	15	14	10	12
I	7	12	7	7	7	9	11	12	12	13	7	15
J	7	6	8	7	6	10	8	6	6	11	8	11
K	7	11	3	9	9	4	9	10	9	7	7	11
L	5	1	1	5	6	6	5	9	9	9	2	12
M	8	10	4	7	12	3	12	8	8	6	2	6
N	7	5	7	7	7	14	5	2	4	8	8	8
O	12	12	8	16	11	4	8	2	4	5	3	4
P	11	10	4	11	15	7	12	10	10	13	7	15
Q	13	15	8	11	11	13	11	9	15	12	8	10
R	4	1	1	1	1	5	2	4	4	5	1	2
S	2	6	1	5	6	3	4	6	3	6	1	5
T	4	1	1	1	6	4	5	2	4	6	6	9
$\bar{x}$	9.05	8.95	5.30	8.95	9.10	8.30	8.70	7.45	8.55	8.75	6.05	9.50
s	4.20	4.62	2.70	4.52	3.37	3.74	3.84	3.58	3.82	3.34	3.14	3.65

根據表 7·1-8 的資料算出表 7·1-9 的相關係數矩陣**R**之後，我們便可用與例 7·1-1 和表 7·1-4 的同樣方法，抽取主成份。這裏，只列出計算結果，不再重新說明方法。

因爲表 7·1-9 的**R**是 12×12 階的矩陣，按理可抽出十二個特徵值和十二個相對應的特徵向量。假定我們採凱塞的標準，只採用特徵

表 7·1-9　十二項分測驗成績之交互相關係數（R）

變項	1	2	3	4	5	6	7	8	9	10	11	12
1	1											
2	.828	1										
3	.575	.580	1									
4	.837	.834	.540	1								
5	.703	.680	.367	.749	1							
6	.498	.388	.590	.402	.244	1						
7	.259	.343	.533	.293	.588	.127	1					
8	.104	.263	.247	.174	.297	.056	.742	1				
9	.412	.488	.351	.431	.503	.522	.651	.694	1			
10	.181	.262	.266	.288	.250	.503	.437	.517	.730	1		
11	.232	.280	.595	.238	.209	.676	.469	.345	.551	.609	1	
12	.115	.161	.203	.132	.325	.389	.518	.534	.697	.715	.586	1

值大於 1 的成份，則只能抽到前面三個重要的成份，因爲第四個成份的特徵值 $\delta_4=.831$ 已經小於 1。表 7·1-10 是根據表 7·1-9 矩陣 **R** 進行主成份分析結果的摘要表。

由表 7·1-10 的特徵值，可看出第一個成份的特徵值 $\delta_1=5.858$，大約佔去總變異數（$=12=p$）的 49%（即 5.858/12=.488)。三個成份的特徵值一共佔去總變異數之大約80%。可見，放棄的其他九個成份所解釋的部分只佔20%而已。

根據成份係數可以看出：第一個成份代表受試者對所有分測驗之普遍性反應。第二個是兩極性的成份；是「語文能力」與「非語文能力」相對照的成份。第三個成份也是兩極性的成份，是「記憶力」與「理解力」相對照的成份。要做這類的結果解釋，必須把成份係數和與該成份係數所屬的變項配對起來看。例如 .689 是「記憶廣度」與「第三成份」的相關，－.391是「理解」與「第三成份」的相關。再

表 7·1-10 主成份分析摘要表

變項	(成 1	份) 2	3
1. 常識	.697	−.634	.018
2. 類同	.741	−.531	−.103
3. 算術	.699	−.229	.277
4. 詞彙	.718	−.585	−.083
5. 理解	.716	−.360	−.391
6. 記憶廣度	.643	−.036	.689
7. 圖形補充	.710	.293	−.434
8. 連環圖系	.587	.488	−.477
9. 圖形設計	.841	.320	−.106
10. 物形配置	.682	.487	.159
11. 符號替代	.685	.339	.471
12. 迷津	.633	.581	.020
特徵值	5.858	2.324	1.396
百分比	48.8	19.4	11.6
累積 %	48.8	68.2	79.8

看第三成份的其他成份係數，便可知道爲什麼我們可以說第三成份是代表「記憶力」與「理解力」相對的成份。當然，我們要根據成份係數較大者來判斷，成份係數太小的並不重要。

（四）顯著性考驗 經主成份分析得到 p 個特徵值之後，有時研究者想知道某一個特徵值的 $100(1-\alpha)\%$ 信賴區間，有時則想考驗某兩個特徵值的差異是否達到顯著水準。在使用變異數-共變數矩陣 $\mathbf{S}$ 的情形下，這些考驗較爲容易，但是在使用相關係數矩陣 $\mathbf{R}$ 時，則變得相當複雜。

使用 S 矩陣時 利用變異數-共變數矩陣 $\mathbf{S}$ 爲樣本資料，求出的

特徵值如設為 $\hat{\lambda}_j$，則母群的 λ_j 應落在下式所示的信賴區間 (Anderson. 1963)：

$$\frac{\hat{\lambda}_j}{1+z_{\frac{\alpha}{2}}\sqrt{2/(N-1)}} \leqslant \lambda_j \leqslant \frac{\hat{\lambda}_j}{1-z_{\frac{\alpha}{2}}\sqrt{2/(N-1)}}$$

〔公式 7·1-38〕

【例 7·1-3】表 7·1-7 利用S矩陣主成份分析結果，第一成份的特徵值為 $\hat{\lambda}_1=31.5823$。試以 $\alpha=.05$ 估計 λ_1 的信賴區間。由表 7·1-3 可知受試者人數為 $N=10$。

查常態分配表得 $z_{\frac{\alpha}{2}}=z_{.025}=1.96$，代入公式 7·1-38 可得95%信賴區間如下：

$$\frac{31.5823}{1+1.96\sqrt{2/(10-1)}} \leqslant \lambda_1 \leqslant \frac{31.5823}{1-1.96\sqrt{2/(10-1)}}$$

或 $$16.4153 \leqslant \lambda_1 \leqslant 415.2990$$

其次，由於在以成份為坐標軸的空間裏（參看圖7·1-1），特徵值如果相等，亦即特徵值之間的差異不明顯時，解釋這些特徵值相等的成份便無意義可言，所以，去考驗中間幾個特徵值之間，或最小的幾個特徵值之間是否相等，乃是一件非常必要的工作。

設 p 個特徵值中，我們不管最大的 g 個特徵值和最小的 $(p\text{-}g\text{-}m)$ 個最小的特徵值，而只想考驗中間這 m 個特徵值之間是否相等，則虛無假設為：

$$H_0: \lambda_{g+1}=\lambda_{g+2}=\cdots=\lambda_{g+m}$$

根據安德遜 (Anderson, 1963) 的方法，就應該用下式來考驗：

$$\chi^2=-(N-1)\sum_{j=g+1}^{g+m}\ln\hat{\lambda}_j+m(N-1)\ln\frac{\sum_{j=g+1}^{g+m}\hat{\lambda}_j}{m}$$

〔公式 7·1-39〕

當上述虛無假設爲眞時，公式 7·1-39 的 χ^2 值成自由度 $\nu=\frac{1}{2}m(m+1)-1$ 的 χ^2 分配。所以，如果代入公式 7·1-39 計算的 χ^2 值大於查表的 $\chi^2_{\alpha(\nu)}$ 便要拒絕虛無假設，說這 m 個特徵值並不相等。

【例 7·1-4】 採 $\alpha=.05$，試考驗表 7·1-7 的 $\lambda_2=19.8411$ 和 $\lambda_3=3.9567$ 之間是否有顯著差異存在。

表 7·1-7 的例子一共有四個特徵值，現在只須考驗中間兩個（亦卽第二和第三成份的）特徵值，所以，$p=4$，$g=1$，$m=2$。受試者人數爲 $N=10$。代入公式 7·1-39，得：

$$\chi^2=-(10-1)(\ln 19.8411+\ln 3.9567)+2(10-1)\ln\left(\frac{19.8411+3.9567}{2}\right)$$

$$=-9(2.9878+1.3754)+18(2.4764)$$

$$=5.3064$$

$$\nu=\frac{1}{2}(2)(2+1)-1=2$$

計算的 $\chi^2=5.3064$，小於查表的 $\chi^2_{.05,(2)}=5.991$，所以應接受虛無假設。換言之，λ_2 和 λ_3 並沒有顯著差異存在。基於此項分析，我們可知例 7·1-1 的資料係分佈在第一個成份爲主軸，第二個成份爲次軸的二度空間裏，無須再用第三度或第四度空間來代表。

使用 R 矩陣時　利用相關係數矩陣 **R** 時，顯著性考驗變得很複雜。婁里（Lawley, 1963）建議使用下面的方法來考驗「母群 **R** 矩陣內的所有相關係數都相等」的虛無假設，亦卽考驗「母群 **R** 矩陣的後（$p-1$）個特徵值都相等」的虛無假設：

$$H_0: \delta_2=\delta_3=\cdots=\delta_p$$

其公式爲：

$$\chi^2=\frac{N-1}{\hat{\lambda}^2}\left[\sum_{i<j}\sum(r_{ij}-\bar{r})^2-\hat{\mu}\sum_{k=1}^{p}(\bar{r}_k-\bar{r})^2\right]$$

〔公式 7·1-40〕

這裏， $\text{df}=\frac{1}{2}(p+1)(p-2)$

$$\hat{\lambda}=1-\bar{r}$$

$$\bar{r}=\frac{2}{p(p-1)}\sum_{i<j}\sum r_{ij}$$

$$\bar{r}_k=\frac{1}{p-1}\sum_{\substack{i=1\\i\neq k}}^{p} r_{ik}$$

$$\hat{\mu}=\frac{(p-1)^2(1-\hat{\lambda}^2)}{p-(p-2)\hat{\lambda}^2}$$

代入公式 7·1-40 後，如果 χ^2 值大於查表的 $\chi^2_{\alpha,(v)}$，就拒絕虛無假設，亦即「p 個變項的資料可用單一向度的空間來代表」的說法不能得到支持。

【例 7·1-5】在例 7·1-1 裏，使用表 7·1-3 的資料算出**R**矩陣和特徵值如下所示：

$$\mathbf{R}=\begin{bmatrix}1 & .7409 & .2626 & .1002\\ .7409 & 1 & .4610 & .1256\\ .2626 & .4610 & 1 & .8003\\ .1002 & .1256 & .8003 & 1\end{bmatrix}$$

$$\delta_1=2.2644 \qquad \delta_2=1.3273 \qquad \delta_3=.3061 \qquad \delta_4=.1021$$

試用 $\alpha=.05$ 考驗 $H_0: \delta_2=\delta_3=\delta_4$ 是否可以得到支持。

首先要算出公式 7·1-40 所須用的各項估計值：

①求各變項的平均相關係數 $\bar{r}_k$：

氣力： $\bar{r}_1=\frac{1}{(4-1)}(.7409+.2626+.1002)=.3679$

耐力: $\bar{r}_2=\frac{1}{(4-1)}(.7409+.4610+.1256)=.4425$

速度: $\bar{r}_3=\frac{1}{(4-1)}(.2626+.4610+.8003)=.5080$

協調: $\bar{r}_3=\frac{1}{(4-1)}(.1002+.1256+.8003)=.3420$

②求相關係數的總平均 $\bar{r}$:

$$\bar{r}=\frac{2}{4(4-1)}(.7409+.2626+.1002+.4610+.1256+.8003)$$
$$=.4151$$

⑧求 $\sum_{i<j}\sum(r_{ij}-\bar{r})^2$ 亦即求相關矩陣 **R** 主對角線以外的六個相關係數之離均差平方和。這六個係數的平方和爲1.4967, 其和爲2.4906, 所以:

$$\sum_{i<j}\sum(r_{ij}-\bar{r})^2=1.4967-\frac{(2.4906)^2}{6}=.4629$$

④求 $\Sigma(\bar{r}_K-\bar{r})^2$ 亦即求各變項平均相關係數之離均差平方和。在第①裏求出四個平均相關係數爲 .3679, .4425, .5080 和 .3420。它們的平方和爲 .7062, 和爲 1.6604。所以:

$$\sum_{i=1}^{p}(\bar{r}_k-\bar{r})^2=.7062-\frac{(1.6604)^2}{4}=.0170$$

⑤求 $\hat{\lambda}$ 和 $\hat{\mu}$:

$$\hat{\lambda}=1-\bar{r}=1-.4151=.5849 \qquad \hat{\lambda}^2=.3421$$

$$\hat{\mu}=\frac{(4-1)^2(1-.3421)}{4-(4-2)(.3421)}=1.7857$$

⑥代入公式 7·1-40 求 χ^2 值:

$$\chi^2=\frac{(10-1)}{.3421}[.4629-1.7857(.0170)]=11.379$$

⑦查表得: $df=\frac{1}{2}(p+1)(p-2)=\frac{1}{2}(4+1)(4-2)=5$ 時 $\chi^2_{.05,(5)}=11.070$。因爲計算的 $\chi^2=11.379$, 較大於 11.070, 故上述虛無假設應予拒絕。因之, 例 7·1-1 的四種變項之分數可用單一主軸來表示之說法不能得到支持（我們曾經留兩個 δ 大於 1 的成份顯然是合理的）。我們也可以說矩陣**R**的各相關係數並不都相等。

7·2　典型相關分析

「典型相關分析」可以說是複相關分析的延伸; 複相關分析只是它的一種特殊情形。在下面的討論裏, 也會發現它與上節所討論的主成份分析有密切關係。因此, 請在適當的時間裏, 隨時回頭復習有關的章節。

(一) 基本原理　在單變項複相關裏, 我們有 p 個 X 變項, 和一個 Y 變項。分析的目的在於找出適當的廻歸係數作爲這 p 個 X 變項的加權值, 使 p 個 X 變項之線性組合分數與這一個 Y 變項分數之間的相關變爲最大。在典型相關分析裏, 我們也有 p 個 X 變項, 但是 Y 變項却有 q 個 ($q>1$)。典型相關分析的目的在於找出這 p 個 X 變項的加權值和這 q 個 Y 變項的加權值, 使這 p 個 X 變項之線性組合分數與這 q 個 Y 變項之線性組合分數之相關達到最大值。因之, 複相關分析只不過是典型相關分析之中的一個特殊形式, 亦即它乃是只有一個 Y 變項的典型相關分析。在行爲科學的複雜事象裏, 我們常碰到須用典型相關分析的情境。例如我們可以觀察心理病患者的各種背境資料和身心條件, 也觀察他們現在所展露的各種行爲表現。然後就可以使用典型相關分析來了解整個背境組型與整個行爲組型之間是否有高的相關存在。

假定我們要用N個受試者，研究他們的p個X變項和q個Y變項之間的關係，我們便可以將所觀察到的原始資料列成圖 7·2-1 左邊所示的矩陣形式。有關X變項的資料可列成 $N\times p$ 階 **X** 矩陣，有關Y變項的資料也可列成 $N\times q$ 階 **Y** 矩陣。這樣則按複廻歸原理，可以利用 **X** 矩陣的資料求出一個複廻歸公式如下:

$$\hat{x}=c_1x_1+c_2x_2+c_3x_3+\cdots+c_px_p$$

在N個人的情形下，上式可歸納爲:

$$\boldsymbol{\chi}=\mathbf{Xc} \qquad \text{〔公式 7·2-1〕}$$

同理，也可利用 **Y** 矩陣的資料求出複廻歸公式如下:

$$\hat{y}=d_1y_1+d_2y_2+d_3y_3+\cdots+d_qy_q$$

或 $$\boldsymbol{\eta}=\mathbf{Yd} \qquad \text{〔公式 7·2-2〕}$$

所謂典型相關分析便是要設法找出最適當的廻歸係數向量 **c** 和 **d**，使線性組合分數 $\boldsymbol{\chi}$ 和 $\boldsymbol{\eta}$ 之間的相關係數變爲最大。此一相關係數便是「典型相關係數」，要用 ρ 來表示。如果將 **X** 矩陣和 **Y** 矩陣的原始分

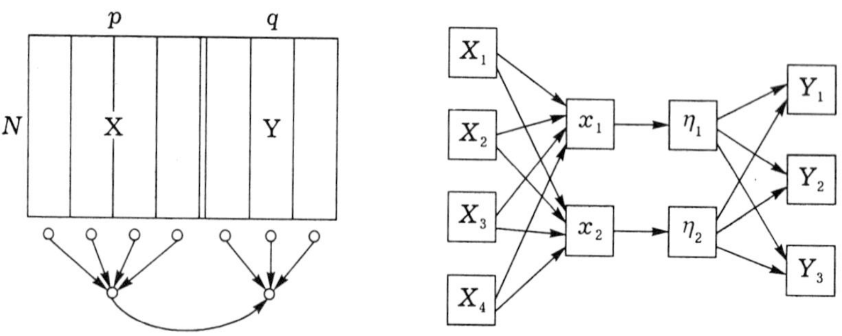

圖 7·2-1　典型相關分析的基本架構
（修改自 Van de Geer, 1971, pp.89-90)。

數轉換爲 z 分數，則可以得到如下所示的 $(p+q)\times(p+q)$ 階相關係

數矩陣 $\mathbf{R}$:

$$\mathbf{R}=\left[\begin{array}{c|c} \mathbf{R}_{XX} & \mathbf{R}_{XY} \\ \hline \mathbf{R}_{YX} & \mathbf{R}_{YY} \end{array}\right]\begin{array}{l} p \\ q \end{array}$$

（上方欄標：p　q）

此時，$\chi'\chi/(N-1)=1$，$\eta'\eta/(N-1)=1$，而典型相關係數 ρ 便是:

$$\rho=\chi'\eta/(N-1)\Big|_{max} \qquad 〔公式 7\cdot2\text{-}3〕$$

現在的問題在於如何求得適當的廻歸係數 $\mathbf{c}$ 和 $\mathbf{d}$，纔能使求得的 ρ 值變爲極大。

這一問題事實上是指在 $\mathbf{c}'\mathbf{R}_{XX}\mathbf{c}=1$ 和 $\mathbf{d}'\mathbf{R}_{YY}\mathbf{d}=1$ 的條件下，求出 $\mathbf{c}'\mathbf{R}_{XY}\mathbf{d}$ 的極大値。統計學家 (Van de Geer, 1971, pp.157-162; Timm, 1975, pp.347-354; Anderson, 1958, pp.289 ff) 使用微分解此一問題結果，得知此項極大値應由下列特徵公式中去求解:

$$(\mathbf{R}_{XY}\mathbf{R}_{YY}^{-1}\mathbf{R}_{YX}-\rho^2\mathbf{R}_{XX})\mathbf{c}=0$$

$$或 \quad (\mathbf{R}_{XX}^{-1}\mathbf{R}_{XY}\mathbf{R}_{YY}^{-1}\mathbf{R}_{YX}-\rho^2\mathbf{I})\mathbf{c}=0 \qquad 〔公式 7\cdot2\text{-}4〕$$

〔$\mathbf{R}_{XY}\mathbf{R}_{YY}^{-1}\mathbf{R}_{YX}$ 是複相關平方，請看公式5•2-19〕。所以首先要解下式的特徵值 ρ^2:

$$|\mathbf{R}_{XX}^{-1}\mathbf{R}_{XY}\mathbf{R}_{YY}^{-1}\mathbf{R}_{YX}-\rho^2\mathbf{I}|=0 \qquad 〔公式 7\cdot2\text{-}5〕$$

解這公式後，一共可以得到 $min(p,q)$ 個特徵值 ρ^2（看 p 或 q 那一個較小而定，例如 $p=3$，$q=2$ 時，可得二個特徵值)。特徵值 ρ^2 的平方根 ρ 便是典型相關係數。

將 ρ^2 代入公式 7•2-4 後，便可得到 $min(p,q)$ 個與 ρ^2 相對應的特徵向量 $\mathbf{c}$ 。這些特徵向量 $\mathbf{c}$ 便是我們所要得到的加權係數。

接著，我們還需要解加權係數 $\mathbf{d}$ 。要解 $\mathbf{d}$，則須使用下列的特徵公式:

$$(\mathbf{R}_{YX}\mathbf{R}_{XX}^{-1}\mathbf{R}_{XY}-\rho^2\mathbf{R}_{YY})\mathbf{d}=0$$

或 $(\mathbf{R}_{YY}^{-1}\mathbf{R}_{YX}\mathbf{R}_{XX}^{-1}\mathbf{R}_{XY}-\rho^2\mathbf{I})\mathbf{d}=0$ 〔公式 7·2-6〕

解下式結果也可得到與解公式 7·2-5 完全同樣的特徵值 ρ^2，亦即典型相關係數之平方:

$$|\mathbf{R}_{YY}^{-1}\mathbf{R}_{YX}\mathbf{R}_{XX}^{-1}\mathbf{R}_{XY}-\rho^2\mathbf{I}|=0$$ 〔公式 7·2-7〕

將 ρ^2 代入公式 7·2-6 就可得到 $min(p,q)$ 個相對應的特徵向量 **d**。這便是我們所要得到的加權係數 **d**。

公式 7·2-5 的 $\mathbf{R}_{XX}^{-1}\mathbf{R}_{XY}\mathbf{R}_{YY}^{-1}\mathbf{R}_{YX}$ 或公式 7·2-7 的 $\mathbf{R}_{YY}^{-1}\mathbf{R}_{YX}\mathbf{R}_{XX}^{-1}\mathbf{R}_{XY}$ 均爲不對稱矩陣，不能用表 7·1-4 的反覆解法來解特徵值和特徵向量，頗爲不便，只適用於變項數目（p 或 q）較小的情境。

變項數目較大時 必須藉助電算機使用反覆解法來求 ρ^2 或 **c** 和 **d** 時，則必須使用下列公式:

$$(\mathbf{R}_{XX}^{-\frac{1}{2}}\mathbf{R}_{XY}\mathbf{R}_{YY}^{-1}\mathbf{R}_{YX}\mathbf{R}_{XX}^{-\frac{1}{2}}-\rho^2\mathbf{I})\mathbf{q}=0$$ 〔公式 7·2-8〕

亦即使用公式 2·4-15 的方法將 $\mathbf{R}_{XX}^{-1}$ 分解爲 $\mathbf{R}_{XX}^{-\frac{1}{2}}\mathbf{R}_{XX}^{-\frac{1}{2}}$，然後如公式 7·2-8 所示分別左乘和右乘在 $\mathbf{R}_{XY}\mathbf{R}_{YY}^{-1}\mathbf{R}_{YX}$ 矩陣上（參看 BMDP, pp. 830—834)。解出來的特徵向量 **q**，須用下式轉換纔能得到 **c**，亦即:

$$\mathbf{c}=\mathbf{R}_{XX}^{-\frac{1}{2}}\mathbf{q}$$ 〔公式 7·2-9〕

公式 7·2-8 中的五個相關係數矩陣連乘的結果，可變爲一個對稱的矩陣，便可用表 7·1-4 所示的反覆解法來解特徵值和特徵向量了。

同理，要解 **d** 時可用下式:

$$(\mathbf{R}_{YY}^{-\frac{1}{2}}\mathbf{R}_{YX}\mathbf{R}_{XX}^{-1}\mathbf{R}_{XY}\mathbf{R}_{YY}^{-\frac{1}{2}}-\rho^2\mathbf{I})\mathbf{q}=0$$ 〔公式 7·2-10〕

$$\mathbf{d}=\mathbf{R}_{YY}^{-\frac{1}{2}}\mathbf{q}$$ 〔公式 7·2-11〕

典型因素和因素結構 像這樣，如果 $q<p$ 時，我們便可得到 q 個 **c** 向量和 q 個 **d** 向量。前者爲 X 變項方面的「典型加權值」(cano-

nical weights)，後者是爲Y變項方面的典型加權値。q 個向量合在一起便成爲 $p\times q$ 階的$\mathbf{C}$矩陣和 $q\times q$ 階的$\mathbf{D}$矩陣。而且，最重要的一點是：

$$\mathbf{C}'\mathbf{R}_{XY}\mathbf{D}=\mathbf{P} \qquad 〔公式\ 7\text{·}2\text{-}12〕$$

如果將X變項的相關係數矩陣 $\mathbf{R}_{XX}$ 乘以典型加權矩陣$\mathbf{C}$，便得X變項方面的「因素結構」：

$$\mathbf{S}_X=\mathbf{R}_{XX}\mathbf{C} \qquad 〔公式\ 7\text{·}2\text{-}13〕$$

它是「典型因素」(canonical factor) $\boldsymbol{\chi}$ 與X的各變項之相關。當 $p>q$ 時，抽到的q個典型因素之中的每個典型因素 $\boldsymbol{\chi}_j$ 與X的各變項之相關爲：

$$\mathbf{s}_{xj}=\mathbf{X}'\boldsymbol{\chi}/(N-1)=\mathbf{R}_{XX}\mathbf{c} \qquad 〔公式\ 7\text{·}2\text{-}14〕$$

此時，第j個典型因素（$\boldsymbol{\chi}_j$）自所有p個X變項中所抽出的變異數之百分比是爲：

$$\mathbf{s}'_{xj}\mathbf{s}_{xj}/p$$

同理，Y變項方面的因素結構矩陣爲：

$$\mathbf{S}_Y=\mathbf{R}_{YY}\mathbf{D} \qquad 〔公式\ 7\text{·}2\text{-}15〕$$

其中第j個典型因素 $\boldsymbol{\eta}_j$ 與Y的各變項之相關爲：

$$\mathbf{s}_{yj}=\mathbf{Y}'\boldsymbol{\eta}/(N-1)=\mathbf{R}_{YY}\mathbf{d} \qquad 〔公式\ 7\text{·}2\text{-}16〕$$

第j個典型因素 $\boldsymbol{\eta}_j$ 自所有q個Y變項總變異之中所抽出的變異數百分比是爲：

$$\mathbf{s}'_{yj}\mathbf{s}_{yj}/q$$

重疊：X 與 Y 兩組變項共同的變異數百分比： 在典型相關分析裏，所謂「重疊」(redundancy) 是個重要的概念（參看 Stewart and Love, 1968; Cooley and Lohnes, 1971, pp. 170–179)。要知道重疊的意義，最好要由下列「重疊指標」(redundancy index) R_d 來了

解:

$$R_{dxj}=\frac{\mathbf{s}'_{xj}\mathbf{s}_{xj}}{p}\rho^2_j \qquad 〔公式\ 7\cdot2\text{-}17〕$$

我們已經知道 ρ 是 χ 和 η 之間的相關，所以 ρ^2_j 是 χ_j 和 η_j 所共有的變異數。我們可以由公式看出，所謂重疊指標 R_{dxj} 是指在第 j 個典型因素 χ_j 所解釋的 η_j 的變異數之中，爲 p 個 X 變項所解釋的變異數又佔去多少百分比。可見，重疊指標愈大，表示 X 變項與 Y 變項這兩組變項之間互相重疊的情形愈明顯。

與 R_{dxj} 相對應的重疊指標便是 R_{dyj}，其公式爲:

$$R_{dyj}=\frac{\mathbf{s}'_{yj}\mathbf{s}_{yj}}{q}\rho^2_j \qquad 〔公式\ 7\cdot2\text{-}18〕$$

同理，R_{dyj} 是指第 j 個典型因素 η_j 所解釋的 χ_j 的變異數之中，q 個 Y 變項所解釋的變異數的百分比。因爲 χ_j 自 X 變項中所抽取的變異數並不一定等於 η_j 自 Y 變項中所抽取的變異數，所以 R_{dxj} 並不一定等於 R_{dyj}。

假定 $p>q$，則我們可將公式 7·2–17 所求出的 q 個 R_{dxj} 的總和求出:

$$R_{dx}=\sum_{j=1}^{q}R_{dxj} \qquad 〔公式\ 7\cdot2\text{-}19〕$$

這是 q 個典型因素 χ 所解釋的變異數之中，爲 p 個 X 變項所解釋的變異數所佔的百分比。

同理，將公式 7·2–18 所求出的 q 個 R_{dyj} 的總和求出，也可得:

$$R_{dy}=\sum_{j=1}^{q}R_{dyj} \qquad 〔公式\ 7\cdot2\text{-}20〕$$

它是 q 個典型因素 η 所解釋的變異數之中，q 個 Y 變項所解釋的變異數所佔的百分比。

如果我們想要知道變項X與典型因素η之間的相關，就可使用下式來計算：

$$\mathbf{r}_{x\eta_j}=\mathbf{s}_{xj}\rho_j=\mathbf{R}_{XY}\mathbf{d}_j \qquad 〔公式\ 7\cdot2\text{-}21〕$$

同理，變項Y與典型因素χ之相關是這樣的：

$$\mathbf{r}_{y\chi_j}=\mathbf{s}_{yj}\rho_j=\mathbf{R}_{YX}\mathbf{c}_j \qquad 〔公式\ 7\cdot2\text{-}22〕$$

在有必要的時候，我們也可順便求出多變項複廻歸係數和複相關係數：

$$\mathbf{B}_X=\mathbf{R}_{XX}^{-1}\mathbf{R}_{XY} \qquad 〔公式\ 7\cdot2\text{-}23〕$$

$$\mathbf{R}_{Y\cdot X}=diag[\mathbf{B}_X'\mathbf{R}_{XY}]^{\frac{1}{2}} \qquad 〔公式\ 7\cdot2\text{-}24〕$$

如此類推。

典型相關係數的顯著性考驗　正如積差相關必須考驗是否顯然不同於 0 一樣，所求得的 $min(p,q)$ 個典型相關係數也須進行顯著性考驗。根據巴特烈（Bartlett, 1941, 1947）的方法，典型相關係數的顯著性考驗要用到下列的公式：

$$\Lambda=\prod_{j=1}^{q}(1-\rho_j^2) \qquad 〔公式\ 7\cdot2\text{-}25〕$$

在典型因素χ與η的相關爲 0 的虛無假設下，Λ 值成下式所示的 χ^2 分配：

$$\chi^2=-[(N-1)-\frac{1}{2}(p+q+1)]\ln\Lambda \qquad 〔公式\ 7\cdot2\text{-}26〕$$

這裏，$\mathrm{df}=pq$

因此，如果將公式 7·2–25 所得的 Λ 值代入公式 7·2–26 所計算的 χ^2 值大於查表的 $\chi^2_{\alpha,(pq)}$，便要拒絕典型相關爲 0 的虛無假設。

由公式 7·2–25 可以導出下列所示的指標：

$$\eta^2=1-\Lambda \qquad 〔公式\ 7\cdot2\text{-}27〕$$

這一指標通常稱之爲「概化 η 平方」(generalized eta square)〔參看 MAPS 的 CANON 程式〕，是由 χ 典型變項預測 η 典型變項時，可以正確預測的變異數百分比。

如上述的虛無假設被拒絕，則我們還可繼續考驗「去掉第一個典型相關係數 ρ_1 的影響」之後所剩 $(q-1)$ 個典型相關係數是否達到顯著水準，其公式爲:

$$\Lambda'=\prod_{j=2}^{q}(1-\rho_j^2) \qquad 〔公式\ 7\cdot2\text{-}28〕$$

$$\chi^2=-\left[(N-1)-\frac{1}{2}(p+q+1)\right]\ln\Lambda' \qquad 〔公式\ 7\cdot2\text{-}29〕$$

$$\mathrm{df}=(p-1)(q-1)$$

如此，我們可求出「去掉前 r 個典型相關係數的影響」之後所剩的 $(p-r)$ 個典型相關係數是否達到顯著水準。其一般公式是這樣的:

$$\Lambda'=\prod_{j=r+1}^{q}(1-\rho_j^2) \qquad 〔公式\ 7\cdot2\text{-}30〕$$

$$\chi^2=-\left[(N-1)-\frac{1}{2}(p+q+1)\right]\ln\Lambda'$$

$$\mathrm{df}=(p-r)(q-r) \qquad 〔公式\ 7\cdot2\text{-}31〕$$

下面我們就舉兩個例子來說明典型相關分析的過程和考驗方法（參看林清山，民國65年）。

（二）**計算實例**　首先我們舉一個變項數目較小的例子來說明。讀者可以自己用手計算看。

【例 7·2-1】 調查 30 名學生之「家庭社經水準」(X_1)、「父親教育程度」(X_2)、「父親職業地位」(X_3)、「本人教育程度」(Y_1)、「本人職業地位」(Y_2)，得下列 **R** 矩陣所示的交互相關係數。試採 $\alpha=.05$，進行典型相關分析。

1. 根據調查研究，假定得到下列 **R** 矩陣:

$$\mathbf{R}=\left[\begin{array}{c|c}\mathbf{R}_{XX} & \mathbf{R}_{XY}\\ \hline \mathbf{R}_{YX} & \mathbf{R}_{YY}\end{array}\right]=\left[\begin{array}{ccc|cc} 1 & .40 & .22 & .26 & .32\\ .40 & 1 & .36 & .68 & .57\\ .22 & .36 & 1 & .31 & .34\\ \hline .26 & .68 & .31 & 1 & .77\\ .32 & .57 & .34 & .77 & 1\end{array}\right]\begin{array}{c}X_1\\X_2\\X_3\\Y_1\\Y_2\end{array}$$

2. 代入公式 7·2-5 求特徵值 ρ^2，亦即典型相關係數之平方:

$\mathbf{R}_{XX}^{-1}\mathbf{R}_{XY}\mathbf{R}_{YY}^{-1}\mathbf{R}_{YX}$

$$=\begin{bmatrix}1.2000 & -.4423 & -.1048\\ -.4423 & 1.3119 & -.3750\\ -.1048 & -.3750 & 1.1580\end{bmatrix}\begin{bmatrix}.26 & .32\\ .68 & .57\\ .31 & .34\end{bmatrix}\begin{bmatrix}2.4564 & -1.8914\\ -1.8914 & 2.4564\end{bmatrix}$$

$$\times\begin{bmatrix}.26 & .68 & .31\\ .32 & .57 & .34\end{bmatrix}=\begin{bmatrix}.0276 & -.0016 & .0214\\ .1630 & .4460 & .1974\\ .0457 & .0622 & .0455\end{bmatrix}$$

這一矩陣並不是對稱矩陣，但仍可以用下列的方法解特徵值:

先設 $\begin{vmatrix}.0276-\lambda & -.0016 & .0214\\ .1630 & .4460-\lambda & .1974\\ .0457 & .0622 & .0455-\lambda\end{vmatrix}=0$

然後解行列式得:

$$\lambda^3-.5191\lambda^2+.0209\lambda=0$$

或　$(\lambda^2-.5191\lambda+.0209)\lambda=0$

故　$\lambda_1=.4751$　　$\lambda_2=.0440$　　$\lambda=0$

亦即　$\rho_1^2=.4751$　　$\rho_2^2=.0440$　　$\rho_3^2=0$

因爲 $min(p,q)=min(3,2)=2$，所以終於得到 2 個非零的特徵值ρ^2。換言之，可得到兩個典型相關係數:

$$\rho_1=.6893 \qquad \rho_2=.2098$$

3. 求特徵向量 $\mathbf{c}$： 先將 $\lambda_1=\rho_1^2=.4751$ 代入公式 7·2-4:

$$\begin{bmatrix} -.4475 & -.0016 & .0214 \\ .1630 & -.0291 & .1974 \\ .0457 & .0622 & -.4296 \end{bmatrix} \begin{bmatrix} c_1 \\ c_2 \\ c_3 \end{bmatrix} = \begin{bmatrix} 0 \\ 0 \\ 0 \end{bmatrix}$$

再利用第 2·4(一) 節所示的方法求任何一橫列的餘因式，例如:

$$\tilde{c}_1 = \begin{vmatrix} -.0291 & .1974 \\ .0622 & -.4296 \end{vmatrix} = .00022308$$

$$\tilde{c}_2 = -\begin{vmatrix} .1630 & .1974 \\ .0457 & -.4296 \end{vmatrix} = .07904598$$

$$\tilde{c}_3 = \begin{vmatrix} .1630 & -.0291 \\ .0457 & .0622 \end{vmatrix} = .01146847$$

結果得下列向量 $\tilde{\mathbf{c}}_1$ (或任何其倍數):

$$\tilde{\mathbf{c}}_1' = [.00022308 \quad .07904598 \quad .01146847]$$

要得到所需要的特徵向量，須再將 $\tilde{\mathbf{c}}_1$ 除以 χ 的標準差，亦即要用下式轉換:

$$\mathbf{c}_1 = \tilde{\mathbf{c}}_1 / (\tilde{\mathbf{c}}'_1 \mathbf{R}_{XX} \tilde{\mathbf{c}}_1)^{\frac{1}{2}} \qquad \text{〔公式 7·2-32〕}$$

先用相關係數矩陣 $\mathbf{R}_{XX}$ 和向量 $\tilde{\mathbf{c}}_1$ 代入，求出:

$$(\tilde{\mathbf{c}}'_1 \mathbf{R}_{XX} \tilde{\mathbf{c}}_1)^{\frac{1}{2}} = \sqrt{.007048} = .083952$$

並代入公式 7·2-32，便可得特徵向量 $\mathbf{c}_1$ 如下:

$$\mathbf{c}_1 = \begin{bmatrix} .0027 \\ .9416 \\ .1366 \end{bmatrix}$$

再將 $\lambda_2 = \rho_2^2 = .0440$ 代入公式 7·2-4。用同樣方法計算，可以得到下列特徵向量 $\mathbf{c}_2$:

$$\tilde{\mathbf{c}}'_2 = [-.01167528 \quad .00877668 \quad -.00823280]$$

$$(\tilde{\mathbf{c}}_2'\mathbf{R}_{XX}\tilde{\mathbf{c}}_2)^{\frac{1}{2}}=.013748 \qquad \mathbf{c}_2=\begin{bmatrix}-.8492\\ .6384\\ -.5988\end{bmatrix}$$

整理上面的分析結果，我們得到典型相關係數矩陣 $\mathbf{P}$ 和轉換矩陣 $\mathbf{C}$ 如下：

$$\mathbf{P}=\begin{bmatrix}.6893 & 0\\ 0 & .2098\end{bmatrix} \qquad \mathbf{C}=\begin{bmatrix}.0027 & -.8492\\ .9416 & .6384\\ .1366 & -.5988\end{bmatrix}$$

4. 其次，代入公式 7·2-7 和公式 7·2-6 解特徵向量 $\mathbf{d}$：

$$\mathbf{R}_{YY}^{-1}\mathbf{R}_{YX}\mathbf{R}_{XX}^{-1}\mathbf{R}_{XY}=\begin{bmatrix}.3998 & .3041\\ .0882 & .1193\end{bmatrix}$$

解此一矩陣的特徵公式，仍然得 $\rho_1^2=.4751$，$\rho_2^2=.0440$。以相同方法代入公式 7·2-6 求 $\mathbf{d}$：

$$\tilde{\mathbf{d}}_1'=[.3558 \quad .0882]$$

$$\mathbf{d}_1=\tilde{\mathbf{d}}_1/(\tilde{\mathbf{d}}_1'\mathbf{R}_{YY}\tilde{\mathbf{d}}_1)^{\frac{1}{2}} \qquad \text{〔公式 7·2-33〕}$$

$$=\begin{bmatrix}.3558\\ .0882\end{bmatrix}/.427434=\begin{bmatrix}.8324\\ .2063\end{bmatrix}$$

再求出 $\mathbf{d}_2$ 後，得：

$$\mathbf{D}=\begin{bmatrix}.8324 & 1.3268\\ .2063 & -1.5541\end{bmatrix}$$

此時，

$$\mathbf{C}'\mathbf{R}_{XY}\mathbf{D}=\begin{bmatrix}.0027 & .9416 & .1366\\ -.8492 & .6384 & -.5988\end{bmatrix}\begin{bmatrix}.26 & .32\\ .68 & .57\\ .31 & .34\end{bmatrix}$$

$$\times\begin{bmatrix}.8324 & 1.3268\\ .2063 & -1.5541\end{bmatrix}=\begin{bmatrix}.6893 & 0\\ 0 & .2098\end{bmatrix}=\mathbf{P}$$

5. 求X方面的「因素結構」: 根據公式 7•2-13 算得

$$\mathbf{S}_X=\mathbf{R}_{XX}\mathbf{C}=\begin{bmatrix} .4094 & -.7256 \\ .9919 & .0832 \\ .4762 & -.5558 \end{bmatrix}$$

	χ_1	χ_2	
	.4094	−.7256	X_1 家庭社經水準
	.9919	.0832	X_2 父親教育程度
	.4762	−.5558	X_3 父親職業地位

由此可見, 第一個典型因素 χ_1 自 X 方面的三個變項中所抽出的變異數佔三個變項總變異（=3）之 46%:

$$\frac{\mathbf{s}'_{X1}\mathbf{s}_{X1}}{p}=\frac{1.3782}{3}=.4594$$

因爲 $\rho^2{}_1=.4751$, 所以 χ_1 解釋約 48% 的 η_1 之變異, 其中由三個X變項所解釋的 η_1 之變異數大約佔 22%。這點可根據公式 7•2-17 算出:

$$R_{dx1}=\frac{\mathbf{s}'_{X1}\mathbf{s}_{X1}}{p}\rho_1^2=(.4594)(.4751)=.2183$$

同樣道理, 第二個典型因素 χ_2 自 X 方面的三個變項所抽出的變異數佔總變異之28%:

$$\frac{\mathbf{s}'_{X2}\mathbf{s}_{X2}}{p}=\frac{.8423}{3}=.2808$$

因爲 $\rho^2{}_2=.0440$, 所以 χ_2 只解釋 4% 的 η_2 之變異, 其中由三個X變項所解釋的 η_2 之變異數只佔 1%左右:

$$R_{dx2}=\frac{\mathbf{s}'_{X2}\mathbf{s}_{X2}}{p}\rho_2^2=(.2808)(.0440)=.0124$$

由此可見, 第二個典型因素 χ_2 似並不太重要。

6. 求Y變項方面的因素結構 $\mathbf{S}_Y$:

$$\mathbf{S}_Y=\mathbf{R}_{YY}\mathbf{D}=\begin{bmatrix} .9913 & .1301 \\ .8472 & -.5325 \end{bmatrix}$$

	η_1	η_2	
	.9913	.1301	Y_1 本人教育程度
	.8472	−.5325	Y_2 本人職業地位

$$R_{dy1}=\frac{\mathbf{s}'_{Y1}\mathbf{s}_{Y1}}{q}\rho_1^2=\frac{1.7004}{2}(.4751)=(.8502)(.4751)=.4039$$

$$R_{dy2}=\frac{\mathbf{s}'_{Y2}\mathbf{s}_{Y2}}{q}\rho_2^2=\frac{.3005}{2}(.0440)=(.1503)(.0440)=.0066$$

由這些結果可知，第一個典型因素 η_1 自 Y 方面的二個變項中所抽出的變異數佔二個變項總變異（=2）之 85%，而由二個 Y 變項所解釋的 χ_1 之變異數則約佔 40%。第二個典型因素 η_2 自 Y 方面抽出的變異數百分比約為 15%，而由二個 Y 變項所解釋的 χ_2 之變異數只有 1 %左右。這項分析也顯示第二個典型因素 η_2 似並不重要。

綜合上面，二個典型因素 χ 共自 X 變項方面抽出 74%(=46%+28%）的變異數，其中有23%(=22%+1%）是 X 變項與 Y 變項所重疊的部分。同理，二個典型因素 η 共自 Y 變項方面抽出全部（85%+15%）的變異數，其中 Y 變項與 X 變項所重疊的部分有 41%(=40%+1%)。

7. 典型相關係數的顯著性考驗：根據公式7·2-25和公式7·2-26，可算出：

$$\Lambda=\prod_{j=1}^{2}(1-\rho_j^2)=(1-.4751)(1-.0440)=.5018$$

$$\chi^2=-\left[(30-1)-\frac{1}{2}(3+2+1)\right]\ln .5018$$

$$=-26(-.6896)=17.930$$

$$\text{df}=pq=(3)(2)=6$$

計算的 χ^2 值大於查表的 $\chi^2_{.05,(6)}=12.592$，所以應拒絕「χ 與 η 沒有相關」的虛無假設。

其次，再考驗去掉第一個典型相關 ρ_1 之影響後的顯著性，亦 ρ_2 的顯著性。根據公式 7·2-28 和 7·2-29：

$$\Lambda'=\prod_{j=2}^{2}(1-\rho_j^2)=(1-.0440)=.9560$$

$$\chi^2=-26(-.0450)=1.17$$

$$\text{df}=(p-1)(q-1)=(3-1)(2-1)=2$$

因爲計算的 χ^2 值遠小於查表的 $\chi^2_{.05,(2)}=5.991$，所以 ρ_2 並未達到顯著水準。總之，只有第一個典型相關 $\rho_1=.6893$ 達到顯著水準。

8. 求典型變量 (canonical variates)：由上面的分析可知，我們只要用下式來算每位受試者的典型變量（即在典型因素方面的得分）就可以了：

$$\chi_1=.0027\,(\text{家庭社經水準})+.9416\,(\text{父親教育程度})+.1366\,(\text{父親職業地位})$$

$$\eta_1=.8324\,(\text{本人教育程度})+.2063\,(\text{本人職業地位})$$

在這兩個式子裏，X 和 Y 變項的分數應化爲 z 分數來代入纔可。用這兩個公式將 X 變項的得分和 Y 變項的得分予以加權之後，所得的典型變量 χ_1 和典型變量 η_1 之相關將爲 $\rho_1=.6893$。

9. 計算 X 變項與典型變量 η 的相關，或 Y 變項與典型變量 χ 的相關，以瞭解各變項與典型變量之關係的密切程度：

$$\mathbf{r}_{X\eta 1}=\mathbf{R}_{XY}\mathbf{d}_1 \qquad (\text{公式 } 7\cdot 2\text{-}21)$$

$$=\begin{bmatrix} .26 & .32 \\ .68 & .57 \\ .31 & .34 \end{bmatrix}\begin{bmatrix} .8324 \\ .2063 \end{bmatrix}=\begin{bmatrix} .2824 \\ .6836 \\ .3282 \end{bmatrix}\begin{matrix} X_1 \\ X_2 \\ X_3 \end{matrix}$$

這點顯示 X_2（父親教育程度）對典型變量 η_1 較具重要性。

$$\mathbf{r}_{Y\chi 1}=\mathbf{R}_{YX}\mathbf{c}_1 \qquad (\text{公式 } 7\cdot 2\text{-}22)$$

$$=\begin{bmatrix} .26 & .68 & .31 \\ .32 & .57 & .34 \end{bmatrix}\begin{bmatrix} .0027 \\ .9416 \\ .1366 \end{bmatrix}=\begin{bmatrix} .6833 \\ .5840 \end{bmatrix}\begin{matrix} Y_1 \\ Y_2 \end{matrix}$$

顯示典型變量 χ_1 對學生「本人教育程度」(Y_1) 和「本人職業地位」(Y_2) 幾乎具有同樣的重要性。

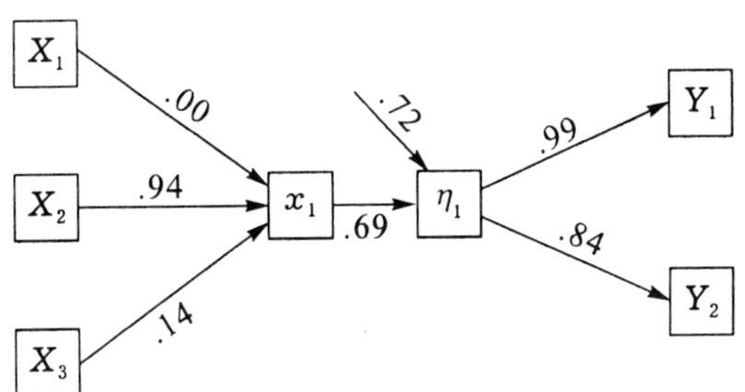

圖 7·2-2　典型相關分析的徑路圖。

在例 7·2-1 的特殊例子裏，X 變項均先發生於 Y 變項之前，所以我們可暫假定前者可能影響後者。在這種假定之下，我們便可將上述的計算結果用徑路圖表示。圖 7·2-2 便是這種徑路圖。因爲第二個典型相關並未達顯著水準，所以通過 χ_2 和 η_2 的徑路並不必畫出來。由這一個徑路可以看出「父親教育程度」這一變項，透過第一個潛在變項 (χ_1)，而影響到兒子「本人教育程度」和「本人職業地位」。因爲 χ_1 與 η_1 的相關爲 .6892 (簡寫爲 .69)，所以 η_1 總變異之中有 $(.6893)^2=.4750$，亦即大約爲 47% 的變異數爲 χ_1 所決定；受誤差變項所影響的部分，則爲 $1-\rho_1^2=1-(.6893)^2=.5250$，亦即大約爲 53%。圖中指向 η_1 的誤差係數標爲 .72，是用 $\sqrt{1-\rho_1^2}=\sqrt{1-(.6893)^2}$ 求得的。

【例 7·2-2】 十六名學生的「學科成就測驗」(X_1)、智力測驗 (X_2)、創造力測驗 (X_3)、學習態度測驗 (X_4)、焦慮測驗成績 (X_5)，以及「大學入學考學科成績」(Y_1)、「大學入學考術科成績」(Y_2) 如表 5·2-1 所示。這五個 X 變項和兩個 Y 變項之交互相關係數如表 7·2-1 所示。試以 $\alpha=.05$ 進行典型相關分析。

本例的目的主要在說明如何用公式 7·2-8 及公式 7·2-10 進行典型相關分析。上例所交代過的觀念可以不再提到時，便不再重述。

1. 求 $\mathbf{R}_{XX}^{-\frac{1}{2}}$ 矩陣：爲代入公式 7·2-8 解特徵值和特徵向量起見，我們必須先將 $\mathbf{R}_{XX}^{-\frac{1}{2}}$ 算出來。這算法本身約爲一個主成份分析的計算工作。首先要設表 7·2-1 的資料爲 $\mathbf{R}=\left[\begin{array}{c|c}\mathbf{R}_{XX} & \mathbf{R}_{XY} \\ \hline \mathbf{R}_{YX} & \mathbf{R}_{YY}\end{array}\right]$。

表 7·2-1　七項測驗成績的相關（**R** 矩陣）

	X_1	X_2	X_3	X_4	X_5	Y_1	Y_2
學科 X_1	1						
智力 X_2	.6751	1					
創造 X_3	.1789	.1499	1				
態度 X_4	.2220	.1740	.0225	1			
焦慮 X_5	−.1466	−.2851	−.2177	.2075	1		
學科 Y_1	.8252	.7712	.2895	.2722	−.0933	1	
術科 Y_2	.4674	.2497	.7363	.4275	−.1134	.5026	1

想要計算表 7·2-1 左上角的 5×5 階 $\mathbf{R}_{XX}$ 矩陣的平方根倒數 $\mathbf{R}_{XX}^{-\frac{1}{2}}$，要先用表 7·1-4 的反覆解法先解出特徵值和特徵向量，然後再代入公式 2·4-15 去求〔請復習第 2·4(一) 節矩陣平方根的倒數的求法〕。

用表 7·1-4 的反覆解法解 5×5 階 $\mathbf{R}_{XX}$ 矩陣之結果得到五個特徵值 (λ_i) 和五個相對應的特徵向量：

$$diag\,\Lambda=[1.9279\quad 1.2583\quad .8888\quad .6192\quad .3058]$$

$$diag\,\Lambda^{-\frac{1}{2}}=[.7202\quad .8915\quad 1.0607\quad 1.2708\quad 1.8083]$$

$$\mathbf{K}=\begin{bmatrix} .6130 & .1841 & -.1712 & .3357 & -.6696 \\ .6288 & .0647 & -.2802 & .1006 & .7154 \\ .2985 & -.3082 & .8726 & .2207 & .0761 \\ .2015 & .6832 & .3309 & -.6186 & -.0223 \\ -.3149 & .6326 & .1462 & .6677 & .1829 \end{bmatrix}$$

$$\mathbf{R}_{XX}^{-\frac{1}{2}}=\mathbf{K}\Lambda^{-\frac{1}{2}}\mathbf{K}' \qquad \text{（公式 2·4-15）}$$

$$=\begin{bmatrix} 1.2859 & -.4842 & -.0753 & -.0959 & .0016 \\ -.4842 & 1.3101 & -.0153 & -.0756 & .1724 \\ -.0753 & -.0153 & 1.0289 & -.0147 & .1062 \\ -.0959 & -.0756 & -.0147 & 1.0487 & -.1414 \\ .0016 & .1724 & .1062 & -.1414 & 1.0779 \end{bmatrix}$$

2. 求公式 7·2-8 中五個$\mathbf{R}$矩陣之連乘積：首先求出 $\mathbf{R}_{YY}$ 的反矩陣如下所示：

$$\mathbf{R}_{YY}^{-1}=\begin{bmatrix} 1.3380 & -.6725 \\ -.6725 & 1.3380 \end{bmatrix}$$

然後將有關的矩陣代入，得：

$$\mathbf{R}_{XX}^{-\frac{1}{2}}\mathbf{R}_{XY}\mathbf{R}_{YY}^{-1}\mathbf{R}_{YX}\mathbf{R}_{XX}^{-\frac{1}{2}}$$

$$=\begin{bmatrix} .4143 & .3438 & .1837 & .1262 & .0105 \\ .3438 & .4073 & -.0782 & -.0140 & .0393 \\ .1837 & -.0782 & .5173 & .2804 & -.0532 \\ .1262 & -.0140 & .2804 & .1540 & -.0266 \\ .0105 & .0393 & -.0532 & -.0266 & .0079 \end{bmatrix}$$

現在這一矩陣是對稱矩陣了，因此可以用表 7·1-4 的反覆解法來解出公式 7·2-8 的特徵值 ρ^2 和特徵向量 $\mathbf{q}$。

3. 抽出典型相關係數平方 ρ^2 及典型因素 $\boldsymbol{\chi}$：用表 7·1-4 的反覆

解法解上面這五個**R**矩陣連乘積矩陣後，可得到二個特徵值和相對應的二個特徵向量：

$$\mathbf{P}^2=\begin{bmatrix} .8469 & 0 \\ 0 & .6540 \end{bmatrix} \qquad \mathbf{Q}=\begin{bmatrix} .6484 & .2983 \\ .3958 & .6480 \\ .5564 & -.6246 \\ .3360 & -.2988 \\ -.0193 & .1080 \end{bmatrix}$$

因爲 $min(p,q)=min(5,2)=2$，所以只有二個特徵值 ρ^2。換言之，典型相關係數有二：

$$\rho_1=.9203 \qquad \rho_2=.8087$$

再代入公式 7•2-9，就可得到矩陣**C**：

$$\mathbf{C}=\mathbf{R}_{XX}^{-\frac{1}{2}}\mathbf{Q}=\begin{bmatrix} .5680 & .1457 \\ .1673 & .7553 \\ .5106 & -.6591 \\ .2548 & -.3970 \\ .0601 & .2045 \end{bmatrix}$$

4. 求 $\mathbf{R}_{YY}^{-\frac{1}{2}}$ 矩陣：利用表 7•2-1 右下角的 2×2 階 $\mathbf{R}_{YY}$ 爲資料抽出特徵值和特徵向量，得：

$$\begin{bmatrix} 1-\lambda & .5026 \\ .5026 & 1-\lambda \end{bmatrix}\mathbf{k}=\mathbf{0} \qquad \begin{vmatrix} 1-\lambda & .5026 \\ .5026 & 1-\lambda \end{vmatrix}=0$$

或　$\lambda^2-2\lambda+.7474=0$

$$\lambda_1=1.5026$$

$$\begin{bmatrix} -.5026 & .5026 \\ .5026 & -.5026 \end{bmatrix}\begin{bmatrix} k_1 \\ k_2 \end{bmatrix}=\begin{bmatrix} 0 \\ 0 \end{bmatrix}$$

$$\mathbf{k}_1=\begin{bmatrix} k_1 \\ k_2 \end{bmatrix}=\begin{bmatrix} 1 \\ 1 \end{bmatrix}$$

$$\lambda_2=.4974$$

$$\begin{bmatrix} .5026 & .5026 \\ .5026 & .5026 \end{bmatrix}\begin{bmatrix} k_1 \\ k_2 \end{bmatrix}=\begin{bmatrix} 0 \\ 0 \end{bmatrix}$$

$$\mathbf{k}_2=\begin{bmatrix} k_1 \\ k_2 \end{bmatrix}=\begin{bmatrix} 1 \\ -1 \end{bmatrix}$$

正規化爲1，得 $\mathbf{K}=\begin{bmatrix} .7071 & .7071 \\ .7071 & -.7071 \end{bmatrix}$

$$\mathbf{R}_{YY}^{-\frac{1}{2}}=\begin{bmatrix} .7071 & .7071 \\ .7071 & -.7071 \end{bmatrix}\begin{bmatrix} .8158 & 0 \\ 0 & 1.4179 \end{bmatrix}\begin{bmatrix} .7071 & .7071 \\ .7071 & -.7071 \end{bmatrix}$$

$$=\begin{bmatrix} 1.1168 & -.3010 \\ -.3010 & 1.1168 \end{bmatrix}$$

5. 先計算公式 7·2-10 中五個 $\mathbf{R}$ 矩陣的連乘積:

$$\mathbf{R}_{YY}^{-\frac{1}{2}}\,\mathbf{R}_{YX}\,\mathbf{R}_{XX}^{-1}\,\mathbf{R}_{XY}\,\mathbf{R}_{YY}^{-\frac{1}{2}}$$

$$=\begin{bmatrix} 1.1168 & -.3010 \\ -.3010 & 1.1168 \end{bmatrix}\begin{bmatrix} .8252 & .7712 & .2895 & .2722 & -.0933 \\ .4674 & .2497 & .7363 & .4275 & -.1134 \end{bmatrix}$$

$$\times\begin{bmatrix} 1.9030 & -1.2488 & -.1653 & -.1860 & -.0744 \\ -1.2488 & 1.9870 & .0206 & -.1562 & .4203 \\ -.1653 & .0206 & 1.0760 & -.0375 & .2237 \\ -.1860 & -.1562 & -.0375 & 1.1348 & -.3154 \\ -.0744 & .4203 & .2237 & -.3154 & 1.2231 \end{bmatrix}\begin{bmatrix} .8252 & .4674 \\ .7712 & .2497 \\ .2895 & .7363 \\ .2722 & .4275 \\ -.0933 & -.1134 \end{bmatrix}$$

$$\times\begin{bmatrix} 1.1168 & -.3010 \\ -.3010 & 1.1168 \end{bmatrix}=\begin{bmatrix} .7553 & .0966 \\ .0966 & .7452 \end{bmatrix}$$

6. 將這連乘積矩陣代入公式 7·2-10 解特徵值和特徵向量 $\mathbf{q}$，得:

$$\mathbf{P}^2=\begin{bmatrix} .8470 & 0 \\ 0 & .6535 \end{bmatrix}\qquad \mathbf{Q}=\begin{bmatrix} .7252 & -.6885 \\ .6885 & .7252 \end{bmatrix}$$

除四捨五入的誤差外，這裏所得的特徵值與前面所計算的完全相同。

再代入公式 7·2-11，就可得到矩陣 $\mathbf{D}$:

$$\mathbf{D}=\mathbf{R}_{YY}^{-\frac{1}{2}}\,\mathbf{Q}=\begin{bmatrix} .6027 & -.9872 \\ .5506 & 1.0171 \end{bmatrix}$$

7. 求典型因素結構: 利用 $\mathbf{S}_X=\mathbf{R}_{XX}\mathbf{C}$（公式 7•2-13）和 $\mathbf{S}_Y=\mathbf{R}_{YY}\mathbf{D}$（公式 7•2-15）可求得表 7•2-2 所示的典型因素結構。表中的係數表示 X 與 χ 之相關，和 Y 與 η 的相關。

$$\frac{\mathbf{s}'_{X1}\mathbf{s}_{X1}}{p}=\frac{1.7030}{5}=.3406 \qquad R_{dx1}=(.3406)(.8469)=.2885$$

$$\frac{\mathbf{s}'_{X2}\mathbf{s}_{X2}}{p}=\frac{.9414}{5}=.1883 \qquad R_{dx2}=(.1883)(.6540)=.1231$$

表 7•2-2 測驗變項與典型變項之相關

變 項		χ_1	χ_2
學科成就	X_1	.8201	.4195
智 力	X_2	.6546	.6274
創 造 力	X_3	.6300	−.5733
學習態度	X_4	.4340	−.2057
焦慮分數	X_5	−.1292	.0289
		η_1	η_2
聯考學科	Y_1	.8794	−.4760
聯考術科	Y_2	.8535	.5209

$$\frac{\mathbf{s}'_{Y1}\mathbf{s}_{Y1}}{q}=\frac{1.5018}{2}=.7508 \qquad R_{dy1}=(.7508)(.8469)=.6359$$

$$\frac{\mathbf{s}'_{Y2}\mathbf{s}_{Y2}}{q}=\frac{.4979}{2}=.2490 \qquad R_{dy2}=(.2490)(.6540)=.1628$$

8. 典型相關係數顯著性考驗:

$$\Lambda=\prod_{j=1}^{2}(1-\rho_j^2)=(1-.8469)(1-.6540)=.0530$$

$$\chi^2=-\left[(16-1)-\frac{1}{2}(5+2+1)\right]\ln .0530$$

$$=-11(-2.9375)=32.313$$

$$\mathrm{df}=pq=(5)(2)=10$$

大於查表的 $\chi^2_{.05,(10)}=18.307$，應拒絕虛無假設。可見典型因素 χ 與 η 之間相關達顯著水準。

$$\Lambda'=\prod_{j=2}^{2}(1-\rho_j^2)=(1-.6540)=.3460$$

$$\chi^2=-11\ \ln .3460=-11(-1.0613)=11.6743$$

$$\mathrm{df}=(p-1)(q-1)=(5-1)(2-1)=4$$

大於查表的 $\chi^2_{.05,(4)}=9.488$，也應拒絕 χ_2 與 η_2 無相關存在的虛無假設。由此可見，本研究的兩個典型相關係數均達 .05 顯著水準。

9. 典型相關分析徑路圖：如果假定本研究的五個 X 變項可以決定本研究的兩個 Y 變項，則例 7•2–2 的典型相關分析結果可用徑路圖表示如圖 7•2–3。圖中由 X 畫向 χ 的箭頭係數是根據 **C** 矩陣畫的，而由

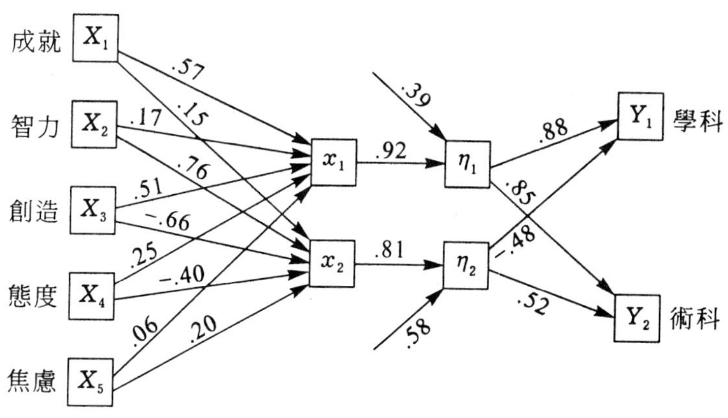

圖 7•2–3　典型相關分析徑路圖。

η 畫向 Y 的箭頭係數則是根據 $\mathbf{S}_Y$ 矩陣畫的。從圖 7•2–3 可以看出「成就」和「創造」兩個 X 變項主要的係透過第一個典型因素 χ_1 而影響到

「學科」和「術科」兩個Y變項。而「智力」則主要的係透過第二個典型因素 χ_2 而影響到學科和術科。

10. 典型分析摘要：我們可以將例 7·2-2 的典型分析結果扼要列表如下：

表 7·2-3　典型相關分析摘要表

X變項	典型因素 χ_1	典型因素 χ_2	Y變項	典型因素 η_1	典型因素 η_2
學科成就	.8201	.4195	聯考學科	.8794	−.4760
智力	.6546	.6274	聯考術科	.8535	.5209
創造力	.6300	−.5733	抽出變異數百分比	.7508	.2490
學習態度	.4340	−.2057			
焦慮分數	−.1292	.0289	重疊	.6359	.1628
抽出變異數百分比	.3406	.1883	ρ^2	.8469	.6540
			典型相關	.9203	.8087
重疊	.2885	.1231		$p<.05$	$p<.05$

讀者請利用表 7·2-3 回頭復習一下本節所討論的各種觀念。至於典型相關分析的實際應用，請參看張春興、林清山等人的研究（民國68年）。

第八章
共同因素分析

共同因素分析 (common factor analysis)，為「因素分析」的一種，是斯皮爾曼 (Spearman, 1904) 所創用，而由塞斯通 (Thurstone, 1931, 1947) 等加以發揚的一種多變項統計法。因素分析法的種類很多，哈爾曼 (Harman, 1960, 1967) 及睦雷克 (Mulaik, 1972) 都曾有極優秀的介紹。在行為科學研究的領域裏，因素分析法向來是研究工作者所最常用的統計方法之一。然而，由於因素分析與主成份分析都要利用變異數-共變數矩陣或相關係數矩陣來計算，所以二者也常被混為一談。

8•1 因素分析的理論基礎

(一) 因素分析與主成份分析的主要差異 使用主成份分析的主要目的在求出特徵向量，以便將原來的觀察分數轉換為成份分數，使它們在新軸上的變異數變為最大。因此，主成份分析重在如何「轉換」，也重在處理「變異數」的問題。在這一章所討論的共同因素分析裏，我們重視的是如何解釋反應之間的「共變數」(covariance)。每一受試者的反應變量均為一些「共同因素變量」(common factor variate) 和「唯一性變量」(unique variate) 的線性函數。共同因素可產生反應變項之間的共變數 (標準分數化時，即為相關係數)，而唯一性變量部分則只對其所屬的變項之變異數有所貢獻。所以主成份分析是「變異數」導向的方法，而因素分析則是「共變數」導向的方法。

其次，在主成份分析裏，全部的成份都要用到，方能將原來的相關矩陣複製出來（有 p 個變項時就要有 p 個成份才可）。在因素分析時，只要少數幾個（少於 p 個）的因素便可將原來相關矩陣複製出來。使用主成份分析解相關矩陣 $\mathbf{R}$ 時，主對角線各元素均爲 1。這是假定總變異數是完全由各成份所造成，不含誤差或其他成份在內。但是，使用因素分析解相關矩陣時，主對角線元素均小於 1，表示總變異數之中有一部分是誤差等成份所造成，應將它們自 1 之中扣除。因之，二者的統計模式並不相同（參看公式 8•1-1）。

此外，在使用目的方面，因素分析與主成份分析也有很大的不同。主成份分析通常係用在研究活動的較前階段，具有試探的性質。研究者想把許多變項的觀察資料的向度空間予以減少，以尋找新的理論模式。因素分析大部分係用在研究活動的較後階段，尤其是具有驗證的性質之因素分析更是這樣。研究者已形成一理論模式，而想驗證他的模式是否能適當解釋他的觀察資料。(Timm, 1975, p. 550; Van de Geer, 1971, pp. 140-146; Morrison, 1976, pp. 302-307)。

（二）因素分析的基本原理　研究過上一章的主成份分析之後，要了解本章的因素分析也就比較簡單了。（在未討論本節之前，讀者可請先看林清山，民81，頁633-638；和黃光國，民67）。

假使我們有 p 個可實際觀察的隨機變項 X_1，$X_2, \cdots, X_p$，每變項採離均差分數，故其平均數爲 0，則每一變項的觀察分數可視爲：

$$X_1 = f_{11}Y_1 + f_{12}Y_2 + \cdots + f_{1m}Y_m$$

$$X_2 = f_{21}Y_1 + f_{22}Y_2 + \cdots + f_{2m}Y_m$$

$$\vdots$$

$$X_p = f_{p1}Y_1 + f_{p2}Y_2 + \cdots + f_{pm}Y_m$$

(請比較公式 7·1-37)。或合寫爲:

$$\mathbf{X} = \mathbf{YF}' + \mathbf{E} \qquad \text{〔公式 8·1-1〕}$$

這裏，f_{ij}= 第 j 個共同因素在第 i 個變項的重要性，亦即共同因素負荷量。

Y_j=第 j 個共同因素變量。

e_j=第 j 個唯一性變量。

由公式 8·1-1 可知，我們一共有 m 個共同因素。這裏，要設定共同因素變量 y 間互爲獨立，其平均數爲 0，變異數爲 1；惟一性變量 e 之間也互爲獨立，其平均數也是 0，變異數爲 Ψ_i。塞斯通 (Thurstone, 1947) 等因素分析專家稱這 Ψ_i 爲「唯一性變異數」(unique variance) 或簡稱「唯一性」(uniqueness)〔它又包括「特殊變異數」(specific variance) 和「誤差變異數」(error variance) 兩部分〕。

根據上面的假定，第 i 個觀察變項的變異數爲:

$$\sigma_i^2 = f_{i1}^2 + f_{i2}^2 + \cdots + f_{im}^2 + \Psi_i \qquad \text{〔公式 8·1-2〕}$$

而第 i 個變項與第 j 個變項的共變數就是:

$$\sigma_{ij} = f_{i1}f_{j1} + f_{i2}f_{j2} + \cdots + f_{im}f_{jm} \qquad \text{〔公式 8·1-3〕}$$

上面公式 8·1-2和8·1-3所示的這些關係可用公式 8·1-4 表示如下:

$$\underset{(p\times p)}{\boldsymbol{\Sigma}} = \underset{(p\times m)}{\mathbf{F}}\ \underset{(m\times p)}{\mathbf{F}'} + \underset{(p\times p)}{\boldsymbol{\Psi}} \qquad \text{〔公式 8·1-4〕}$$

將公式 8·1-2 加以移項，便得:

$$h_i^2 = \sigma_i^2 - \Psi_i = \sum_{i=1}^{m} f_{ij}^2 \qquad \text{〔公式 8·1-5〕}$$

這 h_i^2 稱爲「共同性」(communality)，是第 i 個變項的總變異數 σ_i^2 中，由共同因素所造成的變異數所佔的百分比；而唯一性 Ψ_i 便是總變異數 σ_i^2 中不是由共同因素所造成的變異數所佔的百分比。因之，共同性事實上便是總變異數 σ_i^2 中扣去惟一性後，剩下來的部分。

公式 8·1-4 的 **F** 稱為「共同因素負荷量」(common factor loadings) 矩陣，其形式如下所示:

$$\underset{p\times m}{\mathbf{F}}=\begin{bmatrix} f_{11} & f_{12} & \cdots & f_{1m} \\ f_{21} & f_{22} & \cdots & f_{2m} \\ \vdots & \vdots & & \vdots \\ f_{p1} & f_{p2} & \cdots & f_{pm} \end{bmatrix}$$

其元素 f_{ij} 是第 i 個變項與第 j 個共同因素的共變數。如果 $\boldsymbol{\Sigma}$ 是相關係數矩陣而不是變異數-共變數矩陣，則 f_{ij} 便是第 i 個變項與第 j 個共同因素之相關。在行為科學研究中，幾乎都是用相關係數矩陣 **R** 來進行因素分析，所以共同因素負荷量 f_{ij} 可以說是代表變項（例如 p 個測驗）與共同因素之間的相關。

在使用 N 個受試者，每位受試者觀察 p 個變項的樣本情境裏，必須使用變異數-共變數矩陣 **S** 或相關係數矩陣 **R** 來估計 $\boldsymbol{\Sigma}$，而且必須設法找出適當的估計數 $\hat{\boldsymbol{\Psi}}$ 來估計公式 8·1-4 中的 $\boldsymbol{\Psi}$。以使用相關係數矩陣 **R** 為樣本資料的情形來說，因素分析的主要目的便在於從相關係數矩陣 **R** 中抽出少數幾個共同因素，構成共同因素負荷量矩陣 **F**，使能以 **FF′** 大致準確的複製出原來的相關矩陣 **R** 來。

（三）因素分析的重要步驟　從上面的討論可知，因素分析至少有下列三個重要步驟:（1）**估計共同性 h_i^2**: 準備主對角線元素為共同性 h_i^2 之估計值的 $p\times p$ 階相關係數矩陣。共同性 h_i^2 代表各變項的總變異之中扣除惟一性 Ψ_i 之後的部分。我們將在下一節中，討論如何估計它們。（2）**抽取共同因素**: 有了上述的相關係數矩陣後，便要自這一相關係數矩陣中設法抽出 m 個（$m<p$）共同因素，得一個 $p\times m$ 階的共同因素負荷量矩陣 **F**。在主成份分析裏，**R** 矩陣的主對角線元素為 1，所以如用 $p\times p$ 階的 **R** 矩陣，則必須抽完 p 個主成份，纔能

以 p 個主成份複製出 **R** 矩陣；在因素分析裏，因爲主對角線元素通常小於 1，所以只要抽出少數 m 個共同因素，便可滿意的複製出原來的相關係數矩陣來。抽取共同因素的方法甚多，我們將在下一節討論一種電算機最常用的方法。它的名字就叫做「主因素解法」(principal-factor solution)，是賀德臨 (Hotelling, 1933) 由皮爾遜 (Pearson, 1901) 的「主軸法」(the method of principal axes) 發展出來的。到底須抽幾個共同因素纔算正確呢，是個十分困擾的問題。這要涉及研究者的標準和實際需要，而且還跟因素分析的顯著性考驗有關。

(3) **轉軸**：因素分析的最後一個步驟是利用轉軸法，將未轉軸因素矩陣 (unrotated factor matrix) **F** 加以轉軸，使研究者能有意義的解釋變項與共同因素之間的關係。我們將在第 8·3 節裏討論兩種常見的轉軸法。在過去，這一步驟要靠研究者主觀的使用圖示法來解決；現在則可使用電算機客觀的完成轉軸的工作，特別叫做「分析性轉軸法」(analytical method)，可不必靠人作主觀的判斷。

爲能較詳細的討論起見，我們將在下面各節分別討論上述的每一階段分析工作的基本原理以及實際計算過程。

8·2　共同性的決定和共同因素的抽取方法

(一) 基本原理　在因素分析的實際工作裏，很少使用 **S** 矩陣。所以，下面只就使用 **R** 矩陣時的情形加以討論。我們先討論如何決定共同性 h_i^2 的問題。

1. 共同性 h_i^2 的決定　在共同因素分析裏，我們並不像在主成份分析時那樣使用主對角線元素都是 1 的相關係數矩陣 **R**，而是使用在其主對角線裏塡上共同性 h_i^2 的相關係數矩陣 $\mathbf{R}^*$。換言之，每一變項

（例如測驗）的總變異數 $\sigma_i^2=1$ 之中的唯一性 Ψ_i 部分必須予以排除。主對角線裏不填總變異數 1，而填上各變項之共同性 h_i^2 的相關係數矩陣 $\mathbf{R}^*$，叫做「縮減式相關係數矩陣」(reduced correlation matrix)。所以:

$$\mathbf{R}^*=\mathbf{R}-\hat{\boldsymbol{\Psi}} \qquad \text{〔公式 8·2-1〕}$$

這裏 $\hat{\boldsymbol{\Psi}}$ 是 $\boldsymbol{\Psi}$ 的估計數，亦即:

$$\underset{p\times p}{\hat{\boldsymbol{\Psi}}}=\begin{bmatrix} \hat{\Psi}_1 & 0 & \cdots & 0 \\ 0 & \hat{\Psi}_2 & \cdots & 0 \\ \vdots & \vdots & & \vdots \\ 0 & 0 & \cdots & \hat{\Psi}_p \end{bmatrix}$$

通常我們並不知道 $\hat{\Psi}_i$ 為多少？因此必須設法估計。當我們說要估計唯一性 $\hat{\Psi}_i$，事實上就是說要估計共同性 h_i^2，因為 $h_i^2=1-\hat{\Psi}_i$。使用矩陣 $\mathbf{R}^*$ 後，主對角線以外各元素仍然與矩陣 $\mathbf{R}$ 時的一樣，仍然代表測驗向量之夾角的餘弦（亦即變項與變項之相關），但主對角線各元素已不再代表其長度為 1（總變異數）的向量，而只代表共同性 h_i^2，亦即總變異數扣去唯一性所剩下的部分。

估計共同性 h_i^2 的方法很多，常見的方法有:

①**最高相關係數法**: 把相關係數矩陣第 i 列之中，最大的相關係數當作 h_i^2，取代相關係數矩陣第 i 個主對角線元素，亦即以 h_i^2 代替原來的 1。如果第 1 列的最大相關係數為 .7409，就把 $h_1^2=.7409$ 填在第 1 個主對角線元素的位置。這種方法現在較少使用。

②**複相關平方估計法**: 用第 i 個變項與其餘 $(p-1)$ 個變項之複相關係數的平方當作 h_i^2，代入第 i 個主對角線元素的位置。換言之，h_i^2 要用:

$$\mathbf{I}-\hat{\boldsymbol{\Psi}}=\mathbf{I}-diag[\mathbf{R}^{-1}]^{-1}$$

這一矩陣的主對角線元素 $diag[1-1/r_{ii}]$ 來估計。因之，首先要算矩陣$\mathbf{R}$（其主對角線元素爲1）的反矩陣$\mathbf{R}^{-1}$，然後自 1 減去$\mathbf{R}^{-1}$的第 i 個主對角線元素之倒數，便是 h_i^2。如果$\mathbf{R}^{-1}$矩陣的第1個主對角線元素是 2.3824，則 $h_1^2=1-1/2.3824=.5803$，也是第 1 個變項與其他（$p-1$）個變項的複相關平方。這種方法較簡便，而且所估計的 h_i^2 值也頗爲準確（參看 Cooley & Lohnes, 1971, p. 111；Timm, 1975, p. 554)。

③共同性 h_i^2 的反覆解法：利用表 7·1-4 所示主成份分析法計算出特徵值，然後根據特徵值的大小，決定保留m個特徵向量。接著，求這m個特徵向量列元素之平方和，作爲共同性 h_i^2。如此，p個變項就可得到p個 h_i^2。將這p個 h_i^2 依次代入原來 $p\times p$ 階矩陣$\mathbf{R}$的主對角線元素的位置，得一個$\mathbf{R}^*$矩陣。再用表 7·1-4 所示的方法，求這$\mathbf{R}^*$矩陣的特徵值，又保留那m個特徵向量。再算這m個特徵向量的列元素平方和，又得p個新的共同性 h_i^2。其次，又用這些 h_i^2 取代以前的 h_i^2，又得一個新的$\mathbf{R}^*$矩陣。再用這一個$\mathbf{R}^*$矩陣抽出特徵值和特徵向量，並用同樣方法算出 h_i^2。如此反覆進行，直到p個 h_i^2 與前一次的p個 h_i^2 相聚歛爲止，亦即在某正確度內完全相同爲止。此時的 h_i^2 便是所要的共同性。(參看 Van de Geer, 1971, pp. 143-144; Timm, 1975, p. 555)。我們將在例 8·4-1 裏演示這一方法的實際計算過程。

2. 共同因素的抽取　不管使用上面的那一種方法估計共同性 h_i^2，在共同因素分析裏，我們要用縮減式相關係數矩陣$\mathbf{R}^*$來抽取共同因素，以得到一個 $p\times m$ 階的共同因素負荷量矩陣$\mathbf{F}$。我們希望只要用少數m個向度空間 ($m<p$) 便能有效代表研究者所要找尋的構念（潛在變項）。

在因素分析裏，抽取共同因素的方法，仍然與主成份分析裏抽取成份的方法相同。只是在因素分析裏，要用縮減式相關係數矩陣 $\mathbf{R}^*$ 爲資料罷了。換言之，我們要用表 7·1–4 的反覆解法來解下式的特徵值和特徵向量:

$$(\mathbf{R}^*-\lambda\mathbf{I})\mathbf{k}=0 \qquad \text{〔公式 8·2-2〕}$$

要得非 0 的解，必須合乎下式條件:

$$|\mathbf{R}^*-\lambda\mathbf{I}|=0 \qquad \text{〔公式 8·2-3〕}$$

利用表 7·1–4 所示的反覆解法，便可得到特徵值 λ 和特徵向量 $\mathbf{k}$。這特徵向量被正規化爲 1，故 $\mathbf{k}'\mathbf{k}=1$。再用公式 7·1–33 的方法，將 $\mathbf{k}$ 正規化爲 λ 之後，便可得到共同因素負荷向量 $\mathbf{f}$。最後如果抽到 m 個共同因素，便可得一個 $p\times m$ 階的共同因素負荷量矩陣 $\mathbf{F}$。與在主成份分析時一樣，共同因素分析所得的這些矩陣，仍然有下列所示的各種重要性質:

$$\mathbf{R}^*\mathbf{F}=\mathbf{F}\mathbf{\Lambda} \qquad \text{〔公式 8·2-4〕}$$

$$\mathbf{F}'\mathbf{F}=\mathbf{\Lambda} \qquad \text{〔公式 8·2-5〕}$$

$$\mathbf{F}\mathbf{F}'=\mathbf{R}^* \qquad \text{〔公式 8·2-6〕}$$

這裏，$\mathbf{\Lambda}$ 是由特徵值 λ_i 所構成的對角線矩陣。由 λ_i 的大小可以看出共同因素的重要性。

3. 共同因素數目的決定　因素分析的一個重要任務是抽取 $m<p$ 個共同因素，使能以少數 m 個向度空間便可適當代表 p 個變項。所以，使用表 7·1–4 所示的反覆解法抽取共同因素時，第一個所要面臨的問題便是到底應該抽幾個共同因素呢？我們把 h_i^2 插在相關係數矩陣的主對角線內，目的便是要使所抽得的共同因素之數目儘量減少，因此，用矩陣 $\mathbf{R}^*$ 所抽得的共同因素數目都少於 p 個。至於到底要少到多少個呢，則標準不容易一致。

決定共同因素數目的方法或標準至少有下列幾個:

①保留特徵值 λ 大於 1 的共同因素: 這是凱塞 (Kaiser, 1960) 所主張採用的標準, 也是一般電算機程式中最流行的一種。特徵值 λ 小於 1 的共同因素, 對總變異數之貢獻被視爲微不足道, 因此棄之並不可惜, 因爲每一個變項的變異數是 1, 而它的貢獻並沒有超過 1。

②保留特徵值大於 0 的共同因素: 這是所謂「古特曼最强下限」(Gutman′s strongest low-bound) 標準, 要把所有特徵值爲負的共同因素予以放棄。這是較爲保守的方法, 可以防範把重要的共同因素忽略掉。

③陡坡考驗法 (scree test): 特徵值通常是自大而小出現的, 亦卽 λ_1 最大, λ_2 次之…, 如此類推。如果以它們的大小等級爲橫坐標, 數值大小爲縱坐標, 畫成曲線圖, 就成爲一條自左上往右下陡降的圓 L 形負加速曲線。在幾個數值較大的特徵值之後, 這一曲線往往驟然下降, 然後下降的情形變慢。右邊尾巴這部分的特徵值便是可以放棄的部分; 那些共同因素便是不太重要的了 (參看 Van de Geer, 1971, p. 147)。這方法稍嫌主觀, 要小心使用。

④統計上的意義與實用上的意義同時考慮: 婁里 (Lawley, 1940) 發展出一種考驗共同因素顯著性的統計方法。我們可以先提出共同因素有 m 個的假設, 然後用 $p\times m$ 階的共同因素矩陣 **F** 複製出相關係數矩陣 (參看公式 8•2-6)。如果複製出來的相關係數矩陣與原來的 $\mathbf{R}^*$ 矩陣的相差太大, 使 χ^2 值達到顯著水準, 便要拒絕共同因素只有 m 個的假設 (請看 Harman, 1960, pp. 370-380; Timm, 1975, p. 562; Morrison, 1976, pp. 314-315)。我們將以例 8•4-1 來說明這種顯著性考驗的方法。唯哈爾曼 (Harman, 1960) 强調: 統計上的考驗必須與實用上的意義同時加以考慮。有時在統計上發現有意義的共同因

素，在實際應用上却並無意義可言。譬如說，我們用統計考驗的結果發現第三個共同因素的 λ 值達顯著水準，但却無論如何無法賦予第三個共同因素某種意義，或不能合理予以解釋，所以抽到這一個因素反而是一個困擾的事。有時情形與此正相反：亦即未達顯著水準的某一共同因素都具有實用上的意義。因之，即使我們採取凱塞的標準，也不應過份固執，還應視情形作理智上的判斷，方不致失去因素分析的眞正意義。

（二）計算實例　下面我們要以例 8·2-1 和例 8·2-2 來說明如何採用複相關平方估計法來估計共同性 h_i^2 和抽取共同因素。例 8·2-1 是兩個共同因素的例子；例 8·2-2 是三個共同因素的例子。採用複相關平方估計法較爲簡單，但較不正確；較精確的計算，須用上面所說「共同性的反覆解法」；其實際計算則請看例 8·4-1。

【例 8·2-1】 就「氣力」、「耐力」、「速度」、和「協調」四種體能方面測驗十名游泳選手的結果，得成績如表 7·1-3 所示。試分析這四項體能的共同因素。

現在，研究者的興趣在於自四種體能中抽出可能的共同因素，並分析那些體能屬於那一種因素。他的興趣並不在於將體能測驗予以加權，使受試者的個別差異在加權分數方面變得最爲明顯。因此，應該使用因素分析法來處理。

1. 估計共同性的大小，並準備縮減式相關矩陣：根據表 7·1-3 的原始資料得：

$$\mathbf{R}=\begin{bmatrix} 1 & .7409 & .2626 & .1002 \\ .7409 & 1 & .4610 & .1256 \\ .2626 & .4610 & 1 & .8003 \\ .1002 & .1256 & .8003 & 1 \end{bmatrix}$$

$$\mathbf{R}^{-1}=\begin{bmatrix} 2.3824 & -2.0865 & .8833 & -.6836 \\ -2.0865 & 3.4330 & -2.3836 & 1.6855 \\ .8833 & -2.3836 & 4.7233 & -3.5692 \\ -.6836 & 1.6855 & -3.5692 & 3.7132 \end{bmatrix}$$

再根據 $\mathbf{I}-diag[\mathbf{R}^{-1}]^{-1}$ 這公式可知:

$$R^2_{1.234}=1-1/2.3824=.5803$$

$$R^2_{2.134}=1-1/3.4330=.7087$$

$$R^2_{3.124}=1-1/4.7233=.7883$$

$$R^2_{4.123}=1-1/3.7132=.7307$$

將它們依次代入 $\mathbf{R}$ 的主對角線位置取代 1，便得:

$$\mathbf{R}^*=\begin{bmatrix} .5803 & .7409 & .2626 & .1002 \\ .7409 & .7087 & .4610 & .1256 \\ .2626 & .4610 & .7883 & .8003 \\ .1002 & .1256 & .8003 & .7307 \end{bmatrix} \quad (\text{公式 } 8\cdot2\text{-}1)$$

顯然，我們是用複相關平方估計法來估計共同性 h_i^2。結果得上面的縮減式相關係數矩陣 $\mathbf{R}^*$。

2. 以矩陣 $\mathbf{R}^*$ 爲資料用反覆解法抽取共同因素: 也就是解公式 8•2-2 的特徵值 λ 和特徵向量 $\mathbf{k}$。抽取的方法與表 7•1-4 所演示者相同:

$$\mathbf{R}^*\mathbf{u}=\begin{bmatrix} 1.6840 \\ 2.0362 \\ 2.3122 \\ 1.7568 \end{bmatrix} \qquad \mathbf{b}_{11}=\begin{bmatrix} .7283 \\ .8806 \\ 1.0000 \\ .7598 \end{bmatrix}$$

$$\mathbf{R}^*\mathbf{b}_{11}=\begin{bmatrix}1.4138\\1.7201\\1.9936\\1.5391\end{bmatrix}\qquad \mathbf{b}_{12}=\begin{bmatrix}.7092\\.8628\\1.0000\\.7720\end{bmatrix}$$

如此反覆十一次，得 $\lambda_1=1.9806$，和:

$$\mathbf{b}_{1,11}=\begin{bmatrix}.6880\\.8403\\1.0000\\.7799\end{bmatrix}\qquad \mathbf{k}_1=\begin{bmatrix}.4121\\.5033\\.5989\\.4671\end{bmatrix}\qquad \mathbf{f}_1=\begin{bmatrix}.5799\\.7083\\.8429\\.6574\end{bmatrix}$$

這裏 $\mathbf{k}_1$ 是正規化爲 1 的特徵向量，而 $\mathbf{f}_1$ 是正規化爲 λ_1 的特徵向量，也是我們所抽到的第一個共同元素向量。(正規化要用公式 7•1-31 和公式 7•1-33。請復習前章第 7•1 節和表 7•1-4)。

$$\mathbf{R}_1^*=\mathbf{R}^*-\mathbf{f}_1\mathbf{f}_1' \qquad \text{(公式 7•1-34)}$$

$$=\begin{bmatrix}.2440 & .3301 & -.2262 & -.2810\\ .3301 & .2070 & -.1360 & -.3400\\ -.2262 & -.1360 & .0779 & .2462\\ -.2810 & -.3400 & .2462 & .2986\end{bmatrix}$$

利用表 7•1-5 的方法，再自矩陣 $\mathbf{R}_1^*$ 中抽取第二個共同因素:

$$\mathbf{R}^*\mathbf{u}=\begin{bmatrix}.0669\\.0611\\-.0381\\-.0762\end{bmatrix}\qquad \mathbf{b}_{21}=\begin{bmatrix}.8780\\.8018\\.5000\\-1.0000\end{bmatrix}$$

反覆六次之後，得 $\lambda_2=1.0174$，和:

$$\mathbf{b}_{26}=\begin{bmatrix} .9281 \\ .9011 \\ -.6160 \\ -1.0000 \end{bmatrix} \qquad \mathbf{k}_2=\begin{bmatrix} .5312 \\ .5157 \\ -.3525 \\ -.5723 \end{bmatrix} \qquad \mathbf{f}_2=\begin{bmatrix} .5358 \\ .5202 \\ -.3556 \\ -.5773 \end{bmatrix}$$

這 $\mathbf{f}_2$ 便是我們所抽到的第二個共同因素向量。

接著再利用 $\mathbf{R}_2^*=\mathbf{R}_1^*-\mathbf{f}_2\mathbf{f}_2'$ 抽取第三個共同因素:

$$\mathbf{R}_2^*=\begin{bmatrix} -.0431 & .0514 & -.0357 & .0283 \\ .0514 & -.0636 & .0490 & -.0397 \\ -.0357 & .0490 & -.0486 & .0409 \\ .0283 & -.0397 & .0409 & -.0347 \end{bmatrix}$$

用同樣方法反覆六次之後，得 $\lambda_3=-.1730$。特徵值不但小於 1（凱塞的標準）而且小於 0（古特曼最强下限)。雖然殘餘矩陣 $\mathbf{R}_2^*$ 並沒完全等於 0，但所剩部分已不具重要性。因此，抽取因素的步驟可到此爲止。本例的變項雖然有四個 ($p=4$)，但却只抽到兩個 ($m=2$) 共同因素。表 8•2-1 便是抽取共同因素的結果之摘要。

表 8•2-1　例 8•2-1 的因素分析摘要（未轉軸 $\mathbf{F}$）

變　項	共同因素 A_0	B_0	共同性 h_i^2
1. 氣力	.5799	.5358	.6234
2. 耐力	.7083	.5202	.7723
3. 速度	.8429	−.3556	.8369
4. 協調	.6574	−.5773	.7654
特徵值	1.9806	1.0174	2.9980

表 8•2-1 所示的這個 4×2 階因素矩陣，是個未轉軸因素矩陣，尙待使用後一節所討論的轉軸法加以轉軸，才可顯現出其所含的眞正

意義出來。如果您願意的話，可直接看例 8·3-1 的演示。

【例 8·2-2】某測驗專家想瞭解魏氏兒童智力量表（WISC）的十二個分測驗到底由那幾個共同因素所構成。前一章的表 7·1-8 是他利用二十名八歲組兒童測驗的結果。表 7·1-9 是該測驗十二個分測驗之交互相關係數矩陣。試就此項資料進行抽取共同因素的工作。

這是十二個變項的例子，其抽取共同因素的步驟可扼要加以說明如下:

1. 估計共同性 h_i^2: 以表 7·1-9 的資料為矩陣 $\mathbf{R}$。利用其反矩陣 $\mathbf{R}^{-1}$ 的主對角線元素代入 $\mathbf{I}-diag[\mathbf{R}^{-1}]^{-1}$，再求複相關係數平方，以估計 h_i^2。因為 $\mathbf{R}^{-1}$ 的主對角線元素為:

$$diag[\mathbf{R}^{-1}]$$

$$=[\ 5.8956\quad 6.4212\quad 14.7155\quad 8.9490\quad 13.8427\quad 9.8780\quad 24.2043\quad 4.2585\quad 10.8623\quad 3.6170\quad 3.6609\quad 3.3611]$$

所以，$R^2_{1\cdot 2\cdots 12}=1-1/5.8956=.830$，如此類推。終於得:

$$diag\ \mathbf{R}^*=[.830\quad .844\quad .932\quad .888\quad .928\quad .899\quad .956\quad .765\quad .908\quad .724\quad .727\quad .702]$$

將 $diag\,\mathbf{R}^*$ 代入表 7·1-9，以取代矩陣 $\mathbf{R}$ 的主對角線元素（主對角線不塡 1，而依次塡入 $diag\,\mathbf{R}^*$ 的元素），便可以得到縮減式相關係數矩陣 $\mathbf{R}^*$。

2. 自縮減式相關係數矩陣 $\mathbf{R}^*$ 抽取共同因素: 以 $\mathbf{R}^*$ 矩陣為數據，採用表 7·1-4 和表 7·1-5 所示的反覆解法，抽取共同因素，可得表 8·2-2 所示的結果。採用凱塞的標準，則因為第四個特徵值 $\lambda_4=.7146$，已經小於 1，所以只抽取三個共同因素。我們可暫時將它們命名為 A_0, B_0, 和 C_0，等待進一步加以轉軸。

到此，我們可以看出共同因素的抽取過程與上一章主成份分析裏

表 8·2-2　十二個分測驗的共同因素（未轉軸 F）

變項	A_0	B_0	C_0	共同性 h_i^2
1	.6898	−.6000	.0154	.8361
2	.7338	−.5020	−.0948	.7995
3	.7021	−.2171	.2795	.6182
4	.7173	−.5680	−.0825	.8439
5	.7199	−.3483	−.3989	.7987
6	.6393	−.0304	.6791	.8708
7	.7140	.3198	−.4349	.8012
8	.5686	.4732	−.3993	.7067
9	.8363	.3367	−.0853	.8200
10	.6544	.4552	.1497	.6579
11	.6586	.3203	.4087	.7034
12	.6047	.5366	.0276	.6544
λ_i	5.7090	2.1418	1.2605	9.1108

抽取主成份的步驟大同小異。不同的地方在於：相關係數矩陣必須以共同性的估計值來代入主對角線上，所抽取的共同因素數目通常只有 m 個（$m<p$）。

8·3　正交轉軸法與斜交轉軸法

用上一節反覆解法所抽出來的共同因素，正如同圖 7·1-4 的主成份 δ_1 和 δ_2 一樣，只能當作暫時的參照軸之用。這些參照軸必須加以轉軸，才可顯現出所含的眞正意義，使研究者容易作合理的解釋。這便是所謂的「轉軸問題」(rotation problem)，是這一節所要討論的主題。

簡單結構　轉軸的原則在於將原來的參照軸依順時針或逆時針方

向旋轉某一定角度，使轉到另一新位置後，各變項向量在新軸上的投影之變異數儘量變為最大。塞斯通（Thurstone, 1947）提出所謂「簡單結構」（simple structure）的觀念，以供轉軸並尋找共同因素眞正意義的憑藉。

根據塞斯通的看法，達到簡單結構的幾個標準是:

①因素矩陣 **F** 的每一橫列至少有一個因素負荷量為 0。

②如果有 m 個共同因素，則因素矩陣的每一縱行至少要有 m 個 0。

③因素矩陣 **F** 的每兩個縱行之中，至少要有 m 個變項在某一縱行的負荷量為 0，但在另一縱行的負荷量並不為 0。

④如果共同因素有四個或四個以上時，因素矩陣的每兩個縱行裏，應有大部分的變項在兩個縱行裏的負荷量都是 0，少數的變項在兩縱行裏的負荷量都不是 0。

為儘量達到這些所謂簡單結構的標準，過去常使用圖示法來幫助轉軸。但是因其太主觀，現在已漸被淘汰，而改用較客觀的分析性轉軸法。

一般說來，轉軸的方法有「正交轉軸法」和「斜交轉軸法」兩大類。這兩大類均可使轉軸的結果合乎塞斯通的簡單結構的標準。下面我們將分別討論它們的基本原理和計算過程。

（一）正交轉軸法　正交轉軸法的最大特色是因素軸與因素軸之間須保持 90° 的交叉。大家最熟悉的一種便是凱塞的「最大變異法」(Kaiser, 1958; Harris & Kaiser, 1964)。

基本原理　最大變異法（varimax rotation）或譯「極變法」，是一種正交轉軸法（orthogonal rotation）。現在最通用的是「正規化最大變異法」(normalized varimax rotation)。這種轉軸法的目的在求

取一個轉換矩陣 **T**，（且 **T′T**＝**I**），來乘未轉軸因素矩陣 **F**，以便得到轉軸後矩陣 **G**，使矩陣 **G** 的負荷量 g 除以 h_i 之平方的變異數變爲最大（亦即使分配儘量成低濶峯或使四級動差儘量大）。在實際應用裏，是指要轉軸到適當位置，使下式的 V 值極大化：

$$V=p\sum_{j=1}^{m}\sum_{i=1}^{p}\left(\frac{g_{ij}}{h_i}\right)^4-\sum_{j=1}^{m}\left(\sum_{i=1}^{p}\frac{g_{ij}^2}{h_i^2}\right)^2 \qquad \text{〔公式 8·3-1〕}$$

這裏，g_{ij} 是第 i 個變項在第 j 個共同因素方面的負荷量。而 h_i 是第 i 個變項在所有 m 個共同因素的共同性之平方根。除以 h_i 的目的在於消除由於各變項之共同性大小不同所引起的困擾。因爲 h_i^2 較大的變項的影響力比 h_i^2 較小的變項爲大。除以 h_i 之後，每變項之因素負荷量之平方和可正規化爲 1 。

大體上說，在正規化最大變異法裏，首先要把未轉軸因素矩陣每一「變項」的負荷量正規化爲 1，然後進行轉軸，最後再將負荷量還原爲原來的量尺單位。

雖然我們也可以用嘗試錯誤的方法轉軸，而使公式 8·3-1 的 V 值愈來愈大，但是這可能是很浪費時間的事。凱塞已證明要使每一對共同因素負荷量變異極大化的正交轉軸矩陣 **T** 如下所示：

$$\mathbf{T}=\begin{bmatrix}\cos\theta & -\sin\theta\\ \sin\theta & \cos\theta\end{bmatrix} \qquad \text{〔公式 8·3-2〕}$$

其角度 θ 必須合乎下列公式的條件：

$$\tan 4\theta=\frac{D-2AB/p}{C-(A^2-B^2)/p} \qquad \text{〔公式 8·3-3〕}$$

這裏，　$x_i=f_{ij}/h_i$　　　$y_i=f_{ik}/h_i$

　　　　$u_i=x_i^2-y_i^2$　　　$v_i=2x_iy_i$

而，　$A=\Sigma u_i$

$$B=\Sigma v_i$$

$$C=\Sigma(u_i^2-v_i^2)$$

$$D=2\Sigma u_i v_i \qquad \text{〔公式 8·3-4〕}$$

爲了使公式 8·3-1 的第二階導數成爲負數（亦卽極大值，請復習第 2·3 節），公式 8·3-3 所求出來的 4θ 必須在正確的象限裏纔可，表 8·3-1 可幫助我們判斷 4θ 到底在那一個象限。

表 8·3-1 轉軸角度（改自 Harman, 1960, p.298）

分子的符號	分母的符號	tan 4θ 的符號	4θ 所屬象限		θ 的界限
+	+	+	I	0°至 90°	0°至 22.5°
+	−	−	II	90°至 180°	22.5°至 45°
−	−	+	III	−180°至−90°	−45°至−22.5°
−	+	−	IV	−90°至 0°	−22.5°至 0°

代入公式 8·3-3，求得 4θ 之後，便可根據表 8·3-1 來判斷 4θ 到底在那一個象限。如果在第一象限，將 4θ 除以 4，便是 θ 的角度。如果在第二象限，在 4θ 加上 180°，再除以 4，便是 θ 的角度。如果在第三象限，從 4θ 減掉 180°，再除以 4，便是 θ。如果在第四象限，則 4θ 除以 4，便是 θ。求得 θ 的角度後，便可代入公式 8·3-2，求出 $\cos\theta$ 的値了。這樣，轉換矩陣 **T** 就可求出來了。將未轉軸矩陣 **F**，乘以轉換矩陣 **T**，便可得到轉軸後矩陣 **G**。此時，代入公式 8·3-1 的 V 値便是極大值。這是只有兩個共同因素時的情形。

當共同因素有 m 個時，要將公式 8·3-3 用到所有 $m(m-1)/2$ 對共同因素上面。每次用一對兩個共同因素來轉軸，m 個共同因素可能有 $m(m-1)/2$ 對。做完 $m(m-1)/2$ 對的轉軸，叫做一個「循環」(cycles)。每做完一個循環之後，就將轉軸後的因素負荷量代入公式

8·3-1，求出V值，看V值是否較前一循環的V值增加。如此反覆進行，幾個循環之後V值就會聚斂在一起。換言之，當V值不再增加時，轉軸工作便可停止。此時的共同因素負荷量矩陣$\mathbf{G}$便是變異數最大的轉軸後因素負荷量（rotated factor loading）矩陣。由此一矩陣我們便可看出共同因素所代表的意義（參看 Harman, 1960, pp. 301-304; Timm, 1975, pp. 565-566; Overall & Klett, 1972, pp. 129-131）。這種工作可用電算機在短時間內完成。

計算實例　現在我們就以例 8·3-1 來幫助說明以最大變異法進行正交轉軸的實際計算過程。

【例 8·3-1】表 8·2-1 是兩個共同因素的未轉軸矩陣$\mathbf{F}$。試以凱塞的正規化最大變異法將該矩陣加以正交轉軸。

利用凱塞的正規化最大變異法（以下簡稱最大變異法，Varimax）進行正交轉軸之前，最好手邊能準備如表 8·3-2 所示的計算表格。有了這種表格之後，便可按照下列所示各步驟用手進行計算。

表 8·3-2　最大變異法（varimax）計算表格（一）

	f_1	f_2	h_i	x_i	y_i	u_i	v_i	$u_i^2-v_i^2$	$2u_iv_i$
1	.5799	.5358	.7895	.7345	.6787	.0789	.9970	−.9878	.1573
2	.7083	.5202	.8788	.8060	.5919	.2993	.9541	−.8207	.5711
3	.8429	−.3556	.9148	.9214	−.3887	.6979	−.7163	−.0260	−.9998
4	.6574	−.5773	.8749	.7514	−.6598	.1293	−.9915	−.9664	−.2564
						1.2054	.2433	−2.8009	−.5278

①求未轉軸共同因素矩陣$\mathbf{F}$每一變項（橫列）之共同性的平方根h_i：把表 8·2-1 的$\mathbf{F}$矩陣寫在表 8·3-2 最左端，並計算每橫列的平方和（h_i^2）；開平方之後便得該變項的h_i。例如$\sqrt{(.5799)^2+(.5358)^2}=.7895$。

② 每一橫列正規化爲 1 的因素負荷量 x_i 和 y_i：把矩陣 **F** 每變項之因素負荷量除以該橫列的 h_i，使該橫列的因素負荷量正規化爲 1。例如：.5799÷.7895=.7345，和 .5358÷.7895=.6787。此時，$(.7345)^2+(.6787)^2=1$。

③求 u_i 和 v_i：爲代入公式 8•3-3 算轉角 4θ 起見，須代入公式 8•3-4 求出所須各值。表 8•3-2 右邊的計算方法可擧例如下：

$$u_1=x_1^2-y_1^2=(.7345)^2-(.6787)^2=.0789$$

$$v_1=2x_1y_1=2(.7345)(.6787)=.9970$$

$$A=\Sigma u_i=1.2054$$

$$B=\Sigma v_i=.2433$$

$$C=\Sigma(u_i^2-v_i^2)=-2.8009$$

$$D=2\Sigma u_iv_i=-.5278$$

④求轉角 θ：將上面所得各數值代入公式 8•3-3:

$$\tan 4\theta=\frac{-.5278-2(1.2054)(.2433)/4}{-2.8009-[(1.2054)^2-(.2433)^2]/4}$$

$$=\frac{-.6744}{-3.1493}=.2141$$

結果得 $\tan 4\theta=.2141$。此時要查看表 8•3-1 纔會知道 4θ 屬於那一個象限。因用公式 8•3-3 計算結果，分子是 −.6744，是負號的，分母 =−3.1493，也是負號的，所以可知 4θ 這角度是在第 Ⅲ 象限裏，亦即在 −180° 至 −90° 之間。因爲 $\tan 4\theta=.2141$，所以查附錄表八的三角函數表便知，$4\theta=-167.92°$，（亦即12.08°−180°）。可見，$\theta=-41.98°$。這就是說，要將原軸（A_0 軸和 B_0 軸）依順時針方向轉軸 41.98°（大約 42°），便是新軸（A軸和 B 軸）應有的位置。圖 8•3-1 表示這種關係。

⑤求轉換矩陣 **T**: 將 $\theta=-41.98°$ 代入公式 8•3-2, 便得轉換矩陣如下:

$$\mathbf{T}=\begin{bmatrix}\cos(-41.98°) & -\sin(-41.98°)\\ \sin(-41.98°) & \cos(-41.98°)\end{bmatrix}$$

$$=\begin{bmatrix}.7434 & .6689\\ -.6689 & .7434\end{bmatrix}$$

此時, **T** 的縱行平方和等於 1, 例如 $(.7434)^2+(-.6689)^2=1$。

⑥求轉軸後因素矩陣: 首先, 將表 8•3-2 最中間除過 h_i 的未轉軸矩陣, 乘以轉換矩陣 **T**, 便得表 8•3-3 最左一欄每橫列正規化爲 1

表 8•3-3　最大變異法 (varimax) 計算表格（二）

	X_i	Y_i	g_{i1}	g_{i2}	X_i^2	Y_i^2
1	.0920	.9959	.0727	.7862	.0085	.9918
2	.2033	.9792	.1786	.8605	.0413	.9588
3	.9450	.3274	.8644	.2994	.8930	.1072
4	.9999	.0121	.8748	.0106	.9998	.0001
和					1.9426	2.0579
平方和					1.7988	1.9144

的轉軸後因素矩陣:

$$\begin{bmatrix}.7345 & .6787\\ .8060 & .5919\\ .9214 & -.3887\\ .7514 & -.6598\end{bmatrix}\begin{bmatrix}.7434 & .6689\\ -.6689 & .7434\end{bmatrix}=\begin{bmatrix}.0920 & .9959\\ .2033 & .9792\\ .9450 & .3274\\ .9999 & .0121\end{bmatrix}$$

這個每橫列正規化爲 1〔例如 $(.0920)^2+(.9959)^2=1$〕的轉軸後矩陣的 V 值是極大值。此一極大值可用公式 8•3-1 計算出來。表 8•3-3 最右邊是 V 值的計算過程。根據公式 8•3-1, 可得:

$$V=4[1.7988+1.9144]-[(1.9426)^2+(2.0579)$$
$$=6.8441$$

最後，爲了使正規化爲 1 的情形還原過來，須把表 8·3-3 最左邊這一矩陣的每横列元素乘以該横列的 h_i。例如，[.0920 .9959]× .7895=[.0727 .7862]，如此類推。這是因爲在表 8·3-2 的計算裏，我們曾把矩陣 **F** 的每一横列除以該横列的 h_i 之故。像這樣，我們終於得到表 8·3-3 最中間部分的轉軸後因素矩陣 **G**。這便是我們所要計算出來的轉軸後因素矩陣。其實，轉軸後因素矩陣 **G** 也可用下式直接計算而得:

$$\mathbf{G}=\mathbf{FT} \qquad \text{〔公式 8·3-5〕}$$

$$=\begin{bmatrix} .5799 & .5358 \\ .7083 & .5202 \\ .8429 & -.3556 \\ .6574 & -.5773 \end{bmatrix}\begin{bmatrix} .7434 & .6689 \\ -.6689 & .7434 \end{bmatrix}=\begin{bmatrix} .0727 & .7862 \\ .1786 & .8605 \\ .8644 & .2994 \\ .8748 & .0106 \end{bmatrix}$$

現在，這一轉軸後因素矩陣，已最符合塞斯通的「簡單結構」的標準了。

表 8·3-4 是因素分析結果的摘要。由表 8·3-4 可以看出每一變

表 8·3-4 因素分析摘要（已轉軸 G）

變項	共同因素 A	共同因素 B	共同性
1. 氣力	.0727	.7862*	.6234
2. 耐力	.1786	.8605*	.7723
3. 速度	.8644*	.2994	.8368
4. 協調	.8748*	.0106	.7654
平方和	1.5496	1.4483	2.9979

項如果在第一個共同因素（暫稱因素A）的負荷量較大，則在另一共同因素（暫稱因素B）的負荷量便較小。這一個趨勢使我們容易看出「速度」和「協調」這兩個變項是屬於因素A的，而「氣力」和「耐力」這兩個變項則是屬於因素B的。如果您願意的話，您可爲因素A和因素B命名，例如稱因素A爲「敏捷因素」，稱因素B爲「肌耐力因素」，或其他可以代表「速度」與「協調」、或「氣力」與「耐力」的共同性質之名稱。像這樣，因素A和因素B便變得有意義了。這便是解釋共同因素之意義和瞭解其性質時所採用的策略。

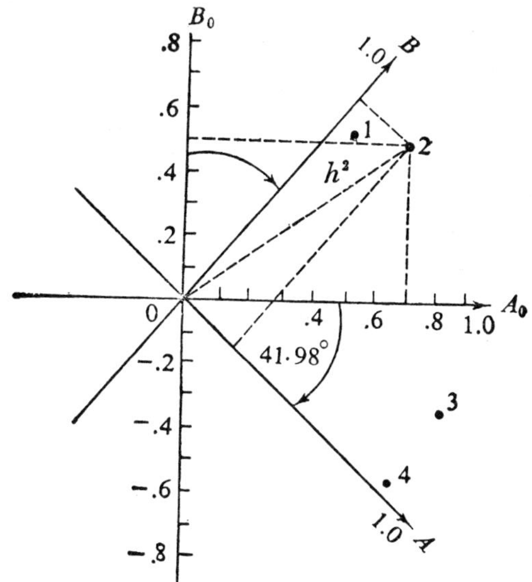

圖 8·3-1　因素轉軸的圖示。

轉軸後，各點（變項）在A軸和B軸（因素）的投影與未轉軸前在A_0軸和B_0軸的投影並不相同。各點更靠近某一軸和遠離某一軸。

表 8•3-4 還有一個值得注意的地方就是：轉軸後，因素矩陣 G 各橫列的平方和，亦即共同性 h_i^2，仍然沒有改變（請比較表 8•2-1）。但是，G 的各縱行平方和與表 8•2-1 的未轉軸因素矩陣 **F** 各縱行平方和（特徵值）已經不一樣了。換言之，經轉軸之後，表 8•2-1 特徵值所具有的特性——最大變異數的標準，已被破壞了。在因素分析裏，這一點並不關重要，因爲這裏我們並不在求具有最大變異數的成份，而是想瞭解共同因素所代表的眞正意義。雖然如此，我們仍然可以由表 8•3-4 各因素負荷量平方和的比例看出共同因素之間的相對重要性。就本例而言，因素 A 和因素 B 似乎具有同等的重要性。

我們可以用圖 8•3-2 將表 8•3-4 的因素分析結果表示出來。圖 8•3-2 是假定有兩個我們觀察不到的潛在變項（卽共同因素）以不同

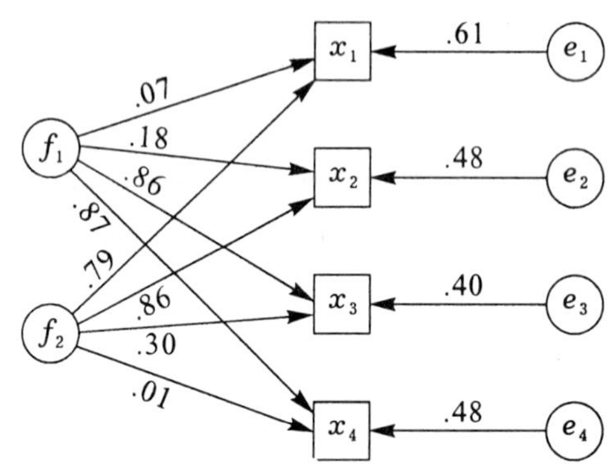

圖 8•3-2　兩個共同因素與四個變項之間的徑路圖。

的影響力來決定四個我們可觀察到的外在變項（卽測驗項目）。這兩個潛在變項爲四個外在變項所共有的影響力，故稱爲「共同因素」。這四個外在變項的每一個變項，除了有共同因素可影響之外，還各有

一個來源的影響力。那就是由誤差和特殊因素等不明來源的其他影響力所構成，也就是我們在前面所說過的「唯一性」。箭頭表示假定中的影響方向，如同我們在徑路分析中所說過的那樣（請復習第5·4節）。箭頭旁邊的係數表示影響力的大小。共同因素方面用因素負荷量表示。惟一性方面用 $e_i=\sqrt{1-h_i^2}$ 表示。例如，$e_1=\sqrt{1-.6234}=.61$ 就是這樣來的。這裏所說的影響力都應視爲是假定的，不能遽下結論謂箭頭兩端的變項之間有因果關係存在，除非已有充分證據可以這樣做。

三個或三個以上共同因素的轉軸　共同因素有三個或三個以上時，上述的最大變異轉軸法就變得非常複雜，通常並不是用手計算所能勝任，因此必須藉助於高速電算機。爲瞭解電算機的實際工作情形，我們要以例 8·3-2 來幫助說明。

【例 8·3-2】 表 8·2-2 是三個共同因素的未轉軸因素矩陣。試以最大變異法進行正交轉軸。

三個共同因素時，仍然要用表 8·3-2 和表 8·3-3 的 Varimax 法，每次拿出一對兩個因素出來轉軸。首先用表 8·2-2 的 A_0 和 B_0 轉軸，轉軸以後成爲 A_0' 和 B_0'；其次用 A_0' 和 C_0，轉軸以後成爲 A_0'' 和 C_0'；然後用 B_0' 和 C_0'，轉軸後成爲 B_0'' 和 C_0''。像這樣便稱爲一個循環，三個因素現在就變爲 A_0''，B_0''，和 C_0'' 了。一個循環之後，代入公式 8·3-1 把 V 值計算出來。接著又用因素 A_0''，B_0''，和 C_0'' 開始第二循環的轉軸。第二循環之後，又代入公式計算 V 值。然後又用這轉軸後矩陣開始第三循環的轉軸，也將 V 值算出來。如此，每算出一個 V 值之後，就看 V 值是否較前次的 V 值增加，直到兩個 V 值在某正確度內完全一致，亦即聚歛爲止。此時，因素矩陣便算轉軸成功。下面是本例第一循環的“分解動作”:

A'_0	B'_0	C_0	A''_0	B'_0	C'_0	A''_0	B''_0	C''_0
.9122	.0617	.0154	.8150	.0617	.4101	.8150	−.0522	.4114
.8742	.1622	−.0948	.8286	.1622	.2943	.8286	.0760	.3273
.6507	.3417	.2795	.4647	.3417	.5344	.4647	.1835	.6072
.9091	.1038	−.0825	.8547	.1038	.3206	.8547	.0127	.3367
.7559	.2613	−.3989	.8541	.2613	−.0310	.8541	.2599	.0412
.4744	.4296	.6791	.1323	.4296	.8178	.1323	.1909	.9038
.2802	.7305	−.4349	.4413	.7305	−.2700	.4413	.7764	−.0611
.0689	.7365	−.3993	.2355	.7365	−.3297	.2355	.7984	−.1169
.3549	.8287	−.0853	.3567	.8287	.0773	.3567	.7764	.2998
.1424	.7843	.1497	.0632	.7843	.1967	.0632	.7012	.4026
.2406	.6917	.4087	.0392	.6917	.4726	.0392	.5371	.6429
.0498	.8069	.0276	.0329	.8069	.0465	.0329	.7638	.2642

上面 A''_0，B''_0 和 C''_0 三個向量所構成的矩陣便是第一循環後的因素矩陣。計算V值結果，得 $V_1=50.9928$。使用這一因素矩陣，進行第二循環轉軸結果，$V_2=52.4273$。以下各循環依次為 $V_3=52.4790$，$V_4=52.5030$，$V_5=52.5116$，$V_6=52.5151$，$V_7=52.5165$，$V_8=52.5171$，$V_9=52.5174$，$V_{10}=52.5175$，$V_{11}=52.5175$。至第十二循環時，V 值終於不再增加，亦即聚歛在一起。此時的因素矩陣便是我們所需要的轉軸後因素矩陣，其結果如表 8·3-5 所示。這是相當客觀的分析法，但也是相當艱鉅的工作。也許您應用手試試看，纔會眞正體會出電算機對我們的幫助有多大。

由表 8·3-5 可以看出，經正交轉軸之後，表 8·3-5 的轉軸後因素矩陣裏的因素負荷量更接近簡單結構的標準了。這樣，研究者要解釋它們就比較容易了。我們將在第 8·4 節中討論如何解釋共同因素的意義。現在我們要繼續討論第二種的因素轉軸法。

表 8·3-5　十二個分測驗的共同因素（已轉軸 G）

			A	B	C	共同性 h_i^2
語文量表	常　　識	1	.8278*	−.0346	.3869	.8361
	類　　同	2	.8316*	.1003	.3129	.7995
	算　　術	3	.4700	.1635	.6088*	.6182
	詞　　彙	4	.8815*	.0381	.3166	.8439
	理　　解	5	.8383*	.3069	.0417	.7987
	記憶廣度	6	.1462	.1280	.9127*	.8708
作業量表	圖形補充	7	.3934	.8040*	−.0099	.8012
	連環圖系	8	.1852	.8179*	−.0590	.7067
	圖形設計	9	.3191	.7710*	.3518	.8200
	物形配置	10	.0335	.6705*	.4552	.6579
	符號替代	11	.0257	.4870	.6823*	.7034
	迷　　津	12	−.0044	.7417*	.3229	.6544
平方和			3.3567	3.2966	2.4575	9.1108

（二）斜交轉軸法　除了正交轉軸法之外，還有一種轉軸法叫做「斜交轉軸法」(oblique rotation)。使用正交轉軸法時，代表共同因素的兩個軸之間必須維持 90° 的交叉（如圖 8·3-1）。但是，在斜交轉軸法裏，兩個因素軸則可以不必維持直角的關係（如圖 8·3-3）。因此，使用斜交轉軸法的基本假定是因素與因素之間並非彼此獨立無關。當我們確知或有理由相信因素與因素之間的關係可能並不是零相關時，則應該採用斜交轉軸法來轉軸，再也沒有理由再堅持使用正交轉軸法了。

談到斜交轉軸法，便有許多複雜觀念必須先了解清楚。我想，經由看圖來了解這些觀念是最好的辦法。圖 8·3-3 上有 1，2，3，4 和 5 等五個點，代表表 8·3-6 未轉軸因素矩陣 **A** 內的五個變項在原來 F 軸上的位置。現在的任務是如何找出一個恰當的「轉換矩陣」(trans-

表 8·3-6 未轉軸矩陣 A (Harman, 1968)

變項	F_1	F_2
1	.58096	.80642
2	.76705	−.54478
3	.67243	.72604
4	.93239	−.10429
5	.79115	−.55816

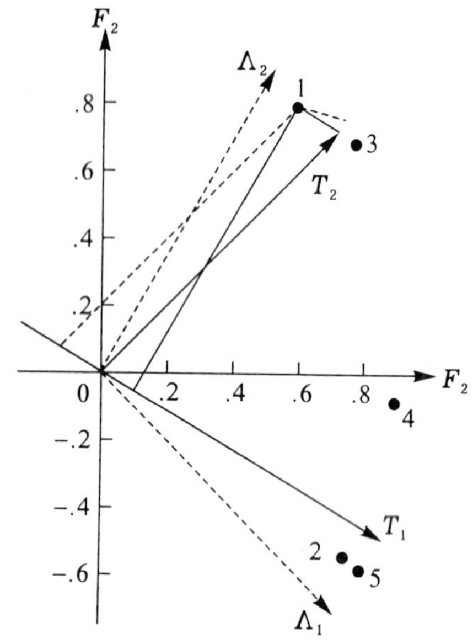

圖 8·3-3 主軸（T）和參照軸（Λ）
（採自 Harman, 1968, p. 162)。

formation matrix)，使新的因素軸能通過各變項（各點）所構成的類群 (clusters) 的中心點，以達到簡單結構的標準。這兩個新的因素軸是圖 8·3-3 的 T_1 軸和 T_2 軸，它們之間並沒維持 90° 正交。這兩個通過各點之類群中心點的因素軸叫做「主軸」(primary axes)。另外，還有 Λ_1 軸與 T_2 相垂直，Λ_2 軸與 T_1 相垂直。這 Λ_1 和 Λ_2 軸就叫做「參照軸」(reference axes)。現在，斜交轉軸的任務便是在於找出轉換矩陣 **Λ** 和 **T**。矩陣 **Λ** 的縱行元素就是**參照軸**在**原坐標**（F_1，和 F_2）上的方向餘弦 (direction cosines)；矩陣 **T** 的縱行元素則表示**主軸**在**原坐標**上的方向餘弦。因之，如果能求出 **Λ** 便可求出矩陣 **V**：

（參照因素結構）　$\mathbf{V}=\mathbf{A}\boldsymbol{\Lambda}$　　〔公式 8·3-6〕

這矩陣**V**叫做「參照因素結構」(reference factor structure)，是各點（變量）在**參照軸**上的**垂直投影**(projections)。如果能求出矩陣**T**，便可求出矩陣**S**：

（主因素結構） $\mathbf{S}=\mathbf{AT}$ 〔公式 8·3-7〕

這矩陣S叫做「主因素結構」(primary factor structure)，是各點在**主軸**上的**垂直投影**。**V**和**S**均爲「因素結構」，亦卽均爲各點的垂直投影。

轉換矩陣**Λ**與**T**有密切關係存在，這一關係可用下式表示：

$\mathbf{T}'=\mathbf{D}\mathbf{\Lambda}^{-1}$ 〔公式 8·3-8〕

事實上，如果我們能設法把**Λ**先找出來，就能求出**T**來。其方法是：先求**Λ**的反矩陣 $\mathbf{\Lambda}^{-1}$，再將 $\mathbf{\Lambda}^{-1}$ 的每一橫列正規化爲1，便可得到**T**的轉置矩陣 $\mathbf{T}'$。再把 $\mathbf{T}'$ 轉置過來便可得到**T**。

有了**Λ**和**T**便可求出下列各項重要的矩陣：

$\boldsymbol{\phi}=\mathbf{T}'\mathbf{T}$ 〔公式 8·3-9〕

$\mathbf{D}=\mathbf{T}'\mathbf{\Lambda}$ 〔公式 8·3-10〕

由矩陣$\boldsymbol{\phi}$的主對角線元素可看出主因素之間的相關，亦卽主軸與主軸之間的角度。由矩陣**D**的主對角線元素可以看出主因素與參照因素之間的相關，亦卽主軸與參照軸之間的角度。

此外，在斜交轉軸法裏，我們還必須辨別剛纔說過的「因素結構」(factor structure) 與下面要加以說明的「因素組型」(factor pattern) 之不同。因素結構事實上是代表各點在**主軸**上的**垂直投影**，代表變項與因素之間的相關。因素組型事實上是各點在**主軸**上的**斜坐標**，代表以因素爲自變數，以變項（點）爲依變數時之線性組合公式中的加權係數。以圖 8·3-3 的點1（變項1）爲例來說：自點1到 T_1 軸和到 T_2 軸均可畫出垂直線，垂直線與T軸交點至原點的距離便是點 1 在 T 軸上的垂直投影。這些投影就是因素負荷量，也就是變項與因素的相關。像這樣，有五個點，在 T 軸上便有五對垂直投影，便構成公式 8•3-7 所示的 **S** 矩陣。其次，經由點 1，我們還可畫一條直線平行 T_2 軸和另一條直線平行 T_1 軸。交叉點至原點 0 的距離便是 T_1 和 T_2 所構成的斜坐標系統中的坐標（coordinates）。每一個點均有一對表示在斜坐標上的位置的數字。它們所構成的矩陣要用 **P** 來代表，是爲因素組型矩陣。其公式爲:

（因素組型）　$\mathbf{P}=\mathbf{VD}^{-1}$　〔公式 8•3-11〕

（因素結構）　$\mathbf{S}=\mathbf{P}\phi$　〔公式 8•3-12〕

正交轉軸時，因兩因素軸保持 90°，投影大小與坐標長度相同，所以 **P** 和 **S** 便沒有什麼不同。但是在斜交轉軸裏二者却必須分辨清楚才行 (Harman, 1968)。

我們可將上述各矩陣用表 8•3-7 來加以摘要:

表 8•3-7　本節斜交轉軸之符號

	轉換矩陣	因素結構	因素組型
主　軸	**T**	**S**	**P**
參照軸	**Λ**	**V**	**W**

(節自 Harman, 1960, p.278)

參照軸轉換矩陣 Λ 之求法　由上面的討論可知，斜交轉軸時最具關鍵性的地方是如何把公式 8•3-6 中的矩陣 **Λ** 求出來。下面我們要以 Carroll（1953）所創用之「最小四次方法」(quartimin method) 的斜交轉軸法來說明（請參看 Harman, 1960, pp. 319-324)。

由公式 8•3-6，亦即 $\mathbf{V}=\mathbf{A\Lambda}$，可以看出假使有未轉軸因素矩陣 **A** 要用最小四次方法進行斜交轉軸，則要使用下列各步驟設法求出

（參照軸）轉換矩陣 $\mathbf{\Lambda}$，以便算出參照因素結構 $\mathbf{V}$ 來，使 $\mathbf{V}$ 的元素之平方的交乘積和變爲最小。換言之，要使下式 N 值變爲最小：

$$N=\sum_{p<q=1}^{m}\sum_{j=1}^{n}v_{jp}^2 v_{jq}^2$$

或
$$N=\sum_{p<q=1}^{m}\sum_{j=1}^{n}(\sum_{k=1}^{m}a_{jk}\lambda_{kp})^2(\sum_{k=1}^{m}a_{jk}\lambda_{kq})^2 \qquad 〔公式\ 8\cdot3\text{-}13〕$$

爲解決這一問題，Carroll 提倡使用下面所描述的反覆法（iterative methods）：

①先以矩陣 $\mathbf{\Lambda}=\begin{bmatrix}\lambda_{11} & \lambda_{12}\\ \lambda_{21} & \lambda_{22}\end{bmatrix}$ 的第一個縱行（$x=1$）爲起點，並根據矩陣 $\mathbf{A}$ 第一縱行以外（$p\neq1$）的縱行求出 w_j 值。其公式爲：

$$w_j=\sum_{p=1}^{m}v_{jp}^2 \qquad 〔公式\ 8\cdot3\text{-}14〕$$

第一次反覆時，w_j 事實上就是相對的 a_{j2}^2，亦即矩陣 $\mathbf{A}$ 第二縱行元素之平方。

②以步驟①所求得的值爲元素，造出對角線矩陣 $\mathbf{W}$，並代入下式求矩陣 $\mathbf{C}$。

$$\mathbf{C}=\mathbf{A}'\mathbf{W}\mathbf{A} \qquad 〔公式\ 8\cdot3\text{-}15〕$$

這裏 $\mathbf{W}$ 是 $n\times n$ 階的對角線矩陣，以 n 個純數 w_j 爲對角線元素。

③解下式的「最小」特徵值 N_x：

$$|\mathbf{C}-N_x\mathbf{I}|=0 \qquad 〔公式\ 8\cdot3\text{-}16〕$$

④解下式的特徵向量 $\mathbf{\Lambda}_x=\begin{bmatrix}\lambda_{11}\\ \lambda_{21}\end{bmatrix}$

$$(\mathbf{C}-N_x\mathbf{I})\mathbf{\Lambda}_x=0 \qquad 〔公式\ 8\cdot3\text{-}17〕$$

〔第③，④步驟要用表 7·1-4 的反覆解法求出特徵值和特徵向量〕。

⑤用下式求第一個反覆所得到的 v_{j1}：

$$\mathbf{V}_x=\mathbf{A}\mathbf{\Lambda}_x$$ 〔公式 8·3-18〕

此時公式 8·3-13 的 N_x 值應變小而爲:

$$N_x=\mathbf{\Lambda}_x'\mathbf{C}\mathbf{\Lambda}_x$$ 〔公式 8·3-19〕

且等於解公式 8·3-16 後的最小特徵值 N_x。

⑥選 $x=2$ 開始進行第二次反覆。再重複①至⑤的步驟，直到得到新的 v_{j2}。〔請注意：第二次反覆（$x=2$）時，作爲 **W** 矩陣主對角線元素的是 v_{j1}^2〕。

⑦如此重複進行，亦即 $x=1$ 和 $x=2$ 輪流交換，直到最小值N聚歛爲止。此時，便可得到最後的轉換矩陣 $\mathbf{\Lambda}$。

⑧以第⑦所得的 $\mathbf{\Lambda}$ 代入公式 8·3-6，亦即 $\mathbf{V}=\mathbf{A}\mathbf{\Lambda}$，求出參照因素結構 **V**。這樣，斜交轉軸便算完成。

計算實例 現在我們要舉一個實例來說明「最小四次方法」的斜交轉軸的實際計算過程。

【例 8·3-3】表 8·3-6 的矩陣**A**是未轉軸矩陣，試以最小四次方法（quartimin solution）進行斜交轉軸。

1. 先使用 Carroll 的反覆法解出轉換矩陣 $\mathbf{\Lambda}$（按照上面①至⑦的步驟進行）:

表 8·3-8 第一次反覆

未轉軸 **A**		**W**的元素
a_{j1}	a_{j2}	a_{j2}^2
.58096	.80642	.65031
.76705	−.54478	.29679
.67243	.72604	.52713
.93239	−.10429	.01088
.79115	−.55816	.31154

例：$(.80642)^2 = .65031$

$$\mathbf{W}=\begin{bmatrix} .65031 & 0 & 0 & 0 & 0 \\ 0 & .29679 & 0 & 0 & 0 \\ 0 & 0 & .52713 & 0 & 0 \\ 0 & 0 & 0 & .01088 & 0 \\ 0 & 0 & 0 & 0 & .31154 \end{bmatrix}$$

①決定 $x=1$，亦即第一次反覆要改變 Λ 矩陣的第一縱行，Λ 矩陣的第二縱行則固定不變。如此則要以矩陣 $\mathbf{A}$ 的第二縱行元素之平方 (a_{j2}^2) 爲 w_j。結果可得上面的 $\mathbf{W}$ 矩陣。

②代入公式 8•3-15，得：

$$\mathbf{C}=\mathbf{A}'\mathbf{W}\mathbf{A}=\begin{bmatrix} .8369 & .2994 \\ .2994 & .8860 \end{bmatrix}$$

③代入公式 8•3-16，得：

$$|\mathbf{C}-N_x\mathbf{I}|=0$$

或

$$\begin{vmatrix} .8369-N_x & .2994 \\ .2994 & .8860-N_x \end{vmatrix}=0$$

解特徵值，得：　$N_x=1.1619$　　$N_x=.5610$

所以最小特徵值是 $N_x=.5610$

④將這最小特徵值代入公式 8•3-17：

$$\begin{bmatrix} .8369-.5610 & .2994 \\ .2994 & .8860-.5610 \end{bmatrix}\begin{bmatrix} \lambda_{11} \\ \lambda_{21} \end{bmatrix}=\begin{bmatrix} 0 \\ 0 \end{bmatrix}$$

得：

$$\Lambda_x=\begin{bmatrix} .7354 \\ -.6776 \end{bmatrix}$$

這是正規化爲 1 的特徵向量，也是轉換矩陣 Λ 的第一個縱行。（第③，④步可用表 7•1-4 的反覆解法）。

⑤代入公式 8•3-18，將 **A** 矩陣加以轉換：

$$\mathbf{V}=\mathbf{A}\mathbf{\Lambda}_x$$

$$=\begin{bmatrix} .58096 & .80642 \\ .76705 & -.54478 \\ .67243 & .72604 \\ .93239 & -.10429 \\ .79115 & -.55816 \end{bmatrix}\begin{bmatrix} .7354 \\ -.6776 \end{bmatrix}=\begin{bmatrix} -.1192 \\ .9332 \\ .0025 \\ .7563 \\ .9600 \end{bmatrix}$$

換句話說，未轉軸矩陣 **A** 經第一次反覆之後，變爲：

$$\mathbf{V}=\begin{bmatrix} -.1192 & .80642 \\ .9332 & -.54478 \\ .0025 & .72604 \\ .7563 & -.10429 \\ .9600 & -.55816 \end{bmatrix}$$

公式 8•3-13 的 N_x 應變爲：

$$N=\mathbf{\Lambda}_x'\mathbf{C}\mathbf{\Lambda}_x \qquad \text{（公式 8•3-19）}$$

$$=[.7354 \quad -.6776]\begin{bmatrix} .8369 & .2994 \\ .2994 & .8860 \end{bmatrix}\begin{bmatrix} .7354 \\ -.6776 \end{bmatrix}=.5610$$

正是第③步驟所求得的最小特徵值。

以上是第一次反覆，接著又開始重複①至⑤的步驟，進行第二次反覆。

⑥再選 $x=2$，亦即要改變 **Λ** 矩陣的第二個縱行，固定其第一個縱行。這一次要以表 8•3-9 矩陣 **V** 的第一縱行元素之平方（v_{j1}^2）爲 w_j。

表 8·3-9　第二次反覆

因素結構 V		W的元素
v_{j1}	a_{j2}	v_{j1}^2
−.1192	.80642	.01421
.9332	−.54478	.87086
.0023	.72604	.00001
.7563	−.10429	.57199
.9600	−.55816	.92160

例: $(-.1192)^2=.01421$

$$\mathbf{W}=\begin{bmatrix} .01421 & 0 & 0 & 0 & 0 \\ 0 & .87086 & 0 & 0 & 0 \\ 0 & 0 & .00001 & 0 & 0 \\ 0 & 0 & 0 & .57199 & 0 \\ 0 & 0 & 0 & 0 & .92160 \end{bmatrix}$$

$$\mathbf{C}=\mathbf{A'WA}=\begin{bmatrix} 1.5913 & -.8198 \\ -.8198 & .5610 \end{bmatrix}$$

這裏矩陣 A 仍是從表 8·3-8 來的。將矩陣 C 代入公式 8·3-16 得:

$$N_x=2.0443 \qquad N_x=.1079$$

將最小特徵值 .1079 代入公式 8·3-17, 得:

$$\mathbf{\Lambda}_x=\begin{bmatrix} .4837 \\ .8752 \end{bmatrix}$$

是轉換矩陣的第二個縱行。再代入公式 8·3-18, 得:

$$\mathbf{V}_x=\mathbf{A\Lambda}$$

$$=\begin{bmatrix} .58096 & .80642 \\ .76705 & -.54478 \\ .67243 & .72604 \\ .93239 & -.10429 \\ .79115 & -.55816 \end{bmatrix}\begin{bmatrix} .4837 \\ .8752 \end{bmatrix}=\begin{bmatrix} .9868 \\ -.1058 \\ .9607 \\ .3597 \\ -.1058 \end{bmatrix}$$

$$N=\mathbf{\Lambda}_x{}'\mathbf{C}\mathbf{\Lambda}_x$$

$$=[.4837 \quad .8752]\begin{bmatrix} 1.5913 & -.8198 \\ -.8198 & .5610 \end{bmatrix}\begin{bmatrix} .4837 \\ .8752 \end{bmatrix}=.1079$$

正是最小特徵值。所以矩陣**A**經第二次反覆後，又變爲表 8·3-10 的因素結構**V**。而轉換矩陣**Λ**已變爲：

$$\mathbf{\Lambda}=\begin{bmatrix} .7354 & .4837 \\ -.6776 & .8752 \end{bmatrix}$$

表 8·3-10 第三次反覆

因素結構 V		W的元素
v_{j1}	v_{j2}	v_{j2}^2
−.1192	.9868	.97377
.9332	−.1058	.01119
.0025	.9607	.92294
.7563	.3597	.12938
.9600	−.1058	.01119

例：$(.9868)^2=.97377$

$$\mathbf{W}=\begin{bmatrix} .97377 & 0 & 0 & 0 & 0 \\ 0 & .01119 & 0 & 0 & 0 \\ 0 & 0 & .92294 & 0 & 0 \\ 0 & 0 & 0 & .12938 & 0 \\ 0 & 0 & 0 & 0 & .01119 \end{bmatrix}$$

如果再重複①至⑤的步驟，進行第三次、第四次、…的重覆，直到代入公式 8•3-13 的N值聚歛爲止。這時候的轉換矩陣 $\mathbf{\Lambda}$ 終於變爲:

$$\mathbf{\Lambda}=\begin{bmatrix} .7515 & .4758 \\ -.6597 & .8795 \end{bmatrix}$$

這是最後的轉換矩陣 $\mathbf{\Lambda}$。由圖 8•3-3 可以看出這是 Λ_1 和 Λ_2 在原坐標上的方向餘弦。

2. 將最後的轉換矩陣 $\mathbf{\Lambda}$ 代入公式 8•3-6 求參照因素結構 $\mathbf{V}$:

$$\mathbf{V}=\mathbf{A\Lambda}=\begin{bmatrix} -.0954 & .9857 \\ .9359 & -.1142 \\ .0264 & .9585 \\ .7695 & .3519 \\ .9628 & -.1145 \end{bmatrix}\begin{matrix} \mathbf{1} \\ \mathbf{2} \\ \mathbf{3} \\ \mathbf{4} \\ 5 \end{matrix}$$

這是各點在 Λ_1 軸和 Λ_2 軸上的垂直投影。我們現在可以看出變項 2, 4, 和 5 是屬於第一共同因素的，變項 1 和 3 則屬於第二個共同因素。

3. 根據 $\mathbf{\Lambda}$，求主軸轉換矩陣 $\mathbf{T}$:

$$\mathbf{\Lambda}^{-1}=\begin{bmatrix} .9022 & -.4881 \\ .6767 & .7709 \end{bmatrix}$$

將 $\mathbf{\Lambda}^{-1}$ 的「橫行」正規化爲 1，便得:

$$\mathbf{T}'=\begin{bmatrix} .8795 & -.4758 \\ .6597 & .7515 \end{bmatrix}, \qquad \mathbf{T}=\begin{bmatrix} .8795 & .6597 \\ -.4758 & .7515 \end{bmatrix}$$

$\mathbf{T}$ 矩陣表示主軸 T_1 和 T_2 在原坐標上的方向餘弦。

4. 代 $\mathbf{T}'$ 到公式 8•3-10，求矩陣 $\mathbf{D}$:

$$\mathbf{D}=\mathbf{T}'\mathbf{\Lambda}=\begin{bmatrix} .97488 & 0 \\ 0 & .97488 \end{bmatrix}$$

表示主因素與參照因素之間的相關達 .97488。因此圖 8•3-3 顯示T軸與 Λ 軸之間的角度相當的小。

5. 將**T**代入公式 8•3-9，又得：

$$\boldsymbol{\phi}=\mathbf{T}'\mathbf{T}=\begin{bmatrix} 1 & .2226 \\ .2226 & 1 \end{bmatrix}$$

表示本例兩個主軸之間的相關爲 .2226 。亦即，T_1 和 T_2 兩個主軸之間不是成爲 90°，而是成爲 77.14° 。

6. 根據公式 8•3-7（或公式 8•3-12）求主因素結構**S**：

$$\mathbf{S}=\mathbf{AT}=\begin{bmatrix} .1272 & .9893 \\ .9339 & .0966 \\ .2460 & .9892 \\ .8697 & .5367 \\ .9614 & .1023 \end{bmatrix}\begin{matrix} 1 \\ 2 \\ 3 \\ 4 \\ 5 \end{matrix}$$

這是各點（變項）在主軸T上的垂直投影，亦即主因素與各變項之間的相關。由其因素負荷量看起來，已合乎塞斯通之簡單結構之要求。現在我們可以明顯的看出：變項 2， 4 和 5 是屬第一個共同因素，而變項 1 和 3 則屬於第二個共同因素。

7. 最後要根據公式 8•3-11 求主因素組型**P**：

$$\mathbf{P}=\mathbf{VD}^{-1}$$

$$=\begin{bmatrix} -.0954 & .9857 \\ .9359 & -.1142 \\ .0264 & .9585 \\ .7695 & .3519 \\ .9628 & -.1145 \end{bmatrix}\begin{bmatrix} \frac{1}{.97488} & 0 \\ 0 & \frac{1}{.97488} \end{bmatrix}=\begin{bmatrix} -.0979 & 1.0111 \\ .9600 & -.1171 \\ .0271 & .9832 \\ .7893 & .3610 \\ .9876 & -.1175 \end{bmatrix}\begin{matrix} 1 \\ 2 \\ 3 \\ 4 \\ 5 \end{matrix}$$

這是以主軸 T_1 和 T_2 爲斜坐標系統時，各點（變項）所在的坐標位置。如果我們用主因素組型P矩陣內的元素來作爲加權分數，乘以各變項的 z 分數，便可以得到斜交轉軸後的因素分數了。

最小斜交法　上面我們經由說明 Carroll 的最小四次方法來了解斜交轉軸的方法。事實上，一般電算機所使用的，大部分是下列所示的公式:

$$B=\sum_{p<q=1}^{m}\left[n\sum_{j=1}^{n}(v_{jp}^2/h_j^2)(v_{jq}^2/h_j^2)-\gamma\sum_{j=1}^{n}v_{jp}^2/h_j^2\sum_{j=1}^{n}v_{jq}^2/h_j^2\right]=min$$

〔公式 8·3-20〕

公式中 γ 值的大小會影響到主因素間的相關之大小，所以研究者必須自行決定 γ 的大小。這 γ 值可調節在 0 到 1 之間。採 $\gamma=0$ 時，公式後面一項就沒有了，此時因素主軸之間的斜交程度最爲明顯，就是我們在例 8·3-3 所用的「最小四次方法」(quartimin)〔請注意：例 8·3-3 沒有除以 h_j^2 將負荷量正規化，但這裏已予正規化〕。採 $\gamma=1$ 時，公式 8·3-20 相當於負荷量平方之共變數，主因素軸之間幾乎成爲正交，叫「最小共變法」(covarimin)。如果採用 $\gamma=.5$，則折衷了前二者之特點，斜交的程度較適中，就叫做「雙最小四次方法」(biquartimin)。通常這三者就合稱爲最小斜交法 (oblimin solution)〔Harman, 1968, pp. 159-164〕。

8·4　共同因素的解釋和顯著性考驗

（一）因素分析結果的解釋　共同因素抽出來之後，我們必須知道各因素所代表的意義是什麼；而要辨認因素的意義和性質，則首先必須看看已轉軸因素矩陣才可。其原則是先看那些變項在某一因素方面有較高的因素負荷量，和那些變項在此一因素方面有 0 或接近 0 的因素負荷量。

就表 8•3-5 的結果來說，在共同因素A方面有較大因素負荷量的變項是變項1，2，4和5（有＊號表示者），其餘的變項在共同因素A的負荷量都較低。例如「常識」在因素A的負荷量爲 .8278，表示「常識」與因素A之相關爲 .8278，亦即因素A所造成的變異數佔「常識」這一分測驗總變異之 68.5%〔即（.8278)^2〕。如果我們看「常識」這一分測驗由A、B、C三個共同因素所造成的變異數佔這一分測驗總變異的 83.6%（因爲 $h_1^2=.8361$），而因素A就佔68.5%，也就知道因素A對「常識」這一分測驗是多麼的重要。變項1，2，4和5依次爲「常識」、「類同」、「詞彙」、和「理解」，均屬於「語文部分」。由此可見，因素A可能是屬於語文方面的因素。於是，我們便有合理的根據可以把因素A命名爲「語文理解」(verbal comprehension) 因素，或其他恰當的名字。

其次，我們也可以看出：變項8，9，10，和12在因素B方面的負荷量都較大，其他變項在因素B方面的負荷量則都很小。變項7，8，9，10和12依次爲「圖形補充」、「連環圖系」、「圖形設計」、「物形配置」、和「迷津」。由測驗內容可以看出，它們都屬於作業量表 (performance scale) 部分，可測出受試者的知覺組織能力。所以我們將因素B命名爲「知覺組織」(perceptual organization) 因素，或「非語文因素」等其他名字。

在因素C方面負荷量較大的變項爲「算術」、「記憶廣度」、和「符號替代」。分析這三個分測驗的測驗內容可知，它們都與數字有關，或必須依賴記憶、注意、換碼 (coding) 的能力方能作答。因此，我們可將因素C命名爲「注意」(attension) 因素，或「記憶」等其他名字。

上面我們以表 8•3-5 爲例來說明如何辨認因素或替它們取名字。

因素是心理學上所謂假構 (hypothetical construct) 的一種。通常係假定一個人之所以會表現某一種行爲，乃是他內部的某一種假構所造成的。例如，某受試者之所以得到某種測驗結果，是因爲他有導致此一結果之某種因素所致。因此，所謂去辨明共同因素或替它取名字，只不過是較有學理的去猜測什麼是導致這些行爲結果的內在假構罷了。因此不同的研究者對事實上相同的同一共同因素所取的名字可能有所不同。

（二）因素分析的顯著性考驗　如果我們先提出共同因素的數目爲m個的假設，便可以用這裏所討論的方法來進行假設考驗。換言之，可以考驗「只用m個共同因素就可以適當的複製原來的相關係數矩陣」這一說法是否可以得到支持。這一考驗的虛無假設是這樣的:

$$H_0: \mathbf{P}=\mathbf{F}\mathbf{F}'+\boldsymbol{\Psi} \qquad \text{（或共同因素有 } m \text{ 個）}$$

如果代入下列公式 8•4-1 考驗的結果，計算的 χ^2 值大於查表的 χ^2 值，便須拒絕上述的虛無假設。

$$\chi^2=[(N-1)-\frac{1}{6}(2p+5)-2m/3]\ln\frac{|\hat{\mathbf{F}}\hat{\mathbf{F}}'+\hat{\boldsymbol{\Psi}}|}{|\mathbf{R}|}$$

〔公式 8•4-1〕

這裏，$|\mathbf{R}|$ 代表樣本相關係數矩陣的行列式值，$\hat{\mathbf{F}}$ 和 $\hat{\boldsymbol{\Psi}}$ 是解出來的共同因素矩陣和唯一性對角線矩陣。$\hat{\mathbf{F}}\hat{\mathbf{F}}'+\hat{\boldsymbol{\Psi}}=\hat{\mathbf{P}}$，是母群相關係數矩陣 $\mathbf{P}$ 的不偏估計數。

當樣本人數 $N\to\infty$ 時，公式 8•4-1 的 χ^2 值成爲:

$$\mathrm{df}=v=\frac{1}{2}[(p-m)^2-p-m] \qquad \text{〔公式 8•4-2〕}$$

的 χ^2 分配。爲保證 df 爲正號的數值，必須:

$$m<\frac{1}{2}(2p+1-\sqrt{8p+1}) \qquad \text{〔公式 8•4-3〕}$$

如果考驗結果，達到顯著水準，就拒絕共同因素正好爲m個的說法，而說共同因素不是m個。此時應再用同項資料多抽取一個共同因素，再考驗共同因素是否爲（$m+1$）個。如此類推，直到 χ^2 值不達顯著水準爲止（參看 Morrison, 1976, pp. 314-318）。

下面我們要以例 8•4-1 來幫助說明共同因素的顯著性考驗的方法。這一個例子除了達成這一個目的之外，還要用來說明我們在第 8•2 節所提到的「共同性 h_i^2 的反覆解法」。讀者可請回頭復習第 8•2（一）的「共同性 h_i^2 的決定」一節。

【例 8•4-1】 矩陣 **R** 是利用12名駕駛訓練所學員就（1）視野廣度、（2）視覺辨別、（3）手眼協調、（4）反應時間、（5）動作穩定、（6）體能測驗等六項測驗所得的相關係數。試用 $\alpha=.01$，考驗這六項測驗可以測出兩個共同因素之說法是否可以成立。

$$
\mathbf{R}=\begin{bmatrix}
1 & .86 & .74 & .23 & .31 & .40 \\
.86 & 1 & .69 & .15 & .25 & .18 \\
.74 & .69 & 1 & .21 & .12 & .40 \\
.23 & .15 & .21 & 1 & .74 & .91 \\
.31 & .25 & .12 & .74 & 1 & .76 \\
.40 & .18 & .40 & .91 & .76 & 1
\end{bmatrix}
\begin{matrix} (1) \\ (2) \\ (3) \\ (4) \\ (5) \\ (6) \end{matrix}
$$

1. 以 **R** 矩陣爲資料，用表 7•1-4 的方法抽出特徵值和特徵向量，結果得下列六個特徵值：

$$\lambda_1=3.330 \qquad \lambda_2=1.828 \qquad \lambda_3=.481$$

$$\lambda_4=.189 \qquad \lambda_5=.159 \qquad \lambda_6=.014$$

和與它們相對應的特徵向量（正規化爲 λ_i）：

$$\mathbf{F}=\begin{bmatrix} .787 & .531 & .119 & -.010 & -.288 & .038 \\ .687 & .626 & .286 & .175 & .149 & -.049 \\ .700 & .534 & -.419 & -.156 & .161 & .024 \\ .737 & -.602 & -.115 & .273 & .055 & .052 \\ .719 & -.519 & .381 & -.240 & .100 & .020 \\ .831 & -.487 & -.225 & -.039 & -.121 & -.080 \end{bmatrix}$$

因爲特徵值大於 1 者有兩個，所以我們假設共同因素有二，亦即假定 $m=2$。

2. 用「共同性 h^2 反覆解法」解共同性：表 8•4-1 是自 **F** 矩陣中取出前兩個特徵向量所得的初步 h^2 值。將表 8•4-1 的 h^2 值依次代入 **R** 矩陣的主對角線元素位置，以取代原來的 1。如此，便得到縮減式相關係數矩陣 **R***。其主對角線以外各元素仍然與 **R** 矩陣時一樣。

表 8•4-1　**F** 矩陣前兩個因素的 h^2

	f_1	f_2	h^2
(1)	.787	.531	.901
(2)	.687	.626	.863
(3)	.700	.534	.774
(4)	.737	−.602	.906
(5)	.719	−.519	.787
(6)	.831	−.487	.927

根據新得到的 **R*** 矩陣，再用表 7•1-4 的方法抽出特徵值和特徵向量。結果又得到表 8•4-2 的 **F** 矩陣和共同性 h_i^2。這樣的一次抽取特徵向量，稱爲一次反覆。

表 8·4-2　第 1 次反覆的共同因素及 h^2

	f_1	f_2	h^2
(1)	.776	.534	.887
(2)	.667	.614	.822
(3)	.663	.490	.679
(4)	.736	−.586	.886
(5)	.690	−.464	.692
(6)	.832	−.478	.922

再把表 8·4-2 的共同性 h^2 依次代入 $\mathbf{R}$ 矩陣，成另一個縮減式相關係數矩陣，稱爲 $\mathbf{R}_1^*$ 矩陣。並以同樣方法抽取共同因素和計算 h^2 值。如此重複進行。直到第14次反覆時，所得的 h^2 值便與第13次反覆時的 h^2 值完全一樣了（小數三位內完全正確）。表 8·4-3 是利用 $\mathbf{R}_{13}^*$ 縮減式相關係數矩陣，進行第13次反覆時，所抽到的兩個特徵向

表 8·4-3　第13次反覆時的共同因素及 h^2

	f_1	f_2	h^2
(1)	.787	.560	.933
(2)	.656	.610	.803
(3)	.631	.447	.597
(4)	.739	−.585	.889
(5)	.658	−.412	.603
(6)	.851	−.493	.967
	3.151	1.640	

量及 h_i^2。這是我們所要的較精確的共同性 h^2。

3. 設表 8·4-3 的共同因素矩陣爲 $\hat{\mathbf{F}}_2$ 矩陣，並求下列各值:

$$\hat{\mathbf{F}}_2\hat{\mathbf{F}}_2'=\begin{bmatrix} .9330 & .8579 & .7469 & .2540 & .2871 & .3937 \\ .8579 & .8024 & .6866 & .1279 & .1803 & .2575 \\ .7469 & .6866 & .5980 & .2048 & .2310 & .3166 \\ .2540 & .1279 & .2048 & .8883 & .7273 & .9173 \\ .2871 & .1803 & .2310 & .7273 & .6027 & .7631 \\ .3937 & .2575 & .3166 & .9173 & .7631 & .9673 \end{bmatrix}$$

$$\hat{\boldsymbol{\Psi}}=diag[.0670 \quad .1976 \quad .4020 \quad .1117 \quad .3973 \quad .0327]$$

$|\hat{\mathbf{F}}_2\hat{\mathbf{F}}_2'+\hat{\boldsymbol{\Psi}}|=.005587$（二因素複製的**R**矩陣行列式值）

$|\mathbf{R}|=.001214$　　　（原來**R**矩陣的行列式值）

4. 將這些結果，與 $N=12$，$p=6$，$m=2$ 等代入公式 8•4-1，可得 χ^2 值如下所示：

$$\chi^2=[(12-1)-\frac{1}{6}(2\times 6+5)-2(2)/3]\ln\frac{.005587}{.001214}$$

$$=6.8333(\ln 4.6021)=6.8333(1.5265)$$

$$=10.431$$

$$\text{df}=\frac{1}{2}[(6-2)^2-6-2]=4$$

小於查表的 $\chi^2_{.01,(4)}=13.277$，所以 $m=2$ 是對的，亦即可支持有兩個共同因素之說法。換言之，抽出兩個共同因素之後所剩下的殘餘矩陣 $(\mathbf{R}-\hat{\mathbf{F}}_2\hat{\mathbf{F}}_2')$ 已沒有什麼重要性可言了。

上面這過程稱「二因素解」(two-factor solution)。

5. 再以「一因素解」考驗顯著性：如果只抽出一個共同因素，亦即只保留**F**矩陣的第一個特徵向量（$\lambda_1=3.332$），則用同樣方法反覆解10次之後，共同 h^2 值便與第9次反覆的共同性 h^2 值相聚斂了。表 8•4-4 最右，是一因素解（one-factor solution）的結果。

表 8•4-4　用一因素解時的 h^2 值

開始時 f	開始時 h^2	第 1 次反覆 f	第 1 次反覆 h^2	第 9 次反覆 f	第 9 次反覆 h^2
.787	.620	.739	.547	.712	.507
.687	.472	.613	.376	.585	.342
.700	.490	.631	.398	.606	.367
.737	.544	.690	.476	.693	.480
.719	.517	.666	.443	.664	.441
.831	.690	.812	.659	.827	.684

故: $\hat{\mathbf{F}}_1' = [.712 \quad .585 \quad .606 \quad .693 \quad .664 \quad .827]$

$\hat{\Psi} = diag[.493 \quad .658 \quad .633 \quad .520 \quad .559 \quad .316]$

$\hat{\mathbf{F}}_1\hat{\mathbf{F}}'_1 + \hat{\Psi}$

$$= \begin{bmatrix} 1 & & & & & (\text{對稱}) \\ .4165 & 1 & & & & \\ .4315 & .3545 & 1 & & & \\ .4934 & .4054 & .4200 & 1 & & \\ .4728 & .3884 & .4024 & .4602 & 1 & \\ .5888 & .4838 & .5012 & .5731 & .5491 & 1 \end{bmatrix}$$

$|\hat{\mathbf{F}}_1\hat{\mathbf{F}}_1' + \hat{\Psi}| = .132081$（一因素複製的 $\mathbf{R}$ 矩陣行列式值）

$$\chi^2 = [(12-1) - \frac{1}{6}(2\times6+5) - (2)(1)/3]\ln\frac{.132081}{.001214}$$

$$= 7.5(\ln 26.4259) = 7.5(3.2743) = 24.557$$

$$df = \frac{1}{2}[(6-1)^2 - 6 - 1] = 9$$

還大於查表的 $\chi^2_{.01,(9)} = 21.666$，所以應拒絕 $m=1$ 的說法。換言之，抽出一個共同因素之後，所剩下的殘餘矩陣還具有重要性。根據上述結果判斷，本研究的資料可抽出兩個共同因素，因爲抽出一個因素後，顯示還有第二個因素，但抽出第二個因素之後，便顯示第三個因素以後的已不重要，可以放棄了。表 8•4-5 是上述分析的摘要。

表 8•4-5　例 8•4-1 的一因素解和二因素解

變項	一因素解		二因素解		
	唯一性	因素負荷	唯一性	因素負荷	
(1)	.493	.712	.0670	.787	.560
(2)	.658	.585	.1976	.656	.610
(3)	.633	.606	.4020	.631	.447
(4)	.520	.693	.1117	.739	−.585
(5)	.559	.664	.3973	.658	−.412
(6)	.316	.827	.0327	.851	−.493

本節上述的計算係藉助於微形電算機來完成，單獨用人力已無法勝任這種計算。

6. 轉軸：表 8•4-6 是轉軸後因素負荷量矩陣 **G**。它是用 varimax 法將表 8•4-5 裏（二因素解矩陣）的未轉軸因素負荷量矩陣 **F** 加以轉軸而成的。由表 8•4-6 轉軸的結果可以看出，第一個共同因素似乎爲

表 8•4-6　轉軸後因素負荷量矩陣

變項	f_1	f_2	h^2
視野廣度	.1968	.9456*	.933
視覺辨別	.0668	.8933*	.802
手眼協調	.1592	.7567*	.598
反應時間	.9397*	.0730	.888
動作穩定	.7627*	.1449	.603
體能測驗	.9593*	.2166	.967

「動作」因素，而第二個共同因素似乎爲「知覺」因素。

例 8•4-1 事實上說明採用「共同性反覆解法」時的因素分析的實際演算過程。這種抽取因素和估計共同性 h^2 的方法較採用複相關平方估計法所計算的結果遠爲正確。其顯著性考驗方法則較適用於受試者人數N爲大樣本時的情形。〔請看 Morrison, 1976, pp. 307-319; Harman, 1960, pp. 366-383〕。

（三）因素分析的新研究趨勢　本章所討論的因素分析是賀德臨所發展出來的「主因素解法」。其他還有很多不同的因素分析方法，我們將無法再討論它們（請參看 Harman, 1967; Mulaik, 1972）。由於高速電算機的出現，解很複雜的因素分析問題已成爲可能的事。因此更多更新的因素分析方法，也漸漸再度受到重視，例如典型因素分析 (canonical factor analysis)，α 因素分析 (alpha factor analysis)，「映像分析」(image analysis) 等〔參看 Van de Geer, 1971, pp. 171-205; Kaiser & Caffrey, 1965〕。至於轉軸法本身，也有新的方法出現，值得對因素分析有趣的讀者設法去了解它。例如，independent cluster 是一種斜交轉軸法，讀者可參閱 Harris & Kaiser (1964)，Kaiser (1970)，或 Kaiser & Rice (1974)。

此外，有一種與因素分析的功用相似但不同的統計方法，叫做「類叢分析」(cluster analysis)，可以用來將許多變項或受試者加以分類，使性質相近者歸入同一類叢。有興趣研究的讀者可參看 Tryon & Bailey (1970) 或 BMDP 第17章。

最近有一部分統計學家，傾向於建立一種叫做「結構公式模式」(structural equation model) 的統計模式，用以說明各種潛在變項之間的因果關係和結構，這是因素分析和徑路分析的綜合應用，是甚值得我們注意的研究趨勢〔參看 Jöreskog & Sörbom (1978) 的LISREL〕。

第九章　多變項變異數分析(I)——單因子設計和區別分析

在一般統計學裏，變異數分析是大家最熟悉和最常用的統計法之一。單變項變異數分析可以說是我們現在要討論的「多變項變異數分析」(multivariate analysis of variance) 的一個特例而已。在第 4·3 節裏我們已討論過「一般線性模式」的實際應用。我們曾用「變異數分析模式」來處理過兩個母群的平均數差異的考驗問題。現在，我們要更進一步加以發展，把它應用在 k 個母群或以上（$k \geqslant 3$）的情境。在這一章末了，我們還要討論一種名叫「區別分析」的統計法。它與本章所討論的多變項變異數分析有密切的關係存在。

9·1　線性複迴歸模式在單變項變異數分析方面的應用

在多變項變異數分析還沒十分流行之前，有許多統計學家（請看 Kelly, Beggs & McNeil, 1969; Mendenhall, 1973; Ward, 1962, 1973及其電算機程式 PERSUB）利用「線性複迴歸模式」(multiple linear regression model) 來解統計學方面的各種問題。爲配合本章的目的，這裏只討論這種模式使用於單變項變異數分析的情形。我們將不難發現這種統計方法是現在多變項分析法的先驅。

（一）基本模式　利用線性複迴歸模式解統計問題時要採用下列三個步驟:

1. 先利用向量的線性組合構成一個預測公式，以代表有各受試者所屬組別之充分消息時的情況，然後看預測的誤差有多大。這一代表有充分消息時的預測公式稱爲「充足模式」(full model)。

2. 提出有關假設，對上述充足模式加上某種限制，使成爲另一線性組合（即另一預測公式），以代表沒有組別之消息時的情況，然後再看此時所造成的誤差又是多大。代表這一情況的預測公式就叫做「限制模式」(restricted model)。

3. 將限制模式和充足模式加以比較，求出 F 值。如果 F 值達到顯著水準，則所提假設可能爲假；如 F 值未達到顯著水準，則所提假設可能爲眞。

（二）計算實例　我們就用例 9·1-1 來說明如何用線性複廻歸模式來解傳統的單變項變異數分析的問題。

【例 9·1-1】 某研究者比較電視教學、編序教學、和啓發式教學對學生學習數學的影響。表 9·1-1 是實驗結果三組學生的成績。試以 $\alpha=.05$ 考驗三種教學法的效果是否一樣。

表 9·1-1　三組的學習成績

	電視	編序	啓發	
	61	53	87	
	76	45	70	
	73	61	65	
		69		
ΣX	210	228	222	660
ΣX^2	14826	13316	16694	44836
n	3	4	3	10
$\bar{X}$	70	57	74	66

$$SS_t = 44836 - \frac{(660)^2}{10} = 1276$$

$$SS_w = \left[14826 - \frac{(210)^2}{3}\right] + \left[13316 - \frac{(228)^2}{4}\right] + \left[16694 - \frac{(222)^2}{3}\right] = 712$$

$$SS_b = 1276 - 712 = 564$$

表 9·1-1 的資料已用一般的單變項變異數分析計算在表的下邊。表 9·1-2 是此項變異數分析的摘要表。現在就要使用線性複迴歸模式來解同一問題，以便互相比較。

表 9·1-2　變異數分析摘要表

變異來源	SS	df	MS	F
組　間	564	2	282	$2.773^{n.s.}$
組　內	712	7	101.71	
總　和	1276	9		

$F_{.05,(2,7)} = 4.74$

按照上述三個步驟來說，第一個步驟應假定我們充分知道每位學生所屬的組別。如果知道某學生屬於某一組，就用擬似變項（dummy variables）中的 1 來代表，如果不屬於該組就用 0 來代表。如此便可以構成 **x** 向量。所以 **x** 向量爲類別向量，是自變項。另外，將所有學生的成績列成一個 **y** 向量，是爲依變項。如此，我們便可列出下列預測公式。因爲我們充分知道每位學生所屬的組別，故爲「充足模式」。在本研究裏，且稱之爲模式 1 。

【模式 1】　$\mathbf{y} = b_1\mathbf{x}_1 + b_2\mathbf{x}_2 + b_3\mathbf{x}_3 + \mathbf{e}_1$　（充足模式）

用表 9·1-1 的數字，以展開式具體表示，則爲:

$$
\underset{\mathbf{y}}{\begin{bmatrix}61\\76\\73\\53\\45\\61\\69\\87\\70\\65\end{bmatrix}}
= b_1 \underset{\mathbf{x}_1}{\begin{bmatrix}1\\1\\1\\0\\0\\0\\0\\0\\0\\0\end{bmatrix}}
+ b_2 \underset{\mathbf{x}_2}{\begin{bmatrix}0\\0\\0\\1\\1\\1\\1\\0\\0\\0\end{bmatrix}}
+ b_3 \underset{\mathbf{x}_3}{\begin{bmatrix}0\\0\\0\\0\\0\\0\\0\\1\\1\\1\end{bmatrix}}
+ \underset{\mathbf{e}_1}{\begin{bmatrix}e_1\\e_2\\e_3\\e_4\\e_5\\e_6\\e_7\\e_8\\e_9\\e_{10}\end{bmatrix}}
$$

式中的 b_1，b_2 和 b_3 是我們需預測的未知加權值，亦即斜率部分，根據最小平方法的原理，我們當然預測 $b_1=(61+76+73)/3=70$，$b_2=(53+45+61+69)/4=57$，$b_3=(87+70+65)/3=74$。所以：

$$
\hat{\mathbf{y}}=70\mathbf{x}_1+57\mathbf{x}_2+74\mathbf{x}_3
$$

這樣預測的誤差將為：

$$
\mathbf{e}_1=\mathbf{y}-\hat{\mathbf{y}}=
\begin{bmatrix}61\\76\\73\\53\\45\\61\\69\\87\\70\\65\end{bmatrix}
-
\begin{bmatrix}70\\70\\70\\57\\57\\57\\57\\74\\74\\74\end{bmatrix}
=
\begin{bmatrix}-9\\6\\3\\-4\\-12\\4\\12\\13\\-4\\-9\end{bmatrix}
$$

所以「誤差平方和」(error sum of square, SS_e) 爲:

$$q_1=\mathbf{e}'_1\mathbf{e}_1=(-9)^2+(6)^2+\cdots+(-9)^2=712$$

它正好是表 9•1-2 的組內離均差平方和 $SS_w=712$。這是我們知道每位學生所屬組別的消息而以組平均數預測每位學生之成績時所造成的錯誤。

其次，在第二步驟裏，我們要把模式 1（充足模式）的預測公式加以某種限制。換言之，我們要假定對學生所屬的組別一無所知，因之最好的辦法是預測這十名學生的總平均成績66。在這種限制之下，模式 1 的預測公式的加權值應假定均爲相等，亦即:

（假設 1） $b_1=b_2=b_3=a_0$

故 $\mathbf{y}=b_1\mathbf{x}_1+b_2\mathbf{x}_2+b_3\mathbf{x}_3+\mathbf{e}_1$ 就變爲:

$$=a_0(\mathbf{x}_1+\mathbf{x}_2+\mathbf{x}_3)+\mathbf{e}_2$$

$$=a_0\mathbf{u}+\mathbf{e}_2$$

於是我們得到:

【模式 2】　$\mathbf{y}=a_0\mathbf{u}+\mathbf{e}_2$　（限制模式）

因爲十名學生每人均預測爲66，預測公式應爲:

$$\overset{\mathbf{y}}{\begin{bmatrix}61\\76\\73\\53\\45\\61\\69\\87\\70\\65\end{bmatrix}}=66\overset{\mathbf{x}_1}{\begin{bmatrix}1\\1\\1\\0\\0\\0\\0\\0\\0\\0\end{bmatrix}}+66\overset{\mathbf{x}_2}{\begin{bmatrix}0\\0\\0\\1\\1\\1\\1\\0\\0\\0\end{bmatrix}}+66\overset{\mathbf{x}_3}{\begin{bmatrix}0\\0\\0\\0\\0\\0\\0\\1\\1\\1\end{bmatrix}}+\mathbf{e}_2=66\overset{\mathbf{u}}{\begin{bmatrix}1\\1\\1\\1\\1\\1\\1\\1\\1\\1\end{bmatrix}}+\mathbf{e}_2$$

此時的誤差向量 $\mathbf{e}_2$ 與模式 1 的誤差向量 $\mathbf{e}_1$ 並不一樣。由於消息有限或較不精確，根據模式 2 所作的預測應較不正確，所以 $\mathbf{e}_2$ 的元素與 0 之差應較大。從下面所求出的 $\mathbf{e}_2$ 和 $q_2=\mathbf{e}'_2\mathbf{e}_2$，便可看出這一點:

$$\mathbf{e}_2=\mathbf{y}-a_0\mathbf{u}=\begin{bmatrix}61\\76\\73\\53\\45\\61\\69\\87\\70\\65\end{bmatrix}-\begin{bmatrix}66\\66\\66\\66\\66\\66\\66\\66\\66\\66\end{bmatrix}=\begin{bmatrix}-5\\10\\7\\-13\\-21\\-5\\3\\21\\4\\-1\end{bmatrix}$$

$$q_2=\mathbf{e}'_2\mathbf{e}_2=(-5)^2+(10)^2+\cdots+(-1)^2=1276$$

這 q_2 正是表 9·1-2 中的 $SS_t=1276$。

第三步驟裏，我們要比較 q_1 值和 q_2 值。所用的 F 公式如下所示:

$$F=\frac{(q_2-q_1)/(n_f-n_r)}{q_1/(n-n_f)} \qquad \text{〔公式 9·1-1〕}$$

這裏，q_1 是模式 1（充足模式）時的 SS_e 或 $\mathbf{e}'_1\mathbf{e}_1$。

q_2 是模式 2（限制模式）時的 SS_e 或 $\mathbf{e}'_2\mathbf{e}_2$。

n 是受試者總人數，亦即向量的維數。

n_f 是充足模式時，預測向量的個數（不計 $\mathbf{e}$ 向量）。

n_r 是限制模式時，預測向量的個數。

$\mathrm{df}=(n_f-r_r,\ n-n_f)$

根據上面的計算，代入公式 9·1-1，得:

$$F=\frac{(1276-712)/(3-1)}{712/(10-3)}=\frac{564/2}{712/7}$$
$$=2.773^{n.s.}$$

這正是表 9•1-2 中的 F 值。因所計算的 $F=2.773$ 小於查表的 $F_{.05,(3-1,10-3)}=4.74$，未達顯著水準，故應接受 $b_1=b_2=b_3=a_0$（假設 1）的說法。換言之，三種教學法之效果並無差異。

因之，利用線性複廻歸模式解單變項變異數分析的問題與表 9•1-2 所示傳統的算法並無兩樣。公式 9•1-1 事實上便是一般單變項變異數分析的 F 公式：

$$F=\frac{(q_2-q_1)/(n_f-n_r)}{q_2/(n-n_f)}=\frac{(SS_t-SS_w)/(n_f-n_r)}{SS_w/(n-n_f)}$$
$$=\frac{SS_b/df_b}{SS_w/df_w}=\frac{MS_b}{MS_w}$$

爲方便起見，事實上我們並不用上述的方法計算 F 值，而直接使用下列公式 9•1-2 所示的方法：

$$F=\frac{(R_f^2-R_r^2)/(n_f-n_r)}{(1-R_f^2)/(n-n_f)}\qquad \text{〔公式 9•1-2〕}$$

這公式的 R_f^2 和 R_r^2 事實上是大家所熟知的「決定係數」。R_f^2 是使用充足模式時所得到的決定係數：

$$R_f^2=\frac{SS_b}{SS_t}=\frac{SS_t-SS_w}{SS_t}=\frac{q_2-q_1}{q_2}\qquad \text{〔公式 9•1-3〕}$$

而 R_r^2 是使用限制模式時所得到的決定係數。在本例的限制模式裏，因爲沒分組，所以 $SS_w=SS_t$ 其決定係數變爲：

$$R_r^2=\frac{SS_b}{SS_t}=\frac{SS_t-SS_w}{SS_t}=\frac{0}{SS_t}=0\qquad \text{〔公式 9•1-4〕}$$

將公式 9•1-3 和公式 9•1-4 代入公式 9•1-2 計算：

$$F=\frac{\left(\frac{q_2-q_1}{q_2}-0\right)/(n_f-n_r)}{\left(1-\frac{q_2-q_1}{q_2}\right)/(n-n_f)}=\frac{(q_2-q_1)/(n_f-n_r)}{q_1/(n-n_f)}$$

終於得到公式 9•1-1。由此可見，用公式 9•1-2 和用公式 9•1-1 完全相同，但是用公式 9•1-2 却方便多了。因爲只要算出 SS_b 和 SS_t 代入公式 9•1-3 便可算出 R_f^2，再代入公式 9•1-2 便可得到 F 値了。以例 9•1-1 和表 9•1-1 的資料來說，就是這樣:

$$R_f^2=\frac{SS_b}{SS_t}=\frac{564}{1276}=.442$$

$$F=\frac{(.442-0)/(3-1)}{(1-.442)/(10-3)}=2.773 \qquad \text{(公式 9•1-2)}$$

顯然的，這樣計算就較方便多了。事實上，剛纔的這些討論只是我們在第 5•1 節所討論的廻歸分析的一種應用而已；也可以看出變異數分析與廻歸分析二者是分不開的。譬如說，上例的充足模式裏的 b_1，b_2 和 b_3 的數値，事實上是用我們所熟知的公式 2•3-7 來估計的:

$$\boldsymbol{\beta}=(\mathbf{X'X})^{-1}\mathbf{X'y} \qquad \text{(公式 2•3-7)}$$

$$=\begin{bmatrix}\frac{1}{3} & 0 & 0\\ 0 & \frac{1}{4} & 0\\ 0 & 0 & \frac{1}{3}\end{bmatrix}\begin{bmatrix}210\\228\\222\end{bmatrix}=\begin{bmatrix}70\\57\\74\end{bmatrix}$$

知道本節所討論的線性複廻歸模式的應用之後，對瞭解本書所使用的「一般線性模式」定有不少的幫助。但是因爲上面所討論的線性複廻歸模式，在應用上有不少限制，我們還是要討論「一般線性模式」在變異數分析方面的實際應用。

9·2　單因子多變項變異數分析（I）

在一般統計裏，如果我們想考驗三個或三個以上獨立樣本之間的平均數差異，我們通常要用單因子獨立樣本變異數分析來處理（參看林清山，民國 63 年，第 269 至 283 頁）。與這單變項變異數分析相對應的多變項統計法便是這裏要討論的「單因子多變項變異數分析」(one-way multivariate analysis of variance)。

您一定還記得：我們曾在第 4·2 節討論過兩個獨立樣本的平均數假設考驗的問題。我們更在第 4·3 節使用一般線性模式來解決過同一問題。因爲本節的討論只是第 4·2 節和第 4·3 節的延伸應用，所以如果您回頭復習第 4·2 節和第 4·3 節，將有很大的幫助。

從現在開始，我們要正式使用一般線性模式來解多變項變異數分析的問題。首先，要從一個自變項（單因子）的開始。至於兩個或兩個以上自變項的多因子設計 (factorial design) 則留待以後各章討論。自變項通常被分爲 k 個水準或類別 ($k\geqslant 3$)，故係屬於變異數分析的問題，亦即爲考驗 k 個母群體的平均數差異的問題。每一樣本都是獨立樣本，依變項有 $p\geqslant 2$ 個。

（一）基本原理　根據第 4·3 節的討論，我們知道一般線性公式用於「變異數分析模式」時是這樣的:

$$\underset{N\times p}{\mathbf{Y}} = \underset{N\times q}{\mathbf{X}}\ \underset{q\times p}{\mathbf{B}} + \underset{N\times p}{\mathbf{E}_0} \qquad \text{〔公式 9·2·1〕}$$

這裏 N 是總人數，p 是依變項數目，k 是自變項的水準數（類別數或受試的組數），$q=k+1$。正如第 4·3 節所說的，$\mathbf{X}$ 是模式矩陣，其第一縱行是 1 爲元素的單元向量，其餘各縱行依次爲代表各組的類別向量。B為母數矩陣，其形式如下所示：

$$\mathbf{B} = \begin{bmatrix} \mu_{01} & \mu_{02} & \cdots & \mu_{0p} \\ \alpha_{11} & \alpha_{12} & \cdots & \alpha_{1p} \\ \vdots & \vdots & & \vdots \\ \alpha_{k1} & \alpha_{k2} & \cdots & \alpha_{kp} \end{bmatrix}$$

這一母數矩陣內各主要效果的不偏估計數是

$$\hat{\mathbf{B}} = (\mathbf{X'X})^{-}\mathbf{X'Y} \qquad \text{〔公式 9·2-2〕}$$

$$= \begin{bmatrix} 0 & 0 & \cdots & 0 \\ \bar{y}_{11} & \bar{y}_{12} & \cdots & \bar{y}_{1p} \\ \bar{y}_{21} & \bar{y}_{22} & \cdots & \bar{y}_{2p} \\ \vdots & \vdots & & \vdots \\ \bar{y}_{k1} & \bar{y}_{k2} & \cdots & \bar{y}_{kp} \end{bmatrix}$$

如果要考驗「各實驗處理的主要效果都相等」，則虛無假設應寫為：

$$H_0 : \mathbf{CBA} = \mathbf{\Gamma} \qquad \text{〔公式 9·2-3〕}$$

這裏比較矩陣C的每一橫列 $\mathbf{c}'$ 必須合乎 $\mathbf{c'H} = \mathbf{c}'$ 的條件，公式 9·2-3 的虛無假設纔可以考驗。例如，使用下列的比較矩陣C，便可以考驗：

$$\underset{(k-1)\times q}{\mathbf{C}} = \begin{vmatrix} 0 & 1 & 0 & \cdots & 0 & -1 \\ 0 & 0 & 1 & \cdots & 0 & -1 \\ \vdots & \vdots & \vdots & & \vdots & \vdots \\ 0 & 0 & 0 & \cdots & 1 & -1 \end{vmatrix} \text{ 或 } \begin{vmatrix} 0 & 1 & -1 & 0 & \cdots & 0 & 0 \\ 0 & 0 & 1 & -1 & \cdots & 0 & 0 \\ \vdots & \vdots & \vdots & \vdots & & \vdots & \vdots \\ 0 & 0 & 0 & 0 & \cdots & 1 & -1 \end{vmatrix}$$

〔公式 9·2-4〕

因為我們並不比較B的縱行之間的差異，所以公式 9·2-3 中的A要設為 $p\times p$ 的單元矩陣，亦即 $\mathbf{A} = \mathbf{I}_p$。又因為在虛無假設中，設各組平均數相等，亦即各組平均數之差爲 0， 所以 $\mathbf{\Gamma}$ 矩陣爲 $(k-1)\times p$ 的零矩陣。由此可見，公式 9•2-3 的虛無假設事實上爲 $H_0: \mathbf{CB}=\mathbf{O}$。

在上述的條件下，公式 4•3-7 變爲:

$$\mathbf{Q}_h=(\mathbf{C}\hat{\mathbf{B}}\mathbf{A}-\mathbf{\Gamma})'[\mathbf{C}(\mathbf{X}'\mathbf{X})^{-}\mathbf{C}']^{-1}(\mathbf{C}\hat{\mathbf{B}}\mathbf{A}-\mathbf{\Gamma})$$

$$=(\mathbf{C}\hat{\mathbf{B}})'[\mathbf{C}(\mathbf{X}'\mathbf{X})^{-}\mathbf{C}']^{-1}(\mathbf{C}\hat{\mathbf{B}}) \quad \text{〔公式 9•2-5〕}$$

或 $$=\sum_{i=1}^{k} N_i(\bar{\mathbf{y}}_i-\bar{\mathbf{y}})(\bar{\mathbf{y}}_i-\bar{\mathbf{y}})' \quad \text{〔公式 9•2-6〕}$$

而公式 4•3-4 便成爲:

$$\mathbf{Q}_e=\mathbf{A}'\mathbf{Y}'[\mathbf{I}-\mathbf{X}(\mathbf{X}'\mathbf{X})^{-}\mathbf{X}']\mathbf{Y}\mathbf{A}$$

$$=\mathbf{Y}'\mathbf{Y}-\mathbf{Y}'\mathbf{X}(\mathbf{X}'\mathbf{X})^{-}\mathbf{X}'\mathbf{Y} \quad \text{〔公式 9•2-7〕}$$

或 $$=\sum_{i=1}^{k}\sum_{j=1}^{N_i}(\mathbf{y}_{ij}-\bar{\mathbf{y}}_i)(\mathbf{y}_{ij}-\bar{\mathbf{y}}_i)' \quad \text{〔公式 9•2-8〕}$$

這樣，計算 $\mathbf{Q}_h$ 和 $\mathbf{Q}_e$ 之後代入下式，就可以考驗虛無假設:

$$\Lambda=\frac{|\mathbf{Q}_e|}{|\mathbf{Q}_h+\mathbf{Q}_e|}<U_{\alpha,(u,v_h,v_e)}=U_{\alpha,(p,k-1,N-k)} \quad \text{〔公式 9•2-9〕}$$

這裏， u 是 $\mathbf{A}$ 的秩數， v_h 是 $\mathbf{C}$ 的秩數

如果計算的 Λ 值小於查表的 U 值，便要拒絕公式 9•2-3 所示的虛無假設。

除了公式 9•2-9 之外，我們也可用羅伊的「最大根準則」(Roy's largest-root criterion) 來考驗（參看 Roy, 1957)。其要領是解下式的最大特徵值 λ_1:

$$|\mathbf{Q}_h-\lambda\mathbf{Q}_e|=0 \qquad \text{或} \qquad |\mathbf{Q}_e^{-1}\mathbf{Q}_h-\lambda|=0$$

因爲 $\mathbf{Q}_e^{-1}\mathbf{Q}_h$ 並不是對稱矩陣，所以要先用柯勒斯基因式分解法（請復習表 1•2-2）將 $\mathbf{Q}_e^{-1}$ 分解爲 $(\mathbf{T}_e^{-1})'\mathbf{T}_e^{-1}$。然後便可解下式得到最大特徵值 λ_1;

$$|\mathbf{T}_e^{-1}\mathbf{Q}_h(\mathbf{T}_e^{-1})'-\lambda\mathbf{I}|=0 \quad \text{〔公式 9•2-10〕}$$

(請復習公式 5•2-13 至公式 5•2-15)。當最大特徵值求出來之後，便可代入下式算出 θ_s 值:

$$\theta_s = \frac{\lambda_1}{1+\lambda_1} > \theta_{\alpha,(s,m,n)} \qquad \text{〔公式 9•2-11〕}$$

這裏 $s = min(k-1, p)$

$$m = \frac{|k-p-1|-1}{2} \qquad \text{〔公式 9•2-12〕}$$

$$n = \frac{N-k-p-1}{2}$$

如果計算的 θ_s 值大於查附錄表七或附錄圖一的 $\theta_{\alpha,(s,m,n)}$ 便要拒絕虛無假設。

同時信賴區間 當虛無假設被拒絕之後，便可繼續用下式估計各項比較的同時信賴區間，並看出該比較的兩個平均數之差異是否達顯著水準。

$$\mathbf{c}'\hat{\mathbf{B}}\mathbf{a} - c_0\sqrt{\mathbf{a}'\left(\frac{\mathbf{Q}_e}{v_e}\right)\mathbf{a}\cdot\mathbf{c}'(\mathbf{X}'\mathbf{X})^{-}\mathbf{c}} < \psi <$$

$$\mathbf{c}'\hat{\mathbf{B}}\mathbf{a} + c_0\sqrt{\mathbf{a}'\left(\frac{\mathbf{Q}_e}{v_e}\right)\mathbf{a}\cdot\mathbf{c}'(\mathbf{X}'\mathbf{X})^{-}\mathbf{c}} \qquad \text{〔公式 9•2-13〕}$$

這裏，
$$c_0 = \left[v_e\left(\frac{\theta_\alpha}{1-\theta_\alpha}\right)\right]^{\frac{1}{2}} \qquad \text{〔公式 9•2-14〕}$$

或
$$c_0 = \left[v_e\left(\frac{1-U_\alpha}{U_\alpha}\right)\right]^{\frac{1}{2}} \qquad \text{〔公式 9•2-15〕}$$

而 **a** 是任意向量，視要估計那一個依變項的同時信賴區間而定。例如 $p=3$ 時，要估計第一個依變項的同時信賴區間，就設 $\mathbf{a}'=[1,0,0]$; 估計第二個依變項的，就設 $\mathbf{a}'=[0, 1, 0]$，如此類推。如果用公式 9•2-13 估計的結果，這同時信賴區間之內，不包含 0 在內，該項比較便算達到顯著水準。

因為我們曾在第 4•3 節裏，用上述一般線性模式解過例 4•2-1 的兩個群體的問題，所以對於瞭解本節的討論應較無困難纔對。

（二）**計算實例**　現在我們就以例 9•2-1 來幫助說明獨立樣本單因子多變項變異數分析的計算過程。

【例 9•2-1】 將十七名學生隨機分爲三組，隨機分派到「放任組」、「懲罰組」、和「獎賞組」去接受實驗。在獎賞組裏，學生一有好的行爲表現，教師立刻予以獎賞；在懲罰組裏，學生一有壞的行爲表現，教師立刻予以懲罰；在放任組裏，學生的行爲不受到獎賞也不受到懲罰。表 9•2-1 是一年實驗後，就「自主性」、「秩序性」、和「客觀性」三項人格特質方面加以測驗的結果。試以 $\alpha=.05$ 考驗三組受試者在這些人格特質方面是否有顯著的差異存在。

表 9•2-1　三組受試者三種人格特質測驗分數

組　別	放任組			懲罰組			獎賞組		
依變項	自主	秩序	客觀	自主	秩序	客觀	自主	秩序	客觀
分　數	6	5	4	5	3	4	10	9	8
	3	2	3	6	4	7	9	8	7
	5	4	3	8	6	5	11	7	8
	4	6	7	6	6	8	10	12	11
	4	5	5	9	8	9	13	10	9
	2	2	5	5	9	6			
總　和	24	24	27	39	36	39	53	46	43
平　均	4.0	4.0	4.5	6.5	6.0	6.5	10.6	9.2	8.6

由表 9•2-1 可以看出，依變項一共有自主性、秩序性、客觀性三種，所以 $p=3$。受試者分爲放任、懲罰、獎賞等三組，所以 $k=3$，可見 $q=k+1=3+1=4$。三組人數依次爲 $N_1=6$，$N_2=6$，$N_3=5$。這是各組人數不相等的例子（各組人數不小於 q）。這些資料的多變項變異數分析之計算步驟可說明如下：

1. 本研究的虛無假設爲:「三組受試者的平均數向量相等」, 或爲「三組的實驗處理主要效果完全相等」, 亦即:

$$H_0: \begin{bmatrix} \alpha_{11} \\ \alpha_{12} \\ \alpha_{13} \end{bmatrix} = \begin{bmatrix} \alpha_{21} \\ \alpha_{22} \\ \alpha_{23} \end{bmatrix} = \begin{bmatrix} \alpha_{31} \\ \alpha_{32} \\ \alpha_{33} \end{bmatrix}$$

2. 根據公式 9•2-9 或公式 9•2-11 和 9•2-12, 如果:

$$\Lambda < U_{\alpha,(p,k-1,N-k)} = U_{.05,(3,2,14)} = .377735$$

$$\theta_s > \theta_{\alpha,(s,m,n)} = \theta_{.05(2,0,5)} = .565 \qquad \text{(附錄表七)}$$

便要拒絕上述的虛無假設。

3. 列出公式 9•1-1 中須用於計算的各個矩陣, 並計算 $\hat{\mathbf{B}}$ 矩陣:

$$\underset{17\times3}{\mathbf{Y}} = \begin{bmatrix} 6 & 5 & 4 \\ 3 & 2 & 3 \\ 5 & 4 & 3 \\ 4 & 6 & 7 \\ 4 & 5 & 5 \\ 2 & 2 & 5 \\ 5 & 3 & 4 \\ 6 & 4 & 7 \\ 8 & 6 & 5 \\ 6 & 6 & 8 \\ 9 & 8 & 9 \\ 5 & 9 & 6 \\ 10 & 9 & 8 \\ 9 & 8 & 7 \\ 11 & 7 & 8 \\ 10 & 12 & 11 \\ 13 & 10 & 9 \end{bmatrix} \quad \underset{17\times4}{\mathbf{X}} = \begin{bmatrix} 1 & 1 & 0 & 0 \\ 1 & 1 & 0 & 0 \\ 1 & 1 & 0 & 0 \\ 1 & 1 & 0 & 0 \\ 1 & 1 & 0 & 0 \\ 1 & 1 & 0 & 0 \\ 1 & 0 & 1 & 0 \\ 1 & 0 & 1 & 0 \\ 1 & 0 & 1 & 0 \\ 1 & 0 & 1 & 0 \\ 1 & 0 & 1 & 0 \\ 1 & 0 & 1 & 0 \\ 1 & 0 & 0 & 1 \\ 1 & 0 & 0 & 1 \\ 1 & 0 & 0 & 1 \\ 1 & 0 & 0 & 1 \\ 1 & 0 & 0 & 1 \end{bmatrix} \quad \underset{4\times3}{\mathbf{B}} = \begin{bmatrix} \mu_{01} & \mu_{02} & \mu_{03} \\ \alpha_{11} & \alpha_{12} & \alpha_{13} \\ \alpha_{21} & \alpha_{22} & \alpha_{23} \\ \alpha_{31} & \alpha_{32} & \alpha_{33} \end{bmatrix}$$

$$\mathbf{X'X}=\begin{bmatrix}17&6&6&5\\6&6&0&0\\6&0&6&0\\5&0&0&5\end{bmatrix}\qquad (\mathbf{X'X})^{-}=\begin{bmatrix}0&0&0&0\\0&\frac{1}{6}&0&0\\0&0&\frac{1}{6}&0\\0&0&0&\frac{1}{5}\end{bmatrix}$$

$$\hat{\mathbf{B}}=(\mathbf{X'X})^{-}\mathbf{X'Y}=\begin{bmatrix}0&0&0&0\\0&\frac{1}{6}&0&0\\0&0&\frac{1}{6}&0\\0&0&0&\frac{1}{5}\end{bmatrix}\begin{bmatrix}116&106&109\\24&24&27\\39&36&39\\53&46&43\end{bmatrix}$$

$$=\begin{bmatrix}0&0&0\\4.0&4.0&4.5\\6.5&6.0&6.5\\10.6&9.2&8.6\end{bmatrix}\begin{matrix}\\ \text{放任}\\ \text{懲罰}\\ \text{獎賞}\end{matrix}$$

根據公式 9•2-4，可知本研究的比較矩陣 C 爲：

$$\underset{2\times 4}{\mathbf{C}}=\begin{bmatrix}0&1&0&-1\\0&0&1&-1\end{bmatrix}\qquad\text{或}\begin{bmatrix}0&1&-1&0\\0&0&1&-1\end{bmatrix}$$

假定要比較第一與第二組，以及第二與第三組，則：

$$\mathbf{H}=(\mathbf{X'X})^{-}\mathbf{X'X}=\begin{bmatrix}0&0&0&0\\1&1&0&0\\1&0&1&0\\1&0&0&1\end{bmatrix}$$

$$\mathbf{CH}=\begin{bmatrix}0 & 1 & -1 & 0\\ 0 & 0 & 1 & -1\end{bmatrix}\begin{bmatrix}0 & 0 & 0 & 0\\ 1 & 1 & 0 & 0\\ 1 & 0 & 1 & 0\\ 1 & 0 & 0 & 1\end{bmatrix}$$

$$=\begin{bmatrix}0 & 1 & -1 & 0\\ 0 & 0 & 1- & 1\end{bmatrix}=\mathbf{C}$$

因爲$\mathbf{CH}=\mathbf{C}$，所以這兩種比較是可以考驗的。

2. 利用公式 9•2–5 求 $\mathbf{Q}_h$ 矩陣（矩陣 $\mathbf{A}=\mathbf{I}_3$ 省略）:

$$\mathbf{C\hat{B}}=\begin{bmatrix}0 & 1 & -1 & 0\\ 0 & 0 & 1 & -1\end{bmatrix}\begin{bmatrix}0 & 0 & 0\\ 4.0 & 4.0 & 4.5\\ 6.5 & 6.0 & 6.5\\ 10.6 & 9.2 & 8.6\end{bmatrix}$$

$$=\begin{bmatrix}-2.5 & -2.0 & -2.0\\ -4.1 & -3.2 & -2.1\end{bmatrix}$$

$$\mathbf{C}(\mathbf{X}'\mathbf{X})^{-}\mathbf{C}'$$

$$=\begin{bmatrix}0 & 1 & -1 & 0\\ 0 & 0 & 1 & -1\end{bmatrix}\begin{bmatrix}0 & 0 & 0 & 0\\ 0 & \frac{1}{6} & 0 & 0\\ 0 & 0 & \frac{1}{6} & 0\\ 0 & 0 & 0 & \frac{1}{5}\end{bmatrix}\begin{bmatrix}0 & 0\\ 1 & 0\\ -1 & 1\\ 0 & -1\end{bmatrix}$$

$$=\begin{bmatrix}\frac{1}{6}+\frac{1}{6} & -\frac{1}{6}\\ -\frac{1}{6} & \frac{1}{6}+\frac{1}{5}\end{bmatrix}=\begin{bmatrix}.333333 & -.166667\\ -.166667 & .366667\end{bmatrix}$$

$$[\mathbf{C}(\mathbf{X}'\mathbf{X})^{-}\mathbf{C}']^{-1}=\begin{bmatrix}3.882361 & 1.764712\\ 1.764712 & 3.529413\end{bmatrix}$$

$$\mathbf{Q}_h=(\mathbf{C}\hat{\mathbf{B}})'[\mathbf{C}(\mathbf{X}'\mathbf{X})^{-}\mathbf{C}']^{-1}(\mathbf{C}\hat{\mathbf{B}})$$

$$=\begin{bmatrix}-2.5 & -4.1\\ -2.0 & -3.2\\ -2.0 & -2.1\end{bmatrix}\begin{bmatrix}3.882361 & 1.764712\\ 1.764712 & 3.529413\end{bmatrix}$$

$$\times\begin{bmatrix}-2.5 & -2.0 & -2.0\\ -4.1 & -3.2 & -2.1\end{bmatrix}=\begin{bmatrix}119.7706 & 94.3059 & 73.5353\\ 94.3059 & 74.2588 & 57.9529\\ 73.5353 & 57.9529 & 45.9176\end{bmatrix}$$

3. 利用公式 9•2-7 求 $\mathbf{Q}_e$ 矩陣:

$$\mathbf{Y}'\mathbf{Y}=\begin{bmatrix}944 & 833 & 825\\ 833 & 790 & 765\\ 825 & 765 & 783\end{bmatrix}$$

$$\mathbf{Y}'\mathbf{X}(\mathbf{X}'\mathbf{X})^{-}\mathbf{X}'\mathbf{Y}$$

$$=\begin{bmatrix}116 & 24 & 39 & 53\\ 106 & 24 & 36 & 46\\ 109 & 27 & 39 & 43\end{bmatrix}\begin{bmatrix}0 & 0 & 0 & 0\\ 0 & \frac{1}{6} & 0 & 0\\ 0 & 0 & \frac{1}{6} & 0\\ 0 & 0 & 0 & \frac{1}{5}\end{bmatrix}\begin{bmatrix}116 & 106 & 109\\ 24 & 24 & 27\\ 39 & 36 & 39\\ 53 & 46 & 43\end{bmatrix}$$

$$=\begin{bmatrix}911.3 & 817.6 & 817.3\\ 817.6 & 735.2 & 737.6\\ 817.3 & 737.6 & 744.8\end{bmatrix}$$

$$\mathbf{Q}_e=\mathbf{Y}'\mathbf{Y}-\mathbf{Y}'\mathbf{X}(\mathbf{X}'\mathbf{X})^{-}\mathbf{X}'\mathbf{Y}$$

$$=\begin{bmatrix}32.7 & 15.4 & 7.7\\ 15.4 & 54.8 & 27.4\\ 7.7 & 27.4 & 38.2\end{bmatrix}$$

4. 代入公式 9•2-9 求 Λ 值或代入公式 9•2-10 及公式 9•2-11

求 θ_s 值:

$$\mathbf{Q}_h+\mathbf{Q}_e=\begin{bmatrix}152.4706 & 109.7059 & 81.2353\\ 109.7059 & 129.0588 & 85.3529\\ 81.2353 & 85.3529 & 84.1176\end{bmatrix}$$

$$|\mathbf{Q}_h+\mathbf{Q}_e|=201731.897153$$

$$|\mathbf{Q}_e|=38092.60$$

$$\Lambda=\frac{38092.60}{201731.897153}=.1888$$

因爲這計算的 Λ 值小於查表的 $U_{.05,(3,2,14)}=.377735$, 所以應拒絕上面所提虛無假設, 亦卽放任、懲罰、和獎賞等三組就自主、秩序、客觀等人格特質整體而言, 彼此之間有顯著差異存在。

如果用羅伊的最大根準則, 則顯著性考驗方法如下所示:

用表 1·2-2 的柯勒斯基因式分解法解矩陣 $\mathbf{Q}_e$, 得:

$$\mathbf{T}_e^{-1}=\begin{bmatrix}.1749 & & (\text{零})\\ -.0683 & .1450 & \\ .0000 & -.1010 & .2020\end{bmatrix}$$

$$\mathbf{T}_e^{-1}\mathbf{Q}_h(\mathbf{T}_e^{-1})'=\begin{bmatrix}3.6638 & .9609 & .9321\\ .9609 & .2521 & .2459\\ .9321 & .2459 & .2664\end{bmatrix}$$

這矩陣已變爲對稱矩陣, 所以可用表 7·1-4 的反覆解法解特徵值。其結果得特徵值:

$$\lambda_1=4.1548 \qquad \lambda_2=.0275$$

〔只有 $s=min(k-1,p)$ 個特徵值〕。因爲 $\lambda_1=4.1548$ 是最大特徵值, 所以代入公式 9·2-11, 得:

$$\theta_s=\frac{\lambda_1}{1+\lambda_1}=\frac{4.1548}{1+4.1548}=.8060$$

這一計算的 θ_s 值大於查表（附錄表七）的 $\theta_{.05,(2,0,5)}=.565$，所以應拒絕虛無假設（這與用 Λ 時的結論相同）。

5. 列「多變項變異數分析摘要表」:

表 9·2-2　多變項變異數分析摘要表

變異來源	df	SSCP	Λ
組間	2	$\begin{bmatrix}119.7706 & 94.3059 & 73.5353\\ 94.3059 & 74.2588 & 57.9529\\ 73.5353 & 57.9529 & 45.9176\end{bmatrix}$	.1888*
組內	14	$\begin{bmatrix}32.7 & 15.4 & 7.7\\ 15.4 & 54.8 & 27.4\\ 7.7 & 27.4 & 38.2\end{bmatrix}$	
全體	16	$\begin{bmatrix}152.4706 & 109.7059 & 81.2353\\ 109.7059 & 129.0588 & 85.3529\\ 81.2353 & 85.3529 & 84.1176\end{bmatrix}$	

$^*U_{.05,(3,2,14)}=.377735$

6. 根據公式 9·2-13 求各個比較的同時信賴區間，並藉以考驗該項比較是否達顯著水準:

羅伊的最大根準則: 根據公式 9·2-14 得:

$$c_0=\left[v_e\left(\frac{\theta_\alpha}{1-\theta_\alpha}\right)\right]^{\frac{1}{2}}=\left[14\left(\frac{.565}{1-.565}\right)\right]^{\frac{1}{2}}=4.2643$$

又根據 $\mathbf{Q}_e$ 得知變異數-共變數矩陣 $\mathbf{S}$ 為:

$$\frac{\mathbf{Q}_e}{v_e}=\frac{\mathbf{Q}_e}{N-k}=\frac{1}{14}\ \mathbf{Q}_e=\begin{bmatrix}2.3357 & 1.1000 & .5500\\ 1.1000 & 3.9143 & 1.9571\\ .5500 & 1.9571 & 2.7286\end{bmatrix}$$

$$\hat{\mathbf{B}} = \begin{array}{c} \\ \end{array}\begin{bmatrix} 0 & 0 & 0 \\ 4.0 & 4.0 & 4.5 \\ 6.5 & 6.0 & 6.5 \\ 10.6 & 9.2 & 8.6 \end{bmatrix}\begin{array}{l} \\ \text{放任} \\ \text{懲罰} \\ \text{獎賞} \end{array} \quad (\text{欄：自主、秩序、客觀}) \qquad \mathbf{C}\hat{\mathbf{B}} = \begin{bmatrix} -2.5 & -2.0 & -2.0 \\ -4.1 & -3.2 & -2.1 \end{bmatrix}$$

①放任組與懲罰組在「自主性」方面的比較（ψ_{11}）:

$$\mathbf{c}' = [\,0 \quad 1 \quad -1 \quad 0\,] \qquad \mathbf{a}' = [\,1 \quad 0 \quad 0\,]$$

$$\mathbf{c}'\hat{\mathbf{B}}\mathbf{a} = 4.0 - 6.5 = -2.5$$

$$\mathbf{a}'\left(\frac{\mathbf{Q}_e}{v_e}\right)\mathbf{a} = 2.3357$$

$$\mathbf{c}'(\mathbf{X}'\mathbf{X})^{-}\mathbf{c} = \frac{1}{6} + \frac{1}{6} = .3333$$

所以此一比較的同時信賴區間爲:

$$-2.5 - 4.2643\sqrt{2.3357(.3333)} < \psi_{11} < -2.5 + 4.2643\sqrt{2.3357(.3333)}$$

或　$$-6.2625 < \psi_{11} < 1.2625 \qquad (n.s)$$

可見，放任組與懲罰組在自主性方面並無顯著差異存在。

②懲罰組與獎賞組在「自主性」方面的比較（ψ_{12}）:

$$\mathbf{c}' = [\,0 \quad 0 \quad 1 \quad -1\,] \qquad \mathbf{a}' = [1,\ 0,\ 0]$$

$$\mathbf{c}'\hat{\mathbf{B}}\mathbf{a} = -4.1 \qquad \mathbf{a}'\left(\frac{\mathbf{Q}_e}{v_e}\right)\mathbf{a} = 2.3357$$

$$\mathbf{c}'(\mathbf{X}'\mathbf{X})^{-}\mathbf{c} = \frac{1}{6} + \frac{1}{5} = .3667$$

$$-4.1 - 4.2643\sqrt{2.3357(.3667)} < \psi_{12} < -4.1 + 4.2643\sqrt{2.3357(.3667)}$$

或　$$-8.0465 < \psi_{12} < -.1535 \qquad (p < .05)$$

③放任組與懲罰組在「秩序性」方面的比較（ψ_{21}）:

$$\mathbf{c}'=[0\quad 1\quad -1\quad 0]\qquad \mathbf{a}'=[0\quad 1\quad 0]$$

$$\mathbf{c}'\hat{\mathbf{B}}\mathbf{a}=-2.\qquad \mathbf{a}'\left(\frac{\mathbf{Q}_e}{v_e}\right)\mathbf{a}=3.9143$$

$$\mathbf{c}'(\mathbf{X}'\mathbf{X})^{-}\mathbf{c}=.3333$$

$$-2.0-4.2643\sqrt{3.9143(.3333)}<\psi_{21}<$$
$$-2.0+4.2643\sqrt{3.9143(.3333)}$$

或　$-6.8707<\psi_{21}<2.8707$　$(n.s)$

④懲罰組與獎賞組在「秩序性」方面的比較（ψ_{22}）:

$$-3.2-4.2643\sqrt{3.9143(.3667)}<\psi_{22}<$$
$$-3.2+4.2643\sqrt{3.9143(.3667)}$$

或　$-8.3089<\psi_{22}<1.9089$　$(n.s)$

⑤放任組與懲罰組在「客觀性」方面的比較（ψ_{31}）:

$-6.0666<\psi_{31}<2.0666$　$(n.s)$

⑥懲罰組與獎賞組在「客觀性」方面的比較（ψ_{32}）:

$-6.3655<\psi_{32}<2.1655$　$(n.s)$

（如果使用魏可思的標準，則 c_0 要採用公式 9·2-15 來估計。在本例裏 c_0 將爲:

$$c_0=\left[14\left(\frac{1-.377735}{.377735}\right)\right]^{\frac{1}{2}}=4.8024$$

因之，估計出來的信賴區間比用羅伊的標準估計出來的區間爲大些)。

7. 綜合解釋: 就一般而言，放任組、懲罰組和獎賞組三組之間在人格特質方面有顯著差異存在。唯此種差異，主要的係在「自主性」這一依變項方面所造成。獎賞組與懲罰組（或獎賞組與放任組）在自主性方面顯然有所不同。可見獎懲的方法可能影響學生在「自主性」

方面的表現。

（三）另一種算法　像上面例 9•2-1 的單因子設計，我們也可用傳統的變異數分析裏 $SS_t = SS_b + SS_w$ 的觀念來計算 $\mathbf{Q}_e$ 矩陣和 $\mathbf{Q}_h$ 矩陣，而終於把 Λ 值算出來。其主要公式仍然是我們學過的公式 3•5-5。現在我們再以表 9•2-1 的資料來計算看。

①計算組內 SSCP：上面所計算的 $\mathbf{Q}_e$ 事實上是由三部分構成，亦即放任組，懲罰組，和獎賞組的組內 SSCP。設放任組的組內 SSCP 為 $\mathbf{Q}_{e1}$，則其求法如下所示：

$$\mathbf{Y}_1'\mathbf{Y}_1 = \begin{bmatrix} 6 & 3 & 5 & 4 & 4 & 2 \\ 5 & 2 & 4 & 6 & 5 & 2 \\ 4 & 3 & 3 & 7 & 5 & 5 \end{bmatrix} \begin{pmatrix} 6 & 5 & 4 \\ 3 & 2 & 3 \\ 5 & 4 & 3 \\ 4 & 6 & 7 \\ 4 & 5 & 5 \\ 2 & 2 & 5 \end{pmatrix} = \begin{bmatrix} 106 & 104 & 106 \\ 104 & 110 & 115 \\ 106 & 115 & 133 \end{bmatrix}$$

$$N_1\bar{\mathbf{y}}_1\bar{\mathbf{y}}_1' = 6\begin{bmatrix} 4.0 \\ 4.0 \\ 4.5 \end{bmatrix} [4.0 \quad 4.0 \quad 4.5] = \begin{bmatrix} 96.0 & 96.0 & 108.0 \\ 96.0 & 96.0 & 108.0 \\ 108.0 & 108.0 & 121.5 \end{bmatrix}$$

$$\mathbf{Q}_{e1} = \mathbf{Y}_1'\mathbf{Y}_1 - N_1\bar{\mathbf{y}}_1\bar{\mathbf{y}}_1' = \begin{bmatrix} 10.0 & 8.0 & -2.0 \\ 8.0 & 14.0 & 7.0 \\ -2.0 & 7.0 & 11.5 \end{bmatrix}$$

同理，懲罰組的 SSCP，亦即 $\mathbf{Q}_{e2}$ 可計算如下：

$$\mathbf{Y}_2'\mathbf{Y}_2 = \begin{bmatrix} 267 & 240 & 261 \\ 240 & 242 & 244 \\ 261 & 244 & 271 \end{bmatrix}$$

$$N_2\bar{\mathbf{y}}_2\bar{\mathbf{y}}'_2=6\begin{bmatrix}6.5\\6.0\\6.5\end{bmatrix}[6.5\ 6.0\ 6.5]=\begin{bmatrix}253.5 & 234.0 & 253.5\\234.0 & 216.0 & 234.0\\253.5 & 234.0 & 253.5\end{bmatrix}$$

$$\mathbf{Q}_{e2}=\begin{bmatrix}13.5 & 6.0 & 7.5\\6.0 & 26.0 & 10.0\\7.5 & 10.0 & 17.5\end{bmatrix}$$

獎賞組的 SSCP，亦即 $\mathbf{Q}_{e3}$ 也可計算如下：

$$\mathbf{Y}'_3\mathbf{Y}_3=\begin{bmatrix}571 & 489 & 458\\489 & 438 & 406\\458 & 406 & 379\end{bmatrix}$$

$$N_3\bar{\mathbf{y}}_3\bar{\mathbf{y}}'_3=5\begin{bmatrix}10.6\\9.2\\8.6\end{bmatrix}[10.6\ \ 9.2\ \ 8.6]=\begin{bmatrix}561.8 & 487.6 & 455.8\\487.6 & 423.2 & 395.6\\455.8 & 395.6 & 369.8\end{bmatrix}$$

$$\mathbf{Q}_{e3}=\begin{bmatrix}9.2 & 1.4 & 2.2\\1.4 & 14.8 & 10.4\\2.2 & 10.4 & 9.2\end{bmatrix}$$

將上面所求得的 $\mathbf{Q}_{e1}$，$\mathbf{Q}_{e2}$，和 $\mathbf{Q}_{e3}$ 相加，得：

$$\mathbf{Q}_e=\mathbf{Q}_{e1}+\mathbf{Q}_{e2}+\mathbf{Q}_{e3}$$

$$=\begin{bmatrix}32.7 & 15.4 & 7.7\\15.4 & 54.8 & 27.4\\7.7 & 27.4 & 38.2\end{bmatrix}$$

②計算全體 SSCP：以表 9•2-1 裏十七名受試者的三項人格特質成績爲 13×3 階矩陣 $\mathbf{Y}$，則：

$$\mathbf{Y}'\mathbf{Y}=\begin{bmatrix}944 & 833 & 825\\833 & 790 & 765\\825 & 765 & 783\end{bmatrix}$$

$$N\bar{\mathbf{y}}\bar{\mathbf{y}}'=17\begin{bmatrix}6.823529\\6.235294\\6.411765\end{bmatrix}[6.823529 \quad 6.235294 \quad 6.411765]$$

$$=\begin{bmatrix}791.5294 & 723.2941 & 743.7647\\723.2941 & 660.9412 & 679.6471\\743.7647 & 679.6471 & 698.8824\end{bmatrix}$$

$$\mathbf{Q}_t=\begin{bmatrix}152.4706 & 109.7059 & 81.2353\\109.7059 & 129.0588 & 85.3529\\81.2353 & 85.3529 & 84.1176\end{bmatrix}$$

③求組間 SSCP: 因 $\mathbf{Q}_t=\mathbf{Q}_h+\mathbf{Q}_e$, 所以自 $\mathbf{Q}_t$ 減去 $\mathbf{Q}_e$ 便得 $\mathbf{Q}_h$:

$$\mathbf{Q}_h=\mathbf{Q}_t-\mathbf{Q}_e=\begin{bmatrix}119.7706 & 94.3059 & 73.5353\\94.3059 & 74.2588 & 57.9529\\73.5353 & 57.9529 & 45.9176\end{bmatrix}$$

④求 Λ 值:

$$\Lambda=\frac{|\mathbf{Q}_e|}{|\mathbf{Q}_t|}=\frac{38092.60}{201731.897153}=.1888$$

這 Λ 值小於查表的 $U_{.05,(3,2,14)}=.377735$, 故拒絕虛無假設, 亦即放任、懲罰、獎賞三組之間, 在人格特質方面有顯著的差異存在。

這一方法計算的結果與上面用 Timm (1975) 的一般線性模式所計算者完全一樣。看來, 這一方法與單變項變異數分析的求法十分相近, 計算也不困難。如果有桌上型計算機也可用這方法來計算單因子多變項變異數分析。

9·3　單因子多變項變異數分析 (II)

在上一節裏, 我們使用 Timm (1975) 所發展出來的一般線性模式來解單因子多變項變異數分析的問題。從現在起，我們開始也要使用 Finn(1974) 所發展出來的一般線性模式來解多變項變異數分析的問題。無疑的，Timm 和 Finn 二人所發展出來的一般線性模式都是十分多才多藝的，都可憑其模式來分析許多種研究資料，因此具有多種統計方法之功能。

因爲 Finn 的方法與傳統的變異數分析的統計方法相差較大，學過傳統變異數分析方法的研究者常感到較不容易接受。其實，Finn 的方法有許多優點，是 Timm 的方法所較缺乏的。例如，Finn 的方法裏，以組平均數爲單位而不是以每位受試者個別分數爲單位來處理，模式矩陣 **X** 變得相當簡單，不像 Timm 的 **X** 矩陣那麼龐大。此外，Finn 所採用的比較矩陣的表示方法也十分方便，使用起來非常靈活。配合電算機使用時，這一優點更爲明顯。

(一) 基本原理　根據一個自變項（單因子）將實驗處理分爲 k 個水準或組別時，如果每一個水準或組別內的受試者不止一個，則 Finn(1974) 認爲用「平均數向量」(每一細格的平均數) 來代表一般線性模式更爲方便。換言之，每一組均可用下式代表:

$$\mathbf{y}'_{.k}=\boldsymbol{\mu}'+\boldsymbol{\alpha}'_k+\boldsymbol{\varepsilon}'_{.k} \qquad \text{〔公式 9·3-1〕}$$

這裏 $\mathbf{y}'_{.k}$, $\boldsymbol{\mu}'$, $\boldsymbol{\alpha}'_k$ 或 $\boldsymbol{\varepsilon}'_{.k}$ 均爲 $1\times p$ 階的向量。

模式: 如果 k 組合併表示，則一般線性模式爲:

$$\begin{bmatrix} y_{.1}^{(1)} & y_{.1}^{(2)} & \cdots & y_{.1}^{(p)} \\ y_{.2}^{(1)} & y_{.2}^{(2)} & \cdots & y_{.2}^{(p)} \\ \vdots & \vdots & & \vdots \\ y_{.k}^{(1)} & y_{.k}^{(2)} & \cdots & y_{.k}^{(p)} \end{bmatrix} = \begin{bmatrix} 1 & 1 & 0 & \cdots & 0 \\ 1 & 0 & 1 & \cdots & 0 \\ \vdots & \vdots & \vdots & & \vdots \\ 1 & 0 & 0 & \cdots & 1 \end{bmatrix} \begin{bmatrix} \mu^{(1)} & \mu^{(2)} & \cdots & \mu^{(p)} \\ \alpha_1^{(1)} & \alpha_1^{(2)} & \cdots & \alpha_1^{(p)} \\ \vdots & \vdots & & \vdots \\ \alpha_k^{(1)} & \alpha_k^{(2)} & \cdots & \alpha_k^{(p)} \end{bmatrix}$$

$$+\begin{bmatrix} \varepsilon_{\cdot 1}^{(1)} & \varepsilon_{\cdot 1}^{(2)} & \cdots & \varepsilon_{\cdot 1}^{(p)} \\ \varepsilon_{\cdot 2}^{(1)} & \varepsilon_{\cdot 2}^{(2)} & \cdots & \varepsilon_{\cdot 2}^{(p)} \\ \vdots & \vdots & & \vdots \\ \varepsilon_{\cdot k}^{(1)} & \varepsilon_{\cdot k}^{(2)} & \cdots & \varepsilon_{\cdot k}^{(p)} \end{bmatrix}$$

或 $\mathbf{Y}_{\cdot}=\mathbf{X}\Theta^{*}+\mathbf{E}.$ 〔公式 9·3-2〕

例如，$k=4$ 時，以平均數向量所表示的模式便是：

$$\begin{aligned} \mathbf{y}'_{\cdot 1} &= \boldsymbol{\mu}' + \boldsymbol{\alpha}'_1 & & & & + \boldsymbol{\varepsilon}_{\cdot 1} \\ \mathbf{y}'_{\cdot 2} &= \boldsymbol{\mu}' + & + \boldsymbol{\alpha}_2 & & & + \boldsymbol{\varepsilon}'_{\cdot 2} \\ \mathbf{y}'_{\cdot 3} &= \boldsymbol{\mu}' + & & + \boldsymbol{\alpha}'_3 & & + \boldsymbol{\varepsilon}'_{\cdot 3} \\ \mathbf{y}'_{\cdot 4} &= \boldsymbol{\mu}' + & & & + \boldsymbol{\alpha}'_4 & + \boldsymbol{\varepsilon}'_{\cdot 4} \end{aligned}$$

〔公式 9·3-3〕

亦卽：

$$\mathbf{X}=\begin{bmatrix} 1 & 1 & 0 & 0 & 0 \\ 1 & 0 & 1 & 0 & 0 \\ 1 & 0 & 0 & 1 & 0 \\ 1 & 0 & 0 & 0 & 1 \end{bmatrix} \qquad \Theta^{*}=\begin{bmatrix} \boldsymbol{\mu}' \\ \boldsymbol{\alpha}_1' \\ \boldsymbol{\alpha}_2' \\ \boldsymbol{\alpha}_3' \\ \boldsymbol{\alpha}_4' \end{bmatrix}$$

由於 $\mathbf{X}$ 的縱行線性相依，$(\mathbf{X}'\mathbf{X})^{-1}$ 不存在，所以無法直接估計 Θ^{*}。解決的方法之一便是使用第 2·1 節所討論過的「再母數化」的方法。

再母數化 所謂再母數化的方法就是尋找出一個「比較矩陣」$\mathbf{C}$ 來乘公式 9·3-2 中的母數矩陣 Θ^{*}，使 $\mathbf{C}\Theta^{*}=\Theta$，亦卽另外得一替代的母數矩陣 Θ，然後纔設法估計這一替代的母數矩陣 Θ。因此，公式 9·3-2 便變爲：

$$\begin{aligned} \mathbf{Y}_{\cdot} &= \mathbf{K}(\mathbf{C}\Theta^{*})+\mathbf{E}. \\ &= \mathbf{K}\Theta+\mathbf{E}. \end{aligned}$$

〔公式 9·3-4〕

公式 9·3-4 裏的 **K** 矩陣就叫做這一個實驗設計的「基底」(basis)。由公式 9·3-3 和公式 9·3-4 可知:

$$\mathbf{X}=\mathbf{KC}$$

$$\mathbf{XC'}=\mathbf{KCC'}$$

$$\mathbf{XC'}(\mathbf{CC'})^{-1}=\mathbf{KCC'}(\mathbf{CC'})^{-1}$$

$$\therefore\quad \mathbf{K}=\mathbf{XC'}(\mathbf{CC'})^{-1} \qquad \text{〔公式 9·3-5〕}$$

有了**K**矩陣之後,便可代入公式 9·3-6 求出 Θ, 以估計公式 9·3-4 裏 $\boldsymbol{\Theta}$ 所代表的母數了:

$$\Theta=(\mathbf{K'DK})^{-1}\mathbf{K'DY.} \qquad \text{〔公式 9·3-6〕}$$

這裏**D**是以各組人數爲主對角線元素的對角線矩陣。因爲我們在公式 9·3-4 中使用平均數矩陣 **Y.** 而不是使用原始分數矩陣 **Y**, 所以必須乘以各組的人數。各組的人數可以不一樣。

現在,問題的關鍵在於如何找出上面所述的「比較矩陣」**C**。我們在討論第 2·1 節再母數化及公式 2·1-7 和公式 2·1-8 時曾經說過:其方法是選擇比較矩陣**C**, 使矩陣**C**的橫列成爲模式矩陣**X**的橫列之線性函數。用上例 4 秩的**X**矩陣的情形來說,我們便可以選擇下列的**C**矩陣:

$$\mathbf{C}=\begin{pmatrix} 1 & \frac{1}{4} & \frac{1}{4} & \frac{1}{4} & \frac{1}{4} \\ 0 & 1 & 0 & 0 & -1 \\ 0 & 0 & 1 & 0 & -1 \\ 0 & 0 & 0 & 1 & -1 \end{pmatrix}$$

或其他合乎條件的**C**矩陣。這個**C**矩陣的第一橫列是**X**矩陣的四個橫列相加再除以 4 所得的平均。**C**矩陣的其餘各橫列依次是**X**矩陣的第一至第三橫列各減去其第四橫列而得。例如,**C**的第二橫列是:

[0　1　0　0　−1]=[1　1　0　0　0]−[1　0　0　0　1]

如此類推。除了這個條件之外，矩陣**C**的秩數不可以大於**X**的秩數。上例裏，因爲**X**是4秩的，所以**C**矩陣中，只進行四種比較；**C**的秩數也是4。

使用上面這一個比較矩陣時，我們顯然並不是要估計公式 9·3-3 的 $\boldsymbol{\Theta}^*$ 裏的 $\boldsymbol{\mu}$, $\boldsymbol{\alpha}_1$, $\boldsymbol{\alpha}_2$, $\boldsymbol{\alpha}_3$, 和 $\boldsymbol{\alpha}_4$ 等五個母數，而是要估計公式 9·3-4 裏再母數化的 $\boldsymbol{\Theta}$，亦即：

$$\boldsymbol{\Theta} = \mathbf{C}\boldsymbol{\Theta}^* = \begin{bmatrix} \boldsymbol{\mu}' + \frac{1}{4} \sum_{j}^{k} \boldsymbol{\alpha}'_j \\ \boldsymbol{\alpha}'_1 - \boldsymbol{\alpha}'_4 \\ \boldsymbol{\alpha}'_2 - \boldsymbol{\alpha}'_4 \\ \boldsymbol{\alpha}'_3 - \boldsymbol{\alpha}'_4 \end{bmatrix}$$

換言之，是要改而考驗 $\boldsymbol{\Theta}$ 裏的這四個再母數化後的母數了。

比較矩陣的種類　根據 Finn (1974, pp.228-236; pp.402-403) 的分法，比較矩陣可有下列幾種：

(1) "C"，**簡單比較** (simple contrasts)：指某一水準或某一組 (例如控制組、對照組) 以外的各水準或各組，各與此一水準或這一組相比較。例如：

$$\mathbf{C}_4 = \begin{bmatrix} 1 & \frac{1}{4} & \frac{1}{4} & \frac{1}{4} & \frac{1}{4} \\ 0 & 1 & 0 & 0 & -1 \\ 0 & 0 & 1 & 0 & -1 \\ 0 & 0 & 0 & 1 & -1 \end{bmatrix} \begin{matrix} C0 \\ C1 \\ C2 \\ C3 \end{matrix}$$

是四組時的簡單比較之比較矩陣。矩陣右邊的英文字母 C 是簡單比較的「比較代碼」(contrast code)。比較代碼旁邊有一阿拉伯數字，由這一數字可以看出要比較什麼。0 表示這一個模式的總平均數 (grand mean) 或常數項。所以 C0 代表常數項的比較。不管那一種比較, 常數項的比較都可用公式 9·3-7 所示的通式:

$$\begin{bmatrix} 1 & \frac{1}{k} & \frac{1}{k} & \cdots & \frac{1}{k} \end{bmatrix} \qquad \text{〔公式 9·3-7〕}$$

看被省略的阿拉伯數字是那一個, 便可看出那一組要被其他各組加以對照。本例裏, 有 C0, C1, C2, C3, 却沒有 C4, 乃表示第 4 組要被拿來供其他各組比較。因此, C1 表示第 1 組要與第 4 組作簡單比較; C2 表示第二組要與第 4 組簡單比較; C3 代表第三組要與第 4 組簡單比較, 如此類推。以 C1 來說, 是要估計 $\alpha_1-\alpha_4$ 用的。因爲 $\mu_1=\mu+\alpha_1$, $\mu_4=\mu+\alpha_4$, 所以估計 $\alpha_1-\alpha_4$ 事實上是要估計 $\mu_1-\mu_4$。

(2) "*D*", **離差比較** (deviation contrast): 指某一水準與所有各水準之平均數的比較。例如, 要估計 $\alpha_1-\alpha.$, $\alpha_2-\alpha.$, 和 $\alpha_3-\alpha.$ 時, 比較矩陣便如下所示:

$$\mathbf{C}_4=\begin{bmatrix} 1 & \frac{1}{4} & \frac{1}{4} & \frac{1}{4} & \frac{1}{4} \\ 0 & \frac{3}{4} & -\frac{1}{4} & -\frac{1}{4} & -\frac{1}{4} \\ 0 & -\frac{1}{4} & \frac{3}{4} & -\frac{1}{4} & -\frac{1}{4} \\ 0 & -\frac{1}{4} & -\frac{1}{4} & \frac{3}{4} & -\frac{1}{4} \end{bmatrix} \begin{matrix} D0 \\ D1 \\ D2 \\ D3 \end{matrix}$$

其中, $D1=\alpha_1-\alpha.=\alpha_1-\dfrac{\alpha_1+\alpha_2+\alpha_3+\alpha_4}{4}$

$$=\frac{3}{4}\alpha_1-\frac{1}{4}\alpha_2-\frac{1}{4}\alpha_3-\frac{1}{4}\alpha_4$$

從這一個例子可以看出比較矩陣中的係數是代表什麼意思。如果不寫

比較矩陣的第一縱行和第一橫列，則離差比較的通式為:

$$\mathbf{C}_{D_k}=\begin{bmatrix} 1-\frac{1}{k} & -\frac{1}{k} & \cdots & -\frac{1}{k} & -\frac{1}{k} \\ -\frac{1}{k} & 1-\frac{1}{k} & \cdots & -\frac{1}{k} & -\frac{1}{k} \\ \vdots & \vdots & & \vdots & \vdots \\ -\frac{1}{k} & -\frac{1}{k} & \cdots & 1-\frac{1}{k} & -\frac{1}{k} \end{bmatrix} \begin{matrix} D1 \\ D2 \\ \\ D(k-1) \end{matrix}$$

〔公式 9·3-8〕

離差比較是傳統的變異數分析中最常使用的方法。在變異數分析中，我們常假定 $\alpha_j=\mu_j-\mu$，正就是離差比較的一種。

(3) H，**赫爾瑪特比較** (Helmert contrast)：這是各組人數相等時所使用的比較方法。此項比較具有正交的特性；每一組要與其後面各組之平均數相比較。例如 $k=5$ 時，對照向量 $H1$, $H2$, $H3$ 和 $H4$ 如下所示（請注意 $H0$ 沒寫出來）:

$$\mathbf{C}_{H5}=\begin{bmatrix} 1 & -\frac{1}{4} & -\frac{1}{4} & -\frac{1}{4} & -\frac{1}{4} \\ 0 & 1 & -\frac{1}{3} & -\frac{1}{3} & -\frac{1}{3} \\ 0 & 0 & 1 & -\frac{1}{2} & -\frac{1}{2} \\ 0 & 0 & 0 & 1 & -1 \end{bmatrix} \begin{matrix} H1 \\ H2 \\ H3 \\ H4 \end{matrix}$$

$H1$ 表示第一組要與第二、三、四、五組的平均數相比較；$H2$ 表示第二組與第三、四、五組之平均數相比較；如此類推。$\mathbf{C}_{H5}$ 矩陣各橫列相乘等於 0，可知其為正交比較。

這類比較適用於各水準之間有某種次序或趨向存在時，例如重複量數設計時就可使用H比較。其通式(如不寫出第一橫列和第一縱行)可表示如下:

$$\mathbf{C}_{Hk}=\begin{bmatrix} 1 & -\frac{1}{k-1} & -\frac{1}{k-1} & \cdots & -\frac{1}{k-1} & -\frac{1}{k-1} \\ 0 & 1 & -\frac{1}{k-2} & \cdots & -\frac{1}{k-2} & -\frac{1}{k-2} \\ \vdots & \vdots & \vdots & & \vdots & \vdots \\ 0 & 0 & 0 & \cdots & 1 & -1 \end{bmatrix}$$

〔公式 9·3·9〕

(4) P，**正交多項式比較** (orthogonal polynomials contrast)：這種比較適用於多項式廻歸分析時的情境，也具有正交的特性。例如，四個水準或四組受試者時，直線、二次、和三次趨向的係數爲:

$$\mathbf{C}_{P4}=\begin{bmatrix} -3 & -1 & 1 & 3 \\ 1 & -1 & -1 & 1 \\ -1 & 3 & -3 & 1 \end{bmatrix} \begin{matrix} P1 \\ P2 \\ P3 \end{matrix}$$

所以比較矩陣 $\mathbf{C}_4$ 便如下所示:

$$\mathbf{C}_4=\begin{bmatrix} 1 & \frac{1}{4} & \frac{1}{4} & \frac{1}{4} & \frac{1}{4} \\ 0 & -3 & -1 & 1 & 3 \\ 0 & 1 & -1 & -1 & 1 \\ 0 & -1 & 3 & -3 & 1 \end{bmatrix} \begin{matrix} P0 \\ P1 \\ P2 \\ P3 \end{matrix}$$

如此類推。至於正交多項式係數，則須查看附錄表九或附錄表十。

(5) L，**自選比較** (optional contrast)：此外，還有一種類似簡單比較的比較，可由研究者自己選擇比較的組別。例如，有四個水準（$k=4$）時，要比較第一與第二組，第二與第三組，第三與第四組時，研究者便可自己選擇下列的比較矩陣:

$$\mathbf{C}_4=\begin{bmatrix} 1 & \frac{1}{4} & \frac{1}{4} & \frac{1}{4} & \frac{1}{4} \\ 0 & 1 & -1 & 0 & 0 \\ 0 & 0 & 1 & -1 & 0 \\ 0 & 0 & 0 & 1 & -1 \end{bmatrix}\begin{matrix} L \\ L1 \\ L2 \\ L3 \end{matrix}$$

如此類推。

估計 經過再母數化的母數 Θ 要用公式 9·3-6 所示的 $\hat{\Theta}$ 來估計。公式中的基底矩陣 **K** 則須用公式 9·3-5 來計算。

求出 $\hat{\Theta}$ 矩陣之後，我們可以估計 $\hat{\Theta}$ 的各元素之信賴區間，其公式爲:

$$\hat{\theta}_{ij}-c_0h_{ij}<\theta_{ij}<\hat{\theta}_{ij}+c_0h_{ij}$$ 〔公式 9·3-10〕

這裏 $c_0=t_{\frac{\alpha}{2},(N-k)}$ k 是小組數

$h_{ij}=\hat{\sigma}_{\hat{\theta}ij}$ 代表標準誤，是從下列 $\mathbf{H}^*$ 的元素中取出來的:

$$\mathbf{H}^*=\mathbf{gd}'$$ 〔公式 9·3-11〕

爲了求出 $\mathbf{g}$ 和 $\mathbf{d}$，我們須先求出下列各矩陣:

$$\mathbf{Q}_e=\mathbf{Y}'\mathbf{Y}-\mathbf{Y}.'\mathbf{D}\mathbf{Y}.$$ 〔公式 9·3-12〕

$$\mathbf{S}_e=\frac{1}{N-k}\mathbf{Q}_e$$ 〔公式 9·3-13〕

而 $\mathbf{d}$ 便是變異數-共變數矩陣 $\mathbf{S}_e$ 主對角線元素之平方根（亦即標準差）所構成的向量

$$\mathbf{d}'=[\sqrt{s_1}\quad \sqrt{s_2}\ \cdots\ \sqrt{s_p}\,]$$ 〔公式 9·3-14〕

至於要算出 $\mathbf{g}$，則必須先算出下列矩陣:

$$\mathbf{G}=(\mathbf{K}'\mathbf{D}\mathbf{K})^{-1}$$ 〔公式 9·3-15〕

將 $\mathbf{G}$ 矩陣的主對角線元素取出，並求它們的平方根，便可構成 $\mathbf{g}$ 向量:

$$\mathbf{g}' = [\sqrt{g_{11}} \quad \sqrt{g_{22}} \ \cdots \ \sqrt{g_{kk}}\,]$$ 〔公式 9·3-16〕

如果要計算 p 個依變項同時考慮的「同時信賴區間」，則公式 9·-10 的 c_0 應改為:

$$c_0 = \sqrt{\frac{(N-k)p}{N-k-p+1} F_{\alpha,(p,N-k-p+1)}}$$ 〔公式 9·3-17〕

這裏，k＝小組數

顯著性考驗　再母數化還包括另一個步驟，那就是再使用第 2·2（三）節所討論的方法，將基底矩陣 $\mathbf{K}$ 分解為正交正規化基底 $\mathbf{K}^*$ 和上三角矩陣 $\mathbf{T}'$，亦即:

$$\mathbf{K} = \mathbf{K}^*\mathbf{T}'$$ 〔公式 9·3-18〕

（請復習公式 2·2-5 及正交正規化的計算方法）。因為 $\mathbf{K}^*$ 的各縱行為正交正則，故可滿足 $\mathbf{K}^{*\prime}\mathbf{D}\mathbf{K}^* = \mathbf{I}$ 的條件。

如此，則公式 9·3-4 又可寫為:

$$\mathbf{Y}_{.} = \mathbf{K}^*\mathbf{T}'\Theta + \mathbf{E}_{.}$$ 〔公式 9·3-19〕

而公式 9·3-6 便可再母數化為:

$$\mathbf{U} = (\mathbf{K}^{*\prime}\mathbf{D}\mathbf{K}^*)^{-1}\mathbf{K}^{*\prime}\mathbf{D}\mathbf{Y}_{.}$$
$$= \mathbf{K}^{*\prime}\mathbf{D}\mathbf{Y}_{.}$$ 〔公式 9·3-20〕

如果將這 $\mathbf{U}$ 矩陣的第 i 個橫列的 $1\times p$ 階列向量命名為 $\mathbf{u}_i$，則矩陣 $\mathbf{U}$ 就是:

$$\mathbf{U} = \begin{bmatrix} \mathbf{u}'_1 \\ \mathbf{u}'_2 \\ \vdots \\ \mathbf{u}'_k \end{bmatrix}$$ 〔公式 9·3-21〕

其中每一個 $\mathbf{u}_i$ 便是一個比較的估計值，而 $p\times p$ 階的 $\mathbf{u}_i\,\mathbf{u}_i'$ 矩陣便

是該一比較的 SSCP。而且:

$$\sum_{i=1}^{k} \mathbf{u}_i \mathbf{u}_i' = \mathbf{U}'\mathbf{U} = \mathbf{Q}_B \qquad \text{〔公式 9·3-22〕}$$

換言之，經使用上面正交正規化的方法後，我們可將組間的 SSCP，亦即 $\mathbf{Q}_B$ 分割爲 k 個獨立的 $\mathbf{u}_i\,\mathbf{u}'_i$ 矩陣，每個部分均爲一個自由度。尤其最重要一點是：每一個 $\mathbf{u}_i\,\mathbf{u}'_i$ 均表示去掉其「前面」各主要效果的影響之後的 SSCP。於是，我們就可以列成表 9·3-1 所示的多變項變異數分析摘要表，並進行有關的顯著性考驗。至於顯著性考驗的公

表 9·3-1 多變項變異數分析摘要表

來 源	df	SSCP
$\boldsymbol{\theta}'_1$	1	$\mathbf{u}_1\,\mathbf{u}'_1$
$\boldsymbol{\theta}'_2$，去掉 $\boldsymbol{\theta}'_1$ 之影響	1	$\mathbf{u}_2\,\mathbf{u}'_2$
$\boldsymbol{\theta}'_3$，去掉 $\boldsymbol{\theta}'_1$ 和 $\boldsymbol{\theta}'_2$ 之影響	1	$\mathbf{u}_3\,\mathbf{u}'_3$
⋮	⋮	⋮
$\boldsymbol{\theta}'_k$，去掉 $\boldsymbol{\theta}'_1$，$\boldsymbol{\theta}'_2 \cdots \boldsymbol{\theta}'_{k-1}$ 之影響	1	$\mathbf{u}_k\,\mathbf{u}'_k$
Θ	k	$\mathbf{Q}_B = \Sigma \mathbf{u}_i\,\mathbf{u}'_i = \mathbf{U}'\mathbf{U}$
殘 餘	$N-k$	$\mathbf{Q}_e = \mathbf{Y}'\mathbf{Y} - \mathbf{U}'\mathbf{U}$
總 和	N	$\mathbf{Q}_T = \mathbf{Y}'\mathbf{Y}$

式仍然爲:

$$\Lambda = \frac{|\mathbf{Q}_e|}{|\mathbf{Q}_h + \mathbf{Q}_e|} < U_{\alpha,(p,v_h,v_e)} \qquad \text{〔公式 9·3-23〕}$$

這裏，v_h 是指所考驗的實驗假設之自由度。每一個 $\mathbf{u}\mathbf{u}'_i$ 爲一個自由度，例如 $\mathbf{Q}_h = \mathbf{u}_2\mathbf{u}_2'$ 時，$v_h = 1$；$\mathbf{Q}_h = \mathbf{u}_3\mathbf{u}_3' + \mathbf{u}_4\mathbf{u}_4'$ 時，$v_h = 2$，如此類推。至於公式 9·3-23 的使用方法，仍如以前所述，亦即如果計算的 Λ 值小於查表的 U 值便要拒絕虛無假設。這是我們所熟知的，不再詳

細討論。(請復習公式 5·2-21 至公式 5·2-25 及有關的各種觀念)。

（二）計算實例　下面我們要再以例 9·2-1（第 407 頁）的同一例子來演示 Finn 的方法之實際計算過程。

【例 9·3-1】 例 9·2-1 所述的該項研究結果，得觀察資料如表 9·2-1 所示，試以 Finn 的多變項變異數分析統計方法分析該項資料。

1. 由表 9·2-1 的資料，得:

$$\mathbf{Y.}=\begin{bmatrix} y_{\cdot 1}^{(1)} & y_{\cdot 1}^{(2)} & y_{\cdot 1}^{(3)} \\ y_{\cdot 2}^{(1)} & y_{\cdot 2}^{(2)} & y_{\cdot 2}^{(3)} \\ y_{\cdot 3}^{(1)} & y_{\cdot 3}^{(2)} & y_{\cdot 3}^{(3)} \end{bmatrix}=\begin{bmatrix} 4.0 & 4.0 & 4.5 \\ 6.5 & 6.0 & 6.5 \\ 10.6 & 9.2 & 8.6 \end{bmatrix}$$

$$\mathbf{D}=\begin{bmatrix} 6 & 0 & 0 \\ 0 & 6 & 0 \\ 0 & 0 & 5 \end{bmatrix}=diag\,[6 \quad 6 \quad 5]$$

2. 公式 9·3-2 所須模式矩陣 **X** 及母數矩陣 Θ^* 是這樣的:

$$\mathbf{X}=\begin{bmatrix} 1 & 1 & 0 & 0 \\ 1 & 0 & 1 & 0 \\ 1 & 0 & 0 & 1 \end{bmatrix}\begin{matrix} \text{放任組} \\ \text{懲罰組} \\ \text{獎賞組} \end{matrix}$$

$$\Theta^*=\begin{bmatrix} \mu^{(1)} & \mu^{(2)} & \mu^{(3)} \\ \alpha_1^{(1)} & \alpha_1^{(2)} & \alpha_1^{(3)} \\ \alpha_2^{(1)} & \alpha_2^{(2)} & \alpha_2^{(3)} \\ \alpha_3^{(1)} & \alpha_3^{(2)} & \alpha_3^{(3)} \end{bmatrix}=\begin{bmatrix} \boldsymbol{\mu}' \\ \boldsymbol{\alpha}'_1 \\ \boldsymbol{\alpha}'_2 \\ \boldsymbol{\alpha}'_3 \end{bmatrix}$$

3. 將 Θ^* 加以再母數化爲 Θ，並估計 Θ: 爲了易於和例 9·2-1 的計算相比較起見，我們採用「自選比較」L 作爲比較矩陣。在上節裏我們比較第一與第二組，以及第二與第三組（請看上節的 $\mathbf{C\hat{B}}$ 矩陣)。這裏，我們也作同樣的比較。因此:

$$\mathbf{C}_3=\begin{bmatrix} 1 & \frac{1}{3} & \frac{1}{3} & \frac{1}{3} \\ 0 & 1 & -1 & 0 \\ 0 & 0 & 1 & -1 \end{bmatrix} \begin{matrix} L0 \\ L1 \\ L2 \end{matrix}$$

這一比較矩陣的第一橫列是**X**的三個橫列之平均；其第二橫列是**X**的第一橫列減去第二橫列的差；其第三橫列是**X**的第二橫列減去第三橫列的差。由 $\mathbf{C}_3$ 可看出再母數化後所要估計的母數矩陣爲:

$$\Theta=\begin{bmatrix} \boldsymbol{\mu}'+\frac{1}{3}\Sigma\boldsymbol{\alpha}' \\ \boldsymbol{\alpha}'_1-\boldsymbol{\alpha}'_2 \\ \boldsymbol{\alpha}'_2-\boldsymbol{\alpha}'_3 \end{bmatrix} \begin{matrix} \text{常數} \\ \text{放任組}-\text{懲罰組} \\ \text{懲罰組}-\text{獎賞組} \end{matrix}$$

利用公式 9•3-5 得:

$$\mathbf{K}=\mathbf{XC}'(\mathbf{CC}')^{-1}$$

$$=\begin{bmatrix} 1.3333 & 1 & 0 \\ 1.3333 & -1 & 1 \\ 1.3333 & 0 & -1 \end{bmatrix}\begin{bmatrix} .75 & 0 & 0 \\ 0 & .6667 & .3333 \\ 0 & .3333 & .6667 \end{bmatrix}$$

$$=\begin{bmatrix} 1 & .6667 & .3333 \\ 1 & -.3333 & .3333 \\ 1 & -.3333 & -.6667 \end{bmatrix}$$

代入公式 9•3-6，得 Θ 的估計數如下:

$$\hat{\Theta}=(\mathbf{K}'\mathbf{DK})^{-1}\mathbf{K}'\mathbf{DY}.$$

$$=\begin{bmatrix} .0593 & 0 & -.0111 \\ 0 & .3333 & -.1667 \\ -.0111 & -.1667 & .3667 \end{bmatrix}\begin{bmatrix} 116 & 106 & 109 \\ -14.6667 & -11.3333 & -9.3333 \\ -14.3333 & -10.6667 & -6.6667 \end{bmatrix}$$

$$= \begin{bmatrix} 7.03 & 6.4 & 6.53 \\ -2.5 & -2.0 & -2.0 \\ -4.1 & -3.2 & -2.1 \end{bmatrix} \begin{matrix} \text{常數} \\ \text{放任組－懲罰組} \\ \text{懲罰組－獎賞組} \end{matrix}$$

這裏 $\hat{\boldsymbol{\Theta}}$ 矩陣是 $\boldsymbol{\Theta}$ 的估計數，其第二橫列和第三橫列與上節所計算的 $\mathbf{C\hat{B}}$ 矩陣完全一樣。

4. 求 $\mathbf{Q}_e$ 和計算標準誤矩陣 $\mathbf{H}^*$：根據公式 9·3-12 得：

$$\mathbf{Q}_e = \mathbf{Y'Y} - \mathbf{Y'.DY.}$$

$$= \begin{bmatrix} 944 & 833 & 825 \\ 833 & 790 & 765 \\ 825 & 765 & 783 \end{bmatrix} - \begin{bmatrix} 911.3 & 817.6 & 817.3 \\ 817.6 & 735.2 & 737.6 \\ 817.3 & 737.6 & 744.8 \end{bmatrix}$$

$$= \begin{bmatrix} 32.7 & 15.4 & 7.7 \\ 15.4 & 54.8 & 27.4 \\ 7.7 & 27.4 & 38.2 \end{bmatrix} \begin{matrix} \text{常數} \\ \text{放任組－懲罰組} \\ \text{懲罰組－獎賞組} \end{matrix}$$

這與上節用公式 9·2-7 計算的事實上是完全相同的。

$$\mathbf{S} = \frac{1}{17-3}\mathbf{Q}_e = \begin{bmatrix} 2.3357 & 1.1000 & .5500 \\ 1.1000 & 3.9143 & 1.9571 \\ .5500 & 1.9571 & 2.7286 \end{bmatrix}$$

（公式 9·3-13）

所以：　$\mathbf{d}' = [\sqrt{2.3357} \quad \sqrt{3.9143} \quad \sqrt{2.7286}]$

$= [1.528 \quad 1.978 \quad 1.652]$　　（公式 9·3-14）

前面計算 $\hat{\boldsymbol{\Theta}}$ 時已算出：

$$\mathbf{G} = (\mathbf{K'DK})^{-1}$$

$$= \begin{bmatrix} .0593 & 0 & -.0111 \\ 0 & .3333 & -.1667 \\ -.0111 & -.1667 & .3667 \end{bmatrix}$$

所以:　　$\mathbf{g}'=[\sqrt{.0593}\quad\sqrt{.3333}\quad\sqrt{.3667}]$

$=[.244\quad .577\quad .606]$　　　　(公式 9•3-16)

代入公式 9•3-11 得:

$$\mathbf{H}^*=\mathbf{gd}'=\begin{bmatrix}.244\\.577\\.606\end{bmatrix}[1.528\quad 1.978\quad 1.652]$$

$$=\begin{bmatrix}.373 & .483 & .403\\ .882 & 1.141 & .953\\ .926 & 1.199 & 1.001\end{bmatrix}\begin{matrix}\text{常數}\\ \text{放任組}-\text{懲罰組}\\ \text{懲罰組}-\text{獎賞組}\end{matrix}$$

有了標準誤矩陣 $\mathbf{H}^*$ 之後便可代入公式 9•3-10 求各母數的信賴區間了。以懲罰組－獎賞組爲例, 則:

$$\hat{\boldsymbol{\theta}}'_2=[-4.1\quad -3.2\quad -2.1]$$

$$\mathbf{h}'_2=[\ .926\quad 1.199\quad 1.001]$$

$$t_{\frac{\alpha}{2},(N-k)}=t_{.025,(14)}=2.145$$

其中第一個依變項（自主性）的此項信賴區間爲:

$$-4.1-2.145(.926)<\theta_{31}<-4.1+2.145(.926)$$

或　　$$-6.086<\theta_{31}<-2.114\qquad(p<.05)$$

此一信賴區間沒包含 0 在內, 所以可以說達到顯著水準。換言之, 懲罰組與獎賞組在自主性方面有顯著差異存在。其他, 均如此類推。

如果要算「同時信賴區間」, 則根據公式 9•3-17 得:

$$F_{\alpha,(p,N-k-p+1)}=F_{.05,(3,12)}=3.49$$

$$c_0=\sqrt{\frac{(17-3)3}{17-3-3+1}(3.49)}=3.495$$

所以這一同時信賴區間的下限爲:

$$[-4.1 \quad -3.2 \quad -2.1]-3.495[.926 \quad 1.199 \quad 1.001]$$
$$=[-7.336 \quad -7.391 \quad -5.598]$$

其上限則為:

$$[-4.1 \quad -3.2 \quad -2.1]+3.495[.926 \quad 1.199 \quad 1.001]$$
$$=[-.864 \quad .991 \quad 1.398]$$

由此可見，懲罰組與獎賞組只有在第一個依變項（自主性）方面有差異存在（$-7.336\sim-.864$ 未包含 0 在內），其他兩個依變項方面則無差異存在。因此，有必要再進行多變項顯著性考驗，以考驗各組之間是否有顯著差異存在。這些結果與上一節所得的結果也相同。

5. 假設考驗：首先要用公式 2·2-5 所示的格拉姆-施密特法將本例的 $\mathbf{K}$ 矩陣分解為 $\mathbf{K}^*$ 和 $\mathbf{T}'$。對角線矩陣 $\mathbf{D}=diag[6 \quad 6 \quad 5]$。結果得:

$$\mathbf{K}=\mathbf{K}^*\mathbf{T}'$$

$$\begin{bmatrix} 1 & .6667 & .3333 \\ 1 & -.3333 & .3333 \\ 1 & -.3333 & -.6667 \end{bmatrix}$$

$$=\begin{bmatrix} .2425 & .3284 & 0 \\ .2425 & -.1791 & .2752 \\ .2425 & -.1791 & -.3303 \end{bmatrix}\times\begin{bmatrix} 4.1231 & .0810 & .1616 \\ 0 & 1.9704 & .8956 \\ 0 & 0 & 1.6514 \end{bmatrix}$$

（請注意：$\mathbf{K}^*$ 的橫列互為正交）。

再利用公式 9·3-20計算，得:

$$\mathbf{U}=\mathbf{K}^{*\prime}\mathbf{D}\mathbf{Y}.$$

$$=\begin{bmatrix} .2425 & .2425 & .2425 \\ .3284 & -.1791 & -.1791 \\ 0 & .2752 & -.3303 \end{bmatrix}\begin{bmatrix} 6 & 0 & 0 \\ 0 & 6 & 0 \\ 0 & 0 & 5 \end{bmatrix}\begin{bmatrix} 4.0 & 4.0 & 4.5 \\ 6.5 & 6.0 & 6.5 \\ 10.6 & 9.2 & 8.6 \end{bmatrix}$$

$$=\begin{bmatrix} 28.1300 & 25.7050 & 26.4325 \\ -8.5956 & -6.8046 & -5.8194 \\ -6.7731 & -5.2866 & -3.4701 \end{bmatrix}\begin{matrix} \text{常數} \\ \text{放任-懲罰，去掉常數影響} \\ \text{懲罰-獎賞，去掉常數及} \\ \text{放任-懲罰之影響} \end{matrix}$$

由U的橫列可以求出下列各種 SSCP:

①常數項:

$$\mathbf{Q}_{h1}=\mathbf{u}_1\mathbf{u}'_1=\begin{bmatrix} 28.1300 \\ 25.7050 \\ 26.4325 \end{bmatrix}[28.1300 \quad 25.7050 \quad 26.4325]$$

$$=\begin{bmatrix} 791.2969 & 723.0817 & 743.5462 \\ 723.0817 & 660.7470 & 679.4474 \\ 743.5462 & 679.4474 & 698.6771 \end{bmatrix}$$

②放任組－懲罰組，去除常數影響:

$$\mathbf{Q}_{h2}=\mathbf{u}_2\mathbf{u}'_2=\begin{bmatrix} 73.8843 & 58.4896 & 50.0212 \\ 58.4896 & 46.3026 & 39.5987 \\ 50.0212 & 39.5987 & 33.8654 \end{bmatrix}$$

③懲罰組－獎賞組，去除常數及放任組－懲罰組之影響:

$$\mathbf{Q}_{h3}=\mathbf{u}_3\mathbf{u}_3'=\begin{bmatrix} 45.8749 & 35.8067 & 23.5033 \\ 35.8067 & 27.9481 & 18.3450 \\ 23.5033 & 18.3450 & 12.0416 \end{bmatrix}$$

將 $\mathbf{Q}_{h2}$ 和 $\mathbf{Q}_{h3}$ 相加便得:

$$\mathbf{Q}_h=\mathbf{Q}_{h2}+\mathbf{Q}_{h3}$$

$$=\begin{bmatrix} 119.7592 & 94.2963 & 73.5245 \\ 94.2963 & 74.2507 & 57.9437 \\ 73.5245 & 57.9437 & 45.9070 \end{bmatrix}$$

這與前節用公式 9•2-5 所計算的結果，除四捨五入的誤差之外，可說完全相同。

$$\Lambda=\frac{|\mathbf{Q}_e|}{|\mathbf{Q}_h+\mathbf{Q}_e|}=\frac{38092.60}{201703.4760}=.1888$$

小於查表的 $U_{\alpha,(p,v_h,v_e)}=U_{.05,(3,2,14)}=.377735$，故拒絕虛無假設，亦即三組在人格特質方面，整體而言，有顯著差異存在。

上述多變項變異數分析，可摘要如表 9•3-2 所示。表 9•3-2 與上節表 9•2-2 大體上可說相同。惟，有幾點不同之處，值得加以注意：第一、表 9•3-2 裏，「總和」的 SSCP 是指 **Y′Y** 而言，不是像表 9•2-2 是指組間的 SSCP 和組內的 SSCP 之和。換言之，在表 9•3-2 裏，「總和」的 SSCP 是常數、組間和組內三者之 SSCP 的

表 9•3-2　例 9•3-1 的多變項變異數分析摘要表

來　源	df	SSCP			Λ	(單變項) F		
						自主	秩序	客觀
常　數	1	791.30	723.08	743.55				
		723.08	660.75	679.45				
		743.55	679.45	698.68				
組　間（排除常數影響）	2	119.76	94.30	73.52	.1888*	25.64		
		94.30	74.25	57.94			9.48	
		73.52	57.94	45.91				8.41
組　內	14	32.7	15.4	7.7				
		15.4	54.8	27.4				
		7.7	27.4	38.2				
總　和	17	943.76	832.78	824.77				
		832.78	789.80	764.79				
		824.77	764.79	782.79				

$^*U_{.05,(3,2,14)}=.377735$　　　$F_{.05,(2,14)}=3.74$

總和（表 9·3-2 的總和 SSCP，除四捨五入的誤差外，與 $\mathbf{Y'Y}$ 完全相同）。第二、表 9·3-2 裏「總和」部分之自由度爲 $N=17$，而不是 $N-1=16$。這是因爲「常數」項也算一個自由度之故。換言之，表 9·2-2 裏因爲不將常數的自由度計算在內，所以「全體」的自由度爲 $N-1=16$。第三、表 9·3-2 除了報告多變項分析的 Λ 值之外，還報告單變項分析的 F 值。這些 F 值係使用 $\mathbf{Q}_h$ 矩陣和 $\mathbf{Q}_e$ 矩陣相對應的主對角線元素除以各自的自由度，亦卽化爲 MS 之後，相除而得。其計算方法如下所示:

$$F=\frac{119.76/2}{32.7/14}=25.64 \qquad (\text{自主性})$$

$$F=\frac{74.25/2}{54.8/14}=9.48 \qquad (\text{秩序性})$$

$$F=\frac{45.91/2}{38.2/14}=8.41 \qquad (\text{客觀性})$$

這 F 值均大於 $F_{.05,(2,14)}=3.74$，故均達顯著水準。

由上面的計算可知，在 Finn 所用的方法裏，常建議如果多變項變異數分析的結果 Λ 值達顯著水準，則可以再繼續使用單變項的 F 統計法，看在那一個依變項方面有組間的差異存在。這種單變項 F 統計只不過是使用多變項 Λ 統計的副產品而已；只要 $\mathbf{Q}_h$ 和 $\mathbf{Q}_e$ 矩陣算出來，就可以容易的把單變項 F 值也計算出來。

9·4 區別分析

區別分析 (discriminant analysis) 是與多變項變異數分析以及主成份分析有密切關係的統計方法。當我們利用上一節的多變項變異數分析考驗的結果，如果 k 個群體在其 p 個依變項所構成的形心 (centroids）方面之差異達到顯著水準，亦即拒絕虛無假設時，我們常可進一步使用這裏所討論的區別分析來探討這 k 個群體之差異是在那些向度方面。在進行區別分析的過程中，必須利用主成份分析的方法找出 s 組（$s<p$）的「區別函數係數」（discriminant function coefficients），將 p 個依變項予以加權，而得到 s 組區別函數。利用區別函數公式轉換後，組間均方與組內均方之比值，亦即「區別效標」（discriminant criterion）變為最大，故最能有效區分出不同性質的群體來。在需要區分不同群體（例如升學分組）的情形下，如果從這些區別函數所代表的向度方面來區分，組內的變異較小，而組間的差異變得最為明顯。因此，區別分析可用於甄選人員之類的工作方面（參看林清山，民國67年；Cooley & Lohnes, 1971, pp. 243-261; Tatsuoka, 1971, pp. 157-193; Finn, 1974, pp. 357-368; Timm, 1975, pp. 379-381）。

（一）基本原理　為了使容易瞭解區別分析的基本原理起見，可先看看圖 9·4-1 所示的最簡單的區別分析之假定情境。圖 9·4-1 表示有 A 和 B 兩個群體（例如男生和女生），每一群體都各接受 Y_1 和 Y_2 兩個依變項（例如國文和數學）的觀察。不管 A 或 B，分數的分配成自左下向右上傾斜的橢圓形，表示 Y_1 和 Y_2 之間有正相關的關係。橢圓中心的點便是所謂的「形心」，是 Y_1 變項的平均數與 Y_2 變項的平均數之交會點。大小橢圓形代表該群體的分數之等密度線，例如 A 群的大橢圓可代表95%的分數在此一範圍之內，小橢圓代表68%的分數在此一範圍之內，如此類推。由 A 群的大橢圓和 B 群的大橢圓相交的兩個點可畫出一直線到 b。如果再畫如圖所示的直線 L 垂直於該一直線，則 A 和 B 兩群在二向度分佈圖內的各點便可投射在橫軸 L 上，而成為在單變項資料中常見的兩個常態分配曲線。此時，這兩個

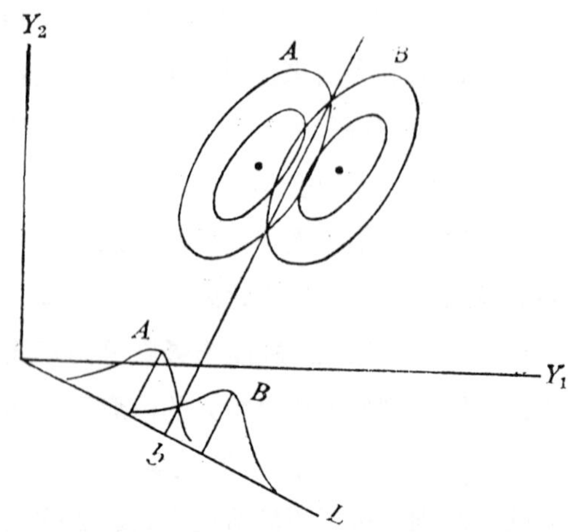

圖 9·4-1　區別分析簡示圖。

AB 兩個群體在 Y_1 和 Y_2 兩個依變項的分數，可用區別係數予以加權而變爲 *L* 軸上的分數。此時組間變異最大，組內變異最小，*F* 值也最大，亦卽 *AB* 兩組之差異最明顯（改自 Cooley & Lohnes, 1971, p. 245)。

常態分配曲線重疊部分最小；*A* 群在 *L* 軸上的得分之平均數與 *B* 群在 *L* 軸上的得分之平均數相差却最大，且 *A* 或 *B* 群的分散情形爲最小，亦卽組間變異最大且組內變異最小。由圖 9·4-1 可以看出：*L* 軸上的 *b* 點，把單向度的區別空間分隔爲二，大部分 *A* 群的人得分在這點以下，而大部分 *B* 群的人則得分在這點以上。因此，用 *L* 軸上的得分來表示時，最足以區分出 *A* 群的人和 *B* 群的人。

如果上述的 p 個依變項用 Y_1，Y_2，…，Y_p 表示，則我們須求出這些變項之線性組合，亦卽「區別變項」如下：

$$L=v_1Y_1+v_2Y_2+\cdots+v_pY_p \qquad \text{〔公式 9·4-1〕}$$

這裏，各依變項 Y 前所乘的係數 v 就是「區別變項係數」。現在假定

$\mathbf{Q}_h$ 爲 $p\times p$ 階的組間 SSCP 矩陣，而 $\mathbf{Q}_{ei}$ 爲 $p\times p$ 階的組內 SSCP 矩陣，且矩陣 $\mathbf{Q}_e$ 爲 k 個群體的組內 SSCP 之和，亦即

$$\mathbf{Q}_e=\sum_{i=1}^{k}\mathbf{Q}_{ei} \qquad \text{〔公式 9·4-2〕}$$

則用公式9·4-1化爲線性組合分數 L 之後，組間離均差平方和（SS_b），將成如下所示的二次形式（quadratic form）：

$$\mathbf{v}'\mathbf{Q}_h\mathbf{v}$$

而組內離均差平方和（SS_w）將成爲：

$$\mathbf{v}'\mathbf{Q}_e\mathbf{v}$$

又，設這兩個二次形式之比爲 λ，則：

$$\lambda=\frac{\mathbf{v}'\mathbf{Q}_h\mathbf{v}}{\mathbf{v}'\mathbf{Q}_e\mathbf{v}} \qquad \text{〔公式 9·4-3〕}$$

在區別分析裏，我們的問題是怎樣去找出向量 $\mathbf{v}$，使在 $\mathbf{v}'\mathbf{v}=1$ 的條件下，能够使比值 λ 變爲最大。這 λ 值就稱爲「區別效標」。要使區別效標 λ 變爲最大，就須根據 $\mathbf{v}$，取 λ 的偏導數，並將其結果假設等於 0。如此，最後便得：

$$(\mathbf{Q}_h-\lambda\mathbf{Q}_e)\mathbf{v}=0 \qquad \text{〔公式 9·4-4〕}$$

由第 2·4(四) 節「雙矩陣特徵值問題」的討論可知，我們只要解：

$$(\mathbf{Q}_e^{-1}\mathbf{Q}_h-\lambda\mathbf{I})\mathbf{v}=0 \qquad \text{〔公式 9·4-5〕}$$

便可求出特徵值 λ 和特徵向量 $\mathbf{v}$。其中最大特徵值 λ 便是公式 9·4-3 所要求出的最大 λ 值或區別效標，而與此 λ 值相對應的 $\mathbf{v}$ 便是公式 9·4-1 所示區別函數所須的區別變項係數（參看 Tatsuoka, 1971, pp. 160-161)。

因爲公式 9·4-5 的 $\mathbf{Q}_e^{-1}\mathbf{Q}_h$ 並不是對稱矩陣，不能用表 7·1-4 所示反覆解法求特徵值和特徵向量，所以要用表 1·2-2 的柯勒斯基因式

分解法將 $\mathbf{Q}_e^{-1}$ 分解為 $(\mathbf{T}_e^{-1})'\mathbf{T}_e^{-1}$，然後纔用反覆解法解下式：

$$[\mathbf{T}_e^{-1}\mathbf{Q}_h(\mathbf{T}_e^{-1})'-\lambda\mathbf{I}]\mathbf{k}=0 \qquad 〔公式\ 9\cdot4\text{-}6〕$$

求出來的 λ 值與用公式 9•4-5 求出者相同，但是所得特徵向量却不相同，因此必須再用下式調整，纔能得到區別函數係數向量 $\mathbf{v}$：

$$\mathbf{v}=(\mathbf{T}_e^{-1})'\mathbf{k} \qquad 〔公式\ 9\cdot4\text{-}7〕$$

不管用公式 9•4-5 或公式 9•4-6，因為 $\mathbf{Q}_e^{-1}\mathbf{Q}_h$ 或 $\mathbf{T}_e^{-1}\mathbf{Q}_h(\mathbf{T}^{-1})'$ 的秩數為：

$$r=min(k-1,\ p) \qquad 〔公式\ 9\cdot4\text{-}8〕$$

所以我們只能得到 $min(k-1,\ p)$ 個特徵值和相對應的特徵向量，亦即看 $(k-1)$ 或 p 那一個較小而定。

當我們用公式 9•4-5 或公式 9•4-6 求出 λ_1，λ_2，…，λ_r 等 r 個非零的特徵值和相對應的 $\mathbf{v}_1$，$\mathbf{v}_2$，…，$\mathbf{v}_r$ 等 r 個特徵向量後，通常必須再進行顯著性考驗，將沒達到顯著水準的特徵值所代表的區別變項予以放棄，而只留下達到顯著水準的那 s 個區別變項。

假定顯著性考驗的結果，$s=3$，亦即只保留三個達到顯著水準的特徵值和相對應的特徵向量。那麼，首先便要用 $\mathbf{v}'_1=[v_{11},\ v_{12},\ \cdots,\ v_{1p}]$ 來把依變項予以加權：

$$L_1=v_{11}Y_1+v_{12}Y_2+\cdots+v_{1p}Y_p$$

這是第一個區別函數 (discriminant function)。用此一區別函數所得的區別變項可得到最大的區別效標 λ_1，亦即如公式 9•4-3 所示，組間變異與組內變異之比值最大，最能區分不同的群體。

其次，也可利用 $\mathbf{v}'_2=[v_{21},\ v_{22},\ \cdots,\ v_{2p}]$ 將依變項加以轉換：

$$L_2=v_{21}Y_1+v_{22}Y_2+\cdots+v_{2p}Y_p$$

這是第二個區別函數。根據第二個區別函數所得的區別效標為 λ_2，它是在與 L_1 無關的條件下，所能求到的最大區別效標。

同理，也可利用 $\mathbf{v}'_3=[v_{31}, v_{32}, \cdots, v_{3p}]$，來把依變項轉換為線性組合分數 L_3:

$$L_3=v_{31}Y_1+v_{32}Y_2+\cdots+v_{3p}Y_p$$

這是第三個區別函數，其最大可能的區別效標為 λ_3。它是在與 L_1 和與 L_2 無相關的條件下，可能得到的最大數值。

由此可見，在區別分析裏，我們先開始從某一向度去尋找區別變項，使各群體之間儘可能顯示最大的差異來，接著又從另一個向度去尋找區別變項，使又能看出各群體間的最大可能差異來，而這一差異却不是第一向度的變項所能解釋的。如此類推。

由於在 $\mathbf{Q}_e^{-1}\mathbf{Q}_h$ 或 $\mathbf{T}_e^{-1}\mathbf{Q}_h(\mathbf{T}_e^{-1})'$ 中所用的是原始分數，而不是標準分數之故，向量 $\mathbf{v}$ 的各元素在上述區別函數公式中，並不能表示相對的重要性。要看出各依變項的相對重要性，則必須再用下列公式加以標準分數化才可:

$$\mathbf{v}^*_{mi}=\sqrt{\mathrm{q}_{e_{ii}}}\ \mathbf{v}_{mi} \qquad i=1,\ 2,\ \cdots,\ p$$

或 $$\mathbf{V}^*=\mathbf{D}_e^{\frac{1}{2}}\mathbf{V} \qquad \text{〔公式 9·4-9〕}$$

這裏，$\mathbf{D}_e^{\frac{1}{2}}$ 是主對角線矩陣，其主對角線元素是矩陣 $\mathbf{Q}_e$ 的主對角線元素之平方根，主對角線以外的元素為 0。

區別分析的顯著性考驗　用公式 9·4-5 或公式 9·4-6 求出的 r 個特徵值，亦即區別效標，可用下面所討論巴特烈 (Bartlett) 的 χ^2 統計來考驗其整體的 (overall) 顯著性。其方法是使用:

$$\chi^2=\left[N-\frac{p+k}{2}-1\right]\log_e[(1+\lambda_1)(1+\lambda_2)\cdots(1+\lambda_r)]$$

$$=\left[N-\frac{p+k}{2}-1\right]\sum_{m=1}^{r}\log_e(1+\lambda_m)$$

$$\text{df} = p(k-1) \qquad \text{〔公式 9·4-10〕}$$

$$\chi^2 = -\left[N - \frac{p+k}{2} - 1\right] \log_e \Lambda$$

這裏，$\Lambda = \prod_{m=1}^{r} \frac{1}{1+\lambda_m}$　〔公式 9·4-11〕

如果計算的 χ^2 值大於查表的 $\chi^2_{\alpha,[p(k-1)]}$，便要拒絕虛無假設，謂這 r 個區別效標，整體說，是有意義的。

公式 9·4-10 的 χ^2 值可分割爲幾個具有可加性性質的部分，每一部分自成一個 χ^2 分配。因此:

$$\chi^2_m = \left[N - \frac{p+k}{2} - 1\right] \log_e (1+\lambda_m)$$

$$\text{df} = p+k-2m \qquad \text{〔公式 9·4-12〕}$$

例如，我們可先去掉第一個特徵值（亦卽區別函數）之影響，考驗看第二個特徵值及其下的特徵值是否仍然顯著。或去掉第一和第二個特徵值（亦卽區別函數）之影響，考驗看第三個特徵值及其下的特徵值是否仍然顯著，如此類推。表 9·4-1 是自由度的計算原則。

表 9·4-1　區別分析連續累進式顯著性考驗的 df

區 別 函 數 的 數 目	自 由 度
① r 個區別函數	$p(k-1)$
② 刪去前面第一個區別函數	$(p-1)(k-2)$
③ 刪去前兩個區別函數	$(p-2)(k-3)$
④ 刪去前三個區別函數	$(p-3)(k-4)$
⋮	⋮

在減去前 s 個區別函數之後，如果所剩下的部分未達顯著水準，則只有前 s 個區別函數達顯著水準。在這種情形下，儘管區別函數應有 r 個，我們却可以只用這 s 個區別函數來描述 k 個群體之間的差異。其餘 $(r-s)$ 個可視爲抽樣誤差所造成，對描述群體之間的差異已不具重要性。

至於第 m 個區別函數佔整個區別考驗力之百分比佔多少，則可用下式來算出：

$$\frac{\lambda_m}{\sum_{i=1}^{r}\lambda_i}$$　〔公式 9·4-13〕

這與主成份分析時的情形可說是相同的。

（二）計算實例　現在我們以例 9·4-1 來幫助說明區別分析的計算過程。關於多變項變異數分析部分之計算，請隨時參看前面第 9·2 節，這裏只列出計算結果。

【例 9·4-1】 自高三學生中隨機抽取十名自然組學生、十二名社會組學生、和十一名就業組學生，進行語文、數理、和藝能三種成就測驗，其結果如表 9·4-2 所示。試以 $\alpha=.01$ 就該項資料進行區別分析。

在本例裏，受試者分爲自然、社會、和就業三組，所以 $k=3$。各組人數依次爲 $N_1=10$，$N_2=12$，$N_3=11$，共爲 33 名，亦即 $N=33$。每位受試者均接受語文、數理、藝能三方面的成就測驗，所以 $p=3$。因爲 $min(k-1,\ p)=2$，所以我們可以得到兩個區分函數。下面是計算過程：

1. 進行多變項變異數分析：使用例 9·2-1 所示的方法，進行多變

表 9·4-2 三組學生三種成就測驗原始分數

	自然組			社會組			就業組		
	語文	數理	藝能	語文	數理	藝能	語文	數理	藝能
	5	12	8	9	10	12	3	7	6
	8	9	2	5	6	7	6	8	12
	6	15	9	13	11	13	5	5	6
	1	8	9	10	5	7	8	11	13
	3	9	4	12	7	10	6	7	12
	4	6	3	7	9	7	4	2	8
	6	15	8	8	6	5	9	9	7
	10	13	9	4	6	6	5	8	13
	2	9	2	5	4	8	4	5	8
	4	8	5	13	12	5	12	10	15
				10	8	11	7	9	11
				7	8	4			
和	49	104	59	103	92	95	69	81	111
平均	4.9	10.4	5.9	8.583	7.667	7.917	6.273	7.364	10.091

項變異數分析，以處理表 9·4-2 的資料。計算結果得:

$$
\hat{\mathbf{B}}=\begin{bmatrix} 0 & 0 & 0 \\ 4.9000 & 10.4000 & 5.9000 \\ 8.5833 & 7.6667 & 7.9167 \\ 6.2727 & 7.3636 & 10.0909 \end{bmatrix}\begin{matrix} \\ \text{自然} \\ \text{社會} \\ \text{就業} \end{matrix}
$$

語文　數理　藝能

$$
\mathbf{Q}_h=\begin{bmatrix} 76.9712 & -47.7030 & 26.0924 \\ -47.7030 & 58.2666 & -65.0970 \\ 26.0924 & -65.0970 & 92.2439 \end{bmatrix}
$$

$$\mathbf{Q}_e=\begin{bmatrix}241.9985 & 143.6424 & 107.2106\\ 143.6424 & 221.6121 & 128.7030\\ 107.2106 & 128.7030 & 276.7258\end{bmatrix}$$

$$\Lambda=\frac{|\mathbf{Q}_e|}{|\mathbf{Q}_h+\mathbf{Q}_e|}=\frac{6539266.03}{24905937.57}=.2626$$

$$<U_{.01,(3,2,30)}=.559656$$

可見應拒絕虛無假設。

如用羅伊最大根準則，則結果如下:

$$\mathbf{T}_e^{-1}=\begin{bmatrix} .0643 & & (\text{零})\\ -.0508 & .0856 & \\ -.0113 & -.0339 & .0710\end{bmatrix}$$

$$\mathbf{T}_e^{-1}\mathbf{Q}_h(\mathbf{T}^{-1})'=\begin{bmatrix} .3182 & -.5140 & .1672\\ -.5140 & 1.0404 & -.6506\\ .1672 & -.6506 & .7767\end{bmatrix}$$

用反覆解法解 $\mathbf{T}_e^{-1}\mathbf{Q}_h(\mathbf{T}_e^{-1})'$，得特徵值及相對應的特徵向量如下:

$$\Delta=\begin{bmatrix}1.7526 & 0\\ 0 & .3828\end{bmatrix}\qquad \mathbf{K}=\begin{bmatrix} .3364 & -.5597\\ -.7559 & .3192\\ .5617 & .7647\end{bmatrix}$$

將最大特徵值 1.7526 代入公式 9•2-11，得:

$$\theta_s=\frac{1.7526}{1+1.7526}=.6367$$

大於查表的 $\theta_{.01,(2,0,13)}=.402$，故拒絕虛無假設。

2. 進行區別分析: 剛纔用羅伊最大根準則進行考驗時，曾解:

$$[\mathbf{T}^{-1}\mathbf{Q}_h(\mathbf{T}^{-1})'-\lambda\mathbf{I}]\ \mathbf{k}=\mathbf{0} \qquad (\text{公式 } 9\text{•}4\text{-}6)$$

得:

$$\boldsymbol{\Delta}=\begin{bmatrix}1.7526 & 0\\ 0 & .3828\end{bmatrix} \qquad \mathbf{K}=\begin{bmatrix} .3364 & -.5597\\ -.7559 & .3192\\ .5617 & .7647\end{bmatrix}$$

利用公式 9•4-7 還原，得:

$$\mathbf{V}=(\mathbf{T}_e^{-1})'\mathbf{K}=\begin{bmatrix} .0537 & -.0608\\ -.0837 & .0014\\ .0399 & .0543\end{bmatrix}$$

將V矩陣各縱行正規化爲1，使合乎 v'v=1 的條件，就得:

$$\mathbf{V}=\begin{bmatrix} .5012 & -.7457\\ -.7811 & .0172\\ .3724 & .6660\end{bmatrix}\begin{matrix}\text{語文}\\ \text{數理}\\ \text{藝能}\end{matrix}$$
$$\qquad L_1 \qquad\qquad L_2$$

這矩陣V的第一縱行便是第一組區別變項係數，相對應的第一區別效標便是 $\lambda_1=1.7526$。矩陣V的第二縱行便是第二組區別變項係數，相對應的第二區別效標便是 $\lambda_2=.3828$。

爲瞭解語文、數理、藝能的相對重要性，再用公式 9•4-9 轉換如下:

$$\mathbf{V}^*=\mathbf{D}_e^{\frac{1}{2}}\mathbf{V}$$

$$=\begin{bmatrix}\sqrt{241.9985} & 0 & 0\\ 0 & \sqrt{221.6121} & 0\\ 0 & 0 & \sqrt{276.7258}\end{bmatrix}\begin{bmatrix} .5012 & -.7457\\ -.7811 & .0172\\ .3724 & 6660\end{bmatrix}$$

$$=\begin{bmatrix} 7.7968 & -11.6003\\ -11.6279 & .2560\\ 6.1949 & 11.0790\end{bmatrix}\begin{matrix}\text{語文}\\ \text{數理}\\ \text{藝能}\end{matrix}$$
$$\qquad L_1 \qquad\qquad L_2$$

如果您願意的話，也可以用公式 9•4–5 來進行區別分析，其方法如下所示：

$$\mathbf{Q}_e^{-1}=\begin{bmatrix} .006845 & -.003969 & -.000806 \\ -.003969 & .008483 & -.002408 \\ -.000806 & -.002408 & .005046 \end{bmatrix}$$

$$\mathbf{Q}_e^{-1}\mathbf{Q}_h=\begin{bmatrix} .6952 & -.5053 & .3626 \\ -.7730 & .8404 & -.8779 \\ .1845 & -.4303 & .6012 \end{bmatrix}$$

這一矩陣並不是對稱矩陣，因此不能用表 7•1–4 的反覆解法來解特徵值和特徵向量。雖然如此，我們却可用下面的方法來解它們：

設　$|\mathbf{Q}_e^{-1}\mathbf{Q}_h-\lambda\mathbf{I}|=0$

亦卽
$$\begin{vmatrix} .6952-\lambda & -.5053 & .3626 \\ -.7730 & .8404-\lambda & -.8779 \\ .1845 & -.4303 & .6012-\lambda \end{vmatrix}=0$$

算出此一行列式值，得：

$$\lambda^3-2.1367\lambda^2+.6720\lambda=0$$

或　$(\lambda^2-2.1367\lambda+.6720)\lambda=0$

故　$\lambda_1=1.7535 \qquad \lambda_2=.3833 \qquad \lambda_3=0$

首先，將 $\lambda_1=1.7535$ 代入公式 9•4–5，得：

$$\begin{bmatrix} -1.0583 & -.5053 & .3626 \\ -.7730 & -.9131 & -.8779 \\ .1845 & -.4303 & -1.1523 \end{bmatrix}\begin{bmatrix} v_{11} \\ v_{12} \\ v_{13} \end{bmatrix}=\begin{bmatrix} 0 \\ 0 \\ 0 \end{bmatrix}$$

要算出向量 $\mathbf{v}_1$ 的各元素可用第 2•4(一) 節所示算伴隨矩陣的方法來計算。例如，上式左邊矩陣第一横列之伴隨矩陣的值是：

$$\mathbf{v}_{11}=\begin{vmatrix} -.9131 & -.8779 \\ -.4303 & -1.1523 \end{vmatrix}=.6743$$

$$\mathbf{v}_{12}=\begin{vmatrix} -.7730 & -.8779 \\ .1845 & -1.1523 \end{vmatrix}=-1.0527$$

$$\mathbf{v}_{13}=\begin{vmatrix} -.7730 & -.9131 \\ .1845 & -.4303 \end{vmatrix}=.5011$$

將這三個元素正規化爲 1， 亦卽各除以:

$$\sqrt{(.6743)^2+(-1.0527)^2+(.5011)^2}=1.3468$$

便得到第一個特徵向量 $\mathbf{v}_1$:

$$\mathbf{v}_1=\begin{bmatrix} .5007 \\ -.7816 \\ .3721 \end{bmatrix}$$

這是第一個區別函數的係數。

其次，再將 $\lambda_2=.3833$ 代入公式 9•4-5，用同樣的方法可求到第二個正規化爲 1 的特徵向量 $\mathbf{v}_2$:

$$\begin{bmatrix} .3119 & -.5053 & .3626 \\ -.7730 & .4571 & -.8779 \\ .1845 & -.4303 & .2179 \end{bmatrix}\begin{bmatrix} v_{21} \\ v_{22} \\ v_{23} \end{bmatrix}=\begin{bmatrix} 0 \\ 0 \\ 0 \end{bmatrix}$$

$$v_{21}=-.2782 \qquad v_{22}=.0065 \qquad v_{23}=.2483$$

$$\mathbf{v}_2=\begin{bmatrix} -.7459 \\ .0174 \\ .6658 \end{bmatrix}$$

總之:

$$\Delta=\begin{bmatrix}1.7535 & 0\\ 0 & .3833\end{bmatrix} \qquad \mathbf{V}=\begin{bmatrix} .5007 & -.7459\\ -.7816 & .0174\\ .3721 & .6658\end{bmatrix}$$

除了四捨五入的誤差之外，兩個方法所計算的結果可說完全一樣。

3. 顯著性考驗　因爲本例的 $k=3$，$p=3$，所以根據公式 9•4-8 可知，應有 $r=min(3-1,3)=2$ 個區別變項或區別效標。這兩個區別效標便是上面所求出來的非零的特徵值 $\lambda_1=1.7535$ 和 $\lambda_2=.3833$。現在要利用公式 9•4-10 和公式 9•4-12 來考驗這兩個區別效標是否達到顯著水準。

首先根據公式 9•4-10 來考驗兩個區別效標整體的顯著性如下：

$$\chi^2=\left[33-\frac{3+3}{2}-1\right][\log_e(1+1.7535)+\log_e(1+.3833)]$$
$$=29(1.0129+.3245)$$
$$=29.3741+9.4105=38.7846$$

或用公式 9•4-11，得：

$$\Lambda=\left(\frac{1}{1+1.7535}\right)\left(\frac{1}{1+.3833}\right)=.2625$$

$$\chi^2=-\left[33-\frac{3+3}{2}-1\right]\log_e\ .2625$$
$$=-29(-1.3375)=38.7875$$

此一計算的 χ^2 值大於 $\chi^2_{\alpha,[p(k-1)]}=\chi^2_{.01,(6)}=16.812$，故顯示兩個區別效標一併考慮時，已達 .01 顯著水準。

再用公式 9•4-12 考驗除去第一個區別效標的影響力之後，第二個區別效標是否仍然達到顯著水準。此時公式 9•4-12 中的 $m=2$。

$$\chi^2=\left[33-\frac{3+3}{2}-1\right]\log_e(1+.3833)$$

$$=29(.3245)=9.4105$$

$$df=3+3-2(2)=2$$

這一計算的 χ^2 值仍然大於查表的 $\chi^2_{.01,(2)}=9.210$。

綜合上面的計算可以看出：兩個區別效標均達到 .01 顯著水準。因之，兩個區別函數均可以用來描述自然組、社會組、和就業組之間的差別。根據上面利用公式 9•4-10 計算 χ^2 的過程可以看出：第一個區別函數對全部區別考驗力的影響達 76% 左右（因為 29.3741÷38.7846=.757），而第二個區別函數的影響也達到24%之多（9.4105÷38.7846=.243）。第二個區別函數即使在去掉第一個區別函數之影響後，仍然可以有效區別三組之間的不同。

4. 結果解釋 上面區別分析的結果可從兩方面來加以解釋，亦即從自然組、社會組、和就業組三者在區別函數上的得分之平均數方面，以及從標準化後的相對重要性方面來解釋。

①根據公式 9•4-1 可知，在特徵向量 $\mathbf{v}_1$ 亦即第一個區別變項係數求出來之後，表 9•4-2 每一受試者在語文、數理、和藝能三個依變項的分數均可使用 $\mathbf{v}_1$ 予以加權而得到一個線性組合分數 L_1。例如自然組的第一位受試者的語文、數理、藝能測驗成績依次為 5，12，8，則可轉換為：

$$L_{11}=(.5012)(5)+(-.7811)(12)+(.3724)(8)=-3.8880$$

如此，自然組10位、社會組12位、就業組11位受試者，每人均可得到一個區別變項分數，每組就可得到這些分數的平均數。

因為第二個區別函數也達到顯著水準，所以也可用 $\mathbf{v}_2$ 從另一向度把三組每位受試者的三項測驗成績加以轉換。例如剛纔自然組第一位受試者的第二個區別變項分數便是：

$$L_{21}=(-.7457)(5)+(.0172)(12)+(.6660)(8)=1.8059$$

這樣三組每位受試者又可得到這樣的第二個區別變項分數，每組又可得到這些分數的平均數。

事實上，三組在第一區別函數和第二區別函數之平均數，也可直接用下式求得:

$$\bar{\mathbf{L}}=\bar{\mathbf{Y}}\mathbf{V} \qquad \text{〔公式 9·4-14〕}$$

$$=\begin{bmatrix} 4.9000 & 10.4000 & 5.9000 \\ 8.5833 & 7.6667 & 7.9167 \\ 6.2727 & 7.3636 & 10.0909 \end{bmatrix}\begin{bmatrix} .5012 & -.7457 \\ -.7811 & .0172 \\ .3724 & .6660 \end{bmatrix}$$

$$=\begin{bmatrix} -3.4704 & .4544 \\ 1.2617 & -.9962 \\ 1.1500 & 2.1696 \end{bmatrix}\begin{matrix} \text{自然組} \\ \text{社會組} \\ \text{就業組} \end{matrix}$$

$$\qquad L_1 \qquad\quad L_2$$

如果將這些平均數在由這兩個區別變項爲軸的座標圖上表示出來，更能有助於我們的解釋。在圖 9·4-2 裏，橫軸 L_1 代表第一個區別變項，縱軸 L_2 代表第二個區別變項。圖中的三個點代表自然組、社會

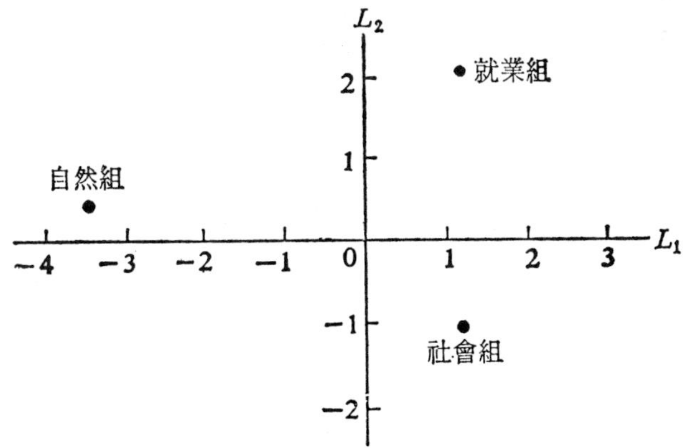

圖 9·4-2　三組學生的區別函數形心位置圖。

組和就業組各組的兩個區別變項平均數之交會點，亦即形心的所在。根據圖 9·4-2 的橫軸亦即第一個區別變項 L_1 來看，可知社會組和就業組在第一區別變項的平均數大約相同，無法區別；但是自然組與社會就業兩組却相差很大。由此可見，第一個區別函數可以用來區別自然組與社會就業兩組，使其差異最爲明顯。再就圖 9·4-2 的縱軸亦即第二個區別變項 L_2 來看，又可看出：社會組、自然組、和就業組三者大約以相等的差距分隔，顯示第二個區別函數可以用來區別社會組與就業組，使其差異最爲明顯。

②再就區別變項係數來解釋：前面我們曾經用公式 9·4-9 將兩套區別變項係數加以標準化，其結果爲：

$$\mathbf{V}^*=\begin{bmatrix} 7.7968 & -11.6003 \\ -11.6279 & .2560 \\ 6.1949 & 11.0790 \end{bmatrix}\begin{matrix}\text{語文}\\ \text{數理}\\ \text{藝能}\end{matrix}$$
$$\qquad L_1 \qquad\qquad L_2$$

這就是說，語文、數理、和藝能在第一個區別函數 L_1 方面其相對重要性大約成 8：－12：6 的比例，顯示數理這一依變項在第一個區別變項方面的份量佔有最重要地位。然而因爲其加權值是負的（－11.6279），表示在第一區別變項方面的分數愈低的受試者，其數理方面的分數愈高（例如自然組的第一位受試者便是這樣）。語文和藝能兩個依變項的加權係數是正的，表示在第一區別變項方面的分數愈高的受試者，在語文和藝能方面的分數也愈高。以主成份分析的觀點說，第一個區別變項可能是「數理-語文藝能」成份。

同理，語文、數理、和藝能三種依變項在第二個區別函數 L_2 方面的相對重要性約成 －12：0：11 的比例。語文和藝能二者均佔有很大的份量。惟二者的加權係數符號正好相反，顯示在第二區別變項方面得分愈高的受試者，在藝能方面得分也愈高，但在語文方面得分則愈低。可見，第二個區別變項可能是「語文-藝能」成份。

圖 9•4-2 的橫軸與縱軸所以畫成互相垂直，只是為了方便而已。事實上，第一個區別變項與第二個區別變項之間並非互無相關；它們之間大約成 98° 的交叉。這是因為：

$$\mathbf{v}_1'\mathbf{v}_2=[.5012 \quad -.7811 \quad .3724]\begin{bmatrix}-.7457\\ .0172\\ .6660\end{bmatrix}=-.1392$$

而 $\cos 98°=-.1392$ 之故。

由上面的區別分析可知，如果要甄選自然組的學生，則儘量挑選第一個區別變項分數愈低者；如果要甄選社會組學生，則儘量挑選第二個區別變項分數愈低者；但是如果要甄選就業組學生，則儘量挑選第二個區別變項方面的分數較高者。

在實際的生活情境裏，如果要甄別受試者，則要根據每人所得的區別變項分數 L，將每位受試者分到與該組區別變項平均分數 $\bar{L}$ 相近的那一組去（亦即較靠近圖 9•4-2 各組的形心附近）。

第十章　多變項變異數分析(II)
——多因子設計

在單變項統計的變異數分析裏，「多因子實驗設計」(factorial design) 是大家所熟悉的統計方法。使用多因子實驗設計的變異數分析時，自變項可有兩個或兩個以上。每一個自變項又可分爲幾個水準 (levels) 或類別。本節中所討論的多變項變異數分析法便是與這種單變項變異數分析相當的多變項統計法。惟一不同的地方是：每一位受試者的依變項分數不只一個，亦即每位受試者都有 p 個 ($p \geqslant 2$) 的依變項分數。

10·1　二因子獨立樣本多變項變異數分析(Ⅰ)

(一) 基本原理　假使我們有 A 和 B 兩個實驗變項，分別稱爲 A 因子 (第一個自變項) 和 B 因子 (第二個自變項)。又假使 A 因子分爲 r 個水準或類別，B 因子分爲 c 個水準或類別。這時候，我們便有 rc 組的受試者，亦即可有 rc 個細格 (cells)。每一細格 (組) 的 n 個受試者均有 p 個依變項分數。全部受試者應爲 $N=rcn$ 個人。在這種情形下，一般線性模式可表示如下：

$$\underset{N\times p}{\mathbf{Y}} = \underset{N\times q}{\mathbf{X}}\ \underset{q\times p}{\mathbf{B}} + \underset{N\times p}{\mathbf{E}_0} \qquad 〔公式\ 10\cdot1\text{-}1〕$$

在二因子實驗設計裏，每一受試者的三個依變項分數可表示如下：

$$\mathbf{y}'_{ijk} = \boldsymbol{\mu} + \boldsymbol{\alpha}_i + \boldsymbol{\beta}_j + \boldsymbol{\gamma}_{ij} + \boldsymbol{\varepsilon}_{ijk} \qquad 〔公式\ 10\cdot1\text{-}2〕$$

這裏 $i=1,2,\cdots,r$； $j=1,2,\cdots,c$； $k=1,2,\cdots,n$ 上式中 $\boldsymbol{\alpha}_i$ 代表 A因子的主要效果 (main effect)； $\boldsymbol{\beta}_j$ 代表 B因子的主要效果； $\boldsymbol{\gamma}_{ij}$ 代表 AB 交互作用效果 (interaction effect)。二因子變異數分析時，公式 10•1-1 中的模式矩陣$\mathbf{X}$較單因子變異數分析時的模式矩陣爲複雜。以 $i=1, 2, 3$, $j=1, 2$, 和 $k=1, 2$ 的簡單設計來說，公式 10•1-1 和$\mathbf{X}$矩陣可表示如下：

$$\begin{bmatrix} \mathbf{y}'_{111} \\ \mathbf{y}'_{112} \\ \mathbf{y}'_{121} \\ \mathbf{y}'_{122} \\ \mathbf{y}'_{211} \\ \mathbf{y}'_{212} \\ \mathbf{y}'_{221} \\ \mathbf{y}'_{222} \\ \mathbf{y}'_{311} \\ \mathbf{y}'_{312} \\ \mathbf{y}'_{321} \\ \mathbf{y}'_{322} \end{bmatrix} = \begin{bmatrix} 1 & 1 & 0 & 0 & 1 & 0 & 1 & 0 & 0 & 0 & 0 & 0 \\ 1 & 1 & 0 & 0 & 1 & 0 & 1 & 0 & 0 & 0 & 0 & 0 \\ 1 & 1 & 0 & 0 & 0 & 1 & 0 & 1 & 0 & 0 & 0 & 0 \\ 1 & 1 & 0 & 0 & 0 & 1 & 0 & 1 & 0 & 0 & 0 & 0 \\ 1 & 0 & 1 & 0 & 1 & 0 & 0 & 0 & 1 & 0 & 0 & 0 \\ 1 & 0 & 1 & 0 & 1 & 0 & 0 & 0 & 1 & 0 & 0 & 0 \\ 1 & 0 & 1 & 0 & 0 & 1 & 0 & 0 & 0 & 1 & 0 & 0 \\ 1 & 0 & 1 & 0 & 0 & 1 & 0 & 0 & 0 & 1 & 0 & 0 \\ 1 & 0 & 0 & 1 & 1 & 0 & 0 & 0 & 0 & 0 & 1 & 0 \\ 1 & 0 & 0 & 1 & 1 & 0 & 0 & 0 & 0 & 0 & 1 & 0 \\ 1 & 0 & 0 & 1 & 0 & 1 & 0 & 0 & 0 & 0 & 0 & 1 \\ 1 & 0 & 0 & 1 & 0 & 1 & 0 & 0 & 0 & 0 & 0 & 1 \end{bmatrix} \begin{bmatrix} \mu_{11} & \mu_{12} & \cdots & \mu_{1p} \\ \alpha_{11} & \alpha_{12} & \cdots & \alpha_{1p} \\ \alpha_{21} & \alpha_{22} & \cdots & \alpha_{2p} \\ \alpha_{31} & \alpha_{32} & \cdots & \alpha_{3p} \\ \beta_{11} & \beta_{12} & \cdots & \beta_{1p} \\ \beta_{21} & \beta_{22} & \cdots & \beta_{2p} \\ \gamma_{111} & \gamma_{112} & \cdots & \gamma_{11p} \\ \gamma_{121} & \gamma_{122} & \cdots & \gamma_{12p} \\ \gamma_{211} & \gamma_{212} & \cdots & \gamma_{21p} \\ \gamma_{221} & \gamma_{222} & \cdots & \gamma_{22p} \\ \gamma_{311} & \gamma_{312} & \cdots & \gamma_{31p} \\ \gamma_{321} & \gamma_{322} & \cdots & \gamma_{32p} \end{bmatrix} + \mathbf{E}_0$$

〔公式 10•1-3〕

所以公式 10•1-1 裏 $q=1+r+c+rc$，亦即矩陣$\mathbf{X}$第一縱行是單元向量，其次的 r 個縱行代表A因子的組別，再其次的 c 個縱行代表B因子的組別，最後 rc 個縱行代表各個細格。如果將$\mathbf{X}$的前 $1+r+c$ 個縱行當作 $\mathbf{X}_1$，將其餘的 rc 個縱行當作 $\mathbf{X}_2$，則：

$$\underset{(q\times q)}{\mathbf{X}'\mathbf{X}} = \begin{bmatrix} \mathbf{X}'_1\mathbf{X}_1 & \mathbf{X}'_1\mathbf{X}_2 \\ \mathbf{X}'_2\mathbf{X}_1 & \mathbf{X}'_2\mathbf{X}_2 \end{bmatrix}$$

〔公式 10•1-4〕

$$\underset{(q\times q)}{(\mathbf{X}'\mathbf{X})^{-}} = \begin{bmatrix} 0 & 0 \\ 0 & diag\left[\frac{1}{n}\right] \end{bmatrix}$$

〔公式 10•1-5〕

式中的 $diag\left[\frac{1}{n}\right]$ 爲 $rc\times rc$ 階矩陣。所以：

$$\underset{q\times p}{\hat{\mathbf{B}}}=(\mathbf{X}'\mathbf{X})^{-}\mathbf{X}'\mathbf{Y}$$

$$=\begin{bmatrix}\mathbf{0}'\\ \mathbf{0}'\\ \vdots\\ \mathbf{0}'\\ \mathbf{y}'_{11\cdot}\\ \mathbf{y}'_{12\cdot}\\ \vdots\\ \mathbf{y}'_{rc\cdot}\end{bmatrix}$$ 〔公式 10·1-6〕

換言之，我們可以用 $\hat{\mathbf{B}}$ 的後 rc 個列向量來估計各細格的 p 個依變項分數之平均數。

爲了估計 σ^2，我們須用下式來求 $\mathbf{Q}_e$ 和 S 矩陣：

$$\mathbf{Q}_e=\mathbf{Y}'[\mathbf{I}-\mathbf{X}'(\mathbf{X}'\mathbf{X})^{-}\mathbf{X}']\mathbf{Y}$$

$$=\mathbf{Y}'\mathbf{Y}-\mathbf{Y}'\mathbf{X}(\mathbf{X}'\mathbf{X})^{-}\mathbf{X}'\mathbf{Y}$$

$$=\sum_{i=1}^{r}\sum_{j=1}^{c}\left[\sum_{k=1}^{n}(\mathbf{y}_{ijk}-\mathbf{y}_{ij\cdot})(\mathbf{y}_{ijk}-\mathbf{y}_{ij\cdot})'\right]$$

〔公式 10·1-7〕

$$\mathbf{S}=\frac{1}{rc(n-1)}\mathbf{Q}_e$$ 〔公式 10·1-8〕

正如同在單變項二因子變異數分析裏一樣，公式 10·1-2 的各母數要用下列各式來估計：

$$\hat{\mu}=\mathbf{y}_{\cdots}$$

$$\hat{\alpha}_i=\mathbf{y}_{i\cdot\cdot}-\mathbf{y}_{\cdots}$$

$$\hat{\beta}_j=\mathbf{y}_{\cdot j\cdot}-\mathbf{y}_{\cdots}$$ 〔公式 10·1-9〕

$$\hat{\gamma}_{ij}=\mathbf{y}_{ij.}-\mathbf{y}_{i..}-\mathbf{y}_{.j.}+\mathbf{y}_{...}$$

因此，二因子多變項變異數分析所須各項Q值可摘要列在表 10•1-1 裏。表 10•1-1 的公式是定義公式，有時使用其運算公式反而方便（請參看計算實例裏的運算方法）。

表 10•1-1　獨立樣本二因子多變項變異數分析摘要表*

來　源	df	SSCP
A因子	$v_A=r-1$	$\mathbf{Q}_A=nc\sum_i(\mathbf{y}_{i..}-\mathbf{y}_{...})(\mathbf{y}_{i..}-\mathbf{y}_{...})'$
B因子	$v_B=c-1$	$\mathbf{Q}_B=nr\sum_j(\mathbf{y}_{.j.}-\mathbf{y}_{...})(\mathbf{y}_{.j.}-\mathbf{y}_{...})'$
AB 交互作用	$v_{AB}=(r-1)(c-1)$	$\mathbf{Q}_{AB}=n\sum_i\sum_j(\mathbf{y}_{ij.}-\mathbf{y}_{i..}-\mathbf{y}_{.j.}+\mathbf{y}_{...})(\mathbf{y}_{ij.}-\mathbf{y}_{i..}-\mathbf{y}_{.j.}+\mathbf{y}_{...})'$
組內誤差	$v_e=rc(n-1)$	$\mathbf{Q}_e=\sum_i\sum_j\sum_k(\mathbf{y}_{ijk}-\mathbf{y}_{ij.})(\mathbf{y}_{ijk}-\mathbf{y}_{ij.})'$
總　和	$v_t=N-1$	$\mathbf{Q}_t=\sum_i\sum_j\sum_k(\mathbf{y}_{ijk}-\mathbf{y}_{...})(\mathbf{y}_{ijk}-\mathbf{y}_{...})'$

*Timm, 1975, p. 405

假設考驗的第一步是考驗 AB 交互作用效果是否達到顯著水準。其考驗公式如下所示:

$$\Lambda=\frac{|\mathbf{Q}_e|}{|\mathbf{Q}_{AB}+\mathbf{Q}_e|}<U_{\alpha,(p,v_h,v_e)}$$　〔公式 10•1-10〕

這裏，$v_h=(r-1)(c-1)$，$v_e=rc(n-1)$

以公式 10•1-3 的特例來說，如果計算的 Λ 值小於查表的 U 值，便要拒絕下列虛無假設:

$$H_{AB}:\ \gamma_{11}-\gamma_{31}-\gamma_{12}+\gamma_{32}=0$$
$$\gamma_{21}-\gamma_{31}-\gamma_{22}+\gamma_{32}=0$$

或　　: $\mathbf{CB}=\mathbf{O}$

〔公式 10•1-11〕

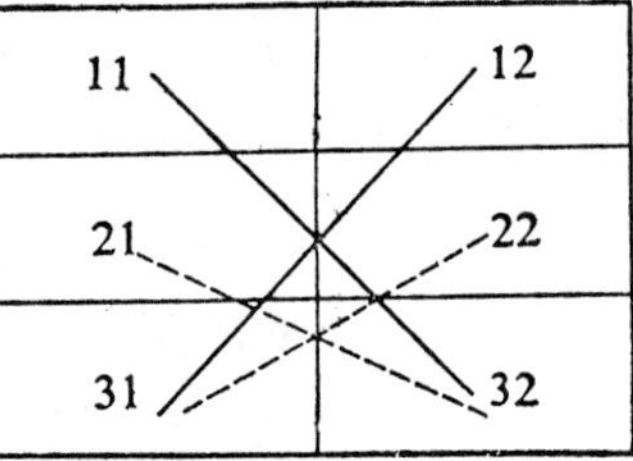

此時,

$$\underset{(2\times 12)}{\mathbf{C}}=\left[\begin{array}{c|ccc|cc|cccccc} 0 & 0 & 0 & 0 & 0 & 0 & 1 & -1 & 0 & 0 & -1 & 1 \\ 0 & 0 & 0 & 0 & 0 & 0 & 0 & 0 & 1 & -1 & -1 & 1 \end{array}\right]$$

這交互作用的比較矩陣係自下面通式推出的:

$$\underset{(r-1)(c-1)\times q}{\mathbf{C}}=\left[\begin{array}{c|cccccc} & \mathbf{G} & \mathbf{0} & \mathbf{0} & \cdots & \mathbf{0} & -\mathbf{G} \\ \underset{(r-1)(c-1)\times(1+r+c)}{\mathbf{0}} & \mathbf{0} & \mathbf{G} & \mathbf{0} & \cdots & \mathbf{0} & -\mathbf{G} \\ & \vdots & \vdots & \vdots & & \vdots & \vdots \\ & \mathbf{0} & \mathbf{0} & \mathbf{0} & \cdots & \mathbf{G} & -\mathbf{G} \end{array}\right]$$

〔公式 10·1-12〕

這裏,

$$\underset{(c-1)\times c}{\mathbf{G}}=\begin{bmatrix} 1 & 0 & \cdots & 0 & -1 \\ 0 & 1 & \cdots & 0 & -1 \\ \vdots & \vdots & & \vdots & \vdots \\ 0 & 0 & \cdots & 1 & -1 \end{bmatrix}$$

換言之, 表 10·1-1 裏 $\mathbf{Q}_{AB}$ 可直接用下列一般線性模式求出:

$$\mathbf{Q}_{AB}=(\mathbf{C}\hat{\mathbf{B}})'[\mathbf{C}(\mathbf{X}'\mathbf{X})^{-}\mathbf{C}']^{-1}(\mathbf{C}\hat{\mathbf{B}})$$ 〔公式 10·1-13〕

接著便要考驗 A 因子主要效果的顯著性, 其公式如下所示:

$$\Lambda=\frac{|\mathbf{Q}_e|}{|\mathbf{Q}_A+\mathbf{Q}_e|}<U_{\alpha,(p,v_h,v_e)}$$ 〔公式 10·1-14〕

這裏 $v_h=r-1,\ v_e=rc(n-1)$

如果 Λ 值小於查表的 U 值, 便要拒絕下列虛無假設:

$$H_A:\ \alpha_1+\frac{\sum_j \gamma_{1j}}{c}=\alpha_2+\frac{\sum_j \gamma_{2j}}{c}=\alpha_3+\frac{\sum_j \gamma_{3j}}{c}$$

或: $\mathbf{CB}=\mathbf{O}$ 〔公式 10·1-15〕

這裏，

$$\underset{2\times 12}{\mathbf{C}}=\left[\begin{array}{c|ccc|cc|cccccc} 0 & 1 & 0 & -1 & 0 & 0 & \frac{1}{2} & \frac{1}{2} & 0 & 0 & -\frac{1}{2} & -\frac{1}{2} \\ 0 & 0 & 1 & -1 & 0 & 0 & 0 & 0 & \frac{1}{2} & \frac{1}{2} & -\frac{1}{2} & -\frac{1}{2} \end{array}\right]$$

此時，A因子主要效果的比較矩陣之通式是：

$$\underset{(r-1)\times q}{\mathbf{C}}=\left[\begin{array}{c|ccccc|c|cccc|cccc|c|cccc|cccc} & 1 & 0 & \cdots & 0 & -1 & & \frac{1}{c} & \frac{1}{c} & \cdots & \frac{1}{c} & 0 & 0 & \cdots & 0 & \cdot & 0 & 0 & \cdots & 0 & -\frac{1}{c} & -\frac{1}{c} & \cdots & -\frac{1}{c} \\ 0 & 0 & 1 & \cdots & 0 & -1 & \mathbf{0}_c & 0 & 0 & \cdots & 0 & \frac{1}{c} & \frac{1}{c} & \cdots & \frac{1}{c} & \cdot & 0 & 0 & \cdots & 0 & -\frac{1}{c} & -\frac{1}{c} & \cdots & -\frac{1}{c} \\ & \vdots & \vdots & & \vdots & \vdots & & \vdots & \vdots & & \vdots & \vdots & \vdots & & \vdots & \vdots & \vdots & \vdots & & \vdots & \vdots & \vdots & & \vdots \\ & 0 & 0 & \cdots & 1 & -1 & & 0 & 0 & \cdots & 0 & 0 & 0 & \cdots & 0 & \cdot & \frac{1}{c} & \frac{1}{c} & \cdots & \frac{1}{c} & -\frac{1}{c} & -\frac{1}{c} & \cdots & -\frac{1}{c} \end{array}\right]$$

〔公式 10·1-16〕

表 10·1-1 中的 $\mathbf{Q}_A$ 可用這一個 $\mathbf{C}$ 矩陣代入下式直接求得：

$$\mathbf{Q}_A=(\mathbf{C}\hat{\mathbf{B}})'[\mathbf{C}(\mathbf{X}'\mathbf{X})^{-}\mathbf{C}'](\mathbf{C}\hat{\mathbf{B}})$$ 〔公式 10·1-17〕

其次，再考驗 B因子的主要效果是否顯著，其公式爲：

$$\Lambda=\frac{|\mathbf{Q}_e|}{|\mathbf{Q}_B+\mathbf{Q}_e|}<U_{\alpha,(p,v_h,v_e)}$$ 〔公式 10·1-18〕

這裏，$v_h=c-1$，$v_e=rc(n-1)$

如果計算的 Λ 值小於查表的 U 值，便要拒絕下列虛無假設：

$$H_B:\ \beta_1+\frac{\Sigma\gamma_{i1}}{r}=\beta_2+\frac{\Sigma\gamma_{i2}}{r}$$

或：$\mathbf{CB}=\mathbf{O}$ 〔公式 10·1-19〕

這裏，

$$\underset{1\times 12}{\mathbf{C}}=\left[\begin{array}{c|ccc|cc|cccccc} 0 & 0 & 0 & 0 & 1 & -1 & \frac{1}{3} & -\frac{1}{3} & \frac{1}{3} & -\frac{1}{3} & \frac{1}{3} & -\frac{1}{3} \end{array}\right]$$

此時，B因子主要效果的比較矩陣的通式是這樣的：

$$\underset{(c-1)\times q}{\mathbf{C}}=\left[\begin{array}{c|c|ccccc|ccccc|ccccc|c|ccccc}
 & & 1 & 0 & \cdots & 0 & -1 & \frac{1}{r} & 0 & \cdots & 0 & -\frac{1}{r} & \frac{1}{r} & 0 & \cdots & 0 & -\frac{1}{r} & \cdot & \frac{1}{r} & 0 & \cdots & 0 & -\frac{1}{r} \\
0 & 0_r & 0 & 1 & \cdots & 0 & -1 & 0 & \frac{1}{r} & \cdots & 0 & -\frac{1}{r} & 0 & \frac{1}{r} & \cdots & 0 & -\frac{1}{r} & \cdot & 0 & \frac{1}{r} & \cdots & 0 & -\frac{1}{r} \\
 & & \vdots & \vdots & & \vdots & \vdots & \vdots & \vdots & & \vdots & \vdots & \vdots & \vdots & & \vdots & \vdots & \vdots & \vdots & \vdots & & \vdots & \vdots \\
 & & 0 & 0 & \cdots & 0 & -1 & 0 & 0 & \cdots & \frac{1}{r} & -\frac{1}{r} & 0 & 0 & \cdots & \frac{1}{r} & -\frac{1}{r} & \cdot & 0 & 0 & \cdots & \frac{1}{r} & -\frac{1}{r}
\end{array}\right]$$

〔公式 10·1-20〕

同理，表 10·1-1 內的 $\mathbf{Q}_B$ 也可用這個 C 矩陣代入下列一般線性模式直接求得：

$$\mathbf{Q}_B=(\mathbf{C}\hat{\mathbf{B}})'[\mathbf{C}(\mathbf{X}'\mathbf{X})^{-}\mathbf{C}'](\mathbf{C}\hat{\mathbf{B}})$$ 〔公式 10·1-21〕

上面公式 10·1-13，公式 10·1-17 和公式 10·1-21 是電算機實際計算時所使用。如不使用電算機，則使用表 10·1-1 的公式也一樣可以求出答案來。

事後考驗：多變項變異數分析之後，如要進行事後考驗，便可以使用下列的公式來進行：

$$\hat{\psi}-c_0\hat{\sigma}_{\hat{\psi}}\leqslant\psi\leqslant\hat{\psi}+c_0\hat{\sigma}_{\hat{\psi}}$$ 〔公式 10·1-22〕

這裏，如用 Wilks 標準，則：

$$c_0=\left[v_e\left(\frac{1-U_\alpha}{U_\alpha}\right)\right]^{\frac{1}{2}}$$ 〔公式 10·1-23〕

①橫列的主要效果的考驗時：

$$\hat{\sigma}_{\hat{\psi}}=\sqrt{\frac{2}{cn}\left[\mathbf{a}'\left(\frac{\mathbf{Q}_e}{v_e}\right)\mathbf{a}\right]}$$ 〔公式 10·1-24〕

②縱行的主要效果的考驗時：

$$\hat{\sigma}_{\hat{\psi}}=\sqrt{\frac{2}{rn}\left[\mathbf{a}'\left(\frac{\mathbf{Q}_e}{v_e}\right)\mathbf{a}\right]}$$ 〔公式 10·1-25〕

③AB 交互作用效果的考驗時：

$$\hat{\sigma}_{\hat{\psi}}=\sqrt{\frac{4}{n}\left[\mathbf{a}'\left(\frac{\mathbf{Q}_e}{v_e}\right)\mathbf{a}\right]}$$ 〔公式 10·1-26〕

至於其實際事後考驗方法，我們將在下面的計算實例中，舉例加以演示出來。

如用羅依最大根法進行上面的假設考驗，則所須公式如下所示，亦即，分別解下列特徵公式：

① $$|\mathbf{Q}_A-\lambda\mathbf{Q}_e|=0$$ 〔公式 10·1-27〕

$$|\mathbf{Q}_B-\lambda\mathbf{Q}_e|=0$$

$$|\mathbf{Q}_{AB}-\lambda\mathbf{Q}_e|=0$$

② $$s=min(v_h,\ p)$$ 〔公式 10·1-28〕

$$m=\frac{|v_h-p|-1}{2}$$

$$n=\frac{v_e-p-1}{2}$$

這裏 v_h 是 $\mathbf{Q}_A$，$\mathbf{Q}_B$ 或 $\mathbf{Q}_{AB}$ 的自由度，$v_e=rc(n-1)$。最大特徵值如大於查表的 $\theta_{\alpha,(s,m,n)}$ 便要拒絕虛無假設。

③事後考驗所須的 c_0 值則爲：

$$c_0=\left[v_e\left(\frac{\theta_\alpha}{1-\theta_\alpha}\right)\right]^{\frac{1}{2}}$$ 〔公式 10·1-29〕

（較詳細的討論，請參看 Timm, 1975, pp.393–416）。

（二）計算實例　接著我們要以例 10·1–1（各細格人數相等的例子）來幫助說明獨立樣本二因子的多變項變異數分析之實際計算過程。

【例 10·1-1】 分開男女生，以觀察「放任」、「懲罰」、和「獎賞」三種教師管教方式對學生「自主」、「秩序」和「客觀」等人格測驗分數之影響。表 10·1–2 是實際觀察結果所得的資料。試用 $\alpha=.05$ 進行多變項變異數分析。

在例 10·1–1 裏，A因子爲管教方式，分爲放任、懲罰、獎賞三種，所以 $r=3$。B因子爲性別，分爲男和女，所以 $c=2$。每位受試

表 10·1-2　例 10·1-1 的觀察資料

	男			女		
	自主	秩序	客觀	自主	秩序	客觀
放任	8	5	8	5	4	5
	6	5	7	7	8	7
	5	4	4	6	5	3
	9	8	6	9	7	6
懲罰	12	10	11	9	8	7
	8	7	8	10	11	9
	9	8	7	7	9	8
	11	10	9	10	11	10
獎賞	13	14	10	14	15	12
	10	10	9	11	12	14
	15	13	13	9	10	11
	13	11	11	13	11	15

者均有三種人格表現的觀察分數，故 $p=3$。為計算方便起見，可將 $rc=6$ 個細格，每細格四個學生（$n=4$）的平均數寫在表 10·1-3。然後利用表 10·1-1 所列公式來進行計算。

表 10·1-3　*AB* 摘要表

[7.00	5.50	6.25]	[6.75	6.00	5.25]	[6.875	5.750	5.750]
[10.00	8.75	8.75]	[9.00	9.75	8.50]	[9.500	9.250	8.625]
[12.75	12.00	10.75]	[11.75	12.00	13.00]	[12.250	12.000	11.875]
[9.9167	8.7500	8.5833]	[9.1667	9.2500	8.9167]	[9.5417	9.0000	8.7500]

1. 求平均數：仿公式 10·1-3 列出模式矩陣，可得 24×12 階的 **X** 矩陣。以表 10·1-2 的資料列成 12×3 階的 **Y** 矩陣。代入公式

10•1-4 至 10•1-6, 可得:

$$\underset{(12\times 3)}{\hat{\mathbf{B}}} = \begin{bmatrix} & \underset{(6\times 3)}{\mathbf{0}} & \\ 7.00 & 5.50 & 6.25 \\ 6.75 & 6.00 & 5.25 \\ 10.00 & 8.75 & 8.75 \\ 9.00 & 9.75 & 8.50 \\ 12.75 & 12.00 & 10.75 \\ 11.75 & 12.00 & 13.00 \end{bmatrix} \begin{matrix} \\ \mathbf{y}'_{11\cdot} \\ \mathbf{y}'_{12\cdot} \\ \mathbf{y}'_{21\cdot} \\ \mathbf{y}'_{22\cdot} \\ \mathbf{y}'_{31\cdot} \\ \mathbf{y}'_{32\cdot} \end{matrix}$$

這正是表 10•1-3 裏各細格的平均數。如用桌上計算機計算, 可直接自表 10•1-2 計算而得。

2. 求 $\mathbf{Q}_e$: 可用公式 10•1-7 計算 $\mathbf{Q}_e$ 矩陣的通式, 或用下面所示的方法算出 Q 矩陣:

$$\mathbf{Q}_{e_{11}} = \mathbf{Y}'_{11}\, \mathbf{Y}_{11} - N\,\mathbf{y}_{11}\; \mathbf{y}'_{11\cdot}$$

$$= \begin{bmatrix} 8 & 6 & 5 & 9 \\ 5 & 5 & 4 & 8 \\ 8 & 7 & 4 & 6 \end{bmatrix} \begin{bmatrix} 8 & 5 & 8 \\ 6 & 5 & 7 \\ 5 & 4 & 4 \\ 9 & 8 & 6 \end{bmatrix} - 4 \begin{bmatrix} 7.00 \\ 5.50 \\ 6.25 \end{bmatrix} [7.00\ 5.50\ 6.25]$$

如此類推, 可算出六個細格的 $\mathbf{Q}_{e_{ij}}$, 如下:

$$\mathbf{Q}_{e_{11}} = \begin{bmatrix} 10.00 & 8.00 & 5.00 \\ 8.00 & 9.00 & 1.50 \\ 5.00 & 1.50 & 8.75 \end{bmatrix} \qquad \mathbf{Q}_{e_{12}} = \begin{bmatrix} 8.75 & 7.00 & 4.25 \\ 7.00 & 10.00 & 7.00 \\ 4.25 & 7.00 & 8.75 \end{bmatrix}$$

$$\mathbf{Q}_{e_{21}} = \begin{bmatrix} 10.00 & 8.00 & 8.00 \\ 8.00 & 6.75 & 5.75 \\ 8.00 & 5.75 & 8.75 \end{bmatrix} \qquad \mathbf{Q}_{e_{22}} = \begin{bmatrix} 6.00 & 4.00 & 3.00 \\ 4.00 & 6.75 & 5.50 \\ 3.00 & 5.50 & 5.00 \end{bmatrix}$$

$$\mathbf{Q}_{e_{31}}=\begin{bmatrix}12.75 & 8.00 & 9.75\\ 8.00 & 10.00 & 4.00\\ 9.75 & 4.00 & 8.75\end{bmatrix}\qquad \mathbf{Q}_{e_{32}}=\begin{bmatrix}14.75 & 11.00 & 5.00\\ 11.00 & 14.00 & -1.00\\ 5.00 & -1.00 & 10.00\end{bmatrix}$$

所以，$\mathbf{Q}_e=\sum_i\sum_j\sum_k(\mathbf{y}_{ijk}-\mathbf{y}_{ij\cdot})(\mathbf{y}_{ijk}-\mathbf{y}_{ij\cdot})'=\sum_i\sum_j\mathbf{Q}_{e_{ij}}$

$$=\begin{bmatrix}62.25 & 46.00 & 35.00\\ 46.00 & 56.50 & 22.75\\ 35.00 & 22.75 & 50.00\end{bmatrix}$$

3. 求 $\mathbf{Q}_A$: 可用公式 10•1-17 直接計算，或用表 10•1-1 內 $\mathbf{Q}_A$ 的公式算出 $\mathbf{Q}_A$ 矩陣:

$$(\mathbf{y}_{1\cdot\cdot}-\mathbf{y}_{\cdot\cdot\cdot})'=[6.875\ \ 5.750\ \ 5.750]-[9.5417\ \ 9.0000\ \ 8.7500]$$
$$=[-2.6667\ \ -3.2500\ \ -3.0000]$$

$$(\mathbf{y}_{2\cdot\cdot}-\mathbf{y}_{\cdot\cdot\cdot})'=[-.0417\ \ \ .2500\ \ \ -.1250]$$

$$(\mathbf{y}_{3\cdot\cdot}-\mathbf{y}_{\cdot\cdot\cdot})'=[2.7083\ \ \ 3.0000\ \ \ 3.1250]$$

可見:

$$(\mathbf{y}_{1\cdot\cdot}-\mathbf{y}_{\cdot\cdot\cdot})(\mathbf{y}_{1\cdot\cdot}-\mathbf{y}_{\cdot\cdot\cdot})'=\begin{bmatrix}7.1113 & 8.6668 & 8.0001\\ 8.6668 & 10.5625 & 9.7500\\ 8.0001 & 9.7500 & 9.0000\end{bmatrix}$$

$$(\mathbf{y}_{2\cdot\cdot}-\mathbf{y}_{\cdot\cdot\cdot})(\mathbf{y}_{2\cdot\cdot}-\mathbf{y}_{\cdot\cdot\cdot})'=\begin{bmatrix}.0017 & -.0104 & .0052\\ -.0104 & .0625 & -.0313\\ .0052 & -.0313 & .0156\end{bmatrix}$$

$$(\mathbf{y}_{3\cdot\cdot}-\mathbf{y}_{\cdot\cdot\cdot})(\mathbf{y}_{3\cdot\cdot}-\mathbf{y}_{\cdot\cdot\cdot})'=\begin{bmatrix}7.3349 & 8.1249 & 8.4634\\ 8.1249 & 9.0000 & 9.3750\\ 8.4634 & 9.3750 & 9.7656\end{bmatrix}$$

所以，$\mathbf{Q}_A=nc\sum_i(\mathbf{y}_{i\cdot\cdot}-\mathbf{y}_{\cdot\cdot\cdot})(\mathbf{y}_{i\cdot\cdot}-\mathbf{y}_{\cdot\cdot\cdot})'$

$$=(4)(2)\begin{bmatrix} 14.4479 & 16.7813 & 16.4687 \\ 16.7813 & 19.6250 & 19.0937 \\ 16.4687 & 19.0937 & 18.7812 \end{bmatrix}$$

$$=\begin{bmatrix} 115.5832 & 134.2504 & 131.7496 \\ 134.2504 & 157.0000 & 152.7496 \\ 131.7496 & 152.7496 & 150.2496 \end{bmatrix}$$

4. 求 $\mathbf{Q}_B$: 可用公式 10·1-21，或用表 10·1-1 內求 $\mathbf{Q}_B$ 的公式算出 $\mathbf{Q}_B$ 矩陣如下所示:

$$(\mathbf{y}_{\cdot 1\cdot}-\mathbf{y}_{\cdots})'=[.3750 \quad -.2500 \quad -.1667]$$

$$(\mathbf{y}_{\cdot 2\cdot}-\mathbf{y}_{\cdots})'=(-.3750 \quad .2500 \quad .1667)$$

所以，$\mathbf{Q}_B=nr\sum_j(\mathbf{y}_{\cdot j\cdot}-\mathbf{y}_{\cdots})(\mathbf{y}_{\cdot j\cdot}-\mathbf{y}_{\cdots})'$

$$=(4)(3)\begin{bmatrix} .28125 & -.18750 & -.12500 \\ -.18750 & .12500 & .08335 \\ -.12500 & .08335 & .05557 \end{bmatrix}$$

$$=\begin{bmatrix} 3.3750 & -2.2500 & -1.5000 \\ -2.2500 & 1.5000 & 1.0000 \\ -1.5000 & 1.0000 & .6667 \end{bmatrix}$$

5. 求 $\mathbf{Q}_{AB}$: 可使用公式 10·1-13，或用表 10·1-1 裏求 $\mathbf{Q}_{AB}$ 的公式計算。其方法如下所示:

$$(\mathbf{y}_{11\cdot}-\mathbf{y}_{1\cdot\cdot}-\mathbf{y}_{\cdot 1\cdot}+\mathbf{y}_{\cdots})'$$

$$=[7.00 \quad 5.50 \quad 6.25]-[6.875 \quad 5.750 \quad 5.750]$$

$$-[9.9167 \quad 8.7500 \quad 8.5833]+[9.5417 \quad 9.0000 \quad 8.7500]$$

$$=[-.2500 \quad 0 \quad .6667]$$

$$(\mathbf{y}_{11\cdot}-\mathbf{y}_{1\cdot\cdot}-\mathbf{y}_{\cdot 1\cdot}+\mathbf{y}_{\cdots})(\mathbf{y}_{11\cdot}-\mathbf{y}_{1\cdot\cdot}-\mathbf{y}_{\cdot 1\cdot}+\mathbf{y}_{\cdots})'$$

$$=\begin{bmatrix} .0625 & 0 & -.1667 \\ 0 & 0 & 0 \\ -.1667 & 0 & .4445 \end{bmatrix}$$

同理，可算出:

$$(\mathbf{y}_{21\cdot}-\mathbf{y}_{2\cdot\cdot}-\mathbf{y}_{\cdot1\cdot}+\mathbf{y}_{\cdots})'$$

$$=[10.00 \quad 8.75 \quad 8.75]-[9.50 \quad 9.250 \quad 8.625]$$

$$-[9.9167 \quad 8.7500 \quad 8.5833]+[9.5417 \quad 9.0000 \quad 8.7500]$$

$$=[.1250 \quad -.2500 \quad .2917]$$

$$(\mathbf{y}_{21\cdot}-\mathbf{y}_{2\cdot\cdot}-\mathbf{y}_{\cdot1\cdot}+\mathbf{y}_{\cdots})(\mathbf{y}_{21\cdot}-\mathbf{y}_{2\cdot\cdot}-\mathbf{y}_{\cdot1\cdot}+\mathbf{y}_{\cdots})'$$

$$=\begin{bmatrix} .0156 & -.0313 & .0365 \\ -.0313 & .0625 & -.0729 \\ .0365 & -.0729 & .0851 \end{bmatrix}$$

如此類推，最後可得:

$$\mathbf{Q}_{AB}=n\sum_i\sum_j(\mathbf{y}_{ij\cdot}-\mathbf{y}_{i\cdot\cdot}-\mathbf{y}_{\cdot j\cdot}+\mathbf{y}_{\cdots})(\mathbf{y}_{ij\cdot}-\mathbf{y}_{i\cdot\cdot}-\mathbf{y}_{\cdot j\cdot}+\mathbf{y}_{\cdots})'$$

$$=4\begin{bmatrix} .1874 & 0 & -.5000 \\ 0 & .2500 & -.6250 \\ -.5000 & -.6250 & 2.8958 \end{bmatrix}$$

$$=\begin{bmatrix} .7496 & 0 & -2.0000 \\ 0 & 1.0000 & -2.5000 \\ -2.0000 & -2.5000 & 11.5832 \end{bmatrix}$$

6. 求 $\mathbf{Q}_t$: 將表 10•1-2 的觀察資料列為 24×3 階的矩陣 $\mathbf{Y}$，並依表 10•1-1 的 $\mathbf{Q}_t$ 公式計算:

$$\mathbf{Q}_t=\mathbf{Y}'\mathbf{Y}-N\mathbf{y}_{\cdots}\mathbf{y}'$$

$$=\begin{bmatrix}2367 & 2239 & 2167\\2239 & 2160 & 2064\\2167 & 2064 & 2050\end{bmatrix}-24\begin{bmatrix}9.5417\\9.0000\\8.7500\end{bmatrix}[9.5417\quad 9.0000\quad 8.7500]$$

$$=\begin{bmatrix}181.9431 & 177.9928 & 163.2430\\177.9928 & 216.0000 & 174.0000\\163.2430 & 174.0000 & 212.5000\end{bmatrix}$$

〔**另一種算法**〕: 上面所示 equal n's 的例子如果用下面所示「計算代碼」來處理，當會更爲簡化。計算前，先準備下列 AB 摘要表:

表 10•1-4　AB 摘要表（總分）

[28　22　25]	[27　24　21]	[55　46　46]
[40　35　35]	[36　39　34]	[76　74　69]
[51　48　43]	[47　48　52]	[98　96　95]
[119　105　103]	[110　111　107]	[229　216　210

然後進行下列計算，並用計算代碼代表它們:

$(1)=\mathbf{GG}'/rcn$

$$=\begin{bmatrix}229\\216\\210\end{bmatrix}[229\quad 216\quad 210]/(3)(2)(4)$$

$$=\begin{bmatrix}2185.0417 & 2061.0000 & 2003.7500\\2061.0000 & 1944.0000 & 1890.0000\\2003.7500 & 1890.0000 & 1837.5000\end{bmatrix}$$

$(2)=\mathbf{Y}'\mathbf{Y}$

$$=\begin{bmatrix}2367 & 2239 & 2167\\2239 & 2160 & 2064\\2167 & 2064 & 2050\end{bmatrix}$$

$$(3)=\sum_{i=1}^{r}\mathbf{A}_i\mathbf{A}_i'/cn$$

$$=\left(\begin{bmatrix}55\\46\\46\end{bmatrix}[55\quad 46\quad 46]+\begin{bmatrix}76\\74\\69\end{bmatrix}[76\quad 74\quad 69]\right.$$

$$\left.+\begin{bmatrix}98\\96\\95\end{bmatrix}[98\quad 96\quad 95]\right)/(2)(4)$$

$$=\begin{bmatrix}2300.625 & 2195.25 & 2135.50\\2195.250 & 2101.00 & 2042.75\\2135.500 & 2042.75 & 1987.75\end{bmatrix}$$

$$(4)=\sum_{j=1}^{c}\mathbf{B}_j\mathbf{B}_j'/rn$$

$$=\left(\begin{bmatrix}119\\105\\103\end{bmatrix}[119\quad 105\quad 103]+\begin{bmatrix}110\\111\\107\end{bmatrix}[110\quad 111\quad 107]\right)/(3)(4)$$

$$=\begin{bmatrix}2188.4167 & 2058.75 & 2002.2500\\2058.7500 & 1945.50 & 1891.0000\\2002.2500 & 1891.00 & 1838.1667\end{bmatrix}$$

$$(5)=\sum_{i}^{r}\sum_{j}^{c}(\mathbf{AB})_{ij}(\mathbf{AB})_{ij}'/n$$

$$=\left(\begin{bmatrix}28\\22\\25\end{bmatrix}[28\quad 22\quad 25]+\begin{bmatrix}27\\24\\21\end{bmatrix}[27\quad 24\quad 21]\right.$$

$$+\begin{bmatrix}40\\35\\35\end{bmatrix}[40\quad 35\quad 35]+\begin{bmatrix}36\\39\\34\end{bmatrix}[36\quad 39\quad 34]$$

$$+\begin{bmatrix}51\\48\\43\end{bmatrix}[51 \quad 48 \quad 43]+\begin{bmatrix}47\\48\\52\end{bmatrix}[47 \quad 48 \quad 52]\Bigg)/(4)$$

$$=\begin{bmatrix}2304.75 & 2193.00 & 2132.00\\2193.00 & 2103.50 & 2041.25\\2132.00 & 2041.25 & 2000.00\end{bmatrix}$$

然後，各**Q**矩陣便可計算如下：

$$\mathbf{Q}_A=(3)-(1)=\begin{bmatrix}115.5834 & 134.25 & 131.75\\134.2500 & 157.00 & 152.75\\131.7500 & 152.75 & 150.25\end{bmatrix}$$

$$\mathbf{Q}_B=(4)-(1)=\begin{bmatrix}3.3750 & -2.2500 & -1.5000\\-2.2500 & 1.5000 & 1.0000\\-1.5000 & 1.0000 & .6667\end{bmatrix}$$

$$\mathbf{Q}_{AB}=(5)-(3)-(4)+(1)=\begin{bmatrix}.7500 & 0 & -2.0000\\0 & 1 & -2.5000\\-2.0000 & -2.5000 & 11.5833\end{bmatrix}$$

$$\mathbf{Q}_e=(2)-(5)=\begin{bmatrix}62.25 & 46.00 & 35.00\\46.00 & 56.50 & 22.75\\35.00 & 22.75 & 50.00\end{bmatrix}$$

$$\mathbf{Q}_t=(2)-(1)=\begin{bmatrix}181.9583 & 178 & 163.25\\178.0000 & 216 & 174.00\\163.2500 & 174 & 212.50\end{bmatrix}$$

7. 顯著性考驗：首先根據公式 10•1-10 考驗 AB 交互作用效果是否顯著。由公式 10•1•15 和 10•1•19 可知，如果交互作用顯著，則交互作用效果便與A因子及B因子主要效果相混淆，不容易解釋主要效果差異的原因。

$$\Lambda=\frac{|\mathbf{Q}_e|}{|\mathbf{Q}_{AB}+\mathbf{Q}_e|}=\frac{41880.48}{65802.80}=.6365$$

表 10·1-4　多變項變異數分析摘要表

來　源	SSCP 矩陣	df	行列式值	Λ
管教方式 (A)	$\begin{bmatrix}115.58 & 134.25 & 131.75\\134.25 & 157.00 & 152.75\\131.75 & 152.75 & 150.25\end{bmatrix}$	2	$\|\mathbf{Q}_A+\mathbf{Q}_e\|$ =232939.56	.1798*
性別 (B)	$\begin{bmatrix}3.38 & -2.25 & -1.50\\-2.25 & 1.50 & 1.00\\-1.50 & 1.00 & .67\end{bmatrix}$	1	$\|\mathbf{Q}_B+\mathbf{Q}_e\|$ =63380.98	.6608
交互作用 (AB)	$\begin{bmatrix}.75 & .00 & -2.00\\.00 & 1.00 & -2.50\\-2.00 & -2.50 & 11.58\end{bmatrix}$	2	$\|\mathbf{Q}_{AB}+\mathbf{Q}_e\|$ =65802.80	.6365
誤差 (e)	$\begin{bmatrix}62.25 & 46.00 & 35.00\\46.00 & 56.50 & 22.75\\35.00 & 22.75 & 50.00\end{bmatrix}$	18	$\|\mathbf{Q}_e\|$ =41880.48	
總和 (t)	$\begin{bmatrix}181.96 & 178.00 & 163.25\\178.00 & 216.00 & 174.00\\163.25 & 174.00 & 212.50\end{bmatrix}$	23		

這一個Λ值大於查表的 $U_{.05,(3,2,18)}=.475728$，所以管教方式與性別之交互作用效果未達顯著水準。換言之，管教方式對學生人格之影響不因男女性別之不同而有所不同。

其次，再考驗「管教方式」的主要效果是否達到顯著水準。此項考驗須用到公式 10·1-14:

$$\Lambda=\frac{|\mathbf{Q}_e|}{|\mathbf{Q}_A+\mathbf{Q}_e|}=\frac{41880.48}{232939.56}=.1798$$

這個Λ值遠小於查表的 $U_{.05,(3,2,18)}=.475728$，可見「放任」、「懲罰」、

「獎賞」三種管教方式之間有顯著差異存在，$p<.05$。

最後，再考驗「性別」的主要效果是否達到顯著水準。根據公式 10•1-18，得：

$$\Lambda=\frac{|\mathbf{Q}_e|}{|\mathbf{Q}_B+\mathbf{Q}_e|}=\frac{41880.48}{63380.98}=.6608$$

這個 Λ 值大於查表的 $U_{.05,(3,1,18)}=.622168$，所以應接受虛無假設，亦卽男女之間沒有顯著差異存在。

上面這些統計分析的結果，可如表 10•1-4 所示列成一個「多變項變異數分析摘要表」。

8. 事後考驗：由表 10•1-4 的結果可知三種管教方式之間有顯著差異存在，所以可繼續考驗到底那些管教方式之間有所差異。

①放任組與獎賞組的比較（$\hat{\psi}_1$）：

$$\hat{\boldsymbol{\psi}}_1=\mathbf{y}_{1..}-\mathbf{y}_{3..}=\begin{bmatrix}6.875\\5.750\\5.750\end{bmatrix}-\begin{bmatrix}12.250\\12.000\\11.875\end{bmatrix}=\begin{bmatrix}-5.375\\-6.250\\-6.125\end{bmatrix}$$

$$c_0=\left[v_e\left(\frac{1-U_\alpha}{U_\alpha}\right)\right]^{\frac{1}{2}}=\left[18\left(\frac{1-.475728}{.475728}\right)\right]^{\frac{1}{2}}=4.454$$

（公式 10•1-18）

$$\frac{\mathbf{Q}_e}{v_e}=\frac{1}{18}\mathbf{Q}_e=\begin{bmatrix}3.458 & 2.556 & 1.944\\2.556 & 3.139 & 1.264\\1.944 & 1.264 & 2.778\end{bmatrix}$$

$$\hat{\boldsymbol{\sigma}}_{\hat{\psi}1}=\begin{bmatrix}.930\\.886\\.833\end{bmatrix}$$

（這裏，$\hat{\boldsymbol{\sigma}}_{\hat{\psi}1}$ 的元素是根據公式 10•1-24 算出來的，例如：

$$\hat{\sigma}_{\hat{\psi}11}=\sqrt{\frac{2}{(2)(4)}3.458}=.930 \quad \hat{\sigma}_{\hat{\psi}12}=\sqrt{\frac{2}{(2)(4)}3.139}=.886$$

如此類推)。

因此，放任組與獎賞組三個依變項的比較之區間為:

自主: $-5.375-4.454(.930)<(\alpha_{11}-\alpha_{31})+(\gamma_{1\cdot1}-\gamma_{3\cdot1})<$

$-5.375+4.454(.930)$

或　$-9.517<(\alpha_{11}-\alpha_{31})+(\gamma_{1\cdot1}-\gamma_{3\cdot1})<-1.233$　$(p<.05)$

秩序: $-6.250-4.454(.886)<(\alpha_{12}-\alpha_{32})+(\gamma_{1\cdot2}-\gamma_{3\cdot2})$

$-6.250+4.454(.886)$

或　$-10.196<(\alpha_{12}-\alpha_{32})+(\gamma_{1\cdot2}-\gamma_{3\cdot2})<-2.304$　$(p<.05)$

客觀: $-6.125-4.454(.833)<(\alpha_{13}-\alpha_{33})+(\gamma_{1\cdot3}-\gamma_{3\cdot3})<$

$-6.125+4.454(.833)$

或　$-9.835<(\alpha_{13}-\alpha_{33})+(\gamma_{1\cdot3}-\gamma_{3\cdot3})<-2.415$　$(p<.05)$

換言之，用 Wilks 的標準之結果，放任組與獎賞組在自主、秩序、客觀三個依變項方面均顯示有顯著差異存在。

②懲罰組與獎賞組的比較 ($\hat{\psi}_2$):

$$\hat{\psi}_2=\mathbf{y}_{2\cdot\cdot}-\mathbf{y}_{3\cdot\cdot}=\begin{bmatrix}9.500\\9.250\\8.625\end{bmatrix}-\begin{bmatrix}12.250\\12.000\\11.875\end{bmatrix}=\begin{bmatrix}-2.750\\-2.750\\-3.250\end{bmatrix}$$

$$c_0=4.454 \qquad \hat{\sigma}_{\hat{\psi}2}=\begin{bmatrix}.930\\.886\\.833\end{bmatrix}$$

自主: $-6.892<(\alpha_{21}-\alpha_{31})+(\gamma_{2\cdot1}-\gamma_{3\cdot1})<1.392$　(*n.s.*)

秩序: $-6.696<(\alpha_{22}-\alpha_{32})+(\gamma_{2\cdot2}-\gamma_{3\cdot2})<1.196$　(*n.s.*)

客觀: $-6.960<(\alpha_{23}-\alpha_{33})+(\gamma_{2\cdot3}-\gamma_{3\cdot3})<.460$　(*n.s.*)

因此，懲罰組與獎賞組在三個依變項方面，均無顯著差異可言。

9. 結果解釋：就依變項整體而言，顯示不同管教方式之間有顯著差異存在。男女性別之間的差異，則未達顯著水準。就個別的依變項而言，顯示放任組與獎賞組之間在自主、秩序、客觀等測驗成績方面均有顯著差異存在。但懲罰組與獎賞組之間在三個依變項方面均無顯著差異。從資料判斷，也許採用放任式的管教方式對學生的人格發展有不利影響。

10·2　二因子獨立樣本多變項變異數分析（Ⅱ）

接著，我們也要在這裏以 Finn(1974) 的方法來解與上節同樣的問題。首先，讓我們從一些必須知道的基本原理討論起。

（一）基本原理　使用 Finn 的一般線性模式解二因子多變項變異數分析時，每一細格平均數都可使用下式代表：

$$\mathbf{y}'_{\cdot ij} = \boldsymbol{\mu}' + \boldsymbol{\alpha}'_i + \boldsymbol{\beta}'_j + \boldsymbol{\gamma}'_{ij} + \boldsymbol{\varepsilon}'_{\cdot ij} \qquad \text{〔公式 10·2-1〕}$$

以 A 因子有三個水準（即 $r=3$）和 B 因子有兩個水準（即 $c=2$）的例子來說，線性模式的公式為：

$$\mathbf{Y}_{\cdot} = \mathbf{X}\boldsymbol{\Theta}^* + \mathbf{E}_{\cdot} \qquad \text{〔公式 10·2-2〕}$$

這裏，公式中的母數矩陣 $\boldsymbol{\Theta}^*$ 的元素如下所示：

$$\boldsymbol{\Theta}^{*\prime} = [\boldsymbol{\mu}' \ \boldsymbol{\alpha}'_1 \ \boldsymbol{\alpha}'_2 \ \boldsymbol{\alpha}'_3 \ \boldsymbol{\beta}'_1 \ \boldsymbol{\beta}'_2 \ \boldsymbol{\gamma}'_{11} \ \boldsymbol{\gamma}'_{12} \ \boldsymbol{\gamma}'_{21} \ \boldsymbol{\gamma}'_{22} \ \boldsymbol{\gamma}'_{31} \ \boldsymbol{\gamma}'_{32}]$$

而模式矩陣 $\mathbf{X}$ 則可由各因子的模式矩陣來推得。因為 A 因子有三個水準，B 因子有兩個水準，所以各水準之模式矩陣為：

（A因子）　　　　（B因子）

$$\mathbf{X}_3=\begin{bmatrix}1&1&0&0\\1&0&1&0\\1&0&0&1\end{bmatrix}=[\mathbf{1}_3\quad \mathbf{I}_3] \qquad \mathbf{X}_2=\begin{bmatrix}1&1&0\\1&0&1\end{bmatrix}=[\mathbf{1}_2\quad \mathbf{I}_2]$$

而公式 10·2-2 裏的模式矩陣$\mathbf{X}$正是 $\mathbf{X}_3$ 和 $\mathbf{X}_2$ 的克羅尼克爾乘積:

$$\mathbf{X}=[\mathbf{1}_3\otimes\mathbf{1}_2 \mid \mathbf{I}_3\otimes\mathbf{1}_2 \mid \mathbf{1}_3\otimes\mathbf{I}_2 \mid \mathbf{I}_3\otimes\mathbf{I}_2]$$

$$=\begin{bmatrix}1&1&0&0&1&0&1&0&0&0&0&0\\1&1&0&0&0&1&0&1&0&0&0&0\\1&0&1&0&1&0&0&0&1&0&0&0\\1&0&1&0&0&1&0&0&0&1&0&0\\1&0&0&1&1&0&0&0&0&0&1&0\\1&0&0&1&0&1&0&0&0&0&0&1\end{bmatrix}$$

〔公式 10·2-3〕

正如我們在第 9·3 節所說的，我們必須根據模式矩陣$\mathbf{X}$，求出比較矩陣$\mathbf{C}$（有 C, D, H, P, L 等不同類型），然後代入公式 9·3-5 求出基底矩陣$\mathbf{K}$，最後纔能代入公式 9·3-18 和公式 9·3-20 進行顯著性考驗，或代入公式 9·3-6 求出再母數化後的母數矩陣Θ之估計數$\hat{\Theta}$。在二因子多變項變異數分析的情形下，我們有一捷徑，可以較快的求出基底矩陣 $\mathbf{K}$，而不必從模式矩陣 $\mathbf{X}$ 去求它。其方法可描述如下:

假定A因子決定要採用「離差比較」，則按照公式 9·3-8，$\mathbf{X}_3$ 可化爲 $\mathbf{C}_3$:

$$\mathbf{C}_3 = \begin{bmatrix} 1 & \frac{1}{3} & \frac{1}{3} & \frac{1}{3} \\ 0 & \frac{2}{3} & -\frac{1}{3} & -\frac{1}{3} \\ 0 & -\frac{1}{3} & \frac{2}{3} & -\frac{1}{3} \end{bmatrix} \begin{matrix} D0 \\ D1 \\ D2 \end{matrix} = \begin{bmatrix} 1 & \frac{1}{3} \quad \frac{1}{3} \quad \frac{1}{3} \\ 0 & \\ 0 & \mathbf{C}_{D3} \end{bmatrix}$$

如果代入公式 9·3-5，最後也可算出 $\mathbf{K}_3$ 如下所示：

$$\mathbf{K}_3 = \mathbf{X}_3 \mathbf{C}_3'(\mathbf{C}_3 \mathbf{C}_3')^{-1}$$

$$= \begin{bmatrix} 1 & 1 & 0 \\ 1 & 0 & 1 \\ 1 & -1 & -1 \end{bmatrix} = [\mathbf{1},\ \mathbf{K}_{D3}]$$
$$\begin{matrix} D0 & D1 & D2 \end{matrix}$$

惟，這 $\mathbf{K}_3$ 矩陣之計算頗爲麻煩，因此可用下式所示的方法較容易的計算出來：

設 $\quad \mathbf{K}_k = [\mathbf{1},\ \mathbf{K}_{Dk}]$ 〔公式 10·2-4〕

則 $\quad \mathbf{K}_{Dk} = \mathbf{C}_{Dk}'(\mathbf{C}_{Dk}\mathbf{C}_{Dk}')^{-1}$ 〔公式 10·2-5〕

以上例來說：

$$\mathbf{C}_{D3}\mathbf{C}_{D3}' = \begin{bmatrix} \frac{2}{3} & -\frac{1}{3} & -\frac{1}{3} \\ -\frac{1}{3} & \frac{2}{3} & -\frac{1}{3} \end{bmatrix} \begin{bmatrix} \frac{2}{3} & -\frac{1}{3} \\ -\frac{1}{3} & \frac{2}{3} \\ -\frac{1}{3} & -\frac{1}{3} \end{bmatrix} = \begin{bmatrix} \frac{2}{3} & -\frac{1}{3} \\ -\frac{1}{3} & \frac{2}{3} \end{bmatrix}$$

$$(\mathbf{C}_{D3}\mathbf{C}_{D3}')^{-1} = \begin{bmatrix} 2 & 1 \\ 1 & 2 \end{bmatrix}$$

$$\therefore \quad \mathbf{K}_{D3} = \mathbf{C}_{D3}'(\mathbf{C}_{D3}\mathbf{C}_{D3}')^{-1}$$

$$=\begin{pmatrix} \frac{2}{3} & -\frac{1}{3} \\ -\frac{1}{3} & \frac{2}{3} \\ -\frac{1}{3} & -\frac{1}{3} \end{pmatrix}\begin{bmatrix} 2 & 1 \\ 1 & 2 \end{bmatrix}=\begin{bmatrix} 1 & 0 \\ 0 & 1 \\ -1 & -1 \end{bmatrix}$$

代入公式 10•2-4，可得:

$$\mathbf{K}_3=[\mathbf{1}_3,\ \mathbf{K}_{D3}]=\begin{bmatrix} 1 & 1 & 0 \\ 1 & 0 & 1 \\ 1 & -1 & -1 \end{bmatrix} \quad (A\text{因子})$$
$$\qquad\qquad\qquad D0 \quad D1 \quad D2$$

其次，假定B因子也要用「離差比較」，則按公式 9•3-8，可由 $\mathbf{X}_2$ 算出 $\mathbf{C}_2$ 如下所示:

$$\mathbf{C}_2=\begin{pmatrix} 1 & \frac{1}{2} & \frac{1}{2} \\ 0 & \frac{1}{2} & -\frac{1}{2} \end{pmatrix}\begin{matrix} D0 \\ D1 \end{matrix}$$

把 $\mathbf{C}_{D2}=\begin{bmatrix}\frac{1}{2} & -\frac{1}{2}\end{bmatrix}$代入公式 10•2-4，可算出;

$$\mathbf{K}_{D2}=\begin{pmatrix} \frac{1}{2} \\ -\frac{1}{2} \end{pmatrix}\left(\begin{bmatrix}\frac{1}{2} & -\frac{1}{2}\end{bmatrix}\begin{pmatrix} \frac{1}{2} \\ -\frac{1}{2} \end{pmatrix}\right)^{-1}=\begin{bmatrix} 1 \\ -1 \end{bmatrix}$$

$$\mathbf{K}_2=\begin{bmatrix} 1 & 1 \\ 1 & -1 \end{bmatrix} \quad (B\text{因子})$$
$$\qquad D0 \quad D1$$

算出A因子的 $\mathbf{K}_3$ 和 B因子的 $\mathbf{K}_2$ 之後，便可輕易的求出 3×2 設

計時的基底矩陣**K**。換言之，**K**乃是 $\mathbf{K}_3$ 與 $\mathbf{K}_2$ 的克羅尼克爾乘積：

$$\mathbf{K}=[D0\otimes D0 \mid D1\otimes D0 \mid D2\otimes D0 \mid D0\otimes D1 \mid D1\otimes D1 \mid D2\otimes D1]$$

$$=\begin{bmatrix} 1 & 1 & 0 & 1 & 1 & 0 \\ 1 & 1 & 0 & -1 & -1 & 0 \\ 1 & 0 & 1 & 1 & 0 & 1 \\ 1 & 0 & 1 & -1 & 0 & -1 \\ 1 & -1 & -1 & 1 & -1 & -1 \\ 1 & -1 & -1 & -1 & 1 & 1 \end{bmatrix} \quad \text{〔公式 10·2-6〕}$$

上式裏，⊗前面的符號代碼表示A因子，⊗後面的符號代碼代表B因子。⊗前後皆爲0，代表「常數」項，例如 $D0\otimes D0$ 是。1代表第一個比較，2代表第二個比較；例如 $D1\otimes D0$ 代表A因子的第一個比較；$D2\otimes D0$ 代表A因子的第二個比較；$D0\otimes D1$ 代表B因子的第一個比較。⊗號前後都有非0的數字代表交互作用，例如 $D1\otimes D1$ 代表A因子第一個比較與B因子第一個比較之交互作用；$D2\otimes D1$ 代表A因子的第二個比較與B因子第一個比較之交互作用。如此類推。

K矩陣求出之後，便可代入公式 9·3-6 估計再母數化後的母數 $\hat{\boldsymbol{\Theta}}$ 了。至於其他各要點，仍與第9·3節所述單因子多變項變異數分析時一樣，不再重述。

由上面的討論可以看出：利用公式 10·2-5，可將比較矩陣**C**轉換爲基底矩陣**K**。因此，**C**和**K**之間有一定關係存在。電算機程式設計者可將各種不同種類的**C**矩陣和**K**矩陣儲存在電算機內，只要使用者指出水準數（k）和比較類型（C, D, P, H, 或 L），電算機便自動叫出有關的**K**矩陣來。譬如說，三個水準、和簡單比較時：

$$\mathbf{C}_3=\begin{bmatrix} 1 & \frac{1}{3} & \frac{1}{3} & \frac{1}{3} \\ 0 & 1 & 0 & -1 \\ 0 & 0 & 1 & -1 \end{bmatrix}\begin{matrix} C0 \\ C1 \\ C2 \end{matrix} \qquad \mathbf{K}_3=\begin{bmatrix} 1 & \frac{2}{3} & -\frac{1}{3} \\ 1 & -\frac{1}{3} & \frac{2}{3} \\ 1 & -\frac{1}{3} & -\frac{1}{3} \end{bmatrix}$$
$$\qquad\qquad\qquad\qquad\qquad\qquad C0 \quad C1 \quad C2$$

三個水準，多項式比較時：

$$\mathbf{C}_3=\begin{bmatrix} 1 & \frac{1}{3} & \frac{1}{3} & \frac{1}{3} \\ 0 & -1 & 0 & 1 \\ 0 & 1 & -2 & 1 \end{bmatrix}\begin{matrix} P0 \\ P1 \\ P2 \end{matrix} \qquad \mathbf{K}_3=\begin{bmatrix} 1 & -\frac{1}{2} & \frac{1}{6} \\ 1 & 0 & -\frac{1}{3} \\ 1 & \frac{1}{2} & \frac{1}{6} \end{bmatrix}$$
$$\qquad\qquad\qquad\qquad\qquad\qquad P0 \quad P1 \quad P2$$

然後便可用克羅尼克爾乘積法乘出最後的**K**矩陣出來。

（二）計算實例　爲容易比較起見我們仍以例 10·1-1 來幫助說明。

【例 10·2-1】 例 10·1-1 所述的該項研究結果，得觀察資料如表 10·1-2 所示，試以 Finn 的方法進行多變項變異數分析。

1. 由表 10·1-2 可得：

$$\mathbf{D}=diag[4,\ 4,\ 4,\ 4,\ 4,\ 4]$$

$$\mathbf{Y}.=\begin{bmatrix} 7.00 & 5.50 & 6.25 \\ 6.75 & 6.00 & 5.25 \\ 10.00 & 8.75 & 8.75 \\ 9.00 & 9.75 & 8.50 \\ 12.75 & 12.00 & 10.75 \\ 11.75 & 12.00 & 13.00 \end{bmatrix}\begin{matrix} \text{放任・男} \\ \text{放任・女} \\ \text{懲罰・男} \\ \text{懲罰・女} \\ \text{獎賞・男} \\ \text{獎賞・女} \end{matrix}$$

本例是 3×2 多因子設計，模式矩陣**X**如公式 10·2-3 所示。

2. 假定本節的比較矩陣採D型比較，則**C**和**K**矩陣如下所示:

(A因子)

$$\mathbf{C}_3=\begin{bmatrix} 1 & \frac{1}{3} & \frac{1}{3} & \frac{1}{3} \\ 0 & \frac{2}{3} & -\frac{1}{3} & -\frac{1}{3} \\ 0 & -\frac{1}{3} & \frac{2}{3} & -\frac{1}{3} \end{bmatrix} \begin{matrix} D0 \\ D1 \\ D2 \end{matrix}$$

$$\mathbf{K}_3=\begin{bmatrix} 1 & 1 & 0 \\ 1 & 0 & 1 \\ 1 & -1 & -1 \end{bmatrix}$$
$$\begin{matrix} D0 & D1 & D2 \end{matrix}$$

(B因子)

$$\mathbf{C}_2=\begin{bmatrix} 1 & \frac{1}{2} & \frac{1}{2} \\ 0 & \frac{1}{2} & -\frac{1}{2} \end{bmatrix} \begin{matrix} D0 \\ D1 \end{matrix}$$

$$\mathbf{K}_2=\begin{bmatrix} 1 & 1 \\ 1 & -1 \end{bmatrix}$$
$$\begin{matrix} D0 & D1 \end{matrix}$$

故基底矩陣**K**乃是$\mathbf{K}_3$與$\mathbf{K}_2$的克羅尼克爾乘積，其結果如前面的公式 10·2-6 所示。

3. 代入公式 9·3-6，得:

$$\hat{\Theta}=(\mathbf{K}'\mathbf{D}\mathbf{K})^{-1}\mathbf{K}'\mathbf{D}\mathbf{Y}.$$

$$=\begin{bmatrix} .0417 & 0 & 0 & 0 & 0 & 0 \\ 0 & .0833 & -.0417 & 0 & 0 & 0 \\ 0 & -.0417 & .0833 & 0 & 0 & 0 \\ 0 & 0 & 0 & .0417 & 0 & 0 \\ 0 & 0 & 0 & 0 & .0833 & -.0417 \\ 0 & 0 & 0 & 0 & -.0417 & .0833 \end{bmatrix}$$

$$\times\begin{bmatrix} 229 & 216 & 210 \\ -43 & -50 & -49 \\ -22 & -22 & -26 \\ 9 & -6 & -4 \\ -3 & -2 & 13 \\ 0 & -4 & 10 \end{bmatrix}$$

$$=\begin{bmatrix} 9.5417 & 9.0000 & 8.7500 \\ -2.6667 & -3.2500 & -3.0000 \\ -.0417 & .2500 & -.1250 \\ .3750 & -.2500 & -.1667 \\ -.2500 & 0 & .6667 \\ .1250 & -.2500 & .2917 \end{bmatrix} \begin{matrix} D0, & D0, \\ 1, & 0, \\ 2, & 0, \\ 0, & 1, \\ 1, & 1, \\ 2, & 1, \end{matrix}$$

這一$\hat{\Theta}$矩陣的第一橫列是24名受試者在自主、秩序、客觀三個依變項方面之總平均。第二橫列是A因子的第一個D型比較（$\frac{2}{3}\bar{y}_{1\cdot}-\frac{1}{3}\bar{y}_{2\cdot}-\frac{1}{3}\bar{y}_{3\cdot}$），第三橫列是$A$因子的第二個$D$型比較（$-\frac{1}{3}\bar{y}_{1\cdot}+\frac{2}{3}\bar{y}_{2\cdot}-\frac{1}{3}\bar{y}_{3\cdot}$），第四橫列是$B$因子的一個$D$型比較（$\frac{1}{2}\bar{y}_{\cdot 1}-\frac{1}{2}\bar{y}_{\cdot 2}$），它們都是主要效果的估計。第五橫列是交互作用效果的第一個估計；第六橫列是交互作用效果的第二個估計。

4. 計算標準誤矩陣 **H*** 及估計信賴區間:

$$\mathbf{Q}_e=\mathbf{Y'Y}-\mathbf{Y'.DY}. \qquad \text{(公式 9·3-12)}$$

$$=\begin{bmatrix} 2367 & 2239 & 2167 \\ 2239 & 2160 & 2064 \\ 2167 & 2064 & 2050 \end{bmatrix}-\begin{bmatrix} 2304.75 & 2193.00 & 2132.00 \\ 2193.00 & 2103.50 & 2041.25 \\ 2132.00 & 2041.25 & 2000.00 \end{bmatrix}$$

$$=\begin{bmatrix} 62.25 & 46.00 & 35.00 \\ 46.00 & 56.50 & 22.75 \\ 35.00 & 22.75 & 50.00 \end{bmatrix}$$

$$\mathbf{S}_e=\frac{1}{v_e}\mathbf{Q}_e=\frac{1}{18}\mathbf{Q}_e=\begin{bmatrix}3.4583 & 2.5556 & 1.9444\\ 2.5556 & 3.1389 & 1.2639\\ 1.9444 & 1.2639 & 2.7778\end{bmatrix}$$

$$\mathbf{d}'=[1.860 \quad 1.772 \quad 1.667] \qquad \text{(公式 9·3-14)}$$

$$diag(\mathbf{K}'\mathbf{D}\mathbf{K})^{-1}=[.0417 \ .0833 \ .0833 \ .0417 \ .0833 \ .0833]$$

$$\mathbf{g}'=[.204 \ .289 \ .289 \ .204 \ .289 \ .289] \qquad \text{(公式 9·3-16)}$$

$$\mathbf{H}^*=\begin{bmatrix}.379 & .361 & .340\\ .537 & .512 & .482\\ .537 & .512 & .482\\ .379 & .361 & .340\\ .537 & .512 & .482\\ .537 & .512 & .482\end{bmatrix}\begin{matrix}D0, & D0,\\ 1, & 0,\\ 2, & 0,\\ 0, & 1,\\ 1, & 1,\\ 2, & 1,\end{matrix} \qquad \text{(公式 9·3-11)}$$

以 $\hat{\boldsymbol{\Theta}}$ 矩陣第二橫列爲例:

$$\hat{\boldsymbol{\theta}}_2'=[-2.6667 \quad -3.250 \quad -3.000]$$

$$\mathbf{h}_2'=[.537 \quad .512 \quad .482]$$

$$t_{.025,(18)}=2.101$$

$$-2.6667-2.101(.537)<\theta_{21}<-2.6667+2.101(.537)$$

或 $$-3.7949<\theta_{21}<-1.5385 \qquad (p<.01)$$

可見，就自主性而言，放任組的平均數顯然低於三組的平均數。

至於 $\hat{\boldsymbol{\theta}}_2$ 三個元素之同時信賴區間之求法則爲:

$$F_{\alpha,(p,N-k-p+1)}=F_{.05,(3,24-6-3+1)}=3.24$$

$$c_0=\sqrt{\frac{(24-6)3}{24-6-3+1}(3.24)}=3.307$$

此一同時信賴區間的下限爲:

$$[-2.6667 \ -3.250 \ -3.000]-3.307[.544 \ .512 \ .482]$$

或　$[-4.466\ \ -4.943\ \ -4.594]$

其上限則為:

$$[-.868\ \ -1.557\ \ -1.406]$$

因為三個依變數的同時信賴區間均不含 0 在內，故同時信賴區間均達顯著水準。〔如果您只想進行顯著性考驗，則第 3, 4 步驟可予省略〕。

5. 假設的顯著性考驗：利用公式 2·2-5 所示格拉姆-施密特法將公式 10·2-6 的**K**矩陣加以分解，可得 $\mathbf{K}^*$ 和 $\mathbf{T}'$ 矩陣。此時:

$$\mathbf{D}=diag[4,\ 4,\ 4,\ 4,\ 4,\ 4]$$

其結果得:

$$\mathbf{K}^*=\begin{bmatrix} .2041 & .25 & -.1443 & .2041 & .25 & -.1443 \\ .2041 & .25 & -.1443 & -.2041 & -.25 & .1443 \\ .2041 & 0 & .2887 & .2041 & 0 & .2887 \\ .2041 & 0 & .2887 & -.2041 & 0 & -.2887 \\ .2041 & -.25 & -.1443 & .2041 & -.25 & -.1443 \\ .2041 & -.25 & -.1443 & -.2041 & .25 & .1443 \end{bmatrix}$$

代入公式 9·3-20，得**U**矩陣如下所示:

$$\mathbf{U}=\mathbf{K}^{*\prime}\mathbf{DY}.$$

$$=\begin{bmatrix} 46.7389 & 44.0856 & 42.8610 \\ -10.7500 & -12.5000 & -12.2500 \\ -.1367 & .8732 & -.4260 \\ 1.8369 & -1.2246 & -.8164 \\ -.7500 & -.5000 & 3.2500 \\ .4333 & -.8662 & 1.0102 \end{bmatrix} \begin{matrix} \text{常數} \\ A\text{的比較一} \\ A\text{的比較二} \\ B\text{的比較一} \\ AB\text{的比較一} \\ AB\text{的比較二} \end{matrix}$$

根據 **U** 矩陣的有關橫列，可得下列假設矩陣 $\mathbf{Q}_h$:

$$\mathbf{Q}_K=\mathbf{u}_1\,\mathbf{u}'_1\quad\text{（常數）}$$

$$=\begin{bmatrix} 2184.52 & 2060.51 & 2003.28 \\ 2060.51 & 1943.54 & 1889.55 \\ 2003.28 & 1889.55 & 1837.07 \end{bmatrix}$$

$$\mathbf{Q}_A=\mathbf{u}_2\mathbf{u}'_2+\mathbf{u}_3\mathbf{u}'_3$$

$$=\begin{bmatrix} 115.58 & 134.26 & 131.75 \\ 134.26 & 157.01 & 152.75 \\ 131.75 & 152.75 & 150.24 \end{bmatrix}$$

$$\mathbf{Q}_B=\mathbf{u}_4\mathbf{u}'_4$$

$$=\begin{bmatrix} 3.37 & -2.25 & -1.50 \\ -2.25 & 1.50 & 1.00 \\ -1.50 & 1.00 & .67 \end{bmatrix}$$

$$\mathbf{Q}_{AB}=\mathbf{u}_5\mathbf{u}'_5+\mathbf{u}_6\mathbf{u}'_6$$

$$=\begin{bmatrix} .75 & .00 & -2.00 \\ .00 & 1.00 & -2.50 \\ -2.00 & -2.50 & 11.58 \end{bmatrix}$$

至於各行列式值及Λ值則如下所示:

$$|\mathbf{Q}_A+\mathbf{Q}_e|=232927.44 \qquad |\mathbf{Q}_e|=41880.48$$

$$|\mathbf{Q}_B+\mathbf{Q}_e|=63375.83$$

$$|\mathbf{Q}_{AB}+\mathbf{Q}_e|=65804.94$$

$$\Lambda=\frac{41880.48}{232927.44}=.1798^{*} \quad (A\text{因子})$$

$$\Lambda=\frac{41880.48}{63375.83}=.6608 \quad (B\text{因子})$$

$$\Lambda=\frac{41880.48}{65804.94}=.6364 \quad (AB\text{交互作用})$$

這些多變項變異數分析之結果，A因子的 $\Lambda=.1798$，小於查表的

$U_{.05,(3,2,18)}=.475728$。B因子或 AB 交互作用效果的考驗則均未達顯著水準。

表 10•2-1　例 10•2-1 的多變項及單變項變異數分析

來　源	SSCP	df	Λ(多變項)	F（單變項）自主性	秩序性	客觀性
常　數	$\mathbf{Q}_K$	1				
管教方式（A）	$\mathbf{Q}_A$	2	.1798*	16.71	25.01	27.04
性別（B）	$\mathbf{Q}_B$	1	.6608	0.97	0.48	0.24
交互作用（AB）	$\mathbf{Q}_{AB}$	2	.6364	0.11	0.16	2.08
組　內	$\mathbf{Q}_e$	18		均		方
總　和	Y′Y	24		3.5483	3.1389	2.7778

$U_{.05,(3,2,18)}=.475728$　　$F_{.01,(2,18)}=6.01$

表 10•2-1 是此項多變項變異數分析結果的摘要表。爲節省篇幅起見，各 $\mathbf{Q}_h$ 和 $\mathbf{Q}_e$ 矩陣不再列出。表右邊還列有單變項F考驗的結果。其算法已在第 9•3 節最後部分說明過，這裏不再重述。

細格人數不等時　在多因子設計裏，如果各組人數不成比例，則各母數（μ,α,β,γ）的考驗便非彼此獨立。這樣，各部分的變異數加起來還要大於總變異數。如不設法排除重疊部分，則犯第一類型錯誤率便會增加。由於使用公式 9•3-20 之故，前述 Finn 的方法仍可用來處理各組人數不成比例的資料。惟，此時自變項（A 或 B 因子）的先後次序不同，分析結果也將不一樣，所以必須事先決定它們的先後次序。這是與 equal n′s 時不同的地方，須特別注意。下例中，者想要研究在排除性別因素的變異部分後，是否不同類型之間有所差研究異，故把「性別」放在「類型」之前來計算。

【例 10•2-2】 表 10•2-2 是二十二名男女學生，分爲「衝動型」和「沈思型」兩類，參加某種實驗結果所得到的兩項分數。第一是圖形出現至開始回答的「反應時間」分數；第二是回答的「正確性」分數。試分析性別之間、概念動率 (conceptual tempo) 類型之間有無顯著差異存在。

表 10·2-2　二十二名學生的實驗分數

	衝動型		沈思型	
男	3	3	5	6
	4	3	3	4
	2	2	4	5
	1	2	6	7
	5	6	4	3
			5	5
女	1	1	3	5
	2	3	6	7
	0	1	4	5
	2	2	6	7
			6	6
			3	4
			7	8

例 10·2-2 的A因子是性別，分男女兩組；B因子是概念動率類型，分衝動型和沈思型兩類；依變項有兩個 ($p=2$)，亦即「反應時間」與「正確性」分數。所以，計算過程可扼要表示如下:

1. 平均數及各組人數:

$$\mathbf{Y}_{\bullet}=\begin{bmatrix} 3.00 & 3.20 \\ 4.50 & 5.00 \\ 1.25 & 1.75 \\ 5.00 & 6.00 \end{bmatrix}\begin{matrix} \text{男，衝動型} \\ \text{男，沈思型} \\ \text{女，衝動型} \\ \text{女，沈思型} \end{matrix}$$

$$\mathbf{D}=diag[5,\ 6,\ 4,\ 7]$$

可見，在本例裏各細格（小組）人數並不一樣。

2. 模式矩陣$\mathbf{X}$及母數矩陣 Θ^*:

$$\boldsymbol{\Theta}^{*\prime}=[\boldsymbol{\mu}',\ \boldsymbol{\alpha}'_1,\ \boldsymbol{\alpha}'_2,\ \boldsymbol{\beta}'_1,\ \boldsymbol{\beta}'_2,\ \boldsymbol{\gamma}'_{11},\ \boldsymbol{\gamma}'_{12},\ \boldsymbol{\gamma}'_{21},\ \boldsymbol{\gamma}'_{22}]$$

$$\mathbf{X}=\begin{bmatrix} 1 & 1 & 0 & 1 & 0 & 1 & 0 & 0 & 0 \\ 1 & 1 & 0 & 0 & 1 & 0 & 1 & 0 & 0 \\ 1 & 0 & 1 & 1 & 0 & 0 & 0 & 1 & 0 \\ 1 & 0 & 1 & 0 & 1 & 0 & 0 & 0 & 1 \end{bmatrix}$$

3. 假定A因子和B因子均用「簡單比較」，則基底矩陣 **K** 可用下法求出：

（A因子）

$$\mathbf{X}_2=\begin{bmatrix} 1 & 1 & 0 \\ 1 & 0 & 1 \end{bmatrix}$$

$$\mathbf{C}_2=\begin{bmatrix} 1 & \frac{1}{2} & \frac{1}{2} \\ 0 & 1 & -1 \end{bmatrix}\begin{matrix} C0 \\ C1 \end{matrix}$$

$$\mathbf{K}_2=\begin{bmatrix} 1 & .5 \\ 1 & -.5 \end{bmatrix}$$
$$\quad C0 \quad C1$$

（B因子）

$$\mathbf{X}_2=\begin{bmatrix} 1 & 1 & 0 \\ 1 & 0 & 1 \end{bmatrix}$$

$$\mathbf{C}_2=\begin{bmatrix} 1 & \frac{1}{2} & \frac{1}{2} \\ 0 & 1 & -1 \end{bmatrix}\begin{matrix} C0 \\ C1 \end{matrix}$$

$$\mathbf{K}_2=\begin{bmatrix} 1 & .5 \\ 1 & -.5 \end{bmatrix}$$
$$\quad C0 \quad C1$$

這裏，$\mathbf{K}_2$ 是用公式 10·2-4 和公式 10·2-5 求出來的：

$$\mathbf{K}_{c2}=\begin{bmatrix} 1 \\ -1 \end{bmatrix}\left([1 \quad -1]\begin{bmatrix} 1 \\ -1 \end{bmatrix}\right)^{-1}=\begin{bmatrix} .5 \\ -.5 \end{bmatrix}$$

$$\therefore\quad \mathbf{K}_2=\begin{bmatrix} 1 & .5 \\ 1 & -.5 \end{bmatrix}$$
$$\quad C0 \quad C1$$

所以基底矩陣 **K** 是A因子的 $\mathbf{K}_2$ 和B因子的 $\mathbf{K}_2$ 之克羅尼克爾乘積：

$$\mathbf{K}=[C0\otimes C0 \mid C1\otimes C0 \mid C0\otimes C1 \mid C1\otimes C1]$$

$$
=\begin{bmatrix} 1 & .5 & .5 & .25 \\ 1 & .5 & -.5 & -.25 \\ 1 & -.5 & .5 & -.25 \\ 1 & -.5 & -.5 & .25 \end{bmatrix}
$$

4. 求再母數化後的母數 $\boldsymbol{\Theta}$ 的估計值:

$$
\hat{\boldsymbol{\Theta}}=(\mathbf{K}'\mathbf{D}\mathbf{K})^{-1}\mathbf{K}'\mathbf{D}\mathbf{Y}.
$$

$$
=\begin{bmatrix} .0475 & -.0033 & .0176 & -.0185 \\ -.0033 & .1899 & -.0185 & .0702 \\ .0176 & -.0185 & .1899 & -.0131 \\ -.0185 & .0702 & -.0131 & .7595 \end{bmatrix}\begin{bmatrix} 82.00 & 95.00 \\ 1.00 & -1.50 \\ -21.00 & -24.50 \\ 4.50 & 5.25 \end{bmatrix}
$$

$$
=\begin{bmatrix} 3.438 & 3.988 \\ .625 & .225 \\ -2.625 & -3.025 \\ 2.250 & 2.450 \end{bmatrix}\begin{matrix} \text{常數} \\ A1-A2 \\ B1-B2 \\ AB\text{交互作用} \end{matrix}
$$

5. 求 $\mathbf{Q}_e$ 及 $\mathbf{H}^*$ 並作區間估計:

$$
\mathbf{Q}_e=\mathbf{Y}'\mathbf{Y}-\mathbf{Y}'.\mathbf{D}\mathbf{Y}.
$$

$$
=\begin{bmatrix} 382 & 432 \\ 432 & 501 \end{bmatrix}-\begin{bmatrix} 347.75 & 401.75 \\ 401.75 & 465.45 \end{bmatrix}
$$

$$
=\begin{bmatrix} 34.25 & 30.25 \\ 30.25 & 35.55 \end{bmatrix}
$$

$$
\mathbf{S}=\frac{1}{22-4}\mathbf{Q}_e=\begin{bmatrix} 1.902778 & 1.680556 \\ 1.680556 & 1.975000 \end{bmatrix}
$$

$$\mathbf{d}'=[1.379 \quad 1.405]$$

$$diag\mathbf{G}=diag(\mathbf{K}'\mathbf{D}\mathbf{K})^{-1}=[.0475 \quad .1899 \quad .1899 \quad .7595]$$

$$\mathbf{g}'=[.218 \quad .436 \quad .436 \quad .871]$$

根據公式 9·3-11，得標準誤矩陣 $\mathbf{H}^*$ 如下:

$$\mathbf{H}^*=\mathbf{g}\mathbf{d}'=\begin{bmatrix} .3006 & .3063 \\ .6012 & .6126 \\ .6012 & .6126 \\ 1.2011 & 1.2238 \end{bmatrix}\begin{matrix} \text{常數} \\ A1-A2 \\ B1-B2 \\ AB\text{交互作用} \end{matrix}$$

以 $\hat{\boldsymbol{\Theta}}_3$ 爲例來說:

$$\hat{\boldsymbol{\Theta}}'_3=[-2.625 \quad -3.025]$$

$$\mathbf{h}'_3=[.6012 \quad .6126]$$

$$t_{.025,(18)}=2.101$$

$$-2.625-2.101(.6012)<\theta_{31}<-2.625+2.101(.6012)$$

或 $$-3.888<\theta_{31}<-1.362 \quad (p<.05)$$

$$-3.025-2.101\ (.6126)\ <\theta_{32}<-3.025+2.101\ (.6126)$$

或 $$-4.312<\theta_{32}<-1.738 \quad (p<.05)$$

6. 假設考驗：用公式 2·2-5 的格拉姆-施密特法把本例 $\mathbf{K}$ 矩陣分解爲 $\mathbf{K}^*$ 及 $\mathbf{T}'$，得:

$$\mathbf{D}=diag[5,\ 6,\ 4,\ 7]$$

$$\mathbf{K}=\mathbf{K}^*\mathbf{T}'=\begin{bmatrix} .2132 & .2132 & .2375 & .2294 \\ .2132 & .2132 & -.1980 & -.1912 \\ .2132 & -.2132 & .2771 & -.2869 \\ .2132 & -.2132 & -.1584 & .1639 \end{bmatrix}$$

$$\times \begin{bmatrix} 4.6904 & 0 & -.4264 & .1066 \\ 0 & 2.3452 & .2132 & -.2132 \\ 0 & 0 & 2.2962 & .0396 \\ 0 & 0 & 0 & 1.1474 \end{bmatrix}$$

代入公式 9·3-20, 得:

$$\mathbf{U} = \mathbf{K}^{*\prime}\mathbf{D}\mathbf{Y}.$$

$$= \begin{bmatrix} 17.4824 & 20.2540 \\ .4264 & -.6396 \\ -5.9420 & -6.8531 \\ 2.5821 & 2.8115 \end{bmatrix} \begin{matrix} \text{常數} \\ A1-A2 \\ B1-B2 \\ AB\text{交互作用} \end{matrix}$$

$$\mathbf{Q}_K = \mathbf{u}_1\mathbf{u}'_1 = \begin{bmatrix} 305.6343 & 354.0885 \\ 354.0885 & 410.2245 \end{bmatrix} \quad \text{(常數)}$$

$$\mathbf{Q}_A = \mathbf{u}_2\mathbf{u}'_2 = \begin{bmatrix} .1818 & -.2727 \\ -.2727 & .4091 \end{bmatrix}$$

$$\mathbf{Q}_B = \mathbf{u}_3\mathbf{u}'_3 = \begin{bmatrix} 35.3074 & 40.7211 \\ 40.7211 & 46.9650 \end{bmatrix}$$

$$\mathbf{Q}_{AB} = \mathbf{u}_4\mathbf{u}'_4 = \begin{bmatrix} 6.6672 & 7.2596 \\ 7.2596 & 7.9045 \end{bmatrix}$$

$$|\mathbf{Q}_A + \mathbf{Q}_e| = \begin{vmatrix} 34.4318 & 29.9773 \\ 29.9773 & 35.9591 \end{vmatrix} = 339.4980$$

$$|\mathbf{Q}_B + \mathbf{Q}_e| = \begin{vmatrix} 69.5574 & 70.9711 \\ 70.9711 & 82.5150 \end{vmatrix} = 702.6318$$

$$|\mathbf{Q}_{AB} + \mathbf{Q}_e| = \begin{vmatrix} 40.9172 & 37.5096 \\ 37.5096 & 43.4545 \end{vmatrix} = 371.0664$$

$$|\mathbf{Q}_e| = \begin{vmatrix} 34.25 & 30.25 \\ 30.25 & 35.55 \end{vmatrix} = 302.5250$$

$$\Lambda=\frac{302.5250}{339.4980}=.8911 \quad (A\text{因子})$$

$$\Lambda=\frac{302.5250}{702.6318}=.4306^{*} \quad (B\text{因子})$$

$$\Lambda=\frac{302.5250}{371.0664}=.8153 \quad (AB\text{交互作用})$$

$$U_{.01,(2,1,18)}=.581709$$

7. 結果解釋：例 10·2-2 的資料經多變項變異數分析之結果，顯示性別與概念動率兩個自變項之間沒有交互作用存在；男生與女生之間，就依變項整體而言，並無差異存在。在排除「性別」的影響後，衝動型與沈思型兩類學生就依變項（反應時間與正確性）整體而言，却顯示有顯著差異存在。又因爲：

$$F=\frac{35.3074/1}{34.25/18}=18.56^{*} \quad (\text{反應時間})$$

$$F=\frac{46.9650/1}{35.55/18}=23.78^{*} \quad (\text{正確性})$$

均大於 $F_{.01,(1,18)}=8.29$，所以單變項 F 考驗結果顯示這兩類型受試者在「反應時間」或在「正確性」方面均有顯著的差異。

10·3　三因子獨立樣本多變項變異數分析

上面所討論的 Finn 的方法，可以很容易的擴展使用到三因子的情形。在這一節裏，我們要以 2×2×3 多因子設計的例子來幫助說明。

（一）基本原理　假使 A 因子有兩個水準，要採「簡單比較」；B 因子分爲兩個水準，要採用「離差比較」；而 C 因子有三個水準，也採用「離差比較」，則可以把各因子的基底矩陣先分別求出來：

（A因子）

$$\boldsymbol{X}_2=\begin{bmatrix}1 & 1 & 0\\ 1 & 0 & 1\end{bmatrix}$$

$$\boldsymbol{C}_2=\begin{bmatrix}1 & \frac{1}{2} & \frac{1}{2}\\ 0 & 1 & -1\end{bmatrix}\begin{matrix}C0\\ C1\end{matrix}$$

$$\boldsymbol{K}_2=\begin{bmatrix}1 & .5\\ 1 & -.5\end{bmatrix}$$
$$\quad C0 \quad C1$$

（B因子）

$$\boldsymbol{X}_2=\begin{bmatrix}1 & 1 & 0\\ 1 & 0 & 1\end{bmatrix}$$

$$\boldsymbol{C}_2=\begin{bmatrix}1 & \frac{1}{2} & \frac{1}{2}\\ 0 & \frac{1}{2} & -\frac{1}{2}\end{bmatrix}\begin{matrix}D0\\ D1\end{matrix}$$

$$\boldsymbol{K}_2=\begin{bmatrix}1 & 1\\ 1 & -1\end{bmatrix}$$
$$\quad D0 \quad D1$$

（C因子）

$$\boldsymbol{X}_3=\begin{bmatrix}1 & 1 & 0 & 0\\ 1 & 0 & 1 & 0\\ 1 & 0 & 0 & 1\end{bmatrix}$$

$$\boldsymbol{C}_3=\begin{bmatrix}1 & \frac{1}{3} & \frac{1}{3} & \frac{1}{3}\\ 0 & \frac{2}{3} & -\frac{1}{3} & -\frac{1}{3}\\ 0 & -\frac{1}{3} & \frac{2}{3} & -\frac{1}{3}\end{bmatrix}\begin{matrix}D0\\ D1\\ D2\end{matrix}$$

$$\boldsymbol{K}_3=\begin{bmatrix}1 & 1 & 0\\ 1 & 0 & 1\\ 1 & -1 & -1\end{bmatrix}$$
$$\quad D0 \quad D1 \quad D2$$

在這種情形下，這 2×2×3 多因子設計所須的 **K** 矩陣就可用「符號對照向量」(symbolic contrast vector, SCV) 表示如表 10•3-1:

表 10•3-1　2×2×3 設計的 SCV

來　源	df	SCV		
常　數	1	$C0$,	$D0$,	$D0$,
A	1	1,	0,	0,
B	1	0,	1,	0,
C	2	0,	0,	1,
		0,	0,	2,
AB	1	1,	1,	0,
AC	2	1,	0,	1,
		1,	0,	2,
BC	2	0,	1,	1,
		0,	1,	2,
ABC	2	1,	1,	1,
		1,	1,	2,

由表 10·3-1 可以看出自由度共爲12，有12組 SCV。根據這十二組 SCV 可以造出一個秩數爲12的基底矩陣**K**如下所示：

$$
\mathbf{K}=\begin{bmatrix}
1 & .5 & 1 & 1 & 0 & .5 & .5 & 0 & 1 & 0 & .5 & 0\\
1 & .5 & 1 & 0 & 1 & .5 & 0 & .5 & 0 & 1 & 0 & .5\\
1 & .5 & 1 & -1 & -1 & .5 & -.5 & -.5 & -1 & -1 & -.5 & -.5\\
1 & .5 & -1 & 1 & 0 & -.5 & .5 & 0 & -1 & 0 & -.5 & 0\\
1 & .5 & -1 & 0 & 1 & -.5 & 0 & .5 & 0 & -1 & 0 & -.5\\
1 & .5 & -1 & -1 & -1 & -.5 & -.5 & -.5 & 1 & 1 & .5 & .5\\
1 & -.5 & 1 & 1 & 0 & -.5 & -.5 & 0 & 1 & 0 & -.5 & 0\\
1 & -.5 & 1 & 0 & 1 & -.5 & 0 & -.5 & 0 & 1 & 0 & -.5\\
1 & -.5 & 1 & -1 & -1 & -.5 & .5 & .5 & -1 & -1 & .5 & .5\\
1 & -.5 & -1 & 1 & 0 & .5 & -.5 & 0 & -1 & 0 & .5 & 0\\
1 & -.5 & -1 & 0 & 1 & .5 & 0 & -.5 & 0 & -1 & 0 & .5\\
1 & -.5 & -1 & -1 & -1 & .5 & .5 & .5 & 1 & 1 & -.5 & -.5
\end{bmatrix}
$$

〔公式 **10·3-1**〕

這基底矩陣**K**的第一縱行相當於表 10·3-1 的符號向量 $C0\otimes D0\otimes D0$，第二縱行相當於表 10·3-1 的符號向量 $C1\otimes D0\otimes D0$，如此類推。以第二縱行爲例來說，就是A因子的$\mathbf{K}_2$的 $C1$，B因子的 $\mathbf{K}_3$ 的$D0$，和C因子的 $\mathbf{K}_3$ 的 $D0$ 之克羅尼克爾的乘積。其算法如下所示：

$$
C1\otimes D0\otimes D0=\begin{bmatrix} .5\\ \\ -.5\end{bmatrix}\otimes\begin{bmatrix}1\\ \\ 1\end{bmatrix}\otimes\begin{bmatrix}1\\1\\1\end{bmatrix}=\begin{bmatrix}.5\\.5\\-.5\\-.5\end{bmatrix}\otimes\begin{bmatrix}1\\1\\1\end{bmatrix}
$$

$$
=[.5\ .5\ .5\ .5\ .5\ .5\ -.5\ -.5\ -.5\ -.5\ -.5\ -.5]'
$$

有了這一個基底矩陣之後，便可代入公式 9·3-6 求再母數化後的母數矩陣 $\hat{\boldsymbol{\Theta}}$。更可以將**K**分解爲 $\mathbf{K}^*$ 和 $\mathbf{T}'$，然後代入公式 9·3-20 求出正交母數矩陣**U**。這些原理仍與單因子時（第 9·3 節）和二因子時（第 10·2 節）完全一樣。因此，不必再詳細說明。

（二）**計算實例**　接著我們要以例 10•3-1 來說明實際的計算過程。我們已熟練的部分，要將它們省略過；有必要時，請隨時復習例 9•3-1，例 10•2-1 和例 10•2-2。

【例 10•3-1】 表 10•3-2 是三十六名男女學生，分為高焦慮組和低焦慮組，每人參加三種教學方法之中的一種教學法實驗後，所得的兩項測驗分數。第一項測驗分數為筆試成績，第二項測驗分數為口試成績。試以 $\alpha=.05$ 進行多變項變異數分析。

由表 10•3-2 可以看出 A 因子是性別，分男女兩種；B 因子是焦慮測驗分數，分高低兩組；C 因子是教學方法，分直接法、口語法和認知法三種。依變項有二：卽筆試成績和口試成績。

1. 求各細格（小組）的平均數 $\mathbf{Y}_{.}$：

表 10•3-2　例 10•3-1 的觀察資料

		直接法		口語法		認知法	
男	高焦慮	2	3	4	4	7	5
		4	5	8	7	9	7
		3	4	6	4	5	6
	低焦慮	5	6	5	4	8	9
		4	3	7	6	8	8
		6	9	6	5	5	7
女	高焦慮	1	3	2	2	3	4
		0	1	4	3	4	4
		2	2	3	4	5	7
	低焦慮	6	5	6	7	10	9
		8	7	8	8	11	9
		4	3	10	9	9	6

$$\mathbf{D}=diag[3,\ 3,\ 3,\ 3,\ 3,\ 3,\ 3,\ 3,\ 3,\ 3,\ 3,\ 3]$$

$$\mathbf{Y}'_{.}=\left[\begin{array}{ccc|ccc|ccc|ccc} 3 & 6 & 7 & 5 & 6 & 7 & 1 & 3 & 4 & 6 & 8 & 10 \\ 4 & 5 & 6 & 6 & 5 & 8 & 2 & 3 & 5 & 5 & 8 & 8 \end{array}\right]\begin{array}{l}\text{筆試}\\ \text{口試}\end{array}$$

2. 求 $\mathbf{Q}_e$:

$$\mathbf{Q}_e=\mathbf{Y}'\mathbf{Y}-\mathbf{Y}'_{.}\mathbf{D}\mathbf{Y}_{.}$$

$$=\begin{bmatrix} 1342 & 1256 \\ 1256 & 1237 \end{bmatrix}-\begin{bmatrix} 1290 & 1215 \\ 1215 & 1179 \end{bmatrix}=\begin{bmatrix} 52 & 41 \\ 41 & 58 \end{bmatrix}$$

3. 求 $\mathbf{K}^*$ 和 $\mathbf{T}'$: 利用格拉姆-施密特法，將 **D** 及公式 10•3-1 的 **K**矩陣代入公式 2•2-5，得:

$$\mathbf{K}^*=\begin{bmatrix}
.167 & .167 & .167 & .204 & -.118 & .167 & .204 & -.118 & .204 & -.118 & .204 & -.118 \\
.167 & .167 & .167 & .000 & .236 & .167 & .000 & .236 & .000 & .236 & .000 & .236 \\
.167 & .167 & .167 & -.204 & -.118 & .167 & -.204 & -.118 & -.204 & -.118 & -.204 & -.118 \\
.167 & .167 & -.167 & .204 & -.118 & -.167 & .204 & -.118 & -.204 & .118 & -.204 & .118 \\
.167 & .167 & -.167 & .000 & .236 & -.167 & .000 & .236 & .000 & -.236 & .000 & -.236 \\
.167 & .167 & -.167 & -.204 & -.118 & -.167 & -.204 & -.118 & .204 & .118 & .204 & .118 \\
.167 & -.167 & .167 & .204 & -.118 & -.167 & -.204 & .118 & .204 & -.118 & -.204 & .118 \\
.167 & -.167 & .167 & .000 & .236 & -.167 & .000 & -.236 & .000 & .236 & .000 & -.236 \\
.167 & -.167 & .167 & -.204 & -.118 & -.167 & .204 & .118 & -.204 & -.118 & .204 & .118 \\
.167 & -.167 & -.167 & .204 & -.118 & .167 & -.204 & .118 & -.204 & .118 & .204 & -.118 \\
.167 & -.167 & -.167 & .000 & .236 & .167 & .000 & -.236 & .000 & -.236 & .000 & .236 \\
.167 & -.167 & -.167 & -.204 & -.118 & .167 & .204 & .118 & .204 & .118 & -.204 & -.118
\end{bmatrix}$$

4. 求正交再母數化矩陣**U**: 將 $\mathbf{K}^{*\prime}$，**D**和 $\mathbf{Y}_{.}$ 等三個矩陣代入公式 9•3-20，得:

$$\mathbf{U}=\mathbf{K}^{*\prime}\mathbf{D}\mathbf{Y}_{.}$$

$$
= \begin{bmatrix} 33.0000 & 32.5000 \\ 1.0000 & 1.5000 \\ -9.0000 & -7.5000 \\ -7.9608 & -6.1237 \\ 1.0607 & -.7071 \\ 7.0000 & 3.5000 \\ .6124 & 1.2247 \\ .3536 & -2.1213 \\ -.6124 & .0000 \\ 1.0607 & .0000 \\ -1.8371 & .0000 \\ .3536 & 2.8284 \end{bmatrix}
\begin{matrix} \text{常數} \\ A \\ B \\ C \\ \\ AB \\ AC \\ \\ BC \\ \\ ABC \\ \\ \end{matrix}
$$

$$\mathbf{Q}_K = \mathbf{u}_1 \mathbf{u}_1' = \begin{bmatrix} 1089.000 & 1072.500 \\ 1072.500 & 1056.250 \end{bmatrix}$$

$$\mathbf{Q}_A = \mathbf{u}_2 \mathbf{u}_2' = \begin{bmatrix} 1.000 & 1.500 \\ 1.500 & 2.250 \end{bmatrix}$$

$$\mathbf{Q}_B = \mathbf{u}_3 \mathbf{u}_3' = \begin{bmatrix} 81.000 & 67.500 \\ 67.500 & 56.250 \end{bmatrix}$$

$$\mathbf{Q}_C = \mathbf{u}_4 \mathbf{u}_4' + \mathbf{u}_5 \mathbf{u}_5' = \begin{bmatrix} 64.500 & 48.000 \\ 48.000 & 38.000 \end{bmatrix}$$

$$\mathbf{Q}_{AB} = \mathbf{u}_6 \mathbf{u}_6' = \begin{bmatrix} 49.000 & 24.500 \\ 24.500 & 12.250 \end{bmatrix}$$

$$\mathbf{Q}_{AC} = \mathbf{u}_7 \mathbf{u}_7' + \mathbf{u}_8 \mathbf{u}_8' = \begin{bmatrix} .500 & .000 \\ .000 & 6.000 \end{bmatrix}$$

$$\mathbf{Q}_{BC} = \mathbf{u}_9 \mathbf{u}_9' + \mathbf{u}_{10} \mathbf{u}_{10}' = \begin{bmatrix} 1.500 & .000 \\ .000 & .000 \end{bmatrix}$$

$$\mathbf{Q}_{ABC}=\mathbf{u}_{11}\mathbf{u}'_{11}+\mathbf{u}_{12}\mathbf{u}'_{12}=\begin{bmatrix}3.500 & 1.000\\1.000 & 8.000\end{bmatrix}$$

求 Λ 值所須各行列式值則為:

$$|\mathbf{Q}_A+\mathbf{Q}_e|=1387.00 \qquad |\mathbf{Q}_B+\mathbf{Q}_e|=3423.00$$

$$|\mathbf{Q}_C+\mathbf{Q}_e|=3263.00 \qquad |\mathbf{Q}_{AB}+\mathbf{Q}_e|=2805.00$$

$$|\mathbf{Q}_{AC}+\mathbf{Q}_e|=1679.00 \qquad |\mathbf{Q}_{BC}+\mathbf{Q}_e|=1422.00$$

$$|\mathbf{Q}_{ABC}+\mathbf{Q}_e|=1899.00 \qquad |\mathbf{Q}_e|=1335.00$$

代入 $\mathbf{\Lambda}=|\mathbf{Q}_e|/|\mathbf{Q}_h+\mathbf{Q}_e|$ 可得各 Λ 值如表 10•3-3 所示。

表 10•3-3　多變項變異數分析摘要表

來　源	SSCP	df	Λ	P
常　數	Q_K	1		
性別 (*A*)	Q_A	1	.9625	
焦慮 (*B*)	Q_B	1	.3900	<.05
教法 (*C*)	Q_C	2	.4091	<.05
AB 交互作用	Q_{AB}	1	.4759	<.05
AC 交互作用	Q_{AC}	2	.7951	
BC 交互作用	Q_{BC}	2	.9388	
ABC 交互作用	Q_{ABC}	2	.7030	
誤　差	Q_e	24		
總　和	Y′Y	36		

$U_{.05(2,1,24)}=.770680$　　$U_{.05,(2,2,24)}=.667666$

5. 結果解釋: 由表 10•3-3 的摘要表可以看出「性別×焦慮」交互作用、高低焦慮組之間，以及三種教學法之間均達顯著水準。性別之間的差異，以及 *AC*, *BC*, 或 *ABC* 等交互作用效果均未達顯著水準。由於 *AB* 交互作用效果達到顯著水準，所以對性別（*A*）和焦慮（B）之主要效果的解釋須特別小心。因為A及B的主要效果裏可能有 AB 交互作用效果混淆在內。

10·4　階層設計的多變項變異數分析

在第 10·2 節所討論的多變項變異數分析裏，B因子的每一個水準，均在A因子的所有水準裏出現。然而，在實際研究工作中，常因為某些原因，我們會碰到B因子的每一個水準只在A因子的一個水準裏出現的情形。如果我們的實驗設計裏，B因子的每一水準只在A因子的一個水準裏出現，就叫做「階層設計」(hierarchical design) 或「隔宿設計」(nested design)〔請參看林清山，民國63年，第 352-356頁〕。

（一）基本原理　假使表 10·4-1 的階層設計裏，A因子分為兩個水準，代表兩種不同的實驗處理。又假定B因子代表學校，且只有

表 10·4-1　階層設計

		B				
		b_1	b_2	b_3	b_4	b_5
A	a_1	×	×			
	a_2			×	×	×

b_1 和 b_2 兩個學校接受實驗處理 a_1；只有 b_3，b_4 和 b_5 三個學校接受實驗處理a_2。在這種情形下，線性模式便是這樣的:

$$\mathbf{y}_{11.}=\boldsymbol{\mu}+\boldsymbol{\alpha}_1+\boldsymbol{\beta}_{1(1)}+\boldsymbol{\varepsilon}_{11.}$$

$$\mathbf{y}_{12.}=\boldsymbol{\mu}+\boldsymbol{\alpha}_1+\boldsymbol{\beta}_{2(1)}+\boldsymbol{\varepsilon}_{12.}$$

$$\mathbf{y}_{21.}=\boldsymbol{\mu}+\boldsymbol{\alpha}_2+\boldsymbol{\beta}_{1(2)}+\boldsymbol{\varepsilon}_{21.}$$

$$\mathbf{y}_{22\cdot}=\mu \quad +\alpha_2 \quad +\beta_{2(2)} \quad +\varepsilon_{22\cdot}$$

$$\mathbf{y}_{23\cdot}=\mu \quad +\alpha_2 \quad +\beta_{3(2)} \quad +\varepsilon_{23\cdot}$$

因此，模式矩陣可表示如下:

$$\mathbf{X}=\begin{bmatrix} 1 & 1 & 0 & 1 & 0 & 0 & 0 & 0 \\ 1 & 1 & 0 & 0 & 1 & 0 & 0 & 0 \\ 1 & 0 & 1 & 0 & 0 & 1 & 0 & 0 \\ 1 & 0 & 1 & 0 & 0 & 0 & 1 & 0 \\ 1 & 0 & 1 & 0 & 0 & 0 & 0 & 1 \end{bmatrix}$$

首先，我們可把這階層設計假想爲A因子是兩個水準、B因子是三個水準的 2×3 多因子設計；$\mathbf{X}$矩陣本來應有六個橫列，但是因爲$a_1 b_3$ 這一個細格沒有受試者，所以$\mathbf{X}$矩陣的第三個橫列被劃掉了（秩數爲 5）。

這樣，假如要使用簡單比較，則:

（A因子）　　（B因子）

$$\mathbf{K}_2=\begin{bmatrix} 1 & \frac{1}{2} \\ 1 & -\frac{1}{2} \end{bmatrix} \qquad \mathbf{K}_3=\begin{bmatrix} 1 & 2/3 & -1/3 \\ 1 & -1/3 & -1/3 \\ 1 & -1/3 & 2/3 \end{bmatrix}$$

$C0 \quad C1 \qquad\qquad C0 \quad C1 \quad C3$

此時，只有 $C0 \otimes C0$ 和 $C1 \otimes C0$，亦卽常數項和A因子之間的比較必須使用到〔請記住⊗號前面代表A因子，⊗號後面代表 B 因子〕，而其餘的就不須使用到了。（例如 $C1 \otimes C1$ 代表A B交互作用，是不存在的，因爲在階層設計裏，並沒有交互作用效果）。

其次，爲了能够只比較A因子第 1 個水準內的B因子各水準，或只比較A因子第 2 個水準內的B因子各水準，我們必須再引用下列的單元矩陣，以充作A因子，以求出與B因子的克羅尼克爾乘積:

$$\text{(}A\text{因子)} \qquad \mathbf{I}_2 = \begin{bmatrix} 1 & 0 \\ 0 & 1 \end{bmatrix} \atop \quad \text{I1} \quad \text{I2}$$

$$\text{(}B\text{因子)} \qquad \mathbf{K}_3 = \begin{bmatrix} 1 & 2/3 & -1/3 \\ 1 & -1/3 & -1/3 \\ 1 & -1/3 & 2/3 \end{bmatrix} \atop \quad C0 \quad C1 \quad C3$$

這個單元矩陣的第一縱行命名爲 I1，第二縱行命名爲 I2。與 B 因子的比較有關的是：I1⊗C1，I2⊗C1，I1⊗C3，和 I2⊗C3。其中 I1⊗C1 和 I1⊗C3 是 A 因子第一水準裏面 B 因子各水準之比較；I2⊗C1 和 I2⊗C3 是 A 因子第二個水準裏面 B 因子各水準的比較。但是 A 因子第一個水準裏面的 I1⊗C3 無法估計，因爲它代表 B 因子第三水準與第二水準的比較，而 B 因子並無第三水準（請注意：B 因子的比較基準是第二水準，因爲只有 C0，C1，C3，而沒有 C2）。所以有關 B 因子的部分，只剩 I1⊗C1，I2⊗C1 和 I2⊗C3 三者。

由上面的討論可以看出，下列 **K** 矩陣的第五縱行應去掉。又因爲 A 因子第一水準裏面的 B 因子沒有第三水準，所以這 **K** 矩陣的第三橫列也應該劃去：

$$\mathbf{K} = \begin{bmatrix} 1 & 1/2 & 2/3 & 0 & -1/3 & 0 \\ 1 & 1/2 & -1/3 & 0 & -1/3 & 0 \\ 1 & 1/2 & -1/3 & 0 & 2/3 & 0 \\ 1 & -1/2 & 0 & 2/3 & 0 & -1/3 \\ 1 & -1/2 & 0 & -1/3 & 0 & -1/3 \\ 1 & -1/2 & 0 & -1/3 & 0 & 2/3 \end{bmatrix} \begin{matrix} \\ \\ \leftarrow \text{應去掉} \\ \\ \\ \\ \end{matrix}$$

$$C0 \otimes C0 \quad C1 \otimes C0 \quad \text{I1} \otimes C1 \quad \text{I2} \otimes C1 \quad \underset{\underset{\text{應去掉}}{\uparrow}}{\text{I1} \otimes C3} \quad \text{I2} \otimes C3$$

總而言之，本例的階層設計裏，**X**矩陣的基底矩陣應爲去掉上面**K**矩陣的第三橫列和第五縱行後的 5×5 階矩陣**K**（請參看 Finn, 1974, pp. 240-242）。

有了基底矩陣**K**之後，便可代入公式 9•3-6 求 $\boldsymbol{\Theta}$，和用格拉姆-施密特法將**K**分解爲 $\mathbf{K}^*$ 和 $\mathbf{T}'$，然後求出**U**矩陣。這些原理都在前面各節中討論過。我們將以下面例 10•4-1 來實際演示，不再討論這些原理了。

（二）**計算實例**　接著我們要以例 10•4-1 來說明階層設計時的多變項變異數分析的實際計算過程。首先，我們將使用 Finn 的方法演示，然後再用類似傳統變異數分析的方法來計算。我們將發現本例以兩種方法計算的結果是相同的。

【例 10•4-1】在一項國中數學的教學實驗裏，甲乙兩所學校，使用舊教材教學，丙丁戊三所學校使用新教材教學。一年實驗之後，各接受「計算」與「應用」等兩項測驗。表 10•4-2 是實驗結果所得到的資料。試以 $\alpha=.05$ 進行多變項變異數分析。

表 10•4-2　例 10•4-1 階層設計的觀察資料

	甲校		乙校		丙校		丁校		戊校	
舊教材	8	16	9	19						
	9	17	10	17						
	10	14	9	15						
	8	13	12	18						
	9	12	10	14						
新教材					13	22	15	25	8	20
					9	21	17	27	10	17
					8	18	12	23	11	19
					11	24	13	26	7	16
					10	19	10	21	9	18

由表 10·4-2 的形式可以看出這是典型的階層設計。A因子是數學教材，分新舊兩種；B因子是學校。使用舊教材的只有甲乙二校，使用新教材的只有丙丁戊三校；並不是新舊兩種教材均有甲乙丙丁戊五個學校使用。所以一共只有五個細格。

1. 求細格平均數:

$$\mathbf{Y}_{\cdot}=\begin{bmatrix} 8.8 & 14.4 \\ 10.0 & 16.6 \\ 10.2 & 20.8 \\ 13.4 & 24.4 \\ 9.0 & 18.0 \end{bmatrix}\begin{matrix} \text{舊・甲} \\ \text{舊・乙} \\ \text{新・丙} \\ \text{新・丁} \\ \text{新・戊} \end{matrix}$$

$$\mathbf{D}=diag[5,\ 5,\ 5,\ 5,\ 5]$$

2. 假定我們要用「簡單比較」比較新舊教材，和比較學校之間的不同；而且用舊教材的學校要以乙校爲基準，用新教材的學校要以丁校爲基準來比較，則根據我們在本節（參看 p.500）基本原理所討論的結果，基底矩陣$\mathbf{K}$應如下所示:

$$\mathbf{K}=[C0\otimes C0 \mid C1\otimes C0 \mid I1\otimes C1 \mid I2\otimes C1 \mid I2\otimes C3]$$

$$=\begin{bmatrix} 1 & .5 & .6667 & 0 & 0 \\ 1 & .5 & -.3333 & 0 & 0 \\ 1 & -.5 & 0 & .6667 & -.3333 \\ 1 & -.5 & 0 & -.3333 & -.3333 \\ 1 & -.5 & 0 & -.3333 & .6667 \end{bmatrix}$$

3. 使用格拉姆-施密特法，和代入 $D=diag[5,\ 5,\ 5,\ 5,\ 5]$，可將這一個$\mathbf{K}$矩陣分解爲 $\mathbf{K}^*$ 和 $\mathbf{T}'$（公式 2·2-5）:

$$\mathbf{K} = \mathbf{K}^*\mathbf{T}$$

$$= \begin{bmatrix} .2 & .2449 & .3162 & 0 & 0 \\ .2 & .2449 & -.3162 & 0 & 0 \\ .2 & -.1633 & 0 & .3651 & 0 \\ .2 & -.1633 & 0 & -.1826 & -.3162 \\ .2 & -.1633 & 0 & -.1826 & .3162 \end{bmatrix}$$

$$\times \begin{bmatrix} 5 & -.5 & .3333 & 0 & 0 \\ 0 & 2.4495 & .4082 & 0 & 0 \\ 0 & 0 & 1.5811 & 0 & 0 \\ 0 & 0 & 0 & 1.8257 & -.9129 \\ 0 & 0 & 0 & 0 & 1.5811 \end{bmatrix}$$

4. 求U矩陣:

$$\mathbf{U} = \mathbf{K}^{*\prime}\mathbf{D}\mathbf{Y}.$$

$$= \begin{bmatrix} 51.4000 & 94.2000 \\ -3.5973 & -13.6433 \\ -1.8972 & -3.4782 \\ -1.8311 & -.7408 \\ -6.9564 & -10.1184 \end{bmatrix} \begin{matrix} \text{常數} \\ A \\ (A_1)B \\ (A_2)B \\ (A_3)B \end{matrix}$$

5. 求各Q矩陣:

$$\mathbf{Q}_K = \mathbf{u}_1\mathbf{u}'_1 = \begin{bmatrix} 2641.96 & 4841.88 \\ 4841.88 & 8873.64 \end{bmatrix}$$

$$\mathbf{Q}_A = \mathbf{u}_2\mathbf{u}'_2 = \begin{bmatrix} 12.9406 & 49.0790 \\ 49.0790 & 186.1396 \end{bmatrix}$$

$$\mathbf{Q}_{(A)B} = \mathbf{u}_3\mathbf{u}'_3 + \mathbf{u}_4\mathbf{u}'_4 + \mathbf{u}_5\mathbf{u}'_5 = \begin{bmatrix} 55.3438 & 78.3430 \\ 78.3430 & 115.0287 \end{bmatrix}$$

$$\mathbf{Q}_{(A_1)B}=\mathbf{u}_3\ \mathbf{u}'_3=\begin{bmatrix}3.5994 & 6.5988\\ 6.5988 & 12.0979\end{bmatrix}$$

$$\mathbf{Q}_{(A_2)B}=\mathbf{u}_4\mathbf{u}'_4+\mathbf{u}_5\mathbf{u}'_5=\begin{bmatrix}51.7444 & 71.7441\\ 71.7441 & 102.9308\end{bmatrix}$$

$$\mathrm{Q}_e=\mathbf{Y}'\mathbf{Y}-\mathbf{Y}'_{.}\mathbf{D}\mathbf{Y}.$$

$$=\begin{bmatrix}2773 & 5009\\ 5009 & 9265\end{bmatrix}-\begin{bmatrix}2710.2 & 4969.2\\ 4969.2 & 9174.6\end{bmatrix}$$

$$=\begin{bmatrix}62.8 & 39.8\\ 39.8 & 90.4\end{bmatrix}$$

6. 求 Λ 值:

$$|\mathbf{Q}_e|=4093.08$$

$$|\mathbf{Q}_A+\mathbf{Q}_e|=13045.80$$

$$|\mathbf{Q}_{(A)B}+\mathbf{Q}_e|=10312.36$$

$$|\mathbf{Q}_{(A_1)B}+\mathbf{Q}_e|=4652.95$$

$$|\mathbf{Q}_{(A_2)B}+\mathbf{Q}_e|=9702.87$$

7. 列出變異數分析摘要表: 我們可以將上述多變項變異數分析的結果摘要如表 10•4-3。教材有新舊兩種, 所以 df=2−1=1。使用舊教材的學校有二, df=2−1=1; 使用新教材的學校有三, df=3−1=2; 所以 B因子 (學校) 的自由度是 2+1=3。誤差的自由度爲 $N-k=25-5=20$。這裏 k 是指細格數 (小組)。

由表 10•4-3 的結果可以看出, 新舊教材之間有顯著差異存在。由 **Y.** 矩陣的平均數可知, 新教材似有較好的趨勢。使用同種教材的學校本身之間也有顯著差異存在, $\Lambda=.3969$, $p<.05$。惟此項差異

表 10•4-3　階層設計多變項變異數分析摘要表

來　源	SSCP	df	Λ	P
常　數		1		
教材 A	$\begin{bmatrix} 12.94 & 49.08 \\ 49.08 & 186.14 \end{bmatrix}$	1	.3137	<.05
學校 $(A)B$	$\begin{bmatrix} 55.34 & 78.34 \\ 78.34 & 115.03 \end{bmatrix}$	3	.3969	<.05
舊教材學校 $(A_1)B$	$\begin{bmatrix} 3.60 & 6.60 \\ 6.60 & 12.10 \end{bmatrix}$	1	.8797	
新教材學校 $(A_2)B$	$\begin{bmatrix} 51.74 & 71.74 \\ 71.74 & 102.93 \end{bmatrix}$	2	.4218	<.05
誤　差	$\begin{bmatrix} 62.8 & 39.8 \\ 39.8 & 90.4 \end{bmatrix}$	20		

$U_{.05,(2,1,20)}=.729531$　$U_{.05,(2,2,20)}=.614483$　$U_{.05,(2,3,20)}=.532092$

主要的係因爲丙丁戊三個使用新教材的學校之間的差異所造成，$\Lambda=.4218$，$p<.05$。

〔**另一種算法**〕上面是 equal n's 的例子，所以仿照傳統的算法，也可得到同樣的結果（請參看林清山，民國63年，pp.352-356）。

首先，要根據表 10•4-2 算出各細格的總和及兩個橫列的總和:

	b_1	b_2	b_3	b_4	b_5	
a_1	44　72	50　83				94　155
a_2			51　104	67　122	45　90	163　316
						257　471

然後便可用代號計算如下:

$$(1)=\mathbf{GG}'/N=\frac{1}{25}\begin{bmatrix}257\\471\end{bmatrix}\begin{bmatrix}257 & 471\end{bmatrix}$$

$$=\begin{bmatrix}2641.96 & 4841.88\\4841.88 & 8873.64\end{bmatrix}$$

$$(2)\mathbf{Y'Y}=\begin{bmatrix}2773 & 5009\\5009 & 9265\end{bmatrix}$$

$$(3)=\Sigma\mathbf{AA'}/N_i$$

$$=\frac{1}{10}\begin{bmatrix}94\\155\end{bmatrix}[94 \quad 155]+\frac{1}{15}\begin{bmatrix}163\\316\end{bmatrix}[163 \quad 316]$$

$$=\begin{bmatrix}883.6 & 1457.0\\1457.0 & 2402.5\end{bmatrix}+\begin{bmatrix}1771.27 & 3433.87\\3433.87 & 6657.07\end{bmatrix}$$

$$=\begin{bmatrix}2654.87 & 4890.87\\4890.87 & 9059.57\end{bmatrix}$$

$$(5)=\Sigma\Sigma(\mathbf{AB})(\mathbf{AB})'/n$$

$$=\frac{1}{5}\left(\begin{bmatrix}44\\72\end{bmatrix}[44 \quad 72]+\begin{bmatrix}50\\83\end{bmatrix}[50 \quad 83]\right)$$

$$+\frac{1}{5}\left(\begin{bmatrix}51\\104\end{bmatrix}[51 \quad 104]+\begin{bmatrix}67\\122\end{bmatrix}[67 \quad 122]+\begin{bmatrix}45\\90\end{bmatrix}[45 \quad 90]\right)$$

$$=\begin{bmatrix}887.2 & 1463.6\\1463.6 & 2414.6\end{bmatrix}+\begin{bmatrix}1823.0 & 3505.6\\3505.6 & 6760.0\end{bmatrix}$$

$$=\begin{bmatrix}2710.2 & 4969.2\\4969.2 & 9174.6\end{bmatrix}$$

於是各**Q**矩陣便可求出如下:

$$\mathbf{Q}_A=(3)-(1)=\begin{bmatrix}12.91 & 48.99\\48.99 & 185.93\end{bmatrix}$$

$$\mathbf{Q}_{(A)B}=(5)-(3)=\begin{bmatrix}55.33 & 78.33\\78.33 & 115.03\end{bmatrix}$$

$$\mathbf{Q}_{(A_1)B}=\begin{bmatrix}887.2 & 1463.6\\ 1463.6 & 2414.6\end{bmatrix}-\begin{bmatrix}883.6 & 1457.0\\ 1457.0 & 2402.5\end{bmatrix}$$

$$=\begin{bmatrix}3.6 & 6.6\\ 6.6 & 12.1\end{bmatrix}$$

$$\mathbf{Q}_{(A_2)B}=\begin{bmatrix}1823.0 & 3505.6\\ 3505.6 & 6760.0\end{bmatrix}-\begin{bmatrix}1771.27 & 3433.87\\ 3433.87 & 6657.07\end{bmatrix}$$

$$=\begin{bmatrix}51.73 & 71.73\\ 71.73 & 102.93\end{bmatrix}$$

$$\mathbf{Q}_e=(2)-(5)=\begin{bmatrix}62.8 & 39.8\\ 39.8 & 90.4\end{bmatrix}$$

$$\mathbf{Q}_t=(2)-(1)=\begin{bmatrix}131.04 & 167.12\\ 167.12 & 391.36\end{bmatrix}$$

除了四捨五入的誤差之外，這些計算結果與前面的計算結果可說完全相同。

10•5　拉丁方格設計的多變項變異數分析

使用拉丁方格（Latin-square）的實驗設計時，也可以用多變項變異數分析來處理所得到的資料（單變項的拉丁方格設計之統計方法，請看林清山，民國65年，pp.371-378）。

（一）基本原理　假使我們有 $A\ B\ C$ 三個因子（自變項）：A因子分爲 k 個橫列區組（blocks），B因子也分爲 k 個縱行區組，則我們便可以將C因子的 k 個實驗處理按照拉丁方格的形式分派到適當的細格，使 k 個實驗處理之中的每一個處理都有機會在一個橫列和一個縱行中出現一次（且只出現一次）。例如：

	1	2	3	4	5
一	B	E	D	C	A
二	C	A	B	E	D
三	D	B	C	A	E
四	E	C	A	D	B
五	A	D	E	B	C

便是所謂的拉丁方格形式。$ABCDE$五種實驗處理，每一種實驗處理均在一横列和一縱行裏出現一次。如此便可以將由於横列區組及縱行區組之不同所造成的誤差予以平衡抵消，而看出$ABCDE$五種實驗處理之間是否有顯著差異存在。

採用拉丁方格時的基本假定是A，B和C因子之間沒有交互作用存在。因此，一般線性模式為：

$$\mathbf{y}_{ijm}=\boldsymbol{\mu}+\boldsymbol{\alpha}_i+\boldsymbol{\beta}_j+\boldsymbol{\gamma}_m+\boldsymbol{\varepsilon}_{ijm}$$

而虛無假設通常只是這樣的：

H_α：所有 $\boldsymbol{\alpha}_i$ 都相等

H_β：所有 $\boldsymbol{\beta}_j$ 都相等

H_γ：所有 $\boldsymbol{\gamma}_m$ 都相等

這裏，$\boldsymbol{\alpha}_i$，$\boldsymbol{\beta}_j$ 和 $\boldsymbol{\gamma}_m$ 依次代表A，B和C因子主要效果。

表 10•5-1 代表拉丁方格的每一細格人數為 1 時，各$\mathbf{Q}$值的求法及其自由度。我們將於例 10•5-1 中演示細格人數大於 1 時的多變項變異數分析。

將所計算而得的$\mathbf{Q}$值代入下列公式，便可進行顯著性考驗，看是否應拒絕上述的虛無假設：

$$\Lambda=\frac{|\mathbf{Q}_e|}{|\mathbf{Q}_{hi}+\mathbf{Q}_e|}<U_{\alpha,(p,k-1,v_e)} \qquad \text{〔公式 10•5-1〕}$$

表 10•5-1　拉丁方格設計的Q值及 df 算法

來　源	df	SSCP
橫列 (A)	$k-1$	$\mathbf{Q}_A=k\Sigma(\mathbf{y}_{i..}-\mathbf{y}_{...})(\mathbf{y}_{i..}-\mathbf{y}_{...})'$
縱行 (B)	$k-1$	$\mathbf{Q}_B=k\Sigma(\mathbf{y}_{.j.}-\mathbf{y}_{...})(\mathbf{y}_{.j.}-\mathbf{y}_{...})'$
實驗處理 (C)	$k-1$	$\mathbf{Q}_C=k\Sigma(\mathbf{y}_{..m}-\mathbf{y}_{...})(\mathbf{y}_{..m}-\mathbf{y}_{...})'$
殘餘誤差	$(k-1)(k-2)$	$\mathbf{Q}_{res}=\Sigma(\mathbf{y}_{ijm}-\mathbf{y}_{i..}-\mathbf{y}_{.j.}+2\mathbf{y}_{...})$ $(\mathbf{y}_{ijm}-\mathbf{y}_{i..}-\mathbf{y}_{.j.}+2\mathbf{y}_{...})'$
總　和	k^2-1	$\mathbf{Q}_t=\Sigma(\mathbf{y}_{ijm}-\mathbf{y}_{...})(\mathbf{y}_{ijm}-\mathbf{y}_{...})'$

由於我們有較簡易的方法可處理拉丁方格設計時的資料，這裏將不用 Timm 和 Finn 的一般線性模式來計算。

（二）計算實例　現在，我們要以細格人數大於 1 的例子來說明拉丁方格設計時的多變項變異數分析的計算過程。細格人數等於 1 時的計算方法與下面所演示的可說完全一樣，而且更爲簡單，我們將以例10•5-2 來說明。

【例 10•5-1】 某臨床心理學家想研究三種心理治療方法對三種心理疾病的治療效果，他乃自三個精神病院抽取 36 名患者，每病院 12人，每類病人 4 名，進行研究。表 10•5-2 是他研究的結果，表示治療效果好壞的兩種依變項分數。問一般而言，不同病院之間、不同類型病人之間、和不同治療方法之間是否有顯著差異存在。

由表 10•5-2 看起來可知：A因子是病院、B因子是疾病類型、C因子是治療方法，而且研究者所用的設計是 3×3×3 的拉丁方格設計。因此，其計算方法如下所示：

1. 用計算代號計算下列各值：

$$(1)=\frac{\mathbf{GG}'}{nk^2}=\frac{1}{4(3)(3)}\begin{bmatrix}181\\148\end{bmatrix}[181\quad 148]=\begin{bmatrix}910.03 & 744.11\\744.11 & 608.44\end{bmatrix}$$

表 10·5-2 拉丁方格設計的觀察資料

〔資料〕	第一類 (b_1)			第二類 (b_2)			第三類 (b_3)		
甲病院 (a_1)	(c_3)	5	3	(c_2)	3	2	(c_1)	5	5
		4	4		6	6		4	3
		6	5		4	2		7	6
		4	4		5	4		5	3
乙病院 (a_2)	(c_2)	6	4	(c_1)	5	4	(c_3)	4	3
		5	3		7	6		2	2
		8	7		9	8		2	1
		5	4		8	6		3	2
丙病院 (a_3)	(c_1)	10	9	(c_3)	3	2	(c_2)	2	2
		8	8		2	2		4	3
		11	10		1	0		3	2
		6	5		4	3		5	5

	b_1		b_2		b_3			
a_1	19	16	18	14	21	17	58	47
a_2	24	18	29	24	11	8	64	50
a_3	35	32	10	7	14	12	59	51
	78	66	57	45	46	37	181	148

c_1		c_2		c_3	
85	73	56	44	40	31

$$(2) = \mathbf{Y'Y} = \begin{bmatrix} 5 \\ 3 \end{bmatrix} [5 \quad 3] + \begin{bmatrix} 4 \\ 4 \end{bmatrix} [4 \quad 4] + \cdots + \begin{bmatrix} 5 \\ 5 \end{bmatrix} [5 \quad 5]$$

$$= \begin{bmatrix} 1101 & 925 \\ 925 & 794 \end{bmatrix}$$

$$(3) = \frac{\Sigma \mathbf{AA'}}{nk} = \frac{1}{4(3)} \left(\begin{bmatrix} 58 \\ 47 \end{bmatrix} [58 \quad 47] + \begin{bmatrix} 64 \\ 50 \end{bmatrix} [64 \quad 50] \right.$$

$$+\begin{bmatrix}59\\51\end{bmatrix}[59 \quad 51]\Big)=\begin{bmatrix}911.75 & 744.58\\744.58 & 609.17\end{bmatrix}$$

$$(4)=\frac{\Sigma\mathbf{BB}'}{nk}=\frac{1}{4(3)}\left(\begin{bmatrix}78\\66\end{bmatrix}[78 \quad 66]+\begin{bmatrix}57\\45\end{bmatrix}[57 \quad 45]\right.$$

$$\left.+\begin{bmatrix}46\\37\end{bmatrix}[46 \quad 37]\right)=\begin{bmatrix}954.08 & 784.58\\784.58 & 645.83\end{bmatrix}$$

$$(5)=\frac{\Sigma\mathbf{CC}'}{nk}=\frac{1}{4(3)}\left(\begin{bmatrix}85\\73\end{bmatrix}[85 \quad 73]+\begin{bmatrix}56\\44\end{bmatrix}[56 \quad 44]\right.$$

$$\left.+\begin{bmatrix}40\\31\end{bmatrix}[40 \quad 31]\right)=\begin{bmatrix}996.75 & 825.75\\825.75 & 685.50\end{bmatrix}$$

$$(6)=\frac{\Sigma(\mathbf{ABC})(\mathbf{ABC})'}{n}=\frac{1}{4}\left(\begin{bmatrix}19\\16\end{bmatrix}[19 \quad 16]+\begin{bmatrix}18\\14\end{bmatrix}[18 \quad 14]\right.$$

$$\left.+\cdots+\begin{bmatrix}14\\12\end{bmatrix}[14 \quad 12]\right)=\begin{bmatrix}1046.25 & 871.75\\871.75 & 730.50\end{bmatrix}$$

2. 計算各Q值:

$$\mathbf{Q}_{b\cdot cell}=(6)-(1)=\begin{bmatrix}136.22 & 127.64\\127.64 & 122.06\end{bmatrix}$$

$$\mathbf{Q}_{A}=(3)-(1)=\begin{bmatrix}1.72 & 0.47\\0.47 & 0.73\end{bmatrix}$$

$$\mathbf{Q}_{B}=(4)-(1)=\begin{bmatrix}44.05 & 40.47\\40.47 & 37.39\end{bmatrix}$$

$$\mathbf{Q}_{C}=(5)-(1)=\begin{bmatrix}86.72 & 81.64\\81.64 & 77.06\end{bmatrix}$$

$$\mathbf{Q}_{res.}=(6)-(3)-(4)-(5)+2(1)$$

$$=\begin{bmatrix}3.73 & 5.06\\5.06 & 6.88\end{bmatrix}$$

$$\mathbf{Q}_{w\cdot cell}=(2)-(6)=\begin{bmatrix}54.75 & 53.25\\ 53.25 & 63.50\end{bmatrix}$$

$$\mathbf{Q}_t=(2)-(1)=\begin{bmatrix}190.97 & 180.89\\ 180.89 & 185.56\end{bmatrix}$$

3. 求 Λ 值並列出變異數分析摘要表:

$$|\mathbf{Q}_{w\cdot cell}|=641.0625$$

$$|\mathbf{Q}_A+\mathbf{Q}_{w\cdot cell}|=741.2297$$

$$|\mathbf{Q}_B+\mathbf{Q}_{w\cdot cell}|=1184.4936$$

$$|\mathbf{Q}_C+\mathbf{Q}_{w\cdot cell}|=1689.7111$$

$$|\mathbf{Q}_{res}+\mathbf{Q}_{w\cdot cell}|=715.7663$$

顯然的，我們係以 $\mathbf{Q}_{w\cdot cell}$ 爲誤差項（當細格人數爲 1 時，則須以

表 10•5-3 拉丁方格多變項變異數分析摘要表

來 源	SSCP	df	Λ	P
病院 (A)	$\begin{bmatrix}1.72 & 0.47\\ 0.47 & 0.73\end{bmatrix}$	2	.8649	
疾病類型 (B)	$\begin{bmatrix}44.05 & 40.47\\ 40.47 & 37.39\end{bmatrix}$	2	.5412	<.01
治療方法 (C)	$\begin{bmatrix}86.72 & 81.64\\ 81.64 & 77.06\end{bmatrix}$	2	.3794	<.01
剩餘誤差 (res)	$\begin{bmatrix}3.73 & 5.06\\ 5.06 & 6.88\end{bmatrix}$	2	.8956	
細格之內 $(w.cell)$	$\begin{bmatrix}54.75 & 53.25\\ 53.25 & 63.50\end{bmatrix}$	27		
總 和	$\begin{bmatrix}190.97 & 180.89\\ 180.89 & 185.56\end{bmatrix}$	35		

$$U_{.01,(2,2,27)}=.605746$$

Q_{res} 爲誤差項，正如同表 10•5-1 所示那樣）。求出這些行列式值之後，便可求出各Λ值和列出表 10•5-3 的多變項變異數分析摘要表。

結果解釋：由表 10•5-3 的結果可以看出，經將病院和疾病類型兩個自變項所可能造成的誤差予以平衡抵消之後，顯示三種治療方法的療效仍有顯著差異存在。三種疾病類型之間的治療效果也有顯著的不同。不同病院之間倒沒有什麼差異存在。

【例 10•5-2】某項研究裏，研究者利用四種不同形式的教學機，和四種不同編法的自然科學教材，讓能力水準不同的四組學生學習。表 10•5-4 是利用這種拉丁方格設計研究所得的資料。依變項爲「科學概念」和「科學方法」方面的測驗成績。試分析此項研究結果。

由表 10•5-4 可以看出：A因子是能力水準、B因子是教學機型態、C因子是教材的編法。每一因子均有四個水準，是爲 4×4×4 拉丁方格設計。本例與例 10•5-1 不同之處在於每一細格內只有一個受試者。所以，變異數分析摘要表內，將沒有「細格內誤差」這一項。

表 10•5-4　例 10•5-2 拉丁方格設計的資料

能力水準	教學機 b_1			b_2			b_3			b_4				
a_1	26	12	(c_2)	32	3	(c_1)	25	13	(c_3)	30	8	(c_4)	113	36
a_2	19	16	(c_4)	24	14	(c_3)	18	5	(c_1)	20	14	(c_2)	81	49
a_3	8	4	(c_1)	16	13	(c_4)	14	12	(c_2)	10		(c_3)	48	32
a_4	19	12	(c_3)	16	10	(c_2)	15	11	(c_4)	23	16	(c_1)	73	49
	72	44		88	40		72	41		83	41		315	166

教 材 編 法

c_1		c_2		c_3		c_4	
81	28	76	48	78	42	80	48

1. 根據表 10•5-4 的資料，先用計算代號計算下列各值:

(1) $$\frac{\mathbf{GG}'}{k^2}=\frac{1}{(4)(4)}\begin{bmatrix}315\\166\end{bmatrix}[315 \quad 166]=\begin{bmatrix}6201.5625 & 3268.1250\\3268.1250 & 1722.2500\end{bmatrix}$$

(2) $$\mathbf{Y}'\mathbf{Y}=\begin{bmatrix}26\\12\end{bmatrix}[26 \quad 12]+\begin{bmatrix}32\\3\end{bmatrix}[32 \quad 3]+\cdots+\begin{bmatrix}23\\16\end{bmatrix}[23 \quad 16]$$
$$=\begin{bmatrix}6873 & 3342\\3342 & 2018\end{bmatrix}$$

(3) $$\frac{\Sigma\mathbf{AA}'}{k}=\frac{1}{4}\left(\begin{bmatrix}113\\36\end{bmatrix}[113 \quad 36]+\begin{bmatrix}81\\49\end{bmatrix}[81 \quad 49]+\begin{bmatrix}48\\32\end{bmatrix}[48 \quad 32]\right.$$
$$\left.+\begin{bmatrix}73\\49\end{bmatrix}[73 \quad 49]\right)=\begin{bmatrix}6740.75 & 3287.50\\3287.50 & 1780.50\end{bmatrix}$$

(4) $$\frac{\Sigma\mathbf{BB}'}{k}=\frac{1}{4}\left(\begin{bmatrix}72\\44\end{bmatrix}[72 \quad 44]+\begin{bmatrix}88\\40\end{bmatrix}[88 \quad 40]+\begin{bmatrix}72\\41\end{bmatrix}[72 \quad 41]\right.$$
$$\left.+\begin{bmatrix}83\\41\end{bmatrix}[83 \quad 41]\right)=\begin{bmatrix}6250.25 & 3260.75\\3260.75 & 1724.50\end{bmatrix}$$

(5) $$\frac{\Sigma\mathbf{CC}'}{k}=\frac{1}{4}\left(\begin{bmatrix}81\\28\end{bmatrix}[81 \quad 28]+\begin{bmatrix}76\\48\end{bmatrix}[76 \quad 48]+\begin{bmatrix}78\\42\end{bmatrix}[78 \quad 42]\right.$$
$$\left.+\begin{bmatrix}80\\48\end{bmatrix}[80 \quad 48]\right)=\begin{bmatrix}6205.25 & 3258.00\\3258.00 & 1789.00\end{bmatrix}$$

2. 再計算下列各 **Q** 值:

$$\mathbf{Q}_A=(3)-(1)=\begin{bmatrix}539.1875 & 19.3750\\19.3750 & 58.2500\end{bmatrix}$$

$$\mathbf{Q}_B=(4)-(1)=\begin{bmatrix}48.6875 & -7.3750\\ -7.3750 & 2.2500\end{bmatrix}$$

$$\mathbf{Q}_C=(5)-(1)=\begin{bmatrix}3.6875 & -10.1250\\ -10.1250 & 66.7500\end{bmatrix}$$

$$\mathbf{Q}_{res}=(2)-(3)-(4)-(5)+2(1)=\begin{bmatrix}79.875 & 72.000\\ 72.000 & 168.500\end{bmatrix}$$

$$\mathbf{Q}_t=(2)-(1)=\begin{bmatrix}671.4375 & 73.8750\\ 73.8750 & 295.7500\end{bmatrix}$$

3. 求 Λ 值，並列出變異數分析摘要表：

$$|\mathbf{Q}_{res}|=8274.9375$$

$$|\mathbf{Q}_A+\mathbf{Q}_{res}|=132023.0312$$

$$|\mathbf{Q}_B+\mathbf{Q}_{res}|=17775.65625$$

$$|\mathbf{Q}_C+\mathbf{Q}_{res}|=15829.5625$$

表 10•5-5　例 10•5-2 拉丁方格設計變異數分析摘要表

來　源	SSCP	df	Λ	P
能力水準 (*A*)	$\begin{bmatrix}539.1875 & 19.3750\\ 19.3750 & 58.2500\end{bmatrix}$	3	.0627*	<.05
教 學 機 (*B*)	$\begin{bmatrix}48.6875 & -7.3750\\ -7.3750 & 2.2500\end{bmatrix}$	3	.4655	*n.s*
教材編法 (*C*)	$\begin{bmatrix}3.6875 & -10.1250\\ -10.1250 & 66.7500\end{bmatrix}$	3	.5228	*n.s*
殘餘誤差 (*res*)	$\begin{bmatrix}79.875 & 72.000\\ 72.000 & 168.500\end{bmatrix}$	6		
總　和 (*t*)	$\begin{bmatrix}671.4375 & 73.8750\\ 73.8750 & 295.7500\end{bmatrix}$	15		

因爲沒有「細格內誤差」（請比較表 10•5-3），所以應該用殘餘誤差 $\mathbf{Q}_{res}$ 爲誤差項。根據表 10•5-1，可將這些結果列成表 10•5-5 的變異數分析摘要表。

4. 結果解釋：表 10•5-5 的結果顯示四種不同編法的自然科學教材（C）之間並沒有顯著差異存在。不同教學機類型（B）之間也沒有顯著差異可言。只有不同能力水準（A）之間的差異達到顯著水準，這一點表示研究者將能力不同的學生分爲不同的區組，已將可能因個別差異而造成的誤差予以排除。但是，在本研究裏，個別之間的差異並不是研究者感到興趣而想要加以考驗的。

第十一章

重複量數和趨向分析

在這一章裏，我們將分別討論兩種多變項統計方法。首先，要繼續討論我們在第4·5節裏所討論過的「重複量數」的問題。我們將發現：單變項統計法裏的重複量數問題，可以使用多變項分析法來有效的加以處理。而且，我們可以將這些原理加以擴展，用於多變項重複量數的統計方面。〔有興趣的讀者也請參看 Bock (1975) 第7章, Finn & Mattsson, 1978，第5和第6章〕。接著，要討論的是「趨向分析」的問題。在討論趨向分析的統計法以前，請先復習一般統計書中有關的章節（請參看林清山，民國63年，第379至407頁)。這樣，則對本章以多變項方法處理趨向分析的問題較易瞭解。

11·1 二樣本重複量數統計法

我們曾在第4·5節裏討論過單一組重複量數的統計方法。使用單一組重複量數的設計時，研究者在不同時間內，連續觀察同一組受試者在 p 個反應情境中的反應情形（請看例4·5-1)。在這一節裏，我們要繼續討論兩組受試者（兩個樣本）時的重複量數統計方法。如果有兩組獨立的受試者，而各組均連續在 p 個反應情境中接受觀察，且「複對稱」(compound symmetry)〔各變項的變異數相等、相關係數也相等〕的假定不能符合時，就要使用到這一節所討論的方法。在單變項統計法裏，與本節的多變項分析法相當的便是所謂「重複量數二因子變異數分析」(請參看林清山，民國63年，第 329-338 頁)。

但，要將連續觀察到的 p 個反應分數視爲 p 個依變項。

（一）**基本原理**　在實際研究工作中，研究者常使用二樣本重複量數的設計，藉以對照兩組受試者在前後 p 個反應情境下所表現的反應之側面圖是否有所不同。所以 Timm（1975, pp. 237–250）將這種方法稱爲「二樣本側面圖分析」(two-sample profile analysis)。通常，在重複量數設計裏，這 p 個反應情境之間並沒有自然的順序存在。

使用多變項二樣本重複量數設計時，研究者必須討論三個問題，並就這三個問題的虛無假設加以考驗。這三個問題依次爲:

1. 兩組受試者在 p 個反應情境的反應側面圖是否平行？換言之，「組別」與「實驗處理」二因子之間是否有交互作用效果存在？

2. 這 p 個反應情境的平均數之間是否有所不同？亦即各實驗處理的主要效果之間是否有顯著差異存在？

3. 兩組受試者的反應平均數是否不同？亦即組別的主要效果是否有顯著差異存在？

針對這三個問題，研究者應提出的虛無假設可依次說明如下:

1. 關於兩組的反應側面圖是否平行的問題，亦即組別與實驗處理之間有無交互作用的問題，虛無假設應爲:

$$H_{01}=\begin{bmatrix}\mu_{11}-\mu_{12}\\ \mu_{12}-\mu_{13}\\ \vdots\\ \mu_{1(p-1)}-\mu_{1p}\end{bmatrix}=\begin{bmatrix}\mu_{21}-\mu_{22}\\ \mu_{22}-\mu_{23}\\ \vdots\\ \mu_{2(p-1)}-\mu_{2p}\end{bmatrix}$$

用公式 4·3-2 的通式表示，則爲:

$$H_{01}:\ \underset{\mathbf{C}}{[1\ -1]}\ \underset{\mathbf{B}}{\begin{bmatrix}\mu_{11} & \mu_{12} & \mu_{13} & \cdots & \mu_{1(p-1)} & \mu_{1p}\\ \mu_{21} & \mu_{22} & \mu_{23} & \cdots & \mu_{2(p-1)} & \mu_{2p}\end{bmatrix}}\ \underset{\mathbf{A}}{\begin{bmatrix}1 & 0 & \cdots & 0\\ -1 & 1 & \cdots & 0\\ 0 & -1 & \cdots & 0\\ \vdots & \vdots & & \vdots\\ 0 & 0 & \cdots & 1\\ 0 & 0 & \cdots & -1\end{bmatrix}} = \boldsymbol{\Gamma}$$

$$=[0,\ 0,\ \cdots,\ 0]$$

由此可見，H_{01} 是假定母數矩陣 **B** 的兩橫列相減，兩縱行也依次相減，所得的差值均爲 0，亦即交互作用效果爲 0。因母數矩陣 **B** 的不偏估計值是：

$$\hat{\mathbf{B}}=(\mathbf{X}'\mathbf{X})^{-1}\mathbf{X}'\mathbf{Y} \qquad \text{〔公式 11·1-1〕}$$

$$=\begin{bmatrix}\bar{y}_{11} & \bar{y}_{12} & \bar{y}_{13} & \cdots & \bar{y}_{1p}\\ \bar{y}_{21} & \bar{y}_{22} & \bar{y}_{23} & \cdots & \bar{y}_{2p}\end{bmatrix}$$

所以，$\mathbf{C}\hat{\mathbf{B}}\mathbf{A}$ 係表示 $\hat{\mathbf{B}}$ 的兩橫列要相減，其縱行也要依次相減。其結果爲 $1\times(p-1)$ 階的列向量，可用 $\bar{\mathbf{d}}'$ 表示之。此時，公式 4·3-7 就成爲：

$$\mathbf{Q}_h=(\mathbf{C}\hat{\mathbf{B}}\mathbf{A})'[\mathbf{C}(\mathbf{X}'\mathbf{X})^{-}\mathbf{C}']^{-1}(\mathbf{C}\hat{\mathbf{B}}\mathbf{A})$$

$$=\bar{\mathbf{d}}\left(\frac{1}{N_1}+\frac{1}{N_2}\right)^{-1}\bar{\mathbf{d}}'$$

$$=\frac{N_1N_2}{N_1+N_2}\bar{\mathbf{d}}\,\bar{\mathbf{d}}' \qquad \text{〔公式 11·1-2〕}$$

將比較矩陣 **A** 代入公式 4·3-4，可得：

$$\mathbf{Q}_e=\mathbf{A}'\mathbf{Y}'[\mathbf{I}-\mathbf{X}(\mathbf{X}'\mathbf{X})^{-1}\mathbf{X}']\mathbf{Y}\mathbf{A}$$

$$=\mathbf{A}'[\mathbf{Y}'\mathbf{Y}-\mathbf{Y}'\mathbf{X}(\mathbf{X}'\mathbf{X})^{-1}\mathbf{X}'\mathbf{Y}]\mathbf{A} \qquad \text{〔公式 11·1-3〕}$$

〔上面公式 11·1-1 至公式 11·1-3 裏的模式矩陣，是用沒有單元向量的 $\mathbf{X}$ 所構成，因此有 $(\mathbf{X'X})^{-1}$ 存在〕。

如果虛無假設 H_0，爲眞，則 Λ 值成下式所示的分配：

$$\Lambda=\frac{|\mathbf{Q}_e|}{|\mathbf{Q}_h+\mathbf{Q}_e|}\sim U_{(p-1,1,N_1+N_2-2)} \qquad \text{〔公式 11·1-4〕}$$

所以，倘若計算的 Λ 值小於查表的 U 值，亦即：

$$\Lambda<U_{\alpha,(p-1,1,N_1+N_2-2)} \qquad \text{〔公式 11·1-5〕}$$

就要拒絕虛無假設 H_{01}。如果用 T^2 值表示，則爲：

$$T^2=(N_1+N_2-2)\left(\frac{1-\Lambda}{\Lambda}\right)\sim T^2_{(p-1,N_1+N_2-2)} \qquad \text{〔公式 11·1-6〕}$$

所以，倘使計算的 T^2 值大於查表的 T^2 值，亦即：

$$T^2>T^2_{\alpha,(p-1,N_1+N_2-2)} \qquad \text{〔公式 11·1-7〕}$$

便要拒絕虛無假設 H_{01}。

2. 關於 p 個反應情境的平均數是否有顯著差異的問題，其虛無假設的寫法應爲：

$$H_{02}:\ \begin{bmatrix}\mu_{11}\\ \mu_{21}\end{bmatrix}=\begin{bmatrix}\mu_{12}\\ \mu_{22}\end{bmatrix}=\cdots=\begin{bmatrix}\mu_{1p}\\ \mu_{2p}\end{bmatrix}$$

或：

$$\begin{array}{cccc}\mathbf{C} & \mathbf{B} & \mathbf{A} & =\ \mathbf{\Gamma}\end{array}$$

$$:\ \begin{bmatrix}1&0\\0&1\end{bmatrix}\begin{bmatrix}\mu_{11}&\mu_{12}&\cdots&\mu_{1p}\\ \mu_{21}&\mu_{22}&\cdots&\mu_{2p}\end{bmatrix}\begin{bmatrix}1&0&\cdots&0\\0&1&\cdots&0\\ \vdots&\vdots&&\vdots\\0&0&\cdots&1\\-1&-1&\cdots&-1\end{bmatrix}=\begin{bmatrix}0&0&\cdots&0\\0&0&\cdots&0\end{bmatrix}$$

由比較矩陣 $\mathbf{C}$ 及 $\mathbf{A}$ 可以看出：母數矩陣 $\mathbf{B}$ 的第一個橫列內的各元素要

與 μ_{1p} 相減；其第二橫列內的各元素也要與 μ_{2p} 相減。這些差值均假設爲 0。

將比較矩陣 C 及 A，以及 B 和 X 代入公式 4·3-4 和公式 4·3-8 之後，便可求出 $\mathbf{Q}_h$ 和 $\mathbf{Q}_e$。此時，不偏估計值 $\mathbf{C\hat{B}A}$ 是 $2\times(p-1)$ 階的矩陣。換言之，因爲比較矩陣 C 的秩數爲 2，所以 $\mathbf{Q}_h$ 的自由度爲 2，亦即 $v_h=2$。這一點是需要特別加以注意的。

這一虛無假設的考驗公式是這樣的：

$$\Lambda=\frac{|\mathbf{Q}_e|}{|\mathbf{Q}_h+\mathbf{Q}_e|}\sim U_{(p-1,2,N_1+N_2-2)} \qquad \text{〔公式 11·1-8〕}$$

因之，如果代入公式 11·1-8 計算結果，Λ 值小於查表的 U 值，亦即：

$$\Lambda<U_{\alpha,(p-1,2,N_1+N_2-2)} \qquad \text{〔公式 11·1-9〕}$$

就要拒絕虛無假設 H_{02}。

接受虛無假設 $\mathbf{H}_{01}$ 時　如果交互作用效果不顯著，亦即接受 H_{01} 時，就可將兩組受試者在各反應情境的觀察分數相加，並予以平均，然後比較這 p 個情境間平均數的差異。在單變項分析法中考驗主要效果，也常採用這方法。此時，虛無假設是這樣的：

$$H_{02}^*:\ \frac{\mu_{11}+\mu_{21}}{2}=\frac{\mu_{12}+\mu_{22}}{2}=\cdots=\frac{\mu_{1p}+\mu_{2p}}{2}$$

或 H_{02}^*：　**C**　　**B**　　**A**　　=　　**Γ**

$$:\ \begin{bmatrix}\frac{1}{2} & \frac{1}{2}\end{bmatrix}\begin{bmatrix}\mu_{11} & \mu_{12} & \mu_{13} & \cdots & \mu_{1p}\\ \mu_{21} & \mu_{22} & \mu_{23} & \cdots & \mu_{2p}\end{bmatrix}\begin{bmatrix}1 & 0 & \cdots & 0\\ 0 & 1 & \cdots & 0\\ \vdots & \vdots & & \vdots\\ 0 & 0 & \cdots & 1\\ -1 & -1 & \cdots & -1\end{bmatrix}=[0\ \ 0\cdots 0]$$

如果兩組人數不一樣，則比較矩陣 C 須採取下式所示的加權方法：

$$\mathbf{C} = \left[\frac{N_1}{N_1+N_2},\quad \frac{N_2}{N_1+N_2}\right]$$

將虛無假設中的矩陣 C 和 A，以及矩陣 $\hat{\mathbf{B}}$ 和 X 等代入公式 4·3-4 和公式 4·3-8，便可求出 $\mathbf{Q}_h$ 和 $\mathbf{Q}_e$。將所算得的 $\mathbf{Q}_h$ 和 $\mathbf{Q}_e$ 代入公式 11·1-4 或公式 11·1-6 後，如果：

$$\Lambda < U_{\alpha(p-1,1,N_1+N_2-2)}$$

或　　$$T^2 > T^2_{\alpha(p-1,N_1+N_2-2)}$$

便要拒絕虛無假設 H^*_{02}。

3. 關於兩組受試者的反應平均數是否有顯著差異的問題，其虛無假設應寫為：

$$H_{03}:\quad \begin{bmatrix} \mu_{11} \\ \mu_{12} \\ \vdots \\ \mu_{1p} \end{bmatrix} = \begin{bmatrix} \mu_{21} \\ \mu_{22} \\ \vdots \\ \mu_{2p} \end{bmatrix}$$

或 H_{03}:　C　　B　　A　=　Γ

$$:\ [1\quad -1]\begin{bmatrix} \mu_{11} & \mu_{12} & \cdots & \mu_{1p} \\ \mu_{21} & \mu_{22} & \cdots & \mu_{2p} \end{bmatrix}\begin{bmatrix} 1 & 0 & \cdots & 0 \\ 0 & 1 & \cdots & 0 \\ \vdots & \vdots & & \vdots \\ 0 & 0 & \cdots & 1 \end{bmatrix} = [0\quad 0\quad \cdots\quad 0]$$

這也是多變項分析的方法，不受虛無假設 H_{01} 是否為眞的影響。由這一虛無假設可以看出：其考驗方法與第 4·2 節兩個獨立樣本的平均數假設考驗一樣，亦即 $\mathbf{C}=[1\quad -1]$，$\mathbf{A}=\mathbf{I}_p$，所以不再重述。

接受虛無假設 $\mathbf{H}_{01}$ 時　如果交互作用效果未達顯著水準，便可將

每組受試者在 p 個反應情境下的觀察分數相加，並予以平均，再考驗兩組的平均數是否有顯著差異存在。這事實上也是單變項分析法中所常使用的方法。此時，考驗兩組平均數差異的虛無假設是這樣的:

$$H_{03}^{*}: \frac{\sum_{j=1}^{p}\mu_{1j}}{p}=\frac{\sum_{j=1}^{p}\mu_{2j}}{p}$$

或 H_{03}^{*}:　**C**　**B**　**A**　$=\Gamma$

$$[1\quad -1]\begin{bmatrix}\mu_{11} & \mu_{12} & \cdots & \mu_{1p}\\ \mu_{21} & \mu_{22} & \cdots & \mu_{2p}\end{bmatrix}\begin{bmatrix}1/p\\ 1/p\\ \vdots\\ 1/p\end{bmatrix}=0$$

把式子中的矩陣 **C** 和 **A**，以及矩陣 $\hat{\mathbf{B}}$ 和 **X** 代入公式 4•3-4 和公式 4•3-8，便可求出 $\mathbf{Q}_h$ 和 $\mathbf{Q}_e$。將 $\mathbf{Q}_h$ 和 $\mathbf{Q}_e$ 代入 Λ 公式計算所得 Λ 值如果小於查表的 U 值，亦卽:

$$\Lambda < U_{\alpha,(p,1,N_1+N_2-2)} \qquad \text{(公式 4•2-15)}$$

便要拒絕虛無假設 H_{03}^{*}。利用公式 4•2-17 可將 Λ 值轉換爲 T^2 值:

$$T^2=(N_1+N_2-2)\left(\frac{1-\Lambda}{\Lambda}\right)$$

此時的 T^2 值正是單變項分析時的 $F_{\alpha,(1,N_1+N_2-2)}$。

（二）同時信賴區間的求法　上述三種多變項虛無假設的同時信賴區間，可分別表示如下:

1. 交互作用效果的虛無假設方面:

$$\mathbf{a}'\bar{\mathbf{d}}-c_0\sqrt{\frac{N_1+N_2}{N_1N_2}\mathbf{a}'\,\mathbf{S}_{01}\,\mathbf{a}}\leqslant \mathbf{a}'\boldsymbol{\delta}$$

$$\leqslant \mathbf{a}'\bar{\mathbf{d}}+c_0\sqrt{\frac{N_1+N_2}{N_1N_2}\mathbf{a}'\mathbf{S}_{01}\mathbf{a}}$$ 〔公式 11·1-10〕

這裏，$c_0^2=T_{\alpha,(p-1,N_1+N_2-2)}$，而 $\mathbf{a}'$ 是 $1\times(p-1)$ 的任意向量。$\mathbf{S}_{01}$ 是指 H_{01} 時的變異數-共變數矩陣，即 H_{01} 時的 $\mathbf{Q}_e$ 除以自由度 (N_1+N_2-2)。

2. 反應條件之主要效果虛無假設方面:

$$\mathbf{c}'\bar{\mathbf{y}}-c_0\sqrt{\frac{\mathbf{c}'\mathbf{S}\mathbf{c}}{N_1+N_2}}\leqslant \mathbf{c}'\bar{\mu}\leqslant \mathbf{c}'\bar{\mathbf{y}}+c_0\sqrt{\frac{\mathbf{c}'\mathbf{S}\mathbf{c}}{N_1+N_2}}$$

〔公式 11·1-11〕

這裏，$c_0^2=T_{\alpha,(p-1,N_1+N_2-2)}$，而 $\mathbf{c}'=\mathbf{a}'\mathbf{A}'$

$\bar{\mu}=\dfrac{N_1\boldsymbol{\mu}_1+N_2\boldsymbol{\mu}_2}{N_1+N_2}$，亦即加權平均數。

3. 兩組之間的主要效果虛無假設方面: 與公式 4·2-7 和公式 4·2-8 相同。

（三）應用實例 接著，我們要以例 11·1-1 來幫助說明二樣本重複量數的多變項分析法計算過程。

【例 11·1-1】 兩組受試者參與酒精對記憶成績之影響的實驗。實驗組飲用過量的酒精，控制組飲用蒸餾水。每組均重複接受四次記憶測驗。表 11·1-1 是兩組受試者每組四次記憶測驗的成績。試考驗①組別與嘗試次之間有無交互作用存在？②四個測驗嘗試次之間有無顯著差異？和③實驗組與控制組的記憶成績有無顯著不同？試定 $\alpha=.01$，考驗這三個虛無假設。

表 11·1-1 的這一項資料如果符合「複對稱」的基本假定，當然也可以用單變項統計法裏的重複量數的統計法來處理。但是，如果把這四次觀察資料視爲四個依變項（$p=4$），而不是視爲一個自變

表 11·1-1　兩組受試者四個嘗試次的記憶成績

組別	受試	嘗試次 1	2	3	4
實驗組	1	41	12	40	85
	2	78	87	34	34
	3	61	42	60	43
	4	96	78	37	22
	5	93	65	49	41
	6	61	68	22	18
	7	38	37	69	14
	8	52	27	87	43
平均		65.00	52.00	49.75	37.50
控制組	9	10	11	60	30
	10	30	10	48	64
	11	13	41	16	48
	12	14	26	20	45
	13	27	56	54	84
	14	55	33	79	60
	15	19	52	35	44
	16	12	45	80	33
平均		22.50	34.25	49.00	51.00

項內的四個 levels，也可以用本節所示的多變項統計法來處理，更可以得到許多單變項統計所不能得到的訊息。

首先，我們須把一般線性模式所須的各種矩陣列出來：

$$\mathbf{Y}=\begin{bmatrix}41&12&40&85\\78&87&34&34\\61&42&60&43\\96&78&37&22\\93&65&49&41\\61&68&22&18\\38&37&69&14\\52&27&87&43\\10&11&60&30\\30&10&48&64\\13&41&16&48\\14&26&20&45\\27&56&54&84\\55&33&79&60\\19&52&35&44\\12&45&80&33\end{bmatrix}\quad \mathbf{X}=\begin{bmatrix}1&0\\1&0\\1&0\\1&0\\1&0\\1&0\\1&0\\1&0\\0&1\\0&1\\0&1\\0&1\\0&1\\0&1\\0&1\\0&1\end{bmatrix}\quad \mathbf{B}=\begin{bmatrix}\mu_{11}&\mu_{12}&\mu_{13}&\mu_{14}\\\mu_{21}&\mu_{22}&\mu_{23}&\mu_{24}\end{bmatrix}$$

因爲模式矩陣X是滿秩矩陣，所以 $\hat{\mathbf{B}}$ 應是：

$$\hat{\mathbf{B}}=(\mathbf{X}'\mathbf{X})^{-1}\mathbf{X}'\mathbf{Y} \qquad \text{(公式 11·1-1)}$$

$$=\begin{bmatrix}65.00&52.00&49.75&37.50\\22.50&34.25&49.00&51.00\end{bmatrix}=\begin{bmatrix}\bar{\mathbf{y}}_1'\\\bar{\mathbf{y}}_2'\end{bmatrix}$$

(1) 交互作用效果的考驗：

$$H_{01}:\begin{bmatrix}\mu_{11}-\mu_{12}\\\mu_{12}-\mu_{13}\\\mu_{13}-\mu_{14}\end{bmatrix}=\begin{bmatrix}\mu_{21}-\mu_{22}\\\mu_{22}-\mu_{23}\\\mu_{23}-\mu_{24}\end{bmatrix}$$

或： C B A = Γ

$$[1 \quad -1]\begin{bmatrix}\mu_{11} & \mu_{12} & \mu_{13} & \mu_{14}\\ \mu_{21} & \mu_{22} & \mu_{23} & \mu_{24}\end{bmatrix}\begin{bmatrix}1 & 0 & 0\\ -1 & 1 & 0\\ 0 & -1 & 1\\ 0 & 0 & -1\end{bmatrix}=[0 \quad 0 \quad 0]$$

根據虛無假設的矩陣 **C** 和 **A**，以及公式 11·1-2 可得:

$$\mathbf{C\hat{B}A}=[1 \quad -1]\begin{bmatrix}65.00 & 52.00 & 49.75 & 37.50\\ 22.50 & 34.25 & 49.00 & 51.00\end{bmatrix}\begin{bmatrix}1 & 0 & 0\\ -1 & 1 & 0\\ 0 & -1 & 1\\ 0 & 0 & -1\end{bmatrix}$$

$$=[42.50 \quad 17.75 \quad 0.75 \quad -13.50]\begin{bmatrix}1 & 0 & 0\\ -1 & 1 & 0\\ 0 & -1 & 1\\ 0 & 0 & -1\end{bmatrix}$$

$$=[24.75 \quad 17.00 \quad 14.25]=\bar{\mathbf{d}}'$$

因此，$\mathbf{Q}_h=(\mathbf{C\hat{B}A})'[\mathbf{C}(\mathbf{X'X})^{-1}\mathbf{C}']^{-1}(\mathbf{C\hat{B}A})=\dfrac{N_1 N_2}{N_1+N_2}\bar{\mathbf{d}}\bar{\mathbf{d}}'$

$$=\frac{(8)(8)}{8+8}\begin{bmatrix}24.75\\ 17.00\\ 14.25\end{bmatrix}[24.75 \quad 17.00 \quad 14.25]$$

$$=\begin{bmatrix}2450.25 & 1683.00 & 1410.75\\ 1683.00 & 1156.00 & 969.00\\ 1410.75 & 969.00 & 812.25\end{bmatrix}$$

另一方面，將有關的矩陣代入公式 11·1-3 可得:

$$\mathbf{Q}_e=\mathbf{A}'\mathbf{Y}[\mathbf{I}-\mathbf{X}(\mathbf{X}'\mathbf{X})^{-1}\mathbf{X}']\mathbf{Y}\mathbf{A}$$

$$\mathbf{A}'[\mathbf{Y}'\mathbf{Y}-\mathbf{Y}'\mathbf{X}(\mathbf{X}'\mathbf{X})^{-1}\mathbf{X}'\mathbf{Y}]\mathbf{A}$$

$$=\begin{bmatrix}1 & -1 & 0 & 0\\ 0 & 1 & -1 & 0\\ 0 & 0 & 1 & -1\end{bmatrix}\begin{bmatrix}4994 & 3288.0 & -185.0 & 145\\ 3288 & 7023.5 & -2328.0 & -1941\\ -185 & -2328.0 & 7273.5 & 141\\ 145 & -1941.0 & 141.0 & 5712\end{bmatrix}$$

$$\times\begin{bmatrix}1 & 0 & 0\\ -1 & 1 & 0\\ 0 & -1 & 1\\ 0 & 0 & -1\end{bmatrix}=\begin{bmatrix}5441.5 & -5878.5 & 57.0\\ -5878.5 & 18953.0 & -7519.5\\ 57.0 & -7519.5 & 12703.5\end{bmatrix}$$

〔這裏 $\mathbf{Y}'\mathbf{Y}-\mathbf{Y}'\mathbf{X}(\mathbf{X}'\mathbf{X})^{-1}\mathbf{X}'\mathbf{Y}$ 的實際計算請看後面（3）部分〕。

將 $\mathbf{Q}_h$ 和 $\mathbf{Q}_e$ 的計算結果代入公式 11·1-4，可得:

$$\Lambda=\frac{|\mathbf{Q}_e|}{|\mathbf{Q}_h+\mathbf{Q}_e|}=\frac{5.684545783\times10^{11}}{16.05704574\times10^{11}}=.354022$$

再代入公式 11·1-6，可算得如下:

$$T^2=(8+8-2)\left(\frac{1-.354022}{.354022}\right)=25.545565$$

根據公式 11·1-5，查表得 $U_{.01,(4-1,1,8+8-2)}=.401904$；可見，計算的 Λ 值（.354022）小於這個查表的 U 值，應拒絕虛無假設 H_{01}。根據公式 11·1-7，查表得 $T^2_{.01,(4-1,8+8-2)}=20.834$；可見計算的 T^2 值（25.546）大於這個查表的 T^2 值。由表 11·1-1 的平均欄和此項結果可知：組別與嘗試次之間有交互作用現象存在。

（2）反應條件間的差異假設考驗：因爲交互作用效果達到顯著水準，所以考驗本研究嘗試次間的差異的虛無假設爲:

$$H_{02}:\ \begin{bmatrix}\mu_{11}\\ \mu_{21}\end{bmatrix}=\begin{bmatrix}\mu_{12}\\ \mu_{22}\end{bmatrix}=\begin{bmatrix}\mu_{13}\\ \mu_{23}\end{bmatrix}=\begin{bmatrix}\mu_{14}\\ \mu_{24}\end{bmatrix}$$

或：$\mathbf{C}\qquad\qquad \mathbf{B}\qquad\qquad\qquad \mathbf{A}\qquad = \qquad \mathbf{\Gamma}$

$$\begin{bmatrix}1 & 0\\ 0 & 1\end{bmatrix}\begin{bmatrix}\mu_{11} & \mu_{12} & \mu_{13} & \mu_{14}\\ \mu_{21} & \mu_{22} & \mu_{23} & \mu_{24}\end{bmatrix}\begin{bmatrix}1 & 0 & 0\\ 0 & 1 & 0\\ 0 & 0 & 1\\ -1 & -1 & -1\end{bmatrix}=\begin{bmatrix}0 & 0 & 0\\ 0 & 0 & 0\end{bmatrix}$$

根據這虛無假設的比較矩陣可算得:

$$\mathbf{C\hat{B}A}=\begin{bmatrix}1 & 0\\ 0 & 1\end{bmatrix}\begin{bmatrix}65.00 & 52.00 & 49.75 & 37.50\\ 22.50 & 34.25 & 49.00 & 51.00\end{bmatrix}\begin{bmatrix}1 & 0 & 0\\ 0 & 1 & 0\\ 0 & 0 & 1\\ -1 & -1 & -1\end{bmatrix}$$

$$=\begin{bmatrix}27.50 & 14.50 & 12.25\\ -28.50 & -16.75 & -2.00\end{bmatrix}=\mathbf{\hat{B}A}$$

所以，$\mathbf{Q}_h=(\mathbf{C\hat{B}A})'[\mathbf{C}(\mathbf{X'X})^{-1}\mathbf{C'}]^{-1}(\mathbf{C\hat{B}A})$

$$=(\mathbf{\hat{B}A})'[(\mathbf{X'X})^{-1}]^{-1}(\mathbf{\hat{B}A})$$

$$=\begin{bmatrix}27.50 & -28.50\\ 14.50 & -16.75\\ 12.25 & -2.00\end{bmatrix}\begin{bmatrix}\frac{1}{8} & 0\\ 0 & \frac{1}{8}\end{bmatrix}^{-1}\begin{bmatrix}27.50 & 14.50 & 12.25\\ -28.50 & -16.75 & -2.00\end{bmatrix}$$

$$=\begin{bmatrix}12548.00 & 7009.00 & 3151.00\\ 7009.00 & 3926.50 & 1689.00\\ 3151.00 & 1689.00 & 1232.50\end{bmatrix}$$

而，　$\mathbf{Q}_e=\mathbf{A'Y'}[\mathbf{I}-\mathbf{X}(\mathbf{X'X})^{-1}\mathbf{X'}]\mathbf{YA}$

$$=\mathbf{A'}[\mathbf{Y'Y}-\mathbf{Y'X}(\mathbf{X'X})^{-1}\mathbf{X'Y}]\mathbf{A}$$

$$=\begin{bmatrix}1 & 0 & 0 & -1\\0 & 1 & 0 & -1\\0 & 0 & 1 & -1\end{bmatrix}\begin{bmatrix}4994 & 3288.0 & -185.0 & 145\\3288 & 7023.5 & -2328.0 & -1941\\-185 & -2328.0 & 7273.5 & 141\\145 & -1941.0 & 141.0 & 5712\end{bmatrix}$$

$$\times\begin{bmatrix}1 & 0 & 0\\0 & 1 & 0\\0 & 0 & 1\\-1 & -1 & -1\end{bmatrix}$$

$$=\begin{bmatrix}10416.00 & 10796.00 & 5241.00\\10796.00 & 16617.50 & 5184.00\\5241.00 & 5184.00 & 12703.50\end{bmatrix}$$

代入求 Λ 值的公式 11•1-8 得:

$$\Lambda=\frac{|\mathbf{Q}_e|}{|\mathbf{Q}_h+\mathbf{Q}_e|}=\frac{5.684545783\times10^{11}}{16.78977229\times10^{11}}=.338572$$

根據公式 11•1-9, 因爲這個 Λ 值大於查表的 U 值, 亦即:

$$\Lambda>U_{.01,(4-1,2,8+5-2)}=.272209$$

所以, 虛無假設 H_{02} 應予以接受, 亦即兩組受試者的分數不予合併, 且就多變項分析立場看時, 顯示各嘗試次平均數之間的差異, 並未達 .01 顯著水準。

(3) 兩組間的平均數差異假設考驗:

$$H_{03}:\ \begin{bmatrix}\mu_{11}\\\mu_{12}\\\mu_{13}\\\mu_{14}\end{bmatrix}=\begin{bmatrix}\mu_{21}\\\mu_{22}\\\mu_{23}\\\mu_{24}\end{bmatrix}$$

或：　$\mathbf{C}$　　　$\mathbf{B}$　　　$\mathbf{A}$　　$=$　　$\boldsymbol{\Gamma}$

$$[1 \quad -1]\begin{bmatrix}\mu_{11} & \mu_{12} & \mu_{13} & \mu_{14}\\ \mu_{21} & \mu_{22} & \mu_{23} & \mu_{24}\end{bmatrix}\begin{vmatrix}1&0&0&0\\0&1&0&0\\0&0&1&0\\0&0&0&1\end{vmatrix}=[0 \quad 0 \quad 0 \quad 0]$$

所以，$\mathbf{C\hat{B}A}=\mathbf{C\hat{B}}$

$$=[1 \quad -1]\begin{bmatrix}65.00 & 52.00 & 49.75 & 37.50\\ 22.50 & 34.25 & 49.00 & 51.00\end{bmatrix}$$

$$=[42.50 \quad 17.75 \quad 0.75 \quad -13.50]$$

而　$\mathbf{Q}_h=(\mathbf{C\hat{B}A})'[\mathbf{C}(\mathbf{X'X})^{-1}\mathbf{C'}]^{-1}(\mathbf{C\hat{B}A})$

$$=(\mathbf{C\hat{B}})'\left[\frac{N_1+N_2}{N_1 N_2}\right]^{-1}(\mathbf{C\hat{B}})$$

$$=\frac{(8)(8)}{8+8}\begin{bmatrix}42.50\\17.75\\0.75\\-13.50\end{bmatrix}[42.50 \quad 17.75 \quad 0.75 \quad -13.50]$$

$$=\begin{bmatrix}7225.00 & 3017.50 & 127.50 & -2295.00\\ 3017.50 & 1260.25 & 53.25 & -958.50\\ 127.50 & 53.25 & 2.25 & -40.50\\ -2295.00 & -958.50 & -40.50 & 729.00\end{bmatrix}$$

$\mathbf{Q}_e=\mathbf{A'Y'}[\mathbf{I}-\mathbf{X}(\mathbf{X'X})^{-}\mathbf{X'}]\mathbf{YA}$

$$=\mathbf{Y'}[\mathbf{I}-\mathbf{X}(\mathbf{X'X})^{-1}\mathbf{X'}]\mathbf{Y}$$

$$=\mathbf{Y'Y}-\mathbf{Y'X}(\mathbf{X'X})^{-1}\mathbf{X'Y}$$

$$
=\begin{bmatrix} 42844 & 36493 & 34505 & 28825 \\ 36493 & 38040 & 31794 & 27633 \\ 34505 & 31794 & 46282 & 35058 \\ 28825 & 27633 & 35058 & 37770 \end{bmatrix}
$$

$$
-\begin{bmatrix} 37850.0 & 33205.0 & 34690.0 & 28680.0 \\ 33205.0 & 31016.5 & 34122.0 & 29574.0 \\ 34690.0 & 34122.0 & 39008.5 & 34917.0 \\ 28680.0 & 29574.0 & 34917.0 & 32058.0 \end{bmatrix}
$$

$$
=\begin{bmatrix} 4994.0 & 3288.0 & -185.0 & 145.0 \\ 3288.0 & 7023.5 & -2328.0 & -1941.0 \\ -185.0 & -2328.0 & 7273.5 & 141.0 \\ 145.0 & -1941.0 & 141.0 & 5712.0 \end{bmatrix}
$$

根據 $\mathbf{Q}_h$ 和 $\mathbf{Q}_e$，可求出 Λ 值如下：

$$
\Lambda=\frac{|\mathbf{Q}_e|}{|\mathbf{Q}_h+\mathbf{Q}_e|}=\frac{7.232099277\times10^{14}}{20.61069372\times10^{14}}=.350891
$$

這一個 Λ 值大於查表的 U 值，亦即：

$$
\Lambda>U_{.01,(4,1,3+3-2)}=.326670
$$

所以應接受虛無假設 H_{03}。換言之，使用多變項分析的方法考驗 H_{03} 的結果，顯示實驗組與控制組之間的差異並未達到 .01 顯著水準。

同時信賴區間　根據上面的分析結果，所提三個虛無假設，只有 H_{01} 達到 .01 顯著水準。我們要使用公式 11•1-10 來求出交互作用單純效果之同時信賴區間：

上面考驗 H_{01} 時已經算出 $\mathbf{C\hat{B}A}=\bar{\mathbf{d}}'$ 如下：

$$
\bar{\mathbf{d}}'=[24.75\quad 17.00\quad 14.25]
$$

也利用公式 11•1-3 求出：

$$\mathbf{Q}_e=\begin{bmatrix} 5441.50 & -5878.50 & 57.00 \\ -5878.50 & 18953.00 & -7519.50 \\ 57.00 & -7519.50 & 12703.50 \end{bmatrix}$$

所以，
$$\mathbf{S}_{01}=\frac{\mathbf{Q}_e}{N_1+N_2-2}$$

$$=\begin{bmatrix} 388.6786 & -419.8929 & 4.0714 \\ -419.8929 & 1353.7857 & -537.1071 \\ 4.0714 & -537.1071 & 907.3929 \end{bmatrix}$$

$$c_0^2=T^2_{.01,(3,8+8-2)}=20.834 \qquad c_0=4.564428$$

依次設 $\mathbf{a}'=[1, 0, 0]$, $[0, 1, 0]$ 或 $[0, 0, 1]$ 代入公式 11·1-10，可求得三個同時信賴區間如下:

① $$24.75-4.564428\sqrt{\frac{8+8}{(8)(8)}(388.6786)}\leqslant$$

$$\bar{\delta}_1\leqslant 24.75+4.564428\sqrt{\frac{8+8}{(8)(8)}(388.6786)}$$

或 $-20.24\leqslant\bar{\delta}_1\leqslant 69.74$　　($n.s.$)

② $$17.00-4.564428\sqrt{\frac{8+8}{(8)(8)}(1353.7857)}\leqslant$$

$$\bar{\delta}_2\leqslant 17.00+4.564428\sqrt{\frac{8+8}{(8)(8)}(1353.7857)}$$

或 $-66.97\leqslant\bar{\delta}_2\leqslant 100.97$　　($n.s.$)

③ 同理得:

$$-54.50\leqslant\bar{\delta}_3\leqslant 83.00 \qquad (n.s.)$$

可見，所求出的三個同時信賴區間均未達到顯著水準，但三者一併考慮時，交互作用效果却達到 .01 顯著水準。

不管交互作用效果是否達到顯著水準（亦即不管 H_{01} 是否被拒絕），均可使用本節的方法來分析。惟，如果交互作用效果未達顯著水準，也可改而考驗 H_{02}^* 或 H_{03}^*，就好比在單變項統計法裏，如果沒有交互作用存在時，便可各組合併討論，或各實驗處理合併討論一樣道理。我們要利用下面例 11•1-2 來說明這種計算過程。顯然的，我們只要改變一下比較矩陣 **C** 或 **A**，便可達成目的。

【**例 11•1-2**】七名男生與九名女生各參與一項有關短期記憶的實驗。每一受試者均重複接受四次短期記憶的測驗。表 11•1•2 是兩組受試者的成績。試用 $\alpha=.05$ 考驗①有無交互作用效果？②各次測驗之間有無差異？和②男女之間有無差異？

表 11•1-2　兩組受試的四次成績

	受試	1	2	3	4
男	1	35	88	79	35
	2	61	43	62	44
	3	38	79	97	23
	4	50	66	94	42
	5	23	69	62	19
	6	70	38	39	15
	7	88	28	53	44
女	8	11	31	61	8
	9	10	65	49	28
	10	41	49	17	11
	11	26	46	20	12
	12	56	85	55	25
	13	33	41	87	54
	14	50	45	36	17
	15	44	34	87	9
	16	11	13	40	86

首先，我們要知道： $(\mathbf{X}'\mathbf{X})^{-1}=\begin{bmatrix}\frac{1}{7} & 0\\ 0 & \frac{1}{9}\end{bmatrix}$

（1）H_{01} 的考驗方面：

$$\mathbf{C}=[1 \quad -1] \qquad \mathbf{A}=\begin{bmatrix}1 & 0 & 0\\ -1 & 1 & 0\\ 0 & -1 & 1\\ 0 & 0 & -1\end{bmatrix}$$

$$\mathbf{Q}_h=\begin{bmatrix}223.8343 & -176.2401 & 453.3234\\ -176.2401 & 138.7659 & -356.9325\\ 453.3234 & -356.9325 & 918.0992\end{bmatrix}$$

$$\mathbf{Q}_e=\begin{bmatrix}14638.6032 & -4575.6349 & -4548.6984\\ -4575.6349 & 10706.9841 & -3081.3175\\ -4548.6984 & -3081.3174 & 12355.6509\end{bmatrix}$$

$$\Lambda=.881792>U_{.05(3,1,14)}=.534017 \qquad (n.s.)$$

(2) 因爲交互作用效果未達顯著水準，故考驗 H_{02}^{*} 如下：

$$\mathbf{C}=\left[\frac{7}{7+9},\frac{9}{7+9}\right] \qquad \mathbf{A}=\begin{bmatrix}1 & 0 & 0\\ 0 & 1 & 0\\ 0 & 0 & 1\\ -1 & -1 & -1\end{bmatrix}$$

$$\mathbf{Q}_h=\begin{bmatrix}1914.0625 & 3806.2500 & 5096.8750\\ 3806.2500 & 7569.0000 & 10135.5000\\ 5096.8750 & 10135.5000 & 13572.2500\end{bmatrix}$$

$$\mathbf{Q}_e=\begin{bmatrix}13289.9365 & 7775.6670 & 4725.6350\\ 7775.6670 & 16900.0000 & 9274.3334\\ 4725.6350 & 9274.3334 & 12355.6509\end{bmatrix}$$

$$\Lambda = .476525 < U_{.05,(3,1,14)} = .534017 \qquad (p < .05)$$

(3) H_{03}^{*} 的考驗方面:

$$\mathbf{C} = [1 \quad -1] \qquad \mathbf{A} = \begin{bmatrix} .25 \\ .25 \\ .25 \\ .25 \end{bmatrix}$$

$$\mathbf{Q}_h = 805.805093$$

$$\mathbf{Q}_e = 1323.847354$$

$$F = t^2 = 8.521581 > F_{.05,(1,14)} = 4.60 \qquad (p < .05)$$

H_{03}^{*} 的考驗事實上就是將每位受試者的四個觀察分數予以平均，然後以每人的平均數爲觀察分數，再進行獨立樣本 t 考驗所得的結果。

11·2　三樣本重複量數統計法

前一節所討論的二樣本重複量數統計法，可以很容易的應用到三個（或三個以上）樣本的情境（$I \geqslant 3$）。在本節裏，我們要簡單的說明三樣本重複量數統計法的基本原理和計算過程。

（一）基本原理　如果有三組受試者前後重複接受 p 種不同的實驗處理（所得資料視爲 p 個依變項），便可使用本節所討論的方法。其所根據的基本原理仍與前節相同，亦即要考驗「交互作用效果」、「反應情境之間的差異」、和「組別之間的差異」等三個問題。

1. 關於交互作用效果之考驗，亦即三組受試者的反應側面圖是否平行的問題，虛無假設是:

$$H_{01}: \begin{bmatrix} \mu_{11}-\mu_{12} \\ \mu_{12}-\mu_{13} \\ \vdots \\ \mu_{1(p-1)}-\mu_{1p} \end{bmatrix} = \begin{bmatrix} \mu_{21}-\mu_{22} \\ \mu_{22}-\mu_{23} \\ \vdots \\ \mu_{2(p-1)}-\mu_{2p} \end{bmatrix} = \begin{bmatrix} \mu_{31}-\mu_{32} \\ \mu_{32}-\mu_{33} \\ \vdots \\ \mu_{3(p-1)}-\mu_{3p} \end{bmatrix}$$

這裏，

$$\underset{(3\times p)}{\mathbf{B}} = \begin{bmatrix} \mu_{11} & \mu_{12} & \mu_{13} & \cdots & \mu_{1p} \\ \mu_{21} & \mu_{22} & \mu_{23} & \cdots & \mu_{2p} \\ \mu_{31} & \mu_{32} & \mu_{33} & \cdots & \mu_{3p} \end{bmatrix}$$

其不偏估計數仍以 $\hat{\mathbf{B}}=(\mathbf{X}'\mathbf{X})^{-1}\mathbf{X}'\mathbf{Y}$ 來估計。而 $\mathbf{X}$ 是表示三組組別的 $N\times 3$ 階模式矩陣（沒有單元向量），故 $(\mathbf{X}'\mathbf{X})^{-1}$ 存在。

考驗交互作用效果所須公式爲：

$$\mathbf{Q}_h=(\mathbf{C}\hat{\mathbf{B}}\mathbf{A})'[\mathbf{C}(\mathbf{X}'\mathbf{X})^{-1}\mathbf{C}']^{-1}(\mathbf{C}\hat{\mathbf{B}}\mathbf{A}) \qquad \text{〔公式 11·2-1〕}$$

$$\begin{aligned}\mathbf{Q}_e&=\mathbf{A}'\mathbf{Y}'[\mathbf{I}-\mathbf{X}(\mathbf{X}'\mathbf{X})^{-1}\mathbf{X}']\mathbf{Y}\mathbf{A}\\&=\mathbf{A}'[\mathbf{Y}'\mathbf{Y}-\mathbf{Y}'\mathbf{X}(\mathbf{X}'\mathbf{X})^{-1}\mathbf{X}'\mathbf{Y}]\mathbf{A}\end{aligned} \qquad \text{〔公式 11·2-2〕}$$

這裏 $\mathbf{C}$，$\mathbf{A}$ 和 Γ 等矩陣是這樣的：

$$\underset{2\times 3}{\mathbf{C}} = \begin{bmatrix} 1 & 0 & -1 \\ 0 & 1 & -1 \end{bmatrix} \quad \underset{p\times(p-1)}{\mathbf{A}} = \begin{bmatrix} 1 & 0 & \cdots & 0 \\ -1 & 1 & \cdots & 0 \\ 0 & -1 & \cdots & 0 \\ \vdots & \vdots & & \vdots \\ 0 & 0 & \cdots & 1 \\ 0 & 0 & \cdots & -1 \end{bmatrix}$$

$$\underset{2\times(p-1)}{\Gamma} = \mathbf{O}$$

考驗的公式仍然是：

$$\Lambda = \frac{|\mathbf{Q}_e|}{|\mathbf{Q}_h+\mathbf{Q}_e|} < U_{\alpha,(p-1,3-1,N-3)} \qquad \text{〔公式 11·2-3〕}$$

2. 關於 p 個反應情境的平均數之間是否有顯著差異存在，其虛無假設應爲:

$$H_{02}: \begin{bmatrix} \mu_{11} \\ \mu_{21} \\ \mu_{31} \end{bmatrix} = \begin{bmatrix} \mu_{12} \\ \mu_{22} \\ \mu_{32} \end{bmatrix} = \cdots = \begin{bmatrix} \mu_{1p} \\ \mu_{2p} \\ \mu_{3p} \end{bmatrix}$$

或: $\quad \mathbf{C} \qquad\qquad \mathbf{B} \qquad\qquad \mathbf{A} \qquad\qquad = \Gamma$

$$\begin{bmatrix} 1 & 0 & 0 \\ 0 & 1 & 0 \\ 0 & 0 & 1 \end{bmatrix} \begin{bmatrix} \mu_{11} & \mu_{12} & \cdots & \mu_{1p} \\ \mu_{21} & \mu_{22} & \cdots & \mu_{2p} \\ \mu_{31} & \mu_{32} & \cdots & \mu_{3p} \end{bmatrix} \begin{pmatrix} 1 & 0 & \cdots & 0 \\ 0 & 1 & \cdots & 0 \\ \vdots & \vdots & & \vdots \\ 0 & 0 & \cdots & 1 \\ -1 & -1 & \cdots & -1 \end{pmatrix} = \mathbf{O}_{3\times(p-1)}$$

由比較矩陣 **C** 和 **A** 可以看出，我們並不比較 **B** 矩陣的横列之間的差異，（因爲 $\mathbf{C}=\mathbf{I}_3$）；但是，却要比較 **B** 矩陣的縱行（反應情境）之間的差異。於是:

$$\mathbf{Q}_h = (\hat{\mathbf{B}}\mathbf{A})'[(\mathbf{X}'\mathbf{X})^{-1}]^{-1}(\hat{\mathbf{B}}\mathbf{A})$$

$$= (\hat{\mathbf{B}}\mathbf{A})'\mathbf{X}'\mathbf{X}(\hat{\mathbf{B}}\mathbf{A}) \qquad \text{〔公式 11·2-4〕}$$

$$\mathbf{Q}_e = \mathbf{A}'[\mathbf{Y}'\mathbf{Y} - \mathbf{Y}'\mathbf{X}(\mathbf{X}'\mathbf{X})^{-1}\mathbf{X}'\mathbf{Y}]\mathbf{A} \qquad \text{〔公式 11·2-5〕}$$

這裏，比較矩陣 **A** 是公式 11·2-4 裏面的 **A** 矩陣。

至於考驗虛無假設 H_{02} 的公式爲:

$$\Lambda = \frac{|\mathbf{Q}_e|}{|\mathbf{Q}_h + \mathbf{Q}_e|} < U_{\alpha,(p-1,3,N-3)} \qquad \text{〔公式 11·2-6〕}$$

3. 關於三組受試者的反應平均數之間的差異是否達到顯著水準的問題，虛無假設應爲:

$$H_{03}: \begin{bmatrix} \mu_{11} \\ \mu_{12} \\ \vdots \\ \mu_{1p} \end{bmatrix} = \begin{bmatrix} \mu_{21} \\ \mu_{22} \\ \vdots \\ \mu_{2p} \end{bmatrix} = \begin{bmatrix} \mu_{31} \\ \mu_{32} \\ \vdots \\ \mu_{3p} \end{bmatrix}$$

此時,

$$\mathbf{C} = \begin{bmatrix} 1 & 0 & -1 \\ 0 & 1 & -1 \end{bmatrix} \qquad \mathbf{A} = \mathbf{I}_p$$

亦即只比較**B**矩陣的橫列（各組）之間的差異，但要各依變項單獨分別討論。其考驗方法與第 4·2 節所討論者相同:

$$\mathbf{Q}_h = (\mathbf{C}\hat{\mathbf{B}})'[\mathbf{C}(\mathbf{X}'\mathbf{X})^{-1}\mathbf{C}']^{-1}(\mathbf{C}\hat{\mathbf{B}}) \qquad \text{〔公式 11·2-7〕}$$

$$\mathbf{Q}_e = \mathbf{Y}'\mathbf{Y} - \mathbf{Y}'\mathbf{X}(\mathbf{X}'\mathbf{X})^{-1}\mathbf{X}'\mathbf{Y} \qquad \text{〔公式 11·2-8〕}$$

$$\Lambda = \frac{|\mathbf{Q}_e|}{|\mathbf{Q}_h + \mathbf{Q}_e|} < U_{\alpha,(p,3-1,N-3)} \qquad \text{〔公式 11·2-9〕}$$

同時信賴區間考驗　上面的任一虛無假設如果被拒絕，便可用下式求 $\psi = \mathbf{c}'\mathbf{B}\mathbf{a}$ 的同時信賴區間:

$$\hat{\psi} - c_0\hat{\sigma}_{\hat{\psi}} \leqslant \psi \leqslant \hat{\psi} + c_0\hat{\sigma}_{\hat{\psi}} \qquad \text{〔公式 11·2-10〕}$$

這裏, $\hat{\psi} = \mathbf{c}'\hat{\mathbf{B}}\mathbf{a}$

$$c_0 = \left[v_e \frac{\theta_\alpha}{1-\theta_\alpha} \right]^{\frac{1}{2}}$$

$$\hat{\sigma}_{\hat{\psi}} = \sqrt{\left[\mathbf{a}'\left(\frac{\mathbf{Q}_e}{v_e}\right)\mathbf{a}\right][\mathbf{c}'(\mathbf{X}'\mathbf{X})^{-1}\mathbf{c}]}$$

〔請參看公式 9·2-13, 公式 9·2-14 和公式 9·2-15〕。至於查 θ_α 所需用的 s, m, n 各值，則如表 11·2-1 所示。公式中的 $\mathbf{c}'$ 或 $\mathbf{a}$ 是各虛無假設所用比較矩陣 **C** 的橫列向量或 **A** 的縱行向量。我們將在例 11·2-1裏演示公式 11·2-10 的用法。

表 11·2-1　查 θ_α 所需用的 s，m，n 各值

	H_{01} (交互作用)	H_{02} (反應情境)	H_{03} (組間差異)
s	$min(I-1,\ p-1)$	$min(I,\ p-1)$	$min(I-1,\ p)$
m	$\frac{\|I-p\|-1}{2}$	$\frac{\|I-p+1\|-1}{2}$	$\frac{\|I-p-1\|-1}{2}$
n	$\frac{N-I-p}{2}$	$\frac{N-I-p}{2}$	$\frac{N-p-I-1}{2}$

*I 表示組數　*摘錄自 Timm, 1975, p. 449

幾個注意點　關於本節的統計方法，有幾個值得注意的要點：(1) 不管 H_{01} 是否被拒絕，亦即不管有無交互作用存在，均可用本節方法考驗 H_{02} 或 H_{03}。(2) 惟如果沒有交互作用存在（亦即 H_{01} 被接受），也可使用上節例 11·1-2 所示的方法考驗 H^*_{02} 或 H^*_{03}。(3) 在一般單變項統計學的變異數分析裏，重複量數的資料必須合乎「複對稱」這一個基本假定方可進行變異數分析。換言之，各組的變異數要相等，各組之間的共變數要相同。如果這些基本假定不能滿足就不能使用。此時，便可使用本節所討論的多變項統計法來替代。如果能滿足變異數相等、共變數同質的基本假定，方可使用單變項統計法處理重複量數的變異數分析的問題（參看林清山，民國 63 年，第 329 至 338 頁）。可見，以多變項分析法解單變項統計法的重複量數問題，可以解決變異數-變異數非同質時所遇的困難。惟使用多變項分析法時，各組人數 n 要大於反應情境的數目 p（參看 Timm, 1975, pp. 453-454）。

（二）計算實例　接著，我們要用例 11·2-1 來演示三樣本重複量數時的多變項變異數分析。這些方法當然可以應用到更多樣本的情境。

【例 11·2-1】按家長的社會經濟水準（SES），將二十一名學前兒童分爲高社經組、中社經組、和低社經組等三組。表 11·2-2 是記錄他們每一個人在戶外遊戲、說故事和看圖說話等三種情境下的平均語句長度。試以 $\alpha=.01$，分析①不同社經水準之間、②不同說話情境之間有無顯著差異存在。請先分析③社經水準與說話情境兩個變項之間有無交互作用效果存在。

表 11·2-2　例 11·2-1 的資料

	學生	遊戲	故事	看圖
高社經組	1	7	10	10
	2	10	13	14
	3	5	7	9
	4	8	12	12
	5	5	8	11
	6	6	9	9
	7	8	11	12
中社經組	8	9	9	10
	9	8	11	13
	10	4	7	8
	11	5	8	11
	12	4	5	7
	13	7	10	12
	14	5	6	9
低社經組	15	8	8	10
	16	5	7	8
	17	4	5	7
	18	9	9	10
	19	4	6	9
	20	7	8	11
	21	5	6	8

根據表 11·2-2 的資料，可以看出這是三個樣本重複量數的問題，可用本節所討論的多變項分析法來分析資料。

本研究的一般線性模式所需用的矩陣爲：

$$
\underset{21\times 3}{\mathbf{Y}} = \begin{bmatrix} 7 & 10 & 10 \\ 10 & 13 & 14 \\ 5 & 7 & 9 \\ 8 & 12 & 12 \\ 5 & 8 & 11 \\ 6 & 9 & 9 \\ 8 & 11 & 12 \\ 9 & 9 & 10 \\ 8 & 11 & 13 \\ 4 & 7 & 8 \\ 5 & 8 & 11 \\ 4 & 5 & 7 \\ 7 & 10 & 12 \\ 5 & 6 & 9 \\ 8 & 8 & 10 \\ 5 & 7 & 8 \\ 4 & 5 & 7 \\ 9 & 9 & 10 \\ 4 & 6 & 9 \\ 7 & 8 & 11 \\ 5 & 6 & 8 \end{bmatrix} \quad \underset{21\times 3}{\mathbf{X}} = \begin{bmatrix} 1 & 0 & 0 \\ 1 & 0 & 0 \\ 1 & 0 & 0 \\ 1 & 0 & 0 \\ 1 & 0 & 0 \\ 1 & 0 & 0 \\ 1 & 0 & 0 \\ 0 & 1 & 0 \\ 0 & 1 & 0 \\ 0 & 1 & 0 \\ 0 & 1 & 0 \\ 0 & 1 & 0 \\ 0 & 1 & 0 \\ 0 & 1 & 0 \\ 0 & 0 & 1 \\ 0 & 0 & 1 \\ 0 & 0 & 1 \\ 0 & 0 & 1 \\ 0 & 0 & 1 \\ 0 & 0 & 1 \\ 0 & 0 & 1 \end{bmatrix} \quad \underset{3\times 3}{\mathbf{B}} = \begin{bmatrix} \mu_{11} & \mu_{12} & \mu_{13} \\ \mu_{21} & \mu_{22} & \mu_{23} \\ \mu_{31} & \mu_{32} & \mu_{33} \end{bmatrix}
$$

$$
\hat{\mathbf{B}} = (\mathbf{X}'\mathbf{X})^{-1}\mathbf{X}'\mathbf{Y} \qquad \text{（公式 11·1-1）}
$$

$$=\begin{bmatrix} \frac{1}{7} & 0 & 0 \\ 0 & \frac{1}{7} & 0 \\ 0 & 0 & \frac{1}{7} \end{bmatrix}\begin{bmatrix} 49 & 70 & 77 \\ 42 & 56 & 70 \\ 42 & 49 & 63 \end{bmatrix}$$

$$=\begin{bmatrix} 7 & 10 & 11 \\ 6 & 8 & 10 \\ 6 & 7 & 9 \end{bmatrix}=\begin{bmatrix} \bar{\mathbf{y}}'_1 \\ \bar{\mathbf{y}}'_2 \\ \bar{\mathbf{y}}'_3 \end{bmatrix}\begin{matrix} \text{高社經組} \\ \text{中社經組} \\ \text{低社經組} \end{matrix}$$

(1) 交互作用效果的考驗:

$$H_{01}:\ \begin{bmatrix} \mu_{11}-\mu_{12} \\ \mu_{12}-\mu_{13} \end{bmatrix}=\begin{bmatrix} \mu_{21}-\mu_{22} \\ \mu_{22}-\mu_{23} \end{bmatrix}=\begin{bmatrix} \mu_{31}-\mu_{32} \\ \mu_{32}-\mu_{33} \end{bmatrix}$$

所以:

$$\mathbf{C}=\begin{bmatrix} 1 & 0 & -1 \\ 0 & 1 & -1 \end{bmatrix} \qquad \mathbf{A}=\begin{bmatrix} 1 & 0 \\ -1 & 1 \\ 0 & -1 \end{bmatrix}$$

$$\mathbf{C}\hat{\mathbf{B}}\mathbf{A}=\begin{bmatrix} 1 & 0 & -1 \\ 0 & 1 & -1 \end{bmatrix}\begin{bmatrix} 7 & 10 & 11 \\ 6 & 8 & 10 \\ 6 & 7 & 9 \end{bmatrix}\begin{bmatrix} 1 & 0 \\ -1 & 1 \\ 0 & -1 \end{bmatrix}$$

$$=\begin{bmatrix} -2 & 1 \\ -1 & 0 \end{bmatrix}$$

$$\mathbf{C}(\mathbf{X}'\mathbf{X})^{-1}\mathbf{C}'=\begin{bmatrix} 1 & 0 & -1 \\ 0 & 1 & -1 \end{bmatrix}\begin{bmatrix} \frac{1}{N_1} & 0 & 0 \\ 0 & \frac{1}{N_2} & 0 \\ 0 & 0 & \frac{1}{N_3} \end{bmatrix}\begin{bmatrix} 1 & 0 \\ 0 & 1 \\ -1 & -1 \end{bmatrix}$$

$$=\begin{bmatrix}\frac{1}{N_1}+\frac{1}{N_3} & \frac{1}{N_3}\\ \frac{1}{N_3} & \frac{1}{N_2}+\frac{1}{N_3}\end{bmatrix}=\begin{bmatrix}\frac{1}{7}+\frac{1}{7} & \frac{1}{7}\\ \frac{1}{7} & \frac{1}{7}+\frac{1}{7}\end{bmatrix}$$

$$[\mathbf{C}(\mathbf{X}'\mathbf{X})^{-1}\mathbf{C}']^{-1}$$

$$=\begin{bmatrix}.285714 & .142857\\ .142857 & .285714\end{bmatrix}^{-1}=\begin{bmatrix}4.666667 & -2.333333\\ -2.333333 & 4.666667\end{bmatrix}$$

代入公式 11·2-1，得:

$$\mathbf{Q}_h=(\mathbf{C}\hat{\mathbf{B}}\mathbf{A})'[\mathbf{C}(\mathbf{X}'\mathbf{X})^{-1}\mathbf{C}']^{-1}(\mathbf{C}\hat{\mathbf{B}}\mathbf{A})$$

$$=\begin{bmatrix}-2 & -1\\ 1 & 0\end{bmatrix}\begin{bmatrix}4.666667 & -2.333333\\ -2.333333 & 4.666667\end{bmatrix}\begin{bmatrix}-2 & 1\\ -1 & 0\end{bmatrix}$$

$$=\begin{bmatrix}14.0000 & -7.0000\\ -7.0000 & 4.6667\end{bmatrix}$$

其次，利用公式 11·2-2 求 $\mathbf{Q}_e$，首先算出:

$$\mathbf{Y}'\mathbf{Y}-\mathbf{Y}'\mathbf{X}(\mathbf{X}'\mathbf{X})^{-1}\mathbf{X}'\mathbf{Y}$$

$$=\begin{bmatrix}915 & 1180 & 1385\\ 1180 & 1559 & 1827\\ 1385 & 1827 & 2174\end{bmatrix}-\begin{bmatrix}847 & 1120 & 1337\\ 1120 & 1491 & 1771\\ 1337 & 1771 & 2114\end{bmatrix}$$

$$=\begin{bmatrix}68 & 60 & 48\\ 60 & 68 & 56\\ 48 & 56 & 60\end{bmatrix}$$

然後再求:

$$\mathbf{Q}_e=\mathbf{A}'[\mathbf{Y}'\mathbf{Y}-\mathbf{Y}'\mathbf{X}(\mathbf{X}'\mathbf{X})^{-1}\mathbf{X}'\mathbf{Y}]\mathbf{A}$$

$$=\begin{bmatrix}1 & -1 & 0\\ 0 & 1 & -1\end{bmatrix}\begin{bmatrix}68 & 60 & 48\\ 60 & 68 & 56\\ 48 & 56 & 60\end{bmatrix}\begin{bmatrix}1 & 0\\ -1 & 1\\ 0 & -1\end{bmatrix}$$

$$=\begin{bmatrix}16 & 0\\0 & 16\end{bmatrix}$$

代入公式 11·2-3 求 Λ:

$$\Lambda=\frac{|\mathbf{Q}_e|}{|\mathbf{Q}_h+\mathbf{Q}_e|}=\frac{256}{571}=.4483$$

小於 $U_{\alpha,(p-1,3-1,N-3)}=U_{.01,(2,2,18)}=.467823$，所以應拒絕虛無假設 H_{01}。可見，社經水準與說話情境兩個自變項之間的交互作用效果已達到 .01 顯著水準。兒童在不同說話情境中的語句長度視其社經水準之不同而有所差異。換言之，各組兒童的平均數側面圖上的曲線並不是相平行的。

(2) 說話情境之間的差異顯著性考驗:

$$H_{02}:\begin{bmatrix}\mu_{11}\\\mu_{21}\\\mu_{31}\end{bmatrix}=\begin{bmatrix}\mu_{12}\\\mu_{22}\\\mu_{32}\end{bmatrix}=\begin{bmatrix}\mu_{13}\\\mu_{23}\\\mu_{33}\end{bmatrix}$$

$$\mathbf{C}=\mathbf{I}_3 \qquad \mathbf{A}=\begin{bmatrix}1 & 0\\0 & 1\\-1 & -1\end{bmatrix}$$

$$\mathbf{BA}=\begin{bmatrix}7 & 10 & 11\\6 & 8 & 10\\6 & 7 & 9\end{bmatrix}\begin{bmatrix}1 & 0\\0 & 1\\-1 & -1\end{bmatrix}=\begin{bmatrix}-4 & -1\\-4 & -2\\-3 & -2\end{bmatrix}$$

$$\mathbf{Q}_h=(\hat{\mathbf{B}}\mathbf{A})'\mathbf{X}'\mathbf{X}(\hat{\mathbf{B}}\mathbf{A}) \qquad \text{(公式 11·2-4)}$$

$$=\begin{bmatrix}-4 & -4 & -3\\-1 & -2 & -2\end{bmatrix}\begin{bmatrix}7 & 0 & 0\\0 & 7 & 0\\0 & 0 & 7\end{bmatrix}\begin{bmatrix}-4 & -1\\-4 & -2\\-3 & -2\end{bmatrix}$$

$$=\begin{bmatrix}287 & 126\\126 & 63\end{bmatrix}$$

$$\mathbf{Q}_e=\mathbf{A}'[\mathbf{Y}'\mathbf{Y}-\mathbf{Y}'\mathbf{X}(\mathbf{X}'\mathbf{X})^{-1}\mathbf{X}'\mathbf{Y}]\mathbf{A}$$

$$=\begin{bmatrix}1 & 0 & -1\\ 0 & 1 & -1\end{bmatrix}\begin{bmatrix}68 & 60 & 48\\ 60 & 68 & 56\\ 48 & 56 & 60\end{bmatrix}\begin{bmatrix}1 & 0\\ 0 & 1\\ -1 & -1\end{bmatrix}$$

$$=\begin{bmatrix}32 & 16\\ 16 & 16\end{bmatrix} \qquad \text{（公式 11·2-5）}$$

$$\Lambda=\frac{|\mathbf{Q}_e|}{|\mathbf{Q}_h+\mathbf{Q}_e|}=\frac{256}{5037}=.0508$$

遠較小於 $U_{\alpha,(p-1,3,N-3)}=U_{.01,(2,3,18)}=.391807$，可見，兒童在不同說話情境的平均語句長度有顯著的差異存在。

（3）不同社經水準組之間的差異顯著性考驗：

$$H_{03}:\ \begin{bmatrix}\mu_{11}\\ \mu_{12}\\ \mu_{13}\end{bmatrix}=\begin{bmatrix}\mu_{21}\\ \mu_{22}\\ \mu_{23}\end{bmatrix}=\begin{bmatrix}\mu_{31}\\ \mu_{32}\\ \mu_{33}\end{bmatrix}$$

$$\mathbf{C}=\begin{bmatrix}1 & 0 & -1\\ 0 & 1 & -1\end{bmatrix} \qquad \mathbf{A}=\mathbf{I}_3$$

$$\mathbf{C}\hat{\mathbf{B}}=\begin{bmatrix}1 & 0 & -1\\ 0 & 1 & -1\end{bmatrix}\begin{bmatrix}7 & 10 & 11\\ 6 & 8 & 10\\ 6 & 7 & 9\end{bmatrix}=\begin{bmatrix}1 & 3 & 2\\ 0 & 1 & 1\end{bmatrix}$$

$$\mathbf{Q}_h=(\mathbf{C}\hat{\mathbf{B}})'[\mathbf{C}(\mathbf{X}'\mathbf{X})^{-1}\mathbf{C}']^{-1}(\mathbf{C}\hat{\mathbf{B}}) \qquad \text{（公式 11.2-7）}$$

$$=\begin{bmatrix}1 & 0\\ 3 & 1\\ 2 & 1\end{bmatrix}\begin{bmatrix}4.666667 & -2.333333\\ -2.333333 & 4.666667\end{bmatrix}\begin{bmatrix}1 & 3 & 2\\ 0 & 1 & 1\end{bmatrix}$$

$$=\begin{bmatrix}4.6667 & 11.6667 & 7.0000\\ 11.6667 & 32.6667 & 21.0000\\ 7.0000 & 21.0000 & 14.0000\end{bmatrix}$$

$$\mathbf{Q}_e = \mathbf{Y}'\mathbf{Y} - \mathbf{Y}'\mathbf{X}(\mathbf{X}'\mathbf{X})^{-1}\mathbf{X}'\mathbf{Y}$$

$$= \begin{bmatrix} 68 & 60 & 48 \\ 60 & 68 & 56 \\ 48 & 56 & 60 \end{bmatrix}$$

$$\Lambda = \frac{|\mathbf{Q}_e|}{|\mathbf{Q}_h + \mathbf{Q}_e|} = \frac{14080}{32905.3368} = .427$$[illegible]

大於 $U_{\alpha, (p, 3-1, N-3)} = U_{.01, (3, 2, 18)} = .370654$，所以應接受虛無假設 H_{03}，亦即不同社經水準的兒童之平均語句長度並無顯著差異存在。

同時信賴區間的估計　上面的考驗結果，我們拒絕了虛無假設 H_{02}，顯示兒童在不同說話情境中所使用的語句長度有很大的差異存在，其差異達 .01 顯著水準。因此，我們要以此一考驗為例說明同時信賴區間的估計方法。

在上面的考驗裏，我們已算過：

$$\hat{\mathbf{B}} = \begin{bmatrix} 7 & 10 & 11 \\ 6 & 8 & 10 \\ 6 & 7 & 9 \end{bmatrix} \begin{matrix} \text{高社經組} \\ \text{中社經組} \\ \text{低社經組} \end{matrix}$$

$$\quad\quad \text{遊戲} \quad \text{故事} \quad \text{看圖}$$

考驗 H_{02} 時，我們所用的比較矩陣為：

$$\mathbf{C} = \begin{bmatrix} 1 & 0 & 0 \\ 0 & 1 & 0 \\ 0 & 0 & 1 \end{bmatrix} \qquad \mathbf{A} = \begin{bmatrix} 1 & 0 \\ 0 & 1 \\ -1 & -1 \end{bmatrix}$$

可見，$\mathbf{c}' = [1 \quad 0 \quad 0]$　　$\mathbf{c}' = [0 \quad 1 \quad 0]$　　$\mathbf{c}' = [0 \quad 0 \quad 1]$

而　$\mathbf{a}' = [1 \quad 0 - 1]$　　$\mathbf{a}' = [0 \quad 1 - 1]$

上面也已算出 $\mathbf{Q}_e$ 矩陣如下：

$$\mathbf{Q}_e=\mathbf{Y'Y}-\mathbf{Y'X}(\mathbf{X'X})^{-1}\mathbf{X'Y}=\begin{bmatrix}68 & 60 & 48\\60 & 68 & 56\\48 & 56 & 60\end{bmatrix}$$

所以

$$\mathbf{S}=\frac{\mathbf{Q}_e}{v_e}=\frac{1}{18}\mathbf{Q}_e=\begin{bmatrix}3.778 & 3.333 & 2.667\\3.333 & 3.778 & 3.111\\2.667 & 3.111 & 3.333\end{bmatrix}$$

根據表 11·2-1 的 H_{02} 考驗部分，得:

$$s=min(3,3-1)=2$$

$$m=\frac{|3-3+1|-1}{2}=0$$

$$n=(21-3-3)/2=7.5$$

查附錄圖一得:

$$\theta_{\alpha,(s,m,n)}=\theta_{.01,(2,0,7.5)}=.558$$

所以,

$$c_0=\left[v_e\frac{\theta_\alpha}{1-\theta_\alpha}\right]^{\frac{1}{2}}=\left[(18)\frac{.558}{1-.558}\right]^{\frac{1}{2}}=4.767$$

有了這些基本資料之後，便可代入公式 11·2-10，求出各個同時信賴區間了:

①高社經組第一個比較 (φ_{11}): 遊戲對看圖:

$$\mathbf{c}'=[1\quad 0\quad 0]\qquad\qquad \mathbf{a}'=[1\quad 0\quad -1]$$

$$\hat{\varphi}_{11}=\mathbf{c}'\hat{\mathbf{B}}\,\mathbf{a}=[1\quad 0\quad 0]\begin{bmatrix}7 & 10 & 11\\6 & 8 & 10\\6 & 7 & 9\end{bmatrix}\begin{bmatrix}1\\0\\-1\end{bmatrix}=-4$$

$$\mathbf{a}'\left(\frac{\mathbf{Q}_e}{v_e}\right)\mathbf{a}=\mathbf{a}'\,\mathbf{S}\,\mathbf{a}=1.778$$

$$\mathbf{c}'(\mathbf{X}'\mathbf{X})^{-1}\,\mathbf{c}=.1429$$

$$\hat{\sigma}_{\hat{\varphi}}=\sqrt{(1.778)(.1429)}$$

代入公式 11•2-10，得:

$$-4-4.767\sqrt{(1.778)(.1429)}\leqslant\varphi_{11}\leqslant-4+4.767\sqrt{(1.778)(.1429)}$$

或　$-6.403\leqslant\varphi_{11}\leqslant-1.597$　$(p<.01)$

②高社經組第二個比較 (φ_{12})：故事對看圖：

$\mathbf{c}'=[1\quad 0\quad 0]$　$\mathbf{a}'=[0\quad 1\quad -1]$

$\hat{\varphi}_{12}=\mathbf{c}'\hat{\mathbf{B}}\,\mathbf{a}=-1$

$\mathbf{a}'\left(\frac{\mathbf{Q}_e}{v_e}\right)\mathbf{a}=.889$　$\mathbf{c}'(\mathbf{X}'\mathbf{X})^{-1}\,\mathbf{c}=.1429$

$$\hat{\sigma}_{\hat{\varphi}}=\sqrt{(.889)(.1429)}$$

所以，　$-2.699\leqslant\varphi_{12}<0.699$　$(n.s)$

③中社經組第一個比較 (φ_{21})：

$\mathbf{c}'=[0\quad 1\quad 0]$　$\mathbf{a}'=[1\quad 0\quad -1]$

$\hat{\varphi}_{21}=\mathbf{c}'\,\hat{\mathbf{B}}\,\mathbf{a}=-4$　$\hat{\sigma}_{\hat{\varphi}}=\sqrt{(1.778)(.1429)}$

$-6.403\leqslant\varphi_{21}\leqslant-1.597$　$(p<.01)$

④中社經組第二個比較 (φ_{22})：

$\mathbf{c}'=[0\quad 1\quad 0]$　$\mathbf{a}'=[0\quad 1\quad -1]$

$\hat{\varphi}_{22}=\mathbf{c}'\,\hat{\mathbf{B}}\,\mathbf{a}=-2$　$\hat{\sigma}_{\hat{\varphi}}=\sqrt{(.889)(.1429)}$

$-3.699\leqslant\varphi_{22}\leqslant-0.301$　$(p<.01)$

⑤低社經組第一個比較 (φ_{31})：

$\mathbf{c}'=[0\quad 0\quad 1]$　$\mathbf{a}'=[1\quad 0\quad -1]$

$$-3-5.719\sqrt{(1.778)(.1429)}\leqslant\varphi_{31}\leqslant-3+5.719\sqrt{(1.778)(.1429)}$$

或 $-5.403\leqslant\varphi_{31}\leqslant-.597$ $(p<.01)$

⑥低社經組第二個比較 (φ_{32}):

$$\mathbf{c}'=[0\quad 0\quad 1]\qquad \mathbf{a}'=[0\quad 1\quad -1]$$

$$-2-5.719\sqrt{(.889)(.1429)}\leqslant\varphi_{32}\leqslant-2+5.719\sqrt{(.889)(.1429)}$$

或 $-3.699\leqslant\varphi_{32}\leqslant-0.301$ $(p<.01)$

事實上，上面的各 $\hat{\varphi}$ 值可直接取自考驗 H_{02} 時所計算的 $\hat{\mathbf{B}}\mathbf{A}$ 和 $\mathbf{Q}_e$。換言之，各 $\hat{\varphi}$ 值可取自:

$$\hat{\mathbf{B}}\mathbf{A}=\begin{bmatrix}-4 & -1\\ -4 & -2\\ -3 & -2\end{bmatrix}=\begin{bmatrix}\hat{\varphi}_{11} & \hat{\varphi}_{12}\\ \hat{\varphi}_{21} & \hat{\varphi}_{22}\\ \hat{\varphi}_{31} & \hat{\varphi}_{32}\end{bmatrix}$$

各變異數則可取自 $\mathbf{Q}_e$ (用公式 11•2-5 者):

$$\mathbf{Q}_e=\mathbf{A}'[\mathbf{Y}'\mathbf{Y}-\mathbf{Y}'\mathbf{X}(\mathbf{X}'\mathbf{X})^{-1}\mathbf{X}'\mathbf{Y}]\mathbf{A}$$

$$=\begin{bmatrix}32 & 16\\ 16 & 16\end{bmatrix}$$

這矩陣的主對角線元素除以 $v_e=18$，便得變異數 1.778 和 .889。因爲本例每組人數均爲 7，所以 $\mathbf{c}'(\mathbf{X}'\mathbf{X})^{-1}\mathbf{c}$ 均爲 $\frac{1}{7}=.1429$。知道這些原理之後，便不須依賴公式 11•2-10 的符號了。

結果解釋 由上面的分析可知：兒童在不同說話情境下所說的語言之平均語句長度，有顯著的差異存在。六個事後比較之中，除了高社經組的「故事對看圖」以外，均達 .01顯著水準。

不同社經水準各組之間，語句長度之差異似未達到顯著水準。然因「社經水準×說話情境」交互作用效果已達顯著水準，不可遽下定論謂不同社經水準各組兒童的平均語句長度並無差異。

11·3　由多變項統計法中求單變項統計數

本節的目的在演示多變項統計法與單變項統計法之間的關係。您將可以看出：使用多變項統計法時，除了可以得到多變項統計數（如 Λ 值）之外，也可以得到單變項統計數（如 F 值）。其要訣是將虛無假設 $\mathbf{CBA}=\mathbf{O}$ 中之比較矩陣 $\mathbf{A}$ 的縱行予以「正交正規化」，例如把費恩所謂的H型比較矩陣予以正規化，使 $\mathbf{A}'\mathbf{A}=\mathbf{I}$。

（一）基本原理　當我們像在前兩節那樣利用多變項統計的方法處理單變項重複量數的資料時，如果把公式 11·1-2 及公式 11·1-3 的矩陣$\mathbf{A}$先予以正交正規化，則我們便可以自 $\mathbf{Q}_h$ 矩陣和 $\mathbf{Q}_e$ 矩陣的主對角線上得到求單變項F值的數值。前兩節裏，爲了容易瞭解起見，我們所用的矩陣$\mathbf{A}$均未經過正交正規化，所以並看不出多變項統計法與單變項統計法之間有什麼關連。

我們在第 9·3 節裏曾說過，所謂H型比較是將某一組與其後各組之平均數相對照的一種比較。例如，有五組分數時是爲：

$$
\boldsymbol{H}=\begin{bmatrix}
\frac{1}{5} & \frac{1}{5} & \frac{1}{5} & \frac{1}{5} & \frac{1}{5} \\
1 & -\frac{1}{4} & -\frac{1}{4} & -\frac{1}{4} & -\frac{1}{4} \\
0 & 1 & -\frac{1}{3} & -\frac{1}{3} & -\frac{1}{3} \\
0 & 0 & 1 & -\frac{1}{2} & -\frac{1}{2} \\
0 & 0 & 0 & 1 & -1
\end{bmatrix}
\begin{matrix} H0 \\ H1 \\ H2 \\ H3 \\ H4 \end{matrix}
$$

這 $\boldsymbol{H}$ 矩陣的各橫列互為正交，如果各橫列再予以正規化，亦即各元素均乘以該橫列各元素平方和之平方根，則將變為：

$$\boldsymbol{H}=\begin{bmatrix} .447214 & .447214 & .447214 & .447214 & .447214 \\ .894427 & -.223607 & -.223607 & -.223607 & -.223607 \\ 0 & .866026 & -.288675 & -.288675 & -.288675 \\ 0 & 0 & .816497 & -.408248 & -.408248 \\ 0 & 0 & 0 & .707107 & -.707107 \end{bmatrix} \begin{matrix} H0 \\ H1 \\ H2 \\ H3 \\ H4 \end{matrix}$$

換言之，$H0$，$H1$，$H2$，$H3$，$H4$ 各橫列平方和為 1（正規化為 1），相鄰兩橫列之交乘積和為 0（正交化）。

因為在虛無假設 $\mathbf{CBA}=\mathbf{0}$ 裏，我們要將母數矩陣 $\mathbf{B}$ 後乘以矩陣 $\mathbf{A}$，使母數矩陣 $\mathbf{B}$ 的各縱行相加減，所以我們要把矩陣 $\mathbf{A}$ 的各「縱行」加以正交正規化，而不是像前面把 H 的橫列加以正交正規化。以 $p=3$ 的重複量數為例來說，矩陣 $\mathbf{A}$ 便是：

$$\mathbf{A}=\begin{bmatrix} \frac{1}{3} & 1 & 0 \\ \frac{1}{3} & -\frac{1}{2} & 1 \\ \frac{1}{3} & -\frac{1}{2} & -1 \end{bmatrix}$$

將縱行正規化之後，便成為：

$$\mathbf{A}=\begin{bmatrix} .577350 & .816497 & 0 \\ .577350 & -.408248 & .707107 \\ .577350 & -.408248 & -.707107 \end{bmatrix}$$
$$\quad H0 \qquad\quad H1 \qquad\quad H2$$

將後一矩陣 $\mathbf{A}$ 或以其縱行 $H0$，$H1$，$H2$ 所構成的 $\mathbf{A}$ 矩陣，代入求

$\mathbf{Q}_h$ 或 $\mathbf{Q}_e$ 的公式（例如公式 11•1-2 和公式 11•1-3），便可自 $\mathbf{Q}_h$ 和 $\mathbf{Q}_e$ 的主對角線上得到單變項分析所須的 SS。其方法是把所求出的 $\mathbf{Q}_h$ 矩陣或 $\mathbf{Q}_e$ 矩陣所有的主對角線元素全部加起來。換言之，$\mathbf{Q}_h$ 或 $\mathbf{Q}_e$ 矩陣的跡便是所要的離均差平方和。至於單變項分析所須的自由度，也同樣可以由多變項分析中順便得到。其方法是將多變項分析時的自由度（例如 v_h 或 v_e）乘以矩陣 $\mathbf{A}$ 的秩數（亦即 u）。

我想，經由計算實例來瞭解上述的原理是最佳的策略。因此，我們現在就直接由例 11•3-1 入手，不再介紹基本原理。

（二）計算實例

【例 11•3-1】 有一項二樣本重複量數的統計資料如表 11•3-1 所示。用單變項統計法處理此項重複量數資料的結果，得如表 11•3-2 所示的變異數分析摘要表。試利用此項資料比較單變項統計法與多變項統計法的異同處。

表 11•3-1　例 11•3-1 重複量數統計分析資料

性　別	學生	機械	藝術	音樂
男	*A*	4	1	3
	B	9	3	9
	C	8	4	6
	D	9	5	5
	E	6	3	9
女	*F*	3	7	11
	G	8	3	7
	H	5	4	10
	I	6	2	12
	J	3	4	9

（取材自林清山，民國63年，第330頁）

由表 11•3-1 可以看出男女各五名學生均先後重複接受機械、藝術和音樂等三種測驗。所以這是二樣本重複量數的資料，也可使用第

表 11•3-2　單變項重複量數變異數分析摘要表

來　源	SS	df	MS	F
受試之間	42.54	9		
性別(A)	3.33	1	3.33	0.68
群內受試	39.20	8	4.90	
受試之內	203.33	20		
性向(B)	101.67	2	50.84	13.04
性別×性向(AB)	39.26	2	19.63	5.03
性向×群內受試	62.40	16	3.90	
全　體	245.87	29		

(取材自林清山，民國63年，第332頁)

11•1 節所用的多變項統計法來分析。我們可以將多變項統計分析的結果拿來與表 11•3-2 單變項統計分析的結果相比較，以看出二者的異同。

(1) 關於男女兩組的反應側面圖是否平行的問題，亦即性別與性向之間的交互作用效果的考驗:

$$\hat{\mathbf{B}} = (\mathbf{X}'\mathbf{X})^{-1}\mathbf{X}'\mathbf{Y}$$

$$= \begin{bmatrix} .2 & 0 \\ 0 & .2 \end{bmatrix} \begin{bmatrix} 36 & 16 & 32 \\ 25 & 20 & 49 \end{bmatrix} = \begin{bmatrix} 7.2 & 3.2 & 6.4 \\ 5.0 & 4.0 & 9.8 \end{bmatrix}$$

公式 11•1-2 和 11•1-3 所須的 **C** 矩陣和 **A** 矩陣（正交正規化）是這樣的:

$$\mathbf{C} = [1 \; -1] \qquad \mathbf{A} = \begin{bmatrix} .816497 & 0 \\ -.408248 & .707107 \\ -.408248 & -.707107 \end{bmatrix}$$

$$\mathbf{C\hat{B}A}=[1\quad -1]\begin{bmatrix}7.2 & 3.2 & 6.4\\ 5.0 & 4.0 & 9.8\end{bmatrix}\begin{bmatrix}.816497 & 0\\ -.408248 & .707107\\ -.408248 & -.707107\end{bmatrix}$$

$$=[3.51094\quad 1.83848]=\bar{\mathbf{d}}'$$

$$\mathbf{Q}_{h(AB)}=(\mathbf{C\hat{B}A})'[\mathbf{C}(\mathbf{X'X})^{-1}\mathbf{C}']^{-1}(\mathbf{C\hat{B}A})=\frac{N_1N_2}{N_1+N_2}\bar{\mathbf{d}}\bar{\mathbf{d}}'$$

$$=\frac{(5)(5)}{5+5}\begin{bmatrix}3.51094\\ 1.83848\end{bmatrix}[3.51094\quad 1.83848]$$

$$=\begin{bmatrix}30.8167 & 16.1369\\ 16.1369 & 8.4500\end{bmatrix}$$

由 $\mathbf{Q}_{h(AB)}$ 矩陣的主對角線元素，可求出表 11·3-2 的 SS_{AB}，亦即：

$$SS_{AB}=tr\,\mathbf{Q}_{h(AB)}=30.8167+8.4500=39.2667$$

其次，爲求 $\mathbf{Q}_e$，可先求下列矩陣：

$$\mathbf{Y'Y}-\mathbf{Y'X}(\mathbf{X'X})^{-1}\mathbf{X'Y}$$

$$=\begin{bmatrix}421 & 215 & 478\\ 215 & 154 & 304\\ 478 & 304 & 727\end{bmatrix}-\begin{bmatrix}384.2 & 215.2 & 475.4\\ 215.2 & 131.2 & 298.4\\ 475.4 & 298.4 & 685.0\end{bmatrix}=\begin{bmatrix}36.8 & -.2 & 2.6\\ -.2 & 22.8 & 5.6\\ 2.6 & 5.6 & 42.0\end{bmatrix}$$

$$\mathbf{Q}_e=\mathbf{A}'[\mathbf{Y'Y}-\mathbf{Y'X}(\mathbf{X'X})^{-1}\mathbf{X'Y}]\mathbf{A}$$

$$=\begin{bmatrix}.816497 & -.408248 & -.408248\\ 0 & .707107 & -.707107\end{bmatrix}\begin{bmatrix}36.8 & -.2 & 2.6\\ -.2 & 22.8 & 5.6\\ 2.6 & 5.6 & 42.0\end{bmatrix}$$

$$\times\begin{bmatrix}.816497 & 0\\ -.408248 & .707107\\ -.408248 & -.707107\end{bmatrix}$$

$$=\begin{bmatrix}35.600 & 3.926\\ 3.926 & 26.800\end{bmatrix}$$

由這 $\mathbf{Q}_e$ 矩陣的主對角線元素，可求出表 11·3-2 的 $SS_{B\times subj\cdot w\cdot group}$，亦即

$$SS_{B\times subj\cdot w\cdot group}=tr\mathbf{Q}_e=35.600+26.800=62.400$$

將 $\mathbf{Q}_{h(AB)}$ 和 $\mathbf{Q}_e$ 代入公式求 Λ 值:

$$\Lambda=\frac{|\mathbf{Q}_e|}{|\mathbf{Q}_{h(AB)}+\mathbf{Q}_e|}=\frac{938.6666}{1938.6666}=.4842$$

$$\Lambda>U_{.05(2,1,8)}=.424876 \qquad (n.s)$$

以多變項分析的結果而言，性別與性向之間的交互作用效果並未達到 .05 顯著水準。(請注意: 表 11·3-2 的單變項分析之交互作用如採 $\alpha=.05$，則達顯著水準)。由 $U_{.05(2,1,8)}$ 可以看出 2 是矩陣 **A** 的秩數，1 是 $\mathbf{Q}_{h(AB)}$ 的自由度，8 是 $\mathbf{Q}_e$ 的自由度。$\mathbf{Q}_{h(AB)}$ 的自由度和 $\mathbf{Q}_e$ 的自由度各乘以矩陣 **A** 的秩數 2，便可得到表 11·3-2 裏 SS_{AB} 和 $SS_{B\times subj\cdot w\cdot group}$ 的自由度:

$$df_{AB}=R(\mathbf{A})\cdot v_h=2\times1=2$$

$$df_{B\times subj\cdot w\cdot group}=R(\mathbf{A})\cdot v_e=2\times8=16$$

(2) 關於三種性向測驗之間的差異考驗:

$$\mathbf{C\hat{B}A}=\begin{bmatrix}\frac{1}{2} & \frac{1}{2}\end{bmatrix}\begin{bmatrix}7.2 & 3.2 & 6.4\\5.0 & 4.0 & 9.8\end{bmatrix}\begin{bmatrix}.816497 & 0\\-.408248 & .707107\\-.408248 & -.707107\end{bmatrix}$$

$$=[.20413 \quad -3.18198]$$

$$[\mathbf{C}(\mathbf{X'X})^{-1}\mathbf{C'}]^{-1}=\left[(.5 \quad .5)\begin{pmatrix}.2 & 0\\0 & .2\end{pmatrix}\begin{pmatrix}.5\\.5\end{pmatrix}\right]^{-1}=10$$

$$\mathbf{Q}_{h(B)}=(\mathbf{C\hat{B}A})'[\mathbf{C}(\mathbf{X'X})^{-1}\mathbf{C}]^{-1}(\mathbf{C\hat{B}A})$$

$$=10\begin{bmatrix}.20413\\-3.18198\end{bmatrix}[.20413 \quad -3.18198]=\begin{bmatrix}.4167 & -6.4953\\-6.4953 & 101.2500\end{bmatrix}$$

所以表 11·3-2 性向的 SS 是:

$$SS_B = tr\mathbf{Q}_{h(B)} = .4167 + 101.2500 = 101.6667$$

$$\mathbf{Q}_e = \begin{bmatrix} 35.600 & 3.926 \\ 3.926 & 26.800 \end{bmatrix}$$

$$\Lambda = \frac{|\mathbf{Q}_e|}{|\mathbf{Q}_{h(B)} + \mathbf{Q}_e|} = \frac{938.6666}{4605.3332} = .2038$$

$$\Lambda < U_{.05(2,1,8)} = .424876 \qquad (p < .05)$$

可見，多變項分析之結果，性向之間有顯著差異存在。表 11·3-2 中顯示：單變項分析之結果，性向之間的差異也達顯著水準。至於 $df_B = R(\mathbf{A}) \cdot v_h = 2 \times 1 = 2$，求法仍然一樣。

(3) 男女之間的差異顯著性考驗:

$$\mathbf{C\hat{B}A} = [1 \quad -1] \begin{bmatrix} 7.2 & 3.2 & 6.4 \\ 5.0 & 4.0 & 9.8 \end{bmatrix} \begin{bmatrix} .57735 \\ .57735 \\ .57735 \end{bmatrix} = -1.1547$$

$$\mathbf{Q}_{h(A)} = (\mathbf{C\hat{B}A})'[\mathbf{C}(\mathbf{X}'\mathbf{X})\mathbf{C}']^{-1}(\mathbf{C\hat{B}A})$$

$$= \frac{(5)(5)}{5+5}(-1.1547)^2 = 3.3333$$

這正是表 11·3-2 裏的 SS_A。

$$\mathbf{Q}_e = \mathbf{A}'[\mathbf{Y}'\mathbf{Y} - \mathbf{Y}'\mathbf{X}(\mathbf{X}'\mathbf{X})^{-1}\mathbf{X}'\mathbf{Y}]\mathbf{A}$$

$$= [.57735 \quad .57735 \quad .57735] \begin{bmatrix} 36.8 & -.2 & 2.6 \\ -.2 & 22.8 & 5.6 \\ 2.6 & 5.6 & 42.0 \end{bmatrix} \begin{bmatrix} .57735 \\ .57735 \\ .57735 \end{bmatrix}$$

$$= 39.2000$$

這正是表 11·3-2 裏的 $SS_{subj \cdot w \cdot group}$。由 $U_{.05(1,1,8)}$ 可以看出:

$$\mathrm{df}_A = R(\mathbf{A}) \cdot v_h = 1 \times 1 = 1$$

$$\mathrm{df}_{subj \cdot w \cdot group} = R(\mathbf{A}) \cdot v_e = 1 \times 8 = 8$$

所以:

$$F = \frac{3.3333/1}{39.2000/8} = .68 \qquad (n.s)$$

從上面可以知道: 使用各縱行正交正規化的**A**矩陣之後, 我們便在求多變項統計值Λ之同時, 也求出單變項分析所須的F值。這也是說, 單變項分析法只是多變項分析法之中的一個特例而已。用多變項統計法可以同時得到單變項分析的統計數。反之則否。

11·4　多變項重複量數統計法

上面各節裏, 雖然研究者在幾個反應情境中重複觀察受試者的行爲, 但是每一情境所觀察的依變項却只有一個。換句話說, 我們使用多變項分析的方法處理單變項統計的資料。不過, 在許多實際工作的情境裏, 我們常須在幾個情境下, 重複就受試者的多個依變項加以觀察。例如我們可以在鼓勵、懲罰、和放任等三個情境下, 連續觀察同一群學生在國文、英語、和數學等三種依變項分數方面的表現。像這種在 q 個反應情境中, 均就受試者的 p 個依變項加以觀察的設計, 特別叫做「多變項重複量數設計」(multivariate repeated measures design)。這是我們要在這一節中加以討論的 (請參看 Timm, 1980, pp.1-47)。

(一) 基本原理　多變項重複量數設計所根據的原理, 與上面各節所討論過的完全一樣, 只是較複雜一些而已, 因此所使用的公式也都完全一樣。我們將不再在這一節裏重新寫出這些公式, 而只把不同的地方列出來, 供讀者特別注意它們。

如果在 q 個不同情境下觀察受試者的 p 個依變項方面之行爲，則所搜集到的資料可如圖 11·4-1 所示予以呈現。惟，爲計算方便起見，在資料處理之前，應把所搜集到的資料重新排列如圖 11·4-2 所示：

		情境 1				情境 2				…	情境 q			
		變項1	變項2	…	變項p	變項1	變項2	…	變項p		變項1	變項2	…	變項p
受試者	S_1	•	•	…	•	•	•	…	•		•	•	…	•
	S_2	•	•	…	•	•	•	…	•		•	•	…	•
	⋮	⋮	⋮		⋮	⋮	⋮		⋮		⋮	⋮		⋮
	S_n	•	•	…	•	•	•	…	•		•	•	…	•

圖 11·4-1　q 個情境下的 p 個依變項分數。

		變項 1				變項 2				…	變項 p			
		情境1	情境2	…	情境q	情境1	情境2	…	情境q		情境1	情境2	…	情境q
受試者	S_1	•	•	…	•	•	•	…	•		•	•	…	•
	S_2	•	•	…	•	•	•	…	•		•	•	…	•
	⋮	⋮	⋮		⋮	⋮	⋮		⋮		⋮	⋮		⋮
	S_n	•	•	…	•	•	•	…	•		•	•	…	•

圖 11·4-2　多變項重複量數設計的資料安排。

以二樣本多變項重複量數而且 $p=3$ 和 $q=3$ 的例子來說，由圖 11·4-2 所示資料，可算出不同處理兩組受試者在三個情境下的三個

表 11·4-1　多變項重複量數的平均數

		變項								
		1			2			3		
	情境	B_1	B_2	B_3	B_1	B_2	B_3	B_1	B_2	B_3
實驗處理	A_1	μ_{11}	μ_{12}	μ_{13}	μ_{14}	μ_{15}	μ_{16}	μ_{17}	μ_{18}	μ_{19}
	A_2	μ_{21}	μ_{22}	μ_{23}	μ_{24}	μ_{25}	μ_{26}	μ_{27}	μ_{28}	μ_{29}

依變項成績的平均數，並用來估評它們的母數。表 11·4-1 表示這些平均數之母數的安排。

有了這些資料之後，便可以進行各種假設考驗。其要領與第11·1節所討論者相似，因此只簡述如下:

(1) 實驗處理與情境之間的交互作用效果的考驗:

$$H_{0_{(AB)}}:\ (\mu_{11}-\mu_{12}, \mu_{12}-\mu_{13}, \mu_{14}-\mu_{15}, \cdots, \mu_{18}-\mu_{19})$$
$$=(\mu_{21}-\mu_{22}, \mu_{22}-\mu_{23}, \mu_{24}-\mu_{25}, \cdots, \mu_{28}-\mu_{29})$$

解 $\mathbf{Q}_e$ 和 $\mathbf{Q}_h$ 所須用的 C 矩陣及 $\boldsymbol{A}$ 矩陣，則可表示如下:

$$\mathbf{C}=[1\quad -1]$$

$$\underset{9\times 6}{\mathbf{A}}=\begin{bmatrix} 1 & 0 & 0 & 0 & 0 & 0 \\ -1 & 1 & 0 & 0 & 0 & 0 \\ 0 & -1 & 0 & 0 & 0 & 0 \\ 0 & 0 & 1 & 0 & 0 & 0 \\ 0 & 0 & -1 & 1 & 0 & 0 \\ 0 & 0 & 0 & -1 & 0 & 0 \\ 0 & 0 & 0 & 0 & 1 & 0 \\ 0 & 0 & 0 & 0 & -1 & 1 \\ 0 & 0 & 0 & 0 & 0 & -1 \end{bmatrix}=\begin{bmatrix} 1 & 0 & 0 \\ 0 & 1 & 0 \\ 0 & 0 & 1 \end{bmatrix}\otimes\begin{bmatrix} 1 & 0 \\ -1 & 1 \\ 0 & -1 \end{bmatrix}$$

(2) 關於 q 個反應情境之間的差異顯著性考驗方面:

$$H_{0_{(B)}}:\ \begin{bmatrix} \mu_{11} \\ \mu_{21} \\ \mu_{14} \\ \mu_{24} \\ \mu_{17} \\ \mu_{27} \end{bmatrix}=\begin{bmatrix} \mu_{12} \\ \mu_{22} \\ \mu_{15} \\ \mu_{25} \\ \mu_{18} \\ \mu_{28} \end{bmatrix}=\begin{bmatrix} \mu_{13} \\ \mu_{23} \\ \mu_{16} \\ \mu_{26} \\ \mu_{19} \\ \mu_{29} \end{bmatrix}$$

此時所須**C**矩陣及**A**矩陣則爲:

$$\mathbf{C}=\begin{bmatrix}1 & 0\\0 & 1\end{bmatrix}\qquad \underset{9\times 6}{\mathbf{A}}=\begin{bmatrix}1 & 0 & 0\\0 & 1 & 0\\0 & 0 & 1\end{bmatrix}\otimes\begin{bmatrix}1 & 0\\-1 & 1\\0 & -1\end{bmatrix}$$

如果交互作用效果未達顯著水準，則**C**矩陣可改爲:

$$\mathbf{C}=\begin{bmatrix}\frac{1}{2} & \frac{1}{2}\end{bmatrix}$$

亦卽將實驗處理予以合併處理。

(3) 關於不同實驗處理之間(或組別之間)的差異顯著性考驗方面

$$H_{0(A)}:\ \mu_1=\mu_2$$

$$\mathbf{C}=[1\quad -1]\qquad \mathbf{A}=\mathbf{I}_9$$

如果交互作用效果沒有達到顯著水準，則**A**矩陣可改爲:

$$\underset{9\times 3}{\mathbf{A}}=\begin{bmatrix}1 & 0 & 0\\0 & 1 & 0\\0 & 0 & 1\end{bmatrix}\otimes\begin{bmatrix}\frac{1}{3}\\\frac{1}{3}\\\frac{1}{3}\end{bmatrix}$$

亦卽將三個情境予以合併處理。

(二) 應用實例

〔例 11·4-1〕 男女兩組各十名學生，三個段考國文、英語、數學三科測驗成績如表 11·4-2 所示。試考驗①性別與段考之間有無交互作用效果存在。②三個段考之間有無顯著差異存在，和③男女之間有無顯著差異存在 ($\alpha=.05$)。

首先要將表 11·4-2 的資料當作 20×9 階矩陣**Y**，並用矩陣**X**表

表 11·4-2 兩組受試者三個段考的三項測驗成績

	受試者	依變項								
		國文			英語			數學		
		第一	第二	第三	第一	第二	第三	第一	第二	第三
男	1	5	6	9	1	4	3	12	15	21
	2	8	11	12	2	3	5	17	19	24
	3	6	8	13	2	2	3	14	16	15
	4	6	8	10	4	6	8	18	19	21
	5	7	7	9	3	5	6	16	20	23
	6	10	12	13	5	7	8	20	25	27
	7	8	9	11	2	3	3	13	14	18
	8	9	12	14	5	5	6	18	20	24
	9	8	12	13	4	6	7	19	19	22
	10	7	9	10	3	5	5	15	17	20
女	11	10	12	15	7	9	11	22	25	29
	12	7	8	11	6	6	7	19	24	26
	13	11	13	14	6	7	10	23	25	30
	14	9	11	13	7	8	9	22	23	25
	15	12	10	12	4	3	5	24	26	27
	16	8	13	16	7	10	12	20	23	27
	17	9	12	14	4	5	6	20	19	25
	18	10	12	15	5	7	11	21	24	33
	19	10	11	12	3	4	5	19	21	24
	20	9	9	10	6	8	8	23	22	26

示組別:

$$\underset{20\times 2}{\mathbf{X}}=\begin{bmatrix}\mathbf{1}_{10} & 0\\ 0 & \mathbf{1}_{10}\end{bmatrix}$$

如此則各細格平均數可計算如下:

$$\hat{\mathbf{B}}=(\mathbf{X}'\mathbf{X})^{-1}\mathbf{X}'\mathbf{Y}$$

$$=\begin{bmatrix}.10 & 0\\ 0 & .10\end{bmatrix}\begin{bmatrix}74 & 94 & 114 & 31 & 46 & 54 & 162 & 184 & 215\\ 95 & 111 & 132 & 55 & 67 & 84 & 213 & 232 & 272\end{bmatrix}$$

$$=\left[\begin{array}{ccc|ccc|ccc}7.4 & 9.4 & 11.4 & 3.1 & 4.6 & 5.4 & 16.2 & 18.4 & 21.5\\ 9.5 & 11.1 & 13.2 & 5.5 & 6.7 & 8.4 & 21.3 & 23.2 & 27.2\end{array}\right]\begin{matrix}\text{男}\\ \text{女}\end{matrix}$$

(1) 性別與段考的交互作用效果考驗:

$$\mathbf{C}\hat{\mathbf{B}}\mathbf{A}=[1\quad -1]\left[\begin{array}{ccc|ccc|ccc}7.4 & 9.4 & 11.4 & 3.1 & 4.6 & 5.4 & 16.2 & 18.4 & 21.5\\ 9.5 & 11.1 & 13.2 & 5.5 & 6.7 & 8.4 & 21.3 & 23.2 & 27.2\end{array}\right]$$

$$\times\begin{bmatrix}1 & 0 & 0 & 0 & 0 & 0\\ -1 & 1 & 0 & 0 & 0 & 0\\ 0 & -1 & 0 & 0 & 0 & 0\\ 0 & 0 & 1 & 0 & 0 & 0\\ 0 & 0 & -1 & 1 & 0 & 0\\ 0 & 0 & 0 & -1 & 0 & 0\\ 0 & 0 & 0 & 0 & 1 & 0\\ 0 & 0 & 0 & 0 & -1 & 1\\ 0 & 0 & 0 & 0 & 0 & -1\end{bmatrix}=[-.4\ \ .1\ \ -.3\ \ .9\ \ -.3\ \ .9]=\bar{\mathbf{d}}'$$

$$\mathbf{Q}_{h(AB)}=(\mathbf{C}\hat{\mathbf{B}}\mathbf{A})'[\mathbf{C}(\mathbf{X}'\mathbf{X})^{-1}\mathbf{C}']^{-1}(\mathbf{C}\hat{\mathbf{B}}\mathbf{A})$$

$$=\frac{N_1N_2}{N_1+N_2}\bar{\mathbf{d}}\bar{\mathbf{d}}'$$

$$=\frac{(10)(10)}{10+10}\begin{bmatrix}-.4\\ .1\\ -.3\\ .9\\ -.3\\ .9\end{bmatrix}[-.4\ \ .1\ \ -.3\ \ .9\ \ -.3\ \ .9]$$

$$
=\begin{bmatrix}
.80 & & & & & (\text{對稱}) \\
-.20 & .05 & & & & \\
.60 & -.15 & .45 & & & \\
-1.80 & .45 & -1.35 & 4.05 & & \\
.60 & -.15 & .45 & -1.35 & .45 & \\
-1.80 & .45 & -1.35 & 4.05 & -1.35 & 4.05
\end{bmatrix}
$$

$$\mathbf{Y'Y}-\mathbf{Y'X}(\mathbf{X'X})^{-1}\mathbf{X'Y}$$

$$
=\begin{bmatrix}
38.9 & & & & & & & & (\text{對稱}) \\
32.9 & 69.3 & & & & & & & \\
18.4 & 56.2 & 64.0 & & & & & & \\
5.1 & 21.1 & 18.6 & 35.4 & & & & & \\
-3.9 & 22.9 & 18.2 & 40.9 & 66.5 & & & & \\
6.4 & 41.0 & 37.6 & 46.6 & 70.8 & 94.8 & & & \\
39.7 & 40.9 & 19.6 & 33.3 & 28.7 & 47.0 & 91.7 & & \\
39.4 & 35.2 & 23.0 & 40.6 & 37.2 & 62.6 & 84.6 & 128.0 & \\
41.0 & 52.8 & 33.6 & 32.5 & 48.6 & 82.2 & 70.4 & 108.6 & 170.1
\end{bmatrix}
$$

$$\mathbf{Q}_e=\mathbf{A}'[\mathbf{Y'Y}-\mathbf{Y'X}(\mathbf{X'X})^{-1}\mathbf{X'Y}]\mathbf{A}$$

$$
=\begin{bmatrix}
42.4 & & & & & (\text{對稱}) \\
1.4 & 20.9 & & & & \\
10.8 & -2.2 & 20.1 & & & \\
7.8 & 1.3 & -1.4 & 19.7 & & \\
-5.4 & 9.1 & 1.2 & 7.1 & 50.5 & \\
16.0 & -7.0 & 19.5 & 8.2 & -5.2 & 80.9
\end{bmatrix}
$$

所以:

$$\Lambda=\frac{|\mathbf{Q}_e|}{|\mathbf{Q}_{h(AB)}+\mathbf{Q}_e|}=\frac{591946016.3}{827948075.8}=.7150$$

$$\Lambda>U_{.05(6,1,18)}=.426364$$

（這裏，$u=6$ 是矩陣 **A** 的秩數，$v_h=1$ 是假設的數目或矩陣 **C** 的秩數，$v_e=10+10-2$ 亦即總人數減組數）。根據上面的分析，我們應接受 $H_{0(AB)}$，亦即性別與段考之間沒有交互作用存在。

(2) 段考之間的差異顯著性考驗:

$$\mathbf{C\hat{B}A}=\mathbf{\hat{B}A}=\begin{bmatrix}-2.0 & -2.0 & -1.5 & -.80 & -2.2 & -3.1\\ -1.6 & -2.1 & -1.2 & -1.70 & -1.9 & -4.0\end{bmatrix}$$

（這裏矩陣**A**仍爲前面 9×6 階矩陣**A**，矩陣**C**則等於 $\mathbf{I}_2$）。

$$\mathbf{Q}_{h(B)}=(\mathbf{C\hat{B}A})'[\mathbf{C}(\mathbf{X'X})^{-1}\mathbf{C}']^{-1}(\mathbf{CBA})$$

$$=(\mathbf{\hat{B}A})'[(\mathbf{X'X})^{-1}]^{-1}(\mathbf{BA})$$

$$=\begin{bmatrix}65.6 & & & & & \text{（對稱）}\\ 73.6 & 84.1 & & & & \\ 49.2 & 55.2 & 36.9 & & & \\ 43.2 & 51.7 & 32.4 & 35.3 & & \\ 74.4 & 83.9 & 55.8 & 49.9 & 84.5 & \\ 126.0 & 146.0 & 94.5 & 92.8 & 144.2 & 256.1\end{bmatrix}$$

這裏 $[(\mathbf{X'X})^{-1}]^{-1}=\begin{bmatrix}10 & 0\\ 0 & 10\end{bmatrix}=\begin{bmatrix}N_1 & 0\\ 0 & N_2\end{bmatrix}$

$$\mathbf{Q}_e=\mathbf{A}'[\mathbf{Y'Y}-\mathbf{Y'X}(\mathbf{X'X})^{-1}\mathbf{XY}]\mathbf{A}$$

$$=\text{（與前面 }\mathbf{Q}_e\text{ 矩陣同）}$$

$$\Lambda=\frac{|\mathbf{Q}_e|}{|\mathbf{Q}_{h(B)}+\mathbf{C}_e|}=\frac{591946016.3}{9044050725}=.0655$$

$\Lambda<U_{.05(6,2,18)}=.252176$，所以 $H_{0(B)}$ 應予以拒絕。可見，各段考之間有顯著差異存在。因爲交互作用效果未達顯著水準，可以採用 $\mathbf{C}=\begin{bmatrix}\frac{1}{2} & \frac{1}{2}\end{bmatrix}$，將男女合併以比較段考之間的差異。（此項考驗之結

果，$\Lambda=.0900$，$p<.0001$)。

(3) 男女之間的差異顯著性考驗：

$$\mathbf{C\hat{B}A}=\mathbf{C\hat{B}} \qquad (\text{這裏 } \mathbf{A}=\mathbf{I}_9)$$

$$=[1 \quad -1]\begin{bmatrix} 7.4 & 9.4 & 11.4 & 3.1 & 4.6 & 5.4 & 16.2 & 18.4 & 21.5 \\ 9.5 & 11.1 & 13.2 & 5.5 & 6.7 & 8.4 & 21.3 & 23.2 & 27.2 \end{bmatrix}$$

$$=[-2.1 \quad -1.7 \quad -1.8 \quad -2.4 \quad -2.1 \quad -3.0 \quad -5.1 \quad -4.8 \quad -5.7]$$

$$\mathbf{Q}_{h(A)}=(\mathbf{C\hat{B}A})'[\mathbf{C}(\mathbf{X'X})^{-1}\mathbf{C'}]^{-1}(\mathbf{C\hat{B}A})$$

$$=(\mathbf{C\hat{B}})'\left[\frac{N_1+N_2}{N_1N_2}\right]^{-1}(\mathbf{C\hat{B}})$$

$$=\begin{bmatrix} 22.05 & & & & & & & & (\text{對稱}) \\ 17.85 & 14.45 \\ 18.90 & 15.30 & 16.2 \\ 25.20 & 20.40 & 21.6 & 28.8 \\ 22.05 & 17.85 & 18.9 & 25.2 & 22.05 \\ 31.50 & 25.50 & 27.0 & 36.0 & 31.50 & 45.0 \\ 53.55 & 43.35 & 45.9 & 61.2 & 53.55 & 76.5 & 130.05 \\ 50.40 & 40.80 & 43.2 & 57.6 & 50.40 & 72.0 & 122.40 & 115.2 \\ 59.85 & 48.45 & 51.3 & 68.4 & 59.85 & 85.5 & 145.35 & 136.8 & 162.45 \end{bmatrix}$$

這裏 $\dfrac{N_1+N_2}{N_1N_2}=\dfrac{(10)(10)}{10+10}$

$$\mathbf{Q}_e=\mathbf{Y'Y}-\mathbf{Y'X}(\mathbf{X'X})^{-1}\mathbf{X'Y}$$

$=$(前面已算過，這裏從略)

$$\Lambda=\frac{|\mathbf{Q}_e|}{|\mathbf{Q}_{h(A)}+\mathbf{Q}_e|}=\frac{2.698456341\times10^{12}}{1.113465018\times10^{13}}=.2423, \quad (p<.0328)$$

$\Lambda<U_{.05,(9,1,18)}$ 〔$p=9$，附錄表六不够使用〕。

可見，男女之間的差異達到 .05 顯著水準。

因爲交互作用效果未達顯著水準，可將三個段考予以合併以比較

男女之間的差異:

$$\mathbf{C\hat{B}A}=[1\ \ -1]\begin{bmatrix}7.4 & 9.4 & 11.4 & 3.1 & 4.6 & 5.4 & 16.2 & 18.4 & 21.5\\ 9.5 & 11.1 & 13.2 & 5.5 & 6.7 & 8.4 & 21.3 & 23.2 & 27.2\end{bmatrix}$$

$$\times\begin{bmatrix}.3333 & 0 & 0\\ .3333 & 0 & 0\\ .3333 & 0 & 0\\ 0 & .3333 & 0\\ 0 & .3333 & 0\\ 0 & .3333 & 0\\ 0 & 0 & .3333\\ 0 & 0 & .3333\\ 0 & 0 & .3333\end{bmatrix}=[-1.86648\ \ -2.49975\ \ -5.19948]$$

$$\mathbf{Q}^*_{h(A)}=\frac{(10)(10)}{10+10}\begin{bmatrix}-1.86648\\ -2.49975\\ -5.19948\end{bmatrix}[-1.86648\ \ -2.49975\ \ -5.19948]$$

$$=\begin{bmatrix}17.4187 & & (\text{對稱})\\ 23.3287 & 31.2438 & \\ 48.5236 & 64.9870 & 135.1730\end{bmatrix}$$

$$\mathbf{Q}_e=\mathbf{A}'[\mathbf{Y}'\mathbf{Y}-\mathbf{Y}'\mathbf{X}(\mathbf{X}'\mathbf{X})^{-1}\mathbf{X}'\mathbf{Y}]\mathbf{A}$$

$$=\begin{bmatrix}43.0136 & & (\text{對稱})\\ 18.5518 & 57.0219 & \\ 36.1261 & 45.8464 & 101.8685\end{bmatrix}$$

$$\Lambda=\frac{|\mathbf{Q}_e|}{|\mathbf{Q}^*_{h(A)}+\mathbf{Q}_e|}=\frac{111418.7606}{259657.5691}=.4291$$

$\Lambda<U_{.05(3,1,18)}=.622168$，故應拒絕 $H_0{}^*{}_{(A)}$。換言之，將各依變

項三個段考成績合併計算，也顯示男女之間有顯著差異存在。

11·5 趨向分析

上一節所討論的重複量數多變項分析法裏，自變項各水準之間並不一定有自然的順序存在。以例 11·2-1 來說，第二個自變項「說話情境」的三個類別（遊戲情境、說故事情境、和看圖說話情境）之間並沒有根據什麼自然的順序排列。所謂重複量數設計只是說每位受試者均在這幾個情境下被重複觀察罷了；研究者所選擇的這幾個情境之間並沒有什麼自然的順序存在。本節所討論的趨向分析裏，研究者所選擇的某一自變項各水準之間，不但單位相同，而且有自然順序存在（例如，學習的時間、練習的次數、酒精的份量、年齡或智力等）。研究者的目的在探討受試者的行爲反應在這些情境下，有什麼趨向存在。由於此一緣故，在計算的過程中，我們必須使用到多項式係數，看看我們的研究資料適合於直線的、二次曲線的、三次曲線或幾次曲線所代表的趨勢。

（一）基本原理 趨向分析 (trend analysis) 或稱「生長曲線分析」(growth-curve analysis)〔Timm, 1975, pp. 490–511〕，其基本原理可扼要說明如下：

在前面的重複量數統計方法裏，我們以 **XB** 來當作 **Y** 的期望值，亦即 $E(\mathbf{Y})=\mathbf{XB}$。所以其一般線性模式爲：

$$\underset{N\times p}{\mathbf{Y}} = \underset{(N\times I)}{\mathbf{X}}\ \underset{(I\times p)}{\mathbf{B}} + \underset{N\times p}{\mathbf{E}}$$

但是，如果重複量數設計時，自變項具有相等單位和自然次序的性質，而且其目的在於進行趨向分析，就可用下式所示的模式來取代

(Potthoff & Roy, 1964):

$$\underset{(N\times q)}{\mathbf{Y}_0} = \underset{(N\times I)}{\mathbf{X}}\ \underset{(I\times p)}{\mathbf{B}}\ \underset{(p\times q)}{\mathbf{Q}} + \underset{(N\times q)}{\mathbf{E}_0} \qquad \text{〔公式 11·5-1〕}$$

這裏,　q ＝依變項數目

I ＝受試者組數

p ＝趨向（生長）曲線的次方數＋1

N ＝受試者總人數

公式 11·5-1 裏的 **X** 是沒有單元向量的模式矩陣。矩陣 **B** 和 **Q** 是下面趨向（生長）曲線的係數及自變項:

$$\beta_{i0}+\beta_{i1}t+\beta_{i2}t^2+\cdots+\beta_{i,p-1}t^{p-1} \qquad \text{〔公式 11·5-2〕}$$

亦卽:

$$\underset{(I\times p)}{\mathbf{B}} = \begin{bmatrix} \beta_{10} & \beta_{11} & \cdots & \beta_{1,p-1} \\ \beta_{20} & \beta_{21} & \cdots & \beta_{2,p-1} \\ \vdots & \vdots & & \vdots \\ \beta_{I0} & \beta_{I1} & \cdots & \beta_{I,p-1} \end{bmatrix} \qquad \underset{(p\times q)}{\mathbf{Q}} = \begin{bmatrix} 1 & 1 & \cdots & 1 \\ t_1 & t_2 & \cdots & t_q \\ t_1^2 & t_2^2 & \cdots & t_q^2 \\ \vdots & \vdots & & \vdots \\ t_1^{p-1} & t_2^{p-1} & \cdots & t_q^{p-1} \end{bmatrix}$$

這 **Q** 矩陣的第一橫列代表常數項, 第二、三、四橫列…依次代表一次項、二次項、三次項…, 如此類推。其元素可查附錄表九或十而得（我們在第 6·1 節討論單變項多項式廻歸分析時已使用過, 請回頭復習一下）。查表所得的 **Q** 矩陣的各橫列之間只互爲正交, 因此我們可再將它的各橫列再予以正規化, 亦卽除以該橫列各元素之平方和的平方根。以 $p=q=4$ 時的情形來說: 查附錄表九可得未正規化的正交多項式 **Q** 矩陣如下:

$$\underset{p\times q}{\mathbf{Q}}=\begin{bmatrix} 1 & 1 & 1 & 1 \\ -3 & -1 & 1 & 3 \\ 1 & -1 & -1 & 1 \\ -1 & 3 & -3 & 1 \end{bmatrix}\begin{matrix}\text{常數}\\ \text{直線}\\ \text{二次}\\ \text{三次}\end{matrix}$$

此時，多項式的函數形式爲:

$$E(Y_{0ij})=\hat{\xi}_{i0}+\hat{\xi}_{i1}(2x-5)+\hat{\xi}_{i2}(x^2-5x+5)$$
$$+\hat{\xi}_{i3}\left(\frac{10}{3}x^3-\frac{75}{3}x^2+\frac{167}{3}x-\frac{105}{3}\right) \qquad x=1,2,3,4$$

〔公式 11·5-3〕

〔例如，這 **Q** 矩陣的第一縱行（$x=1$）的元素是這樣得來的：1是 β_{10}（常數項）的係數；-3 是 β_{11}（一次項）的係數，是將 $x=1$ 代入 $(2x-5)=2-5$ 而得；1是 β_{12}（二次項）的係數，是將 $x=1$ 代入 $(x^2-5x+5)=1-5+5$ 而得；-1 是 β_{13}（三次項）的係數，是將 $x=1$ 代入 $\frac{1}{3}(10x^3-75x^2+167x-105)=\frac{1}{3}(10-75+167-105)$ 而得。其次，**Q** 的第二縱行（$x=2$）的元素是將 $x=2$ 代入公式 11·5-3 而得的。例如 **Q** 矩陣的第四個元素 3 是將 $x=2$ 代入 $\frac{1}{3}(10x^3-75x^2+167x-105)=\frac{1}{3}(80-300+334-105)$ 而得的，如此類推〕。

如果再將上面 **Q** 的橫列也加以正規化，就成爲:

$$\underset{p\times q}{\mathbf{Q}}=\begin{bmatrix} .5 & .5 & .5 & .5 \\ -.670820 & -.223607 & .223607 & .670820 \\ .5 & -.5 & -.5 & .5 \\ -.223607 & .670820 & -.670820 & .223607 \end{bmatrix}\begin{matrix}\text{常數}\\ \text{直線}\\ \text{二次}\\ \text{三次}\end{matrix}$$

〔例如，這個矩陣的第二橫列是前面 **Q** 矩陣的第二橫列元素各除以 $\sqrt{(-3)^2+(-1)^2+(1)^2+(3)^2}=4.472136$ 而得的〕。此時，多項式

的函數形式是爲

$$E(Y_{0ij})=\hat{\beta}_{i0}\left(\frac{1}{\sqrt{4}}\right)+\hat{\beta}_{i1}\left(\frac{2x-5}{\sqrt{20}}\right)+\hat{\beta}_{i2}\left(\frac{x^2-5x+5}{\sqrt{4}}\right)$$

$$+\hat{\beta}_{i3}\left[\frac{\frac{1}{3}(10x^3-75x^2+167x-105)}{\sqrt{20}}\right]$$

〔公式 11·5-4〕

在這種情形下，公式 11·5-1 中的**B**矩陣，便要用下式估計:

$$\hat{\mathbf{B}}=(\mathbf{X}'\mathbf{X})^{-1}\mathbf{X}'\mathbf{Y}_0\mathbf{Q}'$$
$$=\mathbf{Y}.\mathbf{Q}'$$

〔公式 11·5-5〕

因此，在本節裏 $\hat{\mathbf{B}}$ 所估計的母數不再是各細格的平均數，而是 $I\times p$ 階 **B** 矩陣內的多項式係數。(如果將公式 11·5-5 中的 $\mathbf{Y}_0\mathbf{Q}'$ 視爲 $\mathbf{Y}$，亦卽 $\mathbf{Y}=\mathbf{Y}_0\mathbf{Q}'$，則公式 11·5-5 的形式仍然與前節的 $\hat{\mathbf{B}}$ 公式形式相同)。

1. 趨向曲線平行的假設考驗　以公式 11·5-5 估計出趨向（生長）曲線的加權係數之後，首先便要考驗這 I 組受試者的趨向曲線是否平行（如不平行，則表示各組的行爲反應之趨向不相同)。此項考驗之虛無假設是這樣的:

$$\mathbf{H}_{01}:\ \underset{(I-1)\times I}{\mathbf{C}}\ \underset{I\times p}{\mathbf{B}}\ \underset{p\times(p-1)}{\mathbf{A}}=\underset{(I-1)(p-1)}{\mathbf{\Gamma}}$$

〔公式 11·5-6〕

這裏，

$$\mathbf{C}=\begin{bmatrix}1 & 0 & \cdots & 0 & -1\\ 0 & 1 & \cdots & 0 & -1\\ \vdots & \vdots & & \vdots & \vdots\\ 0 & 0 & \cdots & 1 & -1\end{bmatrix}\qquad \mathbf{A}=\begin{bmatrix}0 & 0 & \cdots & 0\\ 1 & 0 & \cdots & 0\\ 0 & 1 & \cdots & 0\\ \vdots & \vdots & & \vdots\\ 0 & 0 & \cdots & 1\end{bmatrix}\qquad \mathbf{\Gamma}=\mathbf{O}$$

以 $I=3$, $p=q=4$ 時爲例來說，便是:

$$H_{01}: \begin{bmatrix} \beta_{11} \\ \beta_{12} \\ \beta_{13} \end{bmatrix} = \begin{bmatrix} \beta_{21} \\ \beta_{22} \\ \beta_{23} \end{bmatrix} = \begin{bmatrix} \beta_{31} \\ \beta_{32} \\ \beta_{33} \end{bmatrix}$$

考驗此一虛無假設所須的公式爲:

$$\mathbf{Q}_h = (\mathbf{C}\hat{\mathbf{B}}\mathbf{A})'[\mathbf{C}(\mathbf{X}'\mathbf{X})^{-1}\mathbf{C}']^{-1}(\mathbf{C}\hat{\mathbf{B}}\mathbf{A})$$

或 $= (\mathbf{C}\mathbf{Y}_{.}\ \mathbf{A}^*)'[\mathbf{C}(\mathbf{X}'\mathbf{X})^{-1}\mathbf{C}']^{-1}(\mathbf{C}\mathbf{Y}_{.}\ \mathbf{A}^*)$

〔公式 11·5-7〕

這裏 $\mathbf{Y}_{.} = (\mathbf{X}'\mathbf{X})^{-1}\mathbf{X}'\mathbf{Y}_0$

$$\mathbf{A}^* = \mathbf{Q}'\mathbf{A}$$

$$\mathbf{Q}_e = \mathbf{A}^{*\prime}[\mathbf{Y}'_0\mathbf{Y}_0 - \mathbf{Y}'_0\mathbf{X}(\mathbf{X}'\mathbf{X})^{-1}\mathbf{X}'\mathbf{Y}_0]\mathbf{A}^*$$ 〔公式 11·5-8〕

$$\Lambda = \frac{|\mathbf{Q}_e|}{|\mathbf{Q}_h + \mathbf{Q}_e|} < U_{\alpha,(u,v_h,v_e)}$$ 〔公式 11·5-9〕

公式 11·5-9 裏，$u=R(\mathbf{A})=p-1$, $v_h=R(\mathbf{C})=I-1$, 而 v_e 是 $\mathbf{Q}_e$ 的自由度，等於 $I(n-1)$。小寫 n 代表各組人數。

2. 趨向曲線重合的假設考驗 如果趨向曲線相平行的虛無假設 (H_{01}) 被接受，亦即各組的趨向曲線相平行，則可以進一步考驗這些迴歸線是否重合在一起，亦即各組在依變項方面是否有顯著差異存在。表示各組的迴歸線相等的虛無假設爲:

$$H_{03}: \underset{(I-1)\times I}{\mathbf{C}}\ \underset{I\times p}{\mathbf{B}}\ \underset{p\times p}{\mathbf{A}} = \underset{(I-1)\times p}{\mathbf{\Gamma}}$$ 〔公式 11·5-10〕

這裏，

$$\mathbf{C} = \begin{bmatrix} 1 & 0 & \cdots & 0 & -1 \\ 0 & 1 & \cdots & 0 & -1 \\ \vdots & \vdots & & \vdots & \vdots \\ 0 & 0 & \cdots & 1 & -1 \end{bmatrix} \qquad \mathbf{A}=\mathbf{I}_p \qquad \mathbf{\Gamma}=\mathbf{O}$$

以 I=3, $p=q=4$ 時爲例來說:

$$H_{03}:\begin{bmatrix}\beta_{10}\\\beta_{11}\\\beta_{12}\\\beta_{13}\end{bmatrix}=\begin{bmatrix}\beta_{20}\\\beta_{21}\\\beta_{22}\\\beta_{23}\end{bmatrix}=\begin{bmatrix}\beta_{30}\\\beta_{31}\\\beta_{32}\\\beta_{33}\end{bmatrix}$$

(可見公式 11·5-10 要比公式 11·5-6 多考慮「常數項」的問題)。

考驗公式 11·5-10 的虛無假設所需各公式爲:

$$\mathbf{Q}_h=(\mathbf{C}\hat{\mathbf{B}}\mathbf{A})'[\mathbf{C}(\mathbf{X}'\mathbf{X})^{-1}\mathbf{C}']^{-1}(\mathbf{C}\hat{\mathbf{B}}\mathbf{A}) \qquad \text{〔公式 11·5-11〕}$$

$$\mathbf{Q}_e=\mathbf{Q}[\mathbf{Y}_0'\mathbf{Y}_0-\mathbf{Y}_0'\mathbf{X}(\mathbf{X}'\mathbf{X})^{-1}\mathbf{X}'\mathbf{Y}_0]\mathbf{Q}' \qquad \text{〔公式 11·5-12〕}$$

$$\Lambda=\frac{|\mathbf{Q}_e|}{|\mathbf{Q}_h+\mathbf{Q}_e|}<U_{\alpha,(u,v_h,v_e)} \qquad \text{〔公式 11·5-13〕}$$

這裏, $u=R(\mathbf{A})=p$, $v_h=R(\mathbf{C})=I-1$, 而 $v_e=I(n-1)$。

如果趨向曲線相平行（接受 H_{01}）但各組趨向曲線不相等不重合（拒絕 H_{03}）時, 就可將各組合併起來, 進行全體的多項式趨向分析。此時的虛無假設爲:

$$H_{02}^*:\sum_{i=1}^{I}\beta_{i1}=\sum_{i=1}^{I}\beta_{i2}=\cdots=\sum_{i=1}^{I}\beta_{i,1-p} \qquad \text{〔公式 11·5-14〕}$$

$$\underset{1\times I}{\mathbf{C}}=\mathbf{1}'=[1\quad 1\quad\cdots\quad 1] \qquad \underset{p\times(p-1)}{\mathbf{A}}=\begin{bmatrix}0&0&\cdots&0\\1&0&\cdots&0\\0&1&\cdots&0\\\vdots&\vdots&&\vdots\\0&0&\cdots&1\end{bmatrix}$$

考驗這一虛無假設所需公式仍同於公式 11·5-11 至公式 11·5-13。但 $u=R(\mathbf{A})=(p-1)$, $v_h=R(\mathbf{C})=1$。

如果想要知道這一合併的趨向曲線是幾次方的, 可將這時的A矩陣分爲（$p-1$）個行向量（每個爲一個自由度），從高次往低次一一進行相依的F考驗。以 $p=4$ 時來說，這是說三次趨向、二次趨向和一次趨向考驗之間並非獨立，所以顯著水準的選擇可建議採用 $\alpha^*=\alpha/(p-1)$。F考驗所須離均差平方和要取自此一考驗的 $\mathbf{Q}_h$ 和 $\mathbf{Q}_e$ 矩陣的主對角線，自由度各爲〔1, $I(n-1)$〕。

（二）計算實例 接著，我們要以例 11•5-1 來實際演示如何使用多變項分析法處理趨向分析的問題。

【例 11•5-1】 將12名受試者隨機分派爲三組，參加有關「問題解決」的實驗。研究者提供給各組的「提示」並不相同。表 11•5-1 是各組受試者第一至第四個嘗試裏，解決同一問題所費的分鐘數。試以 $\alpha=.05$ 考驗各組趨向曲線 (1) 是否平行？(2) 是否重合（相同）？

表 11•5-1 例 11•5-1 的觀察資料*

組別	受試	嘗試次			
		1	2	3	4
一	1	9	8	8	5
	2	12	11	11	4
	3	15	18	13	10
	4	14	15	12	7
二	5	20	11	12	9
	6	15	15	14	10
	7	12	19	18	7
	8	13	10	15	9
三	9	8	7	6	6
	10	10	5	5	9
	11	8	7	7	8
	12	9	13	12	6

*Timm, 1975, p. 508 自 Marascuilo (1969)

在單變項統計法裏，這一個例子是屬於二因子重複量數趨向分析的問題。第一個因子是「組別」，分為三個類別。第二個因子是「嘗試次」，分為四個水準；四個水準之間有自然的順序存在；研究者且以相同單位重複測量受試者的反應。因此，可以使用本節所討論的趨向分析來處理這一個問題（也請參考林清山，民國65年，第401至407頁）。

下面是本例題的計算過程:

1. 根據公式 11·5-1 本研究的一般線性模式應為:

$$\underset{(12\times4)}{\mathbf{Y}_0}=\underset{(12\times3)}{\mathbf{X}}\ \underset{(3\times4)}{\mathbf{B}}\ \underset{(4\times4)}{\mathbf{Q}}+\underset{(12\times4)}{\mathbf{E}}$$

$$\mathbf{Y}_0=\begin{bmatrix}9&8&8&5\\12&11&11&4\\15&18&13&10\\14&15&12&7\\20&11&12&9\\15&15&14&10\\12&19&18&7\\13&10&15&9\\8&7&6&6\\10&5&5&9\\8&7&7&8\\9&13&12&6\end{bmatrix}\qquad \mathbf{X}=\begin{bmatrix}1&0&0\\1&0&0\\1&0&0\\1&0&0\\0&1&0\\0&1&0\\0&1&0\\0&1&0\\0&0&1\\0&0&1\\0&0&1\\0&0&1\end{bmatrix}\qquad \mathbf{B}=\begin{bmatrix}\beta_{10}&\beta_{11}&\beta_{12}&\beta_{13}\\\beta_{20}&\beta_{21}&\beta_{22}&\beta_{23}\\\beta_{30}&\beta_{31}&\beta_{32}&\beta_{33}\end{bmatrix}$$

2. 因為第二因子「嘗試次」分為四個水準 ($q=4$)，所以本例的趨向曲線最大可能次數是三次的 ($p=3+1=4$)。據此，可自附錄表九查得趨向係數，構成 4×4 階**Q**矩陣（請復習公式 11·5-3），再將其橫列予以正規化，便得另一形式的**Q**矩陣（請復習公式 11·5-4）:

（未正規化）

$$
\mathbf{Q}=\begin{bmatrix} 1 & 1 & 1 & 1 \\ -3 & -1 & 1 & 3 \\ 1 & -1 & -1 & 1 \\ -1 & 3 & -3 & 1 \end{bmatrix}
$$

（正規化）

$$
\mathbf{Q}=\begin{bmatrix} .5 & .5 & .5 & .5 \\ -.670820 & -.223607 & .223607 & .670820 \\ .5 & -.5 & -.5 & .5 \\ -.223607 & .670820 & -.670820 & .223607 \end{bmatrix}
$$

由上可知：　$N=12$　　$I=3$　　$n=4$

　　　　　$p=4$　　$q=4$

（如果我們假定最大可能的曲線次數是二次的，則**Q**矩陣是 3×4 階的，最底下一橫列便不必列出。此時，$p=3$。如此類推）。

3. 利用公式 11·5–5 算 **Y.** 和 $\hat{\mathbf{B}}$:

$$
\mathbf{Y.}=(\mathbf{X'X})^{-1}\mathbf{X'Y}_0
$$

$$
=\begin{bmatrix} .25 & 0 & 0 \\ 0 & .25 & 0 \\ 0 & 0 & .25 \end{bmatrix}\begin{bmatrix} 50 & 52 & 44 & 26 \\ 60 & 55 & 59 & 35 \\ 35 & 32 & 30 & 29 \end{bmatrix}
$$

	嘗試 1	嘗試 2	嘗試 3	嘗試 4	
=	12.50	13.00	11.00	6.50	第一組
	15.00	13.75	14.75	8.75	第二組
	8.75	8.00	7.50	7.25	第三組

這是各細格的平均數。

$$\hat{\mathbf{B}} = (\mathbf{X}'\mathbf{X})^{-1}\mathbf{X}'\mathbf{Y}_0\mathbf{Q}' = \mathbf{Y.Q}'$$

常數　直線　二次　三次

$$= \begin{bmatrix} 21.500 & -4.4721 & -2.500 & 0 \\ 26.125 & -3.9690 & -2.375 & -2.0684 \\ 15.750 & -1.1180 & 0.250 & 0 \end{bmatrix} \begin{matrix} \text{第一組} \\ \text{第二組} \\ \text{第三組} \end{matrix}$$

$$= \begin{bmatrix} \hat{\beta}_{10} & \hat{\beta}_{11} & \hat{\beta}_{12} & \hat{\beta}_{13} \\ \hat{\beta}_{20} & \hat{\beta}_{21} & \hat{\beta}_{22} & \hat{\beta}_{23} \\ \hat{\beta}_{30} & \hat{\beta}_{31} & \hat{\beta}_{32} & \hat{\beta}_{33} \end{bmatrix}$$

4. 趨向曲線「平行」的假設考驗:

$$\underset{(3-1)\times 3}{\mathbf{C}} = \begin{bmatrix} 1 & 0 & -1 \\ 0 & 1 & -1 \end{bmatrix} \qquad \underset{4\times(4-1)}{\mathbf{A}} = \begin{bmatrix} 0 & 0 & 0 \\ 1 & 0 & 0 \\ 0 & 1 & 0 \\ 0 & 0 & 1 \end{bmatrix}$$

$$H_{01}: \begin{bmatrix} \beta_{11} \\ \beta_{12} \\ \beta_{13} \end{bmatrix} = \begin{bmatrix} \beta_{21} \\ \beta_{22} \\ \beta_{23} \end{bmatrix} = \begin{bmatrix} \beta_{31} \\ \beta_{32} \\ \beta_{33} \end{bmatrix}$$

代入公式 11•5-7 求 $\mathbf{Q}_h$:

一次　二次　三次

$$\mathbf{A}^* = \mathbf{Q}'\mathbf{A} = \begin{bmatrix} -.670820 & .5 & -.223607 \\ -.223607 & -.5 & .670820 \\ .223607 & -.5 & -.670820 \\ .670820 & .5 & .223607 \end{bmatrix}$$

$$\mathbf{CY.A}^* = \begin{bmatrix} -3.3541 & -2.750 & 0 \\ -2.8510 & -2.625 & -2.0684 \end{bmatrix}$$

$$\mathbf{C}(\mathbf{X}'\mathbf{X})^{-1}\mathbf{C}' = \begin{bmatrix} .50 & .25 \\ .25 & .50 \end{bmatrix}$$

$$[\mathbf{C}(\mathbf{X}'\mathbf{X})^{-1}\mathbf{C}']^{-1}=\begin{bmatrix} 2.666667 & -1.333333 \\ -1.333333 & 2.666667 \end{bmatrix}$$

$$\mathbf{Q}_h=(\mathbf{CY.A^*})'[\mathbf{C}(\mathbf{X}'\mathbf{X})^{-1}\mathbf{C}']^{-1}(\mathbf{CY.A^*})$$

$$=\begin{bmatrix} 26.1751 & 22.3607 & 6.4752 \\ 22.3607 & 19.2917 & 6.8947 \\ 6.4752 & 6.8947 & 11.4087 \end{bmatrix}$$

再代入公式 11•5-8 求 $\mathbf{Q}_e$:

$$\mathbf{Y}_0'\mathbf{Y}_0=\begin{bmatrix} 1893 & 1766 & 1690 & 1128 \\ 1766 & 1833 & 1705 & 1062 \\ 1690 & 1705 & 1641 & 1016 \\ 1128 & 1062 & 1016 & 718 \end{bmatrix}$$

$$\mathbf{Y}_0'\mathbf{X}(\mathbf{X}'\mathbf{X})^{-1}\mathbf{X}'\mathbf{Y}_0$$

$$=\begin{bmatrix} 1831.25 & 1755.00 & 1697.50 & 1103.75 \\ 1755.00 & 1688.25 & 1623.25 & 1051.25 \\ 1697.50 & 1623.25 & 1579.25 & 1019.75 \\ 1103.75 & 1051.25 & 1019.75 & 685.50 \end{bmatrix}$$

$$[\mathbf{Y}_0'\mathbf{Y}-\mathbf{Y}_0'\mathbf{X}(\mathbf{X}'\mathbf{X})^{-1}\mathbf{X}'\mathbf{Y}_0]$$

$$=\begin{bmatrix} 61.75 & 11.00 & -7.50 & 24.25 \\ 11.00 & 144.75 & 81.75 & 10.75 \\ -7.50 & 81.75 & 61.75 & -3.75 \\ 24.25 & 10.75 & -3.75 & 32.50 \end{bmatrix}$$

$$\mathbf{Q}_e=\mathbf{A}^{*\prime}[\mathbf{Y}_0'\mathbf{Y}_0-\mathbf{Y}_0'\mathbf{X}(\mathbf{X}'\mathbf{X})^{-1}\mathbf{X}'\mathbf{Y}_0]\mathbf{A}^*$$

$$=\begin{bmatrix} 23.9375 & -5.3945 & -1.1875 \\ -5.3945 & 122.9375 & -20.4321 \\ -1.1875 & -20.4321 & 20.4375 \end{bmatrix}$$

$$|\mathbf{Q}_e|=49120.664107$$

$$|\mathbf{Q}_h+\mathbf{Q}_e|=202226.510269$$

代入公式 11·5-9 求 Λ 值，得:

$$\Lambda=\frac{|\mathbf{Q}_e|}{|\mathbf{Q}_h+\mathbf{Q}_e|}=.2429$$

大於 $U_{\alpha,(u,v_h,v_e)}=U_{.05,(4-1,3-1,3(4-1))}=U_{.05,(3,2,9)}=.202814$。可見，應接受虛無假設 H_{01}，亦即三組的趨向曲線可說是相平行的。

5. 趨向曲線「重合」的假設考驗：各組的趨向曲線顯示互爲平行，但是它們是不是重合在一起，亦即三組是否有顯著差異呢？我們可就這一點進行考驗:

$$H_{03}:\begin{bmatrix}\beta_{10}\\ \beta_{11}\\ \beta_{12}\\ \beta_{13}\end{bmatrix}=\begin{bmatrix}\beta_{20}\\ \beta_{21}\\ \beta_{22}\\ \beta_{23}\end{bmatrix}=\begin{bmatrix}\beta_{30}\\ \beta_{31}\\ \beta_{32}\\ \beta_{33}\end{bmatrix}$$

$$\mathbf{C}=\begin{bmatrix}1 & 0 & -1\\ 0 & 1 & -1\end{bmatrix} \qquad \mathbf{A}=\begin{bmatrix}1 & 0 & 0 & 0\\ 0 & 1 & 0 & 0\\ 0 & 0 & 1 & 0\\ 0 & 0 & 0 & 1\end{bmatrix}$$

代入公式 11·5-11 求 $\mathbf{Q}_h$:

$$\mathbf{C\hat{B}A}=\begin{bmatrix}1 & 0 & -1\\ 0 & 1 & -1\end{bmatrix}\begin{bmatrix}21.500 & -4.4721 & -2.500 & 0\\ 26.125 & -3.9690 & -2.375 & -2.0684\\ 15.750 & -1.1180 & 0.250 & 0\end{bmatrix}$$

$$\times\begin{bmatrix}1 & 0 & 0 & 0\\ 0 & 1 & 0 & 0\\ 0 & 0 & 1 & 0\\ 0 & 0 & 0 & 1\end{bmatrix}=\begin{bmatrix}5.750 & -3.3541 & -2.750 & 0\\ 10.375 & -2.8510 & -2.625 & -2.0684\end{bmatrix}$$

$$\mathbf{Q}_h=(\mathbf{C}\hat{\mathbf{B}}\mathbf{A})'[\mathbf{C}(\mathbf{X}'\mathbf{X})^{-1}\mathbf{C}']^{-1}(\mathbf{C}\hat{\mathbf{B}}\mathbf{A})$$

$$=\begin{bmatrix} 216.1251 & -62.0512 & -56.6250 & -41.3680 \\ -62.0512 & 26.1751 & 22.3607 & 6.4752 \\ -56.6250 & 22.3607 & 19.2917 & 6.8947 \\ -41.3680 & 6.4752 & 6.8947 & 11.4087 \end{bmatrix}$$

再代入公式 11·5-12 求 $\mathbf{Q}_e$〔括弧內部分前面已算過，請看前面〕:

$$\mathbf{Q}_e=\mathbf{Q}[\mathbf{Y}_0'\mathbf{Y}_0-\mathbf{Y}_0'\mathbf{X}(\mathbf{X}'\mathbf{X})^{-1}\mathbf{X}'\mathbf{Y}_0]\mathbf{Q}'$$

$$=\begin{bmatrix} 133.4375 & -21.6062 & -56.8125 & 36.0286 \\ -21.6062 & 23.9376 & -5.3944 & -1.1875 \\ -56.8125 & -5.3944 & 122.9375 & -20.4321 \\ 36.0286 & -1.1875 & -20.4321 & 20.4375 \end{bmatrix}$$

最後代入公式 11·5-13 求 Λ，得:

$$\Lambda=\frac{|\mathbf{Q}_e|}{|\mathbf{Q}_h+\mathbf{Q}_e|}=\frac{2316967.3827}{31462682.2686}=.0736$$

小於 $U_{\alpha,(u,v_h,v_e)}=U_{\alpha,[p,I-1,I(n-1)]}=U_{.05,[4,2,9]}=.118995$。因此，必須拒絕虛無假設 H_{03}。換言之，各組的趨向曲線並不重合在一起。這一點可以由 $\hat{\mathbf{B}}$ 矩陣第一縱行的各組常數項看出來。

6. 雖然考驗 H_{03} 的結果顯示各組的反應趨向曲線之間並不相等（不重合），但是由於考驗 H_{01} 的結果顯示各組的趨向曲線是相互平行的，我們可以將三組的同一嘗試合併統計，看全體受試者的反應成什麼性質的趨向。此項考驗的虛無假設爲:

$$H_{02}^{*}:\ \sum_{i=1}^{3}\beta_{i1}=\sum_{i=1}^{3}\beta_{i2}=\sum_{i=1}^{3}\beta_{i3}$$

$$\mathbf{C}=[1 \quad 1 \quad 1] \qquad \mathbf{A}=\begin{bmatrix} 0 & 0 & 0 \\ 1 & 0 & 0 \\ 0 & 1 & 0 \\ 0 & 0 & 1 \end{bmatrix}$$

$$\mathbf{C\hat{B}A}=[1 \quad 1 \quad 1]\begin{bmatrix} 21.500 & -4.4721 & -2.500 & 0 \\ 26.125 & -3.9690 & -2.375 & -2.0684 \\ 15.750 & -1.1180 & 0.250 & 0 \end{bmatrix}$$

$$\times\begin{bmatrix} 0 & 0 & 0 \\ 1 & 0 & 0 \\ 0 & 1 & 0 \\ 0 & 0 & 1 \end{bmatrix}=[-9.5591 \quad -4.6250 \quad -2.0684]$$

$$\mathbf{C(X'X)^{-1}C'}=[1 \quad 1 \quad 1]\begin{bmatrix} .25 & 0 & 0 \\ 0 & .25 & 0 \\ 0 & 0 & .25 \end{bmatrix}\begin{bmatrix} 1 \\ 1 \\ 1 \end{bmatrix}=.75$$

$$[\mathbf{C(X'X)^{-1}C'}]^{-1}=1.333333$$

$$\mathbf{Q}_h=(\mathbf{C\hat{B}A})'[\mathbf{C(X'X)^{-1}C'}]^{-1}(\mathbf{C\hat{B}A})$$

$$=1.333333\begin{bmatrix} -9.5591 \\ -4.6250 \\ -2.0684 \end{bmatrix}[-9.5591 \quad -4.6250 \quad -2.0684]$$

$$=\begin{bmatrix} 121.8352 & 58.9478 & 26.3627 \\ 58.9478 & 28.5208 & 12.7551 \\ 26.3627 & 12.7551 & 5.7044 \end{bmatrix}$$

$$\mathbf{Q}_e=\mathbf{A}^{*\prime}[\mathbf{Y}_0'\mathbf{Y}_0-\mathbf{Y}_0'\mathbf{X}(\mathbf{X'X})^{-1}\mathbf{X'Y}_0]\mathbf{A}^*$$

$$=\begin{bmatrix} 23.9375 & -5.3945 & -1.1875 \\ -5.3945 & 122.9375 & -20.4321 \\ -1.1875 & -20.4321 & 20.4375 \end{bmatrix} \qquad (\text{公式 } 11\cdot5\text{-}8)$$

$$\Lambda=\frac{|\mathbf{Q}_e|}{|\mathbf{Q}_h+\mathbf{Q}_e|}=\frac{49120.664107}{376915.075465}=.1303$$

小於 $U_{\alpha,(u,v_h,v_e)}=U_{.05,[p-1,1,I(n-1)]}=U_{.05,(3,1,9)}=.349276$，所以應拒絕虛無假設 H^*_{02}。可見，就全體受試者而言，四個嘗試次之間有顯著差異存在，亦卽有某種趨向存在（趨向曲線不是水平的）。

那麼此項趨向到底是三次的、二次的、或一次的呢？可從高次方往低次方進行 F 考驗如下：

三次趨向：$F=\dfrac{5.7044/1}{20.4375/9}=2.512$　　$(n.s,\ p>.147)$

二次趨向：$F=\dfrac{28.5208/1}{122.9375/9}=2.09$　　$(n.s,\ p>.182)$

直線趨向：$F=\dfrac{121.8352/1}{23.9375/9}=45.81$　　$(p<.001)$

因為直線趨向考驗的 F 值小於 $\alpha/(p-1)=.05/(4-1)=.017$，所以我們可以說全體受試者的反應成直線趨向。

根據公式 11·5-4，四個嘗試的趨向模式就是

$$E(Y_{0ij})=\frac{1}{3}(21.500+26.125+15.750)\frac{1}{\sqrt{4}}$$

$$+\frac{1}{3}(-4.4721-3.9690-1.1180)\left(\frac{2x-5}{\sqrt{20}}\right)$$

$$=14.125-1.425x$$

可見，隨著嘗試次數的增加，解決問題的分鐘數有愈來愈少的趨向，而且是成直線趨向下降。

第十二章
多變項共變數分析

在單變項統計法中，與變異數分析有密切關係的統計方法便是共變數分析。研究者使用共變數分析的目的，是要看把某一個與實驗變項有關的變項之影響力排除後，接受不同實驗處理各組之間是否仍然有所差異。例如，要實驗幾種教學方法的效果是否不同時，智力因素可能足以影響實驗結果。此時，研究者便可使用共變數分析，將智力的影響力排除，然後看這幾個教學方法的效果是否仍然不同（請參看林清山，民國 63 年，第 408 至 439 頁）。在這一章裏，我們所要討論的便是與這種單變項共變數分析相當的多變項分析法，稱為多變項共變數分析 (multivariate analysis of covariance)。

12·1 單因子多變項共變數分析（I）

我們在第 3·3 節說過：一般線性模式隨著用途的不一樣，可分為「變異數分析模式」、「迴歸模式」和「共變數分析模式」等三個主要類型。到目前為止，我們已先後討論過前兩類統計模式的實際應用。在這一章裏，我們要使用「共變數分析模式」來解決多變項共變數分析的問題。

（一）基本原理 在多變項共變數分析的一般線性模式裏，除了有其元素為 1 或 0 的矩陣 **X**（變異數分析模式）之外，最大的特徵便是還有其元素為連續變數的矩陣 **Z**（迴歸模式）。其形式如下所示：

$$\underset{N\times p}{\mathbf{Y}} = \underset{(N\times r)}{\mathbf{X}}\underset{(r\times p)}{\mathbf{B}} + \underset{(N\times h)}{\mathbf{Z}}\underset{(h\times p)}{\mathbf{\Gamma}} + \underset{N\times p}{\mathbf{E}_0}$$ 〔公式 12·1-1〕

或

$$\underset{N\times p}{\mathbf{Y}} = [\underset{N\times(r+h)}{\mathbf{X} \vdots \mathbf{Z}}]\underset{(r+h)\times p}{\begin{bmatrix}\mathbf{B}\\ \cdots \\ \mathbf{\Gamma}\end{bmatrix}} + \underset{N\times p}{\mathbf{E}_0}$$

這裏， p 是依變項亦即效標變項（criteria）的個數

h 是自變項亦即共變量（covariates）或控制變項（control variables）的個數

r 是 $R(\mathbf{X})$，表示組數。（$\mathbf{X}$矩陣中沒有單元矩陣）。

因此，矩陣 $\mathbf{Z}$ 是由N個受試者的 h 個控制變項（或共變量）之實際觀察分數所構成。我們要假定依變項$\mathbf{Y}$與控制變項之間的關係是直線的。

公式 12·1-1 內的$\mathbf{B}$和 $\mathbf{\Gamma}$ 倘以下式來估計，則估計誤差爲最小:

$$\hat{\mathbf{\Gamma}} = (\mathbf{Z}'\mathbf{Q}\mathbf{Z})^{-1}\mathbf{Z}'\mathbf{Q}\mathbf{Y}$$ 〔公式 12·1-2〕

這裏，$\mathbf{Q} = [\mathbf{I} - \mathbf{X}(\mathbf{X}'\mathbf{X})^{-1}\mathbf{X}']$

$$\mathbf{Z}'\mathbf{Q}\mathbf{Z} = \mathbf{Z}'\mathbf{Z} - \mathbf{Z}'\mathbf{X}(\mathbf{X}'\mathbf{X})^{-1}\mathbf{X}'\mathbf{Z}$$ 〔公式 12·1-3〕

$$\mathbf{Z}'\mathbf{Q}\mathbf{Y} = \mathbf{Z}'\mathbf{Y} - \mathbf{Z}'\mathbf{X}(\mathbf{X}'\mathbf{X})^{-1}\mathbf{X}'\mathbf{Y}$$ 〔公式 12·1-4〕

而
$$\hat{\mathbf{B}} = (\mathbf{X}'\mathbf{X})^{-1}\mathbf{X}'\mathbf{Y} - (\mathbf{X}'\mathbf{X})^{-1}\mathbf{X}'\mathbf{Z}\hat{\mathbf{\Gamma}}$$
$$= \hat{\mathbf{B}}_0 - (\mathbf{X}'\mathbf{X})^{-1}\mathbf{X}'\mathbf{Z}\hat{\mathbf{\Gamma}}$$ 〔公式 12·1-5〕

可見公式 12·1-1 的母數矩陣之不偏估計值爲:

$$\hat{\Theta} = \begin{bmatrix}\hat{\mathbf{B}}\\ \hat{\mathbf{\Gamma}}\end{bmatrix} = \begin{bmatrix}\hat{\mathbf{B}}_0 - (\mathbf{X}'\mathbf{X})^{-1}\mathbf{X}'\mathbf{Z}\hat{\mathbf{\Gamma}}\\ (\mathbf{Z}'\mathbf{Q}\mathbf{Z})^{-1}\mathbf{Z}'\mathbf{Q}\mathbf{Y}\end{bmatrix}$$

根據這些估計值估計得到的估計誤差 SSCP 爲:

$$\mathbf{Q}_e^* = [\mathbf{Y}'\mathbf{Y} - \mathbf{Y}'\mathbf{X}(\mathbf{X}'\mathbf{X})^{-}\mathbf{X}'\mathbf{Y}] - \mathbf{Y}'\mathbf{Q}\mathbf{Z}(\mathbf{Z}'\mathbf{Q}\mathbf{Z})^{-1}\mathbf{Z}'\mathbf{Q}\mathbf{Y}$$
$$= \mathbf{Q}_e - \hat{\mathbf{\Gamma}}'(\mathbf{Z}'\mathbf{Q}\mathbf{Z})\hat{\mathbf{\Gamma}}$$ 〔公式 12·1-6〕

其自由度爲: $v_e = N-r-h$，故誤差變異是 $\mathbf{Q}_e^*/(N-r-h)$。

公式 12·1-6 中，負號後面的一項是為廻歸變異 SSCP，亦即：

$$\mathbf{Q}_h=\hat{\mathbf{\Gamma}}'(\mathbf{Z}'\mathbf{Q}\mathbf{Z})\hat{\mathbf{\Gamma}} \qquad \text{〔公式 12·1-7〕}$$

共同斜率是否為 O 的考驗　公式 12·1-1 中的 $\mathbf{\Gamma}$ 是代表全體受試者的 $\mathbf{Y}$ 與 $\mathbf{Z}$ 所構成的廻歸線的斜率。多變項共變數分析時，我們必須先考驗 $\mathbf{\Gamma}$ 是否為 $\mathbf{O}$，亦即：

$$H_0:\mathbf{\Gamma}=\mathbf{O} \text{ 或 } H_0:\mathbf{C}\begin{bmatrix}\mathbf{B}\\ \mathbf{\Gamma}\end{bmatrix}\mathbf{A}=\mathbf{C}_2\mathbf{\Gamma}=\mathbf{O}$$

由公式 12·1-1 可以看出，如果共同斜率 $\mathbf{\Gamma}$ 為 $\mathbf{O}$，就不必使用該公式所示的共變數分析模式了，亦即只用變異數分析模式便可以了。換言之，此時因為控制變項（共變量）與依變項沒有什麼相關可言，可以不使用共變數分析來調整。

考驗 $H_0:\mathbf{\Gamma}=\mathbf{O}$，須用到下列各公式：

$$\mathbf{Q}_h=\hat{\mathbf{\Gamma}}'(\mathbf{Z}'\mathbf{Q}\mathbf{Z})\hat{\mathbf{\Gamma}} \qquad \text{（公式 12·1-7）}$$

$$\mathbf{Q}_e^*=\mathbf{Q}_e-\hat{\mathbf{\Gamma}}'(\mathbf{Z}'\mathbf{Q}\mathbf{Z})\hat{\mathbf{\Gamma}} \qquad \text{（公式 12·1-6）}$$

這裏，
$$\begin{aligned}\mathbf{Q}_e&=\mathbf{Y}'\mathbf{Q}\mathbf{Y}\\ &=\mathbf{Y}'\mathbf{Y}-\mathbf{Y}'\mathbf{X}(\mathbf{X}'\mathbf{X})^{-}\mathbf{X}'\mathbf{Y}\end{aligned}$$

是我們都很熟悉的公式。

$$\Lambda=\frac{|\mathbf{Q}_e^*|}{|\mathbf{Q}_h+\mathbf{Q}_e^*|}<U_{\alpha,(u,v_h,v_e)} \qquad \text{〔公式 12·1-8〕}$$

這裏，
$$\begin{aligned}u&=R(\mathbf{A})=p\\ v_h&=R(\mathbf{C})=h, \qquad \mathbf{C}=[\mathbf{O}\quad \mathbf{C}_2]\\ v_e&=N-r-h\end{aligned}$$

各組差異顯著性的考驗　排除控制變項（共變項）的影響之後，各組受試者在 p 個依變項的平均數方面是否仍然有顯著的差異存在呢？這是多變項共變數分析中所要考驗的主要對象。此項考驗的虛無

假設爲:

$$H_0: \mathbf{C}_1\mathbf{B}\mathbf{A}=\mathbf{O}$$

$$: \begin{bmatrix} \mu_{11} \\ \mu_{12} \\ \vdots \\ \mu_{1p} \end{bmatrix} = \begin{bmatrix} \mu_{21} \\ \mu_{22} \\ \vdots \\ \mu_{2p} \end{bmatrix} = \cdots = \begin{bmatrix} \mu_{r1} \\ \mu_{r2} \\ \vdots \\ \mu_{rp} \end{bmatrix}$$

這裏, $\mathbf{C}=[\mathbf{C}_1 \quad \mathbf{O}]$

$$\underset{r\times p}{\mathbf{B}} = \begin{bmatrix} \mu_{11} & \mu_{12} & \cdots & \mu_{1p} \\ \mu_{21} & \mu_{22} & \cdots & \mu_{2p} \\ \vdots & \vdots & & \vdots \\ \mu_{r1} & \mu_{r2} & \cdots & \mu_{rp} \end{bmatrix}$$

這一假設考驗所須用公式爲:

$$\mathbf{Q}_h^* = (\mathbf{C}_1\hat{\mathbf{B}}\mathbf{A})'[\mathbf{C}_1(\mathbf{X}'\mathbf{X})^{-1}\mathbf{C}_1' + \mathbf{C}_1(\mathbf{X}'\mathbf{X})^{-1}\mathbf{X}'\mathbf{Z}(\mathbf{Z}'\mathbf{Q}\mathbf{Z})^{-1}\mathbf{Z}'\mathbf{X}(\mathbf{X}'\mathbf{X})^{-1}\mathbf{C}_1']^{-1}(\mathbf{C}_1\hat{\mathbf{B}}\mathbf{A})$$

〔公式 12·1-9〕

$$\mathbf{Q}_e^* = \mathbf{Q}_e - \hat{\mathbf{\Gamma}}'(\mathbf{Z}'\mathbf{Q}\mathbf{Z})\hat{\mathbf{\Gamma}}$$ (公式 12·1-6)

$$\Lambda = \frac{\mathbf{Q}_e^*}{|\mathbf{Q}_h^* + \mathbf{Q}_e^*|} < U_{\alpha,(u,v_h,v_e)}$$ 〔公式 12·1-10〕

這裏, $u=R(\mathbf{A})=p$

$v_h=R(\mathbf{C})=g$

$v_e=N-r-h, \qquad r=R(\mathbf{X})$

如果拒絕此一虛無假設，便表示排除控制變項（共變項）之影響後，各組在依變項平均數方面有顯著差異存在。

同時信賴區間的估計 如果 $H_0: \mathbf{C}_1\mathbf{B}\mathbf{A}=\mathbf{O}$ 被拒絕，比較 $\varphi=\mathbf{c}'\mathbf{B}\mathbf{a}$ 的同時信賴區間便可估計如下:

$$\hat{\varphi}-c_0\hat{\sigma}_{\hat{\varphi}} \leqslant \varphi \leqslant \hat{\varphi}+c_0\hat{\sigma}_{\hat{\varphi}} \qquad \text{〔公式 12·1-11〕}$$

這裏，
$$c_0=\left[v_e\left(\frac{\theta_\alpha}{1-\theta_\alpha}\right)\right]^{\frac{1}{2}}$$

$$\hat{\sigma}_{\hat{\varphi}}=\sqrt{\mathbf{a}'\left(\frac{\mathbf{Q}_e^*}{v_e}\right)\mathbf{a}\left[\mathbf{c}'(\mathbf{X}'\mathbf{X})^-\mathbf{c}+\mathbf{c}'(\mathbf{X}'\mathbf{X})^-\mathbf{X}'\mathbf{Z}(\mathbf{Z}'\mathbf{Q}\mathbf{Z})^{-1}\mathbf{Z}'\mathbf{X}(\mathbf{X}'\mathbf{X})^-\mathbf{c}\right]}$$

(以上請參看 Timm, 1975, pp. 471-490)。

（二）**計算實例**　下面我們就以例 12·1-1 來幫助說明多變項共變數分析的實際計算過程。

【**例 12·1-1**】某研究機構在某小學進行有關國語與數學兩科的教學實驗。用三組學生，分別接受不同的實驗處理。第一組學生使用舊教材，第二和第三組各接受一種新教材。表 12·1-1 是實驗前國語 (R_1) 和數學 (M_1) 的前測成績，以及實驗六個月後，同項材料 (R_2 和 M_2) 的末測成績，試以 $\alpha=.05$ 考驗三種不同教材的效果是否有所不同？

表 12·1-1　三組受試者的前末測成績*

舊教材				新教材一				新教材二			
末測 (Y)		前測 (Z)		末測 (Y)		前測 (Z)		末測 (Y)		前測 (Z)	
R_2	M_2	R_1	M_1	R_2	M_2	R_1	M_1	R_2	M_2	R_1	M_1
4.1	5.3	3.2	4.7	5.5	6.2	5.1	5.1	6.1	7.1	5.0	5.1
4.6	5.0	4.2	4.5	5.0	7.1	5.3	5.3	6.3	7.0	5.2	5.2
4.8	6.0	4.5	4.6	6.0	7.0	5.4	5.6	6.5	6.2	5.3	5.6
5.4	6.2	4.6	4.8	6.2	6.1	5.6	5.7	6.7	6.8	5.4	5.7
5.2	6.1	4.9	4.9	5.9	6.5	5.7	5.7	7.0	7.1	5.8	5.9
5.7	5.9	4.8	5.0	5.2	6.8	5.0	5.8	6.5	6.9	4.8	5.1
6.0	6.0	4.9	5.1	6.4	7.1	6.0	5.9	7.1	6.7	5.9	6.1
5.9	6.1	5.0	6.0	5.4	6.1	5.0	4.9	6.9	7.0	5.0	4.8
4.6	5.0	4.2	4.5	6.1	6.0	5.5	5.6	6.7	6.9	5.6	5.1
4.2	5.2	3.3	4.8	5.8	6.4	5.6	5.5	7.2	7.4	5.7	6.0

*Timm, 1975, p. 490, 習題 1

由表 12•1-1 可以看出：受試者分爲三組（$r=3$），分別接受不同的教材。依變項是末測成績（**Y**），包括國語（R_2）和數學（M_2）兩項，所以 $p=2$；這是研究者所想要比較的。但是，因爲怕未實驗之前，各組在國語和數學方面本來的基礎能力就有所不同，以致影響實驗效果，乃以同項測驗的前測成績（**Z**）爲控制變項或共變項（包括 R_1 和 M_1），所以 $h=2$。研究者想要瞭解：把基礎能力（以前測成績表示）的影響力排除後，使用不同教材的各組受試者之間的學習成績是否仍然有所差異呢？這一個例子的計算，可演示如下：

1. 本研究的共變數分析模式爲：

$$\underset{30\times2}{\mathbf{Y}} = \underset{30\times3}{\mathbf{X}}\ \underset{3\times2}{\mathbf{B}} + \underset{30\times2}{\mathbf{Z}}\ \underset{2\times2}{\mathbf{\Gamma}} + \underset{30\times2}{\mathbf{E}_0}$$

$$\underset{30\times2}{\mathbf{Y}} = \begin{bmatrix} 4.1 & 5.3 \\ 4.6 & 5.0 \\ \vdots & \vdots \\ 5.5 & 6.2 \\ 5.0 & 7.1 \\ \vdots & \vdots \\ 6.1 & 7.1 \\ 6.3 & 7.0 \\ \vdots & \vdots \\ 7.2 & 7.4 \end{bmatrix} \qquad \underset{30\times3}{\mathbf{X}} = \begin{bmatrix} \underset{10\times1}{\mathbf{1}} & 0 & 0 \\ 0 & \underset{10\times1}{\mathbf{1}} & 0 \\ 0 & 0 & \underset{10\times1}{\mathbf{1}} \end{bmatrix} \qquad \underset{30\times2}{\mathbf{Z}} = \begin{bmatrix} 3.2 & 4.7 \\ 4.2 & 4.5 \\ \vdots & \vdots \\ 5.1 & 5.1 \\ 5.3 & 5.3 \\ \vdots & \vdots \\ 5.0 & 5.1 \\ 5.2 & 5.2 \\ \vdots & \vdots \\ 5.7 & 6.0 \end{bmatrix}$$

$$\underset{3\times2}{\mathbf{B}} = \begin{bmatrix} \mu_{11} & \mu_{12} \\ \mu_{21} & \mu_{22} \\ \mu_{31} & \mu_{32} \end{bmatrix} \qquad \underset{2\times2}{\mathbf{\Gamma}} = \begin{bmatrix} \gamma_{11} & \gamma_{12} \\ \gamma_{21} & \gamma_{22} \end{bmatrix}$$

2. 利用公式 12•1-2 求 $\hat{\mathbf{\Gamma}}$：

$$\mathbf{Z'Z}=\begin{bmatrix}778.23 & 808.16\\ 808.16 & 845.34\end{bmatrix}$$

$$\mathbf{Z'X(X'X)^{-1}X'Z}$$

$$=\begin{bmatrix}43.6 & 54.2 & 53.7\\ 48.9 & 55.1 & 54.6\end{bmatrix}\begin{bmatrix}.1 & 0 & 0\\ 0 & .1 & 0\\ 0 & 0 & .1\end{bmatrix}\begin{bmatrix}43.6 & 48.9\\ 54.2 & 55.1\\ 53.7 & 54.6\end{bmatrix}$$

$$=\begin{bmatrix}772.229 & 805.048\\ 805.048 & 840.838\end{bmatrix}$$

$$\mathbf{Z'QZ}=\mathbf{Z'Z}-\mathbf{Z'X(X'X)^{-1}X'Z}=\begin{bmatrix}6.001 & 3.112\\ 3.112 & 4.502\end{bmatrix}$$

這是控制變項（共變項）的組內 SSCP。其反矩陣為:

$$(\mathbf{Z'QZ})^{-1}=\begin{bmatrix}.259751 & -.179553\\ -.179553 & .346239\end{bmatrix}$$

而，　$$\mathbf{Z'Y}=\begin{bmatrix}897.17 & 975.08\\ 933.08 & 1016.34\end{bmatrix}$$

$$\mathbf{Z'X(X'X)^{-1}X'Y}$$

$$=\begin{bmatrix}43.6 & 54.2 & 53.7\\ 48.9 & 55.1 & 54.6\end{bmatrix}\begin{bmatrix}.1 & 0 & 0\\ 0 & .1 & 0\\ 0 & 0 & .1\end{bmatrix}\begin{bmatrix}50.5 & 56.8\\ 57.5 & 65.3\\ 67.0 & 69.1\end{bmatrix}$$

$$=\begin{bmatrix}891.62 & 972.641\\ 929.59 & 1014.841\end{bmatrix}$$

$$\mathbf{Z'QY}=\mathbf{Z'Y}-\mathbf{Z'X(X'X)^{-1}X'Y}=\begin{bmatrix}5.550 & 2.439\\ 3.490 & 1.499\end{bmatrix}$$

這是依變項與控制變項交乘積的組內 SSCP。其次:

$$\hat{\mathbf{\Gamma}}=(\mathbf{Z'QZ})^{-1}\mathbf{Z'QY}$$

$$=\begin{bmatrix} .259751 & -.179553 \\ -.179553 & .346239 \end{bmatrix}\begin{bmatrix} 5.550 & 2.439 \\ 3.490 & 1.499 \end{bmatrix}$$

$$=\begin{bmatrix} .8150 & .3644 \\ .2119 & .0811 \end{bmatrix}\begin{matrix} \text{國語前測} \\ \text{數學前測} \end{matrix}$$

國語末測　數學末測

這是共同的廻歸係數矩陣。

3. 利用公式 12·1-5 計算 $\hat{\mathbf{B}}$:

$$\hat{\mathbf{B}}_0=(\mathbf{X}'\mathbf{X})^{-1}\mathbf{X}'\mathbf{Y}=\begin{bmatrix} 5.05 & 5.68 \\ 5.75 & 6.53 \\ 6.70 & 6.91 \end{bmatrix}\begin{matrix} \text{舊教材組} \\ \text{新教材一組} \\ \text{新教材二組} \end{matrix}$$

國語　數學

這是表 12·1-1 所列資料裏，各組國語和數學兩項依變項成績（**Y**）的組平均數。

$$(\mathbf{X}'\mathbf{X})^{-1}\mathbf{X}'\mathbf{Z}=\begin{bmatrix} 4.36 & 4.89 \\ 5.42 & 5.51 \\ 5.37 & 5.46 \end{bmatrix}$$

這是表 12·1-1 所列資料裏，各組前測成績（**Z**）的組平均數。

$$\hat{\mathbf{B}}=\hat{\mathbf{B}}_0-(\mathbf{X}'\mathbf{X})^{-1}\mathbf{X}'\mathbf{Z}\hat{\mathbf{\Gamma}}$$

$$=\begin{bmatrix} 5.05 & 5.68 \\ 5.75 & 6.53 \\ 6.70 & 6.91 \end{bmatrix}-\begin{bmatrix} 4.36 & 4.89 \\ 5.42 & 5.51 \\ 5.37 & 5.46 \end{bmatrix}\begin{bmatrix} .8150 & .3644 \\ .2119 & .0811 \end{bmatrix}$$

$$=\begin{bmatrix} \hat{\mu}_{11} & \hat{\mu}_{21} \\ \hat{\mu}_{21} & \hat{\mu}_{22} \\ \hat{\mu}_{31} & \hat{\mu}_{32} \end{bmatrix}=\begin{bmatrix} .4604 & 3.6946 \\ .1651 & 4.1081 \\ 1.1665 & 4.5104 \end{bmatrix}\begin{matrix} \text{舊教材組} \\ \text{新教材一組} \\ \text{新教材二組} \end{matrix}$$

國語　　數學

這是排除控制變項 **Z** 之影響後，各組在各個依變項的平均數。

4. 利用公式 12·1-8 考驗共同迴歸係數矩陣是否爲 **O**:

$$\mathbf{Q}_e=\mathbf{Y}'\mathbf{Q}\mathbf{Y}=\mathbf{Y}'\mathbf{Y}-\mathbf{Y}'\mathbf{X}(\mathbf{X}'\mathbf{X})^{-1}\mathbf{X}'\mathbf{Y}$$

$$=\begin{bmatrix}1041.86 & 1127.62\\ 1127.62 & 1231.30\end{bmatrix}-\begin{bmatrix}50.5 & 57.5 & 67.0\\ 56.8 & 65.3 & 69.1\end{bmatrix}\begin{bmatrix}5.05 & 5.68\\ 5.75 & 6.53\\ 6.70 & 6.91\end{bmatrix}$$

$$=\begin{bmatrix}7.310 & 2.335\\ 2.335 & 4.786\end{bmatrix}$$

這是依變項 **Y** 的組內 SSCP，亦即「總變異」的 SSCP。

$$\mathbf{Q}_h=\hat{\mathbf{\Gamma}}'(\mathbf{Z}'\mathbf{Q}\mathbf{Z})\hat{\mathbf{\Gamma}} \qquad \text{(公式 12·1-7)}$$

$$=\begin{bmatrix}.8150 & .2119\\ .3644 & .0811\end{bmatrix}\begin{bmatrix}6.001 & 3.112\\ 3.112 & 4.502\end{bmatrix}\begin{bmatrix}.8150 & .3644\\ .2119 & .0811\end{bmatrix}$$

$$=\begin{bmatrix}5.2625 & 2.3053\\ 2.3053 & 1.0103\end{bmatrix}$$

這迴歸變異的 SSCP 是依變項 **Y** 與控制變項 **Z** 的迴歸線所造成的變異部分。這部分愈大，預測愈正確。

$$\mathbf{Q}_e^*=\mathbf{Q}_e-\hat{\mathbf{\Gamma}}'(\mathbf{Z}'\mathbf{Q}\mathbf{Z})\mathbf{\Gamma}=\begin{bmatrix}2.0475 & .0297\\ .0297 & 3.7757\end{bmatrix}$$

這是殘餘誤差造成的變異，亦即誤差變異部分之 SSCP，這部分愈大，預測愈不正確。

$$\Lambda=\frac{|\mathbf{Q}_e^*|}{|\mathbf{Q}_h+\mathbf{Q}_e^*|}=\frac{7.729864}{29.533435}=.2617$$

遠小於 $U_{\alpha,(u,v_h,v_e)}=U_{\alpha,(p,h,N-r-h)}=U_{.05,(2,2,30-3-2)}=.678783$，所以應拒絕下列虛無假設:

$$H_0: \mathbf{C}_2\mathbf{\Gamma}\mathbf{A}=\mathbf{O} \qquad \text{這裏}\ \mathbf{C}=[\mathbf{O}\ \ \mathbf{C}_2]=\begin{bmatrix}0&0&0&1&0\\0&0&0&0&1\end{bmatrix}$$

$$\text{或}: \mathbf{C}\begin{bmatrix}\mathbf{B}\\\mathbf{\Gamma}\end{bmatrix}\mathbf{A}=\mathbf{O} \qquad \mathbf{A}=\begin{bmatrix}1&0\\0&1\end{bmatrix}$$

可見本考驗的結果顯示：共同廻歸係數矩陣並非等於 $\mathbf{O}$，亦即 $\mathbf{\Gamma}$ 不可由公式 12·1-1 中加以排除。換言之，控制變項（前測成績）必須加以考慮，否則將影響本研究的實驗結果。研究者必須先將控制變項 ($\mathbf{Z}$) 的影響排除，然後才可以比較三組在依變項（末測 $\mathbf{Y}$）的差異。

5. 利用公式 12·1-10 考驗排除控制變項之影響後，各組的平均數（亦即調整平均數）之間是否仍然有所差異：

$$H_0: \begin{bmatrix}\mu_{11}\\\mu_{12}\end{bmatrix}=\begin{bmatrix}\mu_{21}\\\mu_{22}\end{bmatrix}=\begin{bmatrix}\mu_{31}\\\mu_{32}\end{bmatrix}$$

$$\text{或}: \mathbf{C}_1\mathbf{B}\mathbf{A}=\mathbf{O}, \qquad \text{這裏},\ \mathbf{C}=[\mathbf{C}_1\ \ \mathbf{O}]=\begin{bmatrix}1&0&-1&0&0\\0&1&-1&0&0\end{bmatrix}$$

$$\mathbf{A}=\begin{bmatrix}1&0\\0&1\end{bmatrix}$$

所以，
$$\mathbf{C}_1\hat{\mathbf{B}}\mathbf{A}=\begin{bmatrix}1&0&-1\\0&1&-1\end{bmatrix}\begin{bmatrix}.4604&3.6946\\.1651&4.1081\\1.1665&4.5104\end{bmatrix}\begin{bmatrix}1&0\\0&1\end{bmatrix}$$

$$=\begin{bmatrix}-.7061&-.8157\\-1.0013&-.4023\end{bmatrix}\begin{matrix}\text{舊教材組－新教材(二)組}\\\text{新教材(一)組－新教材(二)組}\end{matrix}$$

國語　　數學

$$\mathbf{C}_1(\mathbf{X}'\mathbf{X})^{-1}\mathbf{C}_1'=\begin{bmatrix}1&0&-1\\0&1&-1\end{bmatrix}\begin{bmatrix}.1&0&0\\0&.1&0\\0&0&.1\end{bmatrix}\begin{bmatrix}1&0\\0&1\\-1&-1\end{bmatrix}=\begin{bmatrix}.2&.1\\.1&.2\end{bmatrix}$$

$$(\mathbf{X}'\mathbf{X})^{-1}\mathbf{X}'\mathbf{Z}(\mathbf{Z}'\mathbf{Q}\mathbf{Z})^{-1}\mathbf{Z}'\mathbf{X}(\mathbf{X}'\mathbf{X})^{-1}$$

$$=\begin{bmatrix}4.36 & 4.89\\ 5.42 & 5.51\\ 5.37 & 5.46\end{bmatrix}\begin{bmatrix}.259751 & -.179553\\ -.179553 & .346239\end{bmatrix}\begin{bmatrix}4.36 & 5.42 & 5.37\\ 4.89 & 5.51 & 5.46\end{bmatrix}$$

$$=\begin{bmatrix}5.5608 & 6.3949 & 6.3367\\ 6.3949 & 7.4180 & 7.3504\\ 6.3367 & 7.3504 & 7.2833\end{bmatrix}$$

$$\mathbf{C}_1(\mathbf{X}'\mathbf{X})^{-1}\mathbf{X}'\mathbf{Z}(\mathbf{Z}'\mathbf{Q}\mathbf{Z})^{-1}\mathbf{Z}'\mathbf{X}(\mathbf{X}'\mathbf{X})^{-1}\mathbf{C}_1'$$

$$=\begin{bmatrix}.1707 & -.0088\\ -.0088 & .0006\end{bmatrix}$$

代入公式 12•1-9，得:

$$\mathbf{Q}_h^*=\begin{bmatrix}-.7061 & -1.0013\\ -.8157 & -.4023\end{bmatrix}\begin{bmatrix}.3707 & .0912\\ .0912 & .2006\end{bmatrix}^{-1}\begin{bmatrix}-.7061 & -.8157\\ -1.0013 & -.4023\end{bmatrix}$$

$$=\begin{bmatrix}5.1895 & 2.4902\\ 2.4902 & 2.0231\end{bmatrix}$$

$$\mathbf{Q}_e^*=\begin{bmatrix}2.0475 & .0297\\ .0297 & 3.7757\end{bmatrix}$$

$$\Lambda=\frac{|\mathbf{Q}_e^*|}{|\mathbf{Q}_h^*+\mathbf{Q}_e^*|}=\frac{7.729864}{35.611586}=.2171$$

小於 $U_{\alpha,(u,v_h,v_e)}=U_{\alpha,(p,h,N-r-h)}=U_{.05,(2,2,30-3-2)}=.678782$，所以，應拒絕虛無假設 $\mathbf{C}_1\mathbf{BA}=\mathbf{0}$ 的說法。換言之，即使是將前測成績（$\mathbf{Z}$）的影響力排除之後，仍顯示三組在末測成績方面有顯著差異存在。

6. 同時信賴區間的估計：上面設 $\mathbf{C}_1=\begin{bmatrix}1 & 0 & -1\\ 0 & 1 & -1\end{bmatrix}$ 和 $A=\begin{bmatrix}1 & 0\\ 0 & 1\end{bmatrix}$

得:

$$\mathbf{C}_1\hat{\mathbf{B}}\mathbf{A}=\begin{bmatrix} -.7061 & -.8157 \\ -1.0013 & -.4023 \end{bmatrix} \begin{matrix} \text{舊教材組－新教材(二)組} \\ \text{新教材(一)組－新教材(二)組} \end{matrix}$$

國語　　數學

$$\hat{\varphi}_{11}=\hat{\mu}_{11}-\hat{\mu}_{31}=-.7061 \qquad \hat{\varphi}_{12}=\hat{\mu}_{12}-\hat{\mu}_{32}=-.8157$$

$$\hat{\varphi}_{21}=\hat{\mu}_{21}-\mu_{31}=-1.0013 \qquad \hat{\varphi}_{22}=\hat{\mu}_{22}-\hat{\mu}_{32}=-.4023$$

從公式 12•1-11 裏 $\hat{\sigma}_{\hat{\varphi}}$ 的公式，和上面所算出的

$$\mathbf{c}_1(\mathbf{X}'\mathbf{X})^{-1}\,\mathbf{c}_1'=\begin{bmatrix} .2 & .1 \\ .1 & .2 \end{bmatrix}$$

$$\mathbf{c}_1(\mathbf{X}'\mathbf{X})^{-1}\,\mathbf{X}'\mathbf{Z}(\mathbf{Z}'\mathbf{Q}\mathbf{Z})^{-1}\,\mathbf{Z}'\mathbf{X}(\mathbf{X}'\mathbf{X})^{-1}\,\mathbf{c}_1'=\begin{bmatrix} .1707 & -.0088 \\ -.0088 & .0006 \end{bmatrix}$$

$$\mathbf{Q}_e^*/v_e=\frac{1}{25}\begin{bmatrix} 2.0475 & .0297 \\ .0297 & 3.7757 \end{bmatrix}$$

可知各比較的標準誤爲:

$$\hat{\sigma}_{\hat{\varphi}11}=\sqrt{\frac{2.0475}{25}(.2+.1707)} \qquad \hat{\sigma}_{\hat{\varphi}12}=\sqrt{\frac{3.7757}{25}(.2+.1707)}$$

$$=(.2862)(.6089)=.1743 \qquad =(.3886)(.6089)=.2366$$

$$\hat{\sigma}_{\hat{\varphi}21}=\sqrt{\frac{2.0475}{25}(.2+.0006)} \qquad \hat{\sigma}_{\hat{\varphi}22}=\sqrt{\frac{3.7757}{25}(.2+.0006)}$$

$$=(.2862)(.4479)=.1282 \qquad =(.3886)(.4479)=.1741$$

其次，爲算出公式 12•1-11 的 c_0 值，必須利用下列公式先把 θ_α 查出來:

$$s=min(g,u)$$

$$m=\frac{|u-g|-1}{2}$$

〔公式 12·1·12〕

$$n=\frac{N-r-h-u-1}{2}$$

以本例而言，$g=2$，$u=2$，$N=30$，$r=3$，$h=2$，所以 $s=2$，$m=-\frac{1}{2}$，$n=11$。查附錄圖一，可得 $\theta_{.05,(2,-1/2,11)}=.300$。

$$\therefore\quad c_0=\left[25\left(\frac{.300}{1-.300}\right)\right]^{\frac{1}{2}}=3.273$$

將上面各值代入公式 12•1-12 得:

①$-.7061-3.273(.1743)<\varphi_{11}<-.7061+3.273(.1743)$

或　$-1.277<\varphi_{11}<-.136$　　　$(p<.05)$

②$-.8157-3.273(.2366)<\varphi_{12}<-.8157+3.273(.2366)$

或　$-1.590<\varphi_{12}<-.041$　　　$(p<.05)$

③$-1.0013-3.273(.1282)<\varphi_{21}<-1.0013+3.273(.1282)$

或　$-1.421<\varphi_{21}<-.582$　　　$(p<.05)$

④$-.4023-3.273(.1741)<\varphi_{22}<-.4023+3.273(.1741)$

或　$-.972<\varphi_{22}<.167$　　　$(n.s)$

可見，除了新教材(一)組與新教材(二)組在數學方面的比較 (φ_{22}) 沒有達到顯著水準之外，其餘三項比較均達顯著水準。

綜合解釋：用多變項共變數分析法，將受試者實驗前因基礎能力(用前測成績表示)之不同可能造成的影響力予以排除之後，仍然發現不同教材的學習效果有所不同。除兩種新數學教材之間差異未達顯著水準之外，其他不同教材之間均有顯著差異存在。

12•2　單因子多變項共變數分析（Ⅱ）

上一節是用 Timm (1975) 的方法進行的統計方法。接著我們要以 Finn (1974, pp. 368-393) 的方法來解多變項共變數分析的問題。

(一) 基本原理 我們曾用公式 9·3-2 表示過多變項變異數分析的線性模式。在多變項共變數分析裏，線性模式的公式是這樣的:

$$\underset{r\times p}{\mathbf{Y.}} = \underset{r(r+1)}{\mathbf{X}}\ \underset{(r+1)\times p}{\boldsymbol{\Theta}^*} + (\underset{r\times h}{\mathbf{Z.}} - \underset{r\times 1}{\mathbf{1}}\ \underset{1\times h}{\mathbf{z}'..})\underset{h\times p}{\boldsymbol{\Gamma}} + \underset{r\times p}{\mathbf{E.}} \qquad \text{〔公式 12·2-1〕}$$

式中，$\mathbf{Y.}$ 是 r 組受試者各組在 p 個依變項的組平均數。$\mathbf{Z.}$ 是各組在 h 個控制變項（共變項）的組平均數。$\mathbf{z..}$ 是全體受試者在 h 個控制變項之總平均數。$\boldsymbol{\Gamma}$ 是依變項 $\mathbf{Y}$ 與控制變項 $\mathbf{Z}$ 所構成的共同廻歸係數矩陣。而 $\boldsymbol{\Theta}^*$ 仍然是相當於變異數分析時的母數矩陣。

利用公式 9·3-5，亦卽:

$$\mathbf{K} = \mathbf{XC}'(\mathbf{CC}')^{-1}$$

所示的方法〔請復習第 9·3(一)節〕予以再母數化之後，公式 12·2-1 應變爲:

$$\mathbf{Y.} = \mathbf{K}\boldsymbol{\Theta} + (\mathbf{Z.} - \mathbf{1z}'..)\boldsymbol{\Gamma} + \mathbf{E.} \qquad \text{〔公式 12·2-2〕}$$

估計 $\boldsymbol{\Theta}$ 和 $\boldsymbol{\Gamma}$ 假使我們將全部受試者在 p 個依變項分數和 h 個控制變項（共變項）方面之得分列爲:

$$\underset{N\times(p+h)}{\mathbf{V}} = [\underset{N\times p}{\mathbf{Y}} \mid \underset{N\times h}{\mathbf{Z}}] \qquad \text{〔公式 12·2-3〕}$$

則 r 組受試者的組平均數便可列爲:

$$\underset{r\times(p+h)}{\mathbf{V.}} = [\underset{r\times p}{\mathbf{Y.}} \mid \underset{r\times h}{\mathbf{Z.}}] \qquad \text{〔公式 12·2-4〕}$$

據此，首先我們便可估計依變項及控制變項的「組間」主要效果。其公式爲:

$$\hat{\boldsymbol{\Theta}}_V = [\hat{\boldsymbol{\Theta}}_Y \mid \hat{\boldsymbol{\Theta}}_Z]$$

$$= (\mathbf{K}'\mathbf{DK})^{-1}\mathbf{K}'\mathbf{DV.} \qquad \text{〔公式 12·2-5〕}$$

式中的 $\mathbf{D}$ 仍然是以各組人數爲元素之對角矩陣。

根據 $\hat{\boldsymbol{\Theta}}_V$ 就可以算出所有（$p+h$）個變項的「組內」SSCP，亦即，變異數分析時去掉組間變異後所得的誤差變異矩陣：

$$\mathbf{Q}_E=\mathbf{V}'\mathbf{V}-\hat{\boldsymbol{\Theta}}_V'\mathbf{K}'\mathbf{D}\mathbf{K}\hat{\boldsymbol{\Theta}}_V \quad \text{〔公式 12·2-6〕}$$

$$\text{或}\quad \mathbf{Q}_E=\mathbf{V}'\mathbf{V}-\mathbf{V}_.'\mathbf{D}\mathbf{V}. \quad \text{〔公式 12·2-7〕}$$

如果我們先將各組的組內 SSCP 求出來，然後 r 組的組內 SSCP 相加在一起也可得到公式 12·2-7 的 $\mathbf{Q}_E$ 矩陣。爲計算 $\hat{\boldsymbol{\Gamma}}$ 和 $\hat{\boldsymbol{\Theta}}$ 方便起見，可將這 $\mathbf{Q}_E$ 方陣分割爲：

$$\underset{(p+h)\times(p+h)}{\mathbf{Q}_E}=\left[\begin{array}{c:c}\mathbf{Q}_E^{YY} & \mathbf{Q}_E^{YZ}\\ \hdashline \mathbf{Q}_E^{ZY} & \mathbf{Q}_E^{ZZ}\end{array}\right]\begin{array}{l}p\text{ 橫列}\\ h\text{ 橫列}\end{array} \quad \text{〔公式 12·2-8〕}$$

那麼，共同迴歸係數矩陣便可用下列公式來估計：

$$\hat{\boldsymbol{\Gamma}}=(\mathbf{Q}_E^{ZZ})^{-1}\,\mathbf{Q}_E^{ZY} \quad \text{〔公式 12·2-9〕}$$

而排除控制變項（共變項）之影響後的組間主要效果之差値也可用下式來估計出來：

$$\hat{\boldsymbol{\Theta}}=\hat{\boldsymbol{\Theta}}_Y-\hat{\boldsymbol{\Theta}}_Z\hat{\boldsymbol{\Gamma}} \quad \text{〔公式 12·2-10〕}$$

估計誤差變異 $\mathbf{Q}_E^*$　公式 12·2-7 的 $\mathbf{Q}_E$ 是減去組間變異之後的 SSCP。再自 $\mathbf{Q}_E$ 中排除因迴歸變異造成的 SSCP 之後，便得殘餘誤差變異的 SSCP，亦即 $\mathbf{Q}_E^*$：

$$\begin{aligned}\mathbf{Q}_E^*&=\mathbf{Q}_E^{YY}-\mathbf{Q}_R=\mathbf{Q}_E^{YY}-\mathbf{Q}_E^{YZ}\,\hat{\boldsymbol{\Gamma}}\\ &=\mathbf{Q}_E^{YY}-\mathbf{Q}_E^{YZ}(\mathbf{Q}_E^{ZZ})^{-1}\mathbf{Q}_E^{ZY}\end{aligned} \quad \text{〔公式 12·2-11〕}$$

其自由度爲 $N-r-h$。所以：

$$\mathbf{S}_E^*=\frac{1}{N-r-h}\mathbf{Q}_E^*$$

便是調整後變異數-共變數（adjusted variance-covariance）矩陣。

調整平均數　各組的調整後平均數（adjusted means）可用下列

公式來估計而得:

$$\mathbf{Y}^*_{\cdot} = \hat{\mathbf{Y}}_{\cdot} - (\hat{\mathbf{Z}}_{\cdot} - \mathbf{1}\hat{\mathbf{z}}_{\cdot\cdot})\hat{\mathbf{\Gamma}}$$ 〔公式 12·2-12〕

各細格均有受試者時, $\hat{\mathbf{Y}}_{\cdot} = \mathbf{Y}_{\cdot}$, $\hat{\mathbf{Z}} = \mathbf{Z}_{\cdot}$, 而 $\hat{\mathbf{z}}_{\cdot\cdot} = \mathbf{z}_{\cdot\cdot}$ 是全體受試者控制變項之總平均數。

假設考驗　進行多變項共變數分析時須考驗下列各種虛無假設:

1. 迴歸線平行的假設考驗　首先, 我們須考驗 r 個組內廻歸線之間是否平行, 其虛無假設為:

$$H_0 : \mathbf{\Gamma}_1 = \mathbf{\Gamma}_2 = \cdots = \mathbf{\Gamma}_r = \mathbf{\Gamma}$$

其考驗公式為:

$$\Lambda = \frac{|\mathbf{Q}|}{|\mathbf{Q}^*_E|} < U_{\alpha,(u,v_h,v_e)}$$ 〔公式 12·2-13〕

這裏, $u=p$, $v_h=h(r-1)$, $v_e=N-r-hr$。公式 12·2-13 分子部分的矩陣 $\mathbf{Q}$ 是各組受試者的依變項 SSCP 用該組的共變項分數予以調整, 然後把調整後的 r 個 SSCP 相加而得的。此項結果再拿來與公式12·2-11 的 $\mathbf{Q}^*_E$ 相比較。詳細說來, 矩陣 $\mathbf{Q}$ 的算法是這樣的: 先以每一組為單位, 求該 p 個依變項和 h 個共變項的組內 SSCP, 稱為 $\mathbf{Q}_{Wj}$, 其公式是大家所很熟悉的:

$$\mathbf{Q}_{Wj} = \mathbf{V}'_j\mathbf{V}_j - N\mathbf{v}_{\cdot j}\mathbf{v}'_{\cdot j}$$

$$= \left[\begin{array}{c|c} \mathbf{Q}_{Wj}^{YY} & \mathbf{Q}_{Wj}^{YZ} \\ \hline \mathbf{Q}_{Wj}^{ZY} & \mathbf{Q}_{Wj}^{ZZ} \end{array}\right]$$ 〔公式 12·2-14〕

其次, 要用下列公式加以調整:

$$\mathbf{Q}^*_{Wj} = \mathbf{Q}_{Wj}^{YY} - \mathbf{Q}_{Wj}^{YZ}\left[\mathbf{Q}_{Wj}^{ZZ}\right]^{-1}\mathbf{Q}_{Wj}^{ZY}$$ 〔公式 12·2-15〕

最後, 將 r 個 $\mathbf{Q}^*_{Wj}$ 相加在一起, 便可得到 $\mathbf{Q}$:

$$\mathbf{Q} = \sum \mathbf{Q}^*_{Wj}$$ 〔公式 12·2-16〕

至於公式 12·2-13 分母的 $\mathbf{Q}^*_E$, 是用公式 12·2-11 把公式 12·2-8

所示全體受試者的組內 SSCP 加以調整而成的。換言之，公式 12·2-16 的 **Q** 是各組先用共變項調整，再相加起來的；而公式 12·2-11 却是各組組內 SSCP 先合併起來，再用共變項加以調整的。

如果代入公式 12·12-13 計算結果，接受 H_0，便表示各組的迴歸線斜率是相同的，或迴歸線是相平行的，顯示各組受控制變項影響的情形都是相同的。

2. 共同斜率爲0的假設考驗　依變項與共變項的關係到底有多密切呢？換言之，共同斜率 $\mathbf{\Gamma}$ 是不是等於 0 呢？這是下面的虛無假設所要考驗的：

$$H_0:\mathbf{\Gamma}=\mathbf{0}$$

考驗此項虛無假設所須矩陣爲：

$$\mathbf{Q}_R=\mathbf{Q}_E^{YZ}\hat{\mathbf{\Gamma}} \qquad \text{〔公式 12·2-17〕}$$

$$\mathbf{Q}_E^*=\mathbf{Q}_E^{YY}-\mathbf{Q}_E^{YZ}(\mathbf{Q}_E^{ZZ})^{-1}\mathbf{Q}_E^{ZY} \qquad \text{（看公式 12·2-11）}$$

$$\Lambda=\frac{|\mathbf{Q}_E^*|}{|\mathbf{Q}_R+\mathbf{Q}_E^*|}<U_{\alpha,(u,v_h,v_e)} \qquad \text{〔公式 12·2-18〕}$$

這裏，$u=p$，$v_h=h$，$v_e=N-r-h$。

如果這虛無假設被拒絕，便表示共同斜率不是 0，亦即共變項與依變項之關係是不可忽視的，因此必須用共變項來加以調整纔行。

3. 各組主要效果相等的假設考驗　排除控制變項（共變項）之影響後，接受不同實驗處理各組之間的平均數，是否仍然有顯著的差異呢？亦即各組的主要效果是否相等呢？此項考驗的虛無假設爲：

$$H_0:\boldsymbol{\alpha}_1=\boldsymbol{\alpha}_2=\cdots=\boldsymbol{\alpha}_J$$

其考驗過程可描述如下：利用第 2·2(三) 節格拉姆-施密特法，將公式 12·2-5 中所用的矩陣 **K** 加以正交正規化，得：

$$\mathbf{K}=\mathbf{K}^*\mathbf{T}'$$

然後將$\mathbf{K}^*$代入下列公式求出 $\mathbf{U}_V$ 矩陣:

$$\mathbf{U}_V=\mathbf{K}^{*\prime}\mathbf{D}\mathbf{V}.=[\mathbf{U}_Y \vdots \mathbf{U}_Z] \qquad 〔公式\ 12\cdot2\text{-}19〕$$

以這 $\mathbf{U}_V$ 矩陣的橫列求外積或外積和，便可得到和其前面互爲獨立的組間變異 SSCP，或 $\mathbf{Q}_H$。例如:

$$\mathbf{Q}_H=\mathbf{u}_2\mathbf{u}'_2+\mathbf{u}_3\mathbf{u}'_3+\cdots+\mathbf{u}_j\mathbf{u}_j'$$

這 $\mathbf{Q}_H$ 與公式 12•2-8 的矩陣 $\mathbf{Q}_E$ 相加在一起，便得:

$$\mathbf{Q}_T=\mathbf{Q}_H+\mathbf{Q}_E$$

$$=\left[\begin{array}{c|c}\mathbf{Q}_T^{YY} & \mathbf{Q}_T^{YZ}\\ \hline \mathbf{Q}_T^{ZY} & \mathbf{Q}_T^{ZZ}\end{array}\right] \qquad 〔公式\ 12\cdot2\text{-}20〕$$

如此便可代入下式求「全體」的調整後 SSCP，亦即 $\mathbf{Q}_T^*$ 和 $\mathbf{Q}_H^*$:

$$\mathbf{Q}_T^*=\mathbf{Q}_T^{YY}-\mathbf{Q}_T^{YZ}[\mathbf{Q}_T^{ZZ}]^{-1}\mathbf{Q}_T^{ZY} \qquad 〔公式\ 12\cdot2\text{-}21〕$$

$$\mathbf{Q}_H^*=\mathbf{Q}_T^*-\mathbf{Q}_E^* \qquad 〔公式\ 12\cdot2\text{-}22〕$$

此時考驗本虛無假設的公式爲:

$$\Lambda=\frac{|\mathbf{Q}_E^*|}{|\mathbf{Q}_H^*+\mathbf{Q}_E^*|}<U_{\alpha,(u,v_h,v_e)} \qquad 〔公式\ 12\cdot2\text{-}23〕$$

這裏，$u=p$，$v_h=r-1$，$v_e=N-r-h$。

上面所討論的原理當然也可應用於二因子多變項共變數分析的情形，不再重述。

（二）計算實例　接著我們要舉例說明 Finn 的多變項共變數分析之實際計算過程。爲能與 Timm 的方法相比較起見，我們還是用上節例 12•1-1 來計算。

【例 12•2-1】 某項有關國語和數學之課程實驗的設計和結果，已如前節例 12•1-1 和表 12•1-1 所示。試以 Finn 的方法進行多變項共變數分析（$\alpha=.05$）。

1. 由表 12•1-1 可知，本研究有三個組（$r=3$），每組有兩個依

變項（$p=2$）、兩個控制變項（共變項，$h=2$）。同時，各組的依變項和共變項之組平均數如下所示:

$$\mathbf{V}.=[\mathbf{Y}. \mid \mathbf{Z}.]=\begin{bmatrix} 5.05 & 5.68 & 4.36 & 4.89 \\ 5.75 & 6.53 & 5.42 & 5.51 \\ 6.70 & 6.91 & 5.37 & 5.46 \end{bmatrix} \begin{matrix} \text{舊教材} \\ \text{新教材(一)} \\ \text{新教材(二)} \end{matrix}$$
$$\quad R_2 \quad M_2 \quad R_1 \quad M_1$$

2. 各組平均數之比較: 各組平均數之差值 $\hat{\Theta}_V$ 可如下加以估計:

$$\mathbf{X}=\begin{bmatrix} 1 & 1 & 0 & 0 \\ 1 & 0 & 1 & 0 \\ 1 & 0 & 0 & 1 \end{bmatrix} \qquad \mathbf{D}=\begin{bmatrix} 10 & 0 & 0 \\ 0 & 10 & 0 \\ 0 & 0 & 10 \end{bmatrix}$$

$$\mathbf{C}=\begin{bmatrix} 1 & \frac{1}{3} & \frac{1}{3} & \frac{1}{3} \\ 0 & 1 & 0 & -1 \\ 0 & 0 & 1 & -1 \end{bmatrix} \begin{matrix} C0 \\ C1 \\ C2 \end{matrix}$$

$$\mathbf{K}=\mathbf{X}\,\mathbf{C}'(\mathbf{CC}')^{-1}=\begin{bmatrix} 1 & .666667 & -.333333 \\ 1 & -.333333 & .666667 \\ 1 & -.333333 & -.333333 \end{bmatrix}$$
$$C0 \qquad C1 \qquad C2$$

$$\mathbf{K}'\mathbf{DK}=\begin{bmatrix} 30 & 0 & 0 \\ 0 & 6.6667 & -3.3333 \\ 0 & -3.3333 & 6.6667 \end{bmatrix}$$

$$\hat{\Theta}_V=(\mathbf{K}'\mathbf{DK})^{-1}\,\mathbf{K}'\mathbf{DV}.=[\hat{\Theta}_Y \quad \hat{\Theta}_Z] \qquad \text{（公式 12·2-5）}$$

$$=\begin{bmatrix} .033333 & 0 & 0 \\ 0 & .2 & .1 \\ 0 & .1 & .2 \end{bmatrix} \begin{bmatrix} 175.0 & 191.2 & 151.5 & 158.6 \\ -7.8333 & -6.9333 & -6.8999 & -3.9666 \\ -.8333 & 1.5667 & 3.7001 & 2.2334 \end{bmatrix}$$

$$
=\left[\begin{array}{cc:cc} 5.8333 & 6.3733 & 5.05 & 5.2867 \\ -1.65 & -1.23 & -1.01 & -.57 \\ -.95 & -.38 & .05 & .05 \end{array}\right]\begin{array}{l} \mu'+\frac{1}{3}\sum\alpha'_{i} \\ \alpha'_{1}-\alpha'_{3} \\ \alpha'_{2}-\alpha'_{3} \end{array}
$$
$$
\quad R_2 \qquad M_2 \qquad R_1 \qquad M_1
$$

這一矩陣的第一橫列是常數（全體平均數）之估計。例如 5.8333 是 **V.** 矩陣裏 5.05, 5.75 和 6.70 的平均數，亦即爲國語科末測 (R_2) 之總平均。$\hat{\boldsymbol{\Theta}}_V$ 的第二橫列是第一組的平均數與第三組的平均數之差。例如: −1.65 是 **V.** 矩陣裏 5.05−6.70 得來的。$\hat{\boldsymbol{\Theta}}_V$ 的第三橫列是第二組平均數與第三組平均數之差值。

3. 求三組的組內 SSCP 之和 $\mathbf{Q}_E$:

$$
\mathbf{Q}_E=\mathbf{V}'\mathbf{V}-\mathbf{V}'.\mathbf{D}\mathbf{V}. \qquad \text{(公式 12·2-7)}
$$

$$
=\begin{bmatrix} 1041.86 & 1127.62 & 897.17 & 933.08 \\ 1127.62 & 1231.30 & 975.08 & 1016.34 \\ 897.17 & 975.08 & 778.23 & 808.16 \\ 933.08 & 1016.34 & 808.16 & 845.34 \end{bmatrix}
$$

$$
-\begin{bmatrix} 1034.550 & 1125.285 & 891.620 & 929.590 \\ 1125.285 & 1226.514 & 972.641 & 1014.841 \\ 891.620 & 972.641 & 772.229 & 805.048 \\ 929.590 & 1014.841 & 805.048 & 840.838 \end{bmatrix}
$$

$$
=\left[\begin{array}{cc:cc} 7.310 & 2.335 & 5.550 & 3.490 \\ 2.335 & 4.786 & 2.439 & 1.499 \\ \hdashline 5.550 & 2.439 & 6.001 & 3.112 \\ 3.490 & 1.499 & 3.112 & 4.502 \end{array}\right]=\left[\begin{array}{c:c} \mathbf{Q}_E{}^{YY} & \mathbf{Q}_E{}^{YZ} \\ \hdashline \mathbf{Q}_E{}^{ZY} & \mathbf{Q}_E{}^{ZZ} \end{array}\right]
$$

或者先各組分開算各組的組內 SSCP, 然後再相加起來:

$$\mathbf{Q}_{W1}=\mathbf{V}_1'\mathbf{V}_1-N\mathbf{v}_{\cdot 1}\mathbf{v}_{\cdot 1}' \qquad \text{(公式 12·2-14)}$$

$$=\begin{bmatrix} 259.31 & 289.19 & 223.80 & 248.81 \\ 289.19 & 324.80 & 249.75 & 278.82 \\ 223.80 & 249.75 & 193.88 & 214.46 \\ 248.81 & 278.82 & 214.46 & 240.85 \end{bmatrix}$$

$$-10\begin{bmatrix} 5.05 \\ 5.68 \\ 4.36 \\ 4.89 \end{bmatrix}[5.05 \quad 5.68 \quad 4.36 \quad 4.89]$$

$$=\left[\begin{array}{cc|cc} 4.285 & 2.350 & 3.620 & 1.865 \\ 2.350 & 2.176 & 2.102 & 1.068 \\ \hline 3.620 & 2.102 & 3.784 & 1.256 \\ 1.865 & 1.068 & 1.256 & 1.729 \end{array}\right]=\left[\begin{array}{c|c} \mathbf{Q}_{W1}^{YY} & \mathbf{Q}_{W1}^{YZ} \\ \hline \mathbf{Q}_{W1}^{ZY} & \mathbf{Q}_{W1}^{ZZ} \end{array}\right]$$

$$\mathbf{Q}_{W2}=\left[\begin{array}{cc|cc} 1.885 & -.245 & 1.080 & .735 \\ -.245 & 1.721 & .274 & .487 \\ \hline 1.080 & .274 & .956 & .608 \\ .735 & .487 & .608 & .909 \end{array}\right]$$

$$\mathbf{Q}_{W3}=\left[\begin{array}{cc|cc} 1.140 & .230 & .850 & .890 \\ .230 & .889 & .063 & -.056 \\ \hline .850 & .063 & 1.261 & 1.248 \\ .890 & -.056 & 1.248 & 1.864 \end{array}\right]$$

將 $\mathbf{Q}_{W1}$，$\mathbf{Q}_{W2}$ 和 $\mathbf{Q}_{W3}$ 相加也可得到 $\mathbf{Q}_E$。

4. 求共同斜率 $\hat{\mathbf{\Gamma}}$，並求排除共變項影響後的平均數差值:

$$\hat{\mathbf{\Gamma}}=[\mathbf{Q}_E^{ZZ}]^{-1}\mathbf{Q}_E^{ZY} \qquad \text{（公式 12·2-9）}$$

$$=\begin{bmatrix}6.001 & 3.112\\3.112 & 4.502\end{bmatrix}^{-1}\begin{bmatrix}5.550 & 2.439\\3.490 & 1.499\end{bmatrix}$$

$$=\begin{bmatrix}.259751 & -.179553\\-.179553 & .346239\end{bmatrix}\begin{bmatrix}5.550 & 2.439\\3.490 & 1.499\end{bmatrix}=\begin{bmatrix}.8150 & .3644\\.2119 & .0811\end{bmatrix}$$

代入公式 12·2-10 求調整平均數之差值 $\hat{\boldsymbol{\Theta}}$:

$$\hat{\boldsymbol{\Theta}}=\hat{\boldsymbol{\Theta}}_Y-\hat{\boldsymbol{\Theta}}_Z\,\mathbf{\Gamma}$$

$$=\begin{bmatrix}5.8333 & 6.3733\\-1.65 & -1.23\\-.95 & -.38\end{bmatrix}-\begin{bmatrix}5.05 & 5.2867\\-1.01 & -.57\\.05 & .05\end{bmatrix}\begin{bmatrix}.8150 & .3644\\.2119 & .0811\end{bmatrix}$$

$$=\begin{bmatrix}.5973 & 4.1043\\-.7061 & -.8157\\-1.0013 & -.4023\end{bmatrix}\begin{matrix}\text{常數}\\\boldsymbol{\alpha}_1'-\boldsymbol{\alpha}_3\\\boldsymbol{\alpha}_2'-\boldsymbol{\alpha}_3'\end{matrix}$$

這是下面各組調整平均數之間的差:

$$\mathbf{Y}^*=\mathbf{Y}.-(\hat{\mathbf{Z}}.-\mathbf{1}\,\hat{\mathbf{z}}'..)\,\hat{\mathbf{\Gamma}} \qquad \text{（公式 12·2-12）}$$

$$=\begin{bmatrix}5.05 & 5.68\\5.75 & 6.53\\6.70 & 6.91\end{bmatrix}-\left(\begin{bmatrix}4.36 & 4.89\\5.42 & 5.51\\5.37 & 5.46\end{bmatrix}-\begin{bmatrix}1\\1\\1\end{bmatrix}[5.05 \quad 5.2867]\right)$$

$$\times\begin{bmatrix}.8150 & .3644\\.2119 & .0811\end{bmatrix}$$

$$=\begin{bmatrix}5.6964 & 5.9636\\5.4011 & 6.3771\\6.4025 & 6.7793\end{bmatrix}\begin{matrix}\text{舊教材}\\\text{新教材(一)}\\\text{新教材(二)}\end{matrix}$$

國語　　數學

至於調整平均數之差值 $\hat{\boldsymbol{\Theta}}$ 之信賴區間，可用下法估計:

$$\mathbf{G}=(\mathbf{K}'\mathbf{D}\mathbf{K})^{-1}+\hat{\boldsymbol{\Theta}}_Z[\mathbf{Q}_E^{ZZ}]^{-1}\hat{\boldsymbol{\Theta}}'_Z \qquad \text{〔公式 12·2-24〕}$$

$$=\begin{bmatrix} .033333 & 0 & 0 \\ 0 & .2 & .1 \\ 0 & .1 & .2 \end{bmatrix}+\begin{bmatrix} 5.05 & 5.2867 \\ -1.01 & -.57 \\ .05 & .05 \end{bmatrix}$$

$$\times\begin{bmatrix} .259751 & -.179553 \\ -.179553 & .346239 \end{bmatrix}\begin{bmatrix} 5.05 & -1.01 & .05 \\ 5.2867 & -.57 & .05 \end{bmatrix}$$

$$=\begin{bmatrix} .033333 & 0 & 0 \\ 0 & .2 & .1 \\ 0 & .1 & .2 \end{bmatrix}+\begin{bmatrix} 6.7139 & -.8926 & .0643 \\ -.8926 & .1707 & -.0088 \\ .0643 & -.0088 & .0006 \end{bmatrix}$$

$$=\begin{bmatrix} 6.7472 & -.8926 & .0643 \\ -.8926 & .3707 & .0912 \\ .0643 & .0912 & .2006 \end{bmatrix}$$

$$\mathbf{g}=\begin{bmatrix} \sqrt{6.7472} \\ \sqrt{.3707} \\ \sqrt{.2006} \end{bmatrix}=\begin{bmatrix} 2.5975 \\ .6089 \\ .4479 \end{bmatrix}$$

利用公式 12·2-11 和矩陣 $\mathbf{Q}_E$ 的資料，得殘餘誤差變異 $\mathbf{Q}_E^*$ 如下：

$$\mathbf{Q}_E^*=\mathbf{Q}_E^{YY}-\mathbf{Q}_E^{YZ}[\mathbf{Q}_E^{ZZ}]^{-1}\mathbf{Q}_E^{ZY}=\mathbf{Q}_E^{YY}-\mathbf{Q}_R$$

$$=\begin{bmatrix} 7.310 & 2.335 \\ 2.335 & 4.786 \end{bmatrix}-\begin{bmatrix} 5.550 & 3.490 \\ 2.439 & 1.499 \end{bmatrix}\begin{bmatrix} 6.001 & 3.112 \\ 3.112 & 4.502 \end{bmatrix}^{-1}$$

$$\times\begin{bmatrix} 5.550 & 2.439 \\ 3.490 & 1.499 \end{bmatrix}$$

$$=\begin{bmatrix} 7.310 & 2.335 \\ 2.335 & 4.786 \end{bmatrix}-\begin{bmatrix} 5.2625 & 2.3053 \\ 2.3053 & 1.0103 \end{bmatrix}$$

$$=\begin{bmatrix} 2.0475 & .0297 \\ .0297 & 3.7757 \end{bmatrix}$$

$$\mathbf{S}_E^* = \frac{1}{N-r-h}\mathbf{Q}_E^* = \frac{1}{30-3-2}\mathbf{Q}_E^* = \begin{bmatrix} .0819 & .0012 \\ .0012 & .1510 \end{bmatrix}$$

取矩陣 $\mathbf{S}_E^*$ 主對角線元素的平方根，得標準差如下：

$$\mathbf{d}' = [\hat{\sigma}_1^* \quad \hat{\sigma}_2^*] = [.2862 \quad .3886]$$

所以，　$\mathbf{H}^* = \mathbf{gd}'$

$$= \begin{bmatrix} .7434 & 1.0094 \\ .1743 & .2366 \\ .1282 & .1741 \end{bmatrix} \begin{matrix} \text{常數} \\ \boldsymbol{\alpha}'_1 - \boldsymbol{\alpha}'_3 \\ \boldsymbol{\alpha}'_2 - \boldsymbol{\alpha}'_3 \end{matrix}$$

這是調整後標準誤，可用來估計 $\hat{\boldsymbol{\Theta}}$ 矩陣內調整平均數差值之信賴區間。調整平均數差值成自由度爲 $(N-r-h)$ 的 t 分配。以本例而言，$t_{\frac{\alpha}{2},(N-r-h)} = t_{.025,(30-3-2)} = 2.060$ 例如：

①$-.7061 - 2.060(.1743) \leqslant \theta_{21} \leqslant -.7061 + 2.060(.1743)$

或　$-1.065 \leqslant \theta_{21} \leqslant -.347$　　$(p < .05)$

②$-.8157 - 2.060(.2366) \leqslant \theta_{22} \leqslant -.8157 + 2.060(.2366)$

$-1.303 \leqslant \theta_{22} \leqslant -.328$　　$(p < .05)$

③$-1.0013 - 2.060(.1282) \leqslant \theta_{31} \leqslant -1.0013 + 2.060(.1282)$

$-1.262 \leqslant \theta_{31} \leqslant -.737$　　$(p < .05)$

④$-.4023 - 2.060(.1741) \leqslant \theta_{32} \leqslant -.4023 + 2.060(.1741)$

$-.7609 \leqslant \theta_{32} \leqslant -.0437$　　$(p < .05)$

可見，不管在國語或數學方面，舊教材與新教材（二）之間，或新教材（一）與新教材（二）之間均有顯著的差異存在。〔這結果與前節用 Timm 的方法略有不同。前節用 $c_0 = 3.273$，本節用 $t = 2.060$〕。

5. 各組迴歸線平行的假設考驗：

$$H_0 : \boldsymbol{\Gamma}_1 = \boldsymbol{\Gamma}_2 = \boldsymbol{\Gamma}_3 = \boldsymbol{\Gamma}$$

考驗此一虛無假設須用到公式 12•2-13。前面已算出 $\mathbf{Q}_E^*$ 如下：

$$\mathbf{Q}_E^* = \mathbf{Q}_E^{YY} - \mathbf{Q}_E^{YZ}[\mathbf{Q}_E^{ZZ}]^{-1}\mathbf{Q}_E^{ZY}$$

$$= \begin{bmatrix} 7.310 & 2.335 \\ 2.335 & 4.786 \end{bmatrix} - \begin{bmatrix} 5.550 & 3.490 \\ 2.439 & 1.499 \end{bmatrix} \begin{bmatrix} 6.001 & 3.112 \\ 3.112 & 4.502 \end{bmatrix}^{-1}$$

$$\times \begin{bmatrix} 5.550 & 2.439 \\ 3.490 & 1.499 \end{bmatrix}$$

$$= \begin{bmatrix} 2.0475 & .0297 \\ .0297 & 3.7757 \end{bmatrix}$$

至於 Q 的算法則不完全相同。計算它時，須用到公式 12•2-14 到公式 12•2-16 等公式。可詳細說明如下:

根據公式 12•2-14，我們已算出 $\mathbf{Q}_{W1}$，$\mathbf{Q}_{W2}$，和 $\mathbf{Q}_{W3}$。利用公式 12•2-15 可算得:

$$\mathbf{Q}_{W1}^* = \mathbf{Q}_{W1}^{YY} - \mathbf{Q}_{W1}^{YZ}[\mathbf{Q}_{W1}^{ZZ}]^{-1}\mathbf{Q}_{W1}^{ZY}$$

$$= \begin{bmatrix} 4.285 & 2.350 \\ 2.350 & 2.176 \end{bmatrix} - \begin{bmatrix} 3.620 & 1.865 \\ 2.102 & 1.068 \end{bmatrix} \begin{bmatrix} 3.784 & 1.256 \\ 1.256 & 1.729 \end{bmatrix}^{-1}$$

$$\times \begin{bmatrix} 3.620 & 2.102 \\ 1.865 & 1.068 \end{bmatrix}$$

$$= \begin{bmatrix} .4864 & .1519 \\ .1519 & .9038 \end{bmatrix}$$

$$\mathbf{Q}_{W2}^* = \begin{bmatrix} 1.885 & -.245 \\ -.245 & 1.721 \end{bmatrix} - \begin{bmatrix} 1.080 & .735 \\ .274 & .487 \end{bmatrix} \begin{bmatrix} .956 & .608 \\ .608 & .909 \end{bmatrix}^{-1}$$

$$\times \begin{bmatrix} 1.080 & .274 \\ .735 & .487 \end{bmatrix}$$

$$= \begin{bmatrix} .6605 & -.5834 \\ -.5834 & 1.4552 \end{bmatrix}$$

$$\mathbf{Q}^*_{W3}=\begin{bmatrix}1.140 & .230\\ .230 & .889\end{bmatrix}-\begin{bmatrix}.850 & .890\\ .063 & -.056\end{bmatrix}\begin{bmatrix}1.261 & 1.248\\ 1.248 & 1.864\end{bmatrix}^{-1}$$

$$\times\begin{bmatrix}.850 & .063\\ .890 & -.056\end{bmatrix}$$

$$=\begin{bmatrix}.5633 & .1967\\ .1967 & .8636\end{bmatrix}$$

$$\therefore\quad \mathbf{Q}=\sum \mathbf{Q}^*_{Wj}=\begin{bmatrix}1.7102 & -.2348\\ -.2348 & 3.2226\end{bmatrix}$$

代入公式 12•2-13 得:

$$\Lambda=\frac{|\mathbf{Q}|}{|\mathbf{Q}^*_E|}=\frac{5.456159}{7.729864}=.7059$$

大於 $U_{\alpha,[p,h(r-1),N-r-hr]}=U_{.05,[2,2(3-1),30-3-2(3)]}=U_{.05,(2,4,21)}=.484925$。可見上面的虛無假設應予接受。換言之，各組的廻歸線都相互平行（亦卽各組的依變項都受到共變項同樣的影響）。所以，以一條共同的廻歸線便足以代表依變項與共變項之間的關係。

6. 共同廻歸線之斜率爲 0 的假設考驗:

$$H_0:\mathbf{\Gamma}=\mathbf{O}$$

考驗此一虛無假設，須用到公式 12•2-18。前面我們已算出:

$$\mathbf{Q}_R=\mathbf{Q}_E{}^{YZ}\,\hat{\mathbf{\Gamma}}=\mathbf{Q}_E{}^{YZ}\,[\mathbf{Q}_E{}^{ZZ}]^{-1}\,\mathbf{Q}_E{}^{ZY}=\begin{bmatrix}5.2625 & 2.3053\\ 2.3053 & 1.0103\end{bmatrix}$$

$$\mathbf{Q}_E=\begin{bmatrix}2.0475 & .0297\\ .0297 & 3.7757\end{bmatrix}$$

$$\Lambda=\frac{|\mathbf{Q}^*_E|}{|\mathbf{Q}_R+\mathbf{Q}^*_E|}=\frac{7.729864}{29.533435}=.2617$$

遠小於 $U_{\alpha,(p,h,N-r-h)}=U_{.05,(2,2,25)}=.678783$。可見共同廻歸線的斜率

並不是 0。換言之，共變項必須予以考慮才行。

7. 各組主要效果相等的假設考驗：

$$H_0 : \boldsymbol{\alpha}_1 = \boldsymbol{\alpha}_2 = \boldsymbol{\alpha}_3$$

利用第 2·2(三) 節格拉姆-施密特法，和用 $\mathbf{D} = diag[10, \ 10, \ 10]$，解上面的 $\mathbf{K}$ 矩陣得：

$$\mathbf{K} = \mathbf{K}^* \mathbf{T}'$$

$$= \begin{bmatrix} .1826 & .2582 & 0 \\ .1826 & -.1291 & .2236 \\ .1826 & -.1291 & -.2236 \end{bmatrix} \begin{bmatrix} 5.4772 & 0 & 0 \\ 0 & 2.5820 & -1.2910 \\ 0 & 0 & 2.2361 \end{bmatrix}$$

代入公式 12·2-19，得：

$$\mathbf{U}_V = \mathbf{K}^{*\prime} \mathbf{D} \mathbf{V}_{.} = [\mathbf{U}_Y \mid \mathbf{U}_Z]$$

$$= \left[\begin{array}{cc|cc} 31.9505 & 34.9081 & 27.6600 & 28.9562 \\ -3.0338 & -2.6852 & -2.6723 & -1.5362 \\ -2.1243 & -.8497 & .1118 & .1118 \end{array}\right] \begin{array}{c} \mathbf{u}_1' \\ \mathbf{u}_2' \\ \mathbf{u}_3' \end{array}$$

這矩陣的 $\mathbf{u}_1'$ 是常數項，是我們不想考驗的。至於 $\mathbf{u}_2'$ 和 $\mathbf{u}_3'$ 乃是表示 $\boldsymbol{\alpha}_1 - \boldsymbol{\alpha}_3$ 和 $\boldsymbol{\alpha}_2 - \boldsymbol{\alpha}_3$ 的主要效果，可以將其 SSCP 相加在一起：

$$\mathbf{Q}_H = \mathbf{u}_2 \mathbf{u}_2' + \mathbf{u}_3 \mathbf{u}_3'$$

$$= \left[\begin{array}{cc|cc} 13.7166 & 9.9514 & 7.8697 & 4.4230 \\ 9.9514 & 7.9323 & 7.0807 & 4.0300 \\ \hline 7.8697 & 7.0807 & 7.1537 & 4.1177 \\ 4.4230 & 4.0300 & 4.1177 & 2.3724 \end{array}\right]$$

〔這就如同變異數分析一樣，包括 p 個依變項和 h 個共變項〕。前面用公式 12·2-7 算過 $\mathbf{Q}_E$，與 $\mathbf{Q}_H$ 相加在一起便得：

$$\mathbf{Q}_T=\mathbf{Q}_H+\mathbf{Q}_E$$

$$=\left[\begin{array}{cc|cc} 21.0266 & 12.2864 & 13.4197 & 7.9130 \\ 12.2864 & 12.7183 & 9.5197 & 5.5290 \\ \hline 13.4197 & 9.5197 & 13.1547 & 7.2297 \\ 7.9130 & 5.5290 & 7.2297 & 6.8744 \end{array}\right]=\left[\begin{array}{c|c} \mathbf{Q}_T^{YY} & \mathbf{Q}_T^{YZ} \\ \hline \mathbf{Q}_T^{ZY} & \mathbf{Q}_T^{ZZ} \end{array}\right]$$

利用公式 12•2-21，可算出:

$$\mathbf{Q}_T^*=\mathbf{Q}_T^{YY}-\mathbf{Q}_T^{YZ}[\mathbf{Q}_T^{ZZ}]^{-1}\mathbf{Q}_T^{ZY}$$

$$=\begin{bmatrix} 21.0266 & 12.2864 \\ 12.2864 & 12.7183 \end{bmatrix}-\begin{bmatrix} 13.4197 & 7.9130 \\ 9.5197 & 5.5290 \end{bmatrix}$$

$$\times\begin{bmatrix} 13.1547 & 7.2297 \\ 7.2297 & 6.8744 \end{bmatrix}^{-1}\begin{bmatrix} 13.4197 & 9.5197 \\ 7.9130 & 5.5290 \end{bmatrix}$$

$$=\begin{bmatrix} 7.2369 & 2.5199 \\ 2.5199 & 5.7987 \end{bmatrix}$$

代入公式 12•2-22，再求出:

$$\mathbf{Q}_H^*=\mathbf{Q}_T^*-\mathbf{Q}_E^*$$

$$=\begin{bmatrix} 7.2369 & 2.5199 \\ 2.5199 & 5.7987 \end{bmatrix}-\begin{bmatrix} 2.0475 & .0297 \\ .0297 & 3.7757 \end{bmatrix}=\begin{bmatrix} 5.1894 & 2.4902 \\ 2.4902 & 2.0230 \end{bmatrix}$$

將上面這些結果代入公式 12•2-23，可得到:

$$\Lambda=\frac{|\mathbf{Q}_E^*|}{|\mathbf{Q}_H^*+\mathbf{Q}_E^*|}=\frac{|\mathbf{Q}_E^*|}{|\mathbf{Q}_T^*|}=\frac{7.729864}{35.615183}=.2170$$

因為 Λ 值小於 $U_{\alpha,(p,r-1,N-r-h)}=U_{.05,(2,3-1,30-3-2)}=.678782$，所以應拒絕虛無假設。換言之，排除共變項之影響後，各組之間仍然有顯著差異存在。

表 12•2-1 是上面的多變項共變數分析的摘要表。表右邊也附上

單變項分析的結果，可看出在那一個依變項方面有顯著差異存在。

表 12·2-1　多變項及單變項共變數分析摘要表

來　　源	df	(SSCP)′ 國語	(SSCP)′ 數學	多變項Λ (df)	單變項 F 國語	單變項 F 數學
常　數	1	$\mathbf{u}_1\mathbf{u}_1'$				
共變項 (排除實驗設計效果)	2	5.2625 2.3053	2.3053 1.0103	.2617* (2, 2, 25)	32.128*	3.345
組　間 (排除共變項)	2	5.1894 2.4902	2.4902 2.0230	.2170* (2, 2, 25)	31.681*	6.697*
組　內 (排除共變項)	25	2.0475 .0297	.0297 3.7757			
總　和	30					

$^*p<.05$

以上我們以 Timm (1975) 和 Finn (1974) 的方法分別處理同一樣資料；多變項共變數分析的結果，可說完全相同。如果您能多花一點時間，將兩種方法加以對照比較，對進一步瞭解多變項共變數分析的原理，一定會有很大的幫助。

〔另一種算法〕也許用 Cooley & Lohnes (1971, pp. 287–298) 的方法，您會覺得多變項共變數分析並沒有什麼困難。（他們所討論的等分散性考驗，這裏從略）。我們再用同樣資料來試試看。

1. 首先求出「全體 SSCP」，並排除共變項的影響：

$$\mathbf{T}=\left[\begin{array}{cc|cc}21.0266 & 12.2864 & 13.4197 & 7.9130\\ 12.2864 & 12.7183 & 9.5197 & 5.5290\\ \hline 13.4197 & 9.5197 & 13.1547 & 7.2297\\ 7.9130 & 5.5290 & 7.2297 & 6.8744\end{array}\right]=\left[\begin{array}{c|c}\mathbf{T}_{YY} & \mathbf{T}_{YZ}\\ \hline \mathbf{T}_{ZY} & \mathbf{T}_{ZZ}\end{array}\right]$$

$$\mathbf{T}_{Y\cdot Z}=\mathbf{T}_{YY}-\mathbf{T}_{YZ}\,\mathbf{T}_{ZZ}^{-1}\,\mathbf{T}_{ZY}=\begin{bmatrix}7.2369 & 2.5199\\ 2.5199 & 5.7989\end{bmatrix}$$

2. 再算「組內 SSCP」，各排除共變項的影響:

$$\mathbf{W}=\left[\begin{array}{cc|cc}7.310 & 2.335 & 5.550 & 3.490\\ 2.335 & 4.786 & 2.439 & 1.499\\ \hline 5.550 & 2.439 & 6.001 & 3.112\\ 3.490 & 1.499 & 3.112 & 4.502\end{array}\right]=\left[\begin{array}{c|c}\mathbf{W}_{YY} & \mathbf{W}_{YZ}\\ \hline \mathbf{W}_{ZY} & \mathbf{W}_{ZZ}\end{array}\right]$$

$$\mathbf{W}_{Y\cdot Z}=\mathbf{W}_{YY}-\mathbf{W}_{YZ}\,[\mathbf{W}_{ZZ}]^{-1}\,\mathbf{W}_{ZY}=\begin{bmatrix}2.0475 & .0297\\ .0297 & 3.7757\end{bmatrix}$$

3. 求 Λ 值:

$$\Lambda=\frac{|\mathbf{W}_{Y\cdot Z}|}{|\mathbf{T}_{Y\cdot Z}|}=\frac{7.729817}{35.615183}=.2170$$

小於 $U_{\alpha,(p,r-1,N-r-h)}=U_{.05,(2,2,25)}=.678782$，所以排除共變項的影響後，各組之間仍有顯著差異存在。

4. 求單變項 F 值: 其公式爲

$$F_j=\frac{[t_{Y\cdot Z(jj)}-w_{Y\cdot Z(jj)}]/(r-1)}{w_{Y\cdot Z(jj)}/(N-r-h)},\qquad \mathrm{df}=(r-1,\ N-r-h)$$

(國語科): $F=\dfrac{(7.2369-2.0475)/(3-1)}{2.0475/(30-3-2)}=31.681$ $(p<.05)$

(數學科): $F=\dfrac{(5.7987-3.7757)/(3-1)}{3.7757/(30-3-2)}=6.697$ $(p<.05)$

可見，不管在國語科或在數學科方面，三組之間均有差異存在。

5. 求共同斜率 $\hat{\boldsymbol{\Gamma}}$ 及調整平均數 $\tilde{\mathbf{y}}$:

$$\hat{\boldsymbol{\Gamma}}=\mathbf{W}_{ZZ}^{-1}\,\mathbf{W}_{ZY}=\begin{bmatrix}.8150 & .3644\\ .2119 & .0811\end{bmatrix}$$

$$\tilde{\mathbf{y}}_j=\bar{\mathbf{y}}_j-\hat{\mathbf{\Gamma}}'(\bar{\mathbf{z}}_j-\bar{\mathbf{z}})$$

(舊 教 材): $$\tilde{\mathbf{y}}_1=\begin{bmatrix}5.05\\5.68\end{bmatrix}-\begin{bmatrix}.8150 & .2119\\.3644 & .0841\end{bmatrix}\begin{bmatrix}4.36-5.0500\\4.89-5.2867\end{bmatrix}$$

$$=\begin{bmatrix}5.6964\\5.9636\end{bmatrix}$$

(新教材一) $$\tilde{\mathbf{y}}_2=\begin{bmatrix}5.75\\6.53\end{bmatrix}-\begin{bmatrix}.8150 & .2119\\.3644 & .0811\end{bmatrix}\begin{bmatrix}5.42-5.0500\\5.51-5.2867\end{bmatrix}$$

$$=\begin{bmatrix}5.4011\\6.3771\end{bmatrix}$$

(新教材二) $$\tilde{\mathbf{y}}_3=\begin{bmatrix}6.70\\6.91\end{bmatrix}-\begin{bmatrix}.8150 & .2119\\.3644 & .0811\end{bmatrix}\begin{bmatrix}5.37-5.0500\\5.46-5.2867\end{bmatrix}$$

$$=\begin{bmatrix}6.4025\\6.7793\end{bmatrix}$$

這與上面用公式 12·2-12 求出的 $\mathbf{Y}^*$ 完全一樣。

12·3　二因子多變項共變數分析

上面第 12·2 節所討論 Finn (1974) 的方法，可很方便的應用到二因子的情境。因此，接著我們要在這一節裏繼續用他的方法討論二因子多變項共變數分析的解法。〔他的方法也可用於 unequal **n**'s 的二因子設計〕。

(一) **基本原理**　解二因子多變項共變數分析時，仍然要使用第 12·2 節所討論過的公式，只要把公式 12·2-1 的模式矩陣 **X** 改爲二因子設計便行了。以 2×2 設計的情形來說，共變數分析模式是這樣的:

$$\begin{bmatrix} \mathbf{y}'_{\cdot 11} \\ \mathbf{y}'_{\cdot 12} \\ \mathbf{y}'_{\cdot 21} \\ \mathbf{y}'_{\cdot 22} \end{bmatrix} = \begin{bmatrix} 1 & 1 & 0 & 1 & 0 & 1 & 0 & 0 & 0 \\ 1 & 1 & 0 & 0 & 1 & 0 & 1 & 0 & 0 \\ 1 & 0 & 1 & 1 & 0 & 0 & 0 & 1 & 0 \\ 1 & 0 & 1 & 0 & 1 & 0 & 0 & 0 & 1 \end{bmatrix} \begin{bmatrix} \boldsymbol{\mu}' \\ \boldsymbol{\alpha}'_1 \\ \boldsymbol{\alpha}'_2 \\ \boldsymbol{\beta}'_1 \\ \boldsymbol{\beta}'_2 \\ \boldsymbol{\gamma}'_{11} \\ \boldsymbol{\gamma}'_{12} \\ \boldsymbol{\gamma}'_{21} \\ \boldsymbol{\gamma}'_{22} \end{bmatrix} + \begin{bmatrix} \mathbf{z}'_{\cdot 11} - \mathbf{z}'_{\cdots} \\ \mathbf{z}'_{\cdot 12} - \mathbf{z}'_{\cdots} \\ \mathbf{z}'_{\cdot 21} - \mathbf{z}'_{\cdots} \\ \mathbf{z}'_{\cdot 22} - \mathbf{z}'_{\cdots} \end{bmatrix} \boldsymbol{\Gamma} + \mathbf{E}^*.$$

至於再母數化後的**K**矩陣的求法，已在第 10·2 節中討論過。只要您再回頭復習一下，便可很容易的求出來了：

A因子

$$\mathbf{X}_2 = \begin{bmatrix} 1 & 1 & 0 \\ 1 & 0 & 1 \end{bmatrix}$$

$$\mathbf{C}_2 = \begin{bmatrix} 1 & \frac{1}{2} & \frac{1}{2} \\ 0 & 1 & -1 \end{bmatrix} \begin{matrix} C0 \\ C1 \end{matrix}$$

$$\mathbf{K}_2 = \underset{\quad C0 \qquad C1}{\begin{bmatrix} 1 & .5 \\ 1 & -.5 \end{bmatrix}}$$

B因子

$$\mathbf{X}_2 = \begin{bmatrix} 1 & 1 & 0 \\ 1 & 0 & 1 \end{bmatrix}$$

$$\mathbf{C}_2 = \begin{bmatrix} 1 & \frac{1}{2} & \frac{1}{2} \\ 0 & 1 & -1 \end{bmatrix} \begin{matrix} C0 \\ C1 \end{matrix}$$

$$\mathbf{K}_2 = \underset{\quad C0 \qquad C1}{\begin{bmatrix} 1 & .5 \\ 1 & -.5 \end{bmatrix}}$$

所以，

$$\mathbf{K} = \begin{bmatrix} 1 & .5 & .5 & .25 \\ 1 & .5 & -.5 & -.25 \\ 1 & -.5 & .5 & -.25 \\ 1 & -.5 & -.5 & .25 \end{bmatrix}$$

$$\begin{matrix} C0 \times C0 & C1 \times C0 & C0 \times C1 & C1 \times C1 \\ \text{（常數）} & A & B & AB \end{matrix}$$

由**K**矩陣也可看出：

$$\boldsymbol{\Theta}=\begin{bmatrix} \boldsymbol{\mu}'+\boldsymbol{\alpha}'.+\boldsymbol{\beta}'.+\boldsymbol{\gamma}'.. \\ (\boldsymbol{\alpha}_1-\boldsymbol{\alpha}_2)'+(\boldsymbol{\gamma}_{1.}-\boldsymbol{\gamma}_{2.})' \\ (\boldsymbol{\beta}_1-\boldsymbol{\beta}_2)'+(\boldsymbol{\gamma}_{.1}-\boldsymbol{\gamma}_{.2})' \\ (\boldsymbol{\gamma}_{11}-\boldsymbol{\gamma}_{12})'-(\boldsymbol{\gamma}_{21}-\boldsymbol{\gamma}_{22})' \end{bmatrix} \begin{matrix} \text{(常數)} \\ A\text{因子} \\ B\text{因子} \\ AB\text{ 交互作用} \end{matrix}$$

表 12•3-1 是 2×2 多變項共變數分析模式的 SSCP。計算結束之後，我們可以列出這樣的一個摘要表。

表 12•3-1　2×2 多變項共變數分析的 SSCP 摘要表*

來　源	自由度	SSCP
常　數 (K)	1	$\mathbf{Q}^*_{H1}=\mathbf{Q}^*_{T1}-\mathbf{Q}^*_E$
A，排除K及$\mathbf{X}$的影響	1	$\mathbf{Q}^*_{H2}=\mathbf{Q}^*_{T2}-\mathbf{Q}^*_E$
B，排除K，A及$\mathbf{X}$的影響	1	$\mathbf{Q}^*_{H3}=\mathbf{Q}^*_{T3}-\mathbf{Q}^*_E$
AB，排除K，A，B及$\mathbf{X}$的影響	1	$\mathbf{Q}^*_{H4}=\mathbf{Q}^*_{T4}-\mathbf{Q}^*_E$
共變項$\mathbf{X}$，排除設計效果	h	$\mathbf{Q}_R=\mathbf{Q}_E{}^{YZ}[\mathbf{Q}_E{}^{ZZ}]^{-1}\mathbf{Q}_E{}^{ZY}$
殘餘誤差	$N-r-h$	$\mathbf{Q}^*_E=\mathbf{Q}_E{}^{YY}-\mathbf{Q}_R$

*改自 Finn, 1974, p. 381

上面這幾點是與單因子多變項共變數分析時不一樣的地方，特別提出來說明，其餘則與上一節所討論者完全相同，不再重述。

（二）計算實例　例 12•3-1 是 2×2 多變項共變數分析的例子，也是 equal n's 的例子。我們可以用它來幫助說明實際的計算過程。

【例 12•3-1】在一項有關國中數學的補救教學的實驗裡，研究者想要探討（一）實施補救教學和未實施補救教學二種型態的教學之間以及（二）男女國中生之間，數學效果有無顯著差異存在。依變項是計算能力（y_1）和數學概念（y_2）方面的測驗成績。爲防止學生的學習動機，基礎能力、智力等變項的干擾，以學習動機測驗成績（z_1），國小算術成績（z_2），智力測驗成績（z_3）爲控制變項。表 12•3-2 是三十二名學生每人五個變項的觀察分數。如何分析和解釋結果？

表 12•3-2　三十二名國中一年級學生的五種觀察分數

	學生	實驗組 y_1	實驗組 y_2	實驗組 z_1	實驗組 z_2	實驗組 z_3	學生	控制組 y_1	控制組 y_2	控制組 z_1	控制組 z_2	控制組 z_3
男	1	13	15	12	14	11	9	14	13	16	15	14
	2	9	5	7	8	7	10	9	8	13	12	13
	3	7	7	9	7	6	11	10	11	9	8	7
	4	8	7	6	7	7	12	12	13	13	10	12
	5	12	8	8	9	8	13	13	13	12	13	16
	6	9	6	7	7	9	14	8	9	11	9	10
	7	14	12	9	10	10	15	13	14	13	12	13
	8	7	5	4	4	6	16	11	12	9	11	10
女	17	11	12	15	13	11	25	10	12	8	8	11
	18	14	15	14	14	13	26	11	9	10	9	11
	19	13	12	13	12	15	27	13	15	15	14	15
	20	9	10	8	9	12	28	9	10	13	12	9
	21	12	13	13	10	12	29	12	14	12	10	13
	22	6	7	6	8	7	30	14	15	14	13	14
	23	13	11	10	12	11	31	15	16	15	14	14
	24	9	10	9	8	9	32	12	14	13	13	12

例 12•3-1 是二因子多變項共變數分析的例子。其 A 因子（自變項）爲性別；而 B 因子是教學型態。依變項有二：其一爲「計算能力」（y_1），其二爲「數學概念」（y_2）。控制變項有三：亦卽，學習動機測驗成績（z_1）、國小算術成績（z_2）、和智力測驗成績（z_3）。下面是本例的計算過程：

1. 設實驗組男生爲第一組、控制組男生爲第二組、實驗組女生爲第三組、而控制組女生爲第四組，則各組在依變項和控制變項方面的平均數是爲:

$$\mathbf{V.}=[\mathbf{Y.} \mid \mathbf{Z.}]=\left[\begin{array}{cc|ccc} 9.875 & 8.125 & 7.750 & 8.250 & 8.000 \\ 11.250 & 11.625 & 12.000 & 11.250 & 11.875 \\ 10.875 & 11.250 & 11.000 & 10.750 & 11.250 \\ 12.000 & 13.125 & 12.500 & 11.625 & 12.375 \end{array}\right]\begin{array}{l}\text{實驗·男}\\ \text{控制·男}\\ \text{實驗·女}\\ \text{控制·女}\end{array}$$

計算　概念　動機　算術　智力

2. 根據第 10·2 節和本節基本原理裏的討論可知:

$$\mathbf{K}=\begin{bmatrix} 1 & .5 & .5 & .25 \\ 1 & .5 & -.5 & -.25 \\ 1 & -.5 & .5 & -.25 \\ 1 & -.5 & -.5 & .25 \end{bmatrix} \qquad \mathbf{D}=\begin{bmatrix} 8 & 0 & 0 & 0 \\ 0 & 8 & 0 & 0 \\ 0 & 0 & 8 & 0 \\ 0 & 0 & 0 & 8 \end{bmatrix}$$

$$\mathbf{K'DK}=\begin{bmatrix} 32 & 0 & 0 & 0 \\ 0 & 8 & 0 & 0 \\ 0 & 0 & 8 & 0 \\ 0 & 0 & 0 & 2 \end{bmatrix} \qquad (\mathbf{K'DK})^{-1}=\begin{bmatrix} .03125 & 0 & 0 & 0 \\ 0 & .125 & 0 & 0 \\ 0 & 0 & .125 & 0 \\ 0 & 0 & 0 & .500 \end{bmatrix}$$

$$\mathbf{K'DV.}=\begin{bmatrix} 352.00 & 353.00 & 346.00 & 335.00 & 348.00 \\ -7.00 & -18.50 & -15.00 & -11.50 & -15.00 \\ -10.00 & -21.50 & -23.00 & -15.50 & -20.00 \\ -.50 & -3.25 & -5.50 & -4.25 & -5.50 \end{bmatrix}$$

代入公式 12·2-5 得:

$$\hat{\boldsymbol{\Theta}}_V=(\mathbf{K'DK})^{-1}(\mathbf{K'DV.})=[\hat{\boldsymbol{\Theta}}_Y \mid \hat{\boldsymbol{\Theta}}_Z]$$

$$
=\left[\begin{array}{rr|rrr}
11.000 & 11.0313 & 10.8125 & 10.4688 & 10.875 \\
-.875 & -2.3125 & -1.8750 & -1.4375 & -1.875 \\
-1.250 & -2.6875 & -2.8750 & -1.9375 & -2.500 \\
-.250 & -1.6250 & -2.7500 & -2.1250 & -2.750
\end{array}\right]
\begin{array}{l}
\text{常數}(K) \\ A \\ B \\ AB
\end{array}
$$

計算　概念　智力　算術　動機

第一橫列爲各變項之總平均，例如 11.000＝(9.875＋11.250＋10.875＋12.000)÷4。第二橫列爲A因子的主要效果，例如－.875＝(9.875＋11.250)/2－(10.875＋12.000)/2。第三橫列爲B因子的主要效果，例如 －1.250＝(9.875＋10.875)/2－(11.250＋12.000)/2。第四橫列則爲 AB 交互作用效果。

3. 求 $\mathbf{Q}_E$:

$$\mathbf{Q}_E=\mathbf{V}'\mathbf{V}-\mathbf{V}'.\mathbf{D}\mathbf{V}. \qquad \text{(公式 12•2-7)}$$

$$
=\left[\begin{array}{rr|rrr}
163.250 & 155.125 & 120.75 & 127.500 & 118.500 \\
155.125 & 205.125 & 134.75 & 136.375 & 114.750 \\
\hline
120.750 & 134.750 & 191.50 & 154.000 & 112.500 \\
127.500 & 136.375 & 154.00 & 170.375 & 112.875 \\
118.500 & 114.750 & 112.50 & 112.875 & 148.250
\end{array}\right]
=\left[\begin{array}{c|c}
\mathbf{Q}_E^{YY} & \mathbf{Q}_E^{YZ} \\
\hline
\mathbf{Q}_E^{ZY} & \mathbf{Q}_E^{ZZ}
\end{array}\right]
$$

或求下列各 $\mathbf{Q}_{Wj}$ 矩陣之總和，也可以得到 $\mathbf{Q}_E$:

$$\mathbf{Q}_{W1}=\mathbf{V}_1'\mathbf{V}_1-N\mathbf{v}_{\cdot 1}\mathbf{v}'_{\cdot 1} \qquad \text{(公式 12•2-14)}$$

$$
=\left[\begin{array}{rr|rrr}
52.875 & 56.125 & 30.75 & 46.25 & 31.00 \\
56.125 & 88.875 & 50.25 & 65.75 & 39.00 \\
\hline
30.750 & 50.250 & 39.50 & 44.50 & 22.00 \\
46.250 & 65.750 & 44.50 & 59.50 & 32.00 \\
31.000 & 39.000 & 22.00 & 32.00 & 24.00
\end{array}\right]
=\left[\begin{array}{c|c}
\mathbf{Q}_{W_1}^{YY} & \mathbf{Q}_{W_1}^{YZ} \\
\hline
\mathbf{Q}_{W_1}^{ZY} & \mathbf{Q}_{W_1}^{ZZ}
\end{array}\right]
$$

$$\mathbf{Q}_{W_2}=\left[\begin{array}{cc:ccc} 31.50 & 28.750 & 19.00 & 23.50 & 25.250 \\ 28.75 & 31.875 & 9.00 & 12.75 & 14.625 \\ \hdashline 19.00 & 9.000 & 38.00 & 28.00 & 33.000 \\ 23.50 & 12.750 & 28.00 & 35.50 & 37.250 \\ 25.25 & 14.625 & 33.00 & 37.25 & 54.875 \end{array}\right]=\left[\begin{array}{c:c} \mathbf{Q}_{W_2}^{YY} & \mathbf{Q}_{W_2}^{YZ} \\ \hdashline \mathbf{Q}_{W_2}^{ZY} & \mathbf{Q}_{W_2}^{ZZ} \end{array}\right]$$

$$\mathbf{Q}_{W_3}=\left[\begin{array}{cc:ccc} 50.875 & 40.25 & 48.00 & 36.75 & 37.25 \\ 40.250 & 39.50 & 47.00 & 30.50 & 30.50 \\ \hdashline 48.000 & 47.00 & 72.00 & 43.00 & 37.00 \\ 36.750 & 30.50 & 43.00 & 37.50 & 25.50 \\ 37.250 & 30.50 & 37.00 & 25.50 & 41.50 \end{array}\right]$$

$$\mathbf{Q}_{W_4}=\left[\begin{array}{cc:ccc} 28.00 & 30.000 & 23.000 & 21.000 & 25.000 \\ 30.00 & 44.875 & 28.500 & 27.375 & 30.625 \\ \hdashline 23.00 & 28.500 & 42.000 & 38.500 & 20.500 \\ 21.00 & 27.375 & 38.500 & 37.875 & 18.125 \\ 25.00 & 30.625 & 20.500 & 18.125 & 27.875 \end{array}\right]$$

4. 求 $\hat{\mathbf{\Gamma}}$ 和 $\hat{\boldsymbol{\Theta}}$:

$$\hat{\mathbf{\Gamma}}=[\mathbf{Q}_E^{ZZ}]^{-1}\mathbf{Q}_E^{ZY} \qquad \text{(公式 12•2-9)}$$

$$=\begin{bmatrix} .019682 & -.015931 & -.002806 \\ -.015931 & .024739 & -.006746 \\ -.002806 & -.006746 & .014011 \end{bmatrix}\begin{bmatrix} 120.750 & 137.750 \\ 127.500 & 136.375 \\ 118.500 & 114.750 \end{bmatrix}$$

$$=\begin{bmatrix} .0129 & .1575 \\ .4311 & .4529 \\ .4614 & .3097 \end{bmatrix}\begin{matrix} \text{動機} \\ \text{算術} \\ \text{智力} \end{matrix}$$

$$\begin{matrix} \text{計算} & \text{概念} \end{matrix}$$

代入公式 12•2-10 求調整平均數之差值 $\hat{\boldsymbol{\Theta}}$:

$$\hat{\boldsymbol{\Theta}}=\hat{\boldsymbol{\Theta}}_Y-\hat{\boldsymbol{\Theta}}_Z\hat{\boldsymbol{\Gamma}}$$

$$=\begin{bmatrix} 11.000 & 11.0313 \\ -.875 & -2.3125 \\ -1.250 & -2.6875 \\ -.250 & -1.6250 \end{bmatrix}-\begin{bmatrix} 10.8125 & 10.4688 & 10.875 \\ -1.8750 & -1.4375 & -1.875 \\ -2.8750 & -1.9375 & -2.500 \\ -2.7500 & -2.1250 & -2.750 \end{bmatrix}$$

$$\times\begin{bmatrix} .0129 & .1575 \\ .4311 & .4529 \\ .4614 & .3097 \end{bmatrix}$$

$$=\begin{bmatrix} 1.3297 & 1.2190 \\ .6340 & -.7855 \\ .7758 & -.5829 \\ 1.9704 & .6222 \end{bmatrix}\begin{matrix} K \\ A \\ B \\ AB \end{matrix}$$

計算　　概念

這裏，調整平均數是這樣的:

$$\mathbf{Y}^*=\hat{\mathbf{Y}}.-(\hat{\mathbf{Z}}.-\mathbf{1}\,\hat{\mathbf{z}}'..)\,\hat{\boldsymbol{\Gamma}} \qquad \text{(公式 12•2-12)}$$

$$=\begin{bmatrix} 9.875 & 8.125 \\ 11.250 & 11.625 \\ 10.875 & 11.250 \\ 12.000 & 13.125 \end{bmatrix}$$

$$-\left(\begin{bmatrix} 7.75 & 8.250 & 8.000 \\ 12.00 & 11.250 & 11.875 \\ 11.00 & 10.750 & 11.250 \\ 12.50 & 11.625 & 12.375 \end{bmatrix}-\begin{bmatrix} 10.8125 & 10.4688 & 10.8750 \\ 10.8125 & 10.4688 & 10.8750 \\ 10.8125 & 10.4688 & 10.8750 \\ 10.8125 & 10.4688 & 10.8750 \end{bmatrix}\right)\begin{bmatrix} .0129 & .1575 \\ .4311 & .4529 \\ .4614 & .3097 \end{bmatrix}$$

$$=\begin{bmatrix} 12.1975 & 10.5026 \\ 10.4365 & 10.7744 \\ 10.5783 & 10.9770 \\ 10.7877 & 11.8710 \end{bmatrix} \begin{matrix} \text{實驗・男} \\ \text{控制・男} \\ \text{實驗・女} \\ \text{控制・女} \end{matrix}$$

計算　　概念

以矩陣 $\hat{\Theta}$ 裏的 .6340來說，便可用 (12.1975+10.4365)/2−(10.5783+10.7877)/2，亦卽用矩陣 $\mathbf{Y}^*$ 的元素來求得。

爲求 $\hat{\Theta}$ 矩陣各元素之標準誤矩陣 $\mathbf{H}^*$，可先計算矩陣 $\mathbf{G}$ 如下:

$$\mathbf{G}=(\mathbf{K}'\mathbf{D}\mathbf{K})^{-1}+\hat{\Theta}_Z[\mathbf{Q}_E{}^{ZZ}]^{-1}\hat{\Theta}_Z' \qquad \text{(公式 12·2-24)}$$

$$=\begin{bmatrix} .8980 & -.1447 & -.1990 & -.2124 \\ -.1447 & .1526 & .0399 & .0404 \\ -.1990 & .0399 & .1849 & .0583 \\ -.2124 & .0404 & .0583 & .5590 \end{bmatrix}$$

所以:

$$\mathbf{g}=\begin{bmatrix} \sqrt{.8980} \\ \sqrt{.1526} \\ \sqrt{.1849} \\ \sqrt{.5590} \end{bmatrix}=\begin{bmatrix} .9476 \\ .3906 \\ .4300 \\ .7477 \end{bmatrix}$$

利用公式 12·2-11 和矩陣 $\mathbf{Q}_E$，得:

$$\mathbf{Q}_E^*=\mathbf{Q}_E{}^{YY}-\mathbf{Q}_E{}^{YZ}[\mathbf{Q}_E{}^{ZZ}]^{-1}\mathbf{Q}_E{}^{ZY}=\mathbf{Q}_E{}^{YY}-\mathbf{Q}_R$$

$$=\begin{bmatrix} 163.250 & 155.125 \\ 155.125 & 205.125 \end{bmatrix}-\begin{bmatrix} 111.1852 & 113.4609 \\ 113.4609 & 118.5246 \end{bmatrix}$$

$$=\begin{bmatrix} 52.0648 & 41.6641 \\ 41.6641 & 86.6004 \end{bmatrix}$$

$$\mathbf{S}_E^*=\frac{1}{N-r-h}\mathbf{Q}_E^*=\frac{1}{32-4-3}\mathbf{Q}_E^*=\begin{bmatrix}2.0826 & 1.6666\\1.6666 & 3.4640\end{bmatrix}$$

$$\mathbf{d}'=[\hat{\sigma}_1^*\quad \hat{\sigma}_2^*]=[\sqrt{2.0826}\quad \sqrt{3.4640}]=[1.4431\quad 1.8612]$$

所以,

$$\mathbf{H}^*=\mathbf{g}\mathbf{d}'=\begin{bmatrix}1.3675 & 1.7637\\ .5637 & .7270\\ .6205 & .8003\\ 1.0790 & 1.3916\end{bmatrix}\begin{matrix}K\\A\\B\\AB\end{matrix}$$

計算　　概念

取 $t_{\frac{\alpha}{2}(N-r-h)}=t_{.025,(32-4-3)}=2.060$, 可得下列的同時信賴區間:

①$.6340-2.060(.5637)\leqslant\theta_{21}\leqslant.6340+2.060(.5637)$

②$-.7855-2.060(.7270)\leqslant\theta_{22}\leqslant-.7855+2.060(.7270)$

③$.7758-2.060(.6205)\leqslant\theta_{31}\leqslant.7758+2.060(.6205)$

④$-.5829-2.060(.8003)\leqslant\theta_{32}\leqslant-.5829+2.060(.8003)$

⑤$1.9704-2.060(1.0790)\leqslant\theta_{41}\leqslant1.9704+2.060(1.0790)$

⑥$.6222-2.060(1.3916)\leqslant\theta_{42}\leqslant.6222+2.060(1.3916)$

所有這些同時信賴區間均含有 0 在內, 因此不管主要效果或交互作用效果, 均未達顯著水準。

5. 各組廻歸線平行的假設考驗:

$$\mathbf{Q}_{W1}^*=\mathbf{Q}_{W1}^{YY}-\mathbf{Q}_{W1}^{YZ}[\mathbf{Q}_{W1}^{ZZ}]^{-1}\mathbf{Q}_{W1}^{ZY}$$

$$=\begin{bmatrix}52.875 & 56.125\\56.125 & 88.875\end{bmatrix}-\begin{bmatrix}30.75 & 46.25 & 31\\50.25 & 65.75 & 39\end{bmatrix}$$

$$\times\begin{bmatrix}39.5 & 44.5 & 22\\44.5 & 59.5 & 32\\22.0 & 32.0 & 24\end{bmatrix}^{-1}\begin{bmatrix}30.75 & 50.25\\46.25 & 65.75\\31.00 & 39.00\end{bmatrix}$$

$$=\begin{bmatrix}10.6218 & 2.5148\\ 2.5148 & 13.4821\end{bmatrix}$$

$$\mathbf{Q}^*_{W_2}=\mathbf{Q}_{W_2}^{YY}-\mathbf{Q}_{W_2}^{YZ}\left[\mathbf{Q}_{W_2}^{ZZ}\right]^{-1}\mathbf{Q}_{W_2}^{ZY}=\begin{bmatrix}15.9143 & 20.9031\\ 20.9031 & 27.6103\end{bmatrix}$$

$$\mathbf{Q}^*_{W_3}=\begin{bmatrix}8.4558 & 4.5612\\ 4.5612 & 6.8366\end{bmatrix}$$

$$\mathbf{Q}^*_{W_4}=\begin{bmatrix}4.7152 & 1.1939\\ 1.1939 & 8.5295\end{bmatrix}$$

所以　$\mathbf{Q}=\sum\mathbf{Q}^*_{W_j}=\begin{bmatrix}39.7071 & 29.1730\\ 29.1730 & 56.4585\end{bmatrix}$

上面已求出:

$$\mathbf{Q}^*_E=\begin{bmatrix}52.0648 & 41.6641\\ 41.6641 & 86.6004\end{bmatrix}$$

代入公式 12•2-13 得:

$$\Lambda=\frac{|\mathbf{Q}|}{|\mathbf{Q}^*_E|}=\frac{1390.741486}{2772.935277}=.5015$$

遠大於　$U_{\alpha,[p,h(r-1),N-r-hr]}=U_{.05,[2,3(4-1),32-4-3(4)]}=U_{.05,(2,9,16)}=.211185$,
所以Λ值未達顯著水準。換言之，各組的廻歸線可說是相互平行的。

6. 共同廻歸線之斜率爲 0 的假設考驗:

$$\mathbf{Q}_R=\begin{bmatrix}111.1852 & 113.4609\\ 113.4609 & 118.5246\end{bmatrix}$$

$$\mathbf{Q}^*_E=\begin{bmatrix}52.0648 & 41.6641\\ 41.6641 & 86.6004\end{bmatrix}$$

代入公式 12•2-18，得:

$$\Lambda = \frac{|\mathbf{Q}_E^*|}{|\mathbf{Q}_R + \mathbf{Q}_E^*|} = \frac{2772.935277}{9422.890625} = .2943^*$$

小於 $U_{\alpha,(p,h,N-r-h)} = U_{.05,(2,3,32-4-3)} = U_{.05,(2,3,25)} = .603884$，所以，共同斜率並不是 0。換言之，共變項的影響力必須予以排除纔可。

7. 考驗共變項之影響力排除之後，男女之間，以及實驗組與控制組之間的平均數是否有差異存在:

首先利用第 2·2(三) 節格拉姆-施密特法，以及用 $\mathbf{D} = diag[8, 8, 8, 8]$，解下列**K**矩陣:

$$\mathbf{K} = \begin{bmatrix} 1 & .5 & .5 & .25 \\ 1 & .5 & -.5 & -.25 \\ 1 & -.5 & .5 & -.25 \\ 1 & -.5 & -.5 & .25 \end{bmatrix}$$

得: $\mathbf{K} = \mathbf{K}^* \mathbf{T}'$

$$= \begin{bmatrix} .1768 & .1768 & .1768 & .1768 \\ .1768 & .1768 & -.1768 & -.1768 \\ .1768 & -.1768 & .1768 & -.1768 \\ .1768 & -.1768 & -.1768 & .1768 \end{bmatrix} \begin{bmatrix} 5.6569 & 0 & 0 & 0 \\ 0 & 2.8284 & 0 & 0 \\ 0 & 0 & 2.8284 & 0 \\ 0 & 0 & 0 & 1.4142 \end{bmatrix}$$

代入公式 12·2-19 得:

$$\mathbf{U}_V = \mathbf{K}^{*\prime}\mathbf{D}\mathbf{V}_{\cdot} = [\mathbf{U}_Y \quad \mathbf{U}_Z]$$

$$= \begin{bmatrix} \mathbf{u}'_1 \\ \mathbf{u}'_2 \\ \mathbf{u}'_3 \\ \mathbf{u}'_4 \end{bmatrix} = \left[\begin{array}{cc:ccc} 62.2336 & 62.4104 & 61.1728 & 59.2280 & 61.5264 \\ -2.4752 & -6.5416 & -5.3040 & -4.0664 & -5.3040 \\ -3.5360 & -7.6024 & -8.1328 & -5.4808 & -7.0720 \\ -.3536 & -2.2984 & -3.8896 & -3.0056 & -3.8896 \end{array}\right] \begin{array}{l} K \\ A\text{, 排除}K \\ B\text{, 排除}K, A \\ AB\text{, 排除}K \\ \quad A\text{, 和}B \end{array}$$

計算　概念　動機　算術　智力

首先考驗「性別」(A) 的主要效果之顯著性:

$$\mathbf{Q}_{H2}=\mathbf{u}_2\,\mathbf{u}_2'$$

$$=\begin{bmatrix} 6.1266 & 16.1918 & 13.1285 & 10.0652 & 13.1285 \\ 16.1918 & 42.7925 & 34.6966 & 26.6008 & 34.6966 \\ 13.1285 & 34.6966 & 28.1324 & 21.5682 & 28.1324 \\ 10.0652 & 26.6008 & 21.5682 & 16.5356 & 21.5682 \\ 13.1285 & 34.6966 & 28.1324 & 21.5682 & 28.1324 \end{bmatrix}$$

$$\mathbf{Q}_{T2}=\mathbf{Q}_{H2}+\mathbf{Q}_E$$

$$=\left[\begin{array}{cc|ccc} 169.3766 & 171.3168 & 133.8785 & 137.5652 & 131.6285 \\ 171.3168 & 247.9175 & 169.4466 & 162.9758 & 149.4466 \\ \hline 133.8785 & 169.4466 & 219.6324 & 175.5682 & 140.6324 \\ 137.5652 & 162.9758 & 175.5682 & 186.9106 & 134.4432 \\ 131.6285 & 149.4466 & 140.6324 & 134.4432 & 176.3824 \end{array}\right]$$

$$=\left[\begin{array}{c|c} \mathbf{Q}_{T2}^{YY} & \mathbf{Q}_{T2}^{YZ} \\ \hline \mathbf{Q}_{T2}^{ZY} & \mathbf{Q}_{T2}^{ZZ} \end{array}\right]$$

$$\mathbf{Q}_{T2}^{*}=\mathbf{Q}_{T2}^{YY}-\mathbf{Q}_{T2}^{YZ}\left[\mathbf{Q}_{T2}^{ZZ}\right]^{-1}\mathbf{Q}_{T2}^{ZY}=\begin{bmatrix} 54.6978 & 38.4009 \\ 38.4009 & 90.6444 \end{bmatrix}$$

$$\mathbf{Q}_{H2}^{*}=\mathbf{Q}_{T2}^{*}-\mathbf{Q}_{E}^{*}=\begin{bmatrix} 54.6978 & 38.4009 \\ 38.4009 & 90.6444 \end{bmatrix}-\begin{bmatrix} 52.0648 & 41.6641 \\ 41.6641 & 86.6004 \end{bmatrix}$$

$$=\begin{bmatrix} 2.6330 & -3.2632 \\ -3.2632 & 4.0440 \end{bmatrix}$$

$$\Lambda=\frac{|\mathbf{Q}_E^*|}{|\mathbf{Q}_{T2}^*|}=\frac{2772.935277}{3483.425935}=.7960$$

大於 $U_{\alpha,(p,1,N-r-h)}=U_{.05,(2,1,32-4-3)}=U_{.05,(2,1,25)}=.779088$，所以，排除動機、算術、和智力等共變項之影響後，顯示男女平均數之間並無差異可言。

其次，再考驗「教學型態」之主要效果：

$$\mathbf{Q}_{H3}=\mathbf{u}_3\,\mathbf{u}_3'$$

$$\mathbf{Q}_{T3}=\mathbf{Q}_{H3}+\mathbf{Q}_E$$

$$=\left[\begin{array}{cc|ccc}175.7533 & 182.0071 & 149.5076 & 146.8801 & 143.5066\\ 182.0071 & 262.9215 & 196.5788 & 178.0422 & 168.5142\\ \hline 149.5076 & 196.5788 & 257.6424 & 198.5743 & 170.0152\\ 146.8801 & 178.0422 & 198.5743 & 200.4142 & 151.6352\\ 143.5066 & 168.5142 & 170.0152 & 151.6352 & 198.2632\end{array}\right]$$

$$=\left[\begin{array}{c|c}\mathbf{Q}_{T3}^{YY} & \mathbf{Q}_{T3}^{YZ}\\ \hline \mathbf{Q}_{T3}^{ZY} & \mathbf{Q}_{T3}^{ZZ}\end{array}\right]$$

$$\mathbf{Q}_{T3}^{*}=\mathbf{Q}_{T3}^{YY}-\mathbf{Q}_{T3}^{YZ}\,[\mathbf{Q}_{T3}^{ZZ}]^{-1}\,\mathbf{Q}_{T3}^{ZY}=\begin{bmatrix}55.3176 & 39.2191\\ 39.2191 & 88.4383\end{bmatrix}$$

$$\mathbf{Q}_{H3}^{*}=\mathbf{Q}_{T3}^{*}-\mathbf{Q}_{E}^{*}=\begin{bmatrix}3.2528 & -2.4450\\ -2.4450 & 1.8379\end{bmatrix}$$

$$\Lambda=\frac{|\mathbf{Q}_E^{*}|}{|\mathbf{Q}_{T3}^{*}|}=\frac{2772.935277}{3354.056421}=.8267$$

也大於 $U_{\alpha,(p,1,N-r-h)}=U_{.05,(2,1,25)}=.779088$。所以，在排除動機、算術、和智力等共變項之影響後，顯示實驗組與控制組之間並無顯著差異存在。

至於「性別」與「教學型態」之交互作用效果的考驗，也可演示如下：

$$\mathbf{Q}_{H4}=\mathbf{u}_4\,\mathbf{u}_4'$$

$$\mathbf{Q}_{T4}=\mathbf{Q}_{H4}+\mathbf{Q}_E$$

$$
=\left[\begin{array}{cc:ccc}
163.3750 & 155.9377 & 122.1254 & 128.5628 & 119.8754 \\
155.9377 & 210.4076 & 143.6899 & 143.2831 & 123.6899 \\
\hdashline
122.1254 & 143.6899 & 206.6290 & 165.6906 & 127.6290 \\
128.5628 & 143.2831 & 165.6906 & 179.4086 & 124.5656 \\
119.8754 & 123.6899 & 127.6290 & 124.5656 & 163.3790
\end{array}\right]
$$

$$
\mathbf{Q}^*_{T4}=\mathbf{Q}_{T4}^{YY}-\mathbf{Q}_{T4}^{YZ}\,[\mathbf{Q}_{T4}^{ZZ}]^{-1}\,\mathbf{Q}_{T4}^{ZY}=\begin{bmatrix} 59.0093 & 43.8572 \\ 43.8572 & 87.2929 \end{bmatrix}
$$

$$
\mathbf{Q}^*_{H4}=\mathbf{Q}^*_{T4}-\mathbf{Q}^*_{E}=\begin{bmatrix} 6.9445 & 2.1931 \\ 2.1931 & .6925 \end{bmatrix}
$$

$$
\Lambda=\frac{|\mathbf{Q}^*_{E}|}{|\mathbf{Q}^*_{T4}|}=\frac{2772.935277}{3227.642988}=.8591
$$

表 12·3-3　多變項共變項分析摘要表

來　源	df	SSCP′	Λ	P
常　數（K）	1			
性別（A），排除K	1	$\begin{bmatrix} 2.633 & -3.263 \\ -3.263 & 4.044 \end{bmatrix}$	.7960	*n.s.*
數學型態（B），排除K和A	1	$\begin{bmatrix} 3.253 & -2.445 \\ -2.445 & 1.838 \end{bmatrix}$	.8267	*n.s.*
交互作用(AB)，排除K，A，B	1	$\begin{bmatrix} 6.945 & 2.193 \\ 2.193 & .693 \end{bmatrix}$	.8591	*n.s.*
共變項（X），排除設計效果	3	$\begin{bmatrix} 111.1852 & 113.4609 \\ 113.4609 & 118.5246 \end{bmatrix}$		
殘餘誤差	25	$\begin{bmatrix} 52.0648 & 41.6641 \\ 41.6641 & 86.6004 \end{bmatrix}$		
總　和	32			

$U_{.05,(2,1,25)}=.779088$

也大於 $U_{\alpha,(p,1,N-r-h)}=U_{.05,(2,1,25)}=.779088$，所以在排除動機、算術、智力等共變項之影響後，顯示「性別」與「教學型態」之交互作用效果並未達到顯著水準。

8. 綜合解釋：本研究的 2×2 多變項共變數分析之結果可摘要如表 12·3-3 所示。由表 12·3-3 可知：就依變項整體而言，性別與教學型態兩個自變項之間沒有交互作用效果存在；經將動機、算術、智力等共變項之影響予以排除之後，顯示男女之間並無差異；實驗班與控制班之間的差異也未達顯著水準。因此，如果四組學生的平均數看來似有不同，可能是各組的學習動機、基礎能力、和智力本來就有所不同所造成的，不是性別因素或教學型態不同所造成的。

附錄圖表目次

附錄表一 常態分配表

z	概 率	y	z	概 率	y	z	概 率	y
.00	.0000	.3989	.50	.1915	.3521	1.00	.3413	.2420
.01	.0040	.3989	.51	.1950	.3503	1.01	.3438	.2396
.02	.0080	.3989	.52	.1985	.3485	1.02	.3461	.2371
.03	.0120	.3988	.53	.2019	.3467	1.03	.3485	.2347
.04	.0160	.3986	.54	.2054	.3448	1.04	.3508	.2323
.05	.0199	.3984	.55	.2088	.3429	1.05	.3531	.2299
.06	.0239	.3982	.56	.2123	.3410	1.06	.3554	.2275
.07	.0279	.3980	.57	.2157	.3391	1.07	.3577	.2251
.08	.0319	.3977	.58	.2190	.3372	1.08	.3599	.2227
.09	.0359	.3973	.59	.2224	.3352	1.09	.3621	.2203
.10	.0398	.3970	.60	.2257	.3332	1.10	.3643	.2179
.11	.0438	.3965	.61	.2291	.3312	1.11	.3665	.2155
.12	.0478	.3961	.62	.2324	.3292	1.12	.3686	.2131
.13	.0517	.3856	.63	.2357	.3271	1.13	.3708	.2107
.14	.0557	.3951	.64	.2389	.3251	1.14	.3729	.2083
.15	.0596	.3945	.65	.2422	.3230	1.15	.3749	.2059
.16	.0636	.3939	.66	.2454	.3209	1.16	.3770	.2036
.17	.0675	.3932	.67	.2486	.3187	1.17	.3790	.2012
.18	.0714	.3925	.68	.2517	.3166	1.18	.3810	.1989
.19	.0753	.3918	.69	.2549	.3144	1.19	.3830	.1965
.20	.0793	.3910	.70	.2580	.3123	1.20	.3849	.1942
.21	.0832	.3902	.71	.2611	.3101	1.21	.3869	.1919
.22	.0871	.3894	.72	.2642	.3079	1.22	.3888	.1895
.23	.0910	.3885	.73	.2673	.3056	1.23	.3907	.1872
.24	.0948	.3876	.74	.2704	.3034	1.24	.3925	.1849
.25	.0987	.3867	.75	.2734	.3011	1.25	.3944	.1826
.26	.1026	.3857	.76	.2764	.2989	1.26	.3962	.1804
.27	.1064	.3847	.77	.2794	.2966	1.27	.3980	.1781
.28	.1103	.3836	.78	.2823	.2943	1.28	.3997	.1758
.29	.1141	.3825	.79	.2852	.2920	1.29	.4015	.1736
.30	.1179	.3814	.80	.2881	.2897	1.30	.4032	.1714
.31	.1217	.3802	.81	.2910	.2874	1.31	.4049	.1691
.32	.1255	.3790	.82	.2939	.2850	1.32	.4066	.1669
.33	.1293	.3778	.83	.2967	.2827	1.33	.4082	.1647
.34	.1331	.3765	.84	.2995	.2803	1.34	.4099	.1626
.35	.1368	.3752	.85	.3023	.2780	1.35	.4115	.1604
.36	.1406	.3739	.86	.3051	.2756	1.36	.4131	.1582
.37	.1443	.3725	.87	.3078	.2732	1.37	.4147	.1561
.38	.1480	.3712	.88	.3106	.2709	1.38	.4162	.1539
.39	.1517	.3697	.89	.3133	.2685	1.39	.4177	.1518
.40	.1555	.3683	.90	.3159	.2661	1.40	.4192	.1497
.41	.1591	.3668	.91	.3186	.2637	1.41	.4207	.1476
.42	.1628	.3653	.92	.3212	.2613	1.42	.4222	.1456
.43	.1664	.3637	.93	.3238	.2589	1.43	.4236	.1435
.44	.1700	.3621	.94	.3264	.2565	1.44	.4251	.1415
.45	.1736	.3605	.95	.3289	.2541	1.45	.4265	.1394
.46	.1772	.3589	.96	.3315	.2516	1.46	.4279	.1374
.47	.1808	.3572	.97	.3340	.2492	1.47	.4292	.1354
.48	.1844	.3555	.98	.3365	.2468	1.48	.4306	.1334
.49	.1879	.3538	.99	.3389	.2444	1.49	.4319	.1315
.50	.1915	.3521	1.00	.3413	.2420	1.50	.4332	.1295

z	概率	y	z	概率	y	z	概率	y
1.50	.4332	.1295	2.00	.4772	.0540	2.50	.4938	.0175
1.51	.4345	.1276	2.01	.4778	.0529	2.51	.4940	.0171
1.52	.4357	.1257	2.02	.4783	.0519	2.52	.4941	.0167
1.53	.4370	.1238	2.03	.4788	.0508	2.53	.4943	.0163
1.54	.4382	.1219	2.04	.4793	.0498	2.54	.4945	.0158
1.55	.4394	.1200	2.05	.4798	.0488	2.55	.4946	.0154
1.56	.4406	.1182	2.06	.4803	.0478	2.56	.4948	.0151
1.57	.4418	.1163	2.07	.4808	.0468	2.57	.4949	.0147
1.58	.4429	.1145	2.08	.4812	.0459	2.58	.4951	.0143
1.59	.4441	.1127	2.09	.4817	.0449	2.59	.4952	.0139
1.60	.4452	.1109	2.10	.4821	.0440	2.60	.4953	.0136
1.61	.4463	.1092	2.11	.4826	.0431	2.61	.4955	.0132
1.62	.4474	.1074	2.12	.4830	.0422	2.62	.4956	.0129
1.63	.4484	.1057	2.13	.4834	.0413	2.63	.4957	.0126
1.64	.4495	.1040	2.14	.4838	.0404	2.64	.4959	.0122
1.65	.4505	.1023	2.15	.4842	.0396	2.65	.4960	.0119
1.66	.4515	.1006	2.16	.4846	.0387	2.66	.4961	.0116
1.67	.4525	.0989	2.17	.4850	.0379	2.67	.4962	.0113
1.68	.4535	.0973	2.18	.4854	.0371	2.68	.4963	.0110
1.69	.4545	.0957	2.19	.4857	.0363	2.69	.4964	.0107
1.70	.4554	.0940	2.20	.4861	.0355	2.70	.4965	.0104
1.71	.4564	.0925	2.21	.4864	.0347	2.71	.4966	.0101
1.72	.4573	.0909	2.22	.4868	.0339	2.72	.4967	.0099
1.73	.4582	.0893	2.23	.4871	.0332	2.73	.4968	.0096
1.74	.4591	.0878	2.24	.4875	.0325	2.74	.4969	.0093
1.75	.4599	.0863	2.25	.4878	.0317	2.75	.4970	.0091
1.76	.4608	.0848	2.26	.4881	.0310	2.76	.4971	.0088
1.77	.4616	.0833	2.27	.4884	.0303	2.77	.4972	.0086
1.78	.4625	.0818	2.28	.4887	.0297	2.78	.4973	.0084
1.79	.4633	.0804	2.29	.4890	.0290	2.79	.4974	.0081
1.80	.4641	.0790	2.30	.4893	.0283	2.80	.4974	.0079
1.81	.4649	.0775	2.31	.4896	.0277	2.81	.4975	.0077
1.82	.4656	.0761	2.32	.4898	.0270	2.82	.4976	.0075
1.83	.4664	.0748	2.33	.4901	.0264	2.83	.4977	.0073
1.84	.4671	.0734	2.34	.4904	.0258	2.84	.4977	.0071
1.85	.4678	.0721	2.35	.4906	.0252	2.85	.4978	.0069
1.86	.4686	.0707	2.36	.4909	.0246	2.86	.4979	.0067
1.87	.4693	.0694	2.37	.4911	.0241	2.87	.4979	.0065
1.88	.4699	.0681	2.38	.4913	.0235	2.88	.4980	.0063
1.89	.4706	.0669	2.39	.4916	.0229	2.89	.4981	.0061
1.90	.4713	.0656	2.40	.4918	.0224	2.90	.4981	.0060
1.91	.4719	.0644	2.41	.4620	.0219	2.91	.4982	.0058
1.92	.4726	.0632	2.42	.4922	.0213	2.92	.4982	.0056
1.93	.4732	.0620	2.43	.4925	.0208	2.93	.4983	.0055
1.94	.4738	.0608	2.44	.4927	.0203	2.94	.4984	.0053
1.95	.4744	.0596	2.45	.4929	.0198	2.95	.4984	.0051
1.96	.4750	.0584	2.46	.4931	.0194	2.96	.4985	.0050
1.97	.4756	.0573	2.47	.4932	.0189	2.97	.4985	.0048
1.98	.4761	.0562	2.48	.4934	.0184	2.98	.4986	.0047
1.99	.4767	.0551	2.49	.4936	.0180	2.99	.4986	.0046
2.00	.4772	.0540	2.50	.4938	.0175	3.00	.4987	.0044

z	概 率	y	z	概 率	y	z	概 率	y
3.00	.4987	.0044	3.40	.4997	.0012	3.80	.49993	.0003
3.01	.4987	.0043	3.41	.4997	.0012	3.81	.49993	.0003
3.02	.4987	.0042	3.42	.4997	.0012	3.82	.49993	.0003
3.03	.4988	.0040	3.43	.4997	.0011	3.83	.49994	.0003
3.04	.4988	.0039	3.44	.4997	.0011	3.84	.49994	.0003
3.05	.4989	.0038	3.45	.4997	.0010	3.85	.49994	.0002
3.06	.4989	.0037	3.46	.4997	.0010	3.86	.49994	.0002
3.07	.4989	.0036	3.47	.4997	.0010	3.87	.49995	.0002
3.08	.4990	.0035	3.48	.4997	.0009	3.88	.49995	.0002
3.09	.4990	.0034	3.49	.4998	.0009	3.89	.49995	.0002
3.10	.4990	.0033	3.50	.4998	.0009	3.90	.49995	.0002
3.11	.4991	.0032	3.51	.4998	.0008	3.91	.49995	.0002
3.12	.4991	.0031	3.52	.4998	.0008	3.92	.49996	.0002
3.13	.4991	.0030	3.53	.4998	.0008	3.93	.49996	.0002
3.14	.4992	.0029	3.54	.4998	.0008	3.94	.49996	.0002
3.15	.4992	.0028	3.55	.4998	.0007	3.95	.49996	.0002
3.16	.4992	.0027	3.56	.4998	.0007	3.96	.49996	.0002
3.17	.4992	.0026	3.57	.4998	.0007	3.97	.49996	.0002
3.18	.4993	.0025	3.58	.4998	.0007	3.98	.49997	.0001
3.19	.4993	.0025	3.59	.4998	.0006	3.99	.49997	.0001
3.20	.4993	.0024	3.60	.4998	.0006	4.00	.49997	.0001
3.21	.4993	.0023	3.61	.4998	.0006	4.05	.49997	.0001
3.22	.4994	.0022	3.62	.4999	.0006	4.10	.49998	.00009
3.23	.4994	.0022	3.63	.4999	.0005	4.20	.49999	.00006
3.24	.4994	.0021	3.64	.4999	.0005	4.30	.49999	.00004
3.25	.4994	.0020	3.65	.4999	.0005	4.40	.49999	.00002
3.26	.4994	.0020	3.66	.4999	.0005	4.50	.499997	.00002
3.27	.4995	.0019	3.67	.4999	.0005	4.60	.499998	.00001
3.28	.4995	.0018	3.68	.4999	.0005	4.70	.499999	.000006
3.29	.4995	.0018	3.69	.4999	.0004	4.80	.499999	.000004
3.30	.4995	.0017	3.70	.4999	.0004	4.90	.4999995	.000002
3.31	.4995	.0017	3.71	.4999	.0004	5.00	.4999997	.000001
3.32	.4995	.0016	3.72	.4999	.0004			
3.33	.4996	.0016	3.73	.4999	.0004			
3.34	.4996	.0015	3.74	.49991	.0004			
3.35	.4996	.0015	3.75	.49991	.0004			
3.36	.4996	.0014	3.76	.49992	.0003			
3.37	.4996	.0014	3.77	.49992	.0003			
3.38	.4996	.0013	3.78	.49992	.0003			
3.39	.4997	.0013	3.79	.49992	.0003			

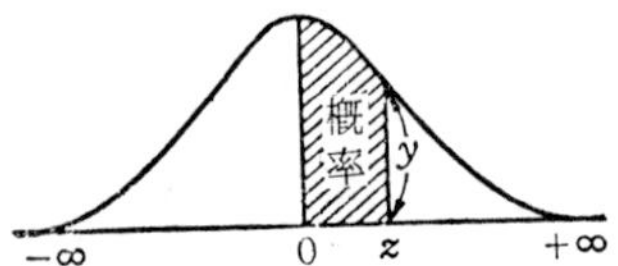

附錄表二　χ^2 分配的上百分點　$\chi^2_\alpha,(\nu)$

df(ν) \ α	0·250	0·100	0·050	0·025	0·010	0·005	0·001
1	1·32330	2·70554	3·84146	5·02389	6·63490	7·87944	10·828
2	2·77259	4·60517	5·99146	7·37776	9·21034	10·5966	13·816
3	4·10834	6·25139	7·81473	9·34840	11·3449	12·8382	16·266
4	5·38527	7·77944	9·48773	11·1433	13·2767	14·8603	18·467
5	6·62568	9·23636	11·0705	12·8325	15·0863	16·7496	20·515
6	7·84080	10·6446	12·5916	14·4494	16·8119	18·5476	22·458
7	9·03715	12·0170	14·0671	16·0128	18·4753	20·2777	24·322
8	10·2189	13·3616	15·5073	17·5345	20·0902	21·9550	26·125
9	11·3888	14·6837	16·9190	19·0228	21·6660	23·5894	27·877
10	12·5489	15·9872	18·3070	20·4832	23·2093	25·1882	29·588
11	13·7007	17·2750	19·6751	21·9200	24·7250	26·7568	31·264
12	14·8454	18·5493	21·0261	23·3367	26·2170	28·2995	32·909
13	15·9839	19·8119	22·3620	24·7356	27·6882	29·8195	34·528
14	17·1169	21·0641	23·6848	26·1189	29·1412	31·3194	36·123
15	18·2451	22·3071	24·9958	27·4884	30·5779	32·8013	37·697
16	19·3689	23·5418	26·2962	28·8454	31·9999	34·2672	39·252
17	20·4887	24·7690	27·5871	30·1910	33·4087	35·7185	40·790
18	21·6049	25·9894	28·8693	31·5264	34·8053	37·1565	42·312
19	22·7178	27·2036	30·1435	32·8523	36·1909	38·5823	43·820
20	23·8277	28·4120	31·4104	34·1696	37·5662	39·9968	45·315
21	24·9348	29·6151	32·6706	35·4789	38·9322	41·4011	46·797
22	26·0393	30·8133	33·9244	36·7807	40·2894	42·7957	48·268
23	27·1413	32·0069	35·1725	38·0756	41·6384	44·1813	49·728
24	28·2412	33·1962	36·4150	39·3641	42·9798	45·5585	51·179
25	29·3389	34·3816	37·6525	40·6465	44·3141	46·9279	52·618
26	30·4346	35·5632	38·8851	41·9232	45·6417	48·2899	54·052
27	31·5284	36·7412	40·1133	43·1945	46·9629	49·6449	55·476
28	32·6205	37·9159	41·3371	44·4608	48·2782	50·9934	56·892
29	33·7109	39·0875	42·5570	45·7223	49·5879	52·3356	58·301
30	34·7997	40·2560	43·7730	46·9792	50·8922	53·6720	59·703
40	45·6160	51·8051	55·7585	59·3417	63·6907	66·7660	73·402
50	56·3336	63·1671	67·5048	71·4202	76·1539	79·4900	86·661
60	66·9815	74·3970	79·0819	83·2977	88·3794	91·9517	99·607
70	77·5767	85·5270	90·5312	95·0232	100·425	104·215	112·317
80	88·1303	96·5782	101·879	106·629	112·329	116·321	124·839
90	98·6499	107·565	113·145	118·136	124·116	128·299	137·208
100	109·141	118·498	124·342	129·561	135·807	140·169	149·449
X	+0·6745	+1·2816	+1·6449	+1·9600	+2·3263	+2·5758	+3·0902

For $\nu > 100$, the expressions $\chi^2_\alpha = \nu[1 - 2/9\nu + X\sqrt{2/9\nu}]^3$ or $\chi^2_\alpha = 1/2[X + \sqrt{(2\nu) - 1}]^2$ may be used, with X defined in the last line in the table, as a $N(0, 1)$ variable depending on the degree of accuracy desired. From Table 8, E. S. Pearson, and H. O. Hartley (Eds.), *Biometrika Tables for Statisticians*, Vol. 1 (3rd ed.) New York: Cambridge, 1966. Reproduced by permission of the editors and trustees of *Biometrika*.

附錄表三　t 分配的上百分點，$t_\alpha, (\nu)$

df(ν) \ α	0.250	0.100	0.050	0.025	0.010	0.005	0.001
1	1.000	3.078	6.314	12.706	31.821	63.657	318.31
2	0.816	1.886	2.920	4.303	6.965	9.925	22.327
3	0.765	1.638	2.353	3.182	4.541	5.841	10.214
4	0.741	1.533	2.132	2.776	3.747	4.604	7.173
5	0.727	1.476	2.015	2.571	3.365	4.032	5.893
6	0.718	1.440	1.943	2.447	3.143	3.707	5.208
7	0.711	1.415	1.895	2.365	2.998	3.499	4.785
8	0.706	1.397	1.860	2.306	2.896	3.355	4.501
9	0.703	1.383	1.833	2.262	2.821	3.250	4.297
10	0.700	1.372	1.812	2.228	2.764	3.169	4.144
11	0.697	1.363	1.796	2.201	2.718	3.106	4.025
12	0.695	1.356	1.782	2.179	2.681	3.055	3.930
13	0.694	1.350	1.771	2.160	2.650	3.012	3.852
14	0.692	1.345	1.761	2.145	2.624	2.977	3.787
15	0.691	1.341	1.753	2.131	2.602	2.947	3.733
16	0.690	1.337	1.746	2.120	2.583	2.921	3.686
17	0.689	1.333	1.740	2.110	2.567	2.898	3.646
18	0.688	1.330	1.734	2.101	2.552	2.878	3.610
19	0.688	1.328	1.729	2.093	2.539	2.861	3.579
20	0.687	1.325	1.725	2.086	2.528	2.845	3.552
21	0.686	1.323	1.721	2.080	2.518	2.831	3.527
22	0.686	1.321	1.717	2.074	2.508	2.819	3.505
23	0.685	1.319	1.714	2.069	2.500	2.807	3.485
24	0.685	1.318	1.711	2.064	2.492	2.797	3.467
25	0.684	1.316	1.708	2.060	2.485	2.787	3.450
26	0.684	1.315	1.706	2.056	2.479	2.779	3.435
27	0.684	1.314	1.703	2.052	2.473	2.771	3.421
28	0.683	1.313	1.701	2.048	2.467	2.763	3.408
29	0.683	1.311	1.699	2.045	2.462	2.756	3.396
30	0.683	1.310	1.697	2.042	2.457	2.750	3.385
40	0.681	1.303	1.684	2.021	2.423	2.704	3.307
60	0.679	1.296	1.671	2.000	2.390	2.660	3.232
120	0.677	1.289	1.658	1.980	2.358	2.167	3.160
∞	0.674	1.282	1.645	1.960	2.326	2.576	3.090

From Table 12, E. S. Pearson, and H. O. Hartley (Eds.), *Biometrika Tables for Statisticians*, Vol. 1 (3rd ed.) New York: Cambridge, 1966. Reproduced by permission of the editors and trustees of *Biometrika*.

附錄表四　F分配的上百分點　$F_{\alpha}(\nu_h, \nu_e)$

分母的df (ν_e)	α	分子的自由度 (ν_h)											
		1	2	3	4	5	6	7	8	9	10	11	12
1	.25	5.83	7.50	8.20	8.58	8.82	8.98	9.10	9.19	9.26	9.32	9.36	9.41
	.10	39.9	49.5	53.6	55.8	57.2	58.2	58.9	59.4	59.9	60.2	60.5	60.7
	.05	161	200	216	225	230	234	237	239	241	242	243	244
2	.25	2.57	3.00	3.15	3.23	3.28	3.31	3.34	3.35	3.37	3.38	3.39	3.39
	.10	8.53	9.00	9.16	9.24	9.29	9.33	9.35	9.37	9.38	9.39	9.40	9.41
	.05	18.5	19.0	19.2	19.2	19.3	19.3	19.4	19.4	19.4	19.4	19.4	19.4
	.01	98.5	99.0	99.2	99.2	99.3	99.3	99.4	99.4	99.4	99.4	99.4	99.4
3	.25	2.02	2.28	2.36	2.39	2.41	2.42	2.43	2.44	2.44	2.44	2.45	2.45
	.10	5.54	5.46	5.39	5.34	5.31	5.28	5.27	5.25	5.24	5.23	5.22	5.22
	.05	10.1	9.55	9.28	9.12	9.01	8.94	8.89	8.85	8.81	8.79	8.76	8.74
	.01	34.1	30.8	29.5	28.7	28.2	27.9	27.7	27.5	27.3	27.2	27.1	27.1
4	.25	1.81	2.00	2.05	2.06	2.07	2.08	2.08	2.08	2.08	2.08	2.08	2.08
	.10	4.54	4.32	4.19	4.11	4.05	4.01	3.98	3.95	3.94	3.92	3.91	3.90
	.05	7.71	6.94	6.59	6.39	6.26	6.16	6.09	6.04	6.00	5.96	5.94	5.91
	.01	21.2	18.0	16.7	16.0	15.5	15.2	15.0	14.8	14.7	14.5	14.4	14.4
5	.25	1.69	1.85	1.88	1.89	1.89	1.89	1.89	1.89	1.89	1.89	1.89	1.89
	.10	4.06	3.78	3.62	3.52	3.45	3.40	3.37	3.34	3.32	3.30	3.28	3.27
	.05	6.61	5.79	5.41	5.19	5.05	4.95	4.88	4.82	4.77	4.74	4.71	4.68
	.01	16.3	13.3	12.1	11.4	11.0	10.7	10.5	10.3	10.2	10.1	9.96	9.89
6	.25	1.62	1.76	1.78	1.79	1.79	1.78	1.78	1.78	1.77	1.77	1.77	1.77
	.10	3.78	3.46	3.29	3.18	3.11	3.05	3.01	2.98	2.96	2.94	2.92	2.90
	.05	5.99	5.14	4.76	4.53	4.39	4.28	4.21	4.15	4.10	4.06	4.03	4.00
	.01	13.7	10.9	9.78	9.15	8.75	8.47	8.26	8.10	7.98	7.87	7.79	7.72
7	.25	1.57	1.70	1.72	1.72	1.71	1.71	1.70	1.70	1.69	1.69	1.69	1.68
	.10	3.59	3.26	3.07	2.96	2.88	2.83	2.78	2.75	2.72	2.70	2.68	2.67
	.05	5.59	4.74	4.35	4.12	3.97	3.87	3.79	3.73	3.68	3.64	3.60	3.57
	.01	12.2	9.55	8.45	7.85	7.46	7.19	6.99	6.84	6.72	6.62	6.54	6.47
8	.25	1.54	1.66	1.67	1.66	1.66	1.65	1.64	1.64	1.63	1.63	1.63	1.62
	.10	3.46	3.11	2.92	2.81	2.73	2.67	2.62	2.59	2.56	2.54	2.52	2.50
	.05	5.32	4.46	4.07	3.84	3.69	3.58	3.50	3.44	3.39	3.35	3.31	3.28
	.01	11.3	8.65	7.59	7.01	6.63	6.37	6.18	6.03	5.91	5.81	5.73	5.67
9	.25	1.51	1.62	1.63	1.63	1.62	1.61	1.60	1.60	1.59	1.59	1.58	1.58
	.10	3.36	3.01	2.81	2.69	2.61	2.55	2.51	2.47	2.44	2.42	2.40	2.38
	.05	5.12	4.26	3.86	3.63	3.48	3.37	3.29	3.23	3.18	3.14	3.10	3.07
	.01	10.6	8.02	6.99	6.42	6.06	5.80	5.61	5.47	5.35	5.26	5.18	5.11

From Table 18, E. S. Pearson, and H. O. Hartley (Eds.), *Biometrika Tables for Statisticians*, Vol. 1 (3rd ed.) New York: Cambridge, 1966. Reproduced by permission of the editors and trustees of *Biometrika*.

分子的自由度 (ν_h)													分母的df (ν_e)
15	20	24	30	40	50	60	100	120	200	500	∞	α	
9.49	9.58	9.63	9.67	9.71	9.74	9.76	9.78	9.80	9.82	9.84	9.85	.25	
61.2	61.7	62.0	62.3	62.5	62.7	62.8	63.0	63.1	63.2	63.3	63.3	.10	1
246	248	249	250	251	252	252	253	253	254	254	254	.05	
3.41	3.43	3.43	3.44	3.45	3.45	3.46	3.47	3.47	3.48	3.48	3.48	.25	
9.42	9.44	9.45	9.46	9.47	9.47	9.47	9.48	9.48	9.49	9.49	9.49	.10	2
19.4	19.4	19.5	19.5	19.5	19.5	19.5	19.5	19.5	19.5	19.5	19.5	.05	
99.4	99.4	99.5	99.5	99.5	99.5	99.5	99.5	99.5	99.5	99.5	99.5	.01	
2.46	2.46	2.46	2.47	2.47	2.47	2.47	2.47	2.47	2.47	2.47	2.47	.25	
5.20	5.18	5.18	5.17	5.16	5.15	5.15	5.14	5.14	5.14	5.14	5.13	.10	3
8.70	8.66	8.64	8.62	8.59	8.58	8.57	8.55	8.55	8.54	8.53	8.53	.05	
26.9	26.7	26.6	26.5	26.4	26.4	26.3	26.2	26.2	26.2	26.1	26.1	.01	
2.08	2.08	2.08	2.08	2.08	2.08	2.08	2.08	2.08	2.08	2.08	2.08	.25	
3.87	3.84	3.83	3.82	3.80	3.80	3.79	3.78	3.78	3.77	3.76	3.76	.10	4
5.86	5.80	5.77	5.75	5.72	5.70	5.69	5.66	5.66	5.65	5.64	5.63	.05	
14.2	14.0	13.9	13.8	13.7	13.7	13.7	13.6	13.6	13.5	13.5	13.5	.01	
1.89	1.88	1.88	1.88	1.88	1.88	1.87	1.87	1.87	1.87	1.87	1.87	.25	
3.24	3.21	3.19	3.17	3.16	3.15	3.14	3.13	3.12	3.12	3.11	3.10	.10	5
4.62	4.56	4.53	4.50	4.46	4.44	4.43	4.41	4.40	4.39	4.37	4.36	.05	
9.72	9.55	9.47	9.38	9.29	9.24	9.20	9.13	9.11	9.08	9.04	9.02	.01	
1.76	1.76	1.75	1.75	1.75	1.75	1.74	1.74	1.74	1.74	1.74	1.74	.25	
2.87	2.84	2.82	2.80	2.78	2.77	2.76	2.75	2.74	2.73	2.73	2.72	.10	6
3.94	3.87	3.84	3.81	3.77	3.75	3.74	3.71	3.70	3.69	3.68	3.67	.05	
7.56	7.40	7.31	7.23	7.14	7.09	7.06	6.99	6.97	6.93	6.90	6.88	.01	
1.68	1.67	1.67	1.66	1.66	1.66	1.65	1.65	1.65	1.65	1.65	1.65	.25	
2.63	2.59	2.58	2.56	2.54	2.52	2.51	2.50	2.49	2.48	2.48	2.47	.10	7
3.51	3.44	3.41	3.38	3.34	3.32	3.30	3.27	3.27	3.25	3.24	3.23	.05	
6.31	6.16	6.07	5.99	5.91	5.86	5.82	5.75	5.74	5.70	5.67	5.65	.10	
1.62	1.61	1.60	1.60	1.59	1.59	1.59	1.58	1.58	1.58	1.58	1.58	.25	
2.46	2.42	2.40	2.38	2.36	2.35	2.34	2.32	2.32	2.31	2.30	2.29	.10	8
3.22	3.15	3.12	3.08	3.04	3.02	3.01	2.97	2.97	2.95	2.94	2.93	.05	
5.52	5.36	5.28	5.20	5.12	5.07	5.03	4.96	4.95	4.91	4.88	4.86	.01	
1.57	1.56	1.56	1.55	1.55	1.54	1.54	1.53	1.53	1.53	1.53	1.53	.25	
2.34	2.30	2.28	2.25	2.23	2.22	2.21	2.19	2.18	2.17	2.17	2.16	.10	9
3.01	2.94	2.90	2.86	2.83	2.80	2.79	2.76	2.75	2.73	2.72	2.71	.05	
4.96	4.81	4.73	4.65	4.57	4.52	4.48	4.42	4.40	4.36	4.33	4.31	.01	

分母的df (v_e)	α	分子的自由度 (v_h) 1	2	3	4	5	6	7	8	9	10	11	12
10	.25	1.49	1.60	1.60	1.59	1.59	1.58	1.57	1.56	1.56	1.55	1.55	1.54
	.10	3.29	2.92	2.73	2.61	2.52	2.46	2.41	2.38	2.35	2.32	2.30	2.28
	.05	4.96	4.10	3.71	3.48	3.33	3.22	3.14	3.07	3.02	2.98	2.94	2.91
	.01	10.0	7.56	6.55	5.99	5.64	5.39	5.20	5.06	4.94	4.85	4.77	4.71
11	.25	1.47	1.58	1.58	1.57	1.56	1.55	1.54	1.53	1.53	1.52	1.52	1.51
	.10	3.23	2.86	2.66	2.54	2.45	2.39	2.34	2.30	2.27	2.25	2.23	2.21
	.05	4.84	3.98	3.59	3.36	3.20	3.09	3.01	2.95	2.90	2.85	2.82	2.79
	.01	9.65	7.21	6.22	5.67	5.32	5.07	4.89	4.74	4.63	4.54	4.46	4.40
12	.25	1.46	1.56	1.56	1.55	1.54	1.53	1.52	1.51	1.51	1.50	1.50	1.49
	.10	3.18	2.81	2.61	2.48	2.39	2.33	2.28	2.24	2.21	2.19	2.17	2.15
	.05	4.75	3.89	3.49	3.26	3.11	3.00	2.91	2.85	2.80	2.75	2.72	2.69
	.01	9.33	6.93	5.95	5.41	5.06	4.82	4.64	4.50	4.39	4.30	4.22	4.16
13	.25	1.45	1.55	1.55	1.53	1.52	1.51	1.50	1.49	1.49	1.48	1.47	1.47
	.10	3.14	2.76	2.56	2.43	2.35	2.28	2.23	2.20	2.16	2.14	2.12	2.10
	.05	4.67	3.81	3.41	3.18	3.03	2.92	2.83	2.77	2.71	2.67	2.63	2.60
	.01	9.07	6.70	5.74	5.21	4.86	4.62	4.44	4.30	4.19	4.10	4.02	3.96
14	.25	1.44	1.53	1.53	1.52	1.51	1.50	1.49	1.48	1.47	1.46	1.46	1.45
	.10	3.10	2.73	2.52	2.39	2.31	2.24	2.19	2.15	2.12	2.10	2.08	2.05
	.05	4.60	3.74	3.34	3.11	2.96	2.85	2.76	2.70	2.65	2.60	2.57	2.53
	.01	8.86	6.51	5.56	5.04	4.69	4.46	4.28	4.14	4.03	3.94	3.86	3.80
15	.25	1.43	1.52	1.52	1.51	1.49	1.48	1.47	1.46	1.46	1.45	1.44	1.44
	.10	3.07	2.70	2.49	2.36	2.27	2.21	2.16	2.12	2.09	2.06	2.04	2.02
	.05	4.54	3.68	3.29	3.06	2.90	2.79	2.71	2.64	2.59	2.54	2.51	2.48
	.01	8.68	6.36	5.42	4.89	4.56	4.32	4.14	4.00	3.89	3.80	3.73	3.67
16	.25	1.42	1.51	1.51	1.50	1.48	1.47	1.46	1.45	1.44	1.44	1.44	1.43
	.10	3.05	2.67	2.46	2.33	2.24	2.18	2.13	2.09	2.06	2.03	2.01	1.99
	.05	4.49	3.63	3.24	3.01	2.85	2.74	2.66	2.59	2.54	2.49	2.46	2.42
	.01	8.53	6.23	5.29	4.77	4.44	4.20	4.03	3.89	3.78	3.69	3.62	3.55
17	.25	1.42	1.51	1.50	1.49	1.47	1.46	1.45	1.44	1.43	1.43	1.42	1.41
	.10	3.03	2.64	2.44	2.31	2.22	2.15	2.10	2.06	2.03	2.00	1.98	1.96
	.05	4.45	3.59	3.20	2.96	2.81	2.70	2.61	2.55	2.49	2.45	2.41	2.38
	.01	8.40	6.11	5.18	4.67	4.34	4.10	3.93	3.79	3.68	3.59	3.52	3.46
18	.25	1.41	1.50	1.49	1.48	1.46	1.45	1.44	1.43	1.42	1.42	1.41	1.40
	.10	3.01	2.62	2.42	2.29	2.20	2.13	2.08	2.04	2.00	1.98	1.96	1.93
	.05	4.41	3.55	3.16	2.93	2.77	2.66	2.58	2.51	2.46	2.41	2.37	2.34
	.01	8.29	6.01	5.09	4.58	4.25	4.01	3.84	3.71	3.60	3.51	3.43	3.37
19	.25	1.41	1.49	1.49	1.47	1.46	1.44	1.43	1.42	1.41	1.41	1.40	1.40
	.10	2.99	2.61	2.40	2.27	2.18	2.11	2.06	2.02	1.98	1.96	1.94	1.91
	.05	4.38	3.52	3.13	2.90	2.74	2.63	2.54	2.48	2.42	2.38	2.34	2.31
	.01	8.18	5.93	5.01	4.50	4.17	3.94	3.77	3.63	3.52	3.43	3.36	3.30
20	.25	1.40	1.49	1.48	1.46	1.45	1.44	1.43	1.42	1.41	1.40	1.39	1.39
	.10	2.97	2.59	2.38	2.25	2.16	2.09	2.04	2.00	1.96	1.94	1.92	1.89
	.05	4.35	3.49	3.10	2.87	2.71	2.60	2.51	2.45	2.39	2.35	2.31	2.28
	.01	8.10	5.85	4.94	4.43	4.10	3.87	3.70	3.56	3.46	3.37	3.29	3.23

分子的自由度 (ν_h)													分母的df
15	20	24	30	40	50	60	100	120	200	500	∞	α	(ν_e)
1.53	1.52	1.52	1.51	1.51	1.50	1.50	1.49	1.49	1.49	1.48	1.48	.25	
2.24	2.20	2.18	2.16	2.13	2.12	2.11	2.09	2.08	2.07	2.06	2.06	.10	10
2.85	2.77	2.74	2.70	2.66	2.64	2.62	2.59	2.58	2.56	2.55	2.54	.05	
4.56	4.41	4.33	4.25	4.17	4.12	4.08	4.01	4.00	3.96	3.93	3.91	.01	
1.50	1.49	1.49	1.48	1.47	1.47	1.47	1.46	1.46	1.46	1.45	1.45	.25	
2.17	2.12	2.10	2.08	2.05	2.04	2.03	2.00	2.00	1.99	1.98	1.97	.10	11
2.72	2.65	2.61	2.57	2.53	2.51	2.49	2.46	2.45	2.43	2.42	2.40	.05	
4.25	4.10	4.02	3.94	3.86	3.81	3.78	3.71	3.69	3.66	3.62	3.60	.01	
1.48	1.47	1.46	1.45	1.45	1.44	1.44	1.43	1.43	1.43	1.42	1.42	.25	
2.10	2.06	2.04	2.01	1.99	1.97	1.96	1.94	1.93	1.92	1.91	1.90	.10	12
2.62	2.54	2.51	2.47	2.43	2.40	2.38	2.35	2.34	2.32	2.31	2.30	.05	
4.01	3.86	3.78	3.70	3.62	3.57	3.54	3.47	3.45	3.41	3.38	3.36	.01	
1.46	1.45	1.44	1.43	1.42	1.42	1.42	1.41	1.41	1.40	1.40	1.40	.25	
2.05	2.01	1.98	1.96	1.93	1.92	1.90	1.88	1.88	1.86	1.85	1.85	.10	13
2.53	2.46	2.42	2.38	2.34	2.31	2.30	2.26	2.25	2.23	2.22	2.21	.05	
3.82	3.66	3.59	3.51	3.43	3.38	3.34	3.27	3.25	3.22	3.19	3.17	.01	
1.44	1.43	1.42	1.41	1.41	1.40	1.40	1.39	1.39	1.39	1.38	1.38	.25	
2.01	1.96	1.94	1.91	1.89	1.87	1.86	1.83	1.83	1.82	1.80	1.80	.10	14
2.46	2.39	2.35	2.31	2.27	2.24	2.22	2.19	2.18	2.16	2.14	2.13	.05	
3.66	3.51	3.43	3.35	3.27	3.22	3.18	3.11	3.09	3.06	3.03	3.00	.01	
1.43	1.41	1.41	1.40	1.39	1.39	1.38	1.38	1.37	1.37	1.36	1.36	.25	
1.97	1.92	1.90	1.87	1.85	1.83	1.82	1.79	1.79	1.77	1.76	1.76	.10	15
2.40	2.33	2.29	2.25	2.20	2.18	2.16	2.12	2.11	2.10	2.08	2.07	.05	
3.52	3.37	3.29	3.21	3.13	3.08	3.05	2.98	2.96	2.92	2.89	2.87	.01	
1.41	1.40	1.39	1.38	1.37	1.37	1.36	1.36	1.35	1.35	1.34	1.34	.25	
1.94	1.89	1.87	1.84	1.81	1.79	1.78	1.76	1.75	1.74	1.73	1.72	.10	16
2.35	2.28	2.24	2.19	2.15	2.12	2.11	2.07	2.06	2.04	2.02	2.01	.05	
3.41	3.26	3.18	3.10	3.02	2.97	2.93	2.86	2.84	2.81	2.78	2.75	.01	
1.40	1.39	1.38	1.37	1.36	1.35	1.35	1.34	1.34	1.34	1.33	1.33	.25	
1.91	1.86	1.84	1.81	1.78	1.76	1.75	1.73	1.72	1.71	1.69	1.69	.10	17
2.31	2.23	2.19	2.15	2.10	2.08	2.06	2.02	2.01	1.99	1.97	1.96	.05	
3.31	3.16	3.08	3.00	2.92	2.87	2.83	2.76	2.75	2.71	2.68	2.65	.01	
1.39	1.38	1.37	1.36	1.35	1.34	1.34	1.33	1.33	1.32	1.32	1.32	.25	
1.89	1.84	1.81	1.78	1.75	1.74	1.72	1.70	1.69	1.68	1.67	1.66	.10	18
2.27	2.19	2.15	2.11	2.06	2.04	2.02	1.98	1.97	1.95	1.93	1.92	.05	
3.23	3.08	3.00	2.92	2.84	2.78	2.75	2.68	2.66	2.62	2.59	2.57	.01	
1.38	1.37	1.36	1.35	1.34	1.33	1.33	1.32	1.32	1.31	1.31	1.30	.25	
1.86	1.81	1.79	1.76	1.73	1.71	1.70	1.67	1.67	1.65	1.64	1.63	.10	19
2.23	2.16	2.11	2.07	2.03	2.00	1.98	1.94	1.93	1.91	1.89	1.88	.05	
3.15	3.00	2.92	2.84	2.76	2.71	2.67	2.60	2.58	2.55	2.51	2.49	.01	
1.37	1.36	1.35	1.34	1.33	1.33	1.32	1.31	1.31	1.30	1.30	1.29	.25	
1.84	1.79	1.77	1.74	1.71	1.69	1.68	1.65	1.64	1.63	1.62	1.61	.10	20
2.20	2.12	2.08	2.04	1.99	1.97	1.95	1.91	1.90	1.88	1.86	1.84	.05	
3.09	2.94	2.86	2.78	2.69	2.64	2.61	2.54	2.52	2.48	2.44	2.42	.01	

分母的df (ν_e)	α	分子的自由度 (ν_h)											
		1	2	3	4	5	6	7	8	9	10	11	12
22	.25	1.40	1.48	1.47	1.45	1.44	1.42	1.41	1.40	1.39	1.39	1.38	1.37
	.10	2.95	2.56	2.35	2.22	2.13	2.06	2.01	1.97	1.93	1.90	1.88	1.86
	.05	4.30	3.44	3.05	2.82	2.66	2.55	2.46	2.40	2.34	2.30	2.26	2.23
	.01	7.95	5.72	4.82	4.31	3.99	3.76	3.59	3.45	3.35	3.26	3.18	3.12
24	.25	1.39	1.47	1.46	1.44	1.43	1.41	1.40	1.39	1.38	1.38	1.37	1.36
	.10	2.93	2.54	2.33	2.19	2.10	2.04	1.98	1.94	1.91	1.88	1.85	1.83
	.05	4.26	3.40	3.01	2.78	2.62	2.51	2.42	2.36	2.30	2.25	2.21	2.18
	.01	7.82	5.61	4.72	4.22	3.90	3.67	3.50	3.36	3.26	3.17	3.09	3.03
26	.25	1.38	1.46	1.45	1.44	1.42	1.41	1.39	1.38	1.37	1.37	1.36	1.35
	.10	2.91	2.52	2.31	2.17	2.08	2.01	1.96	1.92	1.88	1.86	1.84	1.81
	.05	4.23	3.37	2.98	2.74	2.59	2.47	2.39	2.32	2.27	2.22	2.18	2.15
	.01	7.72	5.53	4.64	4.14	3.82	3.59	3.42	3.29	3.18	3.09	3.02	2.96
28	.25	1.38	1.46	1.45	1.43	1.41	1.40	1.39	1.38	1.37	1.36	1.35	1.34
	.10	2.89	2.50	2.29	2.16	2.06	2.00	1.94	1.90	1.87	1.84	1.81	1.79
	.05	4.20	3.34	2.95	2.71	2.56	2.45	2.36	2.29	2.24	2.19	2.15	2.12
	.01	7.64	5.45	4.57	4.07	3.75	3.53	3.36	3.23	3.12	3.03	2.96	2.90
30	.25	1.38	1.45	1.44	1.42	1.41	1.39	1.38	1.37	1.36	1.35	1.35	1.34
	.10	2.88	2.49	2.28	2.14	2.05	1.98	1.93	1.88	1.85	1.82	1.79	1.77
	.05	4.17	3.32	2.92	2.69	2.53	2.42	2.33	2.27	2.21	2.16	2.13	2.09
	.01	7.56	5.39	4.51	4.02	3.70	3.47	3.30	3.17	3.07	2.98	2.91	2.84
40	.25	1.36	1.44	1.42	1.40	1.39	1.37	1.36	1.35	1.34	1.33	1.32	1.31
	.10	2.84	2.44	2.23	2.09	2.00	1.93	1.87	1.83	1.79	1.76	1.73	1.71
	.05	4.08	3.23	2.84	2.61	2.45	2.34	2.25	2.18	2.12	2.08	2.04	2.00
	.01	7.31	5.18	4.31	3.83	3.51	3.29	3.12	2.99	2.89	2.80	2.73	2.66
60	.25	1.35	1.42	1.41	1.38	1.37	1.35	1.33	1.32	1.31	1.30	1.29	1.29
	.10	2.79	2.39	2.18	2.04	1.95	1.87	1.82	1.77	1.74	1.71	1.68	1.66
	.05	4.00	3.15	2.76	2.53	2.37	2.25	2.17	2.10	2.04	1.99	1.95	1.92
	.01	7.08	4.98	4.13	3.65	3.34	3.12	2.95	2.82	2.72	2.63	2.56	2.50
120	.25	1.34	1.40	1.39	1.37	1.35	1.33	1.31	1.30	1.29	1.28	1.27	1.26
	.10	2.75	2.35	2.13	1.99	1.90	1.82	1.77	1.72	1.68	1.65	1.62	1.60
	.05	3.92	3.07	2.68	2.45	2.29	2.17	2.09	2.02	1.96	1.91	1.87	1.83
	.01	6.85	4.79	3.95	3.48	3.17	2.96	2.79	2.66	2.56	2.47	2.40	2.34
200	.25	1.33	1.39	1.38	1.36	1.34	1.32	1.31	1.29	1.28	1.27	1.26	1.25
	.10	2.73	2.33	2.11	1.97	1.88	1.80	1.75	1.70	1.66	1.63	1.60	1.57
	.05	3.89	3.04	2.65	2.42	2.26	2.14	2.06	1.98	1.93	1.88	1.84	1.80
	.01	6.76	4.71	3.88	3.41	3.11	2.89	2.73	2.60	2.50	2.41	2.34	2.27
∞	.25	1.32	1.39	1.37	1.35	1.33	1.31	1.29	1.28	1.27	1.25	1.24	1.24
	.10	2.71	2.30	2.08	1.94	1.85	1.77	1.72	1.67	1.63	1.60	1.57	1.55
	.05	3.84	3.00	2.60	2.37	2.21	2.10	2.01	1.94	1.88	1.83	1.79	1.75
	.01	6.63	4.61	3.78	3.32	3.02	2.80	2.64	2.51	2.41	2.32	2.25	2.18

分子的自由度 (ν_h)													分母的df
15	20	24	30	40	50	60	100	120	200	500	∞	α	(ν_e)
1.36	1.34	1.33	1.32	1.31	1.31	1.30	1.30	1.30	1.29	1.29	1.28	.25	
1.81	1.76	1.73	1.70	1.67	1.65	1.64	1.61	1.60	1.59	1.58	1.57	.10	22
2.15	2.07	2.03	1.98	1.94	1.91	1.89	1.85	1.84	1.82	1.80	1.78	.05	
2.98	2.83	2.75	2.67	2.58	2.53	2.50	2.42	2.40	2.36	2.33	2.31	.01	
1.35	1.33	1.32	1.31	1.30	1.29	1.29	1.28	1.28	1.27	1.27	1.26	.25	
1.78	1.73	1.70	1.67	1.64	1.62	1.61	1.58	1.57	1.56	1.54	1.53	.10	24
2.11	2.03	1.98	1.94	1.89	1.86	1.84	1.80	1.79	1.77	1.75	1.73	.05	
2.89	2.74	2.66	2.58	2.49	2.44	2.40	2.33	2.31	2.27	2.24	2.21	.01	
1.34	1.32	1.31	1.30	1.29	1.28	1.28	1.26	1.26	1.26	1.25	1.25	.25	
1.76	1.71	1.68	1.65	1.61	1.59	1.58	1.55	1.54	1.53	1.51	1.50	.10	26
2.07	1.99	1.95	1.90	1.85	1.82	1.80	1.76	1.75	1.73	1.71	1.69	.05	
2.81	2.66	2.58	2.50	2.42	2.36	2.33	2.25	2.23	2.19	2.16	2.13	.01	
1.33	1.31	1.30	1.29	1.28	1.27	1.27	1.26	1.25	1.25	1.24	1.24	.25	
1.74	1.69	1.66	1.63	1.59	1.57	1.56	1.53	1.52	1.50	1.49	1.48	.10	28
2.04	1.96	1.91	1.87	1.82	1.79	1.77	1.73	1.71	1.69	1.67	1.65	.05	
2.75	2.60	2.52	2.44	2.35	2.30	2.26	2.19	2.17	2.13	2.09	2.06	.01	
1.32	1.30	1.29	1.28	1.27	1.26	1.26	1.25	1.24	1.24	1.23	1.23	.25	
1.72	1.67	1.64	1.61	1.57	1.55	1.54	1.51	1.50	1.48	1.47	1.46	.10	30
2.01	1.93	1.89	1.84	1.79	1.76	1.74	1.70	1.68	1.66	1.64	1.62	.05	
2.70	2.55	2.47	2.39	2.30	2.25	2.21	2.13	2.11	2.07	2.03	2.01	.01	
1.30	1.28	1.26	1.25	1.24	1.23	1.22	1.21	1.21	1.20	1.19	1.19	.25	
1.66	1.61	1.57	1.54	1.51	1.48	1.47	1.43	1.42	1.41	1.39	1.38	.10	40
1.92	1.84	1.79	1.74	1.69	1.66	1.64	1.59	1.58	1.55	1.53	1.51	.05	
2.52	2.37	2.29	2.20	2.11	2.06	2.02	1.94	1.92	1.87	1.83	1.80	.01	
1.27	1.25	1.24	1.22	1.21	1.20	1.19	1.17	1.17	1.16	1.15	1.15	.25	
1.60	1.54	1.51	1.48	1.44	1.41	1.40	1.36	1.35	1.33	1.31	1.29	.10	60
1.84	1.75	1.70	1.65	1.59	1.56	1.53	1.48	1.47	1.44	1.41	1.39	.05	
2.35	2.20	2.12	2.03	1.94	1.88	1.84	1.75	1.73	1.68	1.63	1.60	.01	
1.24	1.22	1.21	1.19	1.18	1.17	1.16	1.14	1.13	1.12	1.11	1.10	.25	
1.55	1.48	1.45	1.41	1.37	1.34	1.32	1.27	1.26	1.24	1.21	1.19	.10	120
1.75	1.66	1.61	1.55	1.50	1.46	1.43	1.37	1.35	1.32	1.28	1.25	.05	
2.19	2.03	1.95	1.86	1.76	1.70	1.66	1.56	1.53	1.48	1.42	1.38	.01	
1.23	1.21	1.20	1.18	1.16	1.14	1.12	1.11	1.10	1.09	1.08	1.06	.25	
1.52	1.46	1.42	1.38	1.34	1.31	1.28	1.24	1.22	1.20	1.17	1.14	.10	200
1.72	1.62	1.57	1.52	1.46	1.41	1.39	1.32	1.29	1.26	1.22	1.19	.05	
2.13	1.97	1.89	1.79	1.69	1.63	1.58	1.48	1.44	1.39	1.33	1.28	.01	
1.22	1.19	1.18	1.16	1.14	1.13	1.12	1.09	1.08	1.07	1.04	1.00	.25	
1.49	1.42	1.38	1.34	1.30	1.26	1.24	1.18	1.17	1.13	1.08	1.00	.10	∞
1.67	1.57	1.52	1.46	1.39	1.35	1.32	1.24	1.22	1.17	1.11	1.00	.05	
2.04	1.88	1.79	1.70	1.59	1.52	1.47	1.36	1.32	1.25	1.15	1.00	.01	

附錄表五　賀德臨T^2分配上百分點　$T^2_\alpha,(p,\nu),\alpha=.01$

自由度(ν)	依變項數目(p)									
	1	2	3	4	5	6	7	8	9	10
2	98.503									
3	34.116	297.000								
4	21.198	82.177	594.997							
5	16.258	45.000	147.283	992.494						
6	13.745	31.857	75.125	229.679	1489.489					
7	12.246	25.491	50.652	111.839	329.433	2085.984				
8	11.259	21.821	39.118	72.968	155.219	446.571	2781.978			
9	10.561	19.460	32.598	54.890	98.703	205.293	581.106	3577.472		
10	10.044	17.826	28.466	44.838	72.882	128.067	262.076	733.045	4472.464	
11	9.646	16.631	25.637	38.533	58.618	93.127	161.015	325.576	902.392	5466.956
12	9.330	15.722	23.588	34.251	49.739	73.969	115.640	197.555	395.797	1089.149
13	9.074	15.008	22.041	31.171	43.745	62.114	90.907	140.429	237.692	472.742
14	8.862	14.433	20.834	28.857	39.454	54.150	75.676	109.441	167.499	281.428
15	8.683	13.960	19.867	27.060	36.246	48.472	65.483	90.433	129.576	196.853
16	8.531	13.566	19.076	25.626	33.762	44.240	58.241	77.755	106.391	151.316
17	8.400	13.231	18.418	24.458	31.788	40.975	52.858	68.771	90.969	123.554
18	8.285	12.943	17.861	23.437	30.182	38.385	48.715	62.109	80.067	105.131
19	8.185	12.694	17.385	22.670	28.852	36.283	45.435	56.992	71.999	92.134
20	8.096	12.476	16.973	21.972	27.734	34.546	42.779	52.948	65.813	82.532
21	8.017	12.283	16.613	21.369	26.781	33.088	40.587	49.679	60.932	75.181
22	7.945	12.111	16.296	20.843	25.950	31.847	38.750	46.986	56.991	69.389
23	7.881	11.958	16.015	20.381	25.244	30.779	37.188	44.730	53.748	64.719
24	7.823	11.820	15.763	19.972	24.616	29.850	35.846	42.816	51.036	60.879
25	7.770	11.695	15.538	19.606	24.060	29.036	34.680	41.171	48.736	57.671
26	7.721	11.581	15.334	19.279	23.565	28.316	33.659	39.745	46.762	54.953
27	7.677	11.478	15.149	18.983	23.121	27.675	32.756	38.496	45.051	52.622
28	7.636	11.383	14.980	18.715	22.721	27.101	31.954	37.393	43.554	50.604
29	7.598	11.295	14.825	18.471	22.359	26.584	31.236	36.414	42.234	48.839
30	7.562	11.215	14.683	18.247	22.029	26.116	30.589	35.538	41.062	47.283
35	7.419	10.890	14.117	17.366	20.743	24.314	28.135	32.259	36.743	41.651
40	7.314	10.655	13.715	16.750	19.858	23.094	26.502	30.120	33.984	38.135
45	7.234	10.478	13.414	16.295	19.211	22.214	25.340	28.617	32.073	35.737
50	7.171	10.340	13.181	15.945	18.718	21.550	24.470	27.504	30.673	33.998
55	7.119	10.228	12.995	15.667	18.331	21.030	23.795	26.647	29.603	32.682
60	7.077	10.137	12.843	15.442	18.018	20.613	23.257	25.967	28.760	31.650
70	7.011	9.996	12.611	15.098	17.543	19.986	22.451	24.957	27.515	30.139
80	6.963	9.892	12.440	14.849	17.201	19.536	21.877	24.242	26.642	29.085
90	6.925	9.813	12.310	14.660	16.942	19.197	21.448	23.710	25.995	28.310
100	6.895	9.750	12.208	14.511	16.740	18.934	21.115	23.299	25.496	27.714
110	6.871	9.699	12.125	14.391	16.577	18.722	20.849	22.972	25.101	27.243
120	6.851	9.657	12.057	14.292	16.444	18.549	20.632	22.705	24.779	26.862
150	6.807	9.565	11.909	14.079	16.156	18.178	20.167	22.137	24.096	26.054
200	6.763	9.474	11.764	13.871	15.877	17.819	19.720	21.592	23.446	25.287
400	6.699	9.341	11.551	13.569	15.473	17.303	19.080	20.818	22.525	24.209
1000	6.660	9.262	11.426	13.392	15.239	17.006	18.713	20.376	22.003	23.600
∞	6.635	9.210	11.345	13.277	15.086	16.812	18.475	20.090	21.666	23.209

Abridged from D. R. Jensen, and R. B. Howe. Tables of upper percentage points of Hotelling's T^2 distribution. Technical Report No. 9, Virginia Polytechnic Institute, 1968. Reproduced by permission of the authors.

$\alpha =$ .05

自由度(ν)	依變項數目(p)									
	1	2	3	4	5	6	7	8	9	10
2	18.513									
3	10.128	57.000								
4	7.709	25.472	114.986							
5	6.608	17.361	46.333	192.468						
6	5.987	13.887	29.661	72.937	289.446					
7	5.591	12.001	22.720	44.718	105.157	405.920				
8	5.318	10.828	19.028	33.230	62.561	143.050	541.890			
9	5.117	10.033	16.766	27.202	45.453	83.202	186.622	697.356		
10	4.965	9.459	15.248	23.545	36.561	59.403	106.649	235.873	872.317	
11	4.844	9.026	14.163	21.108	31.205	47.123	75.088	132.903	290.806	1066.774
12	4.747	8.689	13.350	19.376	27.656	39.764	58.893	92.512	161.967	351.421
13	4.667	8.418	12.719	18.086	25.145	34.911	49.232	71.878	111.676	193.842
14	4.600	8.197	12.216	17.089	23.281	31.488	42.881	59.612	86.079	132.582
15	4.543	8.012	11.806	16.296	21.845	28.955	38.415	51.572	70.907	101.499
16	4.494	7.856	11.465	15.651	20.706	27.008	35.117	45.932	60.986	83.121
17	4.451	7.722	11.177	15.117	19.782	25.467	32.588	41.775	54.041	71.127
18	4.414	7.606	10.931	14.667	19.017	24.219	30.590	38.592	48.930	62.746
19	4.381	7.504	10.719	14.283	18.375	23.189	28.975	36.082	45.023	56.587
20	4.351	7.415	10.533	13.952	17.828	22.324	27.642	34.054	41.946	51.884
21	4.325	7.335	10.370	13.663	17.356	21.588	26.525	32.384	39.463	48.184
22	4.301	7.264	10.225	13.409	16.945	20.954	25.576	30.935	37.419	45.202
23	4.279	7.200	10.095	13.184	16.535	20.403	24.759	29.798	35.709	42.750
24	4.260	7.142	9.979	12.983	16.265	19.920	24.049	28.777	34.258	40.699
25	4.242	7.089	9.874	12.803	15.981	19.492	23.427	27.891	33.013	38.961
26	4.225	7.041	9.779	12.641	15.726	19.112	22.878	27.114	31.932	37.469
27	4.210	6.997	9.692	12.493	15.496	18.770	22.388	26.428	30.985	36.176
28	4.196	6.957	9.612	12.359	15.287	18.463	21.950	25.818	30.149	35.043
29	4.183	6.919	9.539	12.236	15.097	18.184	21.555	25.272	29.407	34.044
30	4.171	6.885	9.471	12.123	14.924	17.931	21.198	24.781	28.742	33.156
35	4.121	6.744	9.200	11.674	14.240	16.944	19.823	22.913	26.252	29.881
40	4.085	6.642	9.005	11.356	13.762	16.264	18.890	21.668	24.624	27.783
45	4.057	6.564	8.859	11.118	13.409	15.767	18.217	20.781	23.477	26.326
50	4.034	6.503	8.744	10.934	13.138	15.388	17.709	20.117	22.627	25.256
55	4.016	6.454	8.652	10.787	12.923	15.090	17.311	19.600	21.972	24.437
60	4.001	6.413	8.577	10.668	12.748	14.850	16.992	19.188	21.451	23.790
70	3.978	6.350	8.460	10.484	12.482	14.485	16.510	18.571	20.676	22.834
80	3.960	6.303	8.375	10.350	12.289	14.222	16.165	18.130	20.127	22.162
90	3.947	6.267	8.309	10.248	12.142	14.022	15.905	17.801	19.718	21.663
100	3.936	6.239	8.257	10.167	12.027	13.867	15.702	17.544	19.401	21.279
110	3.927	6.216	8.215	10.102	11.934	13.741	15.540	17.340	19.149	20.973
120	3.920	6.196	8.181	10.048	11.858	13.639	15.407	17.172	18.943	20.725
150	3.904	6.155	8.105	9.931	11.693	13.417	15.121	16.814	18.504	20.196
200	3.888	6.113	8.031	9.817	11.531	13.202	14.845	16.469	18.083	19.692
400	3.865	6.052	7.922	9.650	11.297	12.890	14.447	15.975	17.484	18.976
1000	3.851	6.015	7.857	9.552	11.160	12.710	14.217	15.692	17.141	18.570
∞	3.841	5.991	7.815	9.488	11.070	12.592	14.067	15.507	16.919	18.307

$\alpha = .10$

自由度(ν)	依變項數目(p)									
	1	2	3	4	5	6	7	8	9	10
2	8.526									
3	5.538	27.000								
4	4.545	14.566	54.971							
5	4.060	10.811	26.954	92.434						
6	3.776	9.071	18.859	42.741	139.389					
7	3.589	8.081	15.202	28.751	61.940	195.836				
8	3.458	7.446	13.155	22.529	40.506	84.556	261.774			
9	3.360	7.005	11.857	19.085	31.077	54.132	110.590	337.204		
10	3.285	6.681	10.964	16.917	25.896	40.854	69.632	140.045	422.124	
11	3.225	6.434	10.314	15.435	22.655	33.600	51.866	87.009	172.920	516.536
12	3.177	6.239	9.820	14.361	20.448	29.082	42.202	64.114	106.263	209.216
13	3.136	6.081	9.432	13.548	18.854	26.016	36.204	51.706	77.601	127.396
14	3.102	5.951	9.119	12.912	17.651	23.808	32.146	44.025	62.113	92.327
15	3.073	5.842	8.862	12.401	16.713	22.145	29.229	38.840	52.547	73.423
16	3.048	5.750	8.648	11.981	15.960	20.850	27.036	35.120	46.102	61.772
17	3.026	5.670	8.465	11.631	15.344	19.814	25.331	32.329	41.486	53.933
18	3.007	5.600	8.309	11.335	14.830	18.966	23.969	30.161	38.026	48.326
19	2.990	5.539	8.173	11.081	14.396	18.261	22.857	28.431	35.343	44.219
20	2.975	5.485	8.053	10.860	14.023	17.665	21.931	27.020	33.203	40.877
21	2.961	5.437	7.948	10.667	13.701	17.154	21.150	25.847	31.459	38.286
22	2.949	5.394	7.854	10.497	13.419	16.713	20.482	24.857	30.011	36.175
23	2.937	5.355	7.770	10.345	13.170	16.327	19.904	24.012	28.790	34.424
24	2.927	5.320	7.695	10.210	12.949	15.987	19.400	23.281	27.747	32.949
25	2.918	5.288	7.626	10.088	12.752	15.685	18.955	22.643	26.846	31.690
26	2.909	5.259	7.564	9.977	12.574	15.415	18.561	22.082	26.061	30.603
27	2.901	5.232	7.507	9.877	12.414	15.173	18.209	21.584	25.370	29.655
28	2.894	5.207	7.455	9.785	12.268	14.954	17.893	21.140	24.757	28.821
29	2.887	5.184	7.407	9.701	12.135	14.755	17.607	20.741	24.211	28.083
30	2.881	5.163	7.363	9.624	12.013	14.573	17.348	20.380	23.720	27.424
35	2.855	5.007	7.184	9.316	11.530	13.862	16.343	19.001	21.866	24.972
40	2.835	5.013	7.054	9.095	11.190	13.369	15.657	18.074	20.642	23.382
45	2.820	4.965	6.957	8.930	10.937	13.006	15.158	17.408	19.773	22.269
50	2.809	4.927	6.880	8.802	10.743	12.729	14.779	16.907	19.125	21.446
55	2.799	4.896	6.818	8.699	10.588	12.510	14.481	16.516	18.623	20.814
60	2.791	4.871	6.768	8.616	10.462	12.332	14.242	16.202	18.223	20.312
70	2.779	4.831	6.690	8.487	10.270	12.062	13.880	15.731	17.625	19.568
80	2.769	4.802	6.632	8.392	10.129	11.867	13.619	15.394	17.200	19.042
90	2.762	4.780	6.588	8.320	10.023	11.719	13.422	15.141	16.882	18.651
100	2.756	4.762	6.553	8.263	9.939	11.603	13.268	14.944	16.635	18.348
110	2.752	4.747	6.524	8.217	9.871	11.509	13.145	14.786	16.438	18.107
120	2.748	4.735	6.501	8.179	9.815	11.432	13.043	14.657	16.278	17.911
150	2.739	4.708	6.449	8.096	9.694	11.266	12.826	14.380	15.934	17.493
200	2.731	4.682	6.399	8.015	9.576	11.105	12.614	14.112	15.603	17.092
400	2.718	4.643	6.324	7.895	9.403	10.870	12.309	13.727	15.131	16.523
1000	2.711	4.620	6.280	7.825	9.303	10.734	12.132	13.506	14.859	16.197
∞	2.706	4.605	6.251	7.779	9.236	10.645	12.017	13.362	14.684	15.987

附錄表六　U 分配表——魏可思Λ標準上百分點　$U_{\alpha}(u,\nu_h,\nu_e)=U_{\alpha}(p,q,n)$

$p=1$　$\alpha=0.01$　$U^{\alpha}(p,q,n)$　hypothesis df: q

n	1	2	3	4	5	6	7	8	9	10	11	12	n
1	0.006157	0.002501	0.001543	0.001112	0.000868	0.000712	0.000603	0.000523	0.000462	0.000413	0.000374	0.000341	1
2	0.097504	0.050003	0.033615	0.025322	0.020309	0.016953	0.014549	0.012741	0.011333	0.010208	0.009281	0.008512	2
3	0.228516	0.135712	0.097321	0.076019	0.062408	0.052963	0.046005	0.040672	0.036446	0.033020	0.030182	0.027794	3
4	0.341614	0.223602	0.168243	0.135345	0.113373	0.097610	0.085724	0.076446	0.068985	0.062851	0.057724	0.053375	4
5	0.430725	0.301697	0.235535	0.194031	0.165283	0.144073	0.127777	0.114822	0.104279	0.095505	0.088120	0.081787	5
6	0.500549	0.368408	0.295990	0.248596	0.214783	0.189255	0.169266	0.153168	0.139893	0.128754	0.119278	0.111114	6
7	0.555908	0.424896	0.349304	0.298096	0.260620	0.231811	0.208893	0.190186	0.174606	0.161423	0.150116	0.140289	7
8	0.600708	0.472870	0.396057	0.342590	0.302612	0.271332	0.246124	0.225311	0.207825	0.192902	0.180008	0.168747	8
9	0.637512	0.513916	0.437164	0.382446	0.340790	0.307770	0.280823	0.258362	0.239288	0.222931	0.208679	0.196182	9
10	0.668243	0.549286	0.473389	0.418213	0.375519	0.341248	0.313019	0.289246	0.268936	0.251373	0.235992	0.222443	10
11	0.694275	0.580017	0.505463	0.450317	0.407104	0.372040	0.342834	0.318054	0.296768	0.278229	0.261932	0.247467	11
12	0.716553	0.606964	0.534027	0.479309	0.435913	0.400299	0.370453	0.344940	0.322876	0.303528	0.286469	0.271240	12
13	0.735840	0.630737	0.559570	0.505524	0.462189	0.426361	0.396057	0.369995	0.347321	0.327362	0.309662	0.293823	13
14	0.752686	0.651825	0.582581	0.529327	0.486267	0.450348	0.419800	0.393372	0.370239	0.349823	0.331589	0.315247	14
15	0.767548	0.670715	0.603333	0.551025	0.508362	0.472534	0.441864	0.415222	0.391754	0.370941	0.352325	0.335541	15
16	0.780701	0.687653	0.622162	0.570862	0.528717	0.493103	0.462433	0.435638	0.411957	0.390869	0.371918	0.354797	16
17	0.792480	0.702972	0.639343	0.589081	0.547516	0.512176	0.481598	0.454742	0.430939	0.409637	0.390472	0.373077	17
18	0.803070	0.716858	0.655029	0.605835	0.564911	0.529907	0.499481	0.472687	0.448807	0.427368	0.408020	0.390411	18
19	0.812622	0.729553	0.669434	0.621307	0.581024	0.546448	0.516235	0.489502	0.465637	0.444138	0.424652	0.406891	19
20	0.821320	0.741135	0.682709	0.635651	0.596039	0.561890	0.531952	0.505341	0.481506	0.459991	0.440430	0.422546	20
21	0.829224	0.751770	0.694977	0.648941	0.610046	0.576355	0.546692	0.520264	0.496521	0.475006	0.455414	0.437469	21
22	0.836472	0.761597	0.706329	0.661316	0.623108	0.589905	0.560562	0.534332	0.510712	0.489258	0.469635	0.451660	22
23	0.843140	0.770660	0.716858	0.672867	0.635361	0.602631	0.573639	0.547638	0.524139	0.502762	0.483185	0.465179	23
24	0.849274	0.779083	0.726685	0.683655	0.646851	0.614609	0.585968	0.560211	0.536896	0.515594	0.496078	0.478088	24
25	0.854950	0.786896	0.735870	0.693771	0.657639	0.625900	0.597626	0.572128	0.548981	0.527817	0.508362	0.490402	25
26	0.860199	0.794189	0.744446	0.703278	0.667786	0.636566	0.608643	0.583435	0.560486	0.539459	0.520081	0.502167	26
27	0.865112	0.800995	0.752487	0.712189	0.677383	0.646637	0.619080	0.594147	0.571411	0.550537	0.531281	0.513428	27
28	0.869675	0.807373	0.760040	0.720612	0.686432	0.656174	0.628998	0.604370	0.581833	0.561127	0.541962	0.524200	28
29	0.873947	0.813339	0.767151	0.728546	0.694992	0.665222	0.638428	0.614075	0.591766	0.571228	0.552200	0.534515	29
30	0.877945	0.818970	0.773865	0.736053	0.703110	0.673798	0.647385	0.623321	0.601242	0.580872	0.561996	0.544418	30
40	0.907349	0.860886	0.824463	0.793274	0.765594	0.740539	0.717575	0.696365	0.676636	0.658188	0.640884	0.624603	40
60	0.937485	0.904968	0.878807	0.855911	0.835175	0.816055	0.798233	0.781494	0.765686	0.750702	0.736420	0.722809	60
80	0.952827	0.927841	0.907471	0.889450	0.872940	0.857590	0.843124	0.829437	0.816391	0.803925	0.791962	0.780464	80
100	0.962128	0.941845	0.925179	0.910324	0.896637	0.883835	0.871696	0.860153	0.849083	0.838455	0.828201	0.818314	100
120	0.968363	0.951297	0.937199	0.924578	0.912894	0.901916	0.891475	0.881501	0.871901	0.862660	0.853706	0.845045	120
140	0.972836	0.958107	0.945890	0.934921	0.924731	0.915131	0.905971	0.897200	0.888734	0.880563	0.872625	0.864929	140
170	0.977588	0.965370	0.955195	0.946025	0.937478	0.929401	0.921669	0.914245	0.907057	0.900101	0.893324	0.886738	170
200	0.980926	0.970487	0.961767	0.953893	0.946532	0.939564	0.932877	0.926443	0.920200	0.914149	0.908239	0.902486	200
240	0.984085	0.975345	0.968024	0.961396	0.955187	0.949296	0.943631	0.938171	0.932861	0.927705	0.922660	0.917740	240
320	0.988046	0.981451	0.975907	0.970876	0.966145	0.961649	0.957311	0.953121	0.949035	0.945058	0.941155	0.937344	320
440	0.991295	0.986475	0.982411	0.978715	0.975232	0.971914	0.968704	0.965599	0.962561	0.959604	0.956692	0.953846	440
600	0.993610	0.990064	0.987067	0.984337	0.981759	0.979301	0.976917	0.974611	0.972349	0.970144	0.967969	0.965842	600
800	0.995204	0.992539	0.990282	0.988225	0.986279	0.984422	0.982619	0.980873	0.979158	0.977487	0.975834	0.974218	800
1000	0.996161	0.994026	0.992216	0.990566	0.989003	0.987512	0.986062	0.984658	0.983276	0.981931	0.980598	0.979296	1000
INF	1.000000	1.000000	1.000000	1.000000	1.000000	1.000000	1.000000	1.000000	1.000000	1.000000	1.000000	1.000000	INF

Abridged from Francis J. Wall, Ph.D., *The Generalized Variance Ratio of the U-Statistic*, The Dikewood Corporation, 1968. Reproduced by permission of the author and the Dikewood Corporation.

$p=1$ $\alpha=0.05$ $U^*(p,q,n)$ hypothesis df: q

n	1	2	3	4	5	6	7	8	9	10	11	12	n
1	0.000247	0.000100	0.000062	0.000044	0.000035	0.000028	0.000024	0.000021	0.000018	0.000017	0.000015	0.000014	1
2	0.019900	0.010000	0.006673	0.005013	0.004012	0.003344	0.002857	0.002509	0.002231	0.002008	0.001826	0.001674	2
3	0.080827	0.046416	0.032834	0.025458	0.020806	0.017599	0.015251	0.013458	0.012043	0.010890	0.009951	0.009157	3
4	0.158742	0.100000	0.073958	0.058903	0.049014	0.041999	0.036755	0.032682	0.029427	0.026763	0.024544	0.022665	4
5	0.235203	0.158489	0.121418	0.098377	0.083563	0.072430	0.063947	0.057265	0.051854	0.047390	0.043634	0.040434	5
6	0.303867	0.215443	0.169784	0.140867	0.120651	0.105640	0.094010	0.084728	0.077134	0.070801	0.065439	0.060839	6
7	0.363705	0.268270	0.216358	0.182355	0.158006	0.139585	0.125112	0.113416	0.103749	0.095628	0.088696	0.082716	7
8	0.415397	0.316227	0.259967	0.222073	0.194363	0.173070	0.156116	0.142270	0.130724	0.120944	0.112552	0.105261	8
9	0.460089	0.359381	0.300242	0.259453	0.229097	0.205430	0.186374	0.170658	0.157452	0.146189	0.136452	0.127957	9
10	0.498896	0.398108	0.337189	0.294313	0.261901	0.236323	0.215512	0.198202	0.183548	0.170965	0.160030	0.150442	10
11	0.532793	0.432877	0.370993	0.326670	0.292708	0.265602	0.243349	0.224692	0.208793	0.195061	0.183068	0.172501	11
12	0.562582	0.464159	0.401904	0.356635	0.321526	0.293230	0.269804	0.250027	0.233063	0.218338	0.205413	0.193976	12
13	0.588936	0.492388	0.430204	0.384373	0.348450	0.319237	0.294872	0.274166	0.256310	0.240729	0.226996	0.214791	13
14	0.612381	0.517948	0.456147	0.410058	0.373579	0.343685	0.318575	0.297116	0.278506	0.262202	0.247764	0.234893	14
15	0.633365	0.541170	0.479986	0.433866	0.397056	0.366662	0.340981	0.318908	0.299682	0.282756	0.267719	0.254259	15
16	0.652233	0.562342	0.501931	0.455967	0.418982	0.388257	0.362133	0.339583	0.319844	0.302404	0.286850	0.272887	16
17	0.669300	0.581709	0.522195	0.476513	0.439506	0.408565	0.382133	0.359198	0.339049	0.321175	0.305186	0.290785	17
18	0.684789	0.599484	0.540936	0.495647	0.458725	0.427677	0.401023	0.377807	0.357322	0.339101	0.322737	0.307970	18
19	0.698917	0.615848	0.558319	0.513499	0.476742	0.445681	0.418900	0.395470	0.374735	0.356217	0.339555	0.324463	19
20	0.711843	0.630958	0.574470	0.530184	0.493661	0.462657	0.435811	0.412241	0.391308	0.372565	0.355644	0.340290	20
21	0.723730	0.644947	0.589523	0.545805	0.509577	0.478683	0.451836	0.428178	0.407108	0.388183	0.371060	0.355477	21
22	0.734669	0.657933	0.603568	0.560456	0.524553	0.493830	0.467022	0.443332	0.422166	0.403108	0.385819	0.370054	22
23	0.744795	0.670019	0.616713	0.574221	0.538693	0.508161	0.481441	0.457752	0.436534	0.417377	0.399965	0.384048	23
24	0.754176	0.681292	0.629026	0.587173	0.552034	0.521736	0.495132	0.471485	0.450247	0.431029	0.413515	0.397487	24
25	0.762902	0.691831	0.640594	0.599381	0.564657	0.534611	0.508160	0.484576	0.463349	0.444097	0.426523	0.410397	25
26	0.771028	0.701704	0.651468	0.610905	0.576603	0.546834	0.520546	0.497064	0.475866	0.456613	0.438989	0.422804	26
27	0.778525	0.710971	0.661723	0.621798	0.587931	0.558452	0.532362	0.508986	0.487854	0.468607	0.450973	0.434734	27
28	0.785730	0.719685	0.671391	0.632109	0.598682	0.569507	0.543615	0.520379	0.499314	0.480110	0.462471	0.446211	28
29	0.792406	0.727896	0.680539	0.641884	0.608900	0.580037	0.554370	0.531274	0.510313	0.491149	0.473532	0.457257	29
30	0.798670	0.735642	0.689191	0.651161	0.618619	0.590076	0.564636	0.541702	0.520842	0.501748	0.484160	0.467894	30
40	0.845412	0.794328	0.755603	0.723155	0.694813	0.669500	0.646550	0.625549	0.606163	0.588188	0.571417	0.555726	40
60	0.894480	0.857696	0.828970	0.804330	0.782305	0.762272	0.743738	0.726513	0.710318	0.695108	0.680672	0.667012	60
80	0.919918	0.891251	0.868522	0.848784	0.830928	0.814526	0.799185	0.784809	0.771162	0.758235	0.745851	0.734069	80
100	0.935478	0.912011	0.893219	0.876803	0.861820	0.847989	0.834952	0.822679	0.810943	0.799788	0.789035	0.778749	100
120	0.945976	0.926119	0.910119	0.896070	0.883183	0.871238	0.859925	0.849237	0.838971	0.829133	0.819700	0.810616	120
140	0.953532	0.936329	0.922402	0.910129	0.898827	0.888325	0.878338	0.868886	0.859771	0.851065	0.842600	0.834476	140
170	0.961595	0.947263	0.935601	0.925292	0.915755	0.906869	0.898385	0.890335	0.882539	0.875082	0.867790	0.860800	170
200	0.967270	0.954993	0.944964	0.936079	0.927834	0.920134	0.912760	0.905757	0.898951	0.892434	0.886056	0.879907	200
240	0.972661	0.962351	0.953904	0.946399	0.939414	0.932883	0.926606	0.920640	0.914819	0.909247	0.903766	0.898492	240
320	0.979433	0.971628	0.965202	0.959433	0.954136	0.949127	0.944294	0.939692	0.935191	0.930865	0.926597	0.922489	320
440	0.985001	0.979285	0.974556	0.970342	0.966383	0.962678	0.959082	0.955661	0.952291	0.949067	0.945865	0.942783	440
600	0.988980	0.984767	0.981267	0.978151	0.975211	0.972459	0.969781	0.967231	0.964706	0.962302	0.959899	0.957590	600
800	0.991723	0.988553	0.985913	0.983561	0.981336	0.979256	0.977220	0.975291	0.973377	0.971545	0.969713	0.967956	800
1000	0.993372	0.990832	0.988711	0.986824	0.985033	0.983362	0.981722	0.980169	0.978621	0.977148	0.975664	0.974250	1000
INF	1.000000	1.000000	1.000000	1.000000	1.000000	1.000000	1.000000	1.000000	1.000000	1.000000	1.000000	1.000000	INF

$p=2 \quad \alpha=0.01 \quad U^{\alpha}(p,q,n) \quad$ hypothesis df: q

n	1	2	3	4	5	6	7	8	9	10	11	12	n
1	0.000000	0.000000	0.000000	0.000000	0.000000	0.000000	0.000000	0.000000	0.000000	0.000000	0.000000	0.000000	1
2	0.000100	0.000025	0.000011	0.000006	0.000004	0.000003	0.000002	0.000002	0.000001	0.000001	0.000000	0.000000	2
3	0.010000	0.003470	0.001764	0.001068	0.000716	0.000514	0.000386	0.000301	0.000241	0.000198	0.000165	0.000140	3
4	0.046416	0.019844	0.011160	0.007179	0.005013	0.003701	0.002846	0.002257	0.001834	0.001520	0.001280	0.001093	4
5	0.099999	0.049316	0.029953	0.020241	0.014627	0.011080	0.008688	0.006999	0.005760	0.004824	0.004099	0.003527	5
6	0.158490	0.086620	0.055849	0.039284	0.029229	0.022633	0.018059	0.014752	0.012283	0.010389	0.008903	0.007715	6
7	0.215443	0.127189	0.085984	0.062513	0.047671	0.037627	0.030485	0.025222	0.021222	0.018110	0.015539	0.013643	7
8	0.268270	0.168148	0.118119	0.088278	0.068750	0.055175	0.045317	0.037913	0.032206	0.027708	0.024097	0.021153	8
9	0.316228	0.207906	0.150743	0.115317	0.091448	0.074467	0.061901	0.052316	0.044821	0.038849	0.034006	0.030024	9
10	0.359382	0.245666	0.182908	0.142738	0.114989	0.094845	0.079687	0.067961	0.058684	0.051208	0.045092	0.040019	10
11	0.398107	0.281095	0.214051	0.169943	0.138805	0.115797	0.098225	0.084458	0.073448	0.064492	0.057100	0.050924	11
12	0.432876	0.314111	0.243868	0.196543	0.162496	0.136940	0.117163	0.101490	0.088832	0.078445	0.069807	0.062537	12
13	0.464159	0.344773	0.272209	0.222298	0.185786	0.157996	0.136231	0.118805	0.104603	0.092856	0.083018	0.074689	13
14	0.492388	0.373205	0.299027	0.247072	0.208495	0.178764	0.155227	0.136206	0.120576	0.107553	0.096574	0.087224	14
15	0.517947	0.399561	0.324338	0.270794	0.230505	0.199104	0.174003	0.153543	0.136603	0.122393	0.110341	0.100021	15
16	0.541170	0.424011	0.348190	0.293441	0.251751	0.218924	0.192450	0.170701	0.152570	0.137265	0.124211	0.112976	16
17	0.562341	[illegible]	0.370654	0.315019	0.272197	0.238163	0.210492	0.187598	0.168387	0.152079	0.138096	0.126003	17
18	0.581709	0.467322	0.391807	0.335555	0.291830	0.256785	0.228078	0.204169	0.183988	0.166764	0.151924	0.139032	18
19	0.599484	0.487482	0.411733	0.355085	0.310657	0.274771	0.245174	0.220372	0.199322	0.181266	0.165639	0.152007	19
20	0.615848	0.505819	0.430515	0.373654	0.328695	0.292119	0.261761	0.236177	0.214352	0.195544	0.179196	0.164879	20
21	0.630957	0.522953	0.448231	0.391312	0.345965	0.308831	0.277829	0.251565	0.229052	0.209566	0.192561	0.177614	21
22	0.644947	0.538990	0.464956	0.408104	0.362497	0.324920	0.293378	0.266524	0.243403	0.223308	0.205707	0.190182	22
23	0.657933	0.554026	0.480762	0.424082	0.378320	0.340402	0.308412	0.281051	0.257394	0.236756	0.218614	0.202560	23
24	0.670019	0.568146	0.495715	0.439293	0.393467	0.355296	0.322939	0.295145	0.271020	0.249897	0.231267	0.214731	24
25	0.681292	0.581428	0.509875	0.453782	0.407970	0.369622	0.336971	0.308812	0.284279	0.262726	0.243657	0.226681	25
26	0.691831	0.593939	0.523299	0.467592	0.421860	0.383403	0.350522	0.322057	0.297172	0.275239	0.255776	0.238402	26
27	0.701704	0.605746	0.536039	0.480765	0.435169	0.395661	0.363607	0.334890	0.309703	0.287436	0.267621	0.249886	27
28	0.710971	0.616902	0.548144	0.493339	0.447927	0.409418	0.376242	0.347322	0.321877	0.299318	0.279190	0.261129	28
29	0.719686	0.627457	0.559655	0.505352	0.460162	0.421696	0.388443	0.359363	0.333703	0.310890	0.290483	0.272130	29
30	0.727896	0.637459	0.570615	0.516835	0.471903	0.433519	0.400227	0.371026	0.345187	0.322156	0.301504	0.282889	30
40	0.789652	0.714476	0.656673	0.608581	0.567185	0.530850	0.498541	0.469542	0.443323	0.419481	0.397694	0.377702	40
50	0.855467	0.799984	0.755573	0.717315	0.683328	0.652617	0.624558	0.598723	0.574795	0.552534	0.531746	0.512271	60
80	0.889953	0.846188	0.810436	0.779081	0.750765	0.724783	0.700697	0.678213	0.657114	0.637235	0.618444	0.600635	80
100	0.911163	0.875081	0.845239	0.818780	0.794644	0.772286	0.751373	0.731681	0.713048	0.695352	0.678495	0.662399	100
120	0.925522	0.894844	0.869263	0.846415	0.825431	0.805865	0.787452	0.770011	0.753414	0.737564	0.722385	0.707815	120
140	0.935886	0.909213	0.886840	0.866750	0.848208	0.830840	0.814421	0.798803	0.783877	0.769567	0.755808	0.742551	140
170	0.946959	0.924659	0.905836	0.888839	0.873070	0.858224	0.844122	0.830645	0.817710	0.805252	0.793223	0.781586	170
200	0.954772	0.935614	0.919375	0.904652	0.890941	0.877988	0.865642	0.853805	0.842407	0.831395	0.820731	0.810382	200
240	0.962196	0.946071	0.932346	0.919856	0.908184	0.897119	0.886539	0.876363	0.866534	0.857011	0.847760	0.838758	240
320	0.971540	0.959297	0.948819	0.939239	0.930247	0.921688	0.913469	0.905533	0.897838	0.890354	0.883057	0.875930	320
440	0.979238	0.970243	0.962512	0.955416	0.948732	0.942346	0.936194	0.930234	0.924437	0.918780	0.913248	0.907828	440
600	0.984741	0.978097	0.972369	0.967097	0.962118	0.957350	0.952745	0.948273	0.943913	0.939649	0.935470	0.931366	600
800	0.988539	0.983531	0.979204	0.975215	0.971440	0.967819	0.964316	0.960909	0.957581	0.954322	0.951123	0.947977	800
1000	0.990823	0.986804	0.983329	0.980120	0.977081	0.974162	0.971336	0.968584	0.965894	0.963257	0.960665	0.958115	1000
INF	1.000000	1.000000	1.000000	1.000000	1.000000	1.000000	1.000000	1.000000	1.000000	1.000000	1.000000	1.000000	INF

$p=2$ $\alpha=0.05$ $U^{*}(p,q,n)$ hypothesis df: q

n	1	2	3	4	5	6	7	8	9	10	11	12	n
1	0.000000	0.000000	0.000000	0.000000	0.000000	0.000000	0.000000	0.000000	0.000000	0.000000	0.000000	0.000000	1
2	0.002500	0.000641	0.000287	0.000162	0.000104	0.000072	0.000053	0.000041	0.000032	0.000026	0.000022	0.000018	2
3	0.049998	0.018318	0.009528	0.005844	0.003950	0.002849	0.002152	0.001683	0.001352	0.001110	0.000928	0.000787	3
4	0.135725	0.061800	0.035817	0.023460	0.016578	0.012346	0.009555	0.007615	0.006212	0.005165	0.004362	0.003734	4
5	0.223605	0.117368	0.073621	0.050765	0.037211	0.028476	0.022507	0.018244	0.015092	0.012695	0.010826	0.009343	5
6	0.301715	0.174902	0.116450	0.083663	0.063188	0.049481	0.039834	0.032772	0.027440	0.023320	0.020068	0.017453	6
7	0.368405	0.229737	0.160239	0.118984	0.092129	0.073571	0.060172	0.050155	0.042465	0.036426	0.031600	0.027678	7
8	0.424876	0.280187	0.202813	0.154741	0.122376	0.099380	0.082397	0.069475	0.059404	0.051386	0.044908	0.039579	8
9	0.472866	0.325883	0.243151	0.189781	0.152779	0.125881	0.105643	0.089993	0.077615	0.067661	0.059515	0.052772	9
10	0.513885	0.367036	0.280802	0.223433	0.182643	0.152421	0.129282	0.111138	0.096610	0.084797	0.075044	0.066901	10
11	0.549280	0.404052	0.315720	0.255369	0.211592	0.178545	0.152898	0.132506	0.116013	0.102453	0.091177	0.081680	11
12	0.580029	0.437339	0.347988	0.285511	0.239373	0.203997	0.176155	0.153782	0.135511	0.120356	0.107656	0.096885	12
13	0.606971	0.467384	0.377744	0.313836	0.265838	0.228568	0.198874	0.174774	0.154909	0.138311	0.124284	0.112321	13
14	0.630737	0.494599	0.405216	0.340396	0.291016	0.252171	0.220930	0.195325	0.174061	0.156149	0.140923	0.127849	14
15	0.651851	0.519281	0.430564	0.365263	0.314863	0.274786	0.242249	0.215357	0.192837	0.173755	0.157442	0.143350	15
16	0.670711	0.541775	0.454003	0.388530	0.337412	0.296391	0.262763	0.234782	0.211185	0.191059	0.173755	0.158740	16
17	0.687662	0.562317	0.475724	0.410322	0.358763	0.316990	0.282502	0.253583	0.229036	0.208000	0.189807	0.173946	17
18	0.702981	0.581146	0.495888	0.430784	0.378964	0.336632	0.301430	0.271723	0.246366	0.224530	0.205530	0.188918	18
19	0.716866	0.598489	0.514629	0.449961	0.398041	0.355335	0.319573	0.289225	0.263169	0.240614	0.220915	0.203611	19
20	0.729531	0.614483	0.532092	0.467968	0.416109	0.373163	0.336951	0.306072	0.279429	0.256249	0.235936	0.218013	20
21	0.741124	0.629283	0.548399	0.484925	0.433211	0.390129	0.353609	0.322287	0.295146	0.271437	0.250565	0.232083	21
22	0.751776	0.643011	0.563622	0.500886	0.449429	0.406286	0.369555	0.337873	0.310325	0.286147	0.264800	0.245821	22
23	0.761598	0.655775	0.577893	0.515922	0.464800	0.421699	0.384810	0.352883	0.324978	0.300409	0.278639	0.259223	23
24	0.770680	0.667666	0.591286	0.530135	0.479373	0.436391	0.399429	0.367295	0.339116	0.314213	0.292087	0.272280	24
25	0.779088	0.678783	0.603884	0.543551	0.493227	0.450412	0.413436	0.381165	0.352775	0.327593	0.305127	0.285006	25
26	0.786893	0.689182	0.615752	0.556269	0.506409	0.463802	0.426867	0.394506	0.365946	0.340539	0.317798	0.297372	26
27	0.794192	0.698945	0.626937	0.568306	0.518951	0.476588	0.439744	0.407337	0.378645	0.353047	0.330095	0.309407	27
28	0.800992	0.708108	0.637517	0.579727	0.530891	0.488822	0.452093	0.419700	0.390911	0.365171	0.342019	0.321110	28
29	0.807354	0.716737	0.647497	0.590582	0.542291	0.500519	0.463948	0.431586	0.402753	0.376900	0.353591	0.332484	29
30	0.813343	0.724899	0.656961	0.600899	0.553155	0.511722	0.475325	0.443028	0.414182	0.388244	0.364802	0.343537	30
40	0.857594	0.786432	0.729818	0.681627	0.639419	0.601870	0.568076	0.537426	0.509476	0.483873	0.460296	0.438550	40
60	0.903437	0.852599	0.810662	0.773804	0.740586	0.710190	0.682157	0.656096	0.631804	0.609029	0.587643	0.567501	60
80	0.926967	0.887496	0.854347	0.824736	0.797636	0.772490	0.748974	0.726849	0.705927	0.686107	0.667279	0.649328	80
100	0.941272	0.909051	0.881684	0.856993	0.834186	0.812834	0.792697	0.773596	0.755405	0.738034	0.721395	0.705440	100
120	0.950898	0.923673	0.900382	0.879233	0.859569	0.841056	0.823491	0.806739	0.790700	0.775302	0.760485	0.746201	120
140	0.957812	0.934247	0.913983	0.895493	0.878224	0.861896	0.846339	0.831442	0.817125	0.803326	0.789999	0.777105	140
170	0.965169	0.945562	0.928606	0.913057	0.898465	0.884603	0.871338	0.858581	0.846267	0.834352	0.822797	0.811574	170
200	0.970341	0.953554	0.938982	0.925569	0.912940	0.900904	0.889349	0.878202	0.867412	0.856939	0.846755	0.836834	200
240	0.975243	0.961158	0.948887	0.937554	0.926848	0.916613	0.906758	0.897224	0.887968	0.878959	0.870174	0.861593	240
320	0.981393	0.970741	0.961415	0.952766	0.944563	0.936691	0.929082	0.921692	0.914493	0.907461	0.900579	0.893835	320
440	0.986445	0.978644	0.971788	0.965408	0.959337	0.953491	0.947824	0.942303	0.936908	0.931623	0.926435	0.921337	440
600	0.990047	0.984298	0.979233	0.974507	0.969998	0.965648	0.961420	0.957293	0.953251	0.949283	0.945380	0.941537	600
800	0.992529	0.988203	0.984384	0.980814	0.977404	0.974108	0.970900	0.967763	0.964686	0.961662	0.958683	0.955744	800
1000	0.994021	0.990552	0.987487	0.984620	0.981877	0.979224	0.976640	0.974110	0.971627	0.969184	0.966775	0.964397	1000
INF	1.000000	1.000000	1.000000	1.000000	1.000000	1.000000	1.000000	1.000000	1.000000	1.000000	1.000000	1.000000	INF

$p=3 \quad \alpha=0.01 \quad U^{\alpha}(p,q,n) \quad$ hypothesis df: q

n	1	2	3	4	5	6	7	8	9	10	11	12	q
1	0.000000	0.000000	0.000000	0.000000	0.000000	0.000000	0.000000	0.000000	0.000000	0.000000	0.000000	0.000000	1
2	0.000000	0.000000	0.000000	0.000000	0.000000	0.000000	0.000000	0.000000	0.000001	0.000002	0.000003	0.000004	2
3	0.000080	0.000021	0.000016	0.000015	0.000015	0.000017	0.000019	0.000021	0.000023	0.000026	0.000029	0.000031	3
4	0.006763	0.001829	0.000824	0.000484	0.000335	0.000258	0.000215	0.000188	0.000172	0.000161	0.000154	0.000149	4
5	0.032852	0.011211	0.005326	0.003037	0.001959	0.001383	0.001047	0.000837	0.000698	0.000602	0.000533	0.000483	5
6	0.073989	0.029981	0.015536	0.009229	0.006018	0.004211	0.003116	0.002414	0.001943	0.001614	0.001376	0.001260	6
7	0.121426	0.055863	0.031196	0.019423	0.013027	0.009244	0.006864	0.005293	0.004214	0.003450	0.002892	0.002474	7
8	0.169788	0.085991	0.051041	0.033146	0.022897	0.016575	0.012459	0.009664	0.007703	0.006286	0.005237	0.004444	8
9	0.216359	0.118124	0.073700	0.049627	0.035223	0.026018	0.019845	0.015549	0.012468	0.010203	0.008501	0.007198	9
10	0.259966	0.150745	0.098030	0.068087	0.049501	0.037260	0.028840	0.022851	0.018472	0.015200	0.012705	0.010772	10
11	0.300240	0.182909	0.123161	0.087852	0.065237	0.049951	0.039203	0.031408	0.025614	0.021217	0.017821	0.015158	11
12	0.337186	0.214052	0.148469	0.108380	0.081998	0.063758	0.050682	0.041037	0.033759	0.028161	0.023785	0.020317	12
13	0.370989	0.243868	0.173524	0.129256	0.099424	0.078384	0.063039	0.051550	0.042762	0.035922	0.030516	0.026188	13
14	0.401904	0.272209	0.198043	0.150167	0.117224	0.093576	0.076062	0.062771	0.052482	0.044385	0.037922	0.032700	14
15	0.430202	0.299027	0.221841	0.170888	0.135171	0.109125	0.089567	0.074542	0.062783	0.053438	0.045911	0.039779	15
16	0.456147	0.324338	0.244809	0.191257	0.153091	0.124859	0.103395	0.086724	0.073546	0.062977	0.054394	0.047349	16
17	0.479984	0.348191	0.266888	0.211160	0.170848	0.140644	0.117419	0.099197	0.084662	0.072908	0.063289	0.055338	17
18	0.501932	0.370654	0.288051	0.230524	0.188345	0.156370	0.131529	0.111859	0.096037	0.083144	0.072519	0.063680	18
19	0.522191	0.391807	0.308300	0.249300	0.205509	0.171955	0.145640	0.124624	0.107589	0.093611	0.082016	0.072312	19
20	0.540934	0.411734	0.327644	0.267462	0.222288	0.187333	0.159680	0.137421	0.119251	0.104243	0.091719	0.081178	20
21	0.558316	0.430515	0.346122	0.284999	0.238647	0.202457	0.173594	0.150193	0.130962	0.114983	0.101574	0.090228	21
22	0.574470	0.448231	0.363762	0.301910	0.254564	0.217287	0.187337	0.162890	0.142676	0.125784	0.111534	0.099418	22
23	0.589519	0.464956	0.380593	0.318203	0.270024	0.231801	0.200875	0.175473	0.154348	0.136602	0.121558	0.108708	23
24	0.603567	0.480761	0.396664	0.333888	0.285024	0.245977	0.214182	0.187912	0.165948	0.147403	0.131611	0.118064	24
25	0.616709	0.495715	0.412006	0.348987	0.299564	0.259807	0.227238	0.200180	0.177443	0.158158	0.141663	0.127455	25
26	0.629025	0.509875	0.426661	0.363513	0.313646	0.273282	0.240029	0.212260	0.188816	0.168840	0.151686	0.136855	26
27	0.640592	0.523299	0.440664	0.377492	0.327281	0.286401	0.252545	0.224135	0.200042	0.179430	0.161661	0.146240	27
28	0.651469	0.536040	0.454050	0.390942	0.340476	0.299164	0.264779	0.235795	0.211110	0.189910	0.171566	0.155593	28
29	0.661719	0.548144	0.466858	0.403887	0.353244	0.311575	0.276730	0.247231	0.222009	0.200265	0.181387	0.164895	29
30	0.671391	0.559656	0.479116	0.416348	0.365597	0.323637	0.288394	0.258438	0.232727	0.210485	0.191110	0.174132	30
40	0.744674	0.649620	0.577483	0.518712	0.469272	0.426891	0.390088	0.357822	0.329317	0.303979	0.281338	0.261014	40
60	0.823683	0.751990	0.694679	0.645816	0.602970	0.564801	0.530443	0.499282	0.470857	0.444810	0.420849	0.398737	60
80	0.865422	0.808282	0.761397	0.720482	0.683828	0.650513	0.619945	0.591715	0.565509	0.541095	0.518272	0.496881	80
100	0.891201	0.843804	0.804298	0.769332	0.737595	0.708389	0.681275	0.655947	0.632179	0.609801	0.588667	0.568664	100
120	0.908698	0.868241	0.834163	0.803715	0.775833	0.749959	0.725743	0.702949	0.681398	0.660958	0.641519	0.622994	120
140	0.921350	0.886074	0.856136	0.829206	0.804388	0.781216	0.759404	0.738756	0.719127	0.700413	0.682523	0.665388	140
170	0.934886	0.905306	0.880001	0.857075	0.835802	0.815812	0.796876	0.778843	0.761600	0.745064	0.729169	0.713861	170
200	0.944448	0.918986	0.897083	0.877137	0.858541	0.840986	0.824284	0.808309	0.792971	0.778202	0.763939	0.750169	200
240	0.953545	0.932073	0.913505	0.896514	0.880601	0.865514	0.851099	0.837256	0.823911	0.811012	0.798488	0.786374	240
320	0.965006	0.948662	0.934434	0.921336	0.909000	0.897239	0.885943	0.875039	0.864473	0.854210	0.844184	0.834449	320
440	0.974459	0.962428	0.951897	0.942156	0.932937	0.924109	0.915592	0.907335	0.899302	0.891467	0.883774	0.876280	440
600	0.981223	0.972324	0.964504	0.957246	0.950353	0.943732	0.937324	0.931093	0.925012	0.919063	0.913203	0.907480	600
800	0.985892	0.979179	0.973264	0.967760	0.962522	0.957478	0.952586	0.947819	0.943157	0.938588	0.934077	0.929662	800
1000	0.988702	0.983312	0.978556	0.974124	0.969900	0.965827	0.961872	0.958013	0.954234	0.950525	0.946859	0.943268	1000
INF	1.000000	1.000000	1.000000	1.000000	1.000000	1.000000	1.000000	1.000000	1.000000	1.000000	1.000000	1.000000	INF

$p = 3$ $\alpha = 0.05$ $U^{*}(p, q, n)$ hypothesis df: q

n	1	2	3	4	5	6	7	8	9	10	11	12	n
1	0.000000	0.000000	0.000000	0.000000	0.000000	0.000000	0.000000	0.000000	0.000000	0.000000	0.000000	0.000000	1
2	0.000000	0.000000	0.000000	0.000000	0.000000	0.000001	0.000002	0.000004	0.000005	0.000008	0.000010	0.000013	2
3	0.001698	0.000354	0.000179	0.000127	0.000105	0.000095	0.000091	0.000090	0.000091	0.000092	0.000095	0.000098	3
4	0.033740	0.009612	0.004205	0.002314	0.001479	0.001052	0.000809	0.000659	0.000562	0.000496	0.000449	0.000416	4
5	0.097355	0.035855	0.017521	0.010010	0.006357	0.004369	0.003195	0.002458	0.001971	0.001636	0.001397	0.001222	5
6	0.168271	0.073634	0.039672	0.024047	0.015792	0.011018	0.008067	0.006148	0.004849	0.003939	0.003281	0.002793	6
7	0.235525	0.116476	0.067711	0.043226	0.029433	0.021043	0.015642	0.012012	0.009485	0.007674	0.006345	0.005347	7
8	0.295976	0.160244	0.098932	0.065947	0.046378	0.033966	0.025706	0.019990	0.015911	0.012927	0.010697	0.008997	8
9	0.349276	0.202814	0.131378	0.090794	0.065660	0.049161	0.037855	0.029838	0.023995	0.019637	0.016323	0.013763	9
10	0.396084	0.243139	0.163846	0.116701	0.086448	0.066012	0.051643	0.041238	0.033514	0.027654	0.023135	0.019593	10
11	0.437147	0.280808	0.195556	0.142927	0.108110	0.083979	0.066659	0.053876	0.044225	0.036801	0.030993	0.026391	11
12	0.473377	0.315719	0.226090	0.168939	0.130131	0.102644	0.082534	0.067443	0.055894	0.046882	0.039757	0.034049	12
13	0.505452	0.347981	0.255220	0.194413	0.152159	0.121656	0.098973	0.081704	0.068298	0.057724	0.049278	0.042437	13
14	0.534017	0.377735	0.282849	0.219113	0.173959	0.140775	0.115736	0.096413	0.081246	0.069166	0.059407	0.051442	14
15	0.559570	0.405221	0.308951	0.242944	0.195322	0.159796	0.132619	0.111416	0.094593	0.081052	0.070028	0.060954	15
16	0.582577	0.430566	0.333588	0.265812	0.216138	0.178574	0.149493	0.126564	0.108178	0.093264	0.081026	0.070875	16
17	0.603338	0.454006	0.356777	0.287689	0.236338	0.197017	0.166236	0.141728	0.121917	0.105704	0.092299	0.081109	17
18	0.622168	0.475728	0.378631	0.308599	0.255858	0.215044	0.182762	0.156827	0.135693	0.118273	0.103768	0.091588	18
19	0.639337	0.495908	0.399223	0.328552	0.274710	0.232604	0.199009	0.171789	0.149446	0.130904	0.115361	0.102241	19
20	0.655028	0.514622	0.418629	0.347546	0.292843	0.249666	0.214918	0.186544	0.163097	0.143521	0.127018	0.113012	20
21	0.669437	0.532101	0.436898	0.365676	0.310304	0.266216	0.230467	0.201077	0.176620	0.156088	0.138689	0.123835	21
22	0.682712	0.548393	0.454182	0.382934	0.327083	0.282253	0.245626	0.215325	0.189969	0.168561	0.150321	0.134680	22
23	0.694960	0.563637	0.470473	0.399402	0.343191	0.297740	0.260397	0.229291	0.203123	0.180907	0.161896	0.145521	23
24	0.706310	0.577895	0.485889	0.415077	0.358665	0.312738	0.274743	0.242939	0.216044	0.193091	0.173370	0.156313	24
25	0.716875	0.591311	0.500491	0.430041	0.373523	0.327221	0.288709	0.256276	0.228718	0.205103	0.184720	0.167023	25
26	0.726681	0.603899	0.514336	0.444332	0.387790	0.341199	0.302238	0.269280	0.241137	0.216929	0.195944	0.177651	26
27	0.735837	0.615757	0.527453	0.457946	0.401488	0.354711	0.315386	0.281968	0.253300	0.228535	0.206998	0.188160	27
28	0.744404	0.626944	0.539914	0.470981	0.414658	0.367742	0.328131	0.294313	0.265188	0.239935	0.217899	0.198546	28
29	0.752437	0.637514	0.551741	0.483430	0.427307	0.380334	0.340477	0.306326	0.276805	0.251110	0.228615	0.208808	29
30	0.759984	0.647501	0.563023	0.495347	0.439474	0.392490	0.352461	0.318033	0.288158	0.262062	0.239155	0.218912	30
40	0.816139	0.723938	0.651355	0.590773	0.538846	0.493686	0.453976	0.418785	0.387401	0.359270	0.333940	0.311045	40
60	0.874843	0.807777	0.752424	0.704238	0.661334	0.622640	0.587440	0.555224	0.525598	0.498272	0.472957	0.449477	60
80	0.905160	0.852653	0.808266	0.768805	0.732964	0.700026	0.669520	0.641124	0.614572	0.589678	0.566281	0.544236	80
100	0.923660	0.880557	0.843610	0.810333	0.779746	0.751296	0.724666	0.699598	0.675935	0.653520	0.632235	0.611999	100
120	0.936178	0.899588	0.867973	0.839253	0.812632	0.787686	0.764150	0.741841	0.720623	0.700389	0.681054	0.662546	120
140	0.945137	0.913391	0.885776	0.860534	0.836998	0.814819	0.793780	0.773732	0.754565	0.736197	0.718557	0.701592	140
170	0.954680	0.928199	0.904999	0.883652	0.863624	0.844636	0.826518	0.809156	0.792465	0.776383	0.760857	0.745847	170
200	0.961395	0.938685	0.918687	0.900202	0.882782	0.866197	0.850307	0.835018	0.820262	0.805990	0.792160	0.778739	200
240	0.967765	0.948678	0.931793	0.916116	0.901281	0.887100	0.873459	0.860284	0.847521	0.835131	0.823081	0.811346	240
320	0.975762	0.961296	0.948422	0.936405	0.924971	0.913987	0.903369	0.893064	0.883033	0.873250	0.863692	0.854341	320
440	0.982336	0.971725	0.962235	0.953337	0.944835	0.936632	0.928671	0.920913	0.913332	0.905910	0.898630	0.891482	440
600	0.987028	0.979198	0.972173	0.965563	0.959229	0.953099	0.947133	0.941302	0.935589	0.929978	0.924461	0.919029	600
800	0.990261	0.984364	0.979060	0.974060	0.969257	0.964600	0.960057	0.955610	0.951243	0.946947	0.942713	0.938538	800
1000	0.992204	0.987475	0.983215	0.979193	0.975326	0.971571	0.967905	0.964310	0.960776	0.957296	0.953863	0.950473	1000
INF	1.000000	1.000000	1.000000	1.000000	1.000000	1.000000	1.000000	1.000000	1.000000	1.000000	1.000000	1.000000	INF

$p=4$ $\alpha=0.01$ $U^{\alpha}(p,q,n)$ hypothesis df: q

n	1	2	3	4	5	6	7	8	9	10	11	12	n
1	0.000000	0.000000	0.000000	0.000000	0.000000	0.000000	0.000000	0.000000	0.000000	0.000000	0.000000	0.000000	1
2	0.000000	0.000000	0.000000	0.000000	0.000000	0.000000	0.000000	0.000000	0.000000	0.000000	0.000000	0.000000	2
3	0.000000	0.000000	0.000000	0.000000	0.000000	0.000000	0.000000	0.000000	0.000000	0.000000	0.000000	0.000000	3
4	0.000090	0.000026	0.000015	0.000011	0.000009	0.000008	0.000007	0.000007	0.000007	0.000007	0.000007	0.000007	4
5	0.005218	0.001224	0.000484	0.000250	0.000153	0.000106	0.000079	0.000063	0.000052	0.000045	0.000040	0.000037	5
6	0.025586	0.007345	0.003037	0.001538	0.000893	0.000574	0.000398	0.000293	0.000227	0.000183	0.000152	0.000130	6
7	0.058962	0.020352	0.009229	0.004891	0.002885	0.001846	0.001259	0.000906	0.000681	0.000531	0.000427	0.000353	7
8	0.098904	0.039349	0.019423	0.010860	0.006623	0.004315	0.002966	0.002131	0.001590	0.001225	0.000971	0.000789	8
9	0.140881	0.062551	0.033146	0.019474	0.012300	0.008211	0.005732	0.004155	0.003111	0.002396	0.001891	0.001527	9
10	0.182361	0.088300	0.049627	0.030445	0.019865	0.013591	0.009662	0.007095	0.005357	0.004145	0.003278	0.002644	10
11	0.222076	0.115330	0.068087	0.043357	0.029128	0.020392	0.014763	0.010993	0.008388	0.006539	0.005197	0.004202	11
12	0.259456	0.142746	0.087852	0.057777	0.039832	0.028478	0.020973	0.015836	0.012218	0.009607	0.007685	0.006242	12
13	0.294315	0.169948	0.108380	0.073308	0.051709	0.037679	0.028192	0.021570	0.016825	0.013349	0.010755	0.008785	13
14	0.326670	0.196546	0.129256	0.089607	0.064505	0.047814	0.036299	0.028118	0.022164	0.017742	0.014400	0.011834	14
15	0.356636	0.222301	0.150167	0.106392	0.077992	0.058712	0.045168	0.035392	0.028175	0.022747	0.018597	0.015378	15
16	0.384374	0.247074	0.170888	0.123435	0.091973	0.070212	0.054675	0.043297	0.034790	0.028315	0.023313	0.019396	16
17	0.410058	0.270796	0.191257	0.140556	0.106281	0.082172	0.064703	0.051742	0.041937	0.034394	0.028510	0.023860	17
18	0.433867	0.293442	0.211160	0.157615	0.120777	0.094469	0.075148	0.060641	0.049546	0.040928	0.034143	0.028739	18
19	0.455967	0.315021	0.230524	0.174505	0.135348	0.106995	0.085915	0.069912	0.057551	0.047861	0.040170	0.033996	19
20	0.476513	0.335555	0.249300	0.191144	0.149903	0.119660	0.096921	0.079482	0.065888	0.055142	0.046546	0.039596	20
21	0.495648	0.355086	0.267462	0.207474	0.164368	0.132389	0.108094	0.089287	0.074500	0.062720	0.053228	0.045503	21
22	0.513499	0.373655	0.284999	0.223450	0.178686	0.145118	0.119371	0.099266	0.083333	0.070548	0.060177	0.051683	22
23	0.530184	0.391312	0.301910	0.239044	0.192810	0.157796	0.130700	0.109371	0.092342	0.078585	0.067354	0.058103	23
24	0.545805	0.408104	0.318203	0.254237	0.206707	0.170381	0.142036	0.119555	0.101484	0.086790	0.074724	0.064730	24
25	0.560457	0.424083	0.333889	0.269015	0.220349	0.182837	0.153340	0.129781	0.110720	0.095129	0.082255	0.071537	25
26	0.574221	0.439293	0.348987	0.283374	0.233718	0.195137	0.164581	0.140015	0.120018	0.103570	0.089917	0.078495	26
27	0.587173	0.453781	0.363513	0.297314	0.246799	0.207259	0.175732	0.150228	0.129349	0.112085	0.097684	0.085579	27
28	0.599381	0.467592	0.377492	0.310838	0.259564	0.219187	0.186772	0.160396	0.138688	0.120648	0.105530	0.092768	28
29	0.610904	0.480765	0.390942	0.323953	0.272068	0.230906	0.197681	0.170499	0.148013	0.129238	0.113435	0.100038	29
30	0.621798	0.493340	0.403887	0.336665	0.284247	0.242408	0.208447	0.180518	0.157304	0.137834	0.121378	0.107372	30
40	0.704846	0.593044	0.510028	0.444079	0.390022	0.344862	0.306628	0.273929	0.245739	0.221270	0.199908	0.181164	40
60	0.795314	0.709205	0.641042	0.583746	0.534292	0.490946	0.452558	0.418305	0.387562	0.359837	0.334734	0.311927	60
80	0.843446	0.774138	0.717496	0.668503	0.625079	0.586056	0.550669	0.518371	0.488748	0.461472	0.436276	0.412939	80
100	0.873280	0.815461	0.767296	0.724909	0.686729	0.651890	0.619831	0.590158	0.562571	0.536836	0.512760	0.490184	100
120	0.893573	0.844036	0.802240	0.765030	0.731147	0.699908	0.670876	0.643745	0.618288	0.594325	0.571711	0.550325	120
140	0.908268	0.864962	0.828089	0.794989	0.764613	0.736396	0.709985	0.685132	0.661654	0.639410	0.618283	0.598178	140
170	0.924010	0.887597	0.856293	0.827943	0.801710	0.777147	0.753978	0.731988	0.711113	0.691172	0.672100	0.653829	170
200	0.935142	0.903739	0.876559	0.851792	0.828739	0.807033	0.786448	0.766791	0.748045	0.730070	0.712779	0.696132	200
240	0.945741	0.919212	0.896104	0.874924	0.855100	0.836335	0.818447	0.801269	0.784813	0.768957	0.753648	0.738836	240
320	0.959108	0.938870	0.921100	0.904693	0.889230	0.874494	0.860356	0.846684	0.833511	0.820740	0.808335	0.796267	320
440	0.970142	0.955217	0.942028	0.929777	0.918164	0.907036	0.896302	0.885863	0.875756	0.865908	0.856294	0.846895	440
600	0.978043	0.966989	0.957176	0.948021	0.939309	0.930927	0.922811	0.914887	0.907187	0.899657	0.892279	0.885041	600
800	0.983500	0.975154	0.967720	0.960765	0.954127	0.947724	0.941507	0.935422	0.929493	0.923681	0.917972	0.912357	800
1000	0.986785	0.980081	0.974098	0.968491	0.963130	0.957951	0.952914	0.947976	0.943158	0.938426	0.933773	0.929189	1000
INF	1.000000	1.000000	1.000000	1.000000	1.000000	1.000000	1.000000	1.000000	1.000000	1.000000	1.000000	1.000000	INF

$p=4$ $\alpha=0.05$ $U^*(p,q,n)$ hypothesis df: q

n	1	2	3	4	5	6	7	8	9	10	11	12	n
1	0.000000	0.000000	0.000000	0.000000	0.000000	0.000000	0.000000	0.000000	0.000000	0.000000	0.000000	0.000000	1
2	0.000000	0.000000	0.000000	0.000000	0.000000	0.000000	0.000000	0.000000	0.000000	0.000000	0.000000	0.000000	2
3	0.000000	0.000000	0.000000	0.000000	0.000000	0.000001	0.000001	0.000001	0.000002	0.000002	0.000002	0.000003	3
4	0.001378	0.000292	0.000127	0.000075	0.000052	0.000040	0.000033	0.000029	0.000026	0.000025	0.000023	0.000022	4
5	0.025529	0.006091	0.002314	0.001128	0.000647	0.000416	0.000292	0.000218	0.000172	0.000141	0.000120	0.000105	5
6	0.076071	0.023604	0.010010	0.005073	0.002903	0.001818	0.001223	0.000872	0.000652	0.000508	0.000409	0.000338	6
7	0.135374	0.050839	0.024047	0.013014	0.007737	0.004938	0.003338	0.002365	0.001745	0.001333	0.001050	0.000848	7
8	0.194043	0.083695	0.043226	0.024857	0.015415	0.010129	0.006975	0.004994	0.003698	0.002819	0.002206	0.001766	8
9	0.248619	0.118995	0.065947	0.039919	0.025729	0.017408	0.012249	0.008907	0.006664	0.005112	0.004009	0.003208	9
10	0.298130	0.154758	0.090794	0.057378	0.038260	0.026586	0.019107	0.014130	0.010706	0.008288	0.006542	0.005254	10
11	0.342593	0.189778	0.116701	0.076502	0.052524	0.037385	0.027402	0.020589	0.015806	0.012365	0.009839	0.007948	11
12	0.382448	0.223411	0.142927	0.096664	0.068077	0.049495	0.036933	0.028170	0.021899	0.017314	0.013895	0.011302	12
13	0.418181	0.255376	0.168939	0.117377	0.084546	0.062632	0.047493	0.036731	0.028895	0.023075	0.018675	0.015303	13
14	0.450335	0.285511	0.194413	0.138286	0.101586	0.076537	0.058886	0.046115	0.036676	0.029572	0.024133	0.019917	14
15	0.479286	0.313829	0.219113	0.159131	0.118954	0.090983	0.070925	0.056188	0.045140	0.036722	0.030208	0.025101	15
16	0.505511	0.340400	0.242944	0.179688	0.136434	0.105779	0.083443	0.066806	0.054181	0.044440	0.036830	0.030804	16
17	0.529312	0.365253	0.265812	0.199832	0.153891	0.120780	0.096316	0.077856	0.063688	0.052645	0.043936	0.036980	17
18	0.551035	0.388530	0.287689	0.219490	0.171171	0.135856	0.109411	0.089236	0.073577	0.061263	0.051456	0.043568	18
19	0.570858	0.410325	0.308599	0.238570	0.188209	0.150905	0.122643	0.100843	0.083764	0.070213	0.059338	0.050514	19
20	0.589077	0.430766	0.328552	0.257052	0.204926	0.165853	0.135926	0.112607	0.094180	0.079441	0.067512	0.057782	20
21	0.605832	0.449947	0.347546	0.274909	0.221288	0.180626	0.149180	0.124462	0.104757	0.088877	0.075938	0.065315	21
22	0.621318	0.467988	0.365676	0.292142	0.237242	0.195197	0.162364	0.136342	0.115440	0.098474	0.084565	0.073068	22
23	0.635634	0.484922	0.382934	0.308765	0.252783	0.209511	0.175434	0.148204	0.126185	0.108191	0.093352	0.081008	23
24	0.648934	0.500883	0.399402	0.324767	0.267896	0.223535	0.188341	0.160009	0.136950	0.117977	0.102254	0.089100	24
25	0.661320	0.515918	0.415077	0.340175	0.282568	0.237277	0.201067	0.171726	0.147695	0.127818	0.111240	0.097305	25
26	0.672864	0.530124	0.430041	0.355004	0.296810	0.250710	0.213597	0.183333	0.158399	0.137656	0.120274	0.105608	26
27	0.683663	0.543561	0.444332	0.369254	0.310608	0.263809	0.225900	0.194794	0.169017	0.147483	0.129346	0.113968	27
28	0.693769	0.556262	0.457946	0.382979	0.323980	0.276602	0.237971	0.206105	0.179569	0.157274	0.138418	0.122368	28
29	0.703259	0.568303	0.470981	0.396197	0.336947	0.289051	0.249798	0.217241	0.189991	0.167006	0.147478	0.130784	29
30	0.712188	0.579734	0.483430	0.408914	0.349488	0.301188	0.261373	0.228198	0.200311	0.176673	0.156516	0.139205	30
40	0.778877	0.668158	0.582817	0.513297	0.455181	0.405867	0.363565	0.326959	0.295085	0.267163	0.242600	0.220888	40
60	0.849044	0.767047	0.700065	0.642556	0.592126	0.547349	0.507256	0.471148	0.438462	0.408771	0.381699	0.356960	60
80	0.885442	0.820705	0.766251	0.718260	0.675124	0.635912	0.600023	0.566986	0.536460	0.508176	0.481887	0.457414	80
100	0.907714	0.854312	0.808614	0.767700	0.730354	0.695928	0.663968	0.634166	0.606280	0.580111	0.555487	0.532298	100
120	0.922736	0.877325	0.838018	0.802443	0.769650	0.739118	0.710513	0.683595	0.658183	0.634132	0.611324	0.589657	120
140	0.933554	0.894066	0.859605	0.828175	0.798994	0.771635	0.745829	0.721386	0.698162	0.676045	0.654943	0.634778	140
170	0.945088	0.912072	0.883006	0.856283	0.831278	0.807661	0.785224	0.763821	0.743347	0.723717	0.704865	0.686733	170
200	0.953211	0.924848	0.899727	0.876499	0.854647	0.833900	0.814087	0.795095	0.776838	0.759251	0.742281	0.725885	200
240	0.960919	0.937047	0.915781	0.896012	0.877319	0.859481	0.842366	0.825881	0.809960	0.794554	0.779622	0.765130	240
320	0.970605	0.952477	0.936212	0.920990	0.906503	0.892593	0.879164	0.866153	0.853513	0.841211	0.829220	0.817517	320
440	0.978571	0.965253	0.953233	0.941922	0.931100	0.920655	0.910522	0.900654	0.891022	0.881602	0.872376	0.863330	440
600	0.984259	0.974422	0.965507	0.957084	0.948995	0.941160	0.933530	0.926075	0.918772	0.911606	0.904563	0.897634	600
800	0.988181	0.980767	0.974028	0.967644	0.961498	0.955529	0.949702	0.943994	0.938390	0.932877	0.927445	0.922092	800
1000	0.990538	0.984589	0.979173	0.974034	0.969078	0.964257	0.959545	0.954922	0.950376	0.945898	0.941481	0.937120	1000
INF	1.000000	1.000000	1.000000	1.000000	1.000000	1.000000	1.000000	1.000000	1.000000	1.000000	1.000000	1.000000	INF

$p=5 \quad \alpha=0.01 \quad U^{\alpha}(p,q,n) \quad$ hypothesis df: q

n	1	2	3	4	5	6	7	8	9	10	11	12	n
1	0.000000	0.000000	0.000000	0.000000	0.000000	0.000000	0.000000	0.000000	0.000000	0.000000	0.000000	0.000000	1
2	0.000000	0.000000	0.000000	0.000000	0.000000	0.000000	0.000000	0.000000	0.000000	0.000000	0.000000	0.000000	2
3	0.000000	0.000000	0.000000	0.000000	0.000000	0.000000	0.000000	0.000000	0.000000	0.000000	0.000000	0.000000	3
4	0.000000	0.000000	0.000000	0.000000	0.000000	0.000000	0.000000	0.000000	0.000000	0.000000	0.000000	0.000000	4
5	0.000164	0.000036	0.000015	0.000009	0.000006	0.000004	0.000003	0.000003	0.000003	0.000002	0.000002	0.000002	5
6	0.004668	0.000962	0.000335	0.000153	0.000084	0.000052	0.000035	0.000025	0.000020	0.000016	0.000013	0.000011	6
7	0.021333	0.005332	0.001959	0.000893	0.000472	0.000277	0.000177	0.000121	0.000088	0.000066	0.000052	0.000042	7
8	0.049302	0.014879	0.006018	0.002885	0.001557	0.000918	0.000582	0.000390	0.000275	0.000202	0.000154	0.000121	8
9	0.083710	0.029395	0.013027	0.006623	0.003709	0.002237	0.001432	0.000964	0.000677	0.000493	0.000371	0.000287	9
10	0.120729	0.047777	0.022897	0.012300	0.007165	0.004443	0.002899	0.001974	0.001394	0.001017	0.000763	0.000587	10
11	0.158044	0.068815	0.035223	0.019865	0.012007	0.007658	0.005103	0.003528	0.002519	0.001850	0.001392	0.001072	11
12	0.194389	0.091490	0.049501	0.029128	0.018203	0.011922	0.008113	0.005702	0.004122	0.003055	0.002315	0.001790	12
13	0.229107	0.115016	0.065237	0.039832	0.025645	0.017209	0.011946	0.008535	0.006252	0.004681	0.003576	0.002781	13
14	0.261911	0.138822	0.081998	0.051709	0.034186	0.023452	0.016584	0.012034	0.008929	0.006758	0.005207	0.004077	14
15	0.292711	0.162507	0.099424	0.064505	0.043665	0.030560	0.021981	0.016183	0.012158	0.009299	0.007228	0.005702	15
16	0.321529	0.185794	0.117224	0.077992	0.053925	0.038428	0.028076	0.020951	0.015926	0.012305	0.009648	0.007667	16
17	0.348449	0.208500	0.135171	0.091973	0.064813	0.046952	0.034797	0.026294	0.020207	0.015764	0.012465	0.009978	17
18	0.373583	0.230510	0.153091	0.106281	0.076195	0.056028	0.042071	0.032161	0.024971	0.019658	0.015670	0.012633	18
19	0.397053	0.251754	0.170848	0.120777	0.087948	0.065559	0.049825	0.038499	0.030179	0.023963	0.019247	0.015623	19
20	0.418988	0.272198	0.188345	0.135348	0.099970	0.075458	0.057989	0.045254	0.035793	0.028649	0.023178	0.018937	20
21	0.439504	0.291832	0.205509	0.149903	0.112170	0.085645	0.066497	0.052374	0.041771	0.033687	0.027441	0.022558	21
22	0.458721	0.310659	0.222288	0.164368	0.124471	0.096050	0.075288	0.059809	0.048073	0.039045	0.032012	0.026471	22
23	0.476739	0.328696	0.238647	0.178686	0.136809	0.106612	0.084307	0.067511	0.054660	0.044692	0.036865	0.030655	23
24	0.493662	0.345966	0.254564	0.192810	0.149131	0.117275	0.093504	0.075438	0.061497	0.050597	0.041977	0.035091	24
25	0.509575	0.362498	0.270024	0.206707	0.161392	0.127995	0.102837	0.083549	0.068546	0.056730	0.047322	0.039758	25
26	0.524560	0.378321	0.285024	0.220349	0.173556	0.138732	0.112264	0.091808	0.075777	0.063064	0.052876	0.044637	26
27	0.538691	0.393468	0.299564	0.233718	0.185593	0.149451	0.121752	0.100183	0.083160	0.069572	0.058617	0.049707	27
28	0.552034	0.407970	0.313646	0.246799	0.197480	0.160123	0.131271	0.108643	0.090666	0.076229	0.064523	0.054951	28
29	0.564655	0.421860	0.327281	0.259584	0.209196	0.170724	0.140795	0.117163	0.098272	0.083013	0.070573	0.060349	29
30	0.576601	0.435170	0.340476	0.272068	0.220728	0.181235	0.150300	0.125719	0.105955	0.089902	0.076748	0.065885	30
40	0.668249	0.542257	0.451107	0.380670	0.324502	0.278831	0.241173	0.209788	0.183401	0.161054	0.142005	0.125677	40
60	0.769057	0.669979	0.592611	0.528633	0.474345	0.427572	0.386853	0.351131	0.319602	0.291636	0.266722	0.244448	60
80	0.823038	0.742525	0.677232	0.621368	0.572440	0.529007	0.490107	0.455043	0.423278	0.394390	0.368029	0.343906	80
100	0.856606	0.789069	0.733048	0.684125	0.640446	0.600959	0.564970	0.531981	0.501610	0.473552	0.447557	0.423417	100
120	0.879484	0.821412	0.772515	0.729225	0.690073	0.654241	0.621196	0.590558	0.562038	0.535406	0.510473	0.487083	120
140	0.896071	0.845177	0.801862	0.763137	0.727789	0.695150	0.664792	0.636413	0.609782	0.584719	0.561076	0.538731	140
170	0.913861	0.870955	0.834024	0.800661	0.769907	0.741242	0.714313	0.688960	0.664941	0.642146	0.620465	0.599807	170
200	0.926453	0.889383	0.857222	0.827957	0.800792	0.775304	0.751191	0.728357	0.706614	0.685839	0.665962	0.646914	200
240	0.938451	0.907082	0.879663	0.854540	0.831068	0.808906	0.787800	0.767701	0.748450	0.729967	0.712175	0.695028	240
320	0.953594	0.929613	0.908455	0.888903	0.870485	0.852956	0.836125	0.819982	0.804406	0.789342	0.774745	0.760584	320
440	0.965104	0.948389	0.932642	0.917985	0.904086	0.890771	0.877902	0.865484	0.853429	0.841699	0.830257	0.819109	440
600	0.975067	0.961932	0.950192	0.939210	0.928746	0.918676	0.908897	0.899419	0.890178	0.881148	0.872309	0.863646	600
800	0.981261	0.971335	0.962430	0.954071	0.946080	0.938365	0.930849	0.923543	0.916398	0.909395	0.902519	0.895761	800
1000	0.984990	0.977013	0.969840	0.963094	0.956632	0.950381	0.944279	0.938337	0.932515	0.926799	0.921177	0.915641	1000
INF	1.000000	1.000000	1.000000	1.000000	1.000000	1.000000	1.000000	1.000000	1.000000	1.000000	1.000000	1.000000	INF

$p = 5$ $\alpha = 0.05$ $U^2(p, q, n)$ hypothesis df: q

n	1	2	3	4	5	6	7	8	9	10	11	12	n
1	0.000000	0.000000	0.000000	0.000000	0.000000	0.000000	0.000000	0.000000	0.000000	0.000000	0.000000	0.000000	1
2	0.000000	0.000000	0.000000	0.000000	0.000000	0.000000	0.000000	0.000000	0.000000	0.000000	0.000000	0.000000	2
3	0.000000	0.000000	0.000000	0.000000	0.000000	0.000000	0.000000	0.000000	0.000000	0.000000	0.000000	0.000000	3
4	0.000000	0.000000	0.000000	0.000000	0.000001	0.000001	0.000001	0.000001	0.000001	0.000001	0.000001	0.000001	4
5	0.001598	0.000291	0.000105	0.000052	0.000031	0.000021	0.000015	0.000012	0.000010	0.000008	0.000007	0.000007	5
6	0.021145	0.004391	0.001479	0.000647	0.000335	0.000197	0.000126	0.000087	0.000064	0.000049	0.000039	0.000032	6
7	0.062770	0.016898	0.006357	0.002903	0.001514	0.000872	0.000544	0.000361	0.000253	0.000185	0.000141	0.000110	7
8	0.113526	0.037390	0.015792	0.007737	0.004208	0.002479	0.001557	0.001032	0.000716	0.000516	0.000385	0.000296	8
9	0.165351	0.063279	0.029433	0.015415	0.008787	0.005348	0.003433	0.002304	0.001607	0.001159	0.000861	0.000657	9
10	0.214794	0.092191	0.046378	0.025729	0.015321	0.009639	0.006343	0.004335	0.003062	0.002225	0.001660	0.001267	10
1	0.260635	0.122403	0.065660	0.038260	0.023674	0.015530	0.010358	0.007216	0.005173	0.003802	0.002858	0.002192	11
12	0.302608	0.152793	0.086448	0.052524	0.033618	0.022418	0.015467	0.010980	0.007991	0.005946	0.004512	0.003486	12
13	0.340813	0.182662	0.108110	0.068077	0.044878	0.030680	0.021607	0.015611	0.011530	0.008685	0.006659	0.005187	13
14	0.375528	0.211602	0.130131	0.084546	0.057198	0.039965	0.028683	0.021061	0.015774	0.012024	0.009313	0.007317	14
15	0.407128	0.239373	0.152159	0.101586	0.070324	0.050117	0.036584	0.027266	0.020687	0.015949	0.012475	0.009884	15
16	0.435899	0.265851	0.173959	0.118954	0.084048	0.060965	0.045199	0.034145	0.026219	0.020428	0.016129	0.012885	16
17	0.462173	0.291015	0.195322	0.136434	0.098187	0.072367	0.054409	0.041618	0.032312	0.025427	0.020252	0.016307	17
18	0.486266	0.314859	0.216138	0.153891	0.112582	0.084178	0.064111	0.049602	0.038909	0.030904	0.024819	0.020133	18
19	0.508362	0.337418	0.236338	0.171171	0.127108	0.096308	0.074209	0.058024	0.045951	0.036810	0.029790	0.024339	19
20	0.528714	0.358776	0.255858	0.188209	0.141662	0.108634	0.084619	0.066805	0.053373	0.043100	0.035137	0.028896	20
21	0.547516	0.378956	0.274710	0.204926	0.156176	0.121083	0.095254	0.075885	0.061122	0.049724	0.040817	0.033782	21
22	0.564905	0.398037	0.292843	0.221288	0.170563	0.133590	0.106063	0.085203	0.069149	0.056652	0.046803	0.038962	22
23	0.581036	0.416105	0.310304	0.237242	0.184782	0.146095	0.116974	0.094699	0.077408	0.063832	0.053052	0.044411	23
24	0.596032	0.433216	0.327083	0.252783	0.198795	0.158544	0.127948	0.104337	0.085849	0.071231	0.059537	0.050103	24
25	0.610030	0.449429	0.343191	0.267896	0.212568	0.170898	0.138945	0.114058	0.094444	0.078809	0.066222	0.056005	25
26	0.623126	0.464800	0.358665	0.282568	0.226071	0.183129	0.149909	0.123843	0.103144	0.086536	0.073084	0.062103	26
27	0.635368	0.479382	0.373523	0.296810	0.239294	0.195207	0.160826	0.133657	0.111931	0.094385	0.080092	0.068358	27
28	0.646832	0.493247	0.387790	0.310508	0.252224	0.207116	0.171667	0.143454	0.120766	0.102328	0.087220	0.074761	28
29	0.657645	0.506421	0.401488	0.323980	0.264872	0.218828	0.182408	0.153240	0.129630	0.110336	0.094455	0.081283	29
30	0.667803	0.518945	0.414658	0.336947	0.277200	0.230347	0.193043	0.162971	0.138499	0.118393	0.101767	0.087901	30
40	0.744009	0.617178	0.521747	0.446045	0.384424	0.333492	0.290896	0.254963	0.224433	0.198322	0.175874	0.156480	40
60	0.824764	0.729155	0.652037	0.586878	0.530670	0.481578	0.438367	0.400085	0.365997	0.335520	0.308193	0.283593	60
80	0.866847	0.790730	0.727186	0.671775	0.622536	0.578316	0.538319	0.501966	0.468774	0.438392	0.410497	0.384827	80
100	0.892643	0.829563	0.775817	0.728040	0.684827	0.645343	0.609037	0.575508	0.544420	0.515540	0.488629	0.463515	100
120	0.910071	0.856267	0.809790	0.767957	0.729656	0.694256	0.661341	0.630608	0.601822	0.574793	0.549362	0.525395	120
140	0.922634	0.875748	0.834850	0.797705	0.763400	0.731431	0.701466	0.673268	0.646653	0.621477	0.597615	0.574968	140
170	0.936039	0.896748	0.862122	0.830370	0.800777	0.772953	0.746648	0.721687	0.697934	0.675284	0.653648	0.632953	170
200	0.945486	0.911680	0.881674	0.853973	0.827989	0.803406	0.780024	0.757705	0.736343	0.715856	0.696177	0.677251	200
240	0.954455	0.925960	0.900496	0.876838	0.854512	0.833264	0.812938	0.793426	0.774647	0.756540	0.739034	0.722148	240
320	0.965732	0.944055	0.924519	0.906224	0.888827	0.872146	0.856074	0.840535	0.825476	0.810855	0.796641	0.782805	320
440	0.975013	0.959064	0.944590	0.930949	0.917894	0.905302	0.893096	0.881226	0.869655	0.858357	0.847311	0.836500	440
600	0.981642	0.969850	0.959096	0.948912	0.939124	0.929642	0.920410	0.911396	0.902572	0.893921	0.885429	0.877084	600
800	0.986214	0.977320	0.969181	0.961450	0.953996	0.946753	0.939682	0.932756	0.925957	0.919273	0.912693	0.906209	800
1000	0.988963	0.981823	0.975277	0.969047	0.963029	0.957171	0.951441	0.945820	0.940292	0.934848	0.929480	0.924182	1000
INF	1.000000	1.000000	1.000000	1.000000	1.000000	1.000000	1.000000	1.000000	1.000000	1.000000	1.000000	1.000000	INF

$p = 6 \quad \alpha = 0.01 \quad U^{\alpha}(p, q, n) \quad$ hypothesis df: q

n	1	2	3	4	5	6	7	8	9	10	11	12	n
1	0.000000	0.000000	0.000000	0.000000	0.000000	0.000000	0.000000	0.000000	0.000000	0.000000	0.000000	0.000000	1
2	0.000000	0.000000	0.000000	0.000000	0.000000	0.000000	0.000000	0.000000	0.000000	0.000000	0.000000	0.000000	2
3	0.000000	0.000000	0.000000	0.000000	0.000000	0.000000	0.000000	0.000000	0.000000	0.000000	0.000000	0.000000	3
4	0.000000	0.000000	0.000000	0.000000	0.000000	0.000000	0.000000	0.000000	0.000000	0.000000	0.000000	0.000000	4
5	0.000000	0.000000	0.000000	0.000000	0.000000	0.000000	0.000000	0.000000	0.000000	0.000000	0.000000	0.000000	5
6	0.000295	0.000050	0.000017	0.000008	0.000004	0.000003	0.000002	0.000001	0.000001	0.000000	0.000000	0.000000	6
7	0.004608	0.000839	0.000258	0.000106	0.000052	0.000029	0.000018	0.000012	0.000008	0.000006	0.000005	0.000004	7
8	0.018808	0.004182	0.001383	0.000574	0.000277	0.000150	0.000089	0.000057	0.000038	0.000027	0.000020	0.000015	8
9	0.042762	0.011508	0.004211	0.001846	0.000913	0.000503	0.000297	0.000187	0.000124	0.000085	0.000062	0.000046	9
10	0.072861	0.022948	0.009244	0.004315	0.002237	0.001257	0.000754	0.000477	0.000317	0.000219	0.000156	0.000115	10
11	0.105882	0.037842	0.016575	0.008211	0.004443	0.002575	0.001578	0.001014	0.000678	0.000470	0.000336	0.000247	11
12	0.139723	0.055318	0.026013	0.013591	0.007658	0.004578	0.002873	0.001878	0.001272	0.000889	0.000639	0.000471	12
13	0.173151	0.074563	0.037260	0.020392	0.011922	0.007339	0.004715	0.003140	0.002158	0.001525	0.001105	0.000818	13
14	0.205478	0.094910	0.049951	0.028478	0.017209	0.010886	0.007151	0.004851	0.003384	0.002420	0.001769	0.001320	14
15	0.236354	0.115841	0.063758	0.037679	0.023452	0.015207	0.010199	0.007041	0.004984	0.003608	0.002664	0.002004	15
16	0.265622	0.136970	0.078384	0.047814	0.030560	0.020265	0.013856	0.009723	0.006980	0.005114	0.003815	0.002894	16
17	0.293243	0.158016	0.093576	0.058712	0.038428	0.026009	0.018099	0.012897	0.009383	0.006954	0.005240	0.004009	17
18	0.319245	0.178778	0.109125	0.070212	0.046952	0.032373	0.022896	0.016549	0.012192	0.009135	0.006950	0.005362	18
19	0.343692	0.199115	0.124859	0.082172	0.056028	0.039291	0.028206	0.020658	0.015398	0.011658	0.008952	0.006963	19
20	0.366666	0.218933	0.140644	0.094469	0.065559	0.046693	0.033983	0.025196	0.018987	0.014517	0.011245	0.008816	20
21	0.388259	0.238169	0.156370	0.106995	0.075458	0.054514	0.040181	0.030131	0.022939	0.017701	0.013827	0.010921	21
22	0.408567	0.256789	0.171955	0.119660	0.085645	0.062689	0.046751	0.035431	0.027233	0.021197	0.016688	0.013275	22
23	0.427679	0.274775	0.187333	0.132389	0.096050	0.071160	0.053649	0.041060	0.031843	0.024938	0.019819	0.015873	23
24	0.445681	0.292121	0.202457	0.145118	0.106612	0.079873	0.060830	0.046985	0.036744	0.029056	0.023203	0.018708	24
25	0.462657	0.308833	0.217287	0.157796	0.117275	0.088781	0.068253	0.053173	0.041911	0.033382	0.026841	0.021769	25
26	0.478684	0.324922	0.231801	0.170381	0.127995	0.097838	0.075880	0.059592	0.047319	0.037946	0.030703	0.025046	26
27	0.493829	0.340404	0.245977	0.182837	0.138732	0.107006	0.083676	0.066212	0.052941	0.042728	0.034778	0.028527	27
28	0.508160	0.355297	0.259807	0.195137	0.149451	0.116251	0.091609	0.073004	0.058756	0.047709	0.039052	0.032201	28
29	0.521737	0.369623	0.273222	0.207259	0.160123	0.125542	0.099650	0.079944	0.064740	0.052871	0.043508	0.036054	29
30	0.534611	0.383404	0.286401	0.219187	0.170724	0.134852	0.107773	0.087007	0.070872	0.058193	0.048132	0.040075	30
40	0.633971	0.495984	0.398981	0.326182	0.269778	0.225181	0.189401	0.160362	0.136572	0.116924	0.100582	0.086906	40
60	0.744292	0.633481	0.548313	0.479114	0.421438	0.372626	0.330877	0.294885	0.263658	0.236424	0.212564	0.191578	60
80	0.803733	0.712825	0.639827	0.578119	0.524751	0.477984	0.436634	0.399836	0.366925	0.337368	0.310733	0.286658	80
100	0.840806	0.764135	0.700945	0.646245	0.597871	0.554570	0.515501	0.480046	0.447731	0.418175	0.391064	0.366135	100
120	0.866117	0.799962	0.744489	0.695702	0.651910	0.612148	0.575775	0.542326	0.511446	0.482846	0.456292	0.431584	120
140	0.884492	0.826371	0.777033	0.733148	0.693333	0.656308	0.623066	0.591738	0.562544	0.535260	0.509701	0.485712	140
170	0.904218	0.855095	0.812851	0.774824	0.739929	0.707546	0.677354	0.649014	0.622338	0.597164	0.573355	0.550798	170
200	0.918192	0.875677	0.838782	0.805291	0.774313	0.745329	0.718117	0.692405	0.668017	0.644841	0.622774	0.601727	200
240	0.931516	0.895480	0.863940	0.835082	0.808188	0.782831	0.758861	0.736059	0.714299	0.693473	0.673511	0.654352	240
320	0.948345	0.920741	0.896322	0.873758	0.852531	0.832324	0.813059	0.794571	0.776777	0.759613	0.743028	0.726975	320
440	0.962259	0.941834	0.923609	0.906632	0.890537	0.875096	0.860269	0.845937	0.832046	0.818554	0.805427	0.792640	440
600	0.972232	0.957070	0.943458	0.930704	0.918546	0.906818	0.895499	0.884501	0.873788	0.863330	0.853106	0.843097	600
800	0.979127	0.967660	0.957321	0.947597	0.938291	0.929281	0.920553	0.912044	0.903725	0.895577	0.887583	0.879732	800
1000	0.983279	0.974060	0.965726	0.957869	0.950332	0.943020	0.935921	0.928984	0.922190	0.915520	0.908964	0.902511	1000
INF	1.000000	1.000000	1.000000	1.000000	1.000000	1.000000	1.000000	1.000000	1.000000	1.000000	1.000000	1.000000	INF

$p = 6$ $\alpha = 0.05$ $U^2(p, q, n)$ hypothesis df: q

n	1	2	3	4	5	6	7	8	9	10	11	12	n
1	0.000000	0.000000	0.000000	0.000000	0.000000	0.000000	0.000000	0.000000	0.000000	0.000000	0.000000	0.000000	1
2	0.000000	0.000000	0.000000	0.000000	0.000000	0.000000	0.000000	0.000000	0.000000	0.000000	0.000000	0.000000	2
3	0.000000	0.000000	0.000000	0.000000	0.000000	0.000000	0.000000	0.000000	0.000000	0.000000	0.000000	0.000000	3
4	0.000000	0.000000	0.000000	0.000000	0.000000	0.000000	0.000000	0.000000	0.000000	0.000000	0.000000	0.000000	4
5	0.000007	0.000002	0.000001	0.000001	0.000001	0.000000	0.000000	0.000000	0.000000	0.000000	0.000000	0.000000	5
6	0.002045	0.000315	0.000095	0.000040	0.000021	0.000012	0.000008	0.000006	0.000004	0.000003	0.000003	0.000002	6
7	0.018604	0.003479	0.001052	0.000416	0.000197	0.000106	0.000063	0.000040	0.000027	0.000020	0.000015	0.000011	7
8	0.053911	0.012883	0.004369	0.001818	0.000872	0.000465	0.000270	0.000168	0.000111	0.000076	0.000055	0.000041	8
9	0.098038	0.028824	0.011018	0.004938	0.002479	0.001358	0.000798	0.000497	0.000325	0.000222	0.000157	0.000115	9
10	0.144274	0.049685	0.021043	0.010129	0.005348	0.003035	0.001826	0.001155	0.000762	0.000521	0.000369	0.000269	10
11	0.189355	0.073697	0.033966	0.017408	0.009639	0.005672	0.003507	0.002263	0.001514	0.001046	0.000744	0.000543	11
12	0.231866	0.099450	0.049161	0.026586	0.015360	0.009348	0.005940	0.003915	0.002664	0.001865	0.001338	0.000983	12
13	0.271356	0.125933	0.066012	0.037385	0.022418	0.014071	0.009172	0.006173	0.004273	0.003033	0.002200	0.001630	13
14	0.307797	0.152453	0.083979	0.049495	0.030680	0.019795	0.013205	0.009066	0.006381	0.004592	0.003370	0.002520	14
15	0.341285	0.178581	0.102644	0.062632	0.039965	0.026433	0.018012	0.012593	0.009005	0.006568	0.004877	0.003682	15
16	0.372033	0.204010	0.121656	0.076537	0.050117	0.033893	0.023544	0.016741	0.012147	0.008974	0.006740	0.005137	16
17	0.400304	0.228568	0.140775	0.090983	0.060965	0.042061	0.029737	0.021472	0.015794	0.011811	0.008966	0.006898	17
18	0.426364	0.252176	0.159796	0.105779	0.072367	0.050834	0.036522	0.026746	0.019924	0.015070	0.011554	0.008971	18
19	0.450349	0.274785	0.178574	0.120780	0.084178	0.060119	0.043825	0.032520	0.024510	0.018734	0.014503	0.011356	19
20	0.472562	0.296393	0.197017	0.135856	0.096308	0.069818	0.051576	0.038739	0.029518	0.022785	0.017796	0.014049	20
21	0.493091	0.316990	0.215044	0.150905	0.108634	0.079840	0.059715	0.045349	0.034906	0.027193	0.021418	0.017040	21
22	0.512181	0.336628	0.232604	0.165853	0.121083	0.090122	0.068178	0.052311	0.040646	0.031936	0.025354	0.020317	22
23	0.529913	0.355328	0.249666	0.180626	0.133590	0.100596	0.076899	0.059574	0.046695	0.036988	0.029581	0.023864	23
24	0.546452	0.373143	0.266216	0.195197	0.146095	0.111189	0.085836	0.067090	0.053016	0.042316	0.034078	0.027670	24
25	0.561889	0.390109	0.282253	0.209511	0.158544	0.121873	0.094944	0.074824	0.059586	0.047895	0.038825	0.031716	25
26	0.576348	0.406285	0.297740	0.223535	0.170898	0.132587	0.104168	0.082735	0.066362	0.053696	0.043795	0.035986	26
27	0.589899	0.421688	0.312738	0.237277	0.183129	0.143309	0.113485	0.090793	0.073318	0.059697	0.048977	0.040460	27
28	0.602633	0.435379	0.327221	0.250710	0.195207	0.153998	0.122849	0.098970	0.080420	0.065867	0.054339	0.045123	28
29	0.614602	0.450416	0.341199	0.263809	0.207116	0.164629	0.132250	0.107224	0.087654	0.072196	0.059866	0.049957	29
30	0.625896	0.463794	0.354711	0.276602	0.218828	0.175171	0.141648	0.115539	0.094994	0.078649	0.065542	0.054951	30
40	0.710937	0.569976	0.466792	0.387183	0.324162	0.273470	0.232192	0.198251	0.170132	0.146678	0.126985	0.110367	40
60	0.801604	0.693451	0.607528	0.536153	0.475641	0.423707	0.378774	0.339636	0.305361	0.275238	0.248638	0.225098	60
80	0.849063	0.762264	0.690479	0.628610	0.574313	0.526153	0.483144	0.444543	0.409736	0.378269	0.349725	0.323787	80
100	0.878218	0.805945	0.744748	0.690824	0.642495	0.598763	0.558956	0.522538	0.489125	0.458377	0.430004	0.403784	100
120	0.897944	0.836112	0.782919	0.735354	0.692128	0.652489	0.615927	0.582063	0.550602	0.521300	0.493955	0.468392	120
140	0.912172	0.858176	0.811198	0.768751	0.729786	0.693709	0.660119	0.628724	0.599296	0.571649	0.545628	0.521100	140
170	0.927365	0.882016	0.842092	0.805615	0.771775	0.740119	0.710350	0.682254	0.655667	0.630455	0.606507	0.583730	170
200	0.938078	0.899001	0.864313	0.832375	0.802523	0.774395	0.747758	0.722444	0.698328	0.675308	0.653300	0.632233	200
240	0.948255	0.915270	0.885761	0.858391	0.832628	0.808187	0.784886	0.762599	0.741229	0.720701	0.700953	0.681935	240
320	0.961056	0.935919	0.913212	0.891956	0.871772	0.852459	0.833892	0.815985	0.798676	0.781916	0.765666	0.749894	320
440	0.971597	0.953076	0.936212	0.920308	0.905097	0.890438	0.876249	0.862471	0.849063	0.835995	0.823242	0.810784	440
600	0.979129	0.965422	0.952870	0.940969	0.929528	0.918448	0.907669	0.897152	0.886868	0.876798	0.866923	0.857233	600
800	0.984325	0.973979	0.964469	0.955420	0.946688	0.938203	0.929921	0.921812	0.913858	0.906042	0.898354	0.890785	800
1000	0.987450	0.979142	0.971487	0.964187	0.957129	0.950256	0.943532	0.936937	0.930455	0.924073	0.917783	0.911578	1000
INF	1.000000	1.000000	1.000000	1.000000	1.000000	1.000000	1.000000	1.000000	1.000000	1.000000	1.000000	1.000000	INF

$p=7 \quad \alpha=0.01 \quad U^{\alpha}(p,q,n) \quad$ hypothesis df: q

n	1	2	3	4	5	6	7	8	9	10	11	12	n
1	0.000000	0.000000	0.000000	0.000000	0.000000	0.000000	0.000000	0.000000	0.000000	0.000000	0.000000	0.000000	1
2	0.000000	0.000000	0.000000	0.000000	0.000000	0.000000	0.000000	0.000000	0.000000	0.000000	0.000000	0.000000	2
3	0.000000	0.000000	0.000000	0.000000	0.000000	0.000000	0.000000	0.000000	0.000000	0.000000	0.000000	0.000000	3
4	0.000000	0.000000	0.000000	0.000000	0.000000	0.000000	0.000000	0.000000	0.000000	0.000000	0.000000	0.000000	4
5	0.000000	0.000000	0.000000	0.000000	0.000000	0.000000	0.000000	0.000000	0.000000	0.000000	0.000000	0.000000	5
6	0.000005	0.000001	0.000000	0.000000	0.000000	0.000000	0.000000	0.000000	0.000000	0.000000	0.000000	0.000000	6
7	0.000486	0.000068	0.000019	0.000007	0.000003	0.000002	0.000001	0.000001	0.000001	0.000000	0.000000	0.000000	7
8	0.004798	0.000782	0.000215	0.000079	0.000035	0.000018	0.000010	0.000006	0.000004	0.000003	0.000002	0.000002	8
9	0.017314	0.003481	0.001047	0.000398	0.000177	0.000089	0.000049	0.000029	0.000019	0.000012	0.000009	0.000006	9
10	0.038208	0.009312	0.003116	0.001259	0.000582	0.000297	0.000165	0.000098	0.000061	0.000040	0.000028	0.000020	10
11	0.064845	0.018560	0.006864	0.002966	0.001432	0.000754	0.000426	0.000255	0.000160	0.000105	0.000072	0.000051	11
12	0.094551	0.030855	0.012459	0.005732	0.002899	0.001578	0.000912	0.000555	0.000353	0.000233	0.000159	0.000112	12
13	0.125434	0.045575	0.019845	0.009662	0.005103	0.002873	0.001704	0.001057	0.000682	0.000455	0.000313	0.000221	13
14	0.156314	0.062081	0.028840	0.014763	0.008113	0.004715	0.002870	0.001817	0.001191	0.000804	0.000558	0.000397	14
15	0.186495	0.079813	0.039203	0.020973	0.011946	0.007151	0.004460	0.002881	0.001919	0.001314	0.000922	0.000661	15
16	0.215591	0.098313	0.050682	0.028192	0.016584	0.010199	0.006508	0.004286	0.002902	0.002013	0.001428	0.001034	16
17	0.243398	0.117225	0.063039	0.036299	0.021981	0.013856	0.009030	0.006056	0.004164	0.002928	0.002101	0.001535	17
18	0.269838	0.136276	0.076063	0.045168	0.028076	0.018099	0.012027	0.008203	0.005725	0.004077	0.002958	0.002182	18
19	0.294893	0.155259	0.089567	0.054675	0.034797	0.022896	0.015490	0.010733	0.007595	0.005476	0.004016	0.002991	19
20	0.318593	0.174026	0.103395	0.064703	0.042071	0.028206	0.019400	0.013641	0.009779	0.007133	0.005285	0.003972	20
21	0.340992	0.192467	0.117419	0.075148	0.049825	0.033983	0.023733	0.016917	0.012276	0.009053	0.006773	0.005135	21
22	0.362149	0.210506	0.131529	0.085915	0.057989	0.040181	0.028460	0.020544	0.015079	0.011235	0.008484	0.006487	22
23	0.382138	0.228088	0.145640	0.096921	0.066497	0.046751	0.033549	0.024505	0.018179	0.013677	0.010420	0.008031	23
24	0.401034	0.245182	0.159680	0.108094	0.075288	0.053649	0.038968	0.028778	0.021564	0.016372	0.012577	0.009768	24
25	0.418901	0.261767	0.173594	0.119371	0.084307	0.060830	0.044686	0.033340	0.025219	0.019311	0.014953	0.011698	25
26	0.435815	0.277834	0.187337	0.130700	0.093504	0.068253	0.050669	0.038170	0.029127	0.022486	0.017542	0.013817	26
27	0.451836	0.293382	0.200875	0.142036	0.102837	0.075880	0.056888	0.043242	0.033272	0.025883	0.020335	0.016123	27
28	0.467026	0.308414	0.214182	0.153341	0.112264	0.083676	0.063314	0.048535	0.037637	0.029490	0.023325	0.018609	28
29	0.481442	0.322941	0.227238	0.164581	0.121752	0.091609	0.069918	0.054026	0.042205	0.033296	0.026502	0.021269	29
30	0.495137	0.336973	0.240029	0.175732	0.131271	0.099650	0.076676	0.059694	0.046958	0.037285	0.029857	0.024096	30
40	0.601481	0.453452	0.352532	0.279077	0.223835	0.181405	0.148306	0.122167	0.101312	0.084528	0.070913	0.059797	40
60	0.720662	0.599212	0.507477	0.434307	0.374443	0.324703	0.282924	0.247545	0.217383	0.191527	0.169255	0.149991	60
80	0.785257	0.684670	0.604805	0.538151	0.481262	0.432066	0.389140	0.351441	0.318157	0.288649	0.262392	0.238958	80
100	0.825659	0.740370	0.670619	0.610809	0.558448	0.512056	0.470627	0.433418	0.399849	0.369460	0.341864	0.316744	100
120	0.853291	0.779445	0.717860	0.664095	0.616219	0.573107	0.533999	0.498338	0.465691	0.435710	0.408105	0.382634	120
140	0.873373	0.808339	0.753345	0.704715	0.660882	0.620947	0.584311	0.550538	0.519289	0.490293	0.463324	0.438191	140
170	0.894951	0.839849	0.792566	0.750184	0.711466	0.675794	0.642653	0.611744	0.582816	0.555676	0.530155	0.506117	170
200	0.910250	0.862477	0.821063	0.783589	0.749029	0.716923	0.686859	0.658572	0.631886	0.606648	0.582733	0.560038	200
240	0.924846	0.884289	0.848791	0.816382	0.786225	0.757986	0.731332	0.706070	0.682043	0.659149	0.637294	0.616401	240
320	0.943294	0.912166	0.884592	0.859136	0.835186	0.812531	0.790932	0.770257	0.750414	0.731325	0.712926	0.695173	320
440	0.958556	0.935488	0.914854	0.895630	0.877381	0.859974	0.843239	0.827091	0.811467	0.796319	0.781611	0.767310	440
600	0.969501	0.952359	0.936918	0.922439	0.908607	0.895334	0.882498	0.870040	0.857917	0.846097	0.834556	0.823272	600
800	0.977071	0.964096	0.952354	0.941294	0.930682	0.920457	0.910529	0.900854	0.891402	0.882150	0.873081	0.864181	800
1000	0.981630	0.971194	0.961722	0.952776	0.944171	0.935859	0.927767	0.919864	0.912124	0.904530	0.897070	0.889731	1000
INF	1.000000	1.000000	1.000000	1.000000	1.000000	1.000000	1.000000	1.000000	1.000000	1.000000	1.000000	1.000000	INF

$p = 7 \quad \alpha = 0.05 \quad U^{\alpha}(p, q, n) \quad$ hypothesis df: q

n	1	2	3	4	5	6	7	8	9	10	11	12	n
1	0.000000	0.000000	0.000000	0.000000	0.000000	0.000000	0.000000	0.000000	0.000000	0.000000	0.000000	0.000000	1
2	0.000000	0.000000	0.000000	0.000000	0.000000	0.000000	0.000000	0.000000	0.000000	0.000000	0.000000	0.000000	2
3	0.000000	0.000000	0.000000	0.000000	0.000000	0.000000	0.000000	0.000000	0.000000	0.000000	0.000000	0.000000	3
4	0.000000	0.000000	0.000000	0.000000	0.000000	0.000000	0.000000	0.000000	0.000000	0.000000	0.000000	0.000000	4
5	0.000000	0.000000	0.000000	0.000000	0.000000	0.000000	0.000000	0.000000	0.000000	0.000000	0.000000	0.000000	5
6	0.000043	0.000006	0.000002	0.000001	0.000001	0.000000	0.000000	0.000000	0.000000	0.000000	0.000000	0.000000	6
7	0.002625	0.000350	0.000091	0.000033	0.000015	0.000008	0.000005	0.000003	0.000002	0.000002	0.000001	0.000001	7
8	0.017612	0.002953	0.000809	0.000292	0.000126	0.000063	0.000034	0.000020	0.000013	0.000009	0.000006	0.000005	8
9	0.047835	0.010329	0.003195	0.001223	0.000543	0.000270	0.000147	0.000086	0.000053	0.000035	0.000024	0.000017	9
10	0.086645	0.023060	0.008067	0.003338	0.001558	0.000798	0.000440	0.000259	0.000160	0.000104	0.000070	0.000049	10
11	0.128234	0.040186	0.015642	0.006974	0.003433	0.001826	0.001035	0.000619	0.000387	0.000252	0.000170	0.000119	11
12	0.169506	0.060396	0.025707	0.012249	0.006343	0.003508	0.002048	0.001252	0.000796	0.000525	0.000357	0.000249	12
13	0.209026	0.082538	0.037857	0.019109	0.010357	0.005940	0.003571	0.002234	0.001448	0.000967	0.000665	0.000468	13
14	0.246203	0.105734	0.051646	0.027402	0.015466	0.009172	0.005668	0.003628	0.002395	0.001625	0.001131	0.000804	14
15	0.280861	0.129346	0.066659	0.036933	0.021607	0.013206	0.008371	0.005476	0.003682	0.002537	0.001787	0.001285	15
16	0.313032	0.152929	0.082533	0.047494	0.028684	0.018013	0.011688	0.007801	0.005337	0.003733	0.002664	0.001936	16
17	0.342842	0.176179	0.098971	0.058884	0.036586	0.023544	0.015606	0.010611	0.007379	0.005235	0.003782	0.002778	17
18	0.370455	0.198894	0.115731	0.070921	0.045199	0.029736	0.020036	0.013900	0.009814	0.007057	0.005159	0.003829	18
19	0.396050	0.220944	0.132623	0.083445	0.054409	0.036520	0.025122	0.017653	0.012640	0.009204	0.006305	0.005102	19
20	0.419802	0.242252	0.149498	0.096315	0.064111	0.043824	0.030640	0.021845	0.015847	0.011676	0.008725	0.006605	20
21	0.441876	0.262777	0.166240	0.109415	0.074209	0.051579	0.036603	0.026450	0.019422	0.014469	0.010921	0.008342	21
22	0.462425	0.282503	0.182765	0.122645	0.084616	0.059717	0.042965	0.031435	0.023345	0.017571	0.013387	0.010314	22
23	0.481587	0.301432	0.199007	0.135923	0.095257	0.068177	0.049678	0.036769	0.027595	0.020971	0.016120	0.012521	23
24	0.499486	0.319577	0.214919	0.149181	0.106063	0.076901	0.056697	0.042416	0.032148	0.024653	0.019108	0.014956	24
25	0.516238	0.336959	0.230467	0.162364	0.116978	0.085838	0.063980	0.048346	0.036980	0.028599	0.022341	0.017614	25
26	0.531942	0.353606	0.245630	0.175429	0.127951	0.094941	0.071488	0.054525	0.042067	0.032794	0.025807	0.020487	26
27	0.546689	0.369546	0.260395	0.188339	0.138940	0.104168	0.079183	0.060924	0.047385	0.037217	0.029493	0.023565	27
28	0.560560	0.384810	0.274752	0.201068	0.149908	0.113482	0.087032	0.067514	0.052911	0.041851	0.033384	0.026838	28
29	0.573629	0.399430	0.288701	0.213591	0.160826	0.122851	0.095005	0.074268	0.058622	0.046678	0.037467	0.030296	29
30	0.585961	0.413438	0.302243	0.225894	0.171667	0.132247	0.103073	0.081161	0.064496	0.051680	0.041727	0.033928	30
40	0.679227	0.525996	0.417050	0.335433	0.272668	0.223571	0.184671	0.153533	0.128393	0.107940	0.091192	0.077392	40
60	0.779306	0.659576	0.566032	0.489695	0.426135	0.372561	0.327012	0.288026	0.254476	0.225471	0.200293	0.178361	60
80	0.831906	0.735024	0.655779	0.588321	0.529875	0.478709	0.433602	0.393626	0.358051	0.326284	0.297833	0.272287	80
100	0.864288	0.783251	0.715144	0.655689	0.602930	0.555673	0.513081	0.474521	0.439488	0.407570	0.378421	0.351744	100
120	0.886219	0.816680	0.757179	0.704361	0.656738	0.613420	0.573796	0.537400	0.503866	0.472893	0.444226	0.417647	120
140	0.902052	0.841199	0.788462	0.741086	0.697881	0.658148	0.621410	0.587314	0.555578	0.525974	0.498306	0.472408	140
170	0.918970	0.867751	0.822764	0.781839	0.744063	0.708913	0.676042	0.645194	0.616167	0.588800	0.562955	0.538514	170
200	0.930905	0.886705	0.847518	0.811553	0.778074	0.746666	0.717058	0.689053	0.662499	0.637274	0.613274	0.590412	200
240	0.942249	0.904887	0.871470	0.840546	0.811527	0.784091	0.758031	0.733197	0.709478	0.686784	0.665038	0.644178	240
320	0.956525	0.928004	0.902213	0.878097	0.855239	0.833417	0.812491	0.792362	0.772959	0.754224	0.736112	0.718583	320
440	0.968286	0.947243	0.928043	0.909937	0.892635	0.875985	0.859892	0.844294	0.829142	0.814403	0.800046	0.786051	440
600	0.976693	0.961103	0.946788	0.933208	0.920155	0.907522	0.895244	0.883276	0.871586	0.860157	0.848964	0.837994	600
800	0.982494	0.970720	0.959861	0.949517	0.939535	0.929836	0.920373	0.911114	0.902038	0.893128	0.884371	0.875758	800
000	0.985983	0.976524	0.967778	0.959426	0.951346	0.943478	0.935782	0.928236	0.920822	0.913527	0.906342	0.899259	1000
INF	1.000000	1.000000	1.000000	1.000000	1.000000	1.000000	1.000000	1.000000	1.000000	1.000000	1.000000	1.000000	INF

$p=8$ $\alpha=0.01$ $U^{\alpha}(p,q,n)$ hypothesis df: q

n	1	2	3	4	5	6	7	8	9	10	11	12	n
1	0.000000	0.000000	0.000000	0.000000	0.000000	0.000000	0.000000	0.000000	0.000000	0.000000	0.000000	0.000000	1
2	0.000000	0.000000	0.000000	0.000000	0.000000	0.000000	0.000000	0.000000	0.000000	0.000000	0.000000	0.000000	2
3	0.000000	0.000000	0.000000	0.000000	0.000000	0.000000	0.000000	0.000000	0.000000	0.000000	0.000000	0.000000	3
4	0.000000	0.000000	0.000000	0.000000	0.000000	0.000000	0.000000	0.000000	0.000000	0.000000	0.000000	0.000000	4
5	0.000000	0.000000	0.000000	0.000000	0.000000	0.000000	0.000000	0.000000	0.000000	0.000000	0.000000	0.000000	5
6	0.000000	0.000000	0.000000	0.000000	0.000000	0.000000	0.000000	0.000000	0.000000	0.000000	0.000000	0.000000	6
7	0.000021	0.000002	0.000001	0.000000	0.000000	0.000000	0.000000	0.000000	0.000000	0.000000	0.000000	0.000000	7
8	0.000738	0.000068	0.000021	0.000007	0.000003	0.000001	0.000001	0.000000	0.000000	0.000000	0.000000	0.000000	8
9	0.005130	0.000759	0.000188	0.000063	0.000025	0.000012	0.000006	0.000004	0.000002	0.000001	0.000001	0.000001	9
10	0.016457	0.003031	0.000837	0.000293	0.000121	0.000057	0.000029	0.000016	0.000010	0.000006	0.000004	0.000003	10
11	0.034984	0.007819	0.002414	0.000906	0.000390	0.000187	0.000098	0.000055	0.000033	0.000020	0.000013	0.000009	11
12	0.058795	0.015460	0.005293	0.002131	0.000964	0.000477	0.000255	0.000144	0.000086	0.000054	0.000035	0.000024	12
13	0.085701	0.025773	0.009664	0.004155	0.001974	0.001014	0.000555	0.000321	0.000194	0.000123	0.000080	0.000054	13
14	0.114026	0.038323	0.015549	0.007095	0.003528	0.001878	0.001057	0.000624	0.000384	0.000245	0.000162	0.000110	14
15	0.142659	0.052612	0.022851	0.010993	0.005702	0.003140	0.001817	0.001097	0.000687	0.000445	0.000296	0.000203	15
16	0.170909	0.068175	0.031406	0.015036	0.008535	0.004851	0.002881	0.001778	0.001134	0.000744	0.000502	0.000347	16
17	0.198367	0.084513	0.041037	0.021570	0.012034	0.007041	0.004286	0.002700	0.001752	0.001163	0.000797	0.000556	17
18	0.224804	0.101603	0.051550	0.028118	0.016183	0.009723	0.006056	0.003890	0.002567	0.001736	0.001200	0.000846	18
19	0.250102	0.118888	0.062771	0.035392	0.020951	0.012897	0.008203	0.005367	0.003600	0.002468	0.001727	0.001231	19
20	0.274219	0.136267	0.074542	0.043297	0.026294	0.016549	0.010733	0.007144	0.004864	0.003380	0.002393	0.001723	20
21	0.297154	0.153588	0.086724	0.051742	0.032161	0.020658	0.013641	0.009225	0.006371	0.004484	0.003210	0.002335	21
22	0.318934	0.170736	0.099197	0.060641	0.038499	0.025196	0.016917	0.011612	0.008127	0.005789	0.004189	0.003076	22
23	0.339603	0.187624	0.111859	0.069912	0.045254	0.030131	0.020544	0.014298	0.010133	0.007299	0.005336	0.003955	23
24	0.359212	0.204189	0.124624	0.079482	0.052374	0.035431	0.024505	0.017276	0.012388	0.009019	0.006658	0.004978	24
25	0.377817	0.220388	0.137421	0.089287	0.059809	0.041060	0.028778	0.020535	0.014887	0.010948	0.008156	0.006149	25
26	0.395477	0.236190	0.150193	0.099266	0.067511	0.046985	0.033340	0.024060	0.017624	0.013084	0.009833	0.007472	26
27	0.412247	0.251575	0.162890	0.109371	0.075438	0.053173	0.038170	0.027838	0.020590	0.015423	0.011686	0.008948	27
28	0.428183	0.266532	0.175473	0.119555	0.083549	0.059592	0.043242	0.031852	0.023775	0.017959	0.013714	0.010578	28
29	0.443335	0.281057	0.187912	0.129781	0.091808	0.066212	0.048535	0.036085	0.027167	0.020686	0.015914	[illegible]	29
30	0.457755	0.295150	0.200180	0.140015	0.100183	0.073004	0.054026	0.040521	0.030756	0.023596	0.018280	0.014290	30
40	0.570452	0.414141	0.310972	0.238227	0.185181	0.145635	0.115665	0.092650	0.074781	0.060775	0.049703	0.040884	40
60	0.697943	0.566845	0.469642	0.393584	0.332536	0.282759	0.241719	0.207592	0.179013	0.154941	0.134560	0.117227	60
80	0.767444	0.657821	0.571844	0.501042	0.441431	0.390577	0.346803	0.308868	0.275817	0.246896	0.221493	0.199106	80
100	0.811035	0.717584	0.641821	0.577506	0.521783	0.472932	0.429764	0.391400	0.357150	0.326462	0.298881	0.274029	100
120	0.840895	0.759705	0.692428	0.634154	0.582694	0.536747	0.495425	0.458070	0.424165	0.393293	0.365111	0.339324	120
140	0.862619	0.790948	0.730631	0.677631	0.630186	0.587267	0.548177	0.512401	0.479541	0.449270	0.421319	0.395458	140
170	0.885982	0.825107	0.773033	0.726554	0.684388	0.645690	0.609966	0.576841	0.546023	0.517277	0.490407	0.465247	170
200	0.902559	0.849693	0.803953	0.762678	0.724868	0.689844	0.657190	0.626631	0.597943	0.570945	0.545489	0.521449	200
240	0.918384	0.873433	0.834123	0.798284	0.765147	0.734170	[illegible]	0.677532	0.651483	0.626761	0.603257	0.580879	240
320	0.938398	0.903331	0.873198	0.844911	0.818448	0.793424	0.769627	0.746913	0.725172	0.704312	0.684271	0.664991	320
440	0.954965	0.929310	0.906326	0.884882	0.864628	0.845292	0.826734	0.808858	0.791594	0.774890	0.758703	0.742995	440
600	0.966853	0.947786	0.930536	0.914342	0.898941	0.884139	0.869838	[illegible]	0.842497	0.829376	0.816581	0.804090	600
800	0.975077	0.960520	0.947501	0.935108	0.923267	0.911833	0.900736	0.889929	0.879380	0.869062	0.858958	0.849052	800
1000	0.980031	0.968398	0.957807	0.947773	0.938158	0.928847	0.919787	0.910939	0.902280	0.893788	0.885451	0.877255	1000
INF	1.000000	1.000000	1.000000	1.000000	1.000000	1.000000	1.000000	1.000000	1.000000	1.000000	1.000000	1.000000	INF

$p=8$ $\alpha=0.05$ $U^*(p,q,n)$ hypothesis df: q

n	1	2	3	4	5	6	7	8	9	10	11	12	n
1	0.000000	0.000000	0.000000	0.000000	0.000000	0.000000	0.000000	0.000000	0.000000	0.000000	0.000000	0.000000	1
2	0.000000	0.000000	0.000000	0.000000	0.000000	0.000000	0.000000	0.000000	0.000000	0.000000	0.000000	0.000000	2
3	0.000000	0.000000	0.000000	0.000000	0.000000	0.000000	0.000000	0.000000	0.000000	0.000000	0.000000	0.000000	3
4	0.000000	0.000000	0.000000	0.000000	0.000000	0.000000	0.000000	0.000000	0.000000	0.000000	0.000000	0.000000	4
5	0.000000	0.000000	0.000000	0.000000	0.000000	0.000000	0.000000	0.000000	0.000000	0.000000	0.000000	0.000000	5
6	0.000000	0.000000	0.000000	0.000000	0.000000	0.000000	0.000000	0.000000	0.000000	0.000000	0.000000	0.000000	6
7	0.000138	0.000015	0.000004	0.000001	0.000001	0.000000	0.000000	0.000000	0.000000	0.000000	0.000000	0.000000	7
8	0.003295	0.000393	0.000090	0.000029	0.000012	0.000006	0.000003	0.000002	0.000001	0.000001	0.000001	0.000000	8
9	0.017079	0.002632	0.000659	0.000218	0.000087	0.000040	0.000020	0.000011	0.000007	0.000004	0.000003	0.000002	9
10	0.043574	0.008626	0.002458	0.000872	0.000361	0.000168	0.000086	0.000047	0.000028	0.000017	0.000011	0.000008	10
11	0.078039	0.019031	0.006148	0.002365	0.001032	0.000497	0.000259	0.000144	0.000085	0.000052	0.000034	0.000023	11
12	0.115676	0.033314	0.012011	0.004993	0.002304	0.001155	0.000619	0.000351	0.000209	0.000130	0.000084	0.000056	12
13	0.153630	0.050518	0.019990	0.008908	0.004335	0.002263	0.001252	0.000727	0.000441	0.000278	0.000181	0.000122	13
14	0.190453	0.069716	0.029839	0.014129	0.007216	0.003915	0.002234	0.001331	0.000824	0.000527	0.000347	0.000235	14
15	0.225477	0.090151	0.041241	0.020590	0.010980	0.006173	0.003628	0.002215	0.001399	0.000910	0.000608	0.000416	15
16	0.258443	0.111245	0.053875	0.028171	0.015610	0.009065	0.005476	0.003422	0.002203	0.001457	0.000987	0.000683	16
17	0.289300	0.132575	0.067447	0.036729	0.021061	0.012594	0.007801	0.004982	0.003269	0.002197	0.001509	0.001057	17
18	0.318105	0.153836	0.081699	0.046115	0.027265	0.016740	0.010611	0.006915	0.004617	0.003151	0.002194	0.001555	18
19	0.344966	0.174814	0.096415	0.056185	0.034144	0.021472	0.013900	0.009228	0.006265	0.004339	0.003060	0.002194	19
20	0.370015	0.195359	0.111416	0.066805	0.041616	0.026747	0.017653	0.011923	0.008219	0.005771	0.004120	0.002987	20
21	0.393387	0.215374	0.126559	0.077857	0.049601	0.032519	0.021845	0.014991	0.010483	0.007456	0.005386	0.003946	21
22	0.415217	0.234796	0.141726	0.089233	0.058021	0.038737	0.026450	0.018419	0.013053	0.009397	0.006863	0.005078	22
23	0.435632	0.253588	0.156826	0.100843	0.066804	0.045350	0.031435	0.022192	0.015923	0.011593	0.008555	0.006390	23
24	0.454749	0.271732	0.171785	0.112606	0.075884	0.052311	0.036769	0.026287	0.019081	0.014041	0.010462	0.007885	24
25	0.472677	0.289225	0.186549	0.124457	0.085199	0.059573	0.042416	0.030685	0.022515	0.016733	0.012583	0.009565	25
26	0.489514	0.306072	0.201075	0.136338	0.094698	0.067091	0.048346	0.035361	0.026210	0.019663	0.014914	0.011428	26
27	0.505352	0.322285	0.215331	0.148203	0.104332	0.074826	0.054525	0.040293	0.030150	0.022818	0.017449	0.013472	27
28	0.520271	0.337880	0.229293	0.160010	0.114060	0.082739	0.060924	0.045457	0.034319	0.026189	0.020182	0.015694	28
29	0.534345	0.352879	0.242945	0.171728	0.123844	0.090796	0.067514	0.050831	0.038700	0.029764	0.023104	0.018089	29
30	0.547639	0.367302	0.256277	0.183330	0.133653	0.098967	0.074268	0.056394	0.043276	0.033529	0.026207	0.020651	30
40	0.648630	0.484826	0.371902	0.289857	0.228618	0.182082	0.146235	0.118316	0.096365	0.078964	0.065068	0.053897	40
60	0.757690	0.627279	0.527185	0.447009	0.381482	0.327255	0.281978	0.243910	0.211718	0.184362	0.161015	0.141011	60
80	0.815243	0.708843	0.622840	0.550577	0.488795	0.435425	0.388992	0.348380	0.312704	0.281253	0.253441	0.228779	80
100	0.850742	0.761330	0.686819	0.622411	0.565838	0.515687	0.470954	0.430871	0.394827	0.362322	0.332935	0.306310	100
120	0.874811	0.797857	0.732425	0.674791	0.623251	0.576764	0.534599	0.496197	0.461114	0.428982	0.399491	0.372376	120
140	0.892201	0.824719	0.766516	0.714559	0.667497	0.624521	0.585067	0.548712	0.515117	0.484002	0.455129	0.428296	140
170	0.910793	0.853874	0.804039	0.758920	0.717493	0.679163	0.643522	0.610267	0.579158	0.549999	0.522621	0.496881	170
200	0.923918	0.874725	0.831204	0.791410	0.754525	0.720081	0.687764	0.657345	0.628642	0.601508	0.575820	0.551470	200
240	0.936396	0.894758	0.857556	0.823223	0.791114	0.760867	0.732246	0.705079	0.679234	0.654605	0.631100	0.608645	240
320	0.952108	0.920269	0.891472	0.864586	0.839159	0.814944	0.791784	0.769570	0.748216	0.727659	0.707843	0.688722	320
440	0.965057	0.941534	0.920045	0.899793	0.880463	0.861889	0.843968	0.826629	0.809821	0.793502	0.777640	0.762209	440
600	0.974316	0.956873	0.940825	0.925599	0.910972	0.896826	0.883093	0.869724	0.856684	0.843948	0.831494	0.819306	600
800	0.980707	0.967524	0.955337	0.943721	0.932512	0.921624	0.911008	0.900629	0.890464	0.880494	0.870704	0.861084	800
1000	0.984551	0.973956	0.964134	0.954746	0.945661	0.936815	0.928167	0.919691	0.911367	0.903183	0.895127	0.887192	1000
INF	1.000000	1.000000	1.000000	1.000000	1.000000	1.000000	1.000000	1.000000	1.000000	1.000000	1.000000	1.000000	INF

附錄表七 θ 分配表——羅依氏最大根準則上百分點 $\theta_\alpha,(s,m,n)$

$\alpha = .01 \quad s = 2 \quad \theta^\alpha(s,m,n)$

n \ m	0	1	2	3	4	5	7	10	15
5	0.675	0.745	0.787	0.817	0.839	0.8568	0.8821	0.9066	0.9306
10	0.470	0.544	0.597	0.638	0.670	0.6970	0.7391	0.7834	0.8309
15	0.357	0.425	0.476	0.517	0.551	0.5803	0.6279	0.6810	0.7418
20	0.288	0.347	0.394	0.433	0.467	0.4951	0.5435	0.5998	0.6670
25	0.240	0.293	0.336	0.372	0.403	0.4309	0.4782	0.5347	0.6045
30	0.207	0.254	0.293	0.326	0.355	0.3812	0.4266	0.4819	0.5521
40	0.161	0.200	0.232	0.261	0.286	0.3094	0.3503	0.4017	0.4697
60	0.1114	0.140	0.165	0.186	0.206	0.2244	0.2576	0.3008	0.3608
80	0.0852	0.1080	0.1273	0.1448	0.1609	0.1759	0.2035	0.2402	0.2925
100	0.0692	0.0878	0.1038	0.1184	0.1319	0.1446	0.1682	0.1999	0.2458
130	0.0539	0.0685	0.0813	0.0930	0.1039	0.1142	0.1331	0.1595	0.1983
160	0.0441	0.0562	0.0668	0.0765	0.0857	0.09430	0.1105	0.1328	0.1662
200	0.0355	0.0453	0.0540	0.0619	0.0694	0.07653	0.08994	0.1085	0.1366
300	0.0239	0.0305	0.0365	0.0419	0.0471	0.05202	0.06137	0.07446	0.1076
500	0.0144	0.0185	0.0221	0.0255	0.0287	0.03192	0.03753	0.04574	0.07415
1000	0.00725	0.00930	0.01114	0.01285	0.01448	0.01605	0.01904	0.02328	0.03611

$\alpha = .05 \quad s = 2 \quad \theta^\alpha(s,m,n)$

n \ m	0	1	2	3	4	5	7	10	15
5	0.565	0.651	0.706	0.746	0.776	0.7992	0.8337	0.8676	0.9011
10	0.374	0.455	0.514	0.561	0.598	0.6294	0.6787	0.7316	0.7889
15	0.278	0.348	0.402	0.445	0.483	0.5145	0.5671	0.6266	0.6954
20	0.222	0.281	0.329	0.369	0.403	0.4340	0.4855	0.5462	0.6197
25	0.183	0.236	0.278	0.314	0.346	0.3748	0.4239	0.4834	0.5580
70	0.157	0.203	0.241	0.274	0.303	0.3297	0.3760	0.4333	0.5079
40	0.121	0.158	0.190	0.218	0.243	0.2654	0.3064	0.3585	0.4282
60	0.0836	0.110	0.133	0.154	0.173	0.1909	0.2233	0.2661	0.3280
80	0.0638	0.0846	0.1027	0.1191	0.1345	0.1490	0.1756	0.2114	0.2630
100	0.0515	0.0686	0.0835	0.0972	0.1100	0.1221	0.1430	0.1753	0.2203
130	0.0400	0.0535	0.0652	0.0761	0.0864	0.09613	0.1141	0.1396	0.1771
160	0.0327	0.0473	0.0535	0.0626	0.0711	0.07925	0.09461	0.1159	0.1481
200	0.0263	0.0352	0.0432	0.0506	0.0576	0.06422	0.07687	0.09454	0.1215
300	0.0176	0.0237	0.0291	0.0342	0.0390	0.04356	0.05234	0.06471	0.09867
500	0.0106	0.0143	0.0176	0.0207	0.0237	0.02651	0.03194	0.03967	0.06110
1000	0.00535	0.00719	0.00888	0.01045	0.01195	0.01339	0.01618	0.02016	0.03547

From K. C. S. Pillai, *Statistical Tables for Tests of Multivariate Hypotheses*, The Statistical Center, University of the Philippines, 1960. Reproduced by permission of the author and publisher.

$\alpha = .01 \quad s = 3 \quad \theta^{\alpha}(s, m, n)$

n \ m	0	1	2	3	4	5	7	10	15
5	0.75816	0.8040	0.8344	0.8564	0.8730	0.8894	0.9056	0.9247	0.9437
10	0.55657	0.6164	0.6590	0.6923	0.7192	0.7415	0.7767	0.8141	0.8544
15	0.43751	0.4936	0.5374	0.5730	0.6029	0.6285	0.6703	0.7172	0.7708
20	0.35855	0.4104	0.4519	0.4867	0.5166	0.5428	0.5866	0.6376	0.6985
25	0.30343	0.3506	0.3893	0.4223	0.4511	0.4767	0.5203	0.5726	0.6370
30	0.26236	0.3058	0.3416	0.3726	0.3999	0.4245	0.4670	0.5189	0.5847
40	0.20727	0.2434	0.2742	0.3012	0.3256	0.3477	0.3869	0.4350	0.5001
60	0.14555	0.17271	0.19631	0.21751	0.23692	0.2549	0.2874	0.3298	0.3883
80	0.11212	0.13378	0.15262	0.17011	0.18608	0.2010	0.2285	0.2632	0.3166
100	0.09118	0.10918	0.12500	0.13983	0.15317	0.1659	0.1895	0.2211	0.2670
130	0.07120	0.08552	0.09829	0.11004	0.12104	0.1314	0.1508	0.1772	0.2162
160	0.05842	0.07030	0.08096	0.09079	0.10003	0.1088	0.1253	0.1479	0.1816
200	0.04713	0.05681	0.06554	0.07362	0.08123	0.08849	0.1021	0.1222	0.1540
300	0.03178	0.03839	0.04441	0.04997	0.05526	0.06034	0.08991	0.08332	0.1038
500	0.01924	0.02329	0.02695	0.03043	0.03370	0.03638	0.04285	0.05130	0.06441
1000	0.00969	0.01174	0.01362	0.01538	0.01706	0.01868	0.02547	0.03011	0.03304

$\alpha = .05 \quad s = 3 \quad \theta^{\alpha}(s, m, n)$

n \ m	0	1	2	3	4	5	7	10	15
5	0.66889	0.7292	0.7690	0.7994	0.8221	0.8456	0.8668	0.8934	0.9199
10	0.47178	0.5372	0.5862	0.6248	0.6564	0.6826	0.7246	0.7695	0.8185
15	0.36196	0.4218	0.4690	0.5078	0.5407	0.5690	0.6157	0.6667	0.7298
20	0.29310	0.3465	0.3898	0.4264	0.4582	0.4361	0.5333	0.5889	0.6559
25	0.24610	0.2937	0.3331	0.3671	0.3970	0.4237	0.4696	0.5251	0.5944
30	0.21201	0.2547	0.2907	0.3221	0.3500	0.3752	0.4192	0.4734	0.5429
40	0.16598	0.2013	0.2320	0.2584	0.2827	0.3050	0.3443	0.3950	0.4608
60	0.11566	0.14165	0.16440	0.18504	0.20400	0.2217	0.2538	0.2961	0.3550
80	0.08873	0.10925	0.12745	0.14404	0.15950	0.1740	0.2008	0.2382	0.2880
100	0.07199	0.08890	0.10403	0.11792	0.13091	0.1432	0.1660	0.1989	0.2421
130	0.05610	0.06951	0.08154	0.09268	0.10316	0.1131	0.1318	0.1574	0.1954
160	0.04594	0.05704	0.06705	0.07633	0.08510	0.09347	0.1092	0.1310	0.1637
200	0.03703	0.04604	0.05420	0.06182	0.06901	0.07591	0.08889	0.1079	0.1398
300	0.02491	0.03105	0.03665	0.04187	0.04684	0.05161	0.06072	0.07349	0.09332
500	0.01504	0.01882	0.02224	0.02546	0.02852	0.03149	0.03715	0.04517	0.05770
1000	0.00758	0.00947	0.01122	0.01286	0.01442	0.01594	0.01885	0.02741	0.02955

$\alpha = .01 \quad s = 4 \quad \theta^{\alpha}(s, m, n)$

n \ m	0	1	2	3	4
5	0.8110	0.8436	0.8662	0.8830	0.8959
10	0.6247	0.6708	0.7057	0.7334	0.7560
15	0.5016	0.5490	0.5867	0.6177	0.6439
20	0.4173	0.4627	0.4997	0.5309	0.5573
25	0.3670	0.3992	0.4343	0.4645	0.4910
30	0.3113	0.3507	0.3837	0.4125	0.4380
40	0.2483	0.2819	0.3108	0.3364	0.35980
60	0.1763	0.2021	0.22486	0.24541	0.26429
80	0.1367	0.1575	0.17603	0.19300	0.20872
100	0.1115	0.12900	0.14459	0.15899	0.17241
130	0.0874	0.10139	0.11402	0.12572	0.13670
160	0.0719	0.08353	0.09411	0.10396	0.11323
200	0.0581	0.06764	0.07634	0.08444	0.09213
300	0.03928	0.04583	0.05185	0.05749	0.06285
500	0.02393	0.02787	0.03159	0.03508	0.03842
1000	0.01202	0.01407	0.01547	0.01777	0.01948

$\alpha = .05 \quad s =$

n \ m	0	1	2	3	4
5	0.7387	0.7825	0.8131	0.8359	0.8537
10	0.5471	0.6004	0.6411	0.6736	0.7004
15	0.4307	0.4822	0.5235	0.5577	0.5889
20	0.3543	0.4017	0.4408	0.4741	0.5031
25	0.3006	0.3438	0.3802	0.4117	0.4395
30	0.2509	0.3004	0.3340	0.3635	0.3899
40	0.2033	0.2396	0.2685	0.2940	0.31767
60	0.1454	0.1704	0.19264	0.21284	0.23148
80	0.1122	0.1322	0.15014	0.16661	0.18196
100	0.0913	0.10795	0.12298	0.13686	0.14986
130	0.0714	0.08465	0.09672	0.10793	0.11849
160	0.0586	0.06983	0.07969	0.08909	0.09797
200	0.0473	0.05631	0.06454	0.07227	0.07959
300	0.03192	0.03808	0.04375	0.04909	0.05417
500	0.01934	0.02312	0.02661	0.02990	0.03306
1000	0.00974	0.01166	0.01344	0.01512	0.01674

$\alpha = 0.01 \qquad s = 5 \qquad \theta^{\alpha}(s, m, n)$

n \ m	0	1	2	3	4
5	0.8478	0.8719	0.8892	0.9023	0.9126
10	0.6762	0.7136	0.7426	0.7659	0.7850
15	0.5544	0.5948	0.6274	0.6546	0.6777
20	0.4677	0.5074	0.5404	0,5685	0.5929
25	0.4038	0.4416	0.4735	0.5012	0.5255
30	0.3549	0.3904	0.4208	0.4475	0.4713
40	0.2854	0.3166	0.3438	0.3681	0.3963
60	0.2048	0.2293	0.2512	0.2710	0.2894
80	0.1597	0.1798	0.1977	0.2143	0.2296
100	0.1308	0.1476	0.1629	0.1771	0.1902
130	0.10284	0.11645	0.1289	0.1405	0.1514
160	0.08474	0.09615	0.10663	0.11641	0.12564
200	0.06862	0.07801	0.08665	0.09475	0.10244
300	0.04651	0.05300	0.05900	0.06466	0.07006
500	0.02828	0.03229	0.03602	0.03955	0.04292
1000	0.01429	0.01633	0.01825	0.02006	0.02180

$\alpha = 0.05 \qquad s = 5 \qquad \theta^{\alpha}(s, m, n)$

n \ m	0	1	2	3	4
5	0.7882	0.8210	0.8447	0.8626	0.8768
10	0.6069	0.6507	0.6848	0.7125	0.7354
15	0.4882	0.5327	0.5689	0.5993	0.6252
20	0.4072	0.4494	0.4847	0.5150	0.5413
25	0.3488	0.3881	0.4215	0.4506	0.4764
30	0.3049	0.3412	0.3726	0.4002	0.4250
40	0.2433	0.2746	0.3021	0.3267	0.3490
60	0.1732	0.1973	0.2188	0.2385	0.2567
80	0.1344	0.1538	0.1714	0.1877	0.2028
100	0.1098	0.1261	0.1409	0.1547	0.1676
130	0.08612	0.09918	0.1112	0.1224	0.1329
160	0.07084	0.08175	0.09179	0.10120	0.11012
200	0.05729	0.06622	0.07448	0.08224	0.08962
300	0.03875	0.04490	0.05061	0.05600	0.06115
500	0.02353	0.02731	0.03084	0.03418	0.03739
1000	0.01187	0.01380	0.01560	0.01732	0.01897

$\alpha=\ .01 \qquad s=6 \qquad \theta^{\alpha}(s,m,n)$

n \ m	0	1	2	3	4
5	0.8745	0.8929	0.9065	0.9169	0.9255
10	0.7173	0.7482	0.7724	0.7922	0.8086
15	0.5986	0.6334	0.6619	0.6858	0.7063
20	0.5111	0.5462	0.5757	0.6010	0.6231
25	0.4450	0.4790	0.5081	0.5335	0.5559
30	0.3936	0.4261	0.4542	0.4789	0.5011
40	0.3194	0.3484	0.3739	0.3969	0.4177
60	0.2315	0.2548	0.2757	0.2948	0.3125
80	0.1814	0.2006	0.2181	0.2342	0.2493
100	0.1491	0.1654	0.1803	0.1942	0.2072
130	0.11762	0.13091	0.14314	0.15457	0.16536
160	0.09713	0.10830	0.11901	0.12634	0.13754
200	0.07680	0.08603	0.09659	0.10436	0.11232
300	0.05355	0.05993	0.06594	0.07160	0.07701
500	0.03270	0.03661	0.04034	0.04388	0.04727
1000	0.01651	0.01855	0.02046	0.02229	0.02405

$\alpha=\ .05 \qquad s=6 \qquad \theta^{\alpha}(s,m,n)$

n \ m	0	1	2	3	4
5	0.8246	0.8499	0.8685	0.8830	0.8945
10	0.6552	0.6917	0.7206	0.7442	0.7639
15	0.5371	0.5758	0.6077	0.6346	0.6577
20	0.4535	0.4912	0.5231	0.5505	0.5746
25	0.3918	0.4276	0.4583	0.4852	0.5091
30	0.3447	0.3782	0.4074	0.4332	0.4564
40	0.2775	0.3069	0.3329	0.3563	0.3776
60	0.1995	0.2225	0.2433	0.2624	0.2801
80	0.1556	0.1745	0.1916	0.2075	0.2224
100	0.1275	0.1434	0.1580	0.1716	0.1843
130	0.10036	0.11319	0.12504	0.13615	0.14666
160	0.08272	0.09348	0.10388	0.11284	0.12175
200	0.06702	0.07586	0.08409	0.09186	0.09926
300	0.04545	0.05156	0.05728	0.06281	0.06790
500	0.02765	0.03143	0.03496	0.03835	0.04160
1000	0.01397	0.01590	0.01772	0.01946	0.02113

附錄圖一　Heck 的羅依氏最大根準則曲線圖

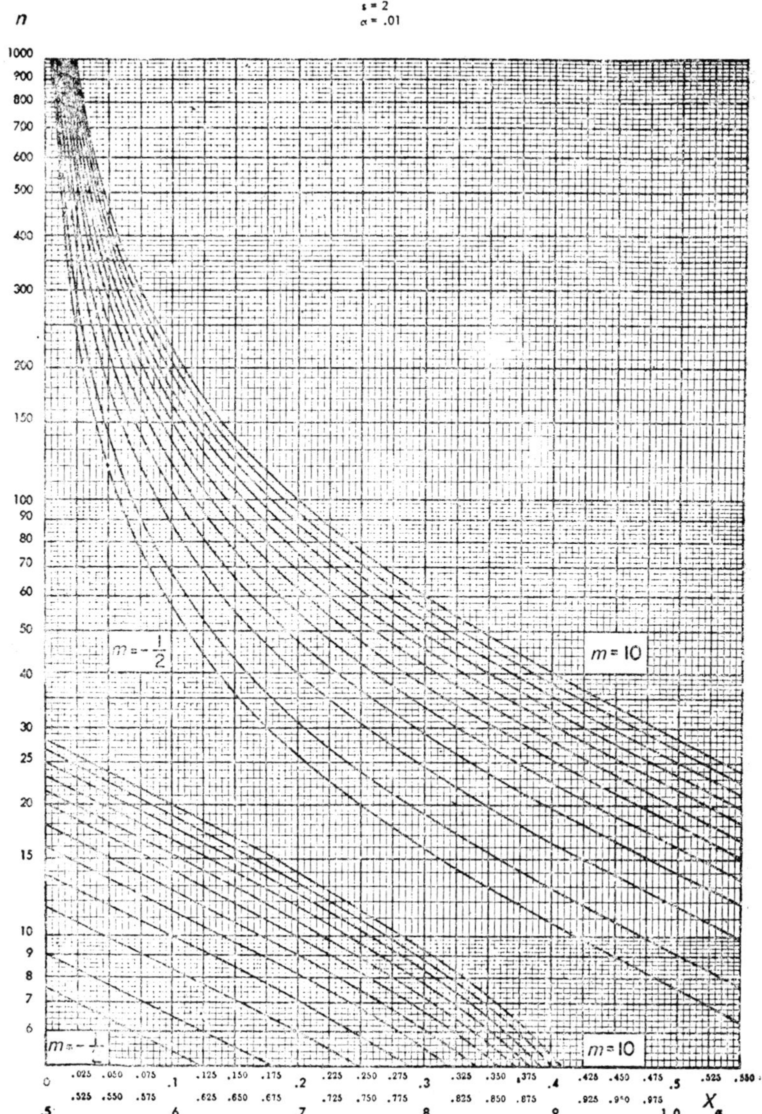

From D. L. Heck. Charts of some upper percentage points of the distribution of the largest characteristic root. *Annals of Mathematical Statistics*, 1960, 31, 625–642. Reproduced by permission of the author and publisher.

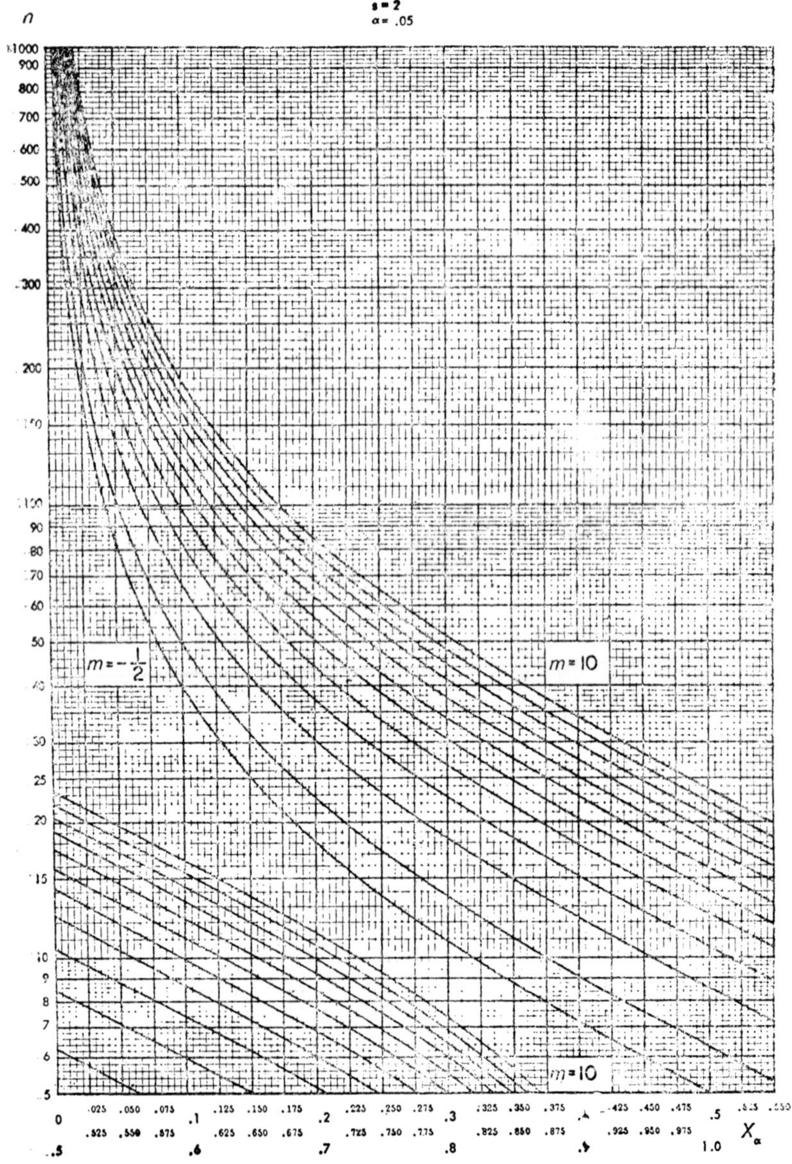
s = 2
α = .05
n
m = −1/2
m = 10
m = 10
X_α

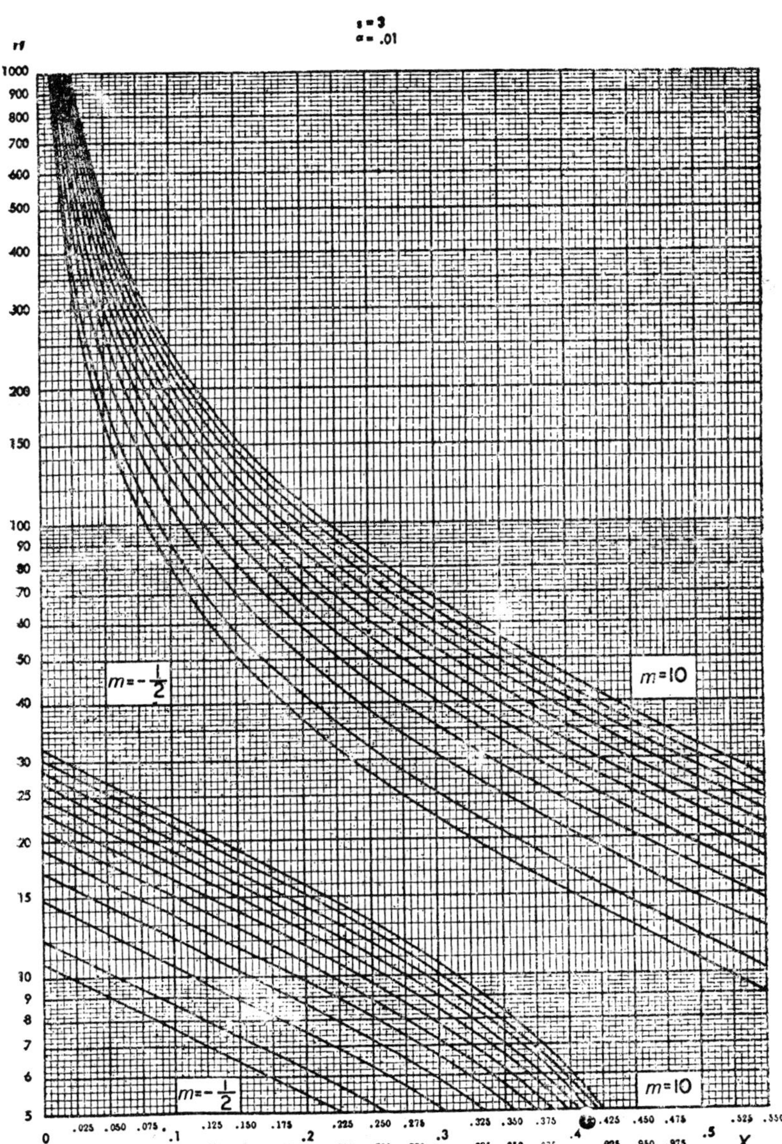
s = 3
α = .01
νf
m = -1/2
m=10
m = -1/2
m=10
Xα

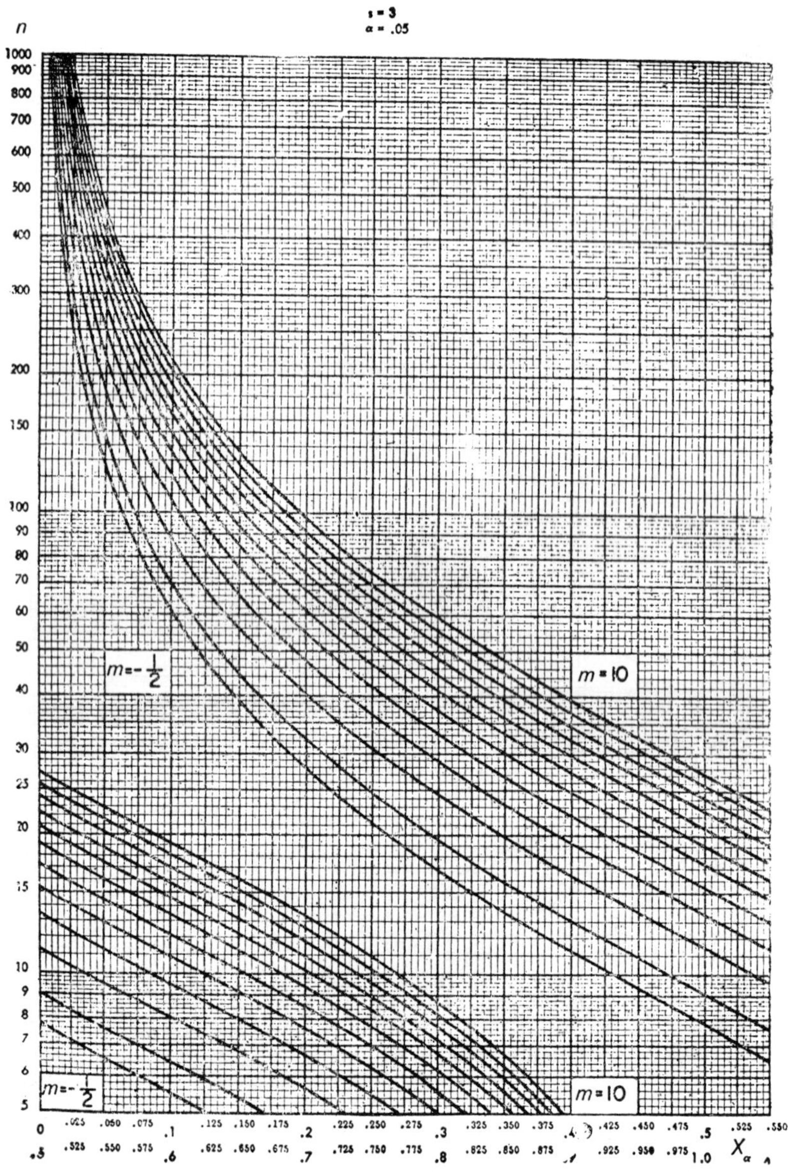
s = 3
α = .05
n
1000
900
800
700
600
500
400
300
200
150
100
90
80
70
60
50
40
30
25
20
15
10
9
8
7
6
5
m = −1/2
m = 10
m = −1/2
m = 10
0 .025 .050 .075 .1 .125 .150 .175 .2 .225 .250 .275 .3 .325 .350 .375 .425 .450 .475 .5 .525 .550
.5 .525 .550 .575 .6 .625 .650 .675 .7 .725 .750 .775 .8 .825 .850 .875 .925 .950 .975 1.0
X_α

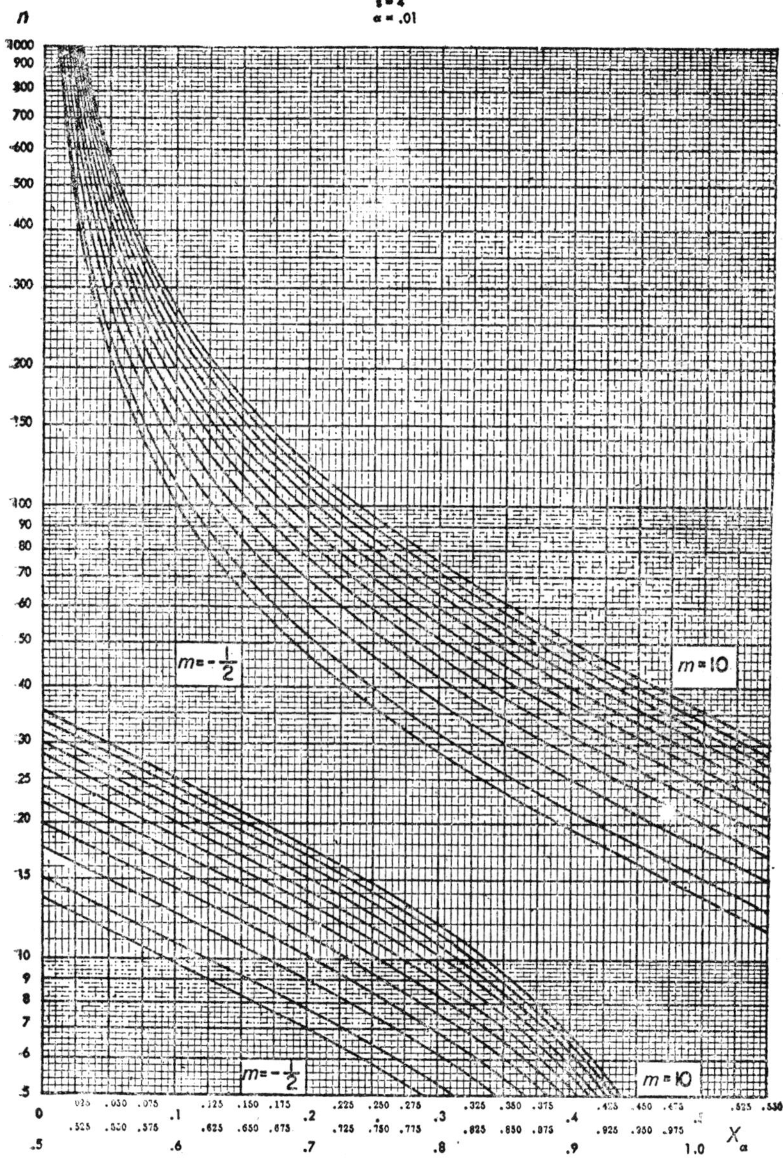
s = 4
α = .01
n
m = -1/2
m = 10
m = -1/2
m = 10
X_α

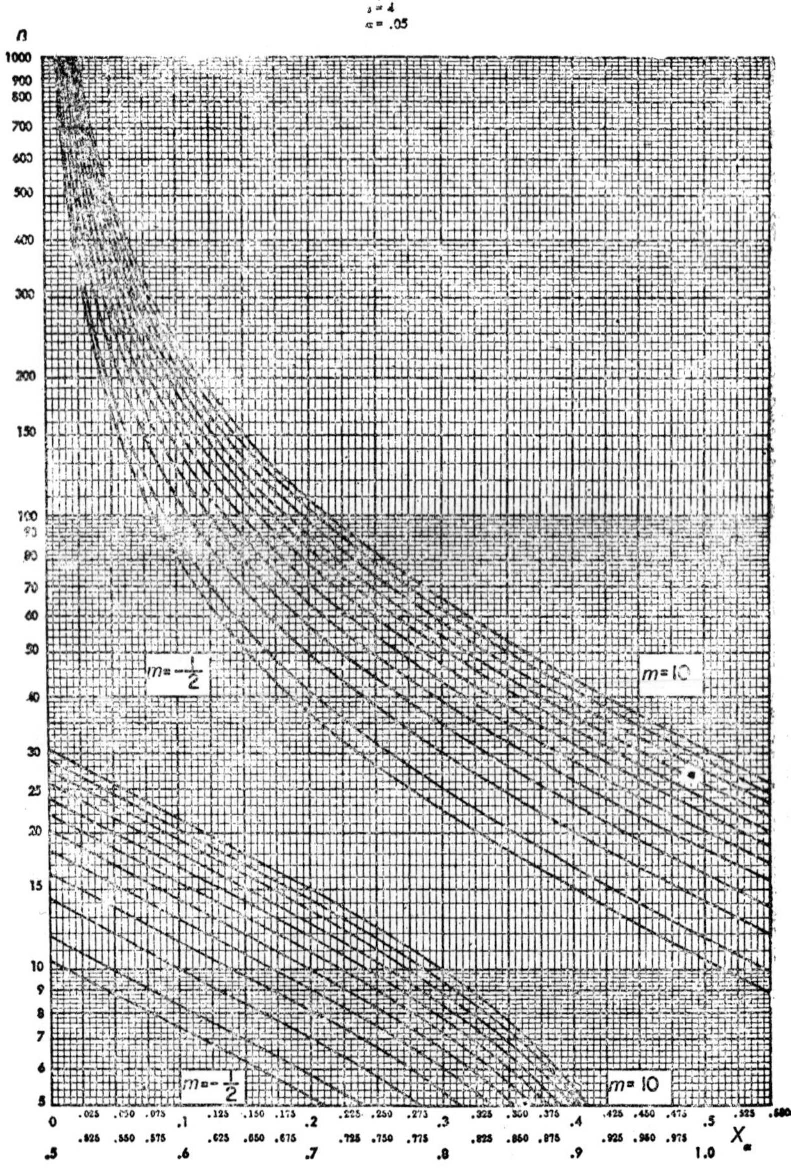
s = 4
α = .05
n
m = −1/2
m = 10
m = −1/2
m = 10
X_α

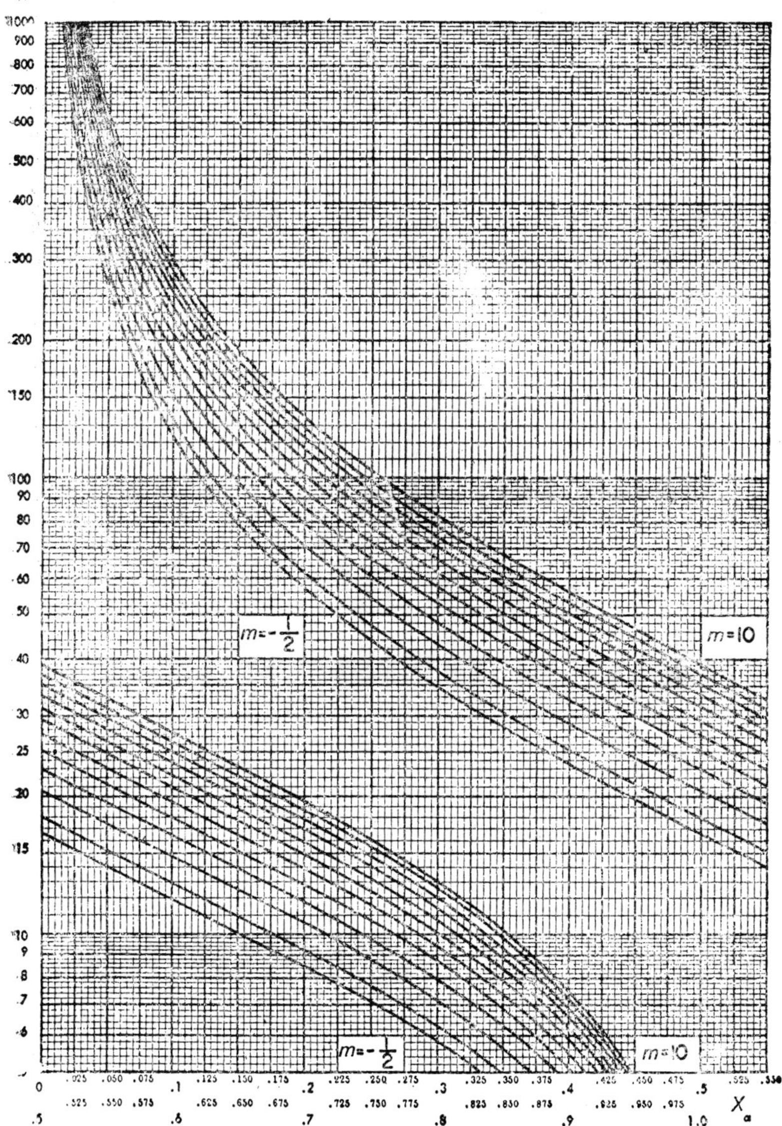
s = 5
α = .01
n
m=-1/2
m=10
m=-1/2
m=10
X_α

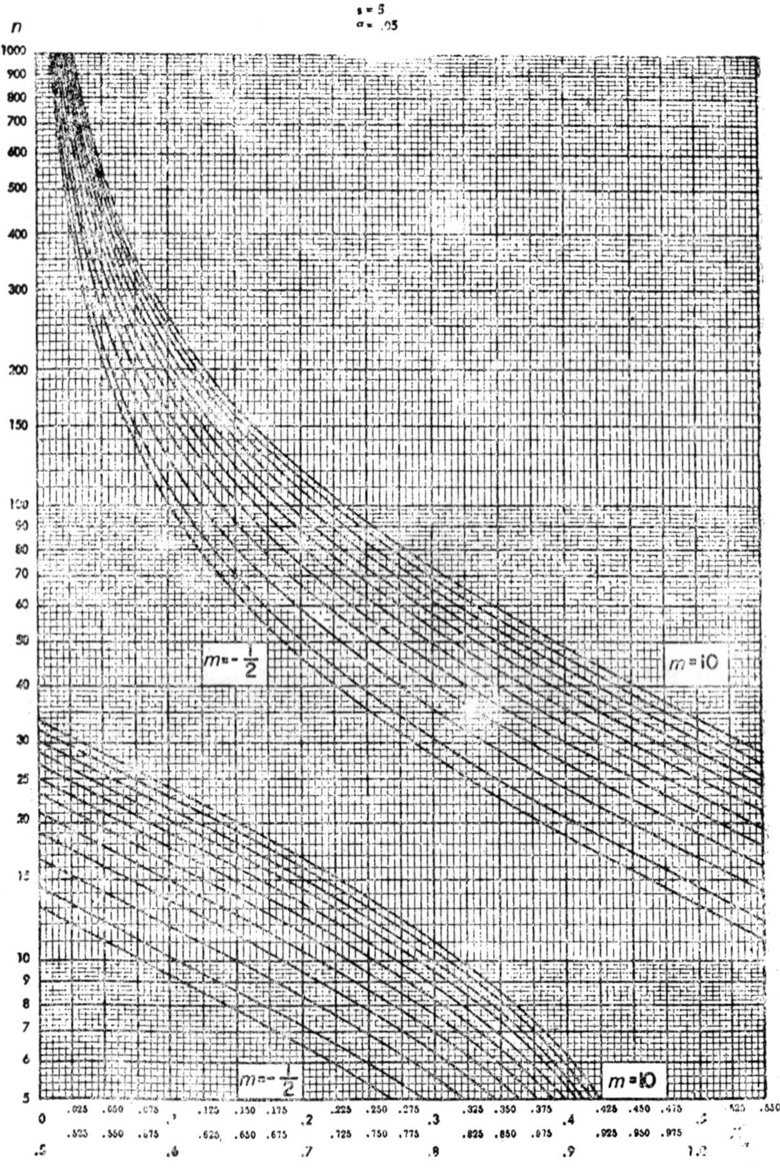
s = 5
α = .05
n
m = -1/2
m = 10
m = -1/2
m = 10

附錄表八　三角函數表

角度	*Sin*	*Cos*	*Tan*	角度	*Sin*	*Cos*	*Tan*
0°	.000	1.000	.000	45°	.707	.707	1.000
1°	.018	.999	.018	46°	.719	.695	1.036
2°	.035	.999	.035	47°	.731	.682	1.072
3°	.052	.998	.052	48°	.743	.669	1.111
4°	.070	.997	.070	49°	.755	656	1.150
5°	.087	.996	.087	50°	.766	.643	1.192
6°	.105	.994	.105	51°	.777	.629	1.235
7°	.122	.992	.123	52°	.788	.616	1.280
8°	.139	.990	.141	53°	.799	.602	1.327
9°	.156	.988	.158	54°	.809	.588	1.376
10°	.174	.985	.176	55°	.819	.574	1.428
11°	.191	.982	.194	56°	.829	.559	1.483
12°	.208	.978	.213	57°	.839	.545	1.540
13°	.225	.974	.231	58°	.848	.530	1.600
14°	.242	.970	.249	59°	.857	.515	1.664
15°	.259	.966	.268	60°	.866	.500	1.732
16°	.276	.961	.287	61°	.875	.485	1.804
17°	.292	.956	.306	62°	.883	.469	1.881
18°	.309	.951	.325	63°	.891	.454	1.963
19°	.326	.946	.344	64°	.899	.438	2.050
20°	.342	.940	.364	65°	.906	.423	2.144
21°	.358	.934	.384	66°	.914	.407	2.246
22°	.375	.927	.404	67°	.921	.391	2.356
23°	.391	.921	.424	68°	.927	.375	2.475
24°	.407	.914	.445	69°	.934	.358	2.605
25°	.423	.906	.466	70°	.940	.342	2.747
26°	.438	.899	.488	71°	.946	.326	2.904
27°	.454	.891	.510	72°	.951	.309	3.078
28°	.469	.883	.532	73°	.956	.292	3.271
29°	.485	.875	.554	74°	.961	.276	3.487
30°	.500	.866	.577	75°	.966	.259	3.732
31°	.515	.857	.601	76°	.970	.242	4.011
32°	.530	.848	.625	77°	.974	.225	4.331
33°	.545	.839	.649	78°	.978	.208	4.705
34°	.559	.829	.675	79°	.982	.191	5.145
35°	.574	.819	.700	80°	.985	.174	5.671
36°	.588	.809	.727	81°	.988	.156	6.314
37°	.602	.799	.754	82°	.990	.139	7.115
38°	.616	.788	.781	83°	.992	.122	8.144
39°	.629	.777	.810	84°	.994	.105	9.514
40°	.643	.766	.839	85°	.996	.087	11.430
41°	.656	.755	.869	86°	.997	.070	14.300
42°	.669	.743	.900	87°	.998	.052	19.081
43°	.682	.731	.933	88°	.999	.035	28.636
44°	.695	.719	.966	89°	.999	.018	57.290

*From Smail, *College Algebra*. New York: McGraw-Hill, 1931.

附錄表九　正交多項式係數表(一)

	$n=3$		$n=4$			$n=5$			$n=6$			$n=7$		
	$f_1(x_i)$	$f_2(x_i)$	$f_1(x_i)$	$f_2(x_i)$	$f_3(x_i)$	$f_1(x_i)$	$f_2(x_i)$	$f_3(x_i)$	$f_1(x_i)$	$f_2(x_i)$	$f_3(x_i)$	$f_1(x_i)$	$f_2(x_i)$	$f_3(x_i)$
	−1	1	−3	1	−1	−2	2	−1	−5	5	−5	−3	5	−1
	0	−2	−1	−1	3	−1	−1	2	−3	−1	7	−2	0	1
	1	1	1	−1	−3	0	−2	0	−1	−4	4	−1	−3	1
			3	1	1	1	−1	−2	1	−4	−4	0	−4	0
						2	2	1	3	−1	−7	1	−3	−1
									5	5	5	2	0	−1
												3	5	1
c_j	2	6	20	4	20	10	14	10	70	84	180	28	84	6
$f_1(x)$	$x-2$		$2x-5$			$x-3$			$2x-7$			$x-4$		
$f_2(x)$	$3x^2-12x+10$		x^2-5x+5			x^2-6x+7			$\frac{1}{2}(3x^2-21x+28)$			$x^2-8x+12$		
$f_3(x)$	···		$\frac{1}{3}(10x^3-75x^2+167x-105)$			$\frac{1}{6}(5x^3-45x^2+118x-84)$			$\frac{1}{6}(10x^3-105x^2+317x-252)$			$\frac{1}{6}(x^3-12x^2+41x-36)$		

	$n=8$			$n=9$			$n=10$			$n=11$			$n=12$		
	$f_1(x_i)$	$f_2(x_i)$	$f_3(x_i)$	$f_1(x_i)$	$f_2(x_i)$	$f_3(x_i)$	$f_1(x_i)$	$f_2(x_i)$	$f_3(x_i)$	$f_1(x_i)$	$f_2(x_i)$	$f_3(x_i)$	$f_1(x_i)$	$f_2(x_i)$	$f_3(x_i)$
	−7	7	−7	−4	28	−14	−9	6	−42	−5	15	−30	−11	55	−33
	−5	1	5	−3	7	7	−7	2	14	−4	6	6	−9	25	3
	−3	−3	7	−2	−8	13	−5	−1	35	−3	−1	22	−7	1	21
	−1	−5	3	−1	−17	9	−3	−3	31	−2	−6	23	−5	−17	25
	1	−5	−3	0	−20	0	−1	−4	12	−1	−9	14	−3	−29	19
	3	−3	−7	1	−17	−9	1	−4	−12	0	−10	0	−1	−35	7
	5	1	−5	2	−8	−13	3	−3	−31	1	−9	−14	1	−35	−7
	7	7	7	3	7	−7	5	−1	−35	2	−6	−23	3	−29	−19
				4	28	14	7	2	−14	3	−1	−22	5	−17	−25
							9	6	42	4	6	−6	7	1	−21
										5	15	30	9	25	−3
													11	55	33
c_j	168	168	264	60	2772	990	330	132	8580	110	858	4290	572	12012	5148
$f_1(x)$	$2x-9$			$x-5$			$2x-11$			$x-6$			$2x-13$		
$f_2(x)$	$x^2-9x+15$			$3x^2-30x+55$			$\frac{1}{2}(x^2-11x+22)$			$x^2-12x+26$			$3x^2-39x+91$		
$f_3(x)$	$\frac{1}{3}(2x^3-27x^2+103x-99)$			$\frac{1}{6}(5x^3-75x^2+316x-330)$			$\frac{1}{6}(10x^3-165x^2+761x-858)$			$\frac{1}{6}(5x^3-90x^2+451x-546)$			$\frac{1}{3}(2x^3-39x^2+211x-273)$		

From Owen, D. B., *Handbook of Statistical Tables*, 1962, Addison-Wesley, Reading, Mass. Courtesy of U.S. Atomic Energy Commission.

附錄表十　正交多項式係數表(二)

k	多項式	係	數									Σc_{ij}^2
3	Linear	−1	0	1								2
	Quadratic	1	−2	1								6
4	Linear	−3	−1	1	3							20
	Quadratic	1	−1	−1	1							4
	Cubic	−1	3	−3	1							20
5	Linear	−2	−1	0	1	2						10
	Quadratic	2	−1	−2	−1	2						14
	Cubic	−1	2	0	−2	1						10
	Quartic	1	−4	6	−4	1						70
6	Linear	−5	−3	−1	1	3	5					70
	Quadratic	5	−1	−4	−4	−1	5					84
	Cubic	−5	7	4	−4	−7	5					180
	Quartic	1	−3	2	2	−3	1					28
7	Linear	−3	−2	−1	0	1	2	3				28
	Quadratic	5	0	−3	−4	−3	0	5				84
	Cubic	−1	1	1	0	−1	−1	1				6
	Quartic	3	−7	1	6	1	−7	3				154
8	Linear	−7	−5	−3	−1	1	3	5	7			168
	Quadratic	7	1	−3	−5	−5	−3	1	7			168
	Cubic	−7	5	7	3	−3	−7	−5	7			264
	Quartic	7	−13	−3	9	9	−3	−13	7			616
	Quintic	−7	23	−17	−15	15	17	−23	7			2184
9	Linear	−4	−3	−2	−1	0	1	2	3	4		60
	Quadratic	28	7	−8	−17	−20	−17	−8	7	28		2772
	Cubic	−14	7	13	9	0	−9	−13	−7	14		990
	Quartic	14	−21	−11	9	18	9	−11	−21	14		2002
	Quintic	−4	11	−4	−9	0	9	4	−11	4		468
10	Linear	−9	−7	−5	−3	−1	1	3	5	7	9	330
	Quadratic	6	2	−1	−3	−4	−4	−3	−1	2	6	132
	Cubic	−42	14	35	31	12	−12	−31	−35	−14	42	8580
	Quartic	18	−22	−17	3	18	18	3	−17	−22	18	2860
	Quintic	−6	14	−1	−11	−6	6	11	1	−14	6	780

Table D.12 is taken from Table 23 of Fisher and Yates, *Statistical Tables for Biological, Agricultural and Medical Research*, published by Oliver and Boyd Ltd., Edinburgh, by permission of the authors and publishers.

參 考 文 獻

林清山　因素分析的理論與統計法簡介。中國測驗學會測驗年刊，民國61年，第19輯，第60至76頁。

林清山　心理與教育統計學。臺北：東華書局，民國81年。

林清山　典型相關分析的理論與統計法簡介。中國測驗學會測驗年刊，民國65年，第23輯，第 8 至19頁。

林清山　路徑分析的理論及統計方法。中國測驗學會測驗年刊，民國66年，第24輯，第11至16頁。

林清山　區別分析的統計方法簡介。中國測驗學會測驗年刊，民國67年，第25輯，第 5 至16頁。

林清山　賀德臨 T^2 統計法簡介。中國測驗學會測驗年刊，民國68年，第26輯，第102至112頁。

黃光國　因素分析。楊國樞等人編：社會及行爲科學研究法，第26章。臺北：東華書局，民國67年。

張春興、林清山、范德鑫、陳李綢：學習困難訊息的回饋對國中生數學科成就影響之實驗研究。國立台灣師範大學：教育心理學報，民國68年，第12期，第41至59頁。

葉啓政　因徑分析。楊國樞等人編：社會及行爲科學研究法，第27章。臺北：東華書局，民國67年。

Anderson, T. W. *An Introduction to Multivariate Statistical Analysis.* New York: John Wiley, 1958.

Anderson, T. W. Asymptotic theory for principal component analysis.

Annals of Mathematical Statistics. 1963, **34**, 122–148.

Bartlett, M. S. The statistical significance of canonical correlation. *Biometrika*, 1941, **32**, 29–38

Bartlett, M S Multivariate analysis. *Supplement to the Journal of the Royal Statistical Society* 1947, **9**, 176–197

Bartlett, M S Tests of significance in factor analysis. *British Journal of Psychology* (Statistical Section), 1950, 3, 77–85.

Barton, A. P. Note on unbiased estimation of the squared multiple correlation coefficients. *Statistical Neerlandica*, 1962, **16**, 151–163

Bock, R D. Multivariate analysis of variance of repeated measurements. In C. W Harris (ed.): *Problem in Measuring Changes*. Madison: University of Wisconsin Press, 1963, pp. 85–103.

Bock, R. D *Multivariate Statistical Methods in Behavioral Research*. New York: McGraw-Hill, 1975

Carroll, J. B An analytical solution for approximating simple structure in factor analysis. *Psychometrika*. 1953, **18**, 23–38.

Cole, J. W. L. & Grizzle, J. E. Application of multivariate analysis of variance to repeated measurements experiments. *Biometrika*. 1966, **22**, 810–828

Cooley, W W & Lohnes, P. R. *Multivariate Data Analysis*. NewYork: John Wiley & Sons, 1971.

Cooley, W. W. & Lohnes, P. R. *Evaluation Research in Education*. New York: Irvington, 1976.

Dixon, W. J. (ed.). *BMDP-77. Biomedical computer programs, P series supplement*. Berkeley: University of California Press, 1977.

Finn, J. D. *Multivariance: Univariate and multivariate analysis of variance, covariance and regression: Version VI*. Chicago: National

Educational Resources, 1977.

Finn, J. D *A General Model for Multivariate Analysis.* New York: Holt, Rinehart & Winston, 1974.

Finn, J. D. & Mattsson, I. *Multivariate Analysis in Educational Research.* Chicago: National Educational Resources, 1978.

Galton, F. *Natural Inheritance.* London: Macmillan, 1889.

Green, P. E. *Mathematical Tools for Applied Multivariate Analysis.* New York : Academic Press, 1976

Guttman, L. Best possible systematic estimates of communalities. *Psychometrika*, 1956, **21**, 273–285.

Harman, H. H. *Modern Factor Analysis.* Chicago: The University of Chicago Press. 1960, 1967.

Harman, H. H. Factor analysis. In D. K. Whitla (ed.): *Handbook of Measurement and Assessment in Behavioral Sciences.* Reading, Mass.: Addison-Wesley, 1968, Chap. 4. pp. 143–170.

Harris, C. W. Canonical factor models for the description of change. In C. W. Harris (ed.): *Problems in Measuring Change.* Madison: University of Wisconsin Press, 1962, pp. 138–155.

Harris, C. W. & Kaiser, H. Oblique factor analytic solusions by orthogonal transformations. *Psychometrika,* 1964, **29**, 347–362.

Heck, D. L. Charts of some upper percentage points of the distribution of the largest characteristic root. *Annals of Mathematical Statistics,* 1960, **31**, 625–642.

Hotelling, H. The generalization of Student's ratio. Annals of Mathematical Statistics, 1931, **2**, 360–378.

Hotelling, H. Analysis of a complex of statistical variables into principal components. *Journal of Educational Psychology.* 1933, **24**, 417–

441, 498–520.

Hotelling, H Relations between two sets of variates. *Biometrika*. 1936, 28, 321–377

Jöreskog, K. G. & Lawley, D. N. New methods in maximum likelihood factor analysis. *British Journal of Mathematical and Statistical Psychology*. 1968, **21**, 85–96.

Jöreskog, K. G. & Sörbom, D. LISREL IV, Analysis of Linear Structural Relationships by the Method of Maximum Likelihood. National Educational Resources, 1978.

Kaiser, H. F. The varimax criterion for analytic rotation in factor analysis, *Psychometrika*, 1958, **23**, 187–200.

Kaiser, H. F Computer program for varimax rotation in factor analysis. *Educational and Psychological Measurement*. 1959, **19**, 413–420

Kaiser, H. F The application of electronic computers to factor analysis. *Educational and Psychological Measurement*, 1960, **20**, 141–151.

Kaiser, H. F. A second generation Little Jiffy. *Psychometrika*. 1970, 35(4), 401-415.

Kaiser, H. F. & Caffrey, J. Alpha factor analysis *Psychometrika*. 1965, **30**, 1–14.

Kaiser, H. F. & Rice, J. Little Jiffy, Mark IV. *Educational and Psychological Measuremnet* 1974, 34, 111-117.

Kelly, F. J., Beggs. D. L. & McNeil, K. A. *Multiple Regression Approach*. Southern Illinois University Press, 1969.

Kleinbaum, D. G. & Kupper, L. L. Applied Regression Analysis and Other Multivariable Methods. North Scituate, Mass.: Duxbury Press, 1978.

Lawley, D. N. The estimation of factor loadings by the method of maximum likelihood. *Proceedings of the Royal Society of Edinburgh*, 1940, 60, 64-82.

Lawley, D. N. On testing a set of correlation coefficients for equality. *Annals of Mathematical Statistics*, 1963, 34, 149-151.

Lohnes, P. R. & Cooley, W. W. *Introduction to Statistical Procedures: with Computer Exercise*. New York: John Wiley, 1968.

McKeon, J. J. Canonical analysis: some relations between canonical correlation, factor analysis, discriminant function analysis, and scaling theory. *Psychometric Monographs*, no. 13. The Psychometric Society, University of Chicago Press, Chicago.

Mendenhall, W. *Introduction to Linear Models and the Design and Analysis of Experiments*. Belmont, Calif.: Wadsworth, 1968.

Morrison, D. F. *Multivariate Statistical Method* (2nd ed.). New York: McGraw-Hill, 1976.

Mulaik, S. A. *The Foundation of Factor Analysis*. New York: McGraw-Hill, 1972.

Nie, N. H. et al. *SPSS, Statistical Package for the Social Sciences* (2nd ed.). New York: McGraw-Hill, 1975.

Olson, C. L. On choosing a test statistic in multivariate analysis of variance. *Psychological Bulletin*, 1976, 83(4), 579-586.

Overall, J. E. & Klett, C. J. *Applied Multivariate Analysis*. New York: McGraw-Hill, 1972.

Pillai, K. C. S. *Statistical Tables for Tests of Multivariate Hypothesis*. Manila: Statistical Center, University of the Philippines, 1960.

Pearson, K. On lines and planes of closest fit of system of points in space. *Philosophy Magazine*, 1901, 6, 559-572.

Potthoff, R. F. & Roy, S. N. A generalized multivariate analysis of variance model useful especially for growth curve problems. *Biometrika*, 1964, **51**, 313–326.

Rao, C. R. A note on a generalized inverse of a matrix with application to problems in mathematical statistics. *Journal of Royal Statistical Society, Series B*, 1962, **24**, 152-158.

Roy, J. Step-down procedure in multivariate analysis. Annals of Mathematical Statistics. 1958, **29**, 1177–1187.

Roy, S. N. *Some Aspects of Multivariate Analysis*. New York: John Wiley, 1957.

Rummel, R. J. *Applied Factor Analysis*. Evanston, Ill.: Northwestern University Press, 1970.

Scheffé, H. A method for judging all constrasts in the analysis of variance. *Biometrika*, 1953, **40**, 87–104.

Searle, S. R. *Matrix Algebra for the Biological Sciences*. New York: Wiley, 1966.

Spearman, C. General intelligence objectively determined and measured. *American Journal of Psychology*, 1904, **15**, 201–293.

Stewart, D. K. & Love, W. A. A general canonical correlation index. *Psychological Bulletin*, 1968, **70**, 160–163.

Tatsuoka, M. M. *Multivariate Analysis: Techniques for Educational and Psychological Research*. New York: John Wiley & Sons, 1971.

Thurstone, L. L. Multiple factor analysis. Psychological Review, 1931, **38**, 406–427.

Thurstone, L. L. *Multiple Factor Analysis*. Chicago: The University of Chicago Press, 1947.

Timm, N. H. The estimation of variance-covariance and correlation matrices from in complete data. *Psychometrika*. 1970, **35**, 417–437.

Timm, N. H. *Multivariate Analysis: with Applications in Education and Psychology*. Monterey, Calif.: Brooks/Cole, 1975.

Timm, N. H. Multivariate analysis of variance of repeated measurements. In P. R. Krishnaiah (ed.) : Handbook of Statistics. Vol. 1, North-Holland, 1980.

Tryon, R. C. & Bailey, D. E. *Cluster Analysis*. New York: McGraw-Hill, 1970.

Van de Geer, J. P. *Introduction to Multivariate Analysis for the Social Science*. San Francisco, Calif.: Freeman, 1971.

Ward, J. H. Jr. Multiple linear regression models, In H. Borko (ed.) : *Computer Applications in the Behavioral Science*. Englewood Cliffs, N. J.: Prentice-Hall, 1962.

Ward, J. H. Jr. & Jennings, E. *Introduction to Linear Models*. Englewood Cliffs, N. J.: Prentice-Hall, 1973.

Wilks, S. S. Certain generalization in analysis of variance. *Biometrika*, 1932, 24, 471-474.

索　　引

一、漢英索引

一　劃

一般解 (general solution) 59
一般線性模式 (general linear model) 108, 157, 165, 402
一因素解 (one-factor solution) 391
U分配 134
U分配表 644
Λ統計 137—139, 142—143, 153—157
α因素分析 (alpha factor analysis) 394

二　劃

二次形式 (quadratic form) 13, 88, 439
二因素解 (two-factor solution) 391
二樣本側面圖分析 (two-sample profile analysis) 518
g反矩陣 (generalized inverse) 47
t考驗 144—145

三　劃

子式 (minor) 23
子式展開法 (expansion by minors) 22—24
子軸 (minor axis) 98
F分配表 134, 635
T^2統計 135—137, 140—142

四　劃

方陣 (square matrix) 2—3
不可交換的 (non-commutative) 9
內積 (inner product, scalar product) 12
分配律 (distributive law) 20
分析性轉軸法 (analytical method) 351
反矩陣 (inverse matrix) 24
～的求法 24—41
反向解法 (backward solution) 29
反向淘汰法 (The backward elimination procedure) 232, 237—238
反覆解法 (iterative solution) 296
互斥的類別向量 (mutually exclusive group membership vector) 45
方向餘弦 (direction cosines) 97
水準 (levels) 455

五　劃

可相乘 (conformable) 8
外積 (matrix product, outer product) 12
平方根法 (square root factoring) 35
加權總和 (weighted sum) 44
代碼系統 (coding system) 45

正規化 (normalized) 65—66
正交 (orthogonal) 66—67
正交正規化 (orthonormalized) 67
正交正規化矩陣 (orthonormal matrix) 67
正交正規基 (orthonormal basis) 71
正交多項式 (orthogonal polynomials) 260
正交多項式比較 (orthogonal polynomials contrast) 425
正交轉軸法 (orthogonal rotation) 361—373
正規方程式 (normal equation) 79
正規化爲特徵値 (normalized to corresponding eigenvalues) 89
正規化最大變異法 (normalized varimax rotation) 362
比較研究 (comparative study) 109
主成份分配 (principal component distribution) 118
主成份分析 (principal component analysis) 106, 289—325
主成份係數 (component coefficient) 291
主軸 (main axis) 98
主軸 (primary axes) 374
主軸法 (the method of principal axes) 351
主要效果 (main effect) 159, 456
主因素解法 (principal-factor solution) 351
主因素結構 (primary factor structure) 375
母群變異數 (σ^2) 131
母數矩陣 (parameter matrix) 157
可估計性 (estimability) 161
半淨回歸係數 (semipartial regression coefficient) 213
未轉軸因素矩陣 (unrotated factor matrix) 351
古特曼最強下限 (Gutman's strongest low-bound) 355
生長曲線分析 (growth-curve analysis) 568—582
比較代碼 (contrast code) 422

六　劃

行列式 (determinant) 1
　～的計算方法 20—24
行向量 (column vector) 5
行與行相乘 (column-by-column multiplication) 10
行爲假構 (behavioral construct) 108
向量 (vector) 5—6
交換律 (commutative law) 7
列與列相乘 (row-by-row multiplication) 10
次矩陣 (submatrices) 17
因素分析 (factor analysis) 44, 347
　～的理論基礎 347—351
　～與主成份分析的主要差異 347—348
　～的基本原理 348—350
　～的重要步驟 350—351
　～結果的解釋 385—387
　～的顯著性考驗 387—394
　～新研究趨勢 394
因果模式(causal model) 245
因素結構 (factor structure) 375
因素組型 (factor pattern) 375
再母數化 (reparameterization) 61
多變項統計分析法 (multivariate statistical analysis) 103—108

七 劃

八 劃

非零 (nonzero) 4
非特異 (nonsingular) 42
附加條件 (side condition) 76
固有值 (eigenvalues) 80—102
典式 (canonical form) 88
典型相關法 (canonical correlation) 106
典型相關分析 (canonical correlation analysis) 107, 289, 325—346
～基本原理 325—332
～計算實例 332—346
典型相關係數的顯著性考驗 331—332
典型加權值 (canonical weights) 328—329
典型變量 (canonical variates) 338
典型因素分析 (canonical factor analysis) 394
依變項 (dependent variables) 103
廻歸模式 (regression model) 109
廻歸係數 (regression coefficient) 186—189
～顯著性考驗 189—191
個別～的信賴區間 192
標準化的～ 199
～矩陣的分割 213
廻歸因素結構係數 (regression factor structure coefficient) 193
所有可能廻歸法 (the all-possible-regression procedure) 232, 233—237
直線的 (linear) 255
兩極的 (bipolar) 309
垂直投影 (projections) 375
拉丁方格 (Latin-square) 507—516

九 劃

相對應的元素 (corresponding elements)
前乘 (premultiply) 9
後乘 (postmultiply) 9
重新加以量尺化 (rescale) 15
順向解法 (forward solution) 29
柯勒斯基因式分解法 (Cholesky factorization) 35
配對組法 (matched-pair method) 167
重複量數 (repeated measures) 105, 174, 517
～單因子變異數分析 174
～二因子變異數分析 517
二樣本～統計法 517—536
三樣本～統計法 536—551
多變項～統計法 558—568
重疊 (redundancy) 105, 329
～指標 (redundancy index) 329
順向選擇法 (the forward selection procedure) 233, 239—241
映像分析 (image analysis) 394
限制模式 (restricted model) 396

十 劃

矩陣 (matrix) 1
～的表示方法 1—2
～的重要類別 2—6
～和向量的運算 6—20
～的秩 41—44
轉置～ 3
對稱～ 3
對角線～ 4

單元～ 4
三角～ 4—5
下三角～ 4
上三角～ 4
格拉姆～ 10
分區～ 17
伴隨～ 25, 83
模式～ 46, 56
缺秩～ 56
誤差～ 157
數據～ 157
比較～ 62, 158
轉換～ 373
高斯法 (Gauss' method) 28
高斯-朱爾登法 (Gauss-Jordan method) 31—35
秩 (rank) 42
缺秩 (deficient rank) 43, 56
～模式 165
特異 (singular) 42
特徵值 (eigenvalues) 80—102, 296
特徵方程式 (characteristic equation) 81
特徵向量 (eigenvector) 80—102, 296
～的正規化 86
特殊變異數 (specific variance) 349
格拉姆-施密特法 (Gram-Schmidt method) 67—68, 213
虛無假設 (null-hypothesis) 133
效標變項 (criterion) 185
(criteria) 584
原始資料 (raw scores) 186
降步分析法 (stepdown analysis) 215, 231
徑路分析 (path analysis) 185, 245—253
～基本原理 245—249
～計算實例 249—253
～解釋時的注意點 253
徑路分析圖 (path diagram) 245
徑路係數 (path coefficient) 249
陡坡考驗法 (scree test) 355

十一劃

基本列運算 (elementary row operation) 28
基底 (basis) 421
唯一解 (unique solution) 55
唯一性變量 (unique variate) 347
唯一性 (uniqueness) 349
唯一性變異數 (unique variance) 349
第一階導數 (first derivative) 75
第二階導數 (second derivative) 76
偏導數 (partial derivatives) 76
變異數極大化轉軸 (variance-maximizing rotation) 88
密度函數 (density function) 111
密度表面 (density surface) 111
條件分配 (conditional distribution) 117—118
假設考驗 (hypothesis testing) 131
側面圖分析 (profile analysis) 174
逐步迴歸分析 (stepwise regression) 185
逐步迴歸法 (the stepwise regression procedure) 233, 241—245
逐步排除法 (stepwise elimination) 213, 215
斜率 (slope) 186
斜交轉軸法 (oblique rotation) 361, 373—385
淨複相關 (multiple partial correlation) 194
淨F值 (partial F) 234

淨相關 (partial correlation) 241
順向選擇法 (the forward selection procedure) 233, 239—241
參照軸 (reference axes) 374
參照因素結構 (reference factor structure) 375
假構 (hypothetical construct) 387
區別分析 (discriminant analysis) 436—453
～基本原理 437—443
～的顯著性考驗 441—443
～計算實例 443—453
區別效標 (discriminant criterion) 437
區別函數 (discriminant function) 440
～係數 437
區組 (blocks) 507
細格 (cells) 455
～內誤差 513, 516
符號對照向量 (symbolic control vector, SCV) 492
控制變項 (control variable) 584

十 二 劃

單元向量 (unit vector) 5
最小平方法 (the least square method) 79
結合律 (associative law) 16
結構公式 (structural equations) 249
～模式 394
賀德臨T^2統計 (Hotelling's T^2 statistic) 132—133
單變項複廻歸分析 (univariate multiple regression) 185
～的基本原理 186—195
～的計算過程 195—207
單因子多變項變異數分析 (one-way multivariate analysis of variance) 403—436
～基本原理 403—407
～計算實例 407—416
～另一種算法 416—418
最適合線 (best-fitting curve) 256
最大變異法 (varimax rotation) 362
最小四次方法 (quartimin) 376, 385
最小斜交法 (oblimin solution) 385
最小共變法 (covarimin) 385
極大化 (maximize) 79
極小化 (minimize) 79
極變法 (varimax rotation) 362
單變項 (univariate) 104
換碼 (coding) 386
循環 (cycles) 364

十 三 劃

跡 (trace) 3
跡準則(trace criterion) 130
零向量 (zero vector)
隔宿設計 (nested design) 498
預測用變項 (predictors) 185
試探階段 (exploratory stage) 232
階層設計 (hierarchical design) 498—507

十 四 劃

輔助函數 (auxiliary function) 76
齊次方程式 (homogeneous equation) 80
滿秩 (full rank) 43
～方陣 55
～模式 165
誤差變異數 (error variance) 349

誤差平方和 (error sum of square, SSe) 399
複相關係數 (multiple correlation coefficient) 191—192
複對稱 (compound symmetry) 518
赫爾瑪特比較 (Helmert contrast) 424

十 五 劃

餘因式 (cofactor) 23
樞軸點 (pivot) 31
樞軸列 (pivotal row) 31
樞軸行 (pivotal column) 32
線性 (linear) 110
線性獨立 (linearly independent) 42
線性相依 (linearly dependent) 42
線性組合 (linear combination) 44
線性複廻歸 (multiple linear regression) 45
線性模式 (linear model) 255
線性複廻歸模式 (multiple linear regression model) 395—402
　～在單變項變異數分析方面的應用 395—402
　～基本模式 395—396
　～計算實例 396—402
實驗研究 (experimental study) 109
標準化分數 (standardized scores) 186
截距 (intercept) 189
適合度考驗 (test of fit) 256, 263—267
調整後變異數-共變數 (adjusted variance-covariance) 597
調整平均數 (adjusted mean) 597

十 六 劃

橫列 (rows) 2
概化 η 平方 (generalized eta square) 332
概化反矩陣 (generalized inverse) 47
概化變異數 (generalized variance) 40
積和 85
隨機區組設計 (randomized block design) 174
整體的 (overall) 441

十 七 劃

縱行 (columns) 2
擬似變項 (dummy variable) 45
潛伏根 (latent root) 81
總F值 (overall F) 234
趨向分析 (trend analysis) 271, 517, 568-582
趨向成分 (trend components) 271
縮減式相關係數矩陣 (reduced correlation matrix) 352
擬似變項 (dummy variables) 397
總平均數 (grand mean) 159, 423
趨向分析 (trend analysis) 517, 568—582

十 八 劃

雙矩陣特徵值問題 (two-matrix eigenproblem) 100
雙最小四次方法 (biquartmin) 385
魏可思 Λ 效標值 (Wilk's Λ criterion) 134
轉軸問題 (rotation problem) 361
轉軸後因素負荷量 (rotated factor loading) 365

簡單結構 (simple structure) 361—362
簡單比較 (simple contrasts) 422—423, 502

十 九 劃

類別向量 (categorical vector) 45
類群 (clusters) 309, 374
類叢分析 (cluster analysis) 394
邊緣分配 (marginal distribution) 116—117
離均差平方和及交乘積和 (sume-of-squares-and-cross-products, SSCP) 136, 188, 222
離均差分數 (deviation scores) 186
離間係數 (coefficient of alienation) 247
離差比較 (deviation contrast) 423—424
羅伊的「最大根準則」 (Roy's largest-root criterion) 405, 413—415

二十三劃

變異數 (variance) 104, 107
變異數分析模式 (analysis of variance model) 109, 583
變異數-共變數矩陣 (variance-covariance matrix) 113, 136, 188, 200
驗證階段 (confirmatory stage) 232

二、英漢索引

A

adjoint matrix（伴隨矩陣） 25
adjusted means（調整平均數） 597
adjusted variance-covariance（調整後變異數-共變數） 597
algebra of matrices（矩陣代數） 1
the all-possible-regression procedure（所有可能廻歸法） 232, 233—237
alpha factor analysis（α因素分析） 394
analysis-of-covariance model（共變數分析模式） 110
analysis of variance model（變異數分析模式） 109
analytical method（分析性轉軸法） 351
antecedent event（先行事件） 105
associative law（結合律） 16
auxiliary function（輔助函數） 76

B

the backward elimination procedure（反向淘汰法） 232, 237—238
backward solution（反向解法） 30
basis（基底） 421
behavioral construct（行爲假構） 108
best-fitting curve（最適合線） 256
bipolar（兩極的） 309
biquartimin（雙最小四次方法） 385
blocks（區組） 507

C

canonical correlation（典型相關法） 106
canonical correlation analysis（典型相關分析） 107, 289, 325—346
canonical factor analysis（典型因素分析） 394
canonical form（典式） 88
canonical variates（典型變量） 338
categorical vector（類別向量） 45
canonical weights（典型加權值） 328—329
causal model（因果模式） 245
cells（細格） 455
centroids（形心） 436—437
characteristic equation（特徵方程式） 81
Cholesky factorization（柯勒斯基因式分解法） 35
cluster（類群） 309, 374
cluster analysis（類叢分析） 394
coding（換碼） 386
coding system（代碼系統） 45
coefficient of alienation（離間係數） 247
coefficient of determination（決定係數） 191—192
cofactor（餘因式） 23
columns（縱行） 2
column-by-column multiplication（行與行相乘） 10
column vector（行向量） 6
common factor analysis（共同因素分析） 347

common factor loadings (共同因素負荷量) 350
common factor variate (共同因素變量) 347
communality (共同性) 349
commutative law (交換律) 7
comparative study (比較研究) 109
comparison matrix (比較矩陣) 158
components (成份) 289
component coefficient (主成份係數) 291
compound symmetry (複對稱) 518
conditional distribution (條件分配) 117—118
confirmatory stage (驗證階段) 232
conformable (可相乘) 8
contrast code (比較代碼) 422
contrast matrix (比較矩陣) 62
control variables (控制變項) 584
coordinates 坐標 376
corresponding elements (相對應的元素) 6
covariance (共變數) 104, 347
covariates (共變量) 584
covarimin (最小共變法) 385
criteria (效標變項) 584
criterion (效標變項) 185, 186, 197
curvilinear model (曲線模式) 255
cycles (循環) 364

D

data matrix (數據矩陣) 157
deficient rank (缺秩) 43
density function (密度函數) 111
density surface (密度表面) 111
dependent variables (依變項) 103
determinant (行列式) 1
deviation contrast (離差比較) 423—424
deviation scores (離均差分數) 186
diagonal canonical form (對角線典式) 50
diagonal matrix (對角線矩陣) 4
dimension (維) 5
direction cosines (方向餘弦) 97, 374
discriminant analysis (區別分析) 436—453
discriminant criterion (區別效標) 437
discriminant function (區別函數) 440
discriminant function coefficients (區別函數係數) 437
distributive law (分配律) 20
Doolittle's method (杜立德法) 185
dummy variables (擬似變項) 45, 397

E

eigenvalue (特徵值, 特性值, 固有值) 80—102
eigenvectors (特徵向量) 80—102
element (元素) 2
elementary row operation (基本列運算) 28
error matrix (誤差矩陣) 157
error sum of square, SSe (誤差平方和) 399
error variance (誤差變異數) 349
estimability (可估計性) 161
estimation (估計) 131
expansion by minors (子式展開法) 22
experimental study (實驗研究) 109
exploratory stage (試探階段) 232

F

factorial design (多因子設計) 403, 455
factor pattern (因素組型) 375
factor structure (因素結構) 375
first derivative (第一階導數) 75
the forward selection procedure (順向選擇法) 233, 239—241
forward solution (順向解法) 29
full model (充足模式) 396
full rank (滿秩) 43

G

Gauss-Jordan method 高斯一朱爾登法 31—35
Gauss' method (高斯法) 28
general fundamental least-squares theorem (多變項最小平方法基本通則) 157—159
general linear model (一般線性模式) 108, 157, 165, 402
general solution (一般解) 59
generalized eta square (概化 η 平方) 332
generalized inverse (概化反矩陣) 47
generalized variance (概化變異數) 40
Gram-Schmidt method (格拉姆一斯密特法) 67—68, 213
Gramian matrix (格拉姆矩陣) 10
grand mean (總平均數) 159, 423
growth-curve analysis (生長曲線分析) 568—582
Gutman's strongest low-bound (古特曼最强下限) 355

H

Helmert contrast (赫爾瑪特比較) 424
hierarchical design (階層設計) 498—507
homogeneous equation (齊次方程式) 80
Hotelling's T^2 statistic (賀德臨 T^2 統計) 132—133
hypothetical construct (假構) 387
hypothesis testing (假設考驗) 131

I

identity matrix (單元矩陣) 4
image analysis (映像分析) 394
inner product (內積) 12
interaction effect (交互作用效果) 456
intercept (截距) 186
inverse matrix (反矩陣) 24
iterative solution (反覆解法) 296

K

Kronecker product (克羅尼克爾乘積) 19, 208

L

latent root (潛伏根) 81
Latin-square (拉丁方格) 507—516
the least square method (最小平方法) 79
levels (水準) 455
linear (線性) 110
(直線的) 255
linear combination (線性組合) 44
linear model (線性模式) 255

linearly dependent (線性相依) 42
linearly independent (線性獨立) 42

M

main effect (主要效果) 159, 456
main diagonal (對角線) 3
major axis (主軸) 98
marginal distribution (邊緣分配) 116—117
matched-pair method (配對組法) 167
matrix (矩陣) 1
matrix differentiation (矩陣微分) 75—80
matrix product (外積) 12
maximize (極大化) 79
the method of principal axes (主軸法) 351
minimize (極小化) 79
minor (子式) 23
minor axis (子軸) 98
model matrix (模式矩陣) 46, 109, 157
multiple correlation coefficient (複相關係數) 191—192
multiple linear regression (線性複廻歸) 45
multiple linear regression model (線性複廻歸模式) 395—402
multiple partial correlation (淨複相關) 194
multivariate analysis (多變項分析法) 103—108
multivariate analysis of covariance (多變項共變數分析) 583—628
multivariate analysis of variance (多變項變異數分析) 108, 395
multivariate linear regression analysis (多變項複廻歸分析) 207—232
multivariate multiple regression (多變項複廻歸分析) 185
multivariate normal distribution (多變項常態分配) 111
multivariate polynomial regression analysis (多變項多項式廻歸分析) 273—289
multivariate repeated measures design (多變項重複量數設計) 558—568
multivariate statistical analysis (多變項統計分析法) 103—108
mutually exclusive group membership vector (互斥的類別向量) 45

N

nested design (隔宿設計) 498
non-commutative (不可交換的) 9
nonsingular (非特異) 42
nonzero (非零) 4
normal equation (正規方程式) 79
normalized (正規化) 65—66
normalized to corresponding eigenvalues (正規化爲特徵值) 89
normalized varimax rotation (正規化最大變異法) 362
null matrix (零矩陣) 7

O

oblique rotation (斜交轉軸法) 373—385
oblimin solution (最小斜交法) 385
one-factor solution (一因素解) 391
one-way multivariate analysis of variance (單因子多變項變異數分析)

403
optional contrast (自選比較) 425
order (階) 2
orthogonal (正交) 66
orthogonal polynomials (正交多項式) 260
orthogonal polynomials contrast (正交多項式比較) 425
orthogonal rotation (正交轉軸法) 362—373
orthogonalized (正交化) 67
orthonormal basis (正交正規基) 71
orthogonormal matrix (正交正規化矩陣) 67
outer product (外積) 12
overall (整體的) 441
overall F (總F值) 234

P

parameter matrix (母數矩陣) 157
partial correlation (淨相關) 241
partial derivatives (偏導數) 76
partial F (淨F值) 234
partitioned matrix (分區矩陣) 17
path analysis (徑路分析) 245—253
path coefficient (徑路係數) 249
path diagram (徑路分析圖) 245
pivot (樞軸點) 31
pivotal column (樞軸行) 32
polynomial model (多項式模式) 110, 255
polynomial regression analysis (多項式廻歸分析) 256
postmultiply (後乘) 9
premultiply (前乘) 9
predictors (預測用變項) 185, 186, 197
primary axes (主軸) 374
primary factor structure (主因素結構) 375
principal component analysis (主成份分析) 106, 289
principal component distribution (主成份分配) 118
principal-factor solution (主因素解法) 351
profile analysis (側面圖分析) 174
projections (垂直投影) 375

Q

quadratic form (二次形式) 13, 439
quartimin method (最小四次方法) 376, 385

R

randomized block design (隨機區組設計) 174
rank (秩) 42
raw scores (原始資料) 186
reduced correlation matrix (縮減式相關係數矩陣) 352
redundancy (重疊) 105, 329
redundancy index (重疊指標) 329
reference axes (參照軸) 374
reference factor structure (參照因素結構) 375
regression coefficient (廻歸係數) 186—189
regression factor structure coefficient (廻歸因素結構係數) 193
regression model (廻歸模式) 109

reparameterization (再母數化) 61
repeated measures (重複量數) 105
rescale (重新加以量尺化) 15
restricted model (限制模式) 396
rotated factor loading (轉軸後因素負荷量) 365
rotation problem (轉軸問題) 361
rows (橫列) 2
row-by-row multiplication (列與列相乘) 10
row vector (列向量) 5
Roy's largest-root criterion (羅伊的「最大根準則」) 405, 413—415

S

scalar (純量) 7
scalar multiplication (純量乘法) 7
scalar product (內積) 12
scree test (陡坡考驗法) 355
second derivative (第二階導數) 76
semipartial regression coefficient (半淨迴歸係數) 213
side condition (附加條件) 76
simple contrasts (簡單比較) 422—423
simple structure (簡單結構) 362
simultaneous confidence intervals (同時信賴區間) 134
singular (特異) 42
slope (斜率) 186
specific variance (特殊變異數) 349
square matrix (方陣) 2—3
square root factoring (平方根法) 35
standardized scores (標準化分數) 186
stepdown analysis (降步分析法) 215
stepwise elimination (逐步排除法) 213
stepwise procedure (逐步排除法) 215
stepwise regression (逐步迴歸分析) 185
the stepwise regression procedure (逐步迴歸法) 233, 241—245
structural equations (結構公式) 249
structural equation model (結構公式模式) 394
submatrices (次矩陣) 17
subscript (足標) 4
sums-of-squares-and-cross-products, SSCP (離均差平方和及交乘積和) 136, 188, 222
symbolic contrast vector, SCV (符號對照向量) 492
symmetric matrix (對稱矩陣) 3

T

test of fit (適合度考驗) 256
trace (跡) 3
trace criterion (跡準則) 130
transformation matrix (轉換矩陣) 373
transpose (轉置矩陣) 3
trend analysis (趨向分析) 271, 568—582
trend components (趨向成份) 271
triangular matrix (三角矩陣) 4—5
two-factor-solution (二因素解) 391
two-matrix eigenproblem (雙矩陣特徵值問題) 100
two-sample profile analysis (二樣本側面圖分析) 518

U

uniqueness (唯一性) 349
unique variance (唯一性變異數) 349

unique variate (唯一性變量) 347
unique solution (唯一解) 55
unit vector (單元向量) 5
univariate (單變項) 104
univariate multiple regression (單變項複廻歸分析) 185
unrotated factor matrix (未轉軸因素矩陣) 351

V

variance (變異數) 104
variance-covariance matrix (變異數-共變數矩陣) 113
variance-maximizing rotation (變異數極大化轉軸) 88
varimax rotation (最大變異法，極變法) 362
vector (向量) 1, 5—6

W

weighted sum (加權總和) 44
Wilks' Λ criterion (魏可思Λ效標值) 134

Z

zero vector (零向量) 5